KB187364

현상학과 휴머니즘

현상학적 심리학 입문

여 종 현 지음

철학과 현실사

책머리에

진리를 알지니 진리가 너희를 자유케 하리라(요한복음, 8장 32절).

나르테에크의 지팡이를 들고 다니는 자는 많으나 박코스는 적다(Platon, *Phaidon*, 69c~d.).

철학자의 철학함은 그가 처한 시대적 상황에서 철학의 개념을 규정하는 작업이며, 그 작업은 철학 본연의 학적 의미를 그 본연의 방법으로써 실현하려는 노력이다. 따라서 그의 철학함은 결국 철학 본연의 학적 의미를 그 본연의 방법으로써 실현하려는 노력으로 구성된다고 하겠다. 철학이 실현하려는 그 학적 의미는 인간의 삶의 의미와 밀접하다. 그러므로 철학의 학적 의미 상실은 곧 인간 삶의 의미 상실, 인간성의 상실로 이어진다. 인간이 인간성을 상실할 때, 인간은 야만적 상태로 전락되거니와, 그렇게 되면 인간은 인간으로서는 종말이다. 따라서 인간이 야만적 상태를 떨쳐버리고 인간으로서 존속하자면 상실된 철학의 학적 의미가 회복되어야 한다. 실로 철학은 종교와 함께 인간의 인간됨을 지키는 최후의 보루이다. 물론 철학은 학적으로, 종교는 신앙적으로 그러하다.

고도의 기술 문명을 자랑하는 오늘의 실증주의 시대, 철학은 실증학화되어 그 학적 의미를 상실하였다. 그에 따라 철학과 철학함도 무의미하고 불필요한 것으로 여겨지고 있다. 철학이 처한 이 같은 시대적 상황을 입증이라도 하듯이, 이 시대는 인간성 상실, 즉 인간의 비인간화 현상이 점증하는 시대로 지칭되고 있다. 그러나 철학과 철학함의 불필요성이 운위되는 이 시대는 역설적이게도 유사이래 그 어느 시대보다도 많은 종류의 철학과 철학자들이 있다. 그러나 철학의 학적 의미를 자각하여 그것을 철학 본연의 방법으로써 실현하려는 철학과 철학함은 오늘날 그리 흔치 않다.

물론 인간은 오늘의 시대에서뿐만 아니라 어떤 시대에서든 비인간화로 전락될 수 있다. 인간 역사의 특성이 그러하다. 그러므로 인간 역사는 어느 시대건 철학을 필요로 한다. 그러나 앞서 지적했듯이 이 시대는 역사상 그 어느 시대보다 인간의 비인간화 현상이 심화, 보편화되고 있다. 따라서 그 어느 시대보다 철학과 철학함이 무의미하고 불필요한 것으로 여겨진 이 시대야말로 그 어느 시대보다도 그것들이 절실히 요구된다. 이 책은 이 같은 시대적 요구에서 후설의 현상학적 관점에서 쓰여졌다. 여기서 후설이 선택된 까닭은, 적어도 나에게는 그의 현상학이 오늘날 상실된 철학의 학적 의미를 회복하는 데 가장 적합한 방법인 것으로 보였기 때문이다.

철학을 시작한 지 적지 않은 시간이 흘렀건만, 아직 나 자신의 철학적 사유를 개척하지 못하고 특정 철학자들을 넘어서지 못한 채 철학하는 나 자신이 부끄럽다. 특정한 철학자들에 매여 있는 가운데서도 그들을 넘어서려고 몸부림치는 것이 현재 나의 철학함의 수준이다. 이 책 역시 후설을 넘어서려는 나의 몸부림을 한 편의 논문의 형식으로 서술한 것이다. 그런 이상, 나는 이 책에서 그의 현상학을 단순히 소개, 설명하는 것을 넘어 그에 한 발 앞서서 그것을 이해하려고 하였다. 이를 위해서 그에 대한 이차문헌들을 도외시하고 그의 저작들에로 들어가서 거기서 그와 직접 만나는 방식을 취했다. 그와의 만남은 해석학적으로 이루어졌다.

만남이 해석학적으로 이루어지자면 해석학적 만남의 지평이 필요하다. 그 지평이 선이해(先理解)임은 주지하는 바이다. 후설과의 만남에서 내가 선 선이해의 지평은 서양 철학사이다. 따라서 이 책에서 나의 철학함은 서양 철학사를 통해서 그의 현상학을 이해하고 동시에 그의 현상학을 통해서 서양 철학사를 이해하는 방식으로 이루어졌다. 이에 이 책은 서양 철학사의 현상학적 해석으로 동시에 현상학의 철학사적 해석으로 구성된다. 이 이중적인 해석은 심리학을 매개로 이루어졌다. 그것을 매개로 한 나의 해석, 즉 철학함에 서양의 몇몇 철학자들이 등장하는데, 그들 중에서 나의 해석에 결정적인 역할을 한 철학자는 서양 철학을 대표하는, 즉 고대, 중세 철학을 대표하는 플라톤과 근대 철학을 대표하는 칸트이다. 이 책에서 나의 해석은 그들을 끌어들임으로써 가능했다.

해석은 은폐된 것의 탈은폐를 시도한다. 이 책에서 나의 해석은 서두에서 말한 것, 즉 오늘의 서양 철학(실증주의)에서 은폐된 철학의 학적 의미의 탈은폐(회복)를 시도한다. 물론 나의 이 해석에는 그것이 은폐된 까닭도 철학사적으로 탈은폐되고 있다. 이러한 탈은폐들로 구성되는 나의 해석, 즉 철학함은 사물성이 철저히 배제된, 그런 의미에서 사물과 철저히 구별되는 심리의 본질 인식을 발판으로 이루어진다. 심리의 본질 인식을 시도하는 학이 선험적 심리학이다. 방금 나의 해석이 심리학을 매개로 이루어졌다고 했을 때의 심리학이 바로 선험적 심리학이다. 오늘날 선험적 심리학의 형태를 취하는 학은 현상학적 심리학이다. 따라서 이 책에서 나의 철학함은 현상학적 심리학에로 들어가는 데서 시작되는 셈이다. 나의 철학함은 이 심리학의 완성을 지향한다. 그러나 나는 이 책에서 그것을 완성하지 못하였다. 당초 나는 현상학적 심리학을 완성하기 위한 한 정지작업으로 결론에서 후설 현상학의 한계를 다룰 예정이었으나, 다음 기회로 미루게 되었다.

오늘의 나의 철학적 사유가 뚫릴 수 있도록 철학의 학적 의미를 좇아서 철학을 하도록 이끌어주신 학부 시절 나의 은사이신 경북대 신오현 교수님, 학문적 애정을 갖고 나의 사유가 현상학적 엄밀성을 갖게끔 이끌어주신 대학원 석·박사 과정의 지도교수이신 한전숙 서울대 명예 교수님, 정곡을 찌르는 몇 마디 말로써 철학적 직관력을 길러주신 대한민국 학술원 회원이신 윤명로 전 서울대 교수님, 후설 철학뿐만 아니라 하이데거의 철학도 수월하게 이해하는 계기가 된 후설 시간론으로 석사학위 논문을 작성할 때 유익한 도움을 주신 신귀현 전 영남대 교수님께 이 자리를 빌어 감사의 말씀을 드린다. 아울러 어려운 여건에서도 이 책을 출판하여 준 철학과 현실사에게도 감사의 말씀을 전한다.

2001년 5월
창조주로부터 발산되는 5월의 푸른빛을 영혼 깊숙이 받으면서
수원 칠보산 자락에서
여 종 현

차 례

Ⅰ. 서론 : 철학과 휴머니즘

1. 사랑의 존재론적 분석을 통한 철학에로의 접근

1) 사랑의 존재론적 구조와 존재 양식

'a와 b'는 관계 개념이다. 우리는 그 관계를 크게 두 유형으로 생각할 수 있다. 첫째는 a와 b가 어떠한 포함 관계에도 있지 않은 유형이며, 그 다음은 a와 b가 서로 포함 관계에 있는 유형이다. 후자는 다시 몇 가지 양식으로 나누어진다. 즉 a와 b가 서로 부분적으로 포함되는 경우, a가 b에 포함되는 경우, b가 a에 포함되는 경우, 마지막으로 a와 b가 완전히 합치하는 경우이다. 물론 이상에서 말한 a와 b의 관계들은 수학에서 사용되는 개념, 즉 집합으로 표시될 수 있다. 그러나 우리는 여기서 그 관계들을 집합으로 표시하는 데에 관심이 없다. 여기서 우리의 관심은 철학과 휴머니즘은 도대체 어떠한 관계에 있는가에 있다. 적어도 우리는 철학과 휴머니즘은 서로 포함 관계에 있다고 본다. 물론 우리는 여기서 양자의 포함 양식들, 즉 철학과 휴머니즘이 서로 부분적으로 겹치는지, 철학 안에 휴머니즘이 포함되는지, 역으로 휴머니즘 안에 철학에 포함되는지, 철학과 휴머니즘이 완전히 합치하는지에 대해서는 관심이 없으며, 그 점에 대해서 논의할 의도도 없다.

여기서 우리는 철학과 휴머니즘은 어떤 양식으로든 서로 포함 관계에 있다는 것을 지적하는 것으로 만족할 뿐이다. 양자가 어떤 양식으로든 포함 관계에 있다는 것은 양자가 불가분적이라는 말이기도 하다.

철학과 휴머니즘이 불가분적이라면, 철학은 휴머니즘적이며 휴머니즘 역시 철학적이다. 또한 철학자는 휴머니스트이며, 휴머니스트 역시 철학자이다. 그러면 어떤 점에서 철학과 휴머니즘은 불가분적인가? 이 점을 밝히자면 철학과 휴머니즘에로의 접근이 필요하다. 양자에로의 접근이 완료되면 양자를 불가분적이게 하는 공통 분모가 밝혀질 것이며, 그와 함께 우리는 왜 철학이 휴머니즘적이며 왜 휴머니즘이 철학적인지, 왜 철학자는 휴머니스트이며 왜 휴머니스트가 철학자인지를 명료히 알 수 있을 것이다. 그 뿐만 아니라, 철학을 통해서 휴머니즘이, 휴머니즘을 통해서 철학이 보다 더 명료하게 개념 규정될 것이다. 이런 방식으로 우리가 철학의 개념을 규정하려는 의도는 철학의 학적 의미를 밝히려는 데에 있다.

우리는 먼저 철학에로 접근하고자 한다. 주지하듯이, 오늘날 우리가 쓰고 있는 철학, 즉 영어의 Philosophy, 독일어의 Philosophie는 고대 그리스에서 형성된 것으로서 그리스어 φiλοσοφiα에서 유래한다. 여기서 φiλο는 사랑(loving, lieb)을, σοφiα는 지혜를 의미한다. 결론적으로 말하면, 사랑 혹은 지혜가 철학과 휴머니즘의 공통 분모이다. 우리가 공통 분모를 하나로 규정하지 않고 '사랑' 혹은 '지혜'라고 한 까닭은 사랑과 지혜는 불가분적이기 때문이다. 즉 사랑과 지혜는 두 개의 서로 무관한 개념이 아니라 타방이 서로를 필요로 하는 그런 개념이다. 적어도 인간은 사랑 없이는 지혜에 눈뜰 수 없고 역으로 지혜 없이는 사랑이 이루어질 수 없다. 이 점은 사랑의 존재론적 분석에서 명확히 드러날 것이다. 또한 그것의 분석에서 지혜의 의미도 함께 드러날 것이다.

사랑이 성립하자면 우선 사랑받는 것과 사랑하는 자가 요구된다. 사랑은 이 양자가 불가분적으로 얽혀서 비로소 성립한다. 즉 사랑은, 사랑받는 것이 그것을 사랑하는 자에게 주어져 있을 때, 동시에 사랑하는 자가 그가 사랑하는 것, 즉 그에 의해서 사랑받는 것에로 그 자신을 부단히 던지거나 내어줄 때에 비로소 존재한다.

사랑받는 것이 사랑하는 자에게 주어져 있다는 것은, 사랑하는 자가 그것을 임의로 만들어내거나 창조해 낼 수 없다는 것을 의미한다. 사랑받는 것이 그것을 사랑하는 자에게 주어짐은 사랑받는 그것이 자기를 사랑하는 자에게 내어주는 한에서 가능하다. 그런 한에서 사랑하는 자는 그것을 사랑할 수 있다. 따라서 사랑받는 것은 자신을 사랑하기에 합당한 자를 요구한다. 사랑받는 것에 의한 이 요구는 사랑하는 자의 능동적 행위(노력)에 의해서 이루어지는 것이 아니다. 그것은 사랑하는 자의 능동적 노력에 선행한다. 그것은 그것을 사랑하는 자에게 수동적으로 선여되어(미리 주어져) 있다. 반면 사랑하는 자가 그 자신을 그가 사랑하는 것에로 내어줌 혹은 던지는 것은 능동적이다. 따라서 사랑은 사랑받는 것의 수동성과 사랑하는 자의 능동성으로 성립된다.

사랑하는 자의 능동성은 사랑의 완성을 향한 또는 그 완성에 도달하려는 사랑하는 자의 자기 희생적인 부단한 노력이다. 그러나 사랑하는 자의 능동적인 노력을 이끌고 인도하는 것은 사랑받는 것의 수동성이다. 사랑받는 것은 사랑하는 자로 하여금 자신을 사랑하게끔 유발한다. 사랑받는 것의 그런 수동성이 없으면 사랑하는 자의 능동성은 그 힘을 발휘할 수 없다. 전자는 후자를 가능케 한다. 그런 점에서 사랑받는 것의 수동성은 사랑하는 자의 능동성을 능가하는 힘을 발휘하기도 한다. 이로 보건대, 사랑받는 것은 수동적이지만, 그 수동성은 단순히 정적인 것이 아니라 동적인 것이다. 따라서 수동성과 능동성이 함께 얽혀 성립된 사랑은 힘으로 구성된다.

사랑의 힘은 어떤 힘일까? 물론 그 힘은 폭력과 구별되며 폭력보다 더 강하다. 사랑의 힘은 사랑을 실현 또는 완성하는 동력이다. 사랑의 완성이란 사랑하는 자와 그에 의해 사랑받는 것의 하나됨(합치, 조화)이다. 사랑은 언제나 하나됨을 지향하지, 분열을 지향하지 않는다. 이 하나됨을 지향하는 힘이 바로 사랑의 힘이다. 반면 폭력은 분열, 파멸을 지향한다. 그래서 폭력의 근저에는 언제나 증오가 있다. 사랑받는 것과 사랑하는 자가 하나가 된다는 것은, 사랑하는 자가 그에 의해 사랑받는 것에 완전히 따름(순응함)을 의미한다. 이 따름을 지향하는 동력이 사랑의 힘이다. 물론 이 동력은 위에서 언급된 수동성과 능동성으로 구성된다. 즉 사랑의 힘은 사랑받는 것의 수동성과 그것을 사랑하는 자의 능동성의 상호 관계에서 움트는 생동성이다. 그래서 사랑에는 언제나 생명이 있다. 그 어떤 힘도 생동적인 사랑의 힘을 능가

하지 못한다. 이러한 사랑의 힘이 세계를 움직여 세계 역사를 전개하는 근본 힘이다.

이제 사랑의 존재론적 구조로 보건대, 사랑의 존재 양식은 완성이 아니라 완성을 향한 도정이며, 그 도정은 사랑하는 자의 능동성과 그에 의해 사랑받는 것의 수동성의 상호 관계에서 움트는 생동성으로 구성된다. 우리는 그 같은 사랑의 존재 양식에서 사랑이 가능적임을 알 수 있다. 그리고 그 가능성이 능동성과 수동성의 생동적인 상호 관계에서 유래함을 감안하면, 사랑은 생명 없는 논리의 범주에 속하는 논리적인 가능성도 아니요, 사실의 범주에 속하는 우연적인 가능성도 아니다. 따라서 사랑은 논리학의 범주에 속하지도 않고 사실학의 범주에도 속하지 않는다. 그러므로 그것은 논리학의 탐구대상도 사실학의 탐구대상도 아니다. 그것은 철학의 탐구대상이다. 우리는 위의 가능성과 구별되는 사랑의 가능성을 지향적 가능성으로 지칭한다.

물론 지향적 가능성은 위에서 논의된 수동성과 능동성의 생동적인 상호 관계에서 유래한다. 이러한 지향적 가능성은 존재자에게서 성립한다. 그러나 자연의 모든 존재자에게서 그것이 성립되는 것은 아니다. 그것은 자연의 모든 존재자들 중에서 하나의 존재자에서 성립되는데, 그 존재자는 바로 사랑하는 자인 인간이다. 따라서 사랑의 존재론적 분석에서 사랑하는 자는 인간이다.

서양 철학에서 인간의 본질은 이성 혹은 실존으로 불려 왔다. 그러나 우리는 인간의 본질을 사랑, 즉 지향적 가능성으로 본다. 우리는 사랑을 이성이나 실존보다 더 근원적인 것으로 간주한다. 그렇다면 인간은 이성적 · 실존적이기 때문에 사랑하는 존재자가 아니라, 오히려 인간은 사랑하는 존재자이기 때문에 이성적 · 실존적일 수 있다.[1)] 따라서 사랑은 인간을 인간이게 하는, 또는 인간을 다른 존재자와 구별하는 가장 근원적인 개념이다. 이 사랑이 인간의 본질이라면 인간의 존재 양식도 사랑의 존재 양식과 같다. 따라서 인간은 수동성과 능동성의 상호 관계에서 움트는 생동성의 존재 양식, 다시 말하면 완성을 향해 부단히 자기 길을 가는 존재 양식을 취한다.

---

1) 이 점에 대해서는 상세한 논술이 요구된다. 그 논술은 현재 필자가 계획하고 있는 사랑(지향적 가능성)에 대한 보다 더 상세한 분석과 그 분석에 기초한 인간과 철학에 대한 상세한 논의를 전개하는 자리에서 이루어질 것이다.

2) 인간의 인간성과 진리

(1) 지향적 관계와 지향적 존재자

자연계에서 인간만이 사랑할 수 있다는 것은 인간에게만 사랑받는 것이 주어진다는 뜻이다. 그러면 인간이 사랑하는 것, 즉 인간에게 사랑받는 것은 무엇인가? 그것은 우선 이러저러한 존재자들인 것 같다. 왜냐하면 우리들은 온통 존재자들로 둘러싸여 있으며, 그 존재자들은 우리들에 의해 창조된 것이 아니라 우리들에게 이미 주어진 것이며, 따라서 그것들은 사랑받는 것의 수동성을 지니고 있는 것으로 보이기 때문이다. 확실히 존재자가 인간에게 사랑받는 것은 의심할 나위가 없다. 그러나 우리가 여기서 생각해 봐야 할 것은 인간에게 사랑받는 것은 존재자만인지, 존재자 이외의 것도 인간에게 사랑받는 것인지, 만약 후자도 인간에게 사랑받는다면 인간에게 더 존귀하게, 더 근원적으로 사랑받는 것은 존재자인가, 존재자 외적인 것인가 하는 점이다. 이제 우리는 존재자가 인간에게 사랑받는 까닭을 고찰함으로써 그 점을 논의하고자 한다.

우리의 분석에 따르면, 어떤 것이 사랑받는 것은 그것을 사랑하는 자에게 그것이 수동적으로 선소여됨(미리 주어짐)에 기인한다. 과연 존재자는 수동적인 선소여성만으로 그것이 사랑받기에 충분한가? 만약 그렇다면, 인간이 아닌 다른 동물들도 인간과 같이 사랑하는 자이어야 할 것이다. 동물들도 인간처럼 존재자들로 둘러싸여 있어서 동물들에게도 존재자가 수동적으로 선소여되어 있기 때문이다. 그러나 그렇다고 해도 동물들은 사랑하는 자일 수 없다. 도대체 왜 그런가? 인간과 동물은 모두 존재자들로 둘러싸여 있지만, 그 둘러싸여 있는 방식이 다르기 때문이다. 어떤 것이 존재자들에 둘러싸여 있다고 함은, 그 어떤 것이 존재자와 관계함을 의미한다. 따라서 인간과 동물이 모두 존재자에 둘러싸여 있지만, 인간은 사랑하는 자이고 동물은 사랑하는 자일 수 없는 것은 그것들이 존재자와 관계하는 방식의 차이에서 유래한다.

동물들은 전적으로 존재자와 물리적으로 관계한다. 물론 인간도 존재자와 물리적으로 관계하지만 전적으로 그런 것만은 아니다. 인간의 경우 존재자와의 주된 관계는 물리적이 아니라 비물리적이다. 우리는 인간의 존재자와의 비물리적 관계를 지향적 관계로 지칭한다.

관계에는 가능성이 함축돼 있다. 지향적 관계에는 지향적 가능성이, 물리적 관계에는 물리적 가능성이 함축돼 있다. 가령, 강한 바람에 의해 한 물체가 여기 있는 벽에 충돌하는 물리적 관계에서는 다음과 같은 여러 물리적 가능성이 있을 수 있다. 바람에 날려온 그 물체가 부서질 가능성, 벽이 붕괴될 가능성, 벽에 구멍이 뚫릴 가능성, 벽에 금이 갈 가능성, 물체와 벽에 아무런 손상도 일어나지 않을 가능성 등이 있다. 이 가능성들 중에서 하나의 혹은 그 이상의 것은 현실화될 수 있다. 이 가능성의 현실화를 지배하는 법칙이 물리 법칙이다. 물리 법칙은 물리적 관계를 규정하는 법칙이다. 생명체의 경우, 한 생명체가 다른 존재자와 물리적으로 관계할 때, 그때의 물리적 법칙은 생리 법칙이다. 따라서 동물이 존재자와 관계할 때 그 관계는 생리 법칙에 의해서 규정된다. 이 법칙에 의해서 규정되는 물리적 관계에서 발생하는 현상은 규칙적 · 반복적 · 기계적인 현상이다. 이러한 현상은 사랑일 수 없다. 따라서 물리적 관계에 있는 존재자, 즉 동물은 사랑하는 자가 아니며, 또한 동물에게 수동적으로 선여된 존재자 역시 동물에게 사랑받는 것이 아니다.

따라서 존재자는 그것이 단순히 수동적으로 선소여되어 있다는 바로 그 이유만으로 그것이 사랑받는 것은 아니다. 존재자의 수동적인 선소여성은 그것이 사랑받기에 필요 조건이지 충분 조건은 아니다. 그것이 사랑받는 충분 조건은 지향적 존재자와의 관계, 즉 지향적 관계이다. 따라서 존재자가 인간에게 사랑받는 것은 그것이 인간에게 수동적으로 선소여되어 있을 뿐만 아니라 인간과 지향적 관계를 맺기 때문이다. 물론 지향적 관계는 지향적 존재자에게서 성립된다. 우리는 사랑받는 것은 자신을 사랑할 합당한 존재자를 요구한다고 말하였거니와, 이제 요구되는 그것은 지향적 존재자이다. 그 까닭은 우리가 이미 말한 바 있듯이 사랑은 지향적 관계 안에 함축되어 있는 지향적 가능성이기 때문이다. 물리적 가능성이 기계적 · 반복적 · 규칙적인 현상으로 현실화될 특성을 지닌다면, 지향적 가능성은 완성을 향한 부단한 도정의 특성을 지닌다.[2)]

---

2) 도정은 부단한 자기 초월이다.

존재자가 인간에게 사랑받는 까닭이 설명되었다. 이제 인간에게 사랑받는 것은 존재자만인지 아니면 존재자 외적인 것도 사랑받는지에 답할 차례이다. 이 물음에 대한 응답을 통해서 존재자가 인간에게 사랑받는 근원적인 까닭이 밝혀질 것이다. 사실 위에서 논의된 존재자가 인간에게 사랑받는 까닭은 표면적인 설명이지 근원적이고도 심층적인 설명은 아니다. 우리는 위 물음에 대한 답을 역시 방금 설명된 존재자가 사랑받는 표면적인 까닭, 즉 지향적 관계에 대한 분석을 통해서 얻고자 한다.

우리는 지향적 관계를 물리적 관계에 대립시켰다. 어떤 것들이 서로 대립된다는 것은, 그것들이 서로 동등함을 의미한다. 그러나 지향적 관계와 물리적 관계는 서로 동등한 관계가 아니다. 우리가 그것들을 동등한 입장에서 대립시킨 것은 설명의 편의를 위해서이다. 지향적 관계가 물리적 관계에 근원상 우선한다. 즉 인간은 존재자와 지향적 관계를 맺는 한에서 그 자신 존재자와 물리적 관계를 맺고 있다는 사실을 의식한다. 따라서 존재자와 지향적 관계를 맺지 않은 존재자는 그것이 존재자와 물리적 관계를 맺고 있으면서도 그것을 의식할 수 없다. 사실 어떤 존재자가 다른 존재자에 어떤 양식으로든지 관계하고 있으면서도 그것을 의식할 수 없으면 그 존재자는 다른 존재자와 무관계 상태에 있는 것과 마찬가지이다. 동물이 그러한 존재자이다. 그러나 우리는 동물은 존재자와 물리적 관계를 맺는다고 말했으며, 사실 동물은 존재자에 물리적으로, 오직 물리적으로만 관계한다. 그러나 그것은 존재자와 지향적 관계를 맺는 인간의 입장에서 본 관계 양식이지 동물이 그 양식을 물리적 관계로 의식하는 것은 아니다. 만약 동물이 그 관계 양식을 물리적 관계로 의식한다면, 동물 역시 지향적 존재자이다.

물리적 관계는 존재자들 간의 내적 관계이다. 그러나 지향적 관계는 존재자들 간의 내적 관계가 아니라 초월적 관계이다. 따라서 지향적 관계는 존재자를 초월하는 존재자에게서 성립된다. 그래서 이제 지향적 존재자는 동시에 초월적 존재자이다. 이에 지향적 존재자의 지향성은 존재자를 초월하는 초월성으로 구성된다. 인간은 바로 그러한 초월적 존재자이기 때문에 다른 존재자들을 넘어서며, 그것들과 관계를 맺고, 그 관계를 관계로서 의식할 수 있다. 우리는 존재자와의 그 같은 인간의 관계를 지향적 관계로 표현한 것이다. 우리는 존재자와의 지향적 관계 안에서 비로소 여러 가지 양식의 관계를 만날 수 있다. 가령 우리는 여기 있는 이 오래된 나무와의 지향적 관계에서 우리는 그 나무와 물리적 · 인격적 · 예술적 · 종교적 · 미적 · 지적 · 학적 관계를 체험할 수 있다. 물론 인간은 자기 아닌 타인에 대한 여러 가지 관계 양식들, 가령 선린관계, 친근관계, 적대관계, 우호관계 … 등을 맺을 수 있는데, 그것들도 타인에 대한 지향적 관계에서 비로소 체험된다. 따라서 지향적 관계는 여러 관계들 중의 하나가 아니라 관계들의 관계이다. 인간은 이러한 관계 존재이다. 따라서 인간은 그러한 관계 안에서 자기 자신, 다른 인간, 인간이 아닌 다른 존재자들을 만나고 인식할 수 있다. 이런 관계가 인간의 본질이다. 따라서 인간은 본질적으로 고립된 존재가 아니라 함께 하는 존재이다. 그러한 관계에서 비롯되는 가장 근원적인 인간의 태도가 바로 사랑이다. 사랑이 고립된 인간이 아니라 함께 하는 인간에서 성립되는 까닭이 바로 여기에 있다. 또한 사랑이 인간의 가장 근원적인 태도라고 함은, 그것이 인간의 여러 태도들 중의 하나의 태도가 아니라 인간의 모든 태도들을 가능케 하는 태도들 중의 태도임을 의미한다. 따라서 사랑을 인간의 감정, 특히 여러 감정들 중의 한 특수한 감정으로 해석하는 것은 사랑을 협소하게 본 것인 바, 그것은 사랑의 참된 의미를 간과한 데 따른 것이다.

한 가지 지적되어야 할 것은 지향적 관계라는 말은 동어중복이라는 점이다. 인간이 존재자 일반을 지향한다는 것은 존재자 일반을 초월함을 의미하며, 인간이 그것을 초월한다는 것은 인간이 이미 그것에 어떤 식으로든지 관계함을 의미한다. 따라서 인간이 존재자를 지향한다고 함은 이미 그것에 어떤 식으로든지 관계함을 의미한다. 따라서 지향함에 이미 존재자와의 관계가 함축되어 있다. 그러므로 지향적 인간은 고립된 존재가 아니라 관계 존재이다.

위의 지향적 관계에 대한 분석에서 밝혀진 점은, 존재자는 단순히 거기에 수동적으로 주어져 있다는 바로 그것만으로서 그것이 인간에게 수동적으로 주어진다는 것이 아니라는 사실이다. 존재자가 인간에게 수동적으로 주어져서 그것이 인간에게 사랑받는 것은, 인간이 거기에 수동적으로 주어진 존재자를 초월해 있기 때문이다. 인간은 존재자를 초월해 있는 한에서 비로소 그 존재자는 거기에 수동적으로 주어져 있는 하나의 대상으로서 인간에게

만나지고 의식된다.

(2) 진리 : 실증학적 진리(지식)와 철학적 진리(지혜)

이제 인간은 존재자를 초월한 한에서 그것과 지향적 관계를 맺는 것으로 밝혀졌다. 인간이 존재자를 초월해 있다는 것은 인간에게 존재자를 초월한 것이 수동적으로 선소여되어 있음을 의미한다. 존재자를 초월한 것은 존재자외적인 것이다. 대체 그것은 무엇일까? 그것은 존재자는 아니지만 그래도 존재자와 전적으로 무관한 것이 아니라 밀접히 관련된 것이다. 존재자와 존재자를 초월한 것은 구별되어야 한다. 존재자는 개별자로서 그 고유한 시간점과 공간점을 지니고 있다. 이러한 존재자는 인간의 감각에 의해서 접근가능하다. 그러한 존재자는 감각세계 도처에 널려 있다. 예를 들면, 지금 여기에 있는 이 푸르고 아름다운 나무와 같은 것이 존재자에 속한다. 그러나 존재자를 초월한 것은 시간 공간 점이 없을 뿐만 아니라 인간의 감각에 의해서 접근될 수 있는 것이 아니다. 감각세계 어디를 찾아봐도 존재자를 초월한 것은 없다. 그것은 감각적 자연을 초월해 있다. 그런 점에서 그것은 형이상학적인 것이다. 존재자를 초월한 그 형이상학적인 것 중의 하나는 진리이다. 진리는 존재자처럼 실재하지 않는다. 즉 진리는 존재자들처럼 그 고유한 시간점과 공간점을 갖고 감각세계에 실재하지 않는다. 진리는 감각세계의 그 어디에도 없다. 감각적 자연세계에는 황금, 석류, 석탄, 철, 소금, … 등과 같은 무수한 존재자들이 뿌리를 박고 있다. 그러나 감각적 자연세계 어디를 뒤져봐도 그곳에 진리는 없다. 그렇다고 진리는 없는 것일까? 진리가 있다면 어디에 있을까? 진리는 자신을 어디에서 드러낼까? 진리가 드러나는 그곳은 어디인가? 물론 그곳이 감각적 자연세계가 아님은 확실하다. 따라서 진리의 세계와 감각적 자연세계는 다르다. 그러나 양자는 다르지만, 밀접히 연관되어 있다. 즉 진리는 감각적 자연세계의 진리이다. 이 진리는 감각적 자연세계에 널려 있는 존재자들을 밝히는 빛이다.

존재자들을 밝히는 진리의 소재지는 존재자들이 실재하는 자연세계가 아니라 그 존재자들과 지향적 관계를 맺는 지향적 존재자, 즉 인간이다. 말하자면 진리는 인간에게서 자신을 드러낸다. 인간 또한 인간에게 자신을 드러내는 진리 안에 들어가 있다. 따라서 인간과 진리는 상호 귀속한다. 물론 상호귀속, 즉 공속은 3차원적으로가 아니라 지향적으로 이해돼야 한다. 따라서 인간과 진리의 공속도 역시 지향적 공속이다. 그런 까닭에, 진리는 인간의 머리 안에 혈관들이 내재하는 그런 식으로, 즉 생물학적 또는 물리학적으로 내재하지 않는다. 그것은 지향적으로 내재한다. 물리학적 · 생물학적 의미에서의 인간의 그 어디에도 진리는 없다. 인간 또한 진리 안에 들어가 있다고 할 때, 그것도 지향적으로 이해돼야 한다. 이러한 지향적 공속에서 비로소 인간의 존재자에의 지향적 관계가 이루어진다. 인간이 인간인 것은, 진리와 인간의 지향적 상호 귀속성을 통해서이다. 인간은 생물학적으로 자신에 내재하는 신체의 일부를 밖으로 떼어낼 수 있다. 그 경우에도 인간은 여전히 인간으로서 존속할 수 있다. 그러나 인간은 자신에 지향적으로 내재하는 진리를 떼어낼 수 없다. 진리가 인간으로부터 이탈할 때, 그는 존재자와 지향적 관계를 맺을 수 없으며, 따라서 더 이상 인간으로서 존속할 수 없다.

물론 지향적 공속은 지향적 관계가 물리적 관계와 구별되듯이 물리적 공속과 구별되어야 한다. 두 존재자의 물리적 공속을 잇는 끈은 물리 인과법칙이다. 그에 반해 인간과 진리의 지향적 공속을 잇는 끈은 사랑이다. 따라서 지향적 공속에서 진리는 인간으로 하여금 자신을 사랑하도록 유발함으로써 인간에게 사랑받고, 인간은 자신을 사랑하도록 수동적으로 유발하는 선소여된 진리를 사랑한다. 이에 사랑으로 맺어진 진리와 인간의 지향적 공속은 단순히 정적인 것이 아니라 생동적이다.

인간과 진리의 지향적인 상호 귀속성은 언어로 나타난다. 그러므로 인간과 진리의 지향적 상호 공속성에서 이루어지는 사랑은 언어 놀이이다. 이 놀이는 들음과 응답으로 구성된다. 물론 여기서 언어는 단순히 인간의 물리적인 음성적 진동이 아니다. 그런 것이 아닌 것으로서의 언어 역시 존재자의 세계에 속하지 않고 진리의 세계에 속한다.

인간이 존재자를 초월해 있다는 것은 인간이 존재자의 진리와 지향적으로 공속함을 의미하고, 또한 인간이 진리와 지향적으로 공속한다는 것은 진리가 인간에게 단순히 수동적으로 선소여되어 있음을 의미할 뿐만 아니라 인간에게 사랑받음을 의미한다. 또한 지향적 관계의 심층적 분석의 결과, 인간에게 사랑받는 것은 존재자와 존재자의 진리로 밝혀졌으며, 인간에게 존재자의 진리가 사랑받는 한에서 인간에게 존재자가 사랑받는 것도 밝혀졌다.

따라서 인간에게 근원적으로 사랑받는 것은 존재자가 아니라 존재자의 진리이다. 그러나 대개의 사람들은 자기에게 진리가 사랑받고 있다는 사실을 망각하고 있다. 그래서 그들은 진리를 망각한다. 그 결과 그들은 대개의 경우 진리가 아니라 존재자를 사랑하고 있다. 따라서 그들은 근원적인 사랑을 망각하고 있다. 인간의 본질은 사랑임을 감안하면, 근원적인 사랑을 망각하고 있는 사람들은 진정한 의미의 자기 자신을 잊고 있는 셈이다.

이제까지의 논의로 보면, 존재자와 그 진리는 표면상 유사성을 지니고 있으면서도 또한 다른 점을 지닌 것으로 보인다. 즉 양자 모두 인간에게 수동적으로 선소여된 상태에서 인간에게 사랑받는다는 점에서 유사하며, 다른 한편 존재자의 진리는 존재자를 드러내는 빛이며, 그러한 빛으로서의 존재자의 진리는 존재자처럼 실재하지 않으며, 또한 존재자의 진리는 존재자보다 인간에게 보다 더 근원적으로 사랑받는다는 점에서 양자는 다르다. 우리는 양자의 차이를 표현하는 용어로 지향적 관계와 지향적 상호 귀속성이라는 개념을 사용하였다.

지향적 상호 귀속이 인간과 진리 사이에 성립되는 표현이라면, 지향적 관계는 인간과 인간에 외재하는 존재자 사이에서 성립되는 표현이다. 존재자는 분명히 인간 밖에 있지 안에 있지 않다. 존재자는 인간 밖에서 생성되기도 하고 소멸하기도 한다. 따라서 인간과 지향적 관계를 맺는 존재자는 생성하기도 하고 소멸하기도 한다. 또한 인간은 존재자와의 지향적 관계를 통해서 존재자를 소유할 수도, 버릴 수도, 잃을 수도, 얻을 수도, 지배할 수도 있다. 한편 인간에 외재하는 존재자를 지향적 관계를 통해서 인간에게 수동적으로 선소여되게 하여 인간에게 사랑받도록 하는 존재자의 진리는 인간에 외재하지 않는다. 그것은 인간에 지향적으로 내재한다.

인간은 사랑하는 자이다. 그의 사랑(본질)은 그로 하여금 사랑을 유발하는 것, 즉 그가 사랑하는 것에 의해 규정될 수밖에 없다. 그렇다면 인간의 인간성, 혹은 인간의 본질 역시 인간에 의해서 사랑받는 것에 의해서 규정될 수밖에 없다. 우리의 논의에서 인간에게 사랑받는 것은 존재자와 그 진리이다. 이들 중에서 인간의 인간성을 규정하는 것은 존재자가 아니라 그것의 진리이다. 왜냐하면 인간의 본질은 인간에 외재하는 것에 의해서가 아니라 내재하는 것에 의해서 규정됨은 자명하기 때문이다. 따라서 인간의 본질은 인간에 외재하여 인간과 지향적 관계를 맺는 존재자가 아니라 그 지향적 관계를 가능토록 하는, 인간에 지향적으로 내재하는 진리에 의해서 규정된다고 하겠다. 따라서 인간의 인간성은 진리로 구성된다.

그러나 진리라고 해서 모두 인간의 인간성을 규정하는가? 이 점을 검토해 보자. 진리는 존재자를 초월한 것임은 앞서 언급되었다. 그런데 이 진리에는 존재자적인 진리와 존재자 자체의 진리 두 종류가 있다. 우리는 전자를 실증(학)적 혹은 과학적 진리, 후자를 형이상학적 혹은 철학적 진리로 지칭한다. 실증적 진리도 선험 실증적 진리와 사실적 진리로 나누어진다. 이 두 진리의 차이에 대해서는 여기서 상세히 언급하지 않겠다.

존재자적 진리는 존재자 내적인 것, 즉 존재자에 대한 정보를 드러내는 것이다. 존재자에 대한 정보는 실증적이기에 그것은 실증적 진리이다. 물론 실증적 진리도 인간에 지향적으로 내재한다. 그런 한에서 인간은 존재자에 대한 정보를 드러내려는 호기심을 가지며, 그 호기심을 통해서 존재자에 실증적으로 관계한다. 이런 의미에서 실증적 진리는 존재자 내적인 것에 대한 호기심을 유발하는 것이다. 물론 동물도 존재자에 관계하지만 그러한 호기심을 갖고서 관계하는 것은 아니다. 그 까닭은 실증적 진리가 인간에게는 지향적으로 내재하고 동물에게는 지향적으로 내재하지 않기 때문이다. 그래서 인간의 존재자에의 관계는 지향적 혹은 의식적(반성적)인 데 반해, 동물의 그것은 즉흥적, 즉 본능적이다.

실증적 진리를 포함한 모든 진리는 인간에게 지향적으로 내재하지만, 실체로서 내재하지 하지 않는다. 특히 실증적 진리는 완성된 형태로 내재하지 않는다. 그것은 완성을 지향하는 양식으로 내재한다. 그것은 존재자에 대한 탐구 속에서 해석학적 순환을 통해서 완성을 지향한다. 그래서 실증적 진리는 처음에는 다소 공허하지만, 존재자에 대한 실증적 탐구에서 점점 더 구체적이고도 정밀한 내용을 지닌다. 바로 이러한 실증적 진리는 명제의 형식으로 표현된다. 명제는 존재자에 대한 정보를 담는 논리적 틀이다. 명제의 형식을 통해 실증적 진리는 존재자에 대한 탐구 속에서 자신을 해석학적으로 완성해 감에 따라 논리적인 체계를 이루는데, 바로 그때 실증적 진리는 실증학적 진리로 나타난다. 그리하여 실증적 진리는 존재자에 대한 학적 탐구를 통해서 법칙, 이론의 형태로 나타난다. 오늘날 실증적 진리는 인간의 존재자에 대한 매우 정밀한 탐구를 통해서 더욱 정밀한 법칙과 이론의 형태로 완성되어 가고 있다. 물론 실증적 진리의 그러한 완성은 그것에 대한 실증학자의 사랑 속에서 진행된다. 물론 실증학자가 근원적으로 사랑하는 것은 존재자가 아니라 실증적 진리이다. 이 진리에 대한 사랑에서 실증학이 성립한다. 실증학에서 실증적 진리에 대한 사랑은 실증적 진리의 인식으로 나타난다.

실증학적 진리는 인간의 인간성을 규정하는가? 이제 이 점을 검토할 차례이다. 실증학적 진리 자체는 가치 중립적이다. 즉 그것은 선하지도, 악하지도, 파괴적이지도, 창조적이지도 않다. 그러나 그것은 인간의 물적 욕구 충족이나 육체적인 편리함을 추구하려는 실용적 목적에서 반드시 현실의 존재자에 실천적으로 적용되는데, 그때 그것은 가치 중립적이지 않다. 실증학적 진리의 진리 성격은 바로 그때 단적으로 나타난다. 그 경우 실증학적 진리는 선한 동시에 악하며 창조적인 동시에 파괴적이다. 도대체 실증학적 진리는 왜 인간의 실용적 목적, 즉 경제적 부를 축적하려는 목적과 결합할 때 양면성을 지니는가? 단적으로 답하면, 그 경우 실증학적 진리는 방법론적 진리의 성격을 지니기 때문이다. 과연 실증학적 진리는 그 경우 방법론적 진리의 특성을 지니는가?

실증학적 진리는 존재자에 관한 정보를 드러내는 것, 혹은 그 정보를 인식하는 것이다. 그러므로 실증학적 진리가 발전하면 할수록 우리는 존재자에 대한 보다 더 정밀한 정보를 가지며, 그러한 정보를 많이 가지면 가질수록 우리는 존재자를 보다 더 쉽게 우리가 원하는 대로 할 수 있다. 즉 우리가 그것을 소유하고 싶으면 소유할 수 있고, 지배하고 싶으면 지배할 수 있다. 결국 존재자는 인간의 동물적인 욕구 충족에 적합하게끔 조작(인공화)된다. 실증학적 진리는 존재자를 그렇게 조작하는 방법론적 진리이다. 따라서 실증학적 진리는 진리 자체가 아니다. 실증학적 진리의 선한 특성과 창조적인 특성은 익히 아는 바이다. 그러므로 그것에 대해서는 여기서 언급할 필요가 없다. 그것의 파괴적 특성에 대해서 간단히 언급해 보자.

실증학적 진리의 파괴적 특성은 인간이 실증학적 진리를 통해서 그가 의도하는 대로 존재자를 조작하는 과정에서 일어난다. 그때 존재자는 그 신비성을 상실할 뿐만 아니라 그 자체가 파괴된다. 실증학이 고도로 발전된, 혹은 고도의 정밀성을 지닌 실증학적 진리가 비약적으로 축적된 오늘날 우리는 그러한 파괴적인 현상을 자연 오염과, 그에 따른 생태계의 변화에서 단적으로 볼 수 있다. 존재자의 그러한 파괴는 무한히 강해지고자 하는 인간의 존재자에 대한 끝없는 소유욕, 지배욕에서 유래한다. 실증학적 진리는 인간의 그러한 소유 욕망을 충족시키는 방법으로 기능한다. 그것이 방법으로 기능하는 과정에서 그것은 또한 인간의 존재자에 대한 소유욕을 유발한다. 일단 실증학적 진리가 그러한 인간의 실용적 목적과 결합하면 양자는 비례관계를 형성한다. 즉 존재자에 대한 인간의 소유욕이 실증학적 진리의 발전을 부채질하고, 실증학적 진리는 존재자에 대한 인간의 소유욕을 증대시킨다. 양자의 이런 비례 관계에서 존재자는 한갓 인간의 소유물로 되며, 그럼으로써 존재자는 그것 자체에서 존재하지 못하고 파괴된다. 참된 사랑은 소유가 아닐 뿐더러 파괴도 아니다. 따라서 실증학적 진리에 대한 사랑이 반드시 존재자에 대한 사랑으로 이어지는 것은 아니다. 오히려 그것이 보다 더 정밀하게 완성되어 감에 따라 그것은 존재자를 파멸하는 폭력을 행사할 가능성을 지닌다.

인간 역시 하나의 존재자이다. 따라서 존재자를 파괴하는 그 폭거는 인간에게도 적용될 수 있다. 이러한 폭거는 방법적 진리인 그것이 진리 자체이거나 진리의 전부라고 간주될 때 충분히 현실화될 수 있다. 오늘이 그런 시대이다. 즉 실증학이 고도로 발전해서 마치 실증적인 것만이 존재하는 것 전부로 보이게끔 하는 오늘의 고도 산업시대에 그것은 인간과 자연을 파괴할 정도의 강포한 힘을 행사하고 있다.

이제 실증학적 진리는 실용적 목적에서 현실에 실천적으로 적용될 때 인간의 동물적 욕구 충족을 위해 존재자를 조작하는 방법론적 진리로 기능하는 것으로 밝혀졌다. 그러한 진리는 존재자 자체, 자연의 자연성을 파괴할 가능성을 충분히 지니고 있다. 또한 자연성의 파괴는 인간의 인간성의 파괴와 반드시 결부된다. 인간성을 파괴할 가능성을 지닌 진리는 인간의 본질을 규정하는 진리일 수 없다. 따라서 실증학적 진리는 인간에 지향적으로 내재하지만, 인간의 인간성을 규정하는 진리일 수 없다.

인간의 인간성을 규정하는 진리는 방법론적 진리가 아니라 진리 자체, 즉 철학적 진리이다. 그것은 존재자 자체의 진리이다. 이 진리는 존재자에 내재하는 것, 즉 존재자의 정보를 드러내는 것이 아니라 존재자 자체를, 즉 존재자를 존재자로서, 다시 말하면 존재자를 그것의 존재에서 드러나게 한다. 이 진리 안에서 존재자는 파괴되는 것이 아니라 존재자의 자기성, 신비성, 경이로움이 보존된다. 따라서 이 진리 안에서 각 존재자는 그 고유성을 지닌다. 인간이 인간의 고유성을 지니는 것도 이 진리 안에서이다. 그러나 실증학적 진리는 그것이 발전함에 따라서 각 존재자를 파괴하여 존재자의 고유성을 훼손하고, 그리하여 각 존재자들의 경계를 점차 무너뜨려서 인간을 비롯한 모든 존재자들을 실증학적 진리의 체계 안에 통합시켜서 인간의 욕구 충족적 대상으로서 단일화한다. 그러나 존재자는 인간의 욕구 충족적 대상으로서만 존재하는 것은 아니다. 그러나 인간이 진리 자체를 망각하면 할수록 각 존재자는 그러한 대상으로만 존재하는 것처럼 나타난다.

인간의 존재자에 대한 참된 사랑, 즉 지향적 관계는 존재자를 소유하는 것이 아니라 각 존재자를 존재하는 그대로 존재하게 놔둬서 존재자가 지닌 그 고유성과, 신비성, 경이로움이 존속되게끔 하는 것이다. 존재자가 그 고유성을 지닐 때 인간도 인간에 고유한 인간성을 지닐 수 있다. 따라서 존재자를 참으로 사랑할 때 인간에 대한 참된 사랑도 가능하다. 그리고 이 참된 사랑은 존재자를 존재하는 그대로 드러나게 하는 존재자 자체의 진리, 즉 진리 자체에 대한 사랑에서 비로소 가능하다. 이 진리 자체가 또한 인간의 인간성을 규정한다. 따라서 진리 자체의 사랑은 존재자에 대한 사랑인 동시에 인간 사랑이다.

철학적 진리는 실증학적 진리의 근거이다. 우리는 실증적 진리를 존재자의 정보를 드러내는 것이라고 말한 바 있다. 이 실증적 진리가 탐구되자면 존재자가 존재자로서 드러나 있어야 한다. 그때에야 우리는 존재자를 실증적으로 탐구할 호기심을 갖게 된다. 그러므로 실증적 진리는 언제나 진리 자체를 전제로 한다. 존재자에 대한 정보만을 드러내는 실증학적 진리는 지식의 체계를 이루어 지식으로 불린다. 반면 실증학적 진리의 근거인 동시에 인간성을 규정하는 철학적 진리는 지식이 아니라 지혜로 불린다.

지금까지의 우리의 논술에 의하면, 사랑은 지향적 관계에 함축된 지향적 가능성이다. 즉 사랑은 지향적 관계로 구성되는 바, 그 관계는 사랑하는 자와 그에 의해 사랑받는 것의 관계이며, 이 관계는 완성을 지향하는 바, 그 완성은 사랑하는 자가 그에 의해 사랑받는 것에의 지향적 일치를 지향하는 것이다. 이 지향적 일치를 지향하는 것이 바로 지향적 가능성이다. 여기서 보이듯이 사랑에는 사랑하는 자와 사랑받는 것이 함축되어 있다. 사랑받는 것 중에서 순수하게 사랑받는 것은 인간에 지향적으로 내재하는 진리인 바, 진리 중에서도 존재자를 인간의 사용에 점점 편리하게 조작하는 방법론적 진리, 즉 실증학적 진리가 아니라 존재자를 존재하는 그대로 드러나게 하는 진리 자체이다. 또한 진리 자체도 인간으로 하여금 자신을 사랑하도록 유발한다. 이처럼 진리가 인간으로 하여금 자신을 사랑하도록 유발하고 그에 응해서 그것이 인간에게 사랑받는 한에서 인간은 존재자와 관계할 수 있을 뿐만 아니라 존재자에 대한 실증학적 진리를 추구할 수 있다. 따라서 사랑에는 진리 자체가 함축돼 있다. 사랑이 사랑인 것은 진리 자체가 그 안에 함축돼 있기 때문이다. 그러나 대개의 인간들은 많은 것을 사랑하면서도 진리 자체는 사랑하지 않는다. 그러나 실은 그들이 진리 자체를 사랑하지 않는 것이 아니다. 여전히 진리 자체가 그들에게 사랑받고 있다. 다만 그들은 그것을 망각하고 있을 뿐이다. 바로 이 망각을 깨트리는 데서 철학이 시작된다. 즉 철학은 인간에게 사랑받고 있으면서도 인간에게 망각되어 있는 진리 자체에로 귀환하는 데서 시작된다. 물론 철학은 그것에로 귀환하는 방법도 갖고 있다. 그 방법이 어떠하냐에 따라서 철학은 여러 형태를 지닌다. 즉 인간이 형식 논리학적 사유 방법으로 그것에 접근하면 철학은 실증학의 형태를 띠며, 그때 진리 자체는 선험 실증학적 진리의 특성을 띤다. 이 경우 철학과 실증학의 구별은 모호하다. 그래서 철학은 선험 실증학의 형태를 지니게 된다. 믿음의 방법으로 진리 자체에 귀환할 때 철학은 종교의 형태를 띠게 된다. 미적 의식 혹은 예술 작품을 통해 그것에로 귀환할 때 철학은 예술의 형태를 띠게 된다. 윤리적 실천 의식을 통해서 그것에로 귀환할 때 철학은 윤리학의 형태를 띤다. 순수 사유를 통해서 그것에로 귀환할 때, 우리가 말하는, 즉 실증학, 종교, 예술, 윤리학과 구별되는 순수 철학이 가능하다.

이상에서 요약된 사랑의 존재론적 분석으로 보건대, 결국 철학은 지식이 아니라 진리 자체, 즉 지혜를 사랑하는 인간의 태도이며, 그것을 사랑하는 방법 여하에 따라서 철학은 여러 가지 형태를 띠며, 또한 지혜도 그 방법 여하에 따라서 다소 변형된다.

2. 휴머니즘에로의 접근

1) 휴머니즘에의 접근 관점과 그것의 양면성

지금까지 우리는 철학과 휴머니즘의 불가분성을 밝히기 위해서 사랑의 존재론적 분석을 통해 철학에 우회적으로 접근하였다. 이제 휴머니즘에 접근해야 할 차례이다. 물론 철학에 접근하기 위해 우리가 분석한 사랑, 혹은 그 속에 함축된 지혜 역시 휴머니즘의 핵심 개념이다. 그러나 우리는 여기서 철학에 접근할 때처럼 사랑의 존재론적 분석을 통해 휴머니즘에 우회적으로 접근하지 않고, 곧바로 그것에 접근하고자 한다.

우리는 두 관점에서 휴머니즘에 접근하고자 한다. 하나는 특정한 시대, 즉 각 역사적 시대 속에서 휴머니즘에 접근하는 개별적 접근이고, 다른 하나는 특정한 시대를 초월하는 역사 초월적 접근이다. 후자의 접근은 휴머니즘의 본래적 의미를 밝히는 것이고, 전자는 특정한 역사적 시대들 속에 나타난 개별적 휴머니즘들을 고찰하는 것이다. 따라서 역사적으로 볼 때는 많은 종류의 휴머니즘들이 있다. 물론 그 많은 종류의 휴머니즘들을 일일이 열거하고 그것들을 하나하나 비교, 고찰하는 것은 우리의 관심이 아니다. 우리의 관심은 휴머니즘의 본래적 의미에 있다. 개별적 휴머니즘들은 그러한 우리의 관심과 관련해서 논의된다.

우리는 인간의 인간다움 또는 인간의 인간다운 인간성을 추구함은 물론 인간성의 존엄성을 인정하고 그것을 충분히 발휘하고 고양시키려는 사상을 휴머니즘, 특히 휴머니즘의 본래적 의미로 규정한다. 그 어떤 개별적 휴머니즘들도 휴머니즘의 그러한 본래적 의미를 부정하지 않는다. 만약 그것을 부정하는 휴머니즘이 있다면 그것은 휴머니즘이라고 불릴 수 없다. 개별적 휴머니즘들은 휴머니즘의 본래적 의미를 충족시키려는 사상의 형태로 나타난다. 그렇다면 인류 역사상에 등장한 인간의 모든 사상과 그 사상을 실현하기 위해 정립된 제도들도 휴머니즘의 본래적 의미, 즉 인간의 인간다움을 충족하기 위한, 혹은 인간다운 삶을 영위하기 위한 것이라고 할 수 있다. 민주의의 사상과 그 제도, 공산주의 사상과 그 제도, 과학과 기술, 실용주의, 실증주의, … 등이 다 그러하다. 인간의 모든 사상들은 궁극적으로 휴머니즘을 지향하고 또 그것에로 귀결된다. 종교도 예외는 아니다. 혹자는 종교는 인간 위주의 사상이 아니라 신 위주의 사상이며 그렇기 때문에 휴머니즘이 아니다고 말할 것이다. 종교가 그런 사상임은 분명하나 그렇다고 그것이 휴머니즘이 아닌 것이 아니다. 예를 들면 기독교는 철저하게 기독교의 신 위주의 사상이다. 그러나 기독교에서 인간이 신 위주로 사유하고 행동한다는 것은 인간이 신의 말씀 안에서 신에 순종한다는 뜻인데, 기독교인들은 그것에 순종하는 데서 인간은 인간다워지고 존엄하다고 본다. 그렇다면 기독교에서 인간의 인간다운 인간성과 인간의 존엄은 신에로 귀일된다. 특히 이 점은 인간은 신에 의해 신의 형상에 따라서 창조되었다는 기독교의 창조 사상에서 단적으로 입증된다. 그러므로 기독교적 관점에서는 신 위주의 생활이 곧 휴머니즘적이다. 따라서 기독교를 휴머니즘이 아니라고 말할 것이 아니라 인간 중심적인 또는 인간 위주의 휴머니즘이 아니라고 말하는 것이 정확하다. 분명 기독교도 개별적인 휴머니즘들 중의 하나이다.

인간의 모든 사상들이 휴머니즘의 본래적 의미를 추구하는 것으로 귀일된다면, 휴머니즘은 여러 사상들 중의 하나의 사상이 아니다. 그것은 모든 사상을 포괄한다. 따라서 그것은 사상의 사상이다. 사상의 사상으로서의 그것은 인간이 인간답고자 하는 인간의 가장 자연스러운, 본질적인 사유 태도이다. 휴머니즘의 그러한 보편적 의미는 특정한 역사적 시대에 국한되지 않음은 물론이다. 그것은 특정한 역사적 시대, 즉 특정한 시간과 공간을 초월하는 보편적 것이다. 그러나 휴머니즘의 본래적 의미를 실현하려는 인간의 노력은 특정한 역사적 시간과 장소에 국한될 수밖에 없다. 그리하여 역사상 서로 구별되는 여러 종류의 개별적 휴머니즘들, 즉 사상들과 그 사상들을 실현하기 위한 제도들이 출현한다. 그렇게 출현한 휴머니즘들은 모두 휴머니즘의 본래적 의미 충족과 결부되어 있음은 당연하다. 이 점은 개별적 휴머니즘의 대표격으로 불리는 르네상스의 휴머니즘과 그에 앞서 등장한 서양에서 최초의 휴머니즘으로 불리는 로마 공화국 시대의 휴머니즘에서 단적으로 나타난다.[3] 여기서 최초라는 것은 휴머니즘의 본래적 의미를 충족시키기

---

3) 물론 그 시대에 휴머니즘이라는 말 자체는 사용되지 않았다. 그 말은 1808년 독일의 철학자 니이타머(F. L. Niethamer)가 『우리 시대의 교육이론에서의 박애주의와 휴머니즘의 논쟁』이라는 책에서 처음 사용하였다.

위해 로마인들이 인간의 인간다움, 혹은 인간성을 처음으로 사유한 것으로 이해되어서는 안 되고 인간의 인간다움을 추구한 역사학적 사건이 그들에 의해 처음으로 일어난 것으로 이해되어야 한다. 그 사건은 로마인들이 '인간다운 인간'(homo humanus)과 '야만적 인간'(homo barbarus)을 구별하고, 자신들을 인간다운 인간에 귀속시킨 데서 시작된다. 그 당시 그들에게 이 구별의 기준은 야만성(diritas)과 대립되는 인간성(humanitas)이다. 인간다운 인간은 인간성이 몸에 배인 로마인이고, 야만적(비인간적) 인간은 로마인과의 전쟁에서 패하거나 항복한 이민족 출신의 노예들로서 이들은 로마인에게 살아 있는 도구에 불과했다. 또한 르네상스 시대의 휴머니즘은 그리스와 로마를 숭상, 부활, 모방함으로써 인간의 인간다운 인간성을 추구하였다.

그러나 역사적 시대의 휴머니즘들, 즉 여러 사상들이 휴머니즘의 본래적 의미 실현을 추구한다고 해서 그것들이 전적으로 그것의 본래적 의미에 부합되는 것은 아니다. 양자는 별개의 문제이다. 사실 인류 역사상에 등장한 거의 모든 사상들은 휴머니즘의 본래적 의미에 완전히 부합하는 것은 아니다. 로마인들이 자신들을 인간다운 인간에 귀속시키고, 그들과의 전쟁에서 패한 이민족은 야만적 인간에 귀속시켜서 비인간적인 단순히 살아 있는 도구로 취급하는 그들의 휴머니즘은 오늘날 우리가 볼 때 분명 반휴머니즘적이다. 또한 그리스와 로마를 숭상, 부활, 모방함으로써 중세의 스콜라적인 우주관, 세계관, 인간관을 배척하는 데서 인간의 인간다움을 찾는 르네상스의 휴머니즘은 중세의 스콜라적인 것을 신봉하는 자에게는 분명 반휴머니즘적이다. 뿐만 아니라 공산주의자의 입장에서 자본주의는 반휴머니즘적이며, 역으로 자본주의자의 입장에서 공산주의는 반휴머니즘적이다.

그러면 도대체 반휴머니즘이 의미하는 바는 무엇인가? 그것은 휴머니즘이 아닌 것이 아니다. 그것도 역시 휴머니즘이다. 그러나 그것은 휴머니즘이되, 휴머니즘의 부정적 변양, 혹은 휴머니즘의 비본래성이다. 반휴머니즘이 휴머니즘의 비본래성이라는 것은 그것이 전적으로 비인간적임을 의미하지 않고 그것에 분명 인간다운 측면이 깃들어 있는 동시에 또한 그에 못지 않게 비인간적인 측면도 함께 깃들어 있음을 의미한다. 따라서 역사상에 등장한 개별적 휴머니즘들은 모두 휴머니즘의 본래성과 비본래성이라는 양면성을 함께 지닌다고 하겠다. 물론 양면성은 항상 결부되어 있다. 새로운 사상은 기존 휴머니즘들, 혹은 사상들에 깃들어 있는 휴머니즘의 비본래성의 지양을 노린다고 하겠다. 물론 그 새로운 사상도 반휴머니즘적 성격을 전혀 갖고 있지 않다고 말할 수는 없다. 그 어떤 사상도 완전무결한 것이 아니기 때문이다. 따라서 어떤 사상이 휴머니즘적이라고 불리는 것은 그 사상에 인간다운 일면이 있음을 의미하고 동시에 그것이 반휴머니즘적이라고 불리는 것은 그 사상에 인간답지 못한 일면이 있음을 의미한다. 물론 그 양면성 중에서 어떤 면이 더 농후하냐에 따라 그 사상은 추앙받기도 하고 지탄받기도 한다.

2) 지혜 사랑의 태도로서의 휴머니즘

그러면 휴머니즘의 사유, 즉 인간이 인간다워지려는 것에 대한 사유는 어떠한 특성을 지니기에 휴머니즘적 · 반휴머니즘적이라는 양면성을 띠지 않을 수 없는가? 이 물음에 응답하는 과정에서 철학과 휴머니즘의 불가분성도 함께 해명될 것이다. 그러나 우리는 그것에 응답하기 전에 사랑과 사유의 관계에 대해서 간단히 언급하고자 한다.

우리는 사랑을 지향적 관계에 함축된 지향적 가능성으로 규정하였다. 사유도 마찬가지이다. 우리가 어떤 무엇을 사유하자면 그것과 지향적 관계에 있어야 한다. 우리는 지향적 관계를 떠나서는 아무 것도 사유할 수 없다. 따라서 사유 역시 지향적 관계에 함축된 지향적 가능성이다. 사랑과 사유는 모두 지향적 가능성으로 구성된다는 점에서 동일성을 지니고 있다. 따라서 무엇을 사랑한다고 함은 무엇을 생각하고 있다는 뜻이다. 그러므로 무엇을 생각하지 않는데 그것을 사랑할 수는 없으며, 또한 무엇을 사랑하지 않는데 그것을 생각할 수는 없다. 우리가 무엇인가를 생각한다면 그것은 어떤 양식으로든지 우리에게 사랑받고 있음을 의미한다. 그러나 사랑과 사유는 모두 지향적 가능성이라는 동일성을 지니고 있으면서도 한편으로는 약간 구별되는 점도 없지 않아 있다. 사랑은 아무래도 사유보다도 그 적용되는 외연이 더 넓다. 사랑이 인간의 모든 태도에 적용될 수 있다면 사유는 주로 인간의 이론적 태도에 적용될 수 있다고 하겠다. 그렇다면 사유는 사랑의 한 양식이라고 할 수 있다. 특히 사유는 인간의 진리 사랑의 양식이다. 즉 인간에게 진리의 사랑은 사유로 나타나는 셈이다. 이런 점을 감안하여 우리는 이하에서 진리(지혜) 사랑과 진리 사유를 동일한 의미로 사용할 것이다.

이제 우리는 다시 저 물음에 응답하고자 한다. 인간이 인간답고자 하는 사유가 어떤 성격을 지니는가에 답하자면, 어떤 경우에 인간이 인간다운가를 생각해 봐야 한다. 우리가 생각하기에 인간이 인간다운 경우는 인간이 인간으로서 존재하는 경우이며 오직 그 경우만이다. 따라서 인간이 인간답다는 것은 인간이 인간으로서 존재함을 의미한다. 인간이 인간으로서 존재하지 못하는 경우, 예를 들면 동물과 같이 야만적으로 행동할 경우 우리는 그런 인간을 인간답다고 하지 않는다. 따라서 휴머니즘은 인간의 인간으로서 존재함을 지향한다. 인간이 인간으로서 존재할 때 인간은 인간성을 지닌다. 휴머니즘, 즉 인간의 인간다움에 대한 사유는 바로 인간을 인간으로서 존재하게 하는 것, 즉 인간성(인간본질)을 규정하는 것에 대한 사유이다. 이미 밝혀진 바와 같이, 그것은 진리이다. 따라서 휴머니즘의 사유는 진리의 사유를 그 성격으로 한다고 하겠다. 다시 말하면 휴머니즘은 진리를 사유하는 인간의 기본적 태도이다. 우리는 이러한 태도를 철학으로 규정하였다. 이로써 이제 휴머니즘은 철학적이며, 철학은 휴머니즘적인 까닭이 밝혀졌다. 흔히 철학을 인간의 본질에 관한 탐구라고 하거니와, 철학이 바로 그렇게 불리는 것은 그것이 휴머니즘적이기 때문이다.

물론 인간의 인간성을 규정하는 진리는 지식의 차원에 속하는 방법론적 진리, 즉 실증학적 진리가 아니라 지혜의 차원에 속하는 진리 자체, 즉 철학적 진리이다. 인간을 인간으로서 존재하게 하는 지혜의 사랑이 철학이라면, 철학이야말로 인간에 대한 근원적인 사랑학, 즉 휴머니즘에 불타는 사랑학이다. 이제 '지혜를 사랑하는 자, 즉 철학자'와 휴머니스트(Humanist)는 의미상 같은 말이다. 인간성을 규정하는 지혜야말로 진리 중의 진리, 즉 근원적 진리이며, 철학자는 이러한 진리를 추구하고 사랑하는 자이다. 이러한 진리가 철학자를 움직이고 철학자로 하여금 인간을 사랑하게 한다. 진리를 사랑하지 않는 자는 진정으로 인간을 사랑한다고 할 수 없다. 남녀간의 사랑도 마찬가지이다. 거기에 진리가 없다면 그 사랑은 위장된 것에 불과하다. 이제 철학과 휴머니즘의 공통 분모가 지혜임이 밝혀졌다.

그러나 휴머니즘은 지혜 사랑으로 충분하고 자연으로부터 인간의 물질적 욕구 충족을 가능하게 하는 실증학적 진리는 그것에 필요 없는가? 전혀 그렇지 않다. 그것도 필요하다. 즉 그것은 휴머니즘의 필요조건이다. 왜냐하면 인간이 동물적인 유기체로서 자연에 속하는 이상, 인간이 인간다워지자면 물질적인 욕구를 어느 정도 충족시켜야 하기 때문이다. 빈곤의 상태에 처한 인간을 인간다운 인간이라고 할 수는 없다. 그러나 물론 실증학적 진리들만으로는 인간은 인간다워질 수 없다. 그것들은 철학적 진리를 전제로, 또는 그것을 기초로 휴머니즘의 본래적 의미를 충족시킬 수 있다. 다시 말하면 실증학적 진리들은 인간의 본질, 또는 인간의 인간성을 규정하는 철학적 진리에 비추어서 인간에게 적용되고 사용되어야 인간은 인간답게 될 수 있다. 이 점에서 지혜를 사랑하는 철학은 실증학적 진리들을 추구하는 만학(萬學)을 인도하고 지도하는 기초학, 즉 보편학이다. 철학이 보편학의 역할을 충실히 수행할 때 그것은 휴머니즘의 본래적 의미를 충족시키는 데 가까이 접근할 수 있다.

휴머니즘, 즉 인간의 인간다움에 대한 사유(사랑)가 지혜의 사랑의 성격을 지니는 것으로 밝혀졌다. 또한 그 사유가 그러한 성격을 지니기 때문에 철학과 휴머니즘이 불가분적임도 밝혀졌다. 이제 왜 지혜의 사유에서 지혜, 즉 휴머니즘의 양면성이 야기되는지 밝혀져야 한다. 우선 우리는 지혜의 사유가 역사 속에서 이루어지며 그것을 초월해서 이루어질 수 없다는 데 주목해야 한다. 그것이 역사 속에서 이루어지는 한 사유된 지혜 역시 역사에 내재하지 그것을 초월하지 않는다. 그리하여 역사에는 그때그때의 지혜가 있다. 실제로 역사에는 동서고금을 불문하고 사유된 수많은 지혜들이 있다. 그 중 어떤 것은 한 시대를 풍미하고 그 시대에서 지도적인 역할을 한 것도 있다. 그러나 그것이 아무리 그 시대에 지배적인 영향력을 행사했다고 해서 휴머니즘의 본래성과 비본래성을 함께 지니지 않는 것은 아니다. 우리는 그 까닭을 지혜의 사유가 역사 속에서 이루어지는 데서 찾고자 한다. 그러나 그것이 역사 속에서 이루어진다고 해서 역사가 미리 있고 나서 그 후에 그 속에서 지혜가 사유된다는 것이 아니다. 지혜의 사유가 역사 속에서 이루어진다는 것은 지혜의 사유가 역사적임을 의미한다. 따라서 지혜를 사유한 사상들이 휴머니즘의 비본래성을 면할 수 없는 것은 그것이 역사성을 면할 수 없는 데 있다. 어떤 것이 역사성을 지닌다고 함은 그것이 가능성을 지님을 의미한다. 그렇다면 지혜 사유가 역사적이라 함은 그것이 가능적임을 의미한다. 물론 이때의 가능성은 지향적 가능성이다. 지혜의 사유가 이처럼 지향적 가능성을 지니는 것은 그것을 사유하는 인간이 지향적 존재자인 데서, 특히 이 존재자의 본질인 사랑의 존재 양식이 우리가 이미 밝힌 바 있는 지향적 가능성인 데서 유해한다.

사랑의 존재 양식이 완성을 지향하는 가능성이기 때문에 지혜의 사랑도 당연히 완성을 지향하거니와, 바로 그 과정에서 지혜(휴머니즘)의 본래성과 비본래성이 야기된다고 하겠다. 지혜 사랑이 지향적 가능성이라고 함은 그것이 부단히 완성을 지향하지만 결코 완성될 수 없음을 의미한다. 결코 완성될 수 없다는 바로 그것이 지향적 가능성의 본질이다. 그러므로 지향적 가능성이 본질인 인간은 아무리 오래 살아도 아무리 위대한 업적을 세워도 결코 자신을 완성할 수 없다. 인간은 본질상 오류를 범할 수밖에 없다.

혹자는 우리가 말한 인간과 지혜의 상호 귀속성에 의거해서 다음과 같이 반문할지도 모른다. 즉 양자가 상호 귀속한다면, 인간은 항상 지혜 안에 있으며, 그리하여 인간의 인간성은 항상 지혜로 구성되어 있으며, 그래서 인간은 항상 지혜롭지 않느냐고 할지 모른다. 물론 인간과 지혜는 상호 귀속하며, 그래서 인간의 인간성이 항상 지혜로 구성되어 있다고 말한 것은 분명 옳다. 그러나 그것이 지혜로 구성되어 있다고 해서 인간이 언제나 지혜롭다는 것은 아니다. 왜냐하면 그것은 분명 지혜로 구성되어 있지만, 그 구성의 양식이 지향적이기 때문이다. 그 양식이 지향적이라 함은, 인간이 인간성과 그 존엄성을 유지, 고양하기 위해 늘 지혜의 도정(道程)에 있음을, 다시 말하면 부단히 지혜 안에 서려 함을 의미한다. 인간은 바로 그것 안에 서려는 데서 또한 그것을 이탈하는 경우도, 즉 지혜롭지 못하는 경우도 있다. 바로 그때에 지혜 사랑에서 지혜의 본래성과 함께 비본래성이 야기된다.

우리는 지금까지 철학과 휴머니즘의 공통분모를 밝힘으로써 양자가 불가분적임을 해명하였다. 양자는 지혜를 사랑하는 바로 그 점에서 불가분적이다. 그러나 이 지혜의 사랑은 완성을 지향하나 결코 완성될 수 없는 지향적 가능성을 그 본질 양식으로 취하기 때문에 지혜 사랑은 휴머니즘의 본래성과 비본래성을 함께 야기할 수밖에 없음을 밝혔다.

인간의 지혜 사랑은 인간이 지혜에 따르려는(순응함) 것을 의미하는데, 그 따름은 인간은 자신을 지혜에로 던지고 지혜는 인간으로 하여금 자신을 사랑하도록 인간에게 자기를 내어주는 양식을 취한다.[4] 이 같은 양식으로 인간은 그때그때의 역사적 시대에서 지혜를 사랑해 왔으며, 그런 지혜 사랑의 결정체가 바로 사상이다. 사상은 인간이 그때그때 사랑한 지혜를 언어를 통해서 표현한 것이다. 인류 역사에는 수많은 종류의 사상이 있으며, 그 사상들에는 제각기 지혜가 깃들어 있다. 그래서 여러 종류의 지혜가 있다. 예를 들면, 지혜는 크게 종교적 지혜와 학적 지혜로 나누어진다. 종교적 지혜에는 기독교적 지혜, 불교적 지혜, … 등이 있다. 학적 지혜에는 철학적 지혜와 실증학적 지혜가 있다. 실증학적 진리에서 인간의 인간다움을 찾을 때 바로 그때의 진리가 실증학적 지혜이다. 이렇게 실증학적 진리를 지혜로 보는 철학적 입장이 실증주의이다. 따라서 실증주의에서 지혜는 실증학적 진리로 나타난다. 우리는 여기서 학적 지혜 사랑을 문제삼지 종교적인 지혜 사랑은 문제삼지 않는다.

지혜 사랑, 특히 학적 지혜 사랑은 역사적이다. 그래서 그것은 역사를 초월할 수 없다. 그 때문에 역사 초월적인 보편적 지혜는 있을 수 없다. 따라서 많은 사상들에 깃들어 있는 지혜에는 그 시대의 시대적 상황이 반영되어 있다. 각 시대는 그 시대에 요구되는 지혜를 필요로 한다. 그러므로 시대가 바뀌면 또는 일정한 시간이 지나면 그 시대에 맞는 지혜가 요구된다. 지혜를 사랑하는 대개의 사람들은 특정한 시대가 아니라 모든 시대에 타당한 보편적인 지혜를 추구하나, 추구된 각 지혜는 그것을 사랑한 자의 바로 그 시대의 상황을 반영할 뿐이다. 그러므로 사유된 모든 지혜는 지혜의 온전한 모습이 아니라 부분적인 모습일 뿐이다. 따라서 인간에 의해서 사유된 모든 지혜는 결점 없는 것이 아니다. 사유된 모든 지혜는 그 나름의 결점이 있다. 그러므로 그것은 비판받는다. 사유된 지혜를 비판하는 것도 역시 지혜 사랑의 태도이다. 지혜 사랑은 사유된 지혜를 비판하는 데서 시작된다. 지혜에는 그것이 사유된 그 시대의 상황이 반영되어 있다는 점에서 그것을 비판하는 것은 바로 그 시대를 비판하는 것이기도 하다. 인간이 지향적 가능성을 그 존재 양식으로 하는 한, 사상이 아무리 많고 그것이 아무리 위대하다고 할지라도 사유된 지혜에 대한 비판은 계속되며, 그로써 지혜 사랑 역시 계속

4) 이 같은 사랑의 양식을 굳이 표현하면 현상학적 해석학적이라고 할 수 있다.

된다. 이 같은 지혜 사랑 속에 철학을 학으로 존립하게 하는 것, 즉 철학의 학적 의미가 있거니와, 그 의미는 지혜 사랑에 함축되어 있는 휴머니즘의 비본래성을 극복하고 그 본래성, 즉 인간다운 인간성을 회복하는 것이다.

결국 우리는 철학과 휴머니즘의 공통 분모를 찾는 방식으로 철학의 개념을 규정함으로써 마침내 그 공통 분모, 즉 지혜 사랑에서 철학의 학적 의미를 찾은 셈이다. 물론 그것에 깃든 철학의 학적 의미는 방금 말한 인간다운 인간성의 회복이다.

3) 오늘의 휴머니즘의 형태와 그것의 극복을 위한 사유 양식들

이제 우리는 오늘 우리 시대를 특징지은 학적 지혜가 무엇이며, 그 지혜는 오늘날에도 여전히 유효한가를 검토해 봐야 한다. 이러한 검토 작업에서 우리 시대에 특유한 휴머니즘이 지닌 양면성의 양식도 함께 밝혀질 것이다.

오늘의 우리 시대를 주도적으로 이끌어 가는 학적 지혜는 실증학적 진리라고 할 수 있다. 오늘날 이 진리가 광범위하게 통용되고 있다. 이 점은 오늘이 지식 정보화 시대로 지칭되는 데서도 단적으로 입증된다. 지식, 즉 실증학적 진리는 이미 본 바와 같이 존재자를 조작, 인공화하는 방법론적 진리이지, 진리 자체는 아니다. 이러한 실증학적 진리는 오늘날 기술의 형태를 취한다. 그러나 진리 자체가 아닌 그것이 마치 진리 자체인 것처럼, 특히 지혜인 것처럼 여겨지고 있다. 오늘날 그것은 다른 어떤 것보다도 인간의 인간다움을 보장해 주는 것으로 간주되고 있다. 그리하여 보다 더 발전된 새로운 실증학적 진리의 인식, 즉 기술 개발에 모두 혈안이 되어 있다. 마침내 그러한 진리의 인식을 두고 치열한 경쟁이 벌어지고 있다. 그리하여 무한 경쟁 시대니 경쟁력 강화니 하는 표어가 등장하였다. 물론 전에도 그러한 표어가 사용되기도 했지만 그 표어가 사용되던 그때와 오늘은 다르다. 전에는 무한 경쟁을 뒷받침할 범세계적 틀이 아직 갖추어지지 않았으나 오늘은 그것이 갖추어져 있다. 그 틀이 바로 경제에는 국경이 없다는 세계화, 국제화라는 이데올로기 아닌 이데올로기, 즉 탈-이데올로기이다.

우리는 실증학적 진리는 실용적 목적과 결합하여 현실에 실천적으로 적용됨을 지적한 바 있다. 오늘날 그 결합은 고도로 심화되어서 실증학적 진리

체계, 즉 기술과 상업주의는 뗄 수 없는 관계가 되었다. 그리하여 실증학적 진리 없는 상업주의, 상업주의 없는 실증학적 진리는 무의미할 정도이다. 상업주의는 실증학적 진리를 통해서, 실증학적 진리는 상업주의를 통해서 그 의미를 지닐 정도이다. 그 결과 마침내 기술 경제학이 탄생하였다. 그 전 시대가 정치 경제학의 시대였다면 오늘은 기술 경제학의 시대이다. 즉 오늘은 기술 경제학이 정치 경제학을 대신하는 시대이다. 정치 경제학의 시대는 정치, 즉 이데올로기가 경제에 우선하는 시대이다. 그러므로 그 시대는 이데올로기의 시대이다. 잘 알려져 있듯이, 그 시대에 쌍벽을 이룬 이데올로기는 공산주의와 자본주의이다.

자본주의와 공산주의는 비록 정도의 차이는 있을지라도 모두 실증학적 진리, 즉 기술이 경제와 결합한 사회체제이다. 그래서 양자는 외적 동일성을 지닌다. 그러나 양자는 또한 그 결합 양식에서 차이를 드러낸다. 자본주의 사회에서 기술과 결합해 있는 경제 양식은 개인이 각자의 최대한의 이윤을 추구하기 위해 자유로운 경제 활동을 하는 자유경제, 즉 상업주의이다. 공산주의 사회에서의 그것은 철저한 국가 계획경제이다. 물론 이런 차이점은 이데올로기가 다른 데서 온다. 즉 공산주의의 철저한 국가 계획경제는 사회성원 모두가 평등한 유토피아를 지향하는 공산주의 이데올로기에 의해서 규정된 것이다. 따라서 공산주의에서는 평등이라는 이념적 가치가 경제에 우선한다. 반면 자본주의에서는 이념적 가치가 경제에 우선하는 것이 아니라 그 역이다. 즉 자본주의에서는 자본주의의 이념적 가치인 자유는 자본주의적 경제 양식, 즉 상업주의를 가능하게 하는 수단적 가치이다.

엄밀히 보면, 이념적 가치가 개인의 물질적 가치, 즉 경제적 가치를 극대화하기 위한 수단적 가치로 정립되는 사회체제는 이데올로기라고 할 수 없다. 그런 의미에서 자본주의는 이데올로기가 아니다. 그러나 공산주의가 자본주의를 위협하고 붕괴시키기 위해 그것과 대결할 때, 자본주의 역시 생존을 위해 그 경제체제를 절대적 가치로 이념화하는 이데올로기적 특성을 지니지 않을 수 없다. 그런 한에서 자본주와 공산주의는 서로 대립, 경쟁하는 이데올로기이다. 그러나 또한 바로 그렇기 때문에 공산주의가 붕괴되면 이데올로기도 자연히 종식된다.

이제 지구상에서 공산주의가 붕괴된 것은 이념적 가치에 의해서 경제 양식이 규정되는 이데올로기의 종식을 의미한다. 즉 그것은 저마다 경제적 번영을 제일 가치로 추구함을 의미한다. 경제와 기술이 일단 불가분적 단계로 들어서면 경제적 번영은 기술 발전에 비례하고, 기술 발전 역시 경제적 번영에 비례한다. 따라서 양자는 그 발전에 있어서 서로 비례한다. 그러므로 탈이데올로기 시대에 얼마나 강자가 되느냐 얼마나 잘 생존하느냐 하는 것은, 기술과 경제의 비례적인 발전 정도에 달려 있다고 하겠다. 어떤 국가나 사회나 그 정도가 높으면 높을수록 그만큼 강하며 생존력도 점점 증강한다. 그리하여 탈이데올로기 시대로 접어든 오늘날 각 국가는 생존하기 위해 저 양자의 비례적인 발전 정도를 저하시키는 요소를 찾아내어 그것을 제거하고 있다. 경쟁력 강화와 그에 수반되는 구조조정은 그 대표적인 예이다. 물론 이념도 저 발전 정도를 저하시킨다면 제거된다. 고도 산업시대에 이념이 그것을 저하시키는 대표적인 사회체제가 평등이라는 이념에 의해서 경제 양식이 규정되는 공산주의 체제이다. 그러므로 경제와 기술이 결합되어 양자가 어느 정도 발전한 오늘날 공산주의는 붕괴될 수밖에 없었다.

오늘의 시대적 특징은 경제와 기술의 결합을 저하시키는 모든 이념의 제거, 소멸에 있다. 물론 이 시대에도 이념이 있거니와, 그것은 기술과 경제의 결합을 강화하는 것이며, 그러한 이념은 자본주의적 이념인 자유이다. 그래서 오늘날도 여전히 자유주의 시대이다. 자유주의도 하나의 이데올로기이긴 이데올로기이나, 이념을 추구하는 것이 아니라 물질적 가치를 추구하는 기술 경제(학)를 뒷받침한다는 점에서 이데올로기 아닌 이데올로기, 즉 탈이데올로기이다. 따라서 오늘의 탈이데올로기는 기술 경제학적 사유 방식, 혹은 기술 경제 체제를 특징으로 하는 경제적 합리주의의 형태를 취한다.

오늘날 우리는 좋든 싫든 경제적 합리주의 안에서 인간다운 삶을 추구하고 있다. 따라서 이 시대 휴머니즘은 경제적 합리주의 형태를 띤다. 우리는 경제적 번영에서 인간의 인간다움과 존엄성을 찾고 있다. 물론 경제적 번영은 휴머니즘에 필요한 요건임에는 분명하다. 그러나 또한 휴머니즘은 그것으로써만 다 하는 것이 아니다. 왜냐하면 우리는 역사적으로 추구되는 휴머니즘은 본래성과 비본래성을 지닌다고 말하였거니와, 경제적 합리주의 역시 휴머니즘의 본래성과 비본래성을 동시에 지니고 있기 때문이다. 그것이 지니고 있는 휴머니즘의 본래성은 그것이 풍요로운 물질적 삶을 가져다주는 데서 찾을 수 있다. 그러나 바로 그것을 충족시키는 경제적 합리주의의 물질적으로 풍요한 삶은 다른 한편으로 휴머니즘의 비본래성을 야기한다. 경제적 합리주의 시대 인간은 분명 인간으로서 인정받고 대접받기 위해 무엇보다 먼저 경제적 합리성에 따라서 사유하고 행동한다. 그 합리성은 인간을 속박한 불합리한 봉건적 권위와 그 제도, 빈곤으로부터 인간을 해방하였다. 그것의 인간 해방적 특성은 분명 휴머니즘의 본래성에 부합된다. 그러나 또한 무엇보다도 먼저 인간이 경제적 합리성에 따라 사유하고 행동하기 때문에 이 시대에 인간관계는 물량적 특성을 띠며, 그로 해서 인간성 상실 혹은 인간소외로 지칭되는 인간의 비인간화라는 인간의 물상화 현상이 그 어떤 시대보다 더 보편화, 심화된다. 그것이 너무나 심화, 보편화되어 있기 때문에 인간성 상실 현상에 대한 경고의 목소리에 우리가 무감각해진 지 오래다. 오늘의 경제적 합리주의의 물질적 번영은 인간의 자연의 인공화에, 즉 인간의 자연지배에 기인하는 바, 그로부터 자연의 자연성의 상실이 야기된다. 방금 지적된 인간성 상실 현상도 이 자연성의 상실과 뗄 수 없는 관계에 있다. 그 까닭은 자연은 인간의 근원적 삶의 터전이기 때문에 그것의 상실은 곧 인간의 근원성의 상실로 이어지기 때문이다. 또한 자연성이 상실되는 데서 비인간적인 삶의 공간이 야기되는데, 자연오염에 의한 생태계의 파괴가 그 대표적인 것이다. 따라서 고도로 문명화된, 물질적으로 진보된 오늘날에도 인간은 인간다운 상황에로 진입하는 한편 여전히 야만적 상황에로 전락하고 있다.

물론 방금 언급된 휴머니즘의 본래성과 비본래성의 양면성은 우리 시대의 휴머니즘만이 갖는 것은 아니다. 이미 지적한 바와 같이, 그것은 휴머니즘적 태도, 즉 인간의 지혜 사랑의 본질이 지향적 가능성, 즉 역사적인 데서 유래한다. 따라서 그 양면성은 인간에게 불가피한 역사적 현상이다. 이에 그것은 동서고금을 막론하고 어디에나 있게 마련이다. 다만 그 양면성은 동서에 따라, 시대에 따라 다른 양상을 지닌다고 할 수 있다. 따라서 오늘날 우리가 체험하고 있는 그 양면성은 우리 시대에 특유한 양상이다. 우리가 체험하고 있는 그 양상은 위에서 지적한 물질적 풍요로움과 그로부터 야기되는 비인간적 상황들이다. 이런 양면성으로 특징지어지는 우리 시대는 얼마 전에 발생한 이데올로기의 종말 이후에서 연원하는 것이 아니라 근대의 시작과 함께 연원한다. 따라서 그 양면성은 근대에 접어들면서 이미 발생하기 시작했으며, 근대화가 심화됨에 따라 그 양면성 역시 심화, 보편화되어 왔다. 이데올로기들, 즉 자본주의와 공산주의의 대결은 물론 탈이데올로기, 즉 경제적 합리주의도 역시 근대화가 심화되는 과정에서 발생한 사건이다.

우리는 지혜 사랑으로 특징지어지는 인간 사유가 역사적임을 지적한 바 있다. 인간 사유가 역사적이라 함은, 그것이 역사 속에서 이루어지면서 동시에 역사를 형성함을 의미한다. 이러한 인간 사유의 역사성은 기존 사유에 대한 비판적 특성을 지니지 않을 수 없다. 인간의 창조력은 바로 그러한 인간 사유의 역사성에 기인한다. 물론 근대 이후의 서양 사유도 그러한 역사성을 지닌다. 근대 이후 서양 사유는 실증주의를 보다 더 심화, 발전시키는 방향과 그것을 비판하는 방향으로 전개된다. 우리가 지적한 경제 합리주의의 형태를 취한 오늘의 탈이데올로기도 실증주의가 심화, 발전된 형태이다. 어떤 의미에서 그것은 실증주의가 발전할 수 있는 최종 형태이기도 하다. 즉 실증주의가 완전히 발전하면 모든 이념이 소멸될 수밖에 없는 고로 그것의 최종적 완성태가 탈-이데올로기임은 당연하다고 하겠다.

실증주의를 비판하는 사유는 대체로 실증주의적 휴머니즘에서 발생하는 휴머니즘의 비본래성을 극복하고 본래성의 회복을 시도한다. 물론 그 사유가 회복하고자 하는 휴머니즘의 본래성은 실증주의적 휴머니즘이 지닌 본래성, 즉 경제적 번영이 아니다. 경제적 번영은 휴머니즘의 본래성의 일면이지 전면은 아니다.

오늘날 경제적 합리주의로 전개된 근대의 실증주의는 근대에 형성되었지만 그 근원적인 형식적 틀은 고대 그리스에서 싹튼 서양의 시원적 합리주의로 소급된다. 그렇다면 경제적 합리주의도 서양의 시원적 합리주의가 서양 사유의 역사적 진행 과정에서 발전한 최종 형태이다. 따라서 휴머니즘의 본래성을 회복하려는 오늘의 서양 사유는 가깝게는 근대 실증주의, 멀리는 그리스의 합리주의에 대한 철저한 비판으로 특징지어진다. 현대의 그런 비판적 사유는 여전히 합리주의의 지반에서 기존의 합리주의를 비판하는 합리주의적 입장과 합리주의에서는 원리적으로 인간성 회복이 불가능하다고 보고 합리주의를 완전히 떠나는 비합리주의적 입장으로 대별된다. 전자에는 호르크하이머, 아도르노, 프롬, 벤야민, 마르쿠제, 하버마스로 대표되는 비판적 사회 이론가들과 현상학을 창시한 후설이 속하며, 후자에는 쇼펜하우어, 니체로 대표되는 생 철학자들과 키에르케고르, 마르셀, 하이데거, 야스퍼스, 사르트르로 대표되는 실존 철학자들, 그리고 데리다, 푸코로 대표되는 포스트모더니스트들이 있다. 이 중에서 후설의 현상학은 매우 독특한 위치를 점한다. 즉 그의 현상학은 외형상 합리주의의 형태를 취함에도 불구하고 그의 사유는 어떤 점에서는 위의 비합리주의적 사유와 상당한 논리적 유사성을 지닌다. 그런 의미에서 그의 현상학적 사유는 위에 언급된 합리주의와 비합리주의의 어느 하나에 귀속될 수 없다. 후설의 사유를 합리주의에 귀속시키는 것은 그의 사유의 외적인 면만 보고 내적인 면을 보지 못한 처사이다. 사실 위에 언급된 철학자들 중 후설에 앞선 몇몇을 제외하고는 거의 모두가 그의 현상학에 직·간접적으로 영향을 받고 있다. 그렇다면 그의 현상학은 실증주의 비판과 그 비판을 통한 휴머니즘의 본래성을 회복하는 이 시대의 대표적인 논리라고 할 수 있겠다. 그래서 우리는 "현상학과 휴머니즘"이라는 제목을 택하고 그 제목에서 논의할 대표적 철학자로서 후설을 선택하였다.

후설의 현상학은 실증주의를 비판하는 과정에서 생겨났다. 따라서 실증주의 혹은 그 비판을 떠나서는 그의 현상학을 이해할 수 없다. 그러나 그의 현상학이 실증주의 비판을 통하여 생겨났다고 해서, 그의 현상학의 출현이 곧 실증주의와의 대결을 끝내고 그로써 그것이 완성된 것은 아니다. 그의 현상학은 시종일관 실증주의와 대결하여 그 극복을 시도하였다. 그렇게 함으로써 그는 그의 현상학을 엄밀한 학(보편학)으로서 완성하고자 하였다. 그러한 학으로서의 현상학의 완성은 인간의 자기 인식을 완성하는 것이다. 그것이 완성될 때 실증주의에 의해 상실된 휴머니즘의 본래성 회복도 가능하다. 그러나 후설은 실증주의와 대결하는 부단한 노력에도 불구하고 그의 철학(현상학)을 엄밀한 학으로서 완성하지 못하고 끝내 미완의 형태로 남겨놓은 채 삶을 마감하였다. 그러나 그는 그것을 완성하지는 못했지만, 실증주의를 비판하는 중에 실증주의적 학문과 원리적으로 구별되는 학의 개념에 도달하게 된다. 그것이 바로 현상학의 개념이다.

실증주의적 학이 자연 사물을 변형, 조작하는 방법론적(실증학적) 진리를 추구하는 학이라면, 현상학은 자연 사물을 바로 그 자연 사물로서 존재하게 하고 인간을 인간답게 또는 인간을 인간으로서 존재하게 하는 진리 자체,

즉 철학적 진리를 추구하는 학이다. 이 진리가 인간의 인간성을 구성하는 이상, 현상학은 실증주의에 의해 상실된 인간성 회복의 논리, 즉 인간의 자기 인식의 논리이다. 물론 실증학도 인간의 자기 인식의 완성을 시도하지만, 적어도 후설이 볼 때 실증학은 개념상 그것을 수행할 수 없다. 그럼에도 불구하고 실증주의적 학이 인간의 자기 인식을 수행할 경우 그 인식은 왜곡되고 곡해된다. 이 점은 현상학의 개념 분석을 통해서 밝혀질 것이다. 또한 그것의 개념 분석을 통해서 현상학이 인간의 자기 인식의 학, 즉 진리 자체를 추구하는 학임도 증명될 것이다. 그리하여 다음 장에서는 현상학의 개념이 분석될 것이다. 우리는 현상학의 학적 보편성을 증시하기 위해 후설의 저술들뿐만 아니라 하이데거의 저술들에서도 나타난 현상학의 개념도 분석할 것이다.

현상학의 개념 분석에서 철학 본연의 학적 의미를 실현하는 그 본연의 방법이 구체적으로 밝혀질 것이다. 또한 우리는 오늘날 서양 철학이 휴머니즘의 본래적 의미를 상실하게 된 까닭을 보다 더 근원적으로 이해하기 위해 오늘의 서양 합리주의적 철학의 시작인 플라톤의 철학에로 거슬러 올라가서 그의 철학 개념을 분석할 것이다. 그 결과 플라톤에서도 이미 현상학의 개념이 싹텄으며, 그래서 그는 이미 철학 본연의 학적 의미와 그것을 실현할 철학 본연의 방법을 알고 있었음이 밝혀질 것이다. 그럼에도 그의 철학에는 휴머니즘의 본래적 의미가 제대로 회복될 수 없는 방법론적 결점이 있는데, 그 점은 이 책의 결론에서 밝혀질 것이다. Ⅱ장과 Ⅲ장에서의 현상학의 개념 분석이 현상학의 핵심 개념, 즉 플라톤의 경우 무전제, 후설의 경우 사상 자체의 직관에 따른 직관적 분석으로 구성된다면, Ⅳ장과 Ⅴ장에서의 그것은 현상학이 출현하게 된 역사적 배경과 과정에서 분석한 역사적 · 발생적 분석으로 구성된다. Ⅳ장은 Ⅴ장의 분석을 위한 예비단계이다. 우리가 현상학의 개념을 직관적으로, 그리고 발생적 · 역사적으로 분석한 것은 그것을 보다 더 명료하게, 더 근원적으로 이해하기 위해서이다. 그리고 Ⅵ장은 우선 후설의 첫 초월론적[5] 현상학적 사유가 그가 제시한 현상학의 개념에 따

---

5) 후설의 transzendental를 초월론적으로 옮겼으며, apriori는 선험(적)으로 옮겼다. 이 책에서 초월론적이 초월적(transzendent)에 대해서 갖는 관계는 실증학적이 실증적에 대해서 갖는 관계와 같다.

라, 즉 현상학의 방법적 개념에 따라서 철저하게 진행되고 있지 못하고 있음을 밝힌 후, 그가 그의 사유를 현상학적으로 실현하기 위해 환원의 형태를 변경하는 까닭과 변경된 환원에서는 그의 사유가 더 심오해지고, 원숙해졌음을 지적하고, 그 심오해지고 원숙해진 사유에로의 길은 근대적 사유에서 탈근대적 사유에로의 길임을 밝힌다. 그리고 Ⅶ장에서는 환원의 궁극적 의미가 지향성에 대한 인식이 완성되는 현상학적 세계구성에 있음을 밝히고, 환원에서 배제된 것들이 환원에 의해서 최종적으로 도달한 곳, 즉 초월론적 의식에서 그 의미를 얻는 과정들, 즉 현상학적 세계구성을 상세히 제시한다. 결론에서는 본 논의를 요약함으로써 먼저 다소 현상학적인 플라톤 철학이 현상적으로 철저하지 못한 점을 밝히고, 그 다음 후설의 초월론적 현상학은 심과 물의 인식론적 차이에서 그 존재론적 차이로 이행할 때 현상학적 환원의 방법적 의미를 실현할 수 있으며, 그것이 실현될 때 그의 초월론적 현상학은 실증주의에 의해서 상실된 철학의 학적 의미를 회복할 수 있음을 밝히고, 마지막으로 후설의 초월론적 현상학을 승화시킬 새 길 찾기를 과제로 남겨 놓는다.

Ⅱ. 현상학의 개념

1. 현상학의 형식적 의미

1) 현상과 학의 결합으로서의 현상학

후설에 의해 현상학이 창시된 지 어언 1세기, 그 동안 그의 현상학은 세계 곳곳의 많은 철학자들에 의해 계승되고 연구되어 다양한 현상학적 철학들을 낳음으로써 마침내 현대 철학의 대명사로 불릴 정도로 그 한 축을 이루고 있으며, 다른 한편으로 그것은 현대 철학에 뿐만 아니라 개별 과학들에도 적용되어 현상학적이라는 수식어가 붙은 많은 실증 학문들, 가령 현상학적 사회학, 현상학적 종교학, 현상학적 심리학, 현상학적 교육학, … 등을 낳게 되었다. 그리하여 적어도 금세기에 학계에 발을 조금이라도 들여놓은 사람이라면 그가 철학자든 과학자든 간에 현상학 또는 현상학적이라는 개념에 자주 마주치곤 한다. 이런 연유로, 학적 수련을 쌓는 사람이면 누구든 현상학이 무엇인지를 명료히 알 수 있을 듯하다. 그러나 반드시 그렇지만은 않다. 많은 사람에 의하여 많이 쓰이는 말일수록 누구든지 그 말의 의미를 분명하게 알고 있는 듯하면서도 실은 그 말의 의미는 많은 사람들에게 모호하거나 애매한 경우가 허다하기 때문이다. 예를 들면, 가장 많이 사용할 뿐만 아니라 누구든지 자명하게 알고 있는 것처럼 보이는 시간과 존재라는 말이 그렇다. 현상학이라는 말도 예외는 아닌 것 같다. 그것은 현상학이 많은 학자들에게 계승되고 많은 학문 영역에 적용됨에 따라 다양한 의미를 갖게 되고, 다양한 의미를 갖게 됨에 따라 그것을 일의적(一意的)으로 정의하기 어렵기 때문이다. 심지어 어떤 이는 후설의 현상학도 그 전개 과정이 복잡하기 때문에 일의적으로 정의하기 어렵다고 말할 정도이다. 또한 그의 현상학을 이어받은 학자들도 각기 자기 나름대로 현상학의 개념을 규정하기 때문에 현상학자의 수만큼 현상학이 있다고 말해질 정도이다. 그러나 우리는 현상학이 아무리 광의로 또는 다양한 의미로 쓰인다고 해도 현상학 또는 '현상학적'을 일의적으로 정의할 수 있는 그 고유의 의미가 있다고 본다. 물론 현상학 고유의 의미는 후설의 현상학에서 유래한다. 이런 의미에서 후설 현상학은 그 이후 모든 현상학들의 발원지(發源地)이고, 후설 이후의 모든 현상학은 이 발원지에다 각자에 합당한 경로를 뚫어서 거기에서 흘러나온 것으로 볼 수 있다. 바로 여기에 현상학의 일의성과 다의성이 있다고 하겠다.

그러면 현상학에 고유한 의미는 무엇인가? 이 물음은 현상학의 형식적인 의미를 묻고 있다. 현상학의 형식적 의미란, 현상이 실증적인 것이든 철학적인 것이든 간에, 그것의 내용이 일체 배제된 현상에 관한 학을 의미한다. 물론 현상학은 이 순수 형식적 의미만을 갖는 것이 아니라 사상 내용적인 의미도 동시에 가지고 있다. 후설의 현상학이 그 이후의 모든 현상학의 발원지라고 할 때 그의 현상학은 바로 형식적 의미의 현상학이다. 따라서 후설의 계승자들이 후설로부터 계승한 것은, 현상학의 형식적인 의미이지 그 형식이 탈형식화되어 어떤 내용을 담고 있는 그런 현상학이 아니다. 이 후자의 현상학에 대해서는 다음절에서 해명하기로 하고 여기서는 우선 그것의 형식적인 의미를 해명하고자 한다. 그 까닭은 그것이 해명된 연후에야 비로소 현상학의 근원적인 의미와 함께 현상학의 사상(事象) 내용적인 의미가 해명될 수 있기 때문이다.

그런데 후설의 저작 전체를 봐도 현상학의 형식적인 의미라는 말은 없다. 이 말은 후설의 현상학을 존재론의 방법론으로 계승한 하이데거가 현상학의 개념을 규정할 때 사용한 것이다.

>>현상학은<< 그것의 탐구대상을 지칭하는 것도 아니며 또한 현상학이라는 명칭은 그것의 사상 내용의 특성을 성격짓는 것도 아니다. 현상학이라는 말은 이 학문에서 논의되는 것을 제시하고 다루는 양식에 관한 **방법**(Wie)만을 해명해 줄 뿐이다.[1]

따라서

현상학이라는 표현은 일차적으로 **방법개념**을 의미한다. 이것은 철학의 연구대상의 사상 내용이 무엇인지를 성격짓는 것이 아니라 철학적 연구 대상을 어떻게 다룰 것인가(Wie)를 성격짓는다.[2]

여기서 하이데거는 현상학을 그 어떤 사상 내용도 포함되어 있지 않은 순수 형식적 의미로 정의하고 있으며, 동시에 이 순수 형식적 의미의 현상학을 방법학으로 규정하고 있다. 따라서 현상학의 형식적 의미는 방법학이라고 할 수 있다. 즉 방법학으로서의 현상학이 형식적 의미의 현상학 개념이다. 후설 역시 현상학을 이와 같은 의미로 사용하고 있다.

현상학 : 그것은 하나의 학문을 지칭하고 학문적 분과들의 연관을 지칭한다. 그러나 현상학은 동시에 그리고 무엇보다도 먼저 하나의 방법과 사유태도, 즉 특수한 철학적 사유태도, 특수한 철학적 방법을 지칭한다.[3]

그러나 후설은 이러한 현상학의 형식적 의미를 상세하게, 체계적으로 정의하지 않고 있다. 다만 그의 저작들 곳곳에 그것의 형식적인 의미가, 즉 방법학으로서의 현상학의 개념이 여기저기에 산재해 있으며, 그의 철학 연구는 이 현상학의 개념에 입각해서 시종일관 진행되고 있다. 그에 반해 하이데거는 그가 후설로부터 이어받은 현상학의 형식적인 의미를 후설에 비해

---

1) Heidegger, *Sein und Zeit*, Tübingen, 1972, S.34～35. 이후로는 *SZ*으로 인용한다.

2) *Ibid.*, S.27.

3) *Die Idee der Phänomenologie*, hrsg. v. W. Biemel, 1973, S.23. 이후로는 *Idee*로 인용하며, 본문에서 언급할 때는 『이념』으로 표시한다. 이후 인용저서 앞에 저자명이 없는 것은 모두 후설의 저서이다.

보다 더 체계적으로 해명하고 있다. 그래서 우리는 먼저 하이데거의 입장에서 현상학의 형식적 의미를 해명하고자 한다. 물론 그것은 하이데거의 현상학에만 국한되는 것이 아니라 모든 현상학자들의 학문적 작업에 전제되어 있는 방법학으로서의 현상학의 개념을 해명하는 것이기도 하다.

하이데거는 현상학(Phänomenologie)을 현상(Phänomen)과 학(Logie)의 합성어로 본다. 그래서 그에게서 현상학은 현상에 관한 학이다. 그러나 현상학을 이렇게 정의하는 것은 동의어 반복일 뿐 현상학에 대해서 아무런 정보도 제공해 주지 않는다. 그래서 그는 현상 개념과 학 개념을 정의함으로써 현상학의 형식적인 의미를 밝힌다. 물론 이 경우 그가 밝히고자 하는 현상 개념은 "형식적 현상 개념"[4]이다. 그는 이 현상 개념의 의미를 현상의 어원인 그리스어 파이노메논(φαινόμενον)을 분석함으로써 밝힌다. 그것의 분석을 통하여 얻어진 현상의 의미는 "자신을 내보이는 것, 드러내는 것", "자신을 자기 자신에서 내보이는 것"[5]이다.

신학(Theologie), 생물학(Biologie)에서 보듯이, …에 관한 학을 의미하는 Logie 역시 그리스어 로고스(λóros)로 소급된다. 그리고 Logos는 오늘날 다양한 의미로서, 즉 이성, 판단, 개념, 정의(定義), 근거, 관계로서 해석되고 있다. 그러나 하이데거에 의하면 이것들은 Logos의 원래의 의미가 아니고 그것의 원래 의미가 변양된 것이다. 그것의 원래 의미는 오늘날 은폐되어 있다. 하이데거는 Logos 역시 그리스어 레게인(λεrειν)에로 소급된다고 보고 레게인에서 Logos의 의미를 해명한다. 레게인은 말(Rede)을 의미한다.[6] 하이데거에 의하면 말, 즉

> 레게인은 단순히 단어들을 발하여 그것들을 읊은 것을 의미하는 것이 아니라 레게인의 의미는 … 말에서 말해지고 있는 … 그것을 드러나게 하는 것이다.[7]

---

4) Heidegger, *SZ*, S.31.

5) 하이데거에 의하면 가상(Schein)은 이러한 현상 개념의 변양이다. 이에 대해서는 *Ibid.*, S.28 참조.

6) Heidegger, *Prolegomena zur Gesichte des Zeitbegriffs*, hrsg. von. P. Zaeger, 1979, S.115. 이후로는 *PGZ*으로 인용한다.

또 하이데거는 아리스토텔레스가 말의 이러한 기능을 아포파이네스타이(ἀποφαίνεσθαι)로서 예리하게 설명했다고 보고 다시 다음과 같이 말한다.

> 로고스는 어떤 것을 보게 하는 것(φαίνεσθαι), 말하자면 말해지고 있는 그것을 보게 하는 것, 더욱이 말하는 자에 대해서 또는 서로 말하고 있는 자에 대해서 보게 하는 것이다. 말은 말해지고 있는 그것 자체로부터 보게 한다. 말이 참인 한, 말(ἀπόφανσις)에서 말해지고 있는 것은 말해지고 있는 바로 그것에서 나와 있어야 하며, 그리하여 말하는 전달은 자신이 말하고 있는 그것을 자신이 말한 것 속에서 드러나게 하며 이렇게 해서 그것을 타자에게 접근되도록 한다. 이것이 말로서의 로고스의 구조이다.[8]

이 인용문에서 말로서의 로고스의 근원적 의미는 무엇을 드러내어 보게 함이다. 로고스의 이러한 의미를 하이데거는 "제시하면서 보게 함"이라고 한다. 이러한 의미를 지닌 말이 구체적으로 수행될 때 말함은 진술, 즉 단어들의 음성적 발화로 나타난다. 또한 오늘날 로고스로 해석되는 이성, 판단, 개념, 정의(定義), 근거, 관계는 모두 드러나게 함 또는 보게 함을 함축하고 있다. 이성은 이념적인 것을 드러내거나 보게 하며, 판단은 판단되는 사태를 드러내거나 보게 하고, 개념과 정의는 어떤 사물을 다른 사물과 구별되게 하는 그 사물에 고유한 의미를 드러내거나 보게 하고, 근거는 현재 어떤 사물의 기원이나 발생을 드러내거나 보게 하며, 관계는 둘 이상의 사물들 사이에서 이루어지는 사태를 드러낸다. 하이데거가 로고스의 의미를 이렇게 드러냄으로 보는 것은 온당한 일이다. 도망간 범인의 인상착의, 죽은 사람의 모습, 위인(偉人)의 행적, 자연의 질서, 진리, … 등 그러한 것들을 드러내는 것은 말이다.

이제 위에서 밝혀진 현상 개념과 로고스 개념을 통하여 현상학을 정의하면, 현상학은 "그것 자체에서 드러나는 것을 그것 자체 쪽에서 보게 함",[9] 또는 "자신을 내보이는 바로 그것을 그것 자신이 자기 자신에서 내보이는

---

7) *Ibid*.

8) Heidegger, *SZ*, S.32.

9) Heidegger, *PGZ*, S.117.

바로 그대로 그것 자신 쪽에서 보게 함"10)으로 정의된다. 하이데거는 이러한 현상학의 형식적인 의미를 "사상 자체에로"(Zu den Sachen Selbst)11)라고 정식화했으며, 그후 이 표현은 현상학의 표어가 되었다.

그러나 하이데거가 정식화한 현상학의 표어는 후설로부터 이어 받은 것이다. 후설은 1900~1901년에 이루어진 그의 최초의 현상학적 저술인『논리연구 Ⅱ/Ⅰ』에서 "우리는 사상 자체에로 되돌아가려고 한다",12) 그리고『엄밀학』에서 "우리는 사상 자체를 심문해야 한다"13)고 함으로써 하이데거가 정식화한 현상학의 표어와 의미상 같은 표현을 이미 사용하고 있다. 그리고 후설은 비록 하이데거처럼 현상학을 현상과 학의 어원인 그리스어 파이노메논과 레게인에로 돌아가서 그것들의 의미를 해명하여 그렇게 해명된 의미의 결합을 통해 체계적으로 정의하지는 않았지만, 하이데거에 의해서 정의된 위의 현상학 개념과 의미상 같은 표현을 하고 있으며, 이 표현이 하이데거에 이르러 현상학의 형식적 의미로 표현되었으리라고 보여진다. 후설에서의 하이데거에 상응하는 현상학의 형식적인 의미는 "원리 중의 원리"로 나타난다.

> 근원적으로 부여하는 모든 직관이 인식의 권리 원천이라는, 즉 직관 안에서 우리들에게 근원적으로 (말하자면 그것의 구체적인 현실성에서) 제공되어 있는 모든 것은 그것이 주어져 있는 그대로 단순히 받아들여져야만 하되, 그것이 거기에 주어져 있는 한계 내에서만 받아들여져야만 한다는 원리 중의 원리 …14)

---

10) Heidegger, *SZ*, S.34.

11) *Ibid.*, S.27.

12) *Logische Untersuchungen, Zweiter Band*, 1.Teil, Tübingen, 1968, S.6. 이후로는 *LU Ⅱ/Ⅰ*로 인용하며, 본문에서 언급할 때는『논리연구 Ⅱ/Ⅰ』로 표시한다.

13) *Philosophie als strenge Wissenschaft*, Frankfurt, 1965, S.305. 이후로는 *PW*로 인용하며, 본문에서 언급할 때는『엄밀학』으로 표시한다.

14) *Ideen zu einer reinen Phänomenologie und phänomenologischen Philosophie. Erstes Buch*, hrsg. v. K. Schuhmann, 1977, S.51. 이후로는 *Ideen I*로 인용하며, 특별한 언급이 없는 한 K. Schuhmann판이다. 본문에서 언급할 때는『이념들 Ⅰ』로 표시한다. 또한 후설에서 같은 이름의 두 번째, 세 번째 책이 있는데, 그것들도

이성적으로 또는 학문적으로 사상을 판단하자. 그러나 이것은 자신을 사상 자체에 맞추거나 말이나 사념들에서 사상 자체에로 되돌아감을 의미하고, 사상을 그것의 자기 소여성에서 심문하고 사상과 유리된 선입견을 제쳐놓는 것을 의미한다.[15)]

후설의 이러한 원리 중의 원리는『성찰』에서 명증성의 원리로 다음과 같이 표현된다.

명증은 가장 넓은 의미에서 … 그것 자체를 정신적으로 바라봄이다.[16)]

철학을 시작하는 자로서의 나는 … 내가 명증에서 길러내어지지 않은, 즉 해당의 사상과 사상 내용이 그것 자체에서 나에게 현존하는 경험에서 길러내어지지 않은 어떠한 판단도 내려서는 안 되고 또한 타당하게 해서도 안 된다.[17)]

우리는 이러한 후설의 표현들에서 하이데거에 의해서 정의된 현상학의 형식적인 의미가 함축되어 있음을 쉽게 알아볼 수 있다. 즉 "그것 자체에서 드러나는 것을 그것 자체 쪽에서 보게 함"이라는 하이데거의 표현은 '말이나 사념들에서 사상 자체로 되돌아가자', '사상을 그것의 자기 소여성에서 심문하고 사상과 유리된 선입견을 제쳐놓자', '사상과 사상 내용이 그것 자체에서 나에게 현존하는 경험에서 길러내어지지 않은 어떠한 판단도 내리지 말고 타당하게 하지 말자'는 후설의 표현과 하등 다를 바 없다. 그리고 "자신을 내보이는 그것을 자신이 자기 자신에서 내보이는 바로 그대로 그것 자신 쪽에서 보게 함"이란 하이데거의 표현에서 '자신을 내보이는 그것을 자신이 자기 자신에서 내보이는 바로 그대로'라는 구절은 '자신을 자기 자신에

이 책에서는 *Ideen II*(W. Biemel 판, 1952), *Ideen III*(W. Biemel 판, 1971)으로 인용하며, 본문에서 언급할 때 역시『이념들 II』,『이념들 III』으로 표시한다.

15) *Ibid.*, S.41.

16) *Cartesianische Meditationen und Pariser Vorträge*, hrsg. v. S. Strasser, 1963, S. 52. 이후로는 *CM*으로 인용하며, 본문에서 언급할 때는『성찰』로 표시한다.

17) *Ibid.*, S.54.

서 내보임'과 의미상 동일하다. 그리고 자신을 자기 자신에서 내보임은 바로 하이데거가 말하는 현상이다. 그러니까 하이데거의 그 긴 표현은 결국 그의 현상 개념을 길게 풀어서 말한 것에 불과하다. 그리고 '자신을 자기 자신에서 내보임'으로서의 하이데거의 현상 개념은 후설에서는 '사상의 자기 소여성'으로 표현된다. 왜냐하면 사상의 자기 소여성이란 일단 사상이 어떤 것에게 자기 자신이 아닌 것으로 주어지는 것이 아니라 바로 자기 자신으로 주어지는 성격이며, 사상이 어떤 것에게 자기 자신으로 주어진다는 것은 사상이 어떤 것에게 자신을 자기 자신에서 내보이는 것을 의미하기 때문이다. 그리고 사상의 자기 소여성이라는 후설의 표현은 다시 사상 자체로 표현될 수 있다. 이리하여 결국 후설과 하이데거에서 현상은 공히 사상 자체로 표현될 수 있다. 물론 사상 자체는 아무 내용이 없는 순수 형식적 현상이다. 우리가 이미 논의한 하이데거의 로고스 개념을 상기한다면, 이제 현상학은 현상을, 즉 사상 자체를 보게 하는 (드러나게 하는) 지적 탐구로 정의된다. 비록 후설은 하이데거처럼 로고스의 개념을 해명함으로써 현상학의 원리를 말하지는 않았지만, 그의 현상학도 역시 그렇게 정의된다. 우리가 이미 위에서 보았듯이, 위에 인용된 후설의 글들은 현상을 보게 하는 또는 드러나게 하는 지적 작업으로서의 현상학의 형식적 의미를 본질적으로 함축하고 있다. 사상 자체를 드러나게 하는 것이 하이데거에서 로고스이라면 후설에서는 직관이다. 이렇게 보면, 사상 자체를 드러나게 하는 지적 작업으로서의 현상학은 후설에서는 현상의 직관에 관한 학이라면 하이데거에서는 현상의 로고스에 관한 학이다.

사상 자체를 드러나게 하는 지적 작업으로서 풀이되는 현상학의 형식적 의미에서 우리는 방법학으로서의 현상학의 학적 성격을 분명히 볼 수 있다. 사실 현상학은 현상을 드러나게 하는 방법적 지침이라고 해도 과언이 아니다. 그러나 우리가 지금까지 논의한 것만으로는 아직 현상학의 형식적인 의미가 구체적으로 완전히 드러나지는 않는다. 그렇기 때문에 현상학이 다른 학문, 즉 실증학 또는 종전의 철학과 어떻게 다른지는 아직 조금도 드러나지 않았다. 그것은 현상학의 학적 성격을 분명하게 밝힘으로써 비로소 드러난다.

2) 현상학의 학적 성격

학문은 인식으로 구성된다. 그러나 인식이라고 해서 모두 학문적 인식은 아니다. 그러면 도대체 어떠한 인식이 학문적 인식인가? 이 물음은 학문을 학문이게 해주는 조건을, 다시 말하면 학문과 학문 아닌 것의 차이를 묻고 있다. 우리는 어떤 것이 학문적 형태를 취하자면 논리를 갖추어야 한다고 본다. 그렇다면 논리성의 유무에 의해서 학문과 비학문이 구별된다고 할 수 있다. 예를 들면, 어떤 사람이 어떤 방면에 대해서 아무리 많은 지식을 갖고 있다고 해도 그의 지식이 논리적 형태 또는 논리적이지 않다면 그는 그 방면의 박식가(博識家)는 될 수 있어도 그 방면의 학자라고는 할 수 없다. 따라서 학문은 인식으로 구성되되 논리적 인식으로 구성된다고 할 수 있다. 그러면 도대체 논리적 인식은 어떠한 인식인가? 우선 그것은 개념적 인식이라고 할 수 있다. 개념적 인식이란 보편자(개념)에 의한 개별자의 인식이다. 학문적 인식이 일반 명제 또는 보편 명제의 형식을 취하는 까닭이 바로 여기에 있다. 이와 같이 학문이 논리적 인식으로 구성되기 때문에 모든 학문은 논리(Logos, Logie)를 필요조건으로 할 수밖에 없다. 현상학도 과학(실증학)도 학문인 이상, 논리를 필수조건으로 할 수밖에 없다. 이제서야 우리는 논리(Logie)가 왜 …에 관한 학을 의미하는지를 알 수 있겠다.

학문의 필요조건인 논리 자체는 아무런 내용이 없으며, 그것이 내용을 가질 때 구체적인 학문이 성립된다고 하겠다. 예를 들면, 순수 형식적 논리가 자연을 그 내용으로 할 때 자연학이, 심리를 그 내용으로 가질 때 심리학이, 사회를 그 내용으로 할 때 사회학이 성립된다. 이 경우 자연, 심리, 사회는 학문이 탐구해야 할 내용, 즉 학문의 대상이고, 각 학문을 학문이게 해주는 논리(Logos)란 우리가 하이데거의 로고스 개념의 의미를 밝힐 때 보았듯이 무엇을 드러나게 하는 방법이다. 이런 의미에서 학문에서의 논리는 해당 학문의 대상을 개념적으로 드러나게 하는 방법 개념이다. 우리는 또한 해당 학문의 대상을 개념적으로 드러나게 하는 것을 개념화, 논리화라고 부를 수 있다. 따라서 심리학은 심리를 개념화(논리화)하는 지적 작업이며, 자연학은 자연을 개념화하는 지적 작업이다. 이렇게 보면, 두 가지 자연(심리)이 있는데, 개념화(논리화)되기 이전의 자연이 선(先)학문적 또는 비학문적 자연(구체적으로 말하면 우리가 일상생활에서 만나는 자연)이며 개념화된 자연이 학문적 자연이다. 선학문적 자연을 학문적 자연으로 개념화하는(드러나게 하는) 방법이 바로 논리요, 그러므로 논리 자체를 다루는 논리학은 모든 학문의 방법론이라고 하겠다. 물론 학문적 자연은 선학문적 자연에 기초하고 그것을 소재로 한다.

우리는 지금까지 학문 일반에 대해서 논의하였다. 우리의 논의에 의하면 논리학이 학문 일반의 방법론 내지 방법학이다. 그런데 우리는 앞서 현상학의 형식적 의미를 방법학으로 규정한 바 있다. 그렇다면 현상학도 논리학이란 말인가? 물론 그렇다. 즉 두 학문 모두 현상의 논리학인 셈이다. 그럼에도 두 학문은 서로 구별된다. 그 결정적 차이점은 두 학문의 탐구 대상의 차이에 있는 것이 아니다. 왜냐하면, 예를 들면, 사회는 과학적으로 탐구될 수 있을 뿐만 아니라 현상학적으로도 탐구될 수 있기 때문이다. 전자의 방법으로 사회를 탐구하는 학문이 사회과학, 즉 실증적 사회학이고, 후자의 방법으로 사회를 탐구하는 학문이 현상학적 사회학이다. 그러나 현상학적 사회학은 또한 실증적 현상학이기도 한데, 그 까닭은 현상학적 사회학의 탐구 대상이 실증적 사회학, 즉 사회과학의 대상인 사회이기 때문이다. 그러나 사회의 탐구 방법 자체에만 주목해 보면, 현상학적 사회학은 실증적 사회학과 구별된다. 따라서 현상학과 과학, 즉 실증학의 차이점은 이들 학의 탐구 대상의 차이에서가 학적 성격, 즉 논리적 성격의 차이로 설명된다. 우리는 먼저 과학적 논리의 성격에 대해서 알아보기로 한다.

과학적 논리(학)의 성격은 과학적 인식 방법의 성격을 밝힘으로써 드러난다. 과학적 인식은 '과학이 밝히고자 하는 것'(현재의 사태)을 전제들로부터 설명하는 특성을 갖는다. 물론 전제들을 세우는 것도 과학적 작업이다. 그러므로 과학적 방법은 전제들을 세우고, 세워진 전제들로부터 현 사태를 설명하거나 결론을 도출하는 것으로 구성된다. 과학은 바로 이러한 논리적 인식으로 구성된다고 하겠다. 그렇다면 과학은 기존의 전제들이 새로운 전제들로 대체될 때 혁명적인 사건이나 발전을 경험할 수 있다. 따라서 과학의 발전은 기존의 전제들을 타파하고 부단히 새로운 전제들을 세우는 과정을 통해 가능하다고 볼 수 있다. 또한 과학이 앞서 본 그런 논리적 인식으로 구성되는 이상, 이 논리적 인식의 성격이 어떤가에 따라서 과학에서도 성격을 달리하는 학들이 있을 수 있겠다. 가령 전제들로부터 도출된 결론의 참됨이 전적으로 전제들 간의 정합성에 의해서만 결정될 수 있는데, 이때 결론은 반드시 참일 수밖에 없거니와, 이와 같이 결론의 참됨이 전적으로 그리고 결정적으로 전제들에 의존하는 그런 논리적 인식(연역적 인식)으로 구성되는 과학이 수학과 같은 연역적 학문 또는 선험 과학이라고 할 수 있겠다. 반면에 전제들로부터 도출된 결론의 참됨이 전적으로 전제들만의 관계에서만 결정되지 않은 경우도 있을 수 있는데, 이때 결론의 참됨은 개연성(확률성)을 면할 수 없다. 즉 결론은 100% 참일 수 없고 99% 또는 그 이하로 참이 될 수도 있는데, 이 경우 결론은 1%의 다른 증거나 감각적 경험에 의해서 충분히 거짓이 될 가능성을 지니고 있거니와, 이와 같이 전제들로부터 도출된 결론의 참됨이 개연성을 면할 수 없는 그런 논리적 인식(귀납적 인식)으로 구성되는 학문을 경험 과학이라고 할 수 있겠다.

이제 과학의 학적 성격(방법)은 전제들을 세우고 그것들로부터 탐구 대상을 설명하는 것[18]으로 밝혀졌거니와, 이에 따르면, 물리학은 물리적 전제들로부터 주어진 물리 현상을 설명하는 개념 체계이다. 물론 여기서 물리 현상은 현상학에서 말하는 현상, 즉 사상 자체가 아니다.[19] 현상학에서 말하는 현상, 즉 사상 자체는 감각적 경험에 주어지지 않는다. 그러나 물리 현상은 우리의 감각적 경험에 주어지는 감각 자료들로 구성된다. 이러한 물리 현상은 물리적 시간 공간 안에 나타나는 것이다. 그러면 도대체 현상학에서 말하는 현상, 즉 사상 자체는 어떤 것인가? 우리는 이미 앞에서 그것을 밝힌 바 있는데, 우리가 본 바에 의하면 그것은 형식적 개념이기 때문에, 다시 말하면 어떤 사상 내용이 아니기 때문에 우리는 그것이 무엇인가라고 물을 수 없다. 그러기에 그것이 어떤 것인가?라고 물을 수밖에 없거니와, 또한 그

18) 이렇게 우리는 실증학적 방법을 넓게 사용한다. 따라서 우리의 논의에서 실증학적 방법은 어떤 명제의 참됨을 감각적 경험에 의해서 검증하는 좁은 의미에만 한정되지 않고 전제로부터 결론을 도출하는 넓은 의미로 사용된다. 이 넓은 의미에서 우리는 수학적 방법도 실증학적 방법으로 보고자 한다. 그리고 우리는 실증학적 방법을 경우에 따라서 그냥 과학적 방법으로 표현하기도 한다. 그리고 우리는 실증학적 방법을 모든 학문의 이상적 모델로 보는 입장을 실증주의로 표현한다.

19) *PW*, S.71 참조..

것이 형식적인 개념이기 때문에 위 물음에 대한 답도 형식적으로 내려질 수 밖에 없다. 그것은 후설적인 표현으로는 '자기 자신의 소여성에서 주어지는 것', '몸소(leifhaft) 주어지는 것', '근원적으로(ursprünglich) 주어지는 것'이며, 하이데거적 표현으로는 '자신을 자기 자신에서 드러내거나 내보이는 것'이다. 이러한 표현들을 통하여 우리는 현상학에서의 현상이 왜곡, 곡해, 날조되지 않는 것, 인간의 이성이나 감정에 의해서 조작적으로 구성되지 않는 것임을 알 수 있겠거니와, 바로 이런 의미에서 그것에 대한 표현으로 사상 자체가 합당하다고 하겠다. 현상학적 학문이란 사상 자체를 인간이 임의로 왜곡, 곡해, 날조해서 드러내지 않고 그것을 바로 그대로 드러나게 하는 탐구이다. 사상 자체를 바로 그렇게 드러나게 하자면 사상 자체를 사상 자체로서 봄으로써 가능하다. 이런 의미에서 현상학의 학적 성격은 봄이라고 할 수 있겠다. 결국 현상학은 사상 자체를 보는 학으로 정의될 수 있겠다. 바로 여기에서 우리는 현상학의 학적 성격이 과학의 학적 성격과 같을 수 없음을 알 수 있다.

우리는 현상학의 학적 성격은 사상 자체를 전제들로부터 추리하거나 인식하는 것일 수 없음을 방금 보았다. 그러나 사실은 사상 자체는 전제들로부터 추리되거나 인식될 수 없을 뿐만 아니라, 과학적인 인식의 범주에 의해서 구성될 수도 없다. 그런데 과학, 즉 실증학이 근대이래 서양의 학문 세계를 차츰 선도해 오다가 마침내 실증주의로 발전하고, 금세기가 시작될 무렵에 이르러 실증학적 방법이 학문의 보편적 모델로 기능하게 되었다. 그 결과 실증학적 방법으로 인식되는 것만이 존재하는 것으로 간주되었다. 그러나 과학이 아무리 발전을 한다고 해도 사상 자체는 여전히 존재한다. 다만 은폐, 망각되어 있을 뿐이다. 그러나 이러한 사상 자체의 은폐, 망각은 과학이 발전하면 할수록 점점 더 심화된다. 심지어 과학이 발전함에 따라 사상 자체가 아닌 것을 마치 사상 자체인 것으로 보는 경향마저 생겨난다. 이런 의미에서 과학에 의한 사상 자체의 왜곡, 곡해, 날조가 이루어진다.

서론에서 밝힌 바와 같이, 후설의 현상학은 실증주의가 지배적인 지적 분위기에서 실증주의에 대항하여 창시된 것이다. 그의 현상학은 과학만이 학이 아니라는 데에, 또 현상들 중에는 과학으로 파악될 수 없는 것이 있는데, 그것이 진정으로 본래적인 것이며, 그에 반해 과학적으로 파악된 것, 예를 들면 자연과학에서의 자연, 경험 심리학에서의 심리는 본래적인 것, 즉 자연 자체나 심리 자체가 아니라 과학적 인식의 범주에 의해 조작되거나 구성된 것이고, 그러한 과학적 구성이나 조작에는 현상학적 현상이 전제되어 있으나 과학은 그것을 알 수 없다는 것을 현상학은 함축하고 있다. 후설 현상학에서 분파되어서 전개된 많은 종류의 현상학들이 하나의 현상학 또는 현상학적이라고 불릴 수 있는 것은 그것들이 바로 후설 현상학의 형식적 의미를 예외 없이 공유하고 있기 때문이다.

현상학적 현상, 즉 사상 자체는 과학적 태도에서뿐만 아니라 일상적 태도에서도 은폐되어 있다. 물론 우리가 지금까지 보아 온 바와 같이 그것의 은폐는 실증주의적 태도에서 가장 심화된다. 현상학은 이렇게 은폐된 사상 자체를 드러나게 나게 하는 탐구이거니와, 바로 이 점에 주목한다면 현상학의 학적 성격인 봄은 단순히 보는 것에 그치는 것이 아니라 은폐된 것을 탈은폐하는 것이기도 하다. 탈은폐로서의 봄의 현상학의 학적 성격을 하이데거는 다음과 말한다.

> 현상학은 방법론적 지침을 받아서 은폐들을 철폐한다는 의미에서 방해물을 제거하면서 (사상 자체를) 보게 하는 바로 그러한 탐구이다.[20]

이제 현상학 본래의 학적 성격은 은폐된 것을 탈은폐하는 것으로 밝혀졌다. 물론 현상학이 탈은폐해야 할 은폐된 것은 현상학적 현상, 즉 사상 자체이다. 이것은 현상학에 의해서 탈은폐되며 과학적 인식에 의해서도 일상적인 태도에서도 탈은폐되지 않는다. 하기야 과학이나 일상의 의견은 원래가 사상 자체의 탈은폐를 그 이념으로 하지 않으므로 그것들에서 사상 자체가 탈은폐되지 않음은 별로 놀랄 일이 아니다. 특히 그것은 과학적 탐구의 대상이 아니기에 더 더욱 놀랄 일이 아니다. 문제는 처음부터 자명한 전제들에서 출발하지 않고 이 전제들 자체를 문제시하고 해명하는 학으로 알려져 왔고, 그에 따라 무전제의 학내지 무전제를 이념으로 하는 학으로 알려져 온, 바로 그 같은 이념을 지향한 점에서 본질적으로 과학과 구별되는 사상

---

20) Heidegger, *PGZ*, S.118. (　)와 그 안의 내용은 필자의 삽입임.

자체의 학으로 자처해 온 기존의 서양 철학에서는 그것이 과연 탈은폐될 수 있는가이다. 여기서 우리가 주의해야 할 점은 무전제적 인식과 사상 자체의 인식은 의미상 동일하다는 점이다. 이들 인식이 왜 의미상 동일한지는 플라톤 철학에 대한 논의로 구성되는 다음 장에서 입증될 것이다.

만약 사상 자체가 기존의 철학들에서도 탈은폐된다면 현상학이 말하는 학적 성격은 유독 후설 현상학에서만 나타나는 것이 아니라 이미 기존 철학에서도 나타나며, 그렇게 되면 후설이 현상학을 창시한 것은 별 의미가 없게 된다. 애석한 일이기는 하나, 우리는 기존의 서양 철학에서도 사상 자체가 탈은폐될 수 없을 뿐 아니라, 오히려 서양 철학의 역사는 사상 자체의 은폐의 역사로 본다. 그 까닭의 핵심을 간단하게 말하면, 종래 철학의 근본 개념은 형식 논리학적 범주로 설명되고 그 주도적 방법도 형식 논리학적이기 때문이다. 그러면 왜 형식 논리학적 사유에서는 사상 자체가 은폐되는가? 그 까닭은 형식 논리학적 사유는 철저한 봄, 즉 직관 자체로 구성되는 것이 아니라 전제를 세우고, 이 전제로부터 연역 내지 추리의 과정으로 구성되기 때문이다. 따라서 형식 논리학은 앞에서 우리가 설명한 바에 따르면 과학의 학적 성격이지 현상학의 학적 성격이 아니다. 서양 철학은 그 출발에서부터 그 학적 성격이 다분히 형식 논리학적이었다. 기존의 서양 철학들에서 사상 자체가 탈은폐될 수 없는 까닭이 바로 여기에 있다. 물론 출발기의 서양 철학, 즉 플라톤 철학의 학적 성격은 다분히 형식 논리학적이지만 전적으로 그런 것은 아니다. 그의 철학의 학적 성격은 다소 현상학적이기도 하다. 이 점도 다음 장에서 다루어질 것이다.

물론 출발기의 서양 철학의 학적 성격이 과학적 성격, 즉 형식 논리학적이라고 해서 서양에서 과학이 철학보다 먼저 발전한 것은 아니다. 과학보다 철학이 먼저 발전했다. 그러나 서양 철학이 처음에 설정한 탐구 이념은 순수 철학적이나 그것의 탐구 방법은 순수 철학적이지 않고 과학적인 경향이 농후하였다. 이에 서양에서는 철학과 과학은 적어도 방법 면에서는 본질적 차이가 없었다. 다만 차이가 있다면, 철학과 과학에서 인식되는 대상이 다르다는 것이다. 즉 철학에서 인식되는 것은 비실증적인 것이고 과학에서 인식되는 것은 실증적인 것, 즉 자연적인 시간과 공간에 내재하는 것이라는 것이다. 두 학문이 방법 면에서 같다는 것은 이렇게 다른 대상을 동일한 방법으로 인식하는 것을 의미이다.

이제 사상 자체는 형식 논리학으로 탐구될 수 없는 것으로 밝혀졌다. 그것은 형식 논리학적 범주에 속하지 않는다. 그러면 형식 논리학이 아니라 변증법을 철학적 방법으로 하는 헤겔의 철학에서도 사상 자체는 드러날 수 없겠는가? 물론 그것은 거기에서도 드러날 수 없다.

헤겔의 변증법은 변화(생성)나 진보(발전)를 설명하는 논리이다. 이 논리에 의하면 발전은 모순의 변증법적 통일로서 설명되고, 이 경우 모순의 변증법적 통일은 유(…이다)와 무(…아니다)의 지양(Aufheben)이며, 이 지양을 통하여 발전(제3의 것의 생성)이 이루어진다. 헤겔의 이러한 변증법은 유, 무, 생성(발전)이라는 개념적 도식을 갖는다. 이러한 변증법에 의해서 인식되는 것은 최하의 단계에서 중간 단계들을 거쳐 최고의 단계에로 발전하는 것이다. 그러나 후설 현상학에서 말하는 현상, 즉 사상 자체는 이러한 단계 서열을 갖지 않는다. 즉 그것은 한 단계에서 이보다 한 단계 높은 단계로 발전하거나 이행해 가는 그런 것이 아니다. 그러므로 사상 자체는 변증법적 논리로도 드러나지 않는다. 현상학적 논리는 유, 무, 생성이라는 그런 개념적 도식을 갖는 것이 아니라, 이미 본 바와 같이, 그것의 논리는 은폐의 탈은폐로서의 봄이다.

현상학의 학적 성격이 은폐의 탈은폐라는 봄인 이상, 현상학은 현상학적으로 보여진 것만을 말하고 그것에만 타당성을 부여하지 과학처럼 보여진 것을 매개(전제)로 보여지지 않는 것을 추리하거나 말하지 않는다. 이러한 현상학적 논리에 충실하기 위해서는 "현상학적으로 주어질 수 없는 모든 진술들의 엄밀한 배제"[21]가 요구된다고 하겠다. 따라서 "미리 주어져 있는 모든 학문과 마찬가지로 논리학 역시 보편적 전복을 통해서 타당성 밖에"[22] 놓여져야 한다. 오직 사상과 문제로부터 탐구는 출발해야 한다. 이런 의미에서 후설은 다음과 같이 말한다.

> … 미리 주어진 어떠한 것도 받아들이지 말고, 전통적으로 내려오는 어떠한 것도 출발점으로 여기지 말고, 그 명성이 아무리 위대해도 그것에 눈멀지

---

21) *LU Ⅱ/Ⅰ*, S.19.

22) *CM*, S.53.

> 말고, 오히려 문제 자체와 그것으로부터 시작되는 요구에 자유롭게 귀의(歸依)함으로써 출발점을 얻도록 하자.[23]

> 철학으로부터가 아니라 사상과 문제로부터 탐구의 추진력이 시작되어야 한다.[24]

현상학자가 '철저한 무편견성'으로 무장되어야 하는 까닭이 바로 여기에 있다. 이렇게 무장된 현상학이 거기에로 나아가고자 하는 사상 자체는 근원 자체일 수밖에 없다. 왜냐하면 사상 자체는, 우리가 보았듯이, 자기 소여성에서 주어지는 것이요, 또한 자신을 자기 자신에서 내보이는 것인데, 어떤 것이 자기 소여성이나 자기 자신에 가까우면 가까울수록 그것은 더욱 더 은폐되지 않은 채 드러나며, 반대로 어떤 것이 자기 소여성이나 자기 자신에서 멀면 멀수록 그것은 더욱더 은폐, 왜곡, 조작으로 드러남은 명백한 사실이거니와, 어떤 것이 은폐되지 않으면 않을수록 근원에 가깝고, 은폐되거나 왜곡되거나 조작되면 될수록 그것은 근원에서 점점 멀어지는 것도 명백한 사실인 바, 사상 자체는 자기 소여성에서 주어지는 것, 또는 자기 자신에서 자신을 내보이는 것이기 때문에 자기 소여성과 또는 자기 자신과 전혀 간격이 없는 것이요, 그런 이상 그것은 비은폐된 것 자체이며, 그 자체가 비은폐된 것인 한 그것은 근원 자체일 수밖에 없기 때문이다. 근원인 사상 자체는 다른 어떠한 것에도 근거하지 않는다. 따라서 그것은 배후가 없다. 그것은 자기가 자기의 배후이다. 그것은 자기가 자기의 근거(전제)이다. 자신의 근거를 다른 어떠한 것에도 갖지 않고 바로 자기 자신에서 가지면서 자신은 다른 모든 것의 근거(전제)가 되는 그런 것을 일찍이 철학, 특히 제일철학은 무전제라 하고 그것의 실현을 이념으로 해왔다. 그렇다면 사상 자체에로 나아가고자 하는 현상학은 결국 "절대적 무전제성에로의 귀환"[25]하는 방법, 즉 제일철학의 방법이다.

이제 ">현상학<이라는 표현은 학적 철학 일반의 방법에 대한 지칭"[26]으

---

23) *PW*, S.70.

24) *Ibid*., S.71.

25) *Ideen III*, S.160.

로 밝혀졌다. 그러나 현상학은 처음부터 철학이나 철학적 방법을 표방한 것이 아니다. 이 점은 후설이 현상학적 탐구는 철학에서가 아니라 사상과 문제에서 시작되어야 한다고 말한 것으로 미루어 보아 충분히 알 수 있다. 우리는 사상 자체와 그것을 다루는 논리를 분석한 결과, 현상학은 방법 면에서 과학과는 다른 종류의 학임을 보았을 뿐만 아니라, 또한 현상학이 궁극적으로 다루어야 할 사상 자체가 전통적으로 철학이 탐구하고자 한 무전제와 합일함도 보았거니와, 바로 이런 점에서 현상학은 철학적이며 철학 자체에 고유한 방법이라고 할 수 있다. 그러나 지금까지 철학은 과학과는 전혀 다른 종류의 학임을 자각하였음에도 과학적 방법으로 철학적 탐구를 수행하는 모순을 범해 왔을 뿐만 아니라, 이러한 모순을 범하고 있다는 것조차 망각했으니 철학이 그것의 이념 실현에 실패할 수밖에 없었다.

철학이 그것에 합당한 방법이 아니라 과학적 방법으로 그것의 탐구 대상인 근원(사상 자체, 무전제)을 탐구함으로 해서 철학의 과학화가 초래되었고, 그 결과 근원 자체는 철학에서 점점 멀어져 갔고, 그 대신 과학적으로 왜곡, 곡해, 조작된 것이 마치 근원 자체인양 철학에 등장하였으니, 철학 역시 자기 자신에서 멀어지는 결과를 가져왔고, 그로 해서 철학은 자기의 길을 잃고 미로에 빠지게 되었다. 철학이 미로에서 빠져 나오자면 근원에로 되돌아가야 하거니와 이 되돌아가는 길을 처음으로 학문적으로 연 것이 바로 후설의 현상학이라 하겠다. 그 길을 연 현상학은 철학의 재건을 시도한다. 그것을 위해 우리 시대에 시급한 것은 저 되돌아가는 길을 닦기 위해 위대한 발걸음을 내딛는 것이다. 물론 이 작업은 "간접적으로 기호화하거나 수학화하는 여하한 방법도 사용하지 않고 또 추리와 논증의 기구도 사용하지 않으면서" 과학적 탐구 영역과 완전히 다른 "무한한 탐구 영역"[27]을 열어젖히는 것이거니와, 이를 위해서는

> 철학은 그의 영역에서 자연과학과 정확히 똑같은 방식으로 태도를 취해야 한다. 다시 말하면 철학은 그의 개념들을 사상 자체에서 끄집어 와야 한다. 이

---

26) Heidegger, *Die Grundprobleme der Phänomenoloie*, hrsg. v. Hermann, 1975, S. 3. 이후로는 *GP*로 인용한다.

27) *PW*, S.72.

명제는 자연과학의 방법론을 철학에 그대로 이어받자는 것을 선언하는 것이 아니라, 반대로 철학은 자연과학적 방법론을 배제한 채 자연과학이 하는 꼭 그대로의 방식으로 탐구를 해나가자는 것이다.[28)]

하이데거의 이 말은 자연과학이 그의 영역을 연구함에 있어 자연과학적이지 않은 것은 모두 배제하고 자연과학적 사상에 합당한 과학 고유의 방법에 충실하듯이, 철학도 그의 영역을 탐구함에 있어 철학적이지 않은 것을 모두 배제하고 철학적 사상 자체에 합당한 철학 고유의 방법(논리)에 충실하자는 것을 의미한다. 그렇다면 그의 말은 결국 "철학은 모든 자연적 학문과 원리적으로 구별되는 완전히 새로운 출발점과 완전히 새로운 방법을 요구한다"[29)]고 하는 후설의 말과 동일하다. 이 같은 방법으로 철학을 연구하는 현상학자가 후설에 의하면 진정한 의미의 실증주의자이다.

실증주의가 실증적인 것에, 즉 근원적으로 파악되어야 할 것에 모든 학문의 절대 무편견적 토대를 두는 것을 말한다면, 우리가 진정한 실증주의자이다.[30)]

여기서 후설은 실증적인 것을 근원적으로 파악되어야 할 것, 즉 사상 자체로 보고 있거니와, 근원적으로 파악되어야 할 그것은 추리나 전제로 파악되는 것이 아니라 직접적으로 보여진 것, 즉 하이데거가 말한 대로 "직접적인 제시와 직접적인 증명"[31)]에 따라서 파악되는 것이다. 이런 의미에서 은폐된 것을 탈은폐한다는 현상학의 봄(논리)은 기술적(記述的) 의미를 지닌다. 여기서 기술은 "(직접) 제시되지 않은 모든 규정들을 멀리한다는 금지적인 의미"[32)]를 갖는다. 따라서 기술(記述)은 후설이 말한 "현상학적으로 주어질 수 없는 모든 진술들의 엄밀한 배제"와 같은 의미를 갖는다고 할 수 있다. 이런 의미에서 철학의 방법학으로서의 현상학(현상학적 봄)은 기술적이다.

---

28) Heidegger, *PGZ*, S.24.

29) *Idee*, S.24.

30) *Ideen I*, S.45.

31) Heidegger, *SZ*, S.35.

32) *Ibid.*

기존의 철학 방법과 완전히 다른 새로운 철학적 방법에 의해서 열려지는 철학의 탐구 영역은 과학적 범주, 즉 형식 논리학적 범주로 볼 때는 전혀 새로운 것이고 다소 비밀스럽고 심오하고 무궁한 것이다. 그러나 기존의 철학은 그것을 과학적 개념으로 파악하려 함으로써 그 성격상 결코 과학일 수 없는 철학을 점차 과학화하여 철학에서 점점 멀어지는 철학의 자기 부정의 역사를 초래하였다. 이 부정은 점점 심화되어 실증주의가 만연한 오늘날 마침내 철학의 사망이 선고되기에 이르렀다. 그리하여 마침내 오늘날 철학은 원래의 자기 이름인 지혜 사랑으로 정의되기 어려운 지경에 이르렀다. 지혜의 문제는 점차 철학의 한 분과인 또는 그것마저 철학에서 독립하려는 윤리학의 소관 사항으로 되었다. 이러한 현상은 근대 철학에서 서서히 일어나기 시작했다.

그러나 윤리학은 그것만으로는 지혜의 학일 수 없다. 그 까닭은 Ⅳ장 3절의 2)의 (1)에서 상론되겠지만 여기서 그것을 간단히 밝히면 다음과 같다. 서론에서 본 바와 같이, 지혜란 인간을 인간으로서 존재하게 하는 진리 자체인데, 이 진리는 제일철학이 추구하는 존재와 공속하기 때문에, 윤리학이 제일철학(형이상학)이 아닌 한, 그것은 그런 진리를 탐구할 수 없기 때문이다. 지혜가 그렇게 정의된다면, 사상 자체에로 나아가고자 하는 현상학의 태도는 다름 아닌 지혜 사랑, 즉 원래의 철학의 태도이다. 우리가 본 바와 같이, 사상 자체는 가장 근원적인 것이기에 변양되거나 조작된 것이 추호도 있을 수 없는 것이라면, 그것이 바로 진리 자체이며, 이 진리의 추구는 고독하고도 고뇌에 찬 작업이거니와 이 같은 작업은 진리 자체에 대한 사랑이 없이는 불가능하기 때문이다. 이렇게 보면, 지혜 사랑은 현상학으로써 가능하며, 원래의 철학은 현상학으로써만 건립 가능하다고 하겠다. 현상학이 원래의 철학을 건립하려 한다는 점에서 그것은 진리 자체를 사랑하고 진리 자체에로 나아가고자 하는 학이다. 따라서 사상 자체에로라는 현상학의 격률은 실증주의에 의해 왜곡되고 조작된 진리로부터 조작되지 않은 원래의 진리, 즉 진리 자체에로 나아가고자 하는 지혜 사랑의 정신을 간결하게 표현한 것이기도 하다.

지금까지의 우리의 논의는 다음과 같이 요약될 수 있다. 첫째, 현상학은 적어도 그 방법 면에서 비과학적임을 의미한다. 따라서 오늘날 철학이나 과학에 적용되는 현상학 또는 현상학적이라는 개념은 비과학적 방법을 의미한다. 그러나 현상학이 비과학적이라고 해서 과학적 방법의 권위와 그 타당성을 전면 부인하는 것이 아니라 그것을 그 나름대로 인정하면서 다만 과학적 방법으로 해명될 수 없는 것이 있는데, 그것은 과학 내지 과학의 방법론의 기초가 되는 형식 논리학의 근원이며, 이 근원 자체는 과학적 방법이 아닌 현상학에 의해서만 해명될 수 있다는 것이다. 이것이 바로 현상학이 지닌 비과학적인 것의 의미라 하겠다. 현상학과 실존철학이 불가분적인 까닭도 바로 여기에 있다. 즉 그 불가분성은 현상학이 비과학적인 실존을 해명하는 논리(방법)라는 데에 있다. 둘째, 비과학적인 현상학의 논리는 추리나 논증이 아니고 봄인데, 이 봄은 은폐된 것을 탈은폐하는 것, 다시 말하면 추리와 논증에 관한 학인 형식 논리학 또는 과학의 벽을 뚫고 들어가서 이 벽에 가려진 것, 즉 사상 자체를 탈은폐하는 것이다. 이 점에서 현상학은 형식 논리학과 완전히 구별되는 사상 자체의 탈은폐의 논리학이다. 셋째, 사상 자체가 모든 종류의 학을 비롯하여 존재하는 모든 것의 궁극적 근거(무전제)인 동시에 궁극적 진리이고, 현상학이 바로 이러한 사상 자체의 논리학인 이상, 현상학은 모든 종류의 학과 존재하는 모든 것의 근원[33]을 정초하는 종래의 제일 철학과 다를 바 없겠으나, 종래의 제일 철학이 과학에 오도(誤導)되어 철학의 원래 의미, 즉 지혜 사랑을 상실하였다면, 현상학은 바로 그것을 회복하려는 의미를 지닌다는 점에서 종래 제일 철학과 다르다고 하겠다.

2. 현상학의 사상 내용적 의미

1) 현상의 탈형식화 : 현상의 사상 내용

우리는 지금까지 현상학의 형식적 의미를 해명해 왔다. 그것은 사상 자체에로! 라고 간결하게 표현되었다. 이 표현은 사상 자체를 간접적으로, 즉 추

---

33) 이 책에서 근원은 창조의 의미로 이해되어서는 안 되고 의미론적으로 이해되어야 한다.

리나 논증을 통해서 드러내자(보자)는 것이 아니라 직접 드러내자는 뜻이다. 우리의 현상학 해명이 형식적이었기에 드러난 사상 자체도 형식적 의미, 가령 진리 자체니 근원이니 무전제니 하는 형식적 의미만을 가질 뿐 구체적인 의미, 즉 내용을 갖는 것이 아니었다. 그래서 지금까지 독자들은 사상 자체가 구체적으로 무엇인지 몹시 궁금했을 것이다. 이제 사상 자체의 내용이 밝혀져야 한다. 형식적인 사상 자체가 내용을 갖는다는 것은 사상 자체가 탈형식화(脫形式化)됨을 의미한다. 그리고 각 현상학자마다 사상 자체의 내용이 다르다는 것은 각 현상학자에서 사상 자체의 탈형식화 방향이 다르다는 것을 의미한다. 후설 이후 그로부터 영향받아 나온 현상학들이 각기 다른 것도 후설 현상학의 형식적 의미는 지닌 채 사상 자체의 내용을 달리한데, 즉 사상 자체의 탈형화 방향이 다른 데 기인한다고 하겠다. 그러니까 현상학이 어떠한 형태를 띠느냐 하는 것은 사상 자체의 내용이 무엇인가에 따라 결정된다고 하겠다. 현상학에서 사상의 내용이 무엇인가 하는 물음은 현상학이 적용될 수 있는 탐구 영역(대상)이 무엇인가 하는 물음과 같다. 이제 우리는 후설과 하이데거의 현상학을 통하여 이 점을 고찰하고자 한다.

후설의 현상학에서 사상 자체의 내용은 의식이다. 그러나 의식이라고 해서 모두 사상 자체의 내용인 것은 아니다. 의식 중에서도 사상 자체에 합당한 의식이 있고 합당하지 않은 의식이 있다. 따라서 의식은 이중성을 지니고 있다. 일반적으로 전자의 의식을 순수 의식, 순수 체험이라 한다면, 후자의 의식을 자연적 의식, 경험적 의식이라 한다. 의식이 이렇게 이중성을 지님에 따라 의식에 관한 학도 두 종류가 있는데, 자연적 의식을 다루는 학이 우리가 주로 Ⅴ장 3절과 Ⅵ장 2절의 2)에서 후설의 현상학적 관점에서 비판적으로 다룰 경험 심리학[34]이고, 순수 의식을 다루는 학이 후설의 현상학이다. 후설은 순수 의식을 의식의 본질로 본다. 따라서 순수 의식의 학으로서의 후설의 현상학은 또한 의식의 본질학이기도 하다. 그의 현상학은 의식의 본질에 관한 학이라는 점에서 의식의 현상학이다. 그러나 경험 심리학은 결코 의식의 본질을 탐구할 수 없고 의식의 실재적(경험적) 사실만을 탐구할 수 있다. 잘 알려져 있듯이, 현상학에서 의식의 본질은 지향성이다. 후설

34) 이것은 또한 심리-물리 심리학, 실증 심리학, 자연과학적 심리학 등으로 불린다.

은 지금까지 철학이나 심리학은 의식의 본질을 망각해 왔다고 본다.

우리는 위에서 두 종류의 학이 의식이라는 하나의 동일한 대상을 탐구함을 보았다. 그런데 두 종류의 학이 모두 하나의 의식을 탐구한다는 것은 무엇을 의미하는가? 그것은 다음과 같은 것을 의미한다. 먼저 현상학이 순수의식을 탐구한다는 것은 의식을 현상학적 태도에서 탐구함을 의미하고, 경험 심리학이 경험적 의식을 탐구한다는 것은 의식을 자연적 태도에서 탐구함을 의미한다고 하겠다. 이로써 우리는 태도가 다름에 따라서 동일한 대상에 대해서 여러 종류의 학문이 가능함을 알 수 있다. 그 예로 우리는 "의식에 관한 학이면서도 (경험) 심리학이 아닌 … 학"[35]이 있음을 방금 보았다. 이 예를 통해 우리는 전통적 편견에서 벗어날 수 있다. 전통적 편견이란 자연과학적 방식을 취한 것만이 학이며 자연과학적 방식을 취하지 않은 것은 학이 아니라는 것, 또는 사이비 학이라는 것을 의미한다. 물론 이러한 편견은 자연과학적 진리만이 진리라는 주장도 함축하고 있다. 물론 후설의 현상학은 자연과학적이지 않은 진리가 있음을 주장할 뿐만 아니라 오히려 자연과학적이지 않은 그것이 자연과학적 진리보다 더 근원적이며 그 기초가 되는 진리라고 주장한다. 후설에서 그런 자연과학적이지 않은 진리가 현상학적 진리, 예를 들면 의식의 본질에 관한 진리이다.

이제 후설의 현상학의 형태는 의식의 현상학인 것으로 밝혀졌다. 그러면 하이데거의 현상학은 어떠한 형태를 취하는가? 물론 이 물음에 대한 답은 하이데거에서 사상 자체의 내용이 무엇인지를 밝히는 것에서 찾아진다. 그것을 밝히기 위해서는 하이데거에서 현상이 어떠한 특성을 갖는지 밝혀야 한다. 그리고 현상의 특성을 밝히자면 우리가 이미 본 하이데거의 현상 개념을 다시 한번 볼 필요가 있다. 하이데거에서 현상은 어떤 것이 "자기를 자기 자신에서 내보이는 것"이며, 이것은 바꾸어 말하면 어떤 것이 '은폐되어 있지 않음'(非隱蔽性)이다. 따라서 현상은 은폐되어 있지 않음을 의미하며, 은폐되어 있음(Verdecktsein)은 현상의 대립 개념이다. 그러나 은폐가 현상의 대립 개념이라고 해서 현상과 은폐는 전혀 별개의 것이 아니다. 왜냐하면 현상만이 자신을 은폐할 수 있고 현상이 아닌 것은 자신을 은폐할

35) *PW*, S.22～23. (　)와 그 안의 내용은 필자의 삽입임.

수 없기 때문이다. 실제로 자기 자신을 '솔직하게'(참으로) 드러낼 수 있는 자만이 자신을 '솔직하지 않게'(거짓으로) 드러낼 수 있으며, 역으로 자신을 솔직하지 않게 드러낼 수 있는 자만이 자신을 솔직하게 드러낼 수 있다. 즉 은폐의 기술을 부리는 자는 다름 아닌 현상 자신이다. 현상이 없으면 은폐는 일어나지도 않으며, 따라서 탈은폐도 무의미하다. 그런데 현상은 배후의 어떤 무엇에 의해서가 아니라(현상은 배후가 없다) 그 스스로 자신을 은폐하며, 이로써 비로소 현상일 수 있다. 이 은폐 역시 자신을 드러내는 한 방식이라는 점을 고려하면, 은폐는 항상 현상 자신의 것이며, 현상의 변양(變樣)이다. 그리고 은폐가 현상의 변양이라는 것은, 현상은 우선 대개는 자신을 은폐의 방식으로 내보임을 의미한다. 이런 의미에서 "현상이 될 수 있는 것은 우선 대개는 은폐되어 있거나 또는 잠정적인 규정성에 있어서 알려져 있다."[36]

하이데거에서 현상학은 방금 설명된 현상의 특성을 갖는 것에만, 즉 우선 대개는 은폐의 방식, 즉 변장이나 가상의 방식으로 자신을 내보이는 것에만 적용될 수 있다. 하이데거에 의하면 그 같은 현상의 특성을 갖는 것은 이러저러한 존재자가 아니라 존재자의 존재이다. 그러면 어떤 의미에서 존재가 현상의 특성을 지닐 수 있는가? 이 물음에 답하자면 존재에 대해서 알아볼 필요가 있다. 우리는 여기서는 현상학의 사상 내용적인 의미를 이해하는 데 도움이 되는 범위 내에서만 존재에 대해서 논의하기로 한다. 먼저 존재는 존재자(存在者)가 아니라는 점에 유의해야 한다. 존재는 독일어로 Sein(굳이 영어로 표현하면 Being)이다.[37] 존재자는 글자 그대로 '있는 것'(Seiendes)이다. 예를 들면 우리들 도처에 있는 것들, 즉 땅, 하늘, 바다, 사람, 먼지, 수, … 등과 같은 것들이다. 존재는 항상 이러한 존재자의 존재이다. 존재자의 존재로서 존재는 존재자를 존재자이게 하는 것이다. 따라서 우리가 존재자

36) Heidegger, *PGZ*, S.119.

37) 독일어 Sein으로서의 존재는 우리말의 …이 있다, …이다, 있음에 해당한다. 이 경우 '있다', '이다'는 독일어에서는 분명히 Sein 동사이지만, 우리말에서는 동사가 아니라 존재 형용사(학자에 따라서는 조사로 보는 이도 있음)라는 점에 유의해야 한다. 예를 들면 우리말의 푸르다는 하나의 품사로서 형용사이지만, 독일어로는 Sein 동사와 형용사 blau가 합하여 이루어진 말이다.

와 관계할 때, 예를 들면 삽을 갖고 땅을 팔 때에 우리에게 이미 존재가 전제되어 있다. 다시 말하면 우리가 그렇게 하자면 이미 존재를 이해하고 있어야 한다. 즉 우리는 땅의 존재 삽의 존재를 이해하는 한에서만 삽을 갖고 땅을 팔 수 있다.[38] 이런 의미에서 우리는 우선 대개는 누구나 다 존재를 똑같이 그것도 자명하게 이해하고 있다. 여기서 존재를 누구나 똑같이 이해하고 있다는 것은, 지적 수준이 높은 사람이라고 해서 존재를 더 많이 이해하는 것도 아니고, 반대로 지적 수준이 낮은 사람이라고 해서 존재 이해가 빈약하다는 것이 아니라, 지적 수준의 높낮이에 관계없이, 비록 존재자에 대한 이해는 지적 수준의 높낮이에 따라 그 차이가 나지만, 적어도 존재는 우선 대개는 누구에게든지 똑같이 이해되어 있다는 것을 의미한다. 그 까닭은 존재는 인간이상 누구에게든지 자명하게 주어져 있기 때문이다. 이러한 존재의 자명적 이해는 우리가 '책상이 있다', '그는 사람이다'와 같은 말을 언제 어디서든지 자유로이 할 수 있다는 데서도 나타난다. 이 같은 말은 우리가 존재(있다, 이다)를 이미 이해하고 있는 한에서만 가능하다.

그러면 우리는 어떻게 해서 존재를 자명하게 이해할 수 있는가? 그것은 우리가 존재를 만들어내기 때문이 아니라 존재가 이미 우리들에게 자신을 내보이기 때문이다. 봄이 되면 우리는 아름다운 여러 꽃들을 본다. 이것은 우리가 꽃을 창조하기 때문이 아니라 꽃의 존재가 자신을 우리에게 내보이기 때문이다. 따라서 자명한 존재 이해는 존재가 자신을 우리에게 내보이는 한에서만 가능하다. 그러나 우리가 존재를 자명하게 이해한다고 해서 과연 우리가 존재 자체를 완전히 이해할 수 있는가? 막상 누가 존재가 어떤 것인가라고 물으면 묻기 바로 전까지만 해도 존재를 가장 명료히 알고 있다고 여긴 우리는 금방 말이 막힌다. 금세 존재는 모호해진다. 역설적이게도 우리는 어떤 것이 자명하면 자명할수록 그것을 완전히 아는 것 같지만 실은 그것에 대해 아는 바가 별로 없다. 그렇다고 그것에 대해 아는 바가 전혀 없는 것도 아니다. 바로 이런 점에서 자명한 것은 동시에 모호한 것이기도 하다. 따라서 가장 자명한 것은 가장 모호하다. 우리들 주변에 자명한 것은 많

38) 이것은 우리가 아름다운 것을 이해하자면 그것에 앞서 그것의 존재인 아름다움 자체를 이해하고 있어야 하는 것과 마찬가지이다.

지만 가장 자명한 것은 존재이다. 그러므로 "존재 개념은 … 가장 모호한 개념이다."[39] 존재가 가장 모호한 개념인 것은, 존재가 자신을 내보이되 우선 대개는 은폐의 방식으로 내보이기 때문이다. 이로써 이제 하이데거에서 현상은 그 내용상 존재임이 밝혀졌다. 따라서 하이데거에서 "사상 내용으로 보면 현상학은 존재자의 존재에 관한 학 — 존재론이다."[40] 이제 하이데거의 현상학은 존재의 현상학인 것으로 밝혀진다. 물론 이때의 현상학이 방법 개념인 점을 주목하면, 그의 존재의 현상학은 현상학적 존재론이기도 하다.

2) 탈형식화된 현상학의 방법

우리는 지금까지 형식적 현상의 탈형식화 방향이 다름에 따라서 형식상 동일한 의미를 지닌 현상학이 내용상으로는 각기 다름을 후설과 하이데거의 예를 통하여 고찰하였다. 그러나 사상 자체의 내용을 밝히는 것만으로 현상학의 사상 내용적 의미가 완전히 밝혀진 것은 아니다. 그것이 완전히 밝혀지자면 탈형식화된 사상 자체를 다루는 방법이 구체적으로 밝혀져야 한다. 물론 우리는 현상학에서 사상 자체를 다루는 방법(논리)은 봄, 즉 은폐된 것의 탈은폐이고, 이러한 봄은 직접적인 제시라는 점에서 기술적(記述的) 의미를 가짐을 밝혔다. 그런데 이러한 현상학의 방법은 형식적 현상을 다루는 형식적 방법이다. 그러나 이제 형식적인 사상 자체가 탈형식화됨에 따라, 탈형식화된 사상을 다루는 방법(봄) 역시 탈형식화된 사상의 특성에 따라서 서로 다를 수밖에 없다. 따라서 모든 현상학자에게 동일한 의미를 지닌 현상학의 방법인 봄(탈은폐, 기술)도 이제 현상학의 사상 내용적인 측면에서는 그 형태를 달리 한다.

우리가 앞에서 살펴보았듯이, 어떤 것이 어떤 학문의 대상이기 위해서는 그것이 해당 학문의 논리를 통해 규정(파악)되어야 한다. 예를 들면, 우리들의 일상적 자연, 즉 선(先) 또는 비자연과학적 자연이 자연과학적 자연이기 위해서는 그것이 자연과학적 논리(방법)를 통해 규정되어야 한다. 이때 자연

---

39) Heidegger, *SZ*, S.3.

40) *Ibid.*, S.37.

과학적 논리는 선 자연과학적 자연을 자연과학적 자연으로 파악하는 방법이다. 현상학도 이와 마찬가지이다. 즉 현상학은 현상학적 방법에 의해 현상학 이전의 현상, 즉 선 현상학적 현상이 현상학적 현상으로 파악될 때 성립된다. 그러므로 현상학은 선 현상학적 현상을 전제로 한다. 그러나 이렇게 현상학이 선 현상학적 현상을 전제로 성립된다면 현상학은 스스로 그 무전제성의 원리를 포기하는 것이 아닌가? 절대 포기하는 것이 아니다. 왜냐하면 어떠한 학문도 무에서 시작할 수 없고, 그런 이상 모든 학문은 그 탐구 소재를 가질 수밖에 없거니와, 이러한 사실은 후설의 현상학이 아무리 무전제성을 표방한다고 해도 그의 현상학도 하나의 학인 이상 예외일 수는 없기 때문이다. 그러면 후설의 현상학이 거기에서부터 시작하는 탐구 소재, 즉 선(先) 현상학적 현상은 무엇인가? 그것은 바로 현상학적(방법)으로 파악되지 않은 모든 의식이다. 기존의 모든 학문적 의식 개념, 즉 철학적 · 정신과학적 · 자연과학적 의식 개념 및 일상적인 의식 개념이 거기에 포함된다. 이들 학문의 의식 개념들은 현상학적으로 파악되지 않았다는 점에서 현상학적 의식이 아니다. 후설에 의하면 이들 선 현상학적 의식들은 그 자체에서, 즉 자기 소여성에서 파악된 것이 아니라 의식외적인 전제들, 즉 자연과학이나 기존 철학이나 상식에 의해서 그 진상(본질)이 날조되거나 은폐, 왜곡된 것이다. 따라서 의식을 의식 자체, 즉 의식의 자기 소여성에서 인식하자면 기존의 모든 학문들로부터 또 일상적 편견으로부터 자유로워야 한다. 그러기 위해서는 그것들에 대한 판단중지(Epoche)가 필요하다. 주지하듯, 판단중지는 피론(Pyrrhon)으로 대표되는 고대 회의학파에서 사용된 개념이다. 이 학파는 평정심(平靜心, ataraxia)을 최고선의 경지로 보고, 이 경지에 도달하는 것을 최고의 이상으로 삼았거니와, 그러기 위해서는 모든 사물에 대한 집착에서 벗어나야 하는데, 그것은 사물에 대한 판단중지를 통해서 가능하다고 보았다. 따라서 이 학파에서 판단중지는 최고선에 도달하기 위한 윤리적 · 실천적인 방법 개념이다. 그러나 후설의 현상학에서 판단중지는 의식을 그 어떠한 매개나 전제 없이 "직접 보기"[41] 위해서 의식 외적인 것들(예를 들면 학문, 외부세계)의 존재 여부에 대한 관심을 유보하는 방법론적 개념이다. 따

---

41) *Ideen I*, S.42.

라서 후설의 현상학에서 판단중지는 실천적·윤리적 개념이 아니라 이론적 개념이다. 현상학적 판단중지는 현상학적 환원 또는 본질직관, 즉 형상직관으로 불리기도 한다. 결국 봄, 즉 은폐의 탈은폐라는 현상학의 방법은 후설의 현상학에서는 판단중지의 형태를 취한다. 따라서 후설 현상학의 사상 내용적 의미는 현상학적 판단중지를 통해 의식의 본질을 탈은폐하는 학으로 정의될 수 있겠다.

하이데거에서도 현상학은 선 현상학적 현상을 전제로 한다. 그는 선 현상학적 현상을 현상적(phänomenal) 현상이라 칭한다. '현상적'과 '현상학적'(phänomenologisch)은 구별되어야 한다. 전자는 현상학적 방법 없이 일상적으로, 즉 우선 대개 현상과 만나는 양식이며, 후자는 현상학적 방법을 통해 현상과 만나는 양식이다.[42] 그리고 현상적 현상은 형식적 현상과 통속적 현상으로 나누어진다. 형식적 현상은, 이미 살펴보았듯이, 현상의 특성을 지니는 것이 무엇인지, 즉 현상의 특성을 지니는 것이 하나의 존재자인지(존재자라면 어떠한 종류의 존재자인지), 존재자의 존재인지가 규정되지 않은 현상이다. 통속적 현상은 형식적 현상이 어떤 존재자에 합당하게 적용된 것이다.[43] 통속적 현상은 비록 현상학적 현상은 아니지만 현상학적으로 중요하다. 왜냐하면 현상학에서 현상은 존재이고, 존재는 그때그때 존재자의 존재이기 때문에 존재를 '그대로 내주려'(Freigeben)는 목적을 위해서는 특히 존재자 자체를 올바르게 제시하는 것이 요구되기 때문이다.[44] 이 존재자 자체를 올바르게 제시한다는 것은, 이 존재자에 대해서 '직접 제시되지 않은 모든 규정들을 멀리한다'는 현상학적 기술(記述)의 의미를 갖는다. 이러한 "현상학적 기술의 방법적 의미는 해석이다."[45] 따라서 사상 내용적인 면에서 하이데거의 현상학적 방법(은폐의 탈은폐화)은 해석이다.

그러면 현상학적으로 해석되어야 할 존재자, 즉 선 현상학적인 통속적 현상은 무엇인가? 그것은 존재를 자명한 것으로 이해하고 있는 존재자, 즉 우리 인간이며, 하이데거는 그것을 현존재(Dasein)로 표현한다. 현존재가 현상

---

42) 상세한 것은 Heidegger, *SZ*, S.34, *PGZ*, S.118 참조.

43) Heidegger, *SZ*, S.31 참조.

44) *Ibid*., S.37.

45) *Ibid*.

학적 해석의 대상인 까닭은, 현존재가 "평균적인 막연한 존재 이해"를 가진 존재자이기 때문이다. 평균적인 막연한 존재 이해란 우리가 앞에서 밝힌 가장 모호한 이해로 특징지어지는 자명한 존재 이해를 말한다. 이러한 막연한 존재 이해란, 한편으로는 현존재는 우선 대개는 존재자를 존재하게 하는 존재를 이해하지 못하고 존재에 의해 존재하게 된 존재자를 이해함을 의미하고, 다른 한편으로는 현존재는 학적으로, 즉 존재론적으로는 존재를 이해할 수 없지만 선 존재론적, 즉 일상적으로는 이미 존재를 어떤 양식으로든, 즉 모호하게라도 이해하고 있음을 의미한다. 따라서 평균적인 막연한 존재 이해로 해서

> 현존재는 자기 자신에게 존재자적으로는 가장 친근하며 존재론적으로는 가장 멀되 선 존재론적으로는 낯설지 않다.[46]

하이데거의 존재의 현상학은 이러한 선 존재론적인 현존재의 존재 이해를 통해서 비로소 가능하다. 결국 하이데거의 존재의 현상학은 현존재의 현상학으로써 가능한 셈이다. 그리고 하이데거에서 현상학이 방법 개념이고 이 방법이 해석의 형태를 띤다면, 하이데거의 "현존재의 현상학은 말의 근원적인 의미에서 해석학이다."[47] 따라서 하이데거에서 현상학의 사상 내용적 의미는 해석을 통하여 '현존재의 선 존재론적 존재 이해'(존재론적으로 은폐된 존재)를 개념화(탈은폐)하는 것으로 풀이될 수 있다.

우리는 이상에서 현상의 내용과 그것을 탐구하는 방법이 다름에 따라서 현상학은 그 사상 내용적 의미를 달리함을 후설과 하이데거의 현상학을 통해서 살펴보았으며, 이를 통해서 후설 이후의 여러 현상학자들의 현상학이 다양한 형태를 취한 것도 바로 현상의 내용과 그것을 탐구하는 방법의 형태가 다른 데서 온 것임을 알 수 있다. 현상학자들 간에 누가 '현상학의 형식적인 의미'(현상학의 원리)를 철저히 준수했느냐에 대한 논쟁이 있을 수 있는데, 이 논쟁 역시 현상의 내용과 그것을 탐구하는 방법을 두고서 일어난

---

46) *Ibid.*, S.16.
47) *Ibid.*, S.37.

다. 가령 하이데거는 후설이 의식을 현상의 내용으로 판단중지를 그것의 탐구 방법으로 하는 한, 그는 자신이 그렇게 준수하고자 했던 현상학의 원리에 충실할 수 없다고 하거니와, 후설 역시 하이데거가 존재를 현상의 내용으로 해석을 그것의 탐구 방법으로 하는 한, 그는 자신의 현상학의 참된 의미를 이해하지 못한다고 반박한다.

그러나 후설과 하이데거는 서로 논쟁을 하지만, 우리가 보건대 그들의 탈형식화된 현상학적 방법은 비록 그 형태가 다를지라도 그 방법적 의미는 크게 다르지 않다. 그러니까 현상학적 환원(판단중지) 또는 본질직관으로 불리는 후설의 탈형식화된 현상학적 방법도 하이데거가 말하는 해석학적 의미를 지니고 있다. 이는 그들에서 형식적 의미의 현상학적 방법이 앞서 살펴본 기술인 데서 오는 귀결이다. 후설의 현상학적 환원 또는 본질직관의 해석학적 특성에 대해서는 Ⅲ장 4절의 2), Ⅶ장 2절의 3)의 (2)와 4)에서 상론된다.

3. 철학적 현상학

판단중지를 통해서 의식의 본질을 연구하는 후설 현상학은 아직 철학적 현상학이 아니다. 본질에 관한 학을 후설은 본질학 내지 형상학이라고 하거니와, 이 학은 아직 철학일 수 없다. 의식은 물체와 대립된다. 그러므로 의식은 물체와 그 영역을 달리한다. 이러한 의식과 물체는 모두 세계 속에서 각자 자신에 고유한 영역을 가진다. 그런 이상 의식은 세계의 여러 영역 중의 한 영역이다. 이 경우 각 영역은 자신에 고유한 순수한 영역적 본질을 가지거니와, 이 순수 영역적(질료적) 본질을 다루는 학이 영역적 형상학 또는 영역적(형상적) 존재론이다.[48] 영역적 존재론은 "영역의 모든 대상들의 필연적인 질료의 형식"(즉 일정한 영역의 근본개념)을 다룬다. 그런데 존재론에는 영역적 존재론 외에도 형식적 존재론이 있는데, 이 존재론은 "대상성 일반의 공허한 형식"을 다룬다. 이 존재론에는 형식 논리학과 형식적인 보편수학(대수학, 순수 해석학, 다양체론)이 속한다.[49] 그리고 영역적 존재론

48) *Ideen I*, S.23 참조.

은 크게 물리적 자연의 존재론과 의식의 존재론으로 나누어진다.[50] 자연의 존재론에는 기하학, 순수 물리학이 속하고, 의식의 존재론에는 순수 심리학이 속한다.

위에서 설명된 형상학은 세계의 사실에 관하여 직접 언급하는 바가 없다. 이 점에서 그것은 경험학, 즉 사실학이 아니다. 그러나 그것은 세계 내의 특정한 영역의 '질료적 형식(본질)'이나 세계 내의 대상성 일반의 공허한 형식에 관해서 언급한다는 점에서는 여전히 세계에 대해서 진술하는 학이다. 이 점에서 그것은 선험적 실증학이다. 모든 경험학은 이러한 선험적 학인 형식적-영역적 존재론을 그 기초로(전제로) 한다. 예를 들면, 자연과학은 자연의 존재론과 형식적 존재론을 전제로 한다. 따라서 형상학은 경험학에 앞서서 그것을 가능하게 하는 조건 학이다. 이렇게 보면, 판단중지를 통하여 의식의 본질을 탐구하는 후설의 현상학도 우선은 선험적 실증학, 즉 물체(물질)의 존재론에 대립되는 '의식 존재론'의 형태를 띤다. 의식 존재론은 우선은 심리학적 판단중지를 통해서 획득되는 순수 심리학적 주관성을 연구하는 학이며, 이 학은 순수 심리학, 현상학적 심리학, 형상적 현상학 등 다양한 이름으로 불린다. 이 점에 대해서는 Ⅶ장 1절의 2)에서 다시 논의된다.

그러나 후설 현상학이 궁극적으로 탐구하고자 하는 것은 형식적 존재론도 아니요, 특정한 영역적 존재론(의식 존재론)도 아니다. 그것은 "다른 모든 존재 영역들이 그 속에 뿌리를 두는 존재 일반의 근원 범주(혹은 우리들의 말로는 근원영역)"[51]일 뿐만 아니라 지금까지 "모든 철학적 대립들이 현상학적으로 해소"[52]되는 그러한 의식의 영역이다. 이러한 의식이야말로 일체의 존재는 물론 모든 대립들의 존재 근거요, 그러기에 그 속에서는 그 어떠

49) *Ibid.*

50) 후설은 존재의 영역을 『이념들 Ⅱ』에서 물질적 자연, 신체와 영혼으로 이루어진 생명적 자연, 정신 이렇게 셋으로 나누고 있다. 그러나 우리는 여기서 신체를 물질적(물리적·물체적) 자연에, 영혼을 의식에 각각 귀속시켜 존재 영역을 물리적 자연과 의식(심) 둘로 나누었다.

51) Ideen Ⅰ, S.159. ( )와 그 안의 내용은 필자의 삽입임.

52) *Phänomenologische Psychologie*, hrsg. v. W. Biemel, 1968, S.299. 이후로는 *Psy.*로 인용하며, 본문에서 언급할 때는 『심리학』으로 표시한다.

한 대립도 있을 수 없다. 바로 '그곳'(Da)이야말로 모든 것의 근원이요, 절대자요, 후설 현상학이 나아가고자 하는 사상 자체, 즉 후설이 즐겨 쓰는 "근원적으로 부여하는 의식"이다. 이러한 의식을 후설은 초월론적 의식이라고 하거니와, 이것은 순수 심리학적 의식이 초월론적 판단중지(환원)를 거쳐서 초월론적으로 순화된 것이다. 초월론적으로 순화된 이 의식은 세계를 초월한 것이기에 세속성(자연성)이 전적으로 배제된 것이요, 그러기에 그것은 세계에 관해서 아무것도 언급하는 바가 없고, 오히려 세계 자체를 자신의 상관자로 하거나 또는 세계 자체가 거기서 구성되어 나오는 곳이다. 초월론적 판단중지를 통하여 바로 그곳을 연구하는 것이 후설의 초월론적 현상학이며, 이 현상학이 바로 후설의 철학적 현상학이다. 이것이 후설의 완전한 현상학으로서 보편적인 철학(존재론) 또는 제일철학이다. 이 완전한 현상학은 초월론적 의식에 도달할 때 정초되거니와, 후설은 시행착오를 거쳐서 그곳에 이르며, 그의 그 시행착오적 과정에 대해서는 V장 4절의 5)에서 VII장의 1절에 걸쳐서 상론된다.

하이데거에 의하면 철학과 개별학(과학, 실증학)은 그 탐구 대상을 달리한다. 철학은 존재에 관한 학이며, 개별학은 존재자에 관한 학이다. 그러나 개별학이 존재자에 관한 학이라고 해서 그것은 존재자 일반에 관한 학이 아니다. 그것은 특정한 존재자, 특정 영역의 존재자에 관한 학이다. 예를 들면, 자연과학은 자연의 영역에 속하는 존재자에 관한 학이고, 역사학은 역사의 영역에 속하는 존재자에 관한 학이다. 이렇게 보면, 개별학은 우선 우리가 어떤 존재자가 어떤 영역에 속하는지, 즉 자연의 영역에 속하는지 역사의 영역에 속하는지 아는 것을 전제로 한다. 이 점에 대해서는 IV장 2절의 2)의 (1)에서 다시 상론된다. 아무튼 그것을 모르는 한, 개별학은 성립될 수 없다. 그러면 우리는 그것을 어떻게 아는가? 하이데거에 의하면 그것은 인간 현존재가 해당 영역의 존재(근본개념)를, 예를 들면, 자연성(자연의 존재)이나 역사성을 개념적으로는 아닐지라도 막연하게나마 이미 개별학에 앞서서 이해하고 있기 때문이다. 이 때문에 우리는 자연과학적 지식이나 역사학적 지식이 없어도 역사적인 것과 자연적인 것을 구분할 수 있다. 개별학은 제 아무리 발전한다고 해도 자신의 영역에 대한 막연한 존재 이해를 학문적으로 완성할 수 없다. 개별학은 기껏해야 그러한 존재 이해의 바탕 위에서 해당 영역의 존재자를 대상화함으로써 존재자를 개념적으로 인식할 뿐이다. 각 영역에 대한 막연한 존재 이해를 학문적으로 완성하는 것은 철학, 즉 존재론이다. 그런데 그 영역이 개별학(실증학)의 영역이라는 점에서 그것은 영역적 존재론 또는 실증적 철학이다. 따라서 개별학은 자기가 자신을 정초할 수 없고 우선은 철학, 즉 영역적 존재론에서 정초됨을 알 수 있다.

그러나 철학은 고대로부터 특정한 존재자(영역)의 존재(근본개념)가 아니라 모든 존재자에 공통되는 존재 일반의 의미 해명을 목표로 해왔다는 점에서 영역 존재론이 아니라 (보편적) 존재론이다. 존재론은 영역적 존재론의 가능 근거다. 그런데 존재론 역시 영역적 존재론과 마찬가지로 선 존재론적 현존재에 기초한다. 그 까닭은 존재는 존재자들 사이에 있는 것이 아니라 오직 현존재에게서만 이해되고 개시되기에 현존재가 존재하는 한에서만 드러나기 때문이다. 따라서

> … 존재론은 자기 자신을 순수 존재론적으로 정초할 수 없다. … 존재론의 고유한 가능성은 하나의 존재자에로, 즉 존재적인 것에로, 말하자면 현존재에로 소급된다.[53)]

이렇게 보면 모든 학문, 즉 철학(존재론), 영역적 존재론, 개별학은 모두 현존재에 기초한다. 그런데 이러한 현존재의 본질은 이성이 아니라 실존이다. 현존재가 실존한다는 것은 현존재가 존재를 이해(開市)한다는 뜻이요, 현존재가 존재를 이해한다는 것은 현존재가 존재한다는 뜻이다. 이런 의미에서 현존재의 실존 = 현존재의 존재 이해 = 현존재의 존재함은 등근원적이다. 따라서 현존재가 존재를 이해하지 않는다는 것은 현존재가 실존(존재)하지 않음, 즉 저 세상 사람(고인)임을 뜻한다. 그러므로 현존재가 실존(존재, 존재 이해)한다는 것은 현존재가 세계-내-존재임을 의미한다. 그리고 현존재가 세계 내 존재라는 것은, 현존재가 세계를 자신의 실존적 구성 요소로 하고 있다는 것이요, 그리고 세계가 현존재의 실존적 구성요소인 한 현존재는 자신뿐만 아니라 세계를 이미 이해하고 있으며, 나아가 다른 현존재와 현존재적

53) Heidegger, *GP*, S.26.

이 아닌 세계 내부의 존재자와 이 존재자의 존재를 이해하고 있다. 바로 여기에 모든 학문이 "현존재의 자유로운 실존 가능성 중의 하나", 현존재의 "존재양식", 현존재의 "존재방식들"일 수밖에 없는 까닭이 있다. 이렇게 볼 때, 실증학과 이 학의 근원인 존재론 자체(철학)의 최종적 정초는 하나의 특출한 존재자인 현존재의 본질(실존)의 분석에로 소급되거니와, 이러한 분석은 오직 현상학(현상학적 해석)으로만 가능하다. 현상학에 의한 현존재의 본질의 분석이 하이데거에서 철학적 현상학이다. 그리고 하이데거의 철학적 현상학은 철학의 철학인 제일철학에 다름 아니며, 또한 그것은 현존재의 실존론적 분석론, 현존재의 해석학, 기초 존재론, 실존론적 현상학 등 다양하게 불린다.

4. 인간의 본래성 회복의 논리로서 현상학

우리는 지금까지 후설과 하이데거의 현상학을 중심으로 현상학의 개념을 해명하였다. 우리의 작업은 현상학의 형식적 의미를 거쳐 그것의 사상 내용적인 의미를 해명하는 것으로 이루어졌다. 우리의 이런 작업을 통해서 드러난 점은 현상학의 형식적인 의미는 모든 현상학자에게 동일하지만 형식이 탈형식화되어서 나타난 현상학의 사상 내용적인 의미는 현상학자에 따라서 다르다는 것이다. 그럼에도 불구하고 우리는 이 과정에서 하나의 공통점을 발견했는데, 그것은 첫째 현상학적 작업은 현상학이 선 현상학적 현상의 특성을 지니는 대상에 적용됨으로써 구체화되고, 둘째 그러한 현상학적 작업의 최종적 완성은 철학적 현상학으로써 가능하다는 것이다. 철학적 현상학은 모든 학문의 근거를 실증학적 방법이 아니라 철학에 합당한 방법인 현상학적 방법으로 정초하는 철학, 전통적 용어로 말하면 제일철학이다. 우리는 현상학적 제일철학은 후설에서는 초월론적 현상학으로 하이데거에서는 기초존재론의 형태를 취함을 살펴보았으며, 동시에 이들 철학적 현상학은 개별학, 영역적 존재론, 존재론(후설에서는 형식적 존재론)의 근원학임을 또한 보았다. 근원학으로서의 철학적 현상학은 또한 존재자 전체로서의 세계의 근원을 이해하는 학이기도 하다. 철학적 현상학은 그러한 근원 자체를 근원 자체에서, 즉 근원을 왜곡하지 않고 근원 그대로 드러나게 하는 탐구이다.

또한 우리는 철학적 현상학의 탐구는 인간에로 소급됨을 보았다. 그러므로 학 일반의 근원 및 존재자 전체로서의 세계의 근원은 인간에게 있다. 그러나 그것은 실증학적 눈에는 보이지 않는다. 보이지 않는다고 해서 없는 것이 아니라 단지 은폐(망각)되어 있을 뿐이다. 그것은 은폐를 탈은폐하는 현상학적 눈에 드러난다. 인간은 실증학적 눈뿐만 아니라 현상학적 눈도 동시에 가지고 있다. 인간이 현상학적 눈을 가질 수 있는 것은 인간이 현상학적이기 때문이다. 인간이 현상학적인 까닭은, 앞에서 논의된 바와 같이 인간에게만 현상학적 현상이 주어지고 인간만이 그것을 드러낼 수 있는 Logos적 존재이기 때문이다. 후설의 경우 그것은 '초월론적 의식'이고, 그것을 드러나게 하는 것도 역시 의식이다. 따라서 후설에서 의식은 Logos적이다. 하이데거의 경우 그것은 존재이다. 그리고 우리는 하이데거에서 Logos의 근원적인 의미는 드러냄임을 보았거니와, 그 드러냄은 근원적으로 존재의 드러냄이다. 따라서 하이데거에서 존재를 드러내는 것도 역시 존재이다. 이렇게 볼 때, 현상학(Phänomenologie)에서는 현상(Phänomen), 즉 탐구의 대상과 Logos, 즉 대상을 드러나게 하는 것은 동일하다.

또한 현상학적 현상은 존재자 전체(세계)와 모든 학의 근원일 뿐만 아니라 인간의 본질을 규정하는 것이기도 하다. 따라서 세계와 모든 학의 근원을 탐구하는 철학적 현상학은 동시에 인간 본질의 탐구이기도 하다. 현상학적 현상이 인간의 본질인 까닭은 인간은 그것을 통하여 인간일 수 있기 때문이다. 그러한 인간의 본질은 후설에서는 초월론적 의식이고, 하이데거에서는 존재 이해이다. 이 같은 인간의 본질은 '전통적인 이성'(실증학적 눈)으로는 보여지지 않으며, 따라서 사물을 설명하는 범주로는 설명될 수 없다. 그것은 형식 논리학적 범주 밖에 있으면서 그 범주를 가능하게 하는 것이다. 이 점에서 그것은 형식 논리학적 범주로 볼 때는 선 술어적 차원[54]에 속한다. 인간의 본질이 이런 이상, 인간은 형식 논리적 범주로 설명 가능한 세계

54) 후설이 현상학적 판단중지를 통하여 드러내고자 하는 근원적 영역은 바로 이런 차원이며, 하이데거 역시 존재 이해를 본질로 하는 현존재는 이런 차원에 있기 때문에 그는 그의 전기 주저 *SZ*에서 현존재는 형식 논리적 범주로 설명할 수 없다고 보고 실존범주들을 고안하여 그것들을 통해서 현존재를 분석하고 있다.

의 내부의 사물들과 동일한 차원에 놓일 수 없다. 그럼에도 불구하고 지금까지 철학은 사물에 적용되는 실증학적 범주를 인간에 적용하여 인간을 설명함으로써 인간을 하나의 사물화, 즉 비인간화하였으며, 그러한 비인간화는 인간이 결코 사물적일 수 없는 인간의 본질 안에 서지 않고 '본질 밖'(사물 속)에 섬을 의미한다고 하겠다. 이러한 비인간화가 바로 실증주의에서 야기되는 휴머니즘의 본래성을 상실하는 반휴머니즘적 현상이다.

인간의 본질을 규정하는 것은 존재자 전체의 근원이자 모든 학문의 근원이라는 점에서 그것은 그 어떠한 학문의 진리보다 더 근원적 진리이며 그야말로 진리 자체이다. 그것은 우리가 서론에서 밝힌 실증학적 진리와 구별되는 철학적 진리이다.

서론에서 밝혀진 바와 같이, 인간은 이중적이다. 즉 인간은 한편으로는 세계 내부의 여러 사물들 중의 하나, 즉 자연 내적 존재요, 다른 한편으로는 세계의 사물들을 초월한 존재, 즉 자연 초월적 존재이다. 그러나 인간의 일차적 근원적 존재 방식은 후자이다. 인간의 인간성, 위대성, 존엄성은 후자에 있지 여러 사물들 중 탁월한 인식 능력(이성)을 가진 사물(동물)이라는 데에 있지 않다. 후자가 인간에 대한 철학적 탐구 분야라면, 전자는 인간에 대한 실증학적 탐구 분야이다. 그러나 지금까지 철학은 대개 인간을 전자의 입장에서 탐구해 왔다. 물론 철학에 따라서는 인간의 동물성을 전적으로 배제하고 이성만을 탐구의 주제로 삼기도 했으나, 그 경우에도 철학은 현상학적 방법이 아닌 형식 논리학적 방법으로 이성에 접근함으로써 이성은 사물적으로 규정될 수밖에 없었다. 이런 의미에서 서양에서 철학은 처음부터 인간의 참된 본질을 망각하는 싹을 지녔다. 여기에 서양 철학의 자기 모순, 즉 휴머니즘, 즉 지혜 사랑을 표방하는 순간 반휴머니즘, 즉 참된 인간성을 망각하는 지식의 추구로 치달은 모순이 있다. 물론 유아기의 저 그리스 철학에서 그러한 모순은 눈에 잘 띄지 않는다. 눈에 띄지 않는다고 거기에 시원적 모순이 없는 것이 아니다. 물론 그 모순은 현상학자의 눈에도 띄지 않는 것이 아니다. 철학이 바로 그 모순의 역사에서 벗어나자면 그것에 합당한 방법(눈)을 가져야 한다. 철학에게 합당한 눈을 갖게 한 것이 후설에 의해 수행된 현상학적 작업이며, 그 작업은 현상학에 의한 철학의 일대 수술로 특징지어진다.

결국 현상학은 잘못 길이든 철학을 자기 길로 바로 가게 하는 방법이다. 철학이 자기 길을 바로 간다는 것은 잘못 놓인 인간을, 또는 왜곡된 인간을 원래의 자리로, 원래의 모습으로 되돌려 놓는 것이며, 이것이 바로 사상 자체를 사상 자체에서(있는 그대로) 보자는 현상학의 원리와 합치된다. 실증주의 시대에 인간을 원래의 모습, 원래의 자리에로 되돌아가게 한다는 의미에서 현상학은 실증주의에 의해 상실된 휴머니즘의 본래성을 회복하는 논리일 수 있다.

현상학은 모든 실증학의 근원인 인간의 본질을 탈은폐하고, 실증학은 현상학에 의해서 탈은폐된 자신의 근원, 즉 인간의 본질 안에 서서 진리의 말에 귀기울일 때. 휴머니즘의 본래적 의미 회복은 가능하다. 또한 인간의 본질은 실증학뿐만 아니라 자연을 비롯한 모든 사물들의 근원이기에 인간이 자신의 본질에로 돌아갈 때 사물은 비로소 인간에게 원래의 사물로, 즉 사물답게 존재할 수 있다. 그러나 인간이 모든 사물과 실증학의 근원인 자신의 본질을 망각하는 한, 인간과 실증학은 더 한층 위험의 길로, 즉 인간의 비인간화로 내달릴 수밖에 없으며, 사물 또한 사물다울 수 없다. 오늘날 사물이 사물답지 않은 예로서 우리는 기술 발전에 따른 자연 오염을 들 수 있다. 흔히들 기술 휴머니즘, 요즘에는 디지털(Digital) 휴머니즘을 주장하곤 하는데, 그것은 허튼 소리이다. 기술이 제아무리 발전한다고 해도 기술의 논리, 특히 실증학의 최고봉이라 할 수 있는 디지털 기술의 논리는 인간의 철저한 사물 지배의 논리는 될 수 있어도 인간의 본질에로 귀환하는 논리는 아니기 때문이다. 현상학이야말로 오늘날 상실된 휴머니즘의 본래성을 회복하는 논리(학)로서 손색이 없다고 하겠다. 이런 학으로서의 현상학은 '복기초'(復基初),[55] '복기본연'(復基本然)[56]의 학이라 할 수 있겠다.

55) 聖人所由惟一里人須要復基初(『遺書』, 6 : 2b).

56) 至善者性也性元無一豪支惡故日至善止之是復基本然而已(『陽明全書』, 1 : 19a).

Ⅲ. 플라톤에서의 현상학의 개념

1. 학들의 전제론적 차이

후설과 하이데거의 저작들에 나타난 현상학의 개념을 분석한 결과, 그것의 개념은 우선 철학과 과학을 철저히 구별하는 가운데서 규정되었다. 이러한 각도에서 보면, 현상학은 철학과 과학의 학적 차이를 규명하는 학이라고도 할 수 있다. 그렇다면 혹자는 모든 철학이 현상학이라고 할 것이다. 왜냐하면 어떤 철학이든 철학과 과학의 차이를 밝히는 데서 출발하기 때문이다. 사실 대개의 철학들이 철학과 과학의 차이를 밝힌다. 그러나 그렇다고 해서 모든 철학이 다 현상학인 것은 아니다. 왜냐하면 철학과 과학의 차이를 밝히되, 철저하게 밝히는 철학만이 현상학이기 때문이다. 그런 의미에서 과학의 방법을 철학에 도입하는 과학철학이나 실증주의는 결코 현상학일 수 없다. 분명 과학철학이나 실증주의도 철학과 과학의 차이를 주장하는 것만은 사실이나, 그들이 과학적 방법을 철학에 도입하는 한, 그들의 철학 개념은 과학적인 것이 완전히 배제된 순수 철학적이지 않다. 앞서 본 바와 같이, 기존의 서양 철학은 학의 이념적 측면에서는 철학과 과학의 차이를 철저하게 규정하지만, 학의 방법론적 측면에서는 그 차이가 철저하지 않다. 그래서 우리는 기존의 서양 철학들에서는 현상학이 드러내고자 하는 '사상 자체'가 여전히 은폐, 망각되어 있으며, 그래서 기존 서양 철학들은 현상학적이지 않다고 규정하였다.

후설의 철학이 현상학으로 불리고 있거니와 그 까닭은, 그의 철학이 학의 이념에서뿐만 아니라 학의 방법에서도 철학과 과학을 철저히 구별하기 때문이다. 이 점은 그가 "철학은 … 모든 자연적 학문과 원리적으로 구별되는 전적으로 새로운 방법을 요구한다"[1]고 보고, 철학 고유의 방법론을 마련한 데서 잘 드러난다. 단적으로 말하면, 그의 철학이 현상학으로 불린 까닭은 철학의 이념 실현에 합당한 순수 철학적 방법을 마련한 데 있다. 그러나 곰곰이 생각해 보면, 서양 철학의 역사에도 이념적으로는 물론이요 방법론적으로도 철학과 과학의 철저한 구분에서 출발한 학적 명칭이 현상학 외에도 또 있는데, 그것이 바로 제일철학이다. 그래서 후설 자신이 말하듯이 그의 현상학은 다름 아닌 제일철학이다. 우리는 앞장에서 그 점을 분명히 보았다.

주지하듯이, 제일철학이라는 학적 명칭은 아리스토텔레스에서 처음으로 사용되었다. 물론 그에게서 제일철학은 과학과 완전히 구별되는 학을 지칭하는 개념이다. 그렇다면 서양에서 현상학은 아리스토텔레스에서 처음 나타나는가? 물론 아니다. 비록 그는 철학과 과학을 구분했지만 그 구분은 학의 탐구 대상과 관련된 구분이지 방법과 관련된 구분은 아니기 때문이다. 그에게서는 철학의 방법과 과학의 방법의 차이는 구체적으로 밝혀지지 않고 있다. 그는 많은 학적 업적을 남겼지만 플라톤을 제대로 이해하지 못하였다. 그래서 그는 플라톤의 철학 방법이 지닌 현상학적 의미도 이해하지 못하였다.

사실 아리스토텔레스는 제일철학이라는 개념을 처음 사용했을 뿐이지 진정한 의미의 그것의 최초의 창시자는 아니다. 그 실질적인 최초의 창시자는 자기 스승 소크라테스의 가르침을 계승 발전시킨 플라톤이다. 플라톤의 학문은 그 성격상 우리가 말한 제일철학에 다름 아니다. 그는 제일철학이라는 용어를 사용하지 않았을 뿐 실은 제일철학을 하고 있었다. 그가 제일철학을 하고 있었다는 것은, 그가 이념과 방법에서 과학과 완전히 구별되는 학, 즉 철학의 정립을 위해 심혈을 쏟았음을 의미한다. 실제로 그의 일생은 후설과

---

1) *Idee*, S.24.

마찬가지로 그러한 노력으로 점철된다. 물론 그는 이미 그 당시에 철학과 과학을 이념적·방법적으로 철저히 구별하였다. 이 점은 그가 『국가』에서 오늘날 과학에 해당하는 부류들, 예를 들면 수학(기하학), 천문학과 같은 것들을 기술(technē)로 지칭하고 철학을 학문(epistemē)으로 지칭하여 과학의 방법, 예를 들면 기하학의 방법과 완전히 구별되는 철학 고유의 방법을 창안한 데서[2] 잘 나타난다. 그렇다면 현상학은 서양 철학의 출발점이라고 해도 과언이 아닌 플라톤에서 이미 싹이 텄다고 할 수 있다.

사실 후설 현상학의 이념은 이미 플라톤에서 설정되었다. 앞서 본 바와 같이, 그의 현상학은 무전제적 인식의 추구를 그 이념으로 하거니와, 그것은 후설이 플라톤을 답습한 것이다. 이것은 아래의 논의에서 입증될 것이다. 따라서 후설 현상학 창시의 학적 의의는 그가 현상학의 이념을 설정한 데 있지 않고, 그 이념을 실현하는 데 적합한 조금도 과학적이지 않은 순수 철학적 방법을 창시한데 있다. 그런 이상, 플라톤 철학이 현상학적인지에 대한 논의는 그의 철학의 방법에 대한 논의로 귀결될 수밖에 없다. 그런데 플라톤과 후설의 철학 방법은 적어도 외적으로는 같다. 이 점은 그들의 철학 방법이 모두 형상(본질)의 직관인 데서 알 수 있다.

그러나 그 외적 동일성에도 불구하고 그들의 철학 방법은 내용상 완전히 같은 것은 아니다. 우리는 그 점을 형상의 직관이 플라톤에서 변증법적이고 후설에서는 현상학적인 데서 잘 알 수 있다. 그러나 두 방법이 전적으로 같지 않다고 해서 또한 전혀 이질적인 것도 아니다. 이것은 플라톤의 변증법이 전적으로 현상학적이지 않은 것만은 아님을 의미한다. 따라서 그것은 그의 변증법도 현상학적이되, 전적으로 현상학적이지 않음을 의미한다. 일단 그의 변증법이 현상학적이라는 점에서 두 방법은 동일하다. 그렇지만 또한 그것이 전적으로 현상학적인 것이 아니라는 점에서 두 방법은 동일하지 않다. 그것이 전적으로 현상학적이지 않다고 함은 그것에 현상학적 철저성이 결여되어 있음을 의미한다. 그래서 우리는 그의 변증법은 현상학적이기는 하되 전적으로 현상학적이지는 않다고 말한 것이다. 우리는 두 방법이 지닌

---

2) Platon, *Politeia*, 533, 534. 플라톤의 *Politeia*의 번역은 주로 박종현 역, 『국가』(서광사, 1997)를 따랐고, Paul Shorey의 영 그리스어 대역판(*The Republic*, Harvard Univ. Press, 1946)도 함께 참조하였다.

이런 성격을 친근성으로 지칭한다. 따라서 플라톤의 철학에 후설의 현상학의 개념이 나타난다는 것은 그의 철학이 후설 현상학과 완전히 같다는 의미가 아니라 친근하다는 의미로 이해되어야 한다. 우리는 플라톤 철학이 적어도 후설의 현상학이 창시되기 전까지는 서양의 모든 철학들 중에서 후설 현상학과 가장 친근하며, 그런 의미에서 그의 철학이 그 모든 철학들 중에서 가장 현상학적 철학이라고 본다. 물론 후설 자신이 그의 현상학을 20세기 데카르트주의로 또는 데카르트를 현상학의 종두로 존경한다고 말함[3]에도 우리는 그렇게 보며, 이에 우리는 고전적 현상학의 전형을 데카르트가 아니라 플라톤에게로 돌린다. 그 까닭은 이 책의 결론에서 밝혀질 것이다. 이 장의 논의는 플라톤의 변증법이 현상학적임을 입증하는 논의로 구성된다.[4] 따라서 그의 변증법이 어떤 의미에서 현상학적 철저성이 결여되어 있는지는 여기서 논의되지 않고 후설 현상학에 대한 상세한 논의가 끝난 이후에야, 즉 이 책의 결론에서 논의된다.

후설의 현상학적 사유는 기존의 비현상학적 서양 사유, 즉 서양의 전통적 합리주의와 이 합리주의의 발전의 최종 형태인 실증주의에 대한 비판에서 싹텄음은 서론에서 언급되었다. 서양에서 비현상학적 사유는 서양 사유의 역사와 그 궤도를 같이 한다. 서양 사유의 비현상학적 전개의 시원은 플라톤의 사유이다. 그 까닭은 서양 사유는 플라톤 이전의 그리스인들에서 다소 현상학적이다가[5] 플라톤을 기점으로 그의 철학에 잠재한 현상학적인 면이 점점 은폐되고 역시 그의 철학에 잠재된 비현상학적인 면이 점점 두드러지

---

3) *CM*, S.3.

4) 플라톤에서 변증법은 그의 초기, 중기, 말기에 그 의미가 약간씩 다르지만, 그 형식적 의미는 세 시기에 걸쳐 크게 다르지 않다. 그것은 초기에는 대화 당사자들 간의 토론(대화)의 기술을, 중기에는 이데아(본질) 인식의 방법을, 말기에는 사물들을 모으고 분류하는 방법을 각각 의미하는데, 말기의 그 뜻은 그것의 그리스어 dialektikē의 문자적 의미, 즉 상호성을 뜻하는 전치사 dia와 하이데거가 좋아하는 '모은다'는 뜻의 legein(logos)의 합성 의미에 충실한 것이다. 후설의 현상학이 본질 인식의 학인 점을 감안하여 그의 변증법이 현상학적임을 보이려는 이 책에서의 그의 변증법에 대한 논의도 그의 중기의 저작인 『국가』에 한정된다.

5) 이 점은 우리가 II장에서 본 바와 같이 하이데거가 현상학의 개념을 고대 그리스어 *φαινόμενον*와 λóros의 결합으로써 해명하는 데서 잘 나타난다.

는 방향으로 전개되었기 때문이다. 후설 현상학은 플라톤 사유에 잠재한 비현상학적인 면이 가장 두드러진 시기에, 즉 그것이 만개한 시기에 출현하였다. 따라서 후설 현상학을 낳은 비현상학적 사유의 시원을 거슬러 올라가면 결국 플라톤의 사유에 직면한다. 그러나 그의 사유는 비현상학적 사유의 시원일 뿐만 아니라 또한 현상학적 사유의 시원이기도 하다. 우리가 위에서 플라톤 사유는 현상학적이면서도 그것에 현상학적 철저성이 결여되어 있다고 한 것은 다름 아닌 그의 사유의 이중적 시원성을 말한 것이다.

후설 현상학이 기존의 비현상학적 사유에 대한 비판에서 싹튼 것인 이상, 그의 현상학은 기존의 비현상학적 사유에 대한 이해 없이는 제대로 이해될 수 없다. 또한 그의 현상학은 현상학적 사유의 시원에서 이해될 때 더 잘 이해된다. 결국 그의 현상학은 비현상학적 사유의 시원이자 현상학적 사유의 시원에서 이해할 때 제대로 이해될 수 있다. 우리가 현상학의 개념을 다루는 논의를 플라톤에까지 확대한 까닭이 바로 여기에 있다. 그렇게 함으로써 우리는 서양 사유의 비현상학적 시작과 그 완성의 과정을 논의할 발판을 마련할 수 있게 되었다. 결국 우리는 논의를 플라톤에로 확대함으로써 서양 철학사 전체 속에서 후설의 현상학을 다룰 수 있는 발판을 마련한 셈이다. 이 발판은 서양 철학의 역사를 현상학적으로 해석하기 위한 발판이다. 물론 서양 철학의 역사를 현상학적으로 해석하는 중에 오늘날 서양 철학이 휴머니즘의 본래적 의미를 상실한 까닭과 그것의 본래적 의미를 회복하기 위한 사유 양식이 현상학적으로 제시될 것이다.

모름지기 어떤 학이든 그 이념을 실현하자면, 학의 탐구 대상과 방법이 통일되어야 한다. 학의 탐구 대상과 그 방법이 학의 이념을 축으로 통일되어 있을 경우, 방법의 탐구는 방법만의 탐구가 아니라 동시에 대상의 탐구이며, 대상의 탐구 역시 대상만의 탐구가 아니라 동시에 방법의 탐구이기도 하다. 사정이 이런 이상, 학의 대상은 학의 방법 안에 있고 학의 방법 역시 학의 대상 안에 있다. 학문의 길은 바로 그런 방법의 탐구이다. 이렇게 보건대, 학문 방법에 대한 논의에는 학문의 탐구 이념과 탐구 대상에 대한 논의가 함축되어야 한다. 그렇다면 변증법이 현상학적임을 보이려는 우리의 논의는 현상학의 이념에 대한 논의에서 출발되어야 한다. 그리고 현상학의 이념에 대한 논의는 우리가 이미 언급한 바와 같이 철학과 과학을 철저히 구별하는 데서 싹튼다. 우리는 이 두 학의 차이에 대한 논의를 플라톤의 전제(Hypothesis) 개념의 분석에서 시작할 것이다. 그 까닭은 방금 본 바와 같이 학에서 이념, 대상, 방법은 각기 서로가 서로를 함축한 하나의 불가분적 개념인데, 전제가 바로 그러한 하나의 학적 개념이기 때문이다. 전제에 학의 세 개념들이 함축되어 있다면, 학의 이념은 전제를 지향하고, 학의 탐구 대상은 전제이며, 학의 탐구 방법도 전제적인 셈이다. 학의 탐구 방법이 전제적이라 함은 학이 전제로부터 출발함을 의미한다. 철학과 과학의 차이는 전제의 의미가 다른 데 있다. 그렇다면 학들의 차이는 결국 전제론적 차이로 귀결된다. 전제가 다름으로써 철학의 이념과 탐구 대상과 그 방법은 과학의 그것들과 다르다.

철학의 전제와 과학의 전제의 차이를 밝히기 전에 전제의 의미 분석이 선행되어야 한다. 따라서 바로 앞장의 후설과 하이데거의 저서들에 나타난 현상학의 개념을 분석할 때 우리가 사상 자체를 실마리로 하였다면, 이제 플라톤 철학에 나타난 현상학의 개념을 분석할 때 우리가 실마리로 삼는 개념은 전제이다. 앞장에서의 우리의 논의가 사상 자체의 분석을 통해서 무전제에로 나아가는 방식으로 진행되었다면, 여기서의 논의는 전제의 의미 분석에서 사상 자체로 나아가는 방식으로 진행될 것이다. 이 같은 논의를 거치는 사이에 오로지 플라톤 사유의 입장에서 철학과 과학의 차이가 대상적·방법론적으로 확연히 밝혀지고, 그에 따라 그의 철학 이념이 후설 현상학의 이념과 동일함도 밝혀질 것이다. 또한 현상학이 제일철학인 이상, 플라톤의 철학도 후설 현상학과 마찬가지로 인간을 인간으로서 존재하게 하는 진리 자체, 즉 휴머니즘의 본래적 의미를 추구하는 학으로 밝혀질 것이다.

2. 전제의 대상적 의미에 함축된 철학과 과학의 차이

1) 전제의 이중성과 학문

전제의 글자 그대로의 뜻은 어떤 것의 '밑'(hypo)에 '놓인 것'(thesis)이다. 가령, 한 존재자, 즉 여기 있는 집과 그 그림자의 경우, 집이 그 그림자의 전제이다. 왜냐하면 집의 그림자에 앞서서 집이 미리 놓여 있어야만, 다시 말하면 집의 그림자 밑에 집이 놓여 있어야만, 그런 한에서만 집의 그림자가 놓일 수 있기 때문이다. 이렇게 볼 때, 어떤 것의 전제는 그 어떤 것에 앞서 놓임을 알 수 있다. 이 '앞서 미리 놓임'이 전제, 즉 '밑에 놓임'의 철학적 의미다. 따라서 전제는 철학적으로 어떤 것의 근거, 토대, 근원, 원인을 의미한다.

모든 존재자는 방금 언급된 전제를 갖는다. 전제 없는 존재자는 없다. 학은 어떠한 학이든 전제를 가진 존재자에 관한 학이다. 과학은 물론 철학(제일철학)도 존재자에 관한 학이 아닌 것은 아니다. 물론 철학이 존재자에 관한 학이라고 할 때와 과학이 존재자에 관한 학이라고 할 때의 의미는 다르다. 그 차이는 전제의 성격의 차이에서 유래한다. 즉 그것은 탐구되는 전제가 전제인지 전제의 전제인지에서 유래한다. 과학은 전제를 탐구하지 전제의 전제를 탐구하지 않는다. 따라서 과학이 탐구하는 전제에는 또 다른 전제가 전제되어 있다. 그러니까 과학이 탐구하는 전제는 더 이상 전제를 갖지 않는 것이 아니라 그 전제의 전제를 갖는다. 우리가 위에서 예로 든 집의 그림자의 전제인 집(전제)은 또 다른 전제, 즉 또 다른 밑에 놓인 것에 의존한다. 집의 그림자 밑에 놓인 것이 그 그림자를 그림자로서 가능하게 하듯이, 집의 밑에 놓인 또 다른 것이 또한 집을 집으로서 가능하게 한다. 그러나 과학은 그 성격상, 즉 과학인 한, 그것이 탐구하는 전제에 전제된 그 전제를 탐구할 수 없다. 과학은 전제적인 의미의 근원을 탐구할 수 있을 뿐 그 근원의 근원을 탐구할 수 없다. 따라서 과학이 탐구하는 전제는 궁극적인 것이 아니다.

방금 본 바와 같이, 전제의 특징은 전제에 의해 가능하게 된 것의 밑에 놓이는 데 있다. 우리는 전제의 그러한 특징을 집의 그림자의 전제인 집이 그 그림자 밑에 놓이는 데서 볼 수 있었다. 그러나 전제 중에는 더 이상 전제에 의해 가능하게 된 것 밑에 놓이지 않는 것, 그런 의미에서 전제성을 스스로 부정하는 그런 전제가 있다. 그것이 바로 전제(Hypothesis)의 부정(A)인 무전제(Anhypothesis)이다.

위의 집의 예에서 볼 수 있듯이, 집의 그림자의 전제는 결코 그림자가 아니다. 그것은 그림자를 그림자로서 가능하게 하는 집이다. 따라서 집의 그림자의 전제는 결코 그림자 자신일 수 없다. 그러므로 전제에 의해 가능하게 된 것, 즉 집의 그림자와 이 그림자의 전제인 집은 다르다. 그러나 무전제의 경우는 그렇지 않다. 왜냐하면 무전제는 자기 아닌 그 어떤 것도 전제로서 갖지 않는(A) 그런 전제(hypothesis)이기 때문이다. 무전제가 이렇게 규정된다면 무전제에서는 전제와 이 전제에 의해서 근거지어지는 것이 동일하다. 그러므로 무전제는 자기 외적인 것(타자)이 아니라 바로 자기 자신을 자신의 전제로 하는 그런 전제이다. 이에 무전제는 자기가 자기의 전제이다. 그러므로 무전제는 '스스로 자기이다'고 하는 자체성을 갖는다. 이렇게 보건대, 무전제는 전제가 아닌 것이 아니라, 자기를 자기의 전제로 하는 일종의 전제이다. 이 무전제 밑에는 더 이상 다른 어떤 것도 놓이지 않는다. 그런 의미에서 그것은 최고 나중(하위)에 위치하는 것이다. 그러나 그것이 최하위에 위치한다고 해서 탐구의 가치와 품위와 권위에서 최하의 것으로 이해되어서는 안 된다. 오히려 학적 탐구의 가치와 품위와 권위에서 보면, 그것은 최상의 것, 따라서 최상위에 놓이는 것이다. 즉 그것 이외의 다른 모든 것은 바로 그것 아래 놓인다. 그런 의미에서 그것은 최상의 전제이다.

위에서 본 바와 같이, 전제와 전제에 의해 가능하게 된 것, 즉 집과 집의 그림자는 분명 다르지만, 양자는 또한 모두 존재자적, 즉 플라톤에서는 감각사물적이라는 점에서는 같다. 이는 과학이 탐구하는 전제는 존재자적임을 의미한다. 그러나 철학이 탐구하는 전제, 즉 다름 아닌 바로 자기 자신을 전제로 하는 전제, 즉 자체성을 지닌 무전제는 존재자적인 것이 아니라, 존재자를 초월한 것, 즉 존재자의 존재, 플라톤에서는 감각 사물들을 초월한 사물 자체, 즉 사물의 형상(이데아)이다.

무전제가 존재자가 아니라 존재자를 초월한 것인 것은 전제성을 스스로 부정하는 무전제의 철학적 의미, 즉 무전제의 무적(無的)인 의미에서 유래한다. 이 존재자를 초월한 것, 즉 존재자의 존재가 존재자의 근원이다. 따라서 무전제는 모든 존재자들의 근원이다. 물론 이 무전제는 모든 존재자들을 초월하기에 존재자들과 차원이 전혀 다르다. 이에 무전제는 존재자일 수도 존재자적인 것일 수도 없다. 이처럼 무전제는 존재자가 아닌 특성, 즉 무적(無的) 특성을 지닌다. 그러므로 그것은 존재자적인 것에 관한 학, 즉 과학의 탐구 대상일 수 없다. 그것은 바로 철학, 즉 제일철학의 탐구 대상이다. 따라서 탐구 대상을 기준으로 볼 때, 철학과 과학은 위에서 언급한 대로 모두 존재자의 전제를 밝혀내는 학이되, 과학은 존재자의 전제를 밝혀내고 철학은 존재자의 무전제를 밝혀내는 학이다. 그리고 존재자의 전제와 존재자의 무전제는 각각 서론에서 논의된 존재자적인 진리, 즉 과학적 진리와 존재자 자체의 진리(진리 자체), 즉 철학적・형이상학적 진리이다. 이제 과학과 철학은 모두 존재자에 관한 학이지만 그 의미가 다른 것으로 밝혀졌다.

잘 알려져 있듯이, 플라톤에 의해 추구된 무전제의 내용은 이데아이며, 이데아 중에서도 선의 이데아이다.[6] 선의 이데아에 대해서는 잠시 후에 상

---

6) 우리는 무전제를 진리, 즉 철학적 진리로 규정한다. 그러나 플라톤은 그에게서 무전제에 해당하는 선의 이데아를 진리로 보지 않고 오히려 선의 이데아를 인식과 진리의 원인으로 보고 있다(*Politeia*, 508e). 따라서 그는 무전제를 진리보다 더 근원적인 것으로 보고 있다. 그렇다면 선의 이데아를 진리로 보는 필자의 입장이 잘못이라고 논박하는 이가 있을 수 있겠다. 그러나 만약 논박하는 자가 있다면, 그의 논박은 그가 협소한 진리 개념을 가진 데서 유래한다. 무릇 진리에는 인식론적 진리와 존재론적 진리가 있다. 따라서 그의 논박은 그의 진리 이해가 인식론적 진리에만 국한되는 데서 유래한다고 하겠다. 플라톤이 선의 이데아가 진리의 원인이라고 했을 때의 진리는 바로 인식론적 진리이지 존재론적 진리는 아니다. 이 점은 그가 진리를 인식과 나란히 사용하는 데서도 잘 나타나고 있다. 인식은 판단의 형식으로 이루어진다. 그리고 판단은 인식 주체가 인식 객체에 관계하는 관계 형식이다. 인식론적 진리 개념은 그러한 판단을 통해서 표현되며, 따라서 그것은 인식 주체와 객체의 관계에서 성립되는 진리이다. 그러므로 인식론적 진리는 다름 아닌 판단의 참, 즉 인식의 참이다. 이 같은 인식론적 진리는 바로 과학적 진리이다. 그러나 우리가 무전제를 진리라고 했을 때의 진리는 인식론적 진리가 아니라 존재론적 진리이다. 존재론에서는 존재 자체가 진리이다. 존재 자체를 진리로 보는 것이 바로 존재론적 진리 개념이다. 플라톤에서 무전제인 선의 이데아는 존재 자체이다. 존재 자체로서의 선의 이데아는 인식 객체가 인식 주체에게 있는 그대로 드러나게끔 밝히는 것이다. 그런 한에서만 인식 주체는 인식 객체에 관계할 수 있고, 그 같은 관계에서 비로소 인식과 진리(인식론적 진리)가 성립된다. 따라서 플라톤이 말한 대로 선의 이데아는 인식과 진리의 원인이다. 그러나 인식 객체를 인식 주체에게 있는 그대로 드러나게 하는 것 역시 진리이다. 왜냐하면 진리의 본래적인 의미는 있는 것을 있는 그대로 밝히는 것이기 때문이다. 따라서 본래적인 의미의 진리는 존재론적 진리이지 인식론적 진리가 아니다. 따라서 플라톤이 말한 선의 이데아는 존재론적 진리이다. 물론 존재론적 진리는 인식론적 진리의 근원이다. 여기서 주의해야 할 것은, 인식론이 철학의 분과라고 해서 인식론으로서의 철학은 인식론적 진리

론할 것이다.

전제가 이중적 성격, 즉 과학의 탐구 대상적 성격과 대상 탐구의 방법적 성격을 지니고 있듯이, 전제의 부정 개념인 무전제 역시 철학에서의 그러한 이중적 성격을 함께 지니고 있다. 따라서 그것들이 그러한 이중적 의미를 지니고 있다면, 그것들에는 해당 학문의 탐구 대상과 탐구 방법의 통일이 함축되어 있는 셈이다. 그렇다면 과학과 철학을 각각 전제의 학, 무전제의 학이라고 할 때, 거기에는 이미 각 학의 탐구 대상과 그 방법의 통일이 함축되어 있는 셈이다. 그리고 과학과 철학을 각각 그렇게 부른 것 역시 플라톤에로 거슬러 올라간다.[7] 그렇다면 플라톤에 의해서 이미 그 당시에 각 학문의 탐구 대상과 대상 탐구의 방법의 통일이 주장되고 있었던 셈이다.

각 학문이 전제를 통해서 각 학의 탐구 대상과 그 탐구 방법이 통일되어 있다는 것은 각 학에서 전제가 이중적 성격을 지니고 있음을 의미한다. 과학에서 전제가 이중적 성격을 지닌다고 함은, 전제가 과학에 이중으로 관련됨을 의미한다. 그 이중적 관련성은 '과학은 전제로부터 출발하여 존재자의 전제를 밝혀낸다'로 표현된다. 과학이 전제로부터 출발한다고 할 때의 전제는 과학의 방법적 성격을 지칭하고, 그것이 전제를 탐구한다고 할 때의 전제는 과학의 탐구 대상적 성격을 지칭한다. 물론 전제의 이런 이중적 성격은 철학적 전제, 즉 무전제에도 성립된다. 그런 이상, '철학은 무전제로부터 출발하여 존재자의 무전제를 밝혀낸다'로 표현된다. 물론 철학이 무전제로부터 출발한다고 할 때의 무전제는 철학의 방법적 성격을 지칭하고, 그것이 무전제를 탐구한다고 할 때의 전제는 철학의 탐구 대상적 성격을 지칭한다.

전제의 의미가 분석되고 분석된 그것의 의미에 따라서 철학과 과학이 형식적으로 구별된 이제 우리의 논의 순서는 철학적 전제와 과학적 전제의 구체적인 내용과 그 두 전제의 관계를 고찰하여 탐구 대상적 측면에서 철학과 과학을 철저히 구별하고 이 구별에 의거하여 두 학의 관계를 명료히 밝힐 차례이다.

를 추구하는 것이 아니라는 점이다. 인식론적 진리는 과학적 진리이므로 그것을 추구하는 것은 과학이다. 철학, 즉 인식론이 추구하는 것은 인식론적 진리가 아니라 인식론적 진리의 의미, 기준, 한계, 확실성 등이다.

7) 이 점은 Platon, *Politeia*, 511에 암시되어 있다.

2) 과학과 철학의 차이

앞서 말한 대로 과학의 탐구 대상은 존재자의 전제이다. 이 존재자의 전제는 과학이 추구하는 진리이기도 하다. 그런데 과학은 그것이 밝혀내고자 하는 전제(진리)의 성격에 따라서 다시 선험 과학과 경험 과학으로 나누어진다. 선험 과학에 속하는 대표적 학문이 수학(기하학)이고, 경험 과학에 속하는 학문은 물리학, 생물학, 의학 등 많이 있다. 우리는 경험 과학과 선험 과학을 그것들의 전제의 특성에 따라 구별한 다음 두 학의 관계를 다루고, 그후에 다시 경험 과학과 철학의 차이 및 그 관계, 선험 과학과 철학의 차이 및 그 관계를 논의하고자 한다.

경험 과학에서 탐구되는 존재자의 전제가 경험적 내용으로 구성된다면, 선험 과학에서 탐구되는 그것은 존재자의 선험적 형식으로 구성된다. 존재자의 선험적 형식은 감각 경험적 내용이 배제된 초감각적인 것이다. 따라서 선험 과학에서 전제, 즉 진리는 형식적 의미를 지닌다. 그러므로 선험 과학의 진리는 감각적 경험에 의해서 검증될 수 없고 순수 형식적으로 즉 선험적으로 검증된다. 그 진리는 검증된다는 점에서 실증적이지만, 감각 경험에 의해서가 아니라 선험적 정신에 의해서 증명된다는 점에서 선험 실증적 진리이다. 선험 과학이 밝혀내려는 그러한 진리는 수들 사이에서 성립되는 수 법칙, 도형들 사이에서 성립되는 기하학적 법칙이다. 반면 경험 과학의 진리는 경험적 내용으로 구성되기 때문에 그것은 감각적 경험에 의해서 그 진위가 검증된다. 이렇게 선험 과학과 경험 과학은 그것들이 밝혀내고자 하는 존재자의 전제(진리)의 성격이 다름으로 해서 서로 구별된다.

경험 과학이 밝히려는 존재자의 전제는 존재자의 어떤 것이다. 존재자의 그 어떤 것은 바로 존재자의 현상이다. 존재하는 모든 것은 우리에게 어떤 방식으로든지 현상한다. 예를 들면, 사과나무라는 존재자는 봄이 되면 잎이 나고, 여름이 되면 잎이 무성하게 자라 열매를 맺기 시작하고, 가을이 되면 열매를 완전히 맺고 잎에 단풍이 들고 잎이 떨어진다. 이것이 사과나무가 우리에게 자신을 나타내는 현상의 한 양식이다. 우리는 우리에게 나타나는 그러한 존재자의 현상의 양식을 통해서 존재자를 만난다. 만약 존재자가 우리에게 현상하지 않으면 우리는 존재자를 만날 수 없다.

존재자가 우리에게 현상하면 거기에는 반드시 그 현상의 원인이 있다. 존재자의 현상 원인은 존재자가 현상하기에 앞서 존재자를 현상하게 하는 것이다. 그런 점에서 그 원인은 존재자의 현상의 전제이다. 바로 이 존재자의 현상의 전제를 탐구하는 것이 경험 과학이다. 물론 앞서 말했듯이, 경험 과학에서 밝혀진 존재자의 현상의 전제는 감각 경험의 내용으로 구성된다. 그런데 경험 과학은 존재자의 현상의 원인을 탐구할 때 그 현상들을 양으로 환원하여 그것들 상호 간의 관계를 고찰한다. 또한 현상들은 고정 불변하는 것이 아니라 항상 변화 유동한다. 그러므로 그러한 현상들의 양적 고찰에는 현상들의 위치, 위치 관계, 위치 측정, 현상들의 크기, 모양 및 그것들의 측정이 속하기도 한다. 그러나 경험 과학은 현상들의 고찰에 함께 속해 있는 양 자체, 양적 관계 자체, 위치와 크기 자체, 위치와 크기의 측정 자체를 탐구하지는 않는다. 양 자체, 위치 자체, 크기 자체와 그것들에 관련된 것을 감각 현상들에서 떼어내어서 순전히 그것들만을 탐구하는 학이 있다. 그런 학이 바로 수학 또는 기하학으로 지칭되는 선험 과학이다. 수학은 수들과 그 관계들에 관한 학문이다. 그런데 양을 나타내는 추상적 관념은 수이다. 그러므로 수에 대한 탐구는 양에 대한 탐구이며 수들의 관계에 대한 탐구는 양적 관계에 대한 탐구이다. 또한 위치, 크기, 모양 및 그것들의 측정을 역시 감각 현상들에서 떼어내어서 순전히 그것들만을 탐구하는 학이 있는데, 그것 역시 수학의 분과에 속하는 기하학이다. 이러한 학이 없다면 존재자의 현상들을 실증적으로 탐구하는 경험 과학은 성립될 수 없다.

수나 기하학적 개념들은 현상들의 과학적 탐구를 위한 전제이다. 쉽게 말하면 물리학과 같은 경험 과학은 현상들의 원인을 수학적 혹은 기하학적으로 탐구하는 학이라고 할 수 있다. 따라서 수학이나 기하학과 같은 선험 과학이 없으면 경험 과학은 성립될 수 없다. 선험 과학은 경험 과학의 전제이며, 경험 과학은 언제나 선험 과학을 전제한다. 이 경우 전제는 경험 과학이 탐구하고자 하는 현상들의 전제(원인)를 밝혀내기 위해 현상들을 다루는 방법적 성격을 의미한다. 그런 이상 경험 과학에 무지해도 수학이나 기하학은 할 수 있지만, 그 역은 성립되지 않는다. 수학이나 기하학을 모르는 사람은 현상들을 선 과학적으로 경험할 수 있으나 과학적으로 경험할 수는 없다. 왜냐하면 그것들을 과학적으로 경험하는 방식들에 관한 학이 바로 수학이나 기하학이기 때문이다. 또한 수학이나 기하학이 없어도 존재자는 여전히 여러 양상들로 현상하지만 존재자에 대한 과학적 현상들은 현존할 수 없다. 물론 기하학이나 수학이 있다고 해서 과학적 현상이 있는 것은 아니다. 그것은 기하학이나 수학이 전제된 경험 과학이 있는 한에서 있을 수 있다.

선 과학적 현상과 과학적 현상을 예를 들어보자. 저쪽에서 한 현상이 나타날 경우, 가령 돌이 날아오는 경우 누구든지 날아오는 돌이 힘이 있으며 그래서 누군가 그 날아오는 돌에 머리를 맞으면 통증이 있을 것이라는 것을 알고 있다. 이것은 현상을 선 과학적으로 경험하는 것이지 과학적으로 경험하는 것이 아니다. 과학적 현상은 날아오는 돌의 힘을 $F = ma$로 경험하는 것이다. 이러한 과학적 현상에 수학이 전제되어 있는 것이다. 현상(힘)을 이렇게 과학적으로 알면 날아오는 돌에 머리를 맞으면 단순히 통증이 있을 것이라는 것만을 아는 것이 아니라 상처가 어느 정도일 것이라는 것도 정확히 예측(실증)된다.

경험 과학과 선험 과학의 차이 및 그 관계가 밝혀졌다. 이제 경험 과학과 철학의 차이 및 그 관계가 밝혀질 차례이다. 우리는 이것을 철학과 선험 과학의 차이와 그 관계를 밝히는 중에 다루고자 한다.

우리는 플라톤에서 존재자의 무전제가 이데아이며, 이데아 중에서도 선의 이데아라고 말하였다. 주지하듯이, 이데아는 감각적인 것이 완전히 배제된, 감각적인 것을 초월한 초감성적인 것이다. 그런데 앞서 본 바와 같이, 선험 과학이 밝혀내고자 하는 존재자의 전제도 초감성적인 것이다. 그렇다면 선험 과학과 이데아의 인식을 추구하는 철학은 동일한가? 우리는 양자는 적어도 한편으로는 동일하고, 다른 한편으로는 동일하지 않다고 본다. 따라서 선험 과학이 밝혀내고자 하는 전제와 철학이 밝혀내고자 하는 전제(무전제)는 동일성과 차이성을 함께 지닌다.

우선 두 학이 탐구하는 대상, 즉 전제는 모두 가시계(생성계)에 속하지 않고 그것을 초월한 가지계에 속한다. 따라서 그 대상들은 모두 가시적 대상들 또는 의견의 대상들이 아니라 지적 사유의 대상들(ta noēta)이다. 지적 사유의 대상들인 그것들은 선험적 관념이다. 선험적 관념은 경험적 관념과 구별된다. 경험적 관념은 감각적 인상에서 유래한다. 따라서 그것은 지성적 사유의 소산이 아니라 감성적 사유의 소산이다. 주지하듯이, 철학사에서 경험적 관념은 영국 경험론에서 대표적으로 다루어지고 있다. 경험적 관념의 예를 들면, 차가움, 푸름, 씀, … 등이다. 선험적 관념의 예를 들면, 수 자체, 도형 자체, 2 + 3 = 5, 'a가 b이고 b가 c이면 a는 c이다'이다. 예에서 본 바와 같이, 경험적 관념은 내용을 지니는 데 반해, 선험적 관념은 경험적 내용들이 모두 배제되었으므로 순수 형식적이다. 이렇게 두 학이 탐구하는 대상들은 모두 선험적 형식(관념)으로 구성된다는 점에서 두 학은 동일하다.

그러나 두 학의 대상들은 또한 다른 점도 있다. 우리는 그 차이를 이미 우리가 제시한 존재자의 전제들, 즉 철학적 전제(무전제), 선험 과학적 전제, 경험 과학적 전제의 차이를 대비함으로써 밝히고자 한다. 그리고 이 차이를 논의할 출발점으로서 우리가 주목해야 할 점은 존재자가 존재한다는 것과 존재자가 현상한다는 것의 구별됨이다. 존재자의 현상함은 감각 경험의 내용으로 구성되고, 존재자의 존재는 적어도 플라톤에서는 선험적 형식으로 구성된다. 그런데 존재자가 현상하는 것은 그것이 존재하는 한에서 가능하다. 존재자가 존재하지 않는데 그것이 현상할 수는 없다. 따라서 존재자가 존재하는 것이 존재자가 현상하는 것보다 더 근원적이다. 그런데 존재자가 존재하는 데도 현상하는 데도 각기 그 원인이 있다. 그것을 우리는 존재자의 존재 원인과 존재자의 현상의 원인이라 한다. 존재자의 존재 원인은 존재자에 앞서서 그 존재자를 존재하게 하는 것이고, 존재자의 현상 원인은 존재자가 현상하기에 앞서 존재자를 현상하게 하는 것이다. 그런 의미에서 두 원인은 모두 전제이다. 이 원인의 의미가 각기 다르므로 전제의 의미도 각기 다름은 물론이다. 즉 철학이 존재자의 전제를 탐구한다고 할 때의 전제는 존재자의 존재 원인이며, 이 존재 원인을 우리는 전제의 전제, 즉 무전제라고 하였다. 반면 경험 과학이 존재자의 전제를 탐구할 때의 전제는 존재자의 현상의 원인이다. 존재자는 존재하는 한에서 현상하므로 존재자가 존재하는 원인을 탐구하는 철학은 경험 과학의 존재론적 전제이다. 그러나 또한 현상하는 존재자는 존재자가 존재하는 한에서 인식된다. 이에 철학은 존재자의 존재론적 전제일 뿐만 아니라 인식론적 전제이기도 하다. 적어도 플라톤에서 보면, 경험 과학이 그것의 현상에 대해서 탐구하는 감각 사물은 그것의 형식인 이데아 없이는 인식될 수도 존재할 수도 없기 때문이다.

우리는 또한 선험 과학도 경험 과학의 전제라고 말한 바 있으며, 그때의 전제를 우리는 경험 과학이 추구하는 현상들의 전제를 밝혀내기 위해 현상들을 다루는 방법적 성격으로 이해했다. 그런 의미에서 우리는 선험 과학을 경험 과학의 방법론적 전제로 규정한다. 따라서 철학이 밝혀내려는 전제(이데아)와 선험 과학이 밝혀내려는 전제(수법칙, 기하학적 법칙)는 모두 선험적 형식을 지니면서 경험 과학의 전제라는 점에서 서로 동일하지만, 또한 전자가 현상들의 존재론적 전제인 반면, 후자는 현상들을 다루는 방법론적 전제라는 점에서 서로 다르다. 그러나 양자의 그러한 동일성과 차이점은 잠정적이다. 물론 현상하는 존재자의 인식론적 전제로서의 철학은 존재자의 현상들을 다루는 방법론적 전제인 선험 과학에 선행한다. 왜냐하면 현상하는 존재자가 인식된 연후에서야 그 존재자의 현상들을 다룰 수 있기 때문이다. 따라서 철학이 선험 과학에 선행하는 한 철학은 또한 선험 과학의 전제이다.

이제 우리는 잠정적으로 밝혀진 두 학의 대상들의 동일성과 차이성을 약간 더 구체화하고자 한다. 예를 들면, 철학과 기하학에서 삼각형은 모두 감각 삼각형의 선험적 형식(관념)이다. 그럼에도 불구하고 철학에서 논의되는 삼각형은 이데아이고, 기하학에서 논의되는 삼각형은 아직 이데아가 아니다. 우리는 그 까닭을 철학에서 삼각형은 단순히 선험적 관념성(형식성)에서 뿐만 아니라 그것을 초월한 실재성(ousia)의 차원에서 논의되고 기하학에서 삼각형은 아직 실재성의 차원에서가 아니라 단순히 관념, 형식의 차원에서 논의되는 데서 찾고자 한다. 즉 기하학에서는 삼각형의 선험적 형식(관념)이 주제화될 뿐 그 실재성이 주제화되지 않고 있다. 따라서 기하학자는 기하학적 지평을 초월하지 않고서는 철학적 사유의 지평, 즉 이데아의 인식의 지평에로 나아갈 수 없다. 그러나 기하학자가 삼각형을 선험적 관념의 차원에서가 아니라 그것을 초월한 실재성의 차원에서 다룬다면 그는 이미 기하학의 지평을 넘어 철학의 지평에 들어선 셈이다. 따라서 어떤 학자가 선험 과학자로 남을 것인가 철학자로 남을 것인가 하는 것은 선험적인 것을 다루되, 그것을 단순히 순수 관념적 혹은 형식적 차원에서 다루느냐 아니면 그 차원을 초월하여 실재성의 차원에서 다루느냐에 있다고 하겠다. 따라서 철학적 인식, 즉 어떤 사물에 대한 이데아적 인식은 그 사물의 순수 선험적 형식을 단순히 형식적 차원에서가 아니라 그것을 초월한 실재성의 차원에서 파악하는 것이라고 할 수 있다.

그러면 선험적인 것을 단순히 그것의 관념성 또는 형식성에서가 아니라 그것의 존재에서 주제적으로 다루는 것과 그것을 관념의 차원에서만 주제적으로 다루는 것은 어떤 차이가 있는가? 이 차이를 통해서 철학과 선험 과학의 차이도 보다 더 구체적으로 밝혀질 것이다. 우리는 흔히 관념(형식)과 실재(존재)를 대립적인 것으로 이해하고 있다. 이것은 상식으로 통용되고 있다. 또한 우리의 상식은 경험계(현상계)는 실재의 세계로, 선험계는 관념의 세계로 파악하고 있다. 따라서 적어도 상식적으로는 이데아를 실재성의 차원에서 다루는 것은 모순이다. 그러나 철학은 상식이 아니다. 오히려 철학은 상식을 깨는 것이다. 상식대로라면 이데아는 실재하지도 않으며 한갓 상상적 관념일 뿐이다. 때로 상식은 진리를 가리기도 한다. 따라서 진리는 상식을 깨뜨리는 데서 밝혀지기도 한다. 상식을 깨뜨리는 대표적인 것이 철학이다. 철학, 특히 철학 중에서도 경험론 철학에서 보면, 경험계는 실재의 세계가 아니다. 경험론에 따르면 경험의 세계는 관념의 세계이다. 물론 그 경우에 경험론이 말하는 관념은 선험적 관념이 아니라 감각적 관념이다.

그러나 우리는 상식이 부정하는 이데아의 실재성을 논의하기 위해 우선 상식에서 출발하기로 한다. 상식은 위에서 본 바와 같이 경험의 세계가 실재의 세계임을 인정한다. 그래서 상식은 경험적 실재라는 말을 사용한다. 이 경우 경험적 실재는 개별자를 지칭한다. 따라서 상식에서 보면 실재하는 것은 개별자이지 보편자가 아니다. 이 개별자의 실재성은 시간 공간적으로 규정된다. 물론 이 경우 시간과 공간은 점, 즉 시간점과 공간점을 가진 객관적 시간, 공간이다. 따라서 개별자의 실재성이 시간 공간적으로 규정된다고 함은 개별자의 실재성이 특정한 시간점과 공간점에 의해 규정됨을 의미한다. 여기서 특정한 시간 공간점은 그 개별자에 고유한 점을 의미한다. 따라서 개별자가 개별자인 것은 그 고유의 점을 통해서이다. 이 점은 개별자의 한 유형인 개별적 인간, 즉 개인도 마찬가지이다. 예를 들면, 김철수라는 개인의 실재성은 김철수가 지닌 고유의 시간 공간점, 즉 그가 태어난 시간과 공간 그리고 그가 자란 시대와 공간에 의해서 규정된다. 이러한 김철수의 실재성을 규정해 놓은 것이 바로 그의 이력서이다. 이 이력서에 다른 개인과 구별되는 김철수에만 고유한 시간 공간점이 기록되어 있다. 사실 우리는 개별자에 고유한 시간 공간점을 떠나서 개별자의 실재성을 경험할 수 없다. 김철수가 실재하지 않는다는 것은 이제 적어도 경험의 세계에서 그가 지닌 그의 고유의 시간점과 공간점이 없다는 뜻이기도 하다.

주지하듯이, 이데아는 개별자가 아니라 보편자이다. 보편자와 개별자의 차이점은 보편자는 그 고유의 시간점과 공간점이 없다는 것이다. 그래서 그것은 경험계에 실재하지 않는다. 그러나 그렇다고 해서 그것 자체가 실재하지 않는 것은 아니다. 적어도 플라톤에서 보면, 보편자인 이데아는 개별자자인 감각 사물보다 더 실재하며, 정확히 말하면 진정으로 실재하는 것은 감각 사물이 아니라 이데아이다. 물론 이데아가 실재하는 양식은 감각 사물의 그것과 구별된다. 이데아는 앞서 말했듯이 경험계에 속하지 않는다. 이것이 바로 이데아의 실재성의 양식이다. 즉 이데아의 실재성은 경험계에 속하지 않음을 특징으로 한다. 그러나 이 속하지 않음은 단적인 무를 말하는 것이 아니라 경험계를 초월함을 의미한다. 따라서 경험계에 속해 있지 않음으로서의 이데아의 실재성은 경험계를 초월한다는 초월성을 지닌다. 따라서 이데아를 초월자 또는 초월적인 것이라고 지칭하는 것 자체가 이데아의 실재성을 지칭하는 것이다. 그러므로 이데아를 초월적 실재라고 지칭하는 것은 동어반복이다. 그럼에도 불구하고 우리가 이데아를 초월적 실재라고 하는 까닭은 경험적 실재와 구별하기 위해서이다.

방금 본 바와 같이, 이데아, 즉 초월자는 실재성을 함축하고 있다. 그러나 그것은 또한 선험적 관념(형식)이기도 하다. 따라서 이데아는 실재적인 동시에 관념적이다. 즉 이데아는 실재와 관념의 통일체이다. 따라서 그것은 실재가 배제된 관념도 아니고 관념이 배제된 실재도 아니다. 관념은 인간의 이성적 주관, 특히 이 주관의 상상력에 의해서 산출될 수 있다. 그 점에서 그것은 주관적(인간적)인 것이다. 따라서 그것은 적어도 인간과 불가분적이다. 그러나 실재는 인간 이성에 의해서 산출될 수 있는 것이 아니다. 실재(존재)는 인간 이성과 독립되어 있으며, 인간 이성에 의존하지 않는다. 그런 점에서 그것은 주관적인 것이 아니라 객관적인 것이다. 이에 그것은 인간학적(주관적)인 것을 초월한다. 따라서 관념과 실재가 통일된 이데아는 관념이되 단순한 관념이 아니며 실재이되 단순한 실재가 아니다. 즉 이데아는 관념성을 지녔다는 점에서 주관(이성)적이며 주관에 의해서 접근 가능한 것이지만,

또한 그것은 실재성을 지녔다는 점에서 인간 이성과 독립되어 있으며 인간 이성이 마음대로 할 수 있는 것이 아니며, 따라서 그것은 주관적인 것이 아니다. 따라서 이데아는 주관적인 것이 아님에도 불구하고 주관과 무관한 것이 아니라 주관과 불가분적인 것이다. 즉 이데아는 주관적인 것이면서도 객관적인 것이다.

관념과 실재의 통일의 형식, 즉 인간적(이성적)인 것이 아님에도 인간과 불가분적인 것의 형식을 취하는 것이 바로 현상학이 말하는 사상 자체이며, 이 사상 자체의 내용은 플라톤이나 후설에서 공히 형상(이데아)이다. 따라서 플라톤이 감각 사물에서 이데아에로의 귀환을 주장했을 때 그는 사상 자체에로 돌아갈 것을 주장한 셈이다. 그렇다면 플라톤에서 이미 현상학의 이념이 주장되고 있었다. 여기서 우리는 플라톤 철학의 이념이 현상학의 이념임을 잠정적으로 볼 수 있다.

사상 자체에로 돌아가라는 것은 사상을 사상의 자기 소여성에서 파악하라는 것이다. 이것이 바로 현상학적 사물 인식이다. 예를 들면 사각형에 대한 현상학적 인식은 사각형을 바로 그 사각형의 자기 소여성에서 인식하는 것이다. 그렇게 인식된 사각형이 다름 아닌 플라톤의 사각형의 이데아, 즉 사각형 자체이다. 따라서 이데아로서의 사각형은 사각형을 바로 그것의 소여성에서 파악하는 것이다. 이러한 사물 인식이 후설에서는 현상학적 인식이며, 플라톤에서는 이데아적 인식이다.

이제 우리는 플라톤에서 철학과 선험 과학(기하학)의 차이를 설명하는 과정에서 '현상학적'과 '이데아적'이 모두 사상 자체에로의 귀환을 함축하고 있다는 점에서 의미상 동일하다는 결론에 이르렀다. 이러한 결론은 철학과 선험 과학의 관계를 밝힌다는 우리의 과제와 다소 동떨어지는 감이 있다. 그러나 그것은 외적으로는 그렇게 보일지 모르지만 내적으로 동떨어지는 것이 아니라 우리의 과제 해명에 필수적인 과정이다. 그 과정에서 우리가 우리의 과제를 해명하는 데 얻은 필수적인 예비적 토대는 이데아는 관념과 실재의 통일체이며, 적어도 이데아가 지닌 그러한 형식이 바로 현상학에서 말하는 사상 자체라는 것이다. 철학, 즉 이데아의 학은 바로 사상 자체의 경지에 도달한 학, 즉 현상학이고, 선험 과학은 아직 사상 자체의 경지에 도달하지 못한 학, 즉 현상학이 아니다. 따라서 선험 과학은 어떤 사물을 인식은 하되,

아직 그것을 바로 그 사물의 자기 소여성에서 인식하는 경지에는 미치지 못한다. 플라톤에서 사상 자체의 경지가 이데아의 세계이다. 어떤 사물에 대한 이데아적 인식은 그 사물을 바로 그 사물의 자기 소여성에서 인식함을 의미한다. 그렇다면 철학(현상학)과 과학의 차이는 사물을 그 사물의 자기 소여성에서 인식하느냐 인식하지 않느냐에 있는 셈이다. 그러면 그 같은 인식의 차이에서 도대체 어떠한 결과가 야기되는가? 사각형의 인식을 예로 들어서 그 점을 설명해 보자.

사각형의 경우, 사각형의 이데아, 즉 사각형의 자기 소여성에서 인식된 사각형은 근원적 · 원본적이다. 원본은 유일하다. 유일의 사각형은 선험 과학적 내용, 즉 넓이가 얼마인가, 길이가 얼마인가 하는 기하학적 내용을 갖지 않는다. 만약 그것이 그러한 내용을 갖는다면 그것은 유일하지 않다. 왜냐하면 넓이가 5㎡인 사각형이 있다면, 7㎡, 8㎡, 20㎡, … 등 무수히 많은 사각형이 있기 때문이다. 따라서 자기 소여성에서 인식된 사각형은 유일하며, 유일한 그것은 기하학적 내용을 갖지 않는다. 자기 소여성에서 인식된 유일한 사각형, 즉 사각형의 이데아는 네 변으로 둘러싸인 도형이라는 순수 형식적인 의미를 지닌다. 따라서 이데아로서의 사각형에는 변의 구체적인 길이, 즉 기하학적 내용이 없다. 그래서 철학에서는 사각형의 넓이를 구하라는 그러한 기하학적 문제를 다루지 않는다. 그러나 기하학에서 사각형은 유일하지 않다. 거기에는 변의 길이가 다른 많은 종류의 사각형이 있고, 또한 그것들에 대한 문제 및 그것들의 관계에 관한 문제도 많고 그 문제들에 대한 답도 있다. 그것들은 모두 기하학적인 정신에 의해서 선험적으로 산출된 것이다. 기하학적 정신은 그것들의 산출에서 자유롭다. 그 까닭은 기하학은 관념과 실재의 통일적 경지에 아직 이르지 못하고 순수 관념의 경지에 머무르고 있으며, 관념은 인간에 의해서 자유로이 산출될 수 있기 때문이다. 그러나 이데아로서의 사각형은 인간 정신에 의해서 자유로이 산출될 수 있는 것이 아니다. 그 까닭은 이데아는 관념과 실재의 통일체이고, 이데아가 지닌 실재성은 객관적이기 때문에, 즉 인간과 독립적이기 때문에 인간에 의해 산출될 수 없기 때문이다. 그러나 그것이 인간에 의해 산출될 수 없다고 해서 인간이 그것을 인식할 수 없는 것은 아니다. 인간은 그것을 직관을 통해서 인식한다. 인간과 독립된 실재를 인간이 직관을 통하여 인식할 수 있는 까닭은, 그것이 인간(주관, 이성)과 불가분적인 관념성을 지니고 있기 때문이다.

기하학적 공간은 경험계에 위치하지 않고 선험계에 위치하지만 그 선험계는 아직 실재성의 경지에 이르지 못한 것이며, 그래서 그곳은 가상의 세계이다. 그러나 그곳은 가상의 세계이지만 또한 논리적 · 합리적 세계이다. 우리는 기하학적 공간은 실재성에 이르지 못한 순수 관념적인 가상적 공간이기 때문에 인간은 변의 길이가 다른 여러 종류의 사각형과 그에 대한 문제를 선험적으로 자유롭게 산출할 수 있다고 했다. 그러나 인간은 그것의 산출에서 완전히 자유로울 수는 없다. 왜냐하면 그곳은 비록 실재성이 결여된 순수 관념적인 선험적 가상이라고 할지라도 합리적 공간이기 때문에 인간은 그것의 산출에서 합리성에 제약되기 때문이다. 즉 기하학적 정신은 합리성에 위배되면서까지 기하학적인 것을 산출할 수는 없다. 선험 과학의 세계와 달리 철학의 세계, 즉 이데아의 세계는 선험적, 혹은 관념적이지만 또한 실재성을 지니기 때문에 가상의 세계가 아니다. 이 점에서 그곳은 선험 과학의 세계와 구별되지만 그곳이 합리적 세계라는 점에서는 선험 과학의 세계와 같다.

이상의 논의로 보건대, 사물을 그 사물의 자기 소여성에서 인식하는 철학적 인식은 사물에 대한 선험적 · 합리적 · 근원적 · 원본적 인식이며, 인식되는 사물은 유일하며 원본이며, 관념적 가상이 아니라 관념과 실재의 통일체이며, 인식하는 주관에 의해 산출될 수 없다. 그에 반해 사물을 아직 사물의 자기 소여성에 인식하지 못하는 선험 과학적 인식은 사물에 대한 선험적 · 합리적 인식이되, 그 사물에 대한 근원적이고 원본적인 인식은 아니며, 인식되는 사물도 실재성이 결여된 관념적 가상이며, 그러므로 그것은 인식하는 주관에 의해 선험적으로 (다만 합리성의 논리에 위배되지 않는 한) 자유로이 산출되며, 유일하지 않고 여럿이다.

그런데 기하학적 정신이 변의 길이가 서로 다른 많은 선험적 사각형들과 이 사각형들에 대한 기하학적 문제들을 선험적으로 산출할 수 있는 것은 그 정신이 바로 사각형의 자기 소여성에 제약되기 때문이다. 사각형에 대한 모든 타당한 합리적인 내용도 사각형의 자기 소여성에로 소급된다. 사각형에 대한 모든 기하학적 내용들의 타당 근원은 사각형의 자기 소여성이다. 따라서 선험 과학적 인식은 철학적 인식에서 파생된 것이다. 철학적 인식은 선험 과학적 인식의 근원이다. 따라서 철학은 선험 과학의 근원(전제)학이다. 선험 과학은 언제나 철학을 전제로 한다. 가령 도형들과 도형들의 관계를 선험적으로 다루는 기하학자와 같은 선험 과학자는 그것들 자체에 대해서는 관심을 갖지 않는다. 그는 이미 그것들을 누구에게든지 자명한 것으로 여긴다. 그래서 그는 그 자명성의 인식론적 존재론적 근거에 대해서 물을 필요성을 느끼지 못한다. 그러나 철학자에게는 선험 과학자에게 자명하게 여겨지는 것이 철저하게 탐구되어야 할 사태이다. 그래서 철학은 자명성의 인식론적 존재론적 근거를 탐구한다. 그 근거는 바로 도형의 경우 도형의 자기 소여성에, 합의 경우 합의 자기 소여성에, 차의 경우 차의 자기 소여성에로 소급된다. 기하학자가 다루는 가상적인 사각형 자체는 그것이 그것의 자기 소여성에서 실재하는 한에서 가능하며, 그의 사각형에 대한 선험적 인식도 그것이 그것의 자기 소여성에서 인식되는 한에서 가능하다. 따라서 철학은 경험 과학뿐만 아니라 선험 과학의 인식론적 존재론적 전제이다. 이로써 철학은 이제 경험 과학이든 선험 과학이든 모든 과학의 인식론적 존재론적 전제인 것으로 드러났다.

모든 과학의 인식론적 존재론적 전제로서의 철학은 사물을 바로 사물의 자기 소여성에서, 즉 관념과 실재가 통일된 초월적 지평에서 인식한다. 이는 철학적 인식이 사물의 자기 소여성에 제약되어 있음을 의미한다. 그러므로 철학적 인식에는 그 어떤 종류의 상상도 개입될 수 없다. 이에 철학적 인식은 원본적 인식일 수밖에 없다. 물론 플라톤에서 이러한 철학적 인식은 이데아적 인식으로 나타나며, 이 인식은 자명성의 원천에로 귀환하는 것에 다름 아니다. 이 귀환은 사물의 인식에서 절대적 무편견성에로 귀환하는 것인바, 이 귀환에서 "최후의 정초로부터, 또는 최후의 자기 책임으로부터의 철학"8)이 성립된다.

그러나 선험 과학자의 사물 인식은 사물의 자기 소여성에서 선험적으로 파생된 인식이다. 그런 이상 선험 과학에서의 사물들, 즉 수나 도형들은 선험 과학자의 선험적 상상력에 의해서 산출된 것이다. 물론 그의 선험적 상

---

8) *Ideen III*, S.139.

상력은 사물의 자기 소여성에 구속되어 있으나, 그는 그것을 주제적으로 다루지 않으며, 그것들을 산출하는 그의 능력을 자명한 것으로 여길 뿐이다. 그래서 선험 과학자는 단지 그의 합리적인 선험적 상상력에 의해 양들과 양들의 관계를 산출하여 그것들을 인식할 뿐이다. 경험 과학자도 감각 사물의 현상들을 인식하기 위해 선험 과학에 의거하여 합리적인 상상력을 동원한다. 그러나 그의 상상력은 합리적지만 선험적인 것이 아니라 경험적인 것이다. 따라서 그는 합리적인 경험적 상상력을 통하여 선험 과학의 도움 아래서 현상들을 양적으로 인식한다. 과학자의 그러한 상상력의 가능성의 조건은 결단코 상상의 소산물일 수 없는 사물의 자기 소여성임은 물론이다. 선험 과학이든 경험 과학이든 과학적 인식은 사물의 원본, 즉 사물의 자기 소여성에 근거한 합리적 상상에 의거한다는 점에서 원본 조작적이며, 가상적이다. 따라서 과학적 인식이 그러한 인식인 이상, 과학적 진리는 선험 과학의 진리 하에서 사물을 인공적으로 조작하는 조작적 진리이며 가상적 진리이다.

3) 이데아들의 통일적 연관과 선의 이데아

사물의 인식론적 존재론적 전제인 이데아, 즉 사물의 원본은 사물의 자기 소여성에서 인식된 것이다. 사물의 자기 소여성은 사물 자신의 것이다. 그러므로 그것은 인간 사유에 의해 임의로 규정될 수 있는 것도, 선험적으로도 경험적으로도 산출될 수 있는 것도 아니다. 각 사물은 그러한 자기 고유의 소여성을 갖는다. 사물들이 그 고유의 소여성을 갖는 데서 사물들의 세계는 무질서하지 않고 질서가 있다. 그리고 사물들의 질서는 사물들이 유에 따라 분류(배열)되는 데서 나타난다. 유는 사물의 보편자(원본), 즉 사물의 이데아로서 사물의 자기 소여성에서 인식된 것이다. 우리가 사물들을 유에 따라서 분류할 수 있는 것도 결국은 사물들이 자기 소여성을 갖기 때문이다.

플라톤에서 사물들이 그것에 따라 배열, 분류되는 이데아는 하나이면서 여럿이다. 그러한 이데아의 이름에 합당한 형식을 갖춘 것이 개념이다. 개념에는 자신 안에 최소한 두 개 이상의 개념을 갖는 개념이 있다. 그런 개념이 바로 유개념이다. 그리고 유개념 안에 포함되는 개념이 종개념이다. 예를 들면, 동물이라는 개념은 자신 안에 인간과 짐승이라는 두 개의 개념을 갖는다. 이 경우 동물이라는 개념은 유개념이며 사람과 짐승이라는 개념은 동물이라는 유개념의 종개념이다. 유개념은 종개념의 상위 개념이고 종개념은 유개념의 하위 개념이다. 물론 어떤 개념이 유개념과 종개념으로 절대적으로 정해져 있는 것은 아니다. 어떤 개념이 상위 개념이냐에 따라서 유개념이 종개념이 되기도 하고 종개념이 유개념이 되기도 한다. 가령 동물이 상위 개념일 경우 동물은 유개념이고 동물 안에 포함되는 사람과 짐승은 종개념이다. 반면 사람이 상위 개념일 경우 사람이 유개념이고 사람 안에 포함되는 남성과 여성은 사람의 종개념이다.

그런데 우리가 계속해서 상위 개념들로 거슬러 올라가면 더 이상 거슬러 올라갈 수 없는 개념에 부딪치게 되는데, 그 개념이 바로 최고 유개념이다. 이 최고 유개념은 더 이상 자기 상위 개념을 갖지 않는다. 따라서 그것은 수적으로 오직 하나이다. 따라서 개념은 최고 유개념의 관점에서는 하나이다. 그러나 최고 유개념은 모든 개념들을 자신의 종개념으로 갖는다. 따라서 최고 유개념 안에는 수많은 종류의 종개념들이 있다. 이같이 볼 때, 개념은 하나이면서 여럿이다. 즉 개념은 유적으로는 하나이며 종적으로는 여럿이다.

이데아도 개념과 같은 의미에서 하나이며 여럿이다. 플라톤에서 최고 유개념에 해당하는 이데아가 바로 최고의 이데아인데, 그는 그것을 선의 이데아로 부른다. 선의 이데아는 오직 하나이다. 그러나 이 유일한 선의 이데아 아래에 서로 다른 수많은 이데아들이 있다. 그리고 이데아들 아래에는 또 다시 개별자들, 즉 감각 사물들이 종과 유에 따라서 놓여 있다. 물론 여기서 아래에 놓여 있음은 공간적 의미로 이해되어서는 안 된다. 그것은 근거, 근원, 토대, 즉 전제로 이해되어야 한다. 따라서 개별자인 감각 사물들의 전제는 보편자인 이데아들이고, 이 이데아들의 전제는 이데아들을 초월한 선의 이데아이다. 물론 여기서 전제는 초월적 특성을 지닌다. 따라서 개별자들의 전제인 이데아들은 개별자들을 초월한 것이며, 이데아들의 전제인 선의 이데아는 이데아들을 초월한 것이다. 그러나 전자의 초월과 후자의 초월은 의미가 다르다. 즉 이데아들이 개별자들을 초월한다고 할 때의 초월은 우선 이데아에 개별성, 즉 감각적 내용이 완전히 배제됨을 의미하며, 그 다음 그것이 이데아에 배제되어 있으므로 이데아는 더 이상 개별성을 지닐 수 없고 보편성을 지니며, 이 보편성을 지닌 이데아들이 개별자들과 독립하여 존재함을 의미한다. 이 경우 개별자들은 초월적 이데아들의 한갓 그림자에 불과하고, 이데아들은 개별자들의 원형이다. 이 원형은 종(種)적 의미를 지닌다. 그 다음 선의 이데아가 이데아들을 초월했다고 할 때의 초월은 우선 개별적인 것, 즉 감각적인 것이 배제되었다는 의미를 갖지 않는다. 왜냐하면 이데아들은 개별적인 것이 아니라 보편적인 것이기 때문이다. 그 초월은 우선 포함의 의미를 갖는다. 포함에는 포함하는 것과 포함되는 것이 있다. 전자는 후자를 초월하는 한에서 후자를 포함한다. 이 같은 포함의 예를 우리는 유개념이 종개념을 포함하는 데서 볼 수 있다. 유개념이 자신 안에 종개념을 포함하자면 그것은 종개념을 초월해야 한다. 그리고 종개념은 유개념에 포함됨으로써 종개념으로서 한정된다. 따라서 유개념의 초월성은 그것에 포함되는 것을 종개념으로 한정하는 특성을 지닌다. 그러나 유개념에 의해 종으로 한정되는 개념은 한갓 유개념의 그림자가 아니다. 종개념은 유개념에 의해 한정된다는 점에서 유개념 아래에 놓이지만, 적어도 개념이라는 점에서는 유개념과 동일하기 때문이다. 따라서 종개념을 초월하는 유개념의 초월성은 한편으로는 유개념과 종개념을 구별짓고, 다른 한편으로 양자의 동일성을 형성하는 그런 특성을 지닌다. 유개념이 그러한 초월성을 지님으로 해서 개념들 간에 위계질서가 형성된다. 따라서 개념의 초월성은 개념들 간의 원형과 그림자(모상)의 관계가 아니라 개념들 간의 위계질서를 형성하는 관점에서 이해되어야 한다.

물론 모든 개념들 간에 위계질서를 형성하는, 따라서 전체 개념들에게 하나의 통일적인 연관을 형성하도록 하는 개념은 모든 개념을 초월한 개념, 따라서 자기 자신은 더 이상 어떠한 개념에도 포함되지 않고 모든 개념들을 자신 아래에 포함하는 개념이다. 물론 그런 개념은 오직 하나이며, 그 유일한 개념이 위에서 언급된 최고 유개념이다. 모든 개념들은 이 초월적인 최고 유개념을 정점으로 하나의 위계질서, 즉 하나의 통일적인 연관을 형성하고 있다. 모든 이데아들을 초월한 선의 이데아의 초월성도 최고 유개념의 초월성과 같은 의미를 지닌다. 따라서 모든 이데아들은 자신들을 초월한 선의 이데아를 정점으로 위계질서를, 즉 하나의 통일적인 연관을 형성하고 있다. 선의 이데아가 그 같은 초월성을 지님으로 해서 이데아들은 하나이면서 여럿이다. 또한 선의 이데아의 초월성으로 해서 개별자들, 즉 감각 사물들의 세계와 완전히 구별되는 하나의 통일적인 연관을 형성하고 있는 이데아들의 세계가 가능하다.

존재의 질서에서 위에 위치하는 것일수록 보다 더 보편적이며 아래로 내려올수록 점점 덜 보편적이다가 최하층에 이르러서는 보편성이 완전히 배제된 개별자들이 위치한다. 어떤 것이 보편적이면 보편적일수록 그것은 한정되기 어려우며, 한정되기 어려우면 어려울수록 그것은 언어로 표현되기 어렵다. 반면 어떤 것이 덜 보편적일수록 위의 역이다. 따라서 존재의 질서의 최상위의 것, 즉 보편적인 이데아들을 초월한 선의 이데아의 보편성은 이데아들의 보편성과 구별되어야 한다. 이데아들의 보편성은 한정 가능하다. 그래서 그것들은 유적 또는 종적인 의미를 지닌다. 그러나 선의 이데아의 보편성은 자기 이외의 모든 것을 한정한다. 그러나 그것 자체는 그 어떤 것에 의해서 한정될 수 없다. 이러한 보편성을 우리는 한정 가능한 이데아의 보편성과 구별하여 순수 보편성으로 지칭한다. 따라서 선의 이데아와 이데아들은 구별된다. 이 점을 플라톤은 "선은 한갓 실재(실재성)가 아니라 지위와 힘에 있어서 실재를 또한 넘어서 있는 것이네"[9]라고 말한다. 우리는 플라톤에서 무전제를 그냥 이데아라고 하였으나 정확히 말하면 선의 이데아이다. 그러나 무전제를 그냥 이데아라고 해도 틀린 것은 아니다. 왜냐하면 위에서 본 바와 같이 플라톤에서 모든 이데아는 하나이면서 여럿이며 이데아의 이 하나성이 바로 이데아의 무전제성이기 때문이다.

플라톤이 위와 같이 말했을 때, 그는 무전제의 철학적 의미, 즉 그것은 존재자적인 특성을 지닐 수 없으며, 그래서 그것은 모든 존재자를 초월한다는 철학적 의미를 잘 알고 있었다. 그리하여 그는 선의 이데아는 직접 말할 수 없는 것이라 하고, 그것을 그것의 아들에 상응하는 태양에 비유하여 간접적으로 말하고 있다. 플라톤에서 선의 이데아가 비유적으로밖에 말해질 수밖에 없다는 것은, 그것이 존재자적인 특성을 지니지 않기 때문에 존재자를 진술하는 언어로써는 표현될 수 없다는 것을 의미한다.

우리는 이데아는 하나이면서 여럿이라고 말하였다. 우리의 이 주장은 이데아들은 차이성과 동시에 동일성을 지님을 함축한다. 이데아의 여럿성은

---

9) Platon, *Politeia*, 509b.

각 이데아들이 지니고 있는 차이성에서 유래하고, 이데아의 하나성은 각 이데아들이 지니고 있는 동일성에서 유래한다. 그러나 우리는 방금 선의 이데아와 이데아들은 완전히 구별된다고 했다. 그렇다면 이데아가 하나라는, 즉 각 이데아들이 동일성을 지니고 있다는 우리의 주장은 잘못이 아닌가? 물론 잘못이 아니다.

이데아들은 각기 다르다. 따라서 플라톤에서 이데아가 여럿인 것은 사실이다. 그러나 이데아들이 각기 다르면서도 하나, 즉 이데아로 불릴 수 있는 것도 또한 플라톤에서 사실이다. 그런데 그에게서 각기 다른 것들이 하나로, 즉 이데아로 불릴 수 있는 것은 그것들이 한결같이 선하기 때문이다. 만약 이데아들에서 선이 배제된다면 각 이데아들은 이미 이데아가 아니다. 따라서 각기 다른 이데아들은 선을 통해서 하나, 즉 이데아이다. 그렇다면 하나하나의 이데아는 선을 지닌 셈이다. 바로 그 하나하나의 이데아가 지니고 있는 선이 순수 보편적이며, 언표 불가능한 것이다. 그렇다면 하나하나의 이데아에는 한정 가능성과 한정 불가능성이 동시에 있다. 한정되는 내용은 각 이데아에 따라서 다르나 한정 불가능성(선)은 모두 동일하다. 물론 각 이데아를 서로 다르게 한정하는 것도 한정 불가능성, 즉 선에 의해서 이루어지는 것이다. 바로 이 같은 선이 모든 이데아들에 편재한다. 그러므로 이데아는 서로 다르면서도(여럿이면서도) 동일하다(하나이다). 따라서 개개의 이데아들에 이미 한정 가능성과 한정 불성이 동시에 있다. 그런 한, 하나하나의 이데아에 대해서 남김없이 말하는 것은 불가능하다. 즉 각 이데아에는 인간의 언어로 말할 수 있는 면이 있음과 동시에 말할 수 없는 것, 즉 비유적으로 밖에 말할 수 없는 것이 있다. 개개의 이데아가 지닌 말할 수 없는 순수 보편성이 바로 플라톤이 말하고자 한 선의 이데아이다. 이 이데아는 한정 불가능하기 때문에 첨가되고 제외될 수 있는 부분이 결코 아니다. 그러나 개개의 이데아, 즉 종적인 의미의 이데아는 비록 한정 불가능성을 지니고 있지만 한정 가능성을 지니고 있다는 점에서 부분의 의미를 갖는다.

만약 선의 이데아와 이데아들은 완전히 구별된다고 한 위의 플라톤의 말에 의거하여 이데아가 하나라는, 즉 각 이데아들이 동일성을 지니고 있다는 우리의 주장이 잘못이라고 논박하는 사람이 있다면, 그의 오류는 그가 선의 이데아를 서로 구별되는 이데아들, 즉 부분적 의미의 이데아들로 보는 데서 유래한다. 선의 이데아를 부분으로 볼 경우, 그것은 유한수의 개개의 이데아들에 첨가될 수 있는 그런 이데아이다. 그 경우, 서로서로 구별되는 개개의 이데아들은 모두 한정 가능하고, 새로이 첨가된 선의 이데아만이 한정 불가능한 것으로 된다. 따라서 선의 이데아를 부분으로 볼 경우, 선의 이데아 외의 이데아들에는 한정 불가능성이 없다. 그러나 우리가 보건대 적어도 플라톤에서는 이데아가 이데아인 한, 어떤 이데아이든 거기엔 한정 가능성과 불가능성이 공존한다. 따라서 선의 이데아는 첨가될 수 있는 그런 부분적 의미를 갖지 않는다. 우리가 위에서 인용한 플라톤의 말, 즉 "선은 한갓 실재(실재성)가 아니라 지위와 힘에 있어서 실재를 또한 넘어서 있는 것이네"는 선의 이데아의 부분적일 수 없는 특성을 말한 것이다.

선의 이데아를 부분으로 이해할 경우, 개개의 이데아들의 세계에 이데아가 무한히 첨가되는 무한 소급에 빠진다. 그 경우 무전제의 탐구라는 철학적 탐구는 불가능하다. 왜냐하면 그 경우에는 선의 이데아의 이데아, 선의 이데아의 이데아의 이데아, … 를 무한히 가정해야 하기 때문이다. 그러나 선의 이데아를 부분으로 보지 않을 경우 선의 이데아의 이데아를 부분적인 이데아들, 즉 개개의 이데아들의 세계에 하나(부분)로 첨가해 넣는 그런 무한 소급은 있을 수 없다. 왜냐하면 조금 후에 논의되겠지만, 그 경우 선의 이데아는 수(1)이되 첨가되고 제외되는 그런 수들의 한 부분으로서의 수(1)가 아니며, 그에 반해 한정 가능한 이데아들도 수이되 그 수는 결코 부분일 수 없는 수로부터 순서에 따라 산출되는 첨가되고 제외되는 부분적인 수이기 때문이다. 아리스토텔레스는 선의 이데아를 부분적 의미로 보았기 때문에 플라톤의 이데아론은 이데아들의 이데아를 무한히 가정해야 하는 무한 소급에 빠진다고 비판하였거니와, 우리는 그의 이러한 적절하지 못한 비판이 그가 아마도 선의 이데아를 한정 가능한 이데아로 곡해한데서 유래할 것으로 생각한다. 방금 본 바와 같이, 플라톤의 이데아에는 한정 가능한 부분적 의미와 한정 불가능한 비부분적 의미가 동시에 있다. 한정 불가능한 선의 이데아의 순수 보편성은 감성적 부분이든 초감성적 부분이든 모든 부분들을 초월하는 특성을 가지며, 그에 반해 한정 가능한 이데아들의 보편성은 현상계에 속하는 모든 부분들, 즉 개별자들 전체를 초월하는 특성을 가진다. 우리는 전자의 초월을 순수 초월로, 후자의 초월을 부분적 초월로 지칭한다.

플라톤에서 전제는 인식론적 존재론적 개념이다. 따라서 우리의 모든 인식은 말할 것도 없고 존재의 질서도 전제에서 비로소 가능하다. 지금까지 논의된 전제 개념으로 볼 때, 존재의 질서는 최위층에 선의 이데아가 그 다음에는 이데아들이 그리고 최하층에는 개별자(감각 사물)들이 위치하는 것으로 구성된다. 따라서 이데아들은 물론이고 이 이데아들의 그림자인 감각 사물들의 존재론적 전제도 선의 이데아이다. 선의 이데아로 해서 이데아계와 경험계를 관통하는 존재의 위계질서가 성립된다. 따라서 선의 이데아는 이데아들의 세계에 뿐만 아니라 감각 세계에도 관여한다. 그 결과 선의 이데아는 자기 자신뿐만 아니라 자기 이외의 모든 것들을 다른 것들이 아닌 바로 그것(자기)들로서 존재하게 한다. 즉 그것은 자기 자신의 존재 근거이자 인간을 인간 외적 동물이 아닌 바로 인간으로서, 산을 강이 아닌 바로 산으로서, 동물을 식물이 아닌 바로 동물로서 존재하게 한다. 따라서 선의 이데아는 자신을 비롯한 모든 존재하는 것들에게 한계를 부여하여 그것들이 다른 것이 아닌 바로 그것으로서, 즉 자기 자신으로서 존재하게 한다. 그러므로 선의 이데아의 탐구는 존재의 질서 탐구이기도 하다. 물론 존재의 질서는 인간 이성의 논리에 의해서 연역될 수 없다. 오히려 그 역이다. 즉 이성의 논리가 존재의 질서에 의해서 규정된다. 그런 이상 존재에 대한 인식을 가능하게 하는 것도 이성이 아니라 존재의 질서를 가능하게 하는 선의 이데아이다. 이 점을 플라톤은 다음과 같이 분명히 지적하고 있다.

> 그러므로 역시 인식되는 것들이 인식됨이 가능하게 되는 것도 선에 의해서일 뿐만 아니라, 그것들에 존재함과 실재성이 부여됨도 그것에 의해서이네.[10]

플라톤은 위와 같은 인식론적 존재론적 전제, 즉 무전제의 형식을 취하는 철학적 전제로서의 선의 이데아를 태양에 비유하여 말한다. 생성하는 사물들은 태양이 있는 한에서 비로소 존재할 수 있다. 따라서 태양은 적어도 생성하는 사물들의 존재 원인이다. 뿐만 아니라 생성하는 시각적 사물에 대한 인식도 태양이 있는 한에서 가능하다. 우리의 시력이 아무리 좋다고 해도

---

10) *Ibid.*

태양이 없으면 우리의 눈은 적어도 시각적 사물에 관한 한 아무것도 인식할 수 없다. 즉 태양이 빛을 발함으로써 비로소 우리의 눈은 태양의 빛을 받아서 시각의 기능을 발휘하여 시각사물을 인식할 수 있다. 물론 우리가 태양을 인식할 수 있는 것도 태양 자신이 발하는 태양의 빛을 통해서이다. 따라서 태양은 빛을 발함으로써 동식물들을 성장하게 할 뿐만 아니라 그것들에 대한 시각적 인식을 가능하게 하며 나아가서는 자기 자신까지도 인식하게 한다. 이런 의미에서 태양은 좋은 것이다. 따라서 그것이 선한 것은 윤리적인, 인격적인 의미에서가 아니라, 생성하는 사물들에 대한 인식론적(물론 시각적 인식) · 존재론적 전제의 의미에서 좋은 것이다. 선의 이데아는 이러한 태양과 유사한 것이다. 그러나 그것은 태양 이상의 것이다. 그것은 한갓 감각적 사물뿐만 아니라 추상적인 사물에 대한 존재론적 전제이자 또한 그러한 사물들에 대한 인식론적 전제이다. 따라서 선의 이데아로 해서 우리들에게 경험적 · 선험적 인식이 주어지고 또한 감각 사물뿐만 아니라 사랑, 정의, 희망과 같은 관념이 우리들에게 주어진다. 따라서 사물에 대한 인식론적 존재론적 전제로서의 선은 우리들에게 많은 유익한 것들을 선물하는 자이다. 이러한 선물은 선이 그의 빛을 발함으로써 그 빛이 우리에게 보내짐으로써 가능하다. 또한 선은 그 빛을 발함으로써 우리들로 하여금 자기 자신을 인식하게 한다. 그러나 우리들 중 대다수는 선으로부터 많은 선물을 받으면서도 정작 그 선물을 주는 선과 그 빛에 대해서는 전혀 무지하다.

선의 이데아가 지니고 있는 인식론적 존재론적 전제가 우리들에 대해서 지니고 있는 의의는 바로 그것이 우리들에게 주는 선물에 있다. 따라서 선이 선한 것은 태양의 경우와 같이 인식론적 존재론적 전제의 의미에서이지 윤리학적 인격적인 의미에서가 아니다. 따라서 플라톤에서 선은 윤리학적 · 인격적인 의미가 아니라, 인식론적 · 존재론적 전제의 의미를 갖는다. 윤리학적 · 인격적 의미의 선은 선의 이데아로부터 우리들에게 보내지는 선물들 중의 하나이다. 따라서 플라톤에서 선은 사실과 대립되는 가치의 의미도 아니다. 그것은 이분법적인 사실과 가치 이전의 것이다. 사실과 가치 역시 선으로부터의 선물들이다. 이 미분화의 선은 진이며 미이다. 여기서 플라톤에서 선이 부분이 아님이 다시 입증된다. 부분으로서의 진, 선, 미는 일체일 수 없으며 서로를 배척한다. 그러나 부분이 아닌 선은 진과 미와 함께 일체를 이루고 있다. 따라서 플라톤에서 선의 이데아는 또한 학문(진리), 윤리(선), 미(예술)의 전제이다.

선의 이데아를 통해 선과 진과 미를 일체로 사유하는 플라톤의 사유는 미분화된 원시적 사유라고 할 수 있겠다. 이것은 플라톤 사유를 정당하게 평가한 것일 수도 있지만 그의 사유를 왜곡, 곡해한 것일 수도 있다. 일련의 사람들은 원시적을 미발전, 미성숙의 의미로 이해한다. 또한 이들은 미분화도 미발전, 미성숙으로 이해한다. 반면 발전을 분화, 세련됨으로 이해한다. 그래서 그들은 사유가 발전하면 할수록 사유는 분화되고 세분된 것으로 이해한다. 따라서 그들은 그러한 관점에서 플라톤의 사유를 성숙되지 못한 것으로, 그런 의미에서 원시적 사유로 평가절하 한다. 그러나 적어도 근원(무전제) 자체를 사유하는 철학적 사유에서 미분화의 원시적을 미발전, 미성숙으로 이해하는 것은 사유의 사상(事象)을 은폐, 망각하는 처사이다. 그것은 무전제 자체를 사유할 수 없는 과학의 분석적 사유로 철학적 사유를 평가하는 것이다. 철학적 사유와 과학적 사유는 서로 다른 차원에 속하기 때문에 그러한 평가는 무의미하다. 우리의 논의에서 나타난 바와 같이 무전제는 일자(一者)이기에 그것은 다수로 분화될 수 없다. 만약 그것이 다수로 분화되면 그것은 더 이상 무전제가 아니다. 따라서 플라톤이 선의 이데아를 미분화의 원시적인 것으로 이해하는 것은 적어도 철학적 사유에 충실한 것이다. 따라서 그의 원시적 사유는 철학적으로 미성숙한 사유가 아니라 철학적으로 매우 성숙된 사유이다. 그 경우 원시적은 시원, 무전제에로 향하는 사유 태도이다. 따라서 그것은 적어도 사상 자체에로 향하는 현상학적 태도이다. 오히려 과학적 분석을 일삼아서 미분화의 원시적인 것을 망각하는 것이야말로 철학적으로 미성숙한 태도이다.

우리는 이데아는 하나이면서 여럿이라고 하였다. 이데아가 하나라고 할 때 하나는 선의 이데아를 말한다. 따라서 선의 이데아는 1(一)이다. 이 1에 의거하여 선의 이데아를 일자(一者)라고 한다. 그리고 이데아가 여럿이라고 할 때 그 여럿은 선의 이데아에서 파생된(한정된) 이데아들을 말한다. 그런데 선의 이데아에서 이데아들은 순서에 따라서 파생된다. 우리는 이데아들이 선의 이데아를 정점으로 위계질서를 이루고 있다고 말하였는데, 이데아들의 그러한 질서는 이데아들이 선의 이데아로부터 순서에 따라서 파생되는 데서 유래한다.

이데아들이 선의 이데아를 정점으로 위계질서를 이룬다고 함은 이데아들이 저마다 이데아의 세계에서 자기 고유의 자리를 차지하고 있음을 의미하며, 또한 이데아들의 위계질서가 선의 이데아들을 정점으로 이루어지는 이상 이데아들이 이데아의 세계에서 차지하고 있는 그 고유의 자리와 이데아들의 수도 이데아들이 선의 이데아로부터 파생되는 순서에 의해서 결정된다. 즉 이데아들은 선의 이데아로부터 파생되는 순서가 앞설수록 선의 이데아로부터 그만큼 가까이 위치하고 개수도 점점 적으며, 그 파생되는 순서가 늦을수록 선의 이데아로부터 그만큼 멀리 위치하며 개수도 점점 많아진다. 따라서 선의 이데아로부터 파생됨으로써 성립되는 이데아들의 위계질서는 피라미드형으로 구성된다.

위의 논의로 보건대, 이데아가 하나이면서 여럿이라는 것은 선의 이데아로부터 순서에 따라 파생된 이데아들이 선의 이데아를 정점으로 피라미드형의 위계질서를 형성하고 있음을 의미한다. 이러한 이데아의 위계질서가 이데아의 수적 구조이다. 이 구조는 피라미드의 최상위에 일자인 선의 이데아가, 중간에는 선의 이데아로부터 파생된 순서에 따라 자기 고유의 자리를 점유하고 하고 있는 다수의 이데아들이, 제일 밑바탕에는 이데아들의 그림자, 즉 개별자들이 놓여 있는 것으로 구성된다. 물론 이러한 이데아들의 수적 구조는 이데아들이 선의 이데아로부터 순서에 따라 파생되는 데서 유래한다. 그것에서 순차적으로 파생되는 이데아의 수는 인간의 이성에 의해서 정해질 수 있는 것이 아니다. 그 수는 철저하게 이데아의 논리에 의해서 정해진다.

이데아들은 선의 이데아로부터 순서에 따라 하나씩 파생된다. 우리는 선의 이데아를 하나, 즉 일이라고 하였다. 이 하나, 즉 선의 이데아를 하나라고 할 때의 하나와 그것으로부터 이데아가 하나씩 파생된다고 할 때의 하나는 구분되어야 한다. 전자는 아직 특정 수로 분화되기 이전의 수이다. 따라서 선의 이데아를 하나라고 할 때의 하나는 여러 수들의 한 부분, 즉 여러 수들 중의 특정한 한 수를 지칭하는 것이 아니다. 또한 그것은 모든 수들을 모아 놓은 수들 전체를 지칭하는 것도 아니다. 전체는 다수이나 그것은 다수가 아니다. 그것은 수들 전체가 그것으로부터 파생되는 그런 수이다. 따라서 그것은 덧셈, 뺄셈, 나눗셈, 곱셈에 사용될 수 있는 수가 아니다. 그것들에 사용되는 수는 수들 중의 특정한 수들이다. 우리가 보기에 특정한 수들은 선의 이데아로부터 이데아들이 순서에 따라 파생될 때 함께 파생된다. 우리는 선의 이데아를 일이라고 할 때의 일을 무전제적 수로, 산술되는 수, 즉 특정한 수를 전제적 수로 지칭한다.

3. 전제의 방법적 의미에 함축된 과학과 철학의 차이

이제 철학과 과학의 차이가 철저히 밝혀짐으로써 철학의 방법과 과학의 방법이 구별될 논의의 터전이 마련되었다. 우선 우리가 철학을 무전제의 학으로, 과학을 전제의 학으로 규정한 것에 비추어 보면 철학의 방법은 무전제에서 출발한다는 점에서 무전제적이요, 과학은 전제에서 출발한다는 점에서 전제적이다. 과학에도 선험 과학과 경험 과학이 있거니와 두 학 모두 그 방법이 전제적이라는 점에서는 같지만, 전제로부터 출발하는 방법적 성격에서 다르다. 선험 과학의 전제로부터의 출발은 자명적 전제(공리)로부터 연역 과정을 거쳐서 결론(전제)에 도달하는 성격을 띠고, 경험 과학의 그것은 전제(가설)를 세우고 그 전제에 대한 경험적 논증을 거쳐서 결론(전제)에 도달하는 성격을 띤다. 철학적 방법이 경험 과학의 방법과 다름은 주지하는 바이다. 그래서 우리는 선험적 차원에 속하는 철학과 선험 과학(기하학)의 방법의 차이를 우선 플라톤의 입장에서 명료히 밝히고자 한다. 그는 철학과 기하학의 방법의 차이를 다음과 같이 제시한다.

> "이것의 한 부분은 … 전제로부터 근원에로 나아가는 식이 아니라 결론에로 나아가는 식으로 탐구를 하지 않을 수 없게 되는 것일세. 반면에 다른 한 부분은 전제 없는 원리에로의 것으로서 전제로부터 나아가되 다른 부분의 상들을 이용하는 일 없이 형상들 자체들을 이용하여 이들을 통해서 탐구를 진행하네."[11]

---

11) *Ibid.*, 510b.

여기서 철학적 방법은 후자, 즉 플라톤이 다른 한 부분이라고 말하는 것이다. 그는 계속되는 대화에서 그가 말한 철학적 방법을 변증법이라고 지칭하면서 그것을 다음과 같이 부연 설명한다.

> "지적 부류의 다른 한 부분으로서 내가 말하는 것은 다음과 같은 것이라고 이해하게나. 이것은 이성 자체가 변증법에 의한 논구의 힘에 의하여 파악하게 되는 것인데, 이때의 이성은 전제들을 원리들이 아닌 디딤돌이나 출발점과 같은 문자 그대로의 밑받침들로 삼네, 이는 이성이 마침내 아무런 전제 없는 것에 이르기까지 모든 것의 원리에로 나아가서 이를 파악한 다음, 다시 이번에는 이 원리에 의존하고 있는 것들을 고수하면서, 이처럼 결론으로 내려가기 위해서인데, 이제는 그 어떤 감각적인 것도 전혀 이용하지 않고 오로지 형상들 자체만을 이용하여 이들을 통해서 이들에로 나아가되 역시 형상들에서 끝난다네."[12]

이 인용문에 따르면 기하학이나 철학은 모두 전제에서부터 출발하여 결론에로 나아간다. 따라서 철학이나 기하학은 적어도 외형적으로는 동일하다. 그러나 위의 인용문은 또한 양자는 내적으로 완전히 다르다는 것을 지적하고 있다. 위에 나타난 양자의 차이점은 우선 양자가 결론에로 나아가는 출발점, 즉 전제의 의미가 서로 다른 데 있으며, 그 다음 차이점은 전제로부터 결론에로 나아가는 과정들이 서로 다른 데 있으며, 마지막으로 양자가 도달하는 결론이 서로 다른 데 있다.

먼저 다음과 같은 이등변 삼각형에서 ∠B = ∠C를 증명하라는 기하학적 문제를 예로 들어 기하학적 방법부터 설명해 보자.

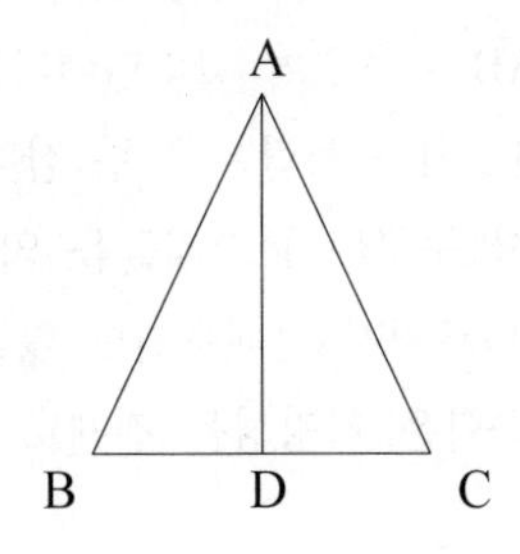

12) *Ibid.*, 511b ~ c.

이 기하학적 문제는 전제와 결론으로 이루어진다. 전제는 △ABC에서 변 $\overline{AB} = \overline{AC}$ 이면, 결론은 ∠B = ∠C이다. 여기서 전제는 …라면이라는 가정의 의미를 지닌다. 따라서 위 문제에서 가정은 선분 AB와 AC가 같다면 이라는 의미를 가진다. 이 가정은 글자 그대로 임시로 정해진 것이다. 물론 임시로 정해진 것이라고 해서 반드시 진리가 아닌 것은 아니며 또한 그렇다고 절대 확실한 진리인 것도 아니다. 따라서 가정은 진리인지 아닌지를 아직 모르는 것을 진리인 것으로 인정하는 특성을 지닌다. 이것이 기하학의 출발점, 즉 전제이다. 기하학은 이 전제에다가 기하학적 법칙들을 적용하여 일련의 단계들을 거쳐서 결론(답)을 도출한다. 물론 전제에 적용되는 기하학의 법칙들은 합리적이다. 따라서 전제로부터 결론에 이르는 일련의 기하학적 단계들 하나하나가 철저하게 기하학적 법칙에 합당하게 전개된다면 그 단계들은 정합적(합리적)이며, 그 단계들의 제일 마지막 항, 즉 결론은 진리이다. 따라서 기하학에서는 결론, 즉 진리(답)와 이 진리에 이르는 일련의 과정들은 진리 근거가 해명되지 않고 남아 있는 임시로 정해진 것, 즉 가정(전제)에 의존하고 있다. 그런 한, 전제로부터 결론에 이르는 단계가 아무리 기하학의 법칙에 합당하게, 정합적으로 전개되었다고 해도 결론의 진리는 진리로서 타당하다고 할 수 없다. 플라톤은 이 점을 다음과 같이 분명히 지적한다.

> "왜냐하면 어떤 것에 있어서의 출발점이 알고 있지 못하는 것(임시로 정해진 것)일진대, 그 결론과 중간 항들은 이 알고 있지 못하는 것으로부터 엮어지기 때문에 이 따위의 일치(정합성)가 도대체 무슨 방도로 인식으로 되는가?"[13]

그뿐만 아니라 기하학은 전제에 또 다른 것이 전제되어 있다. 위의 예의 경우, 즉 △ABC에서 변 $\overline{AB} = \overline{AC}$ 가 같다면이라는 전제의 경우, 기하학을 배우는 사람이나 그것을 가르치는 사람은 모두 삼각형, 삼각형의 변, 같음을 자명한 것으로 보며, 그래서 누구든지 그것들을 익히 알고 있으며, 그 때문에 그것들에 대해서 전혀 가르치지도 배우지도 않는다. 따라서 기하학은 자명성에서 출발한다. 즉 기하학은 자명성을 전제로 한다. 그러므로 기하학에

---

13) *Ibid.*, 533c. ( )와 그 안의 내용은 필자의 삽입임.

서 자명성의 근거는 해명되지 않고 남아 있다. 이 해명되지 않고 있는 자명적 인식의 바탕 위에 세워진 인식은 그것이 아무리 자명한 인식으로부터 정합적으로 확보되었다고 해도 인식다운 인식으로 될 수 없다는 것이 위의 인용문에서 플라톤이 주장하는 바이다.

기하학에서 전제가 자명하게 인식된다고 함은 인식되는 그것이 그것의 소여성에서 인식되지 않음을 의미한다. 따라서 기하학에서 전제는 자기 소여성에서 인식된 것, 즉 이데아(사상 자체)가 아니다. 이데아는 자기 소여성에서 인식된 것이기 때문에 임시로 정해진 것이 아니다. 어떤 것이 그것의 소여성에서 인식된 것이라 함은 그것이 그 소여성에 구속되어 있음을 의미한다. 바로 이러한 소여성이 기하학적 전제의 자명성의 혹은 자명한 인식의 근거이다. 기하학은 처음부터 그것을 건너뛴다. 그런 의미에서 기하학은 전제로부터 출발한다. 또한 그 때문에 기하학은 이데아를 인식할 수 없다.

이제 자기 소여성에서 인식된 것이라 함은 그것이 인간의 정신에 구속된 것이 아니라 그것의 소여성에 구속됨을 의미한다. 앞서 논의된 바와 같이, 이 구속적인 소여성은 관념과 실재가 통일된 것이다. 그러므로 이데아는 정신의 상상력에 의해 임의로 산출될 수 없으며 또한 유일하다. 이데아를 인식하는 정신 역시 이데아의 소여성에 구속되어 있다. 이에 반해 누구에게나 자명하게 인식되는 기하학의 전제들은 그것의 소여성에서 인식된 것이 아니기 때문에 기하학적 정신은 그 선험적 상상력에 의거하여 그때그때 기하학적 전제들을 무한히 자유로이 산출할 수 있다. 이 경우 정신이 자유로운 까닭은 그것들을 인식(산출)하는 정신의 양식이 상상이기 때문이다. 사실 누구든지 상상은 자유로이 할 수 있다. 그리고 상상은 임의적이며 자의적이다. 그리고 그것들을 인식하는 정신의 양식이 상상인 까닭은 전제들이 자기 소여성에 구속되어 있지 않기 때문이다. 만약에 그것들이 자기 소여성에 구속되어 있다면 정신은 그것들을 인식하기 위하여 그것들의 소여성에로 돌아가서 그것들이 주어져 있는 그대로 철저하게 보아야(직관해야) 한다. 그렇게 인식된 것은 가정된 것일 수 없고 모상일 수도 없다. 그것은 원상(진상)일 수밖에 없다. 그렇다면 기하학적 전제들과 같이 자기 소여성에서 인식되지 않은 것은 정신의 선험적 상상에 의한 모상일 수밖에 없다. 이제 우리는 기하학적 전제들은 모상이라는 결론에 도달한다.

기하학적 정신은 모상에 불과한 기하학적 전제들과 그것들에 의거해서 기하학적 문제들을 산출한다. 전제가 기하학적 정신의 선험적 상상에 의해서 산출된 모상인 이상, 기하학적 문제들도 역시 그러하다. 기하학적 문제들의 그 같은 성격은 기하학자가 기하학적 문제들을 산출함에 있어서 종이 위에 눈에 보이는 삼각형을 그리는 데서 잘 나타난다. 따라서 기하학은 모상에서 시작해서 모상에서 끝난다. 또한 기하학은 전제로부터 시작해서 결론으로 나아가되 그 결론은 근원이 아니라 기하학자에 의해 산출된 문제, 즉 모상에 대한 답이다.

그러나 기하학자가 전제와 그것에 따른 문제를 선험적 상상을 통하여 산출한다고 해도 그 상상은 아무렇게나 이루어지는 것이 아니라 기하학의 법칙에 맞게, 즉 합리적으로 이뤄진다. 따라서 기하학자의 선험적 상상은 비록 상상이라고 해도 합리적이다. 또한 이미 본 바와 같이 비록 기하학의 방법이 모상에서 시작해서 모상으로 끝나지만 이 시작(전제)과 끝(결론)에 이르는 과정들은 철저하게 합리적(정합적)이다. 그러나 이러한 과정들이 철저히 합리적인 것은 지금 풀이되고 있는 도형(삼각형), 즉 종이 위에 그리진 도형(삼각형), 말하자면 모상으로서의 도형(삼각형)에 유일한 도형, 즉 도형(삼각형)의 자기 소여성에서 인식된 도형(삼각형), 말하자면 도형(삼각형)의 이데아가 전제되어 있기 때문에, 다시 말하면 후자가 전자를 닮고 있기 때문이다. 그러나 기하학자는 그 점을 망각하고 있다. 그것의 망각은 그가 다루고 있는 도형의 근원의 망각이다. 그는 또한 근원을 망각함으로 해서 그가 다루고 있는 문제 풀이의 합리성의 근원을 망각하지만, 그는 그 망각하고 있는 것조차 망각하고 있으며, 그 결과 그는 그 합리성을 자명한 것으로 여길 뿐이다.

위 인용문에 나타난 바와 같이, 플라톤은 철학도 기하학처럼 전제에서 시작한다고 말한다. 그렇다면 철학과 과학은 구별되지 않는 것 아닌가? 물론 구별된다. 그 구별을 이해하자면 전제를 철학적으로 이해해야 한다. 우리는 이미 학적 탐구의 대상적 성격으로서의 전제를 과학적으로 철학적으로 이해한 바 있다. 그 결과 철학적 전제는 과학적 입장에서 보면 전제성이 부정된 무전제이다. 마찬가지로 학적 방법의 성격으로서의 전제도 과학과 철학에서 구별된다. 그리하여 철학의 방법적 성격인 전제적도 전제성이 부정된 무전제적이다.

우선 플라톤이 철학이 전제를 갖는다고 말한 것은 철학적 인식, 즉 이데아의 인식이 무에서 이루어지지 않고 출발점을 갖는다는 의미로 이해되어야 한다. 바로 이런 의미에서 철학은 기하학과 같이 전제를 갖는다. 그러나 앞서 본 바와 같이 기하학의 전제는 가정, 즉 임시로 정해진 것이라는 특성을 갖지만, 철학의 전제는 임시로 정해진 것이 아니다. 그러면 철학의 전제는 구체적으로 어떤 것인가? 그것을 알자면 철학적 이데아 인식의 성격부터 살펴볼 필요가 있다. 철학도 학인 이상, 우리는 철학적 인식의 성격을 살펴보기에 앞서 학적 인식의 성격부터 살펴보기로 한다.

학적 인식은 보편적 인식이며 법칙으로 표현된다. 그러므로 학적 인식은 그 학이 탐구하는 몇몇 대상들에 대한 단순한 지각으로 완성되는 것이 아니라 그 대상들을 하나로 결합하는 통일적 연관, 즉 대상들에 대한 보편적 법칙에 대한 인식을 통해서 완성된다. 따라서 경험적 사물들에 대한 인식, 즉 경험 과학적 인식은 개개의 사물들에 대한 단순한 지각으로 완성되지 않고 경험 법칙에 대한 인식을 통해서 완성된다. 이 법칙을 통해서 비로소 개별적 사물에 대한 경험적 지식이 우리에게 정확히 인식된다. 철학적 인식도 마찬가지이다. 철학적 인식은 이데아에 대한 명확한 혹은 명증적 인식이거니와, 이 인식은 이데아들의 통일적인 연관의 인식을 통해서 가능하다. 그러므로 이데아에 대한 학적 인식은 몇몇 이데아들에 대한 직관, 즉 개별적 이데아 직관으로써 완성되는 것이 아니다. 이데아에 대한 그러한 개별적 인식은 선험 과학자인 기하학자도 행할 수 있다. 예를 들면, 기하학자는 사각형의 넓이를 구하라는 기하학적 내용만 인식하는 것이 아니라 경우에 따라서는 사각형의 이데아도 직관할 수 있다. 그러나 기하학적 인식은 이데아에 대한 학적 인식, 즉 명증적 인식일 수 없다. 왜냐하면 기하학적 방법은 비록 선험적이긴 하나 그것이 철학이 아니라 기하학적인 한 제아무리 해도 이데아들이 그 속에서 개개의 이데아일 수 있는 이데아들의 통일적인 연관을 직관할 수 없기 때문이다. 따라서 기하학은 비록 철학과 마찬가지로 선험학일지라도 그 탐구 대상에서뿐만 아니라 탐구 방법에서도 철학과 다르다.

이데아에 대한 철학적 인식이 몇몇 이데아에 대한 개별적 인식이 아니라 이데아들의 통일적 연관에 대한 인식인 이상, 이데아 인식의 철학적 전제는 이데아들의 통일적 연관을 인식하기 위한 출발점이다. 이데아가 사물의 모상이 아니라 사물의 원형, 즉 사물 자체이므로 이데아들의 통일적 연관도 모상이 아닐 뿐더러 정신의 선험적 상상에 의해서 직관된 것도 아니다. 그렇다면 이데아 인식의 철학적 전제도 감각적인 것이 전혀 개입되어 있지 않음은 물론 정신의 선험적 상상에 의해서 직관된 것일 수 없다. 따라서 그것은 기하학의 전제와 구별된다. 그것은 사물의 형상, 즉 이데아이다. 이제 이데아에 대한 철학적 인식은 이데아들을 전제(토대)로 이데아들의 통일적 연관을 인식하는 것으로 특징지어진다. 이 경우 전제의 의미는 우리가 이 장의 서두에서 말한 바 있고 또한 위의 인용문에서 플라톤이 말하는 그것의 글자 그대로의 의미, 즉 토대, 여기서는 이데아들의 통일적 연관을 인식하기 위한 토대(디딤돌, 밑받침)이다. 그러나 이러한 전제로서의 이데아는 정신의 선험적 상상에 의해 직관된 모상이 아니기는 하지만, 아직 명증적으로 직관된 것은 아니다. 그러므로 전제로서의 이데아에 대한 인식은 아직 철학적으로 완성된 인식이 아니다. 그것은 철학적으로 완성될 인식의 디딤돌이다. 이데아에 대한 철학적(완전한) 인식은 이데아가 그것의 소여성에서 인식될 때 완성된다. 그런데 플라톤에서 이데아들의 소여성은 이데아들의 통일적 연관이며, 이 연관은 무전제의 형식을 취하는 선의 이데아로 소급된다. 왜냐하면 앞서 본 바와 같이 이데아들은 선의 이데아에서 산출되는 순서에 따라서 자기 고유의 자리가 주어지고, 그 고유의 자리가 주어짐과 함께 이데아들은 선의 이데아를 정점으로 피라미드형의 위계질서, 즉 하나의 통일적 연관이 형성되기 때문이다.

방금 설명된 철학적 방법을 간략히 요약하면, 철학적 방법은 아직 명확하게 인식되지 않은 이데아를 명확하게 인식하는 방법인 바, 이 경우 명확하게 인식되지 않은 이데아는 이데아에 대한 명확한 인식의 전제(출발점, 디딤돌)이며, 이 전제는 아직 명확하게 인식되지는 않았을지라도 정신의 합리적인 선험적 상상에 의해 임시로 정해진 것이 아니라는 점에서 기하학의 전제와 구별되며, 그렇게 구별되는 이데아는 그것의 소여성에서, 즉 이데아들의 통일적 연관에서, 다시 말하면 선의 이데아에서 인식됨으로써 비로소 명확하게, 즉 철학적으로 인식된다. 이렇게 요약된 철학적 방법의 특징은 전제들, 즉 이데아들을 그것들의 소여성에서 곧바로 철저하게 보는 데 있으며,

앞서 설명된 기하학적 방법의 특징은 임시로 정해진 전제로부터 기하학적 법칙에 따른 철저한 연역(추론)에 있다. 그리하여 플라톤은 철학의 방법을 '지적 직관'(noesis)이라 하고, 기하학적 방법을 '추론적 사유'(dianonia)라고 함으로써 양자를 확연히 구별한다.[14] 지적 직관이 플라톤이 말하는 변증법이다.

우리는 기하학자도 이데아를 인식하기는 하나 그의 이데아 인식은 아직 이데아들의 소여성인 선에서 인식이 아니기 때문에, 적어도 그의 이데아 인식은 이데아에 관한 한 개별적 인식, 즉 비학적 인식이지 보편적 인식, 즉 학적 인식이 아니라고 하였다. 학적 인식은 명확한 반면 비학적 인식은 불명확하다. 그래서 이데아를 겨우 개별적으로 인식하는 기하학적 방법은 이데아를 꿈꾸고 있을 뿐이다.[15] 기하학적 방법이 이데아 인식의 학적 방법일 수 없는 것은 기하학에서 이데아들의 소여성, 즉 선이 도저히 주제화되지 않는 데서 여실히 드러난다.

이제 플라톤에서 철학적 방법, 즉 변증법은 선험 과학적 방법, 즉 기하학적 방법과 완전히 구별되는 것으로 밝혀졌다. 그러나 그것을 기하학적 방법과 대비해서 설명하는 것만으로는 아직 그 의미가 명료하게 드러나지 않는다. 그것이 철학적, 즉 현상학적으로 설명될 때 그 의미는 보다 더 명료하게 드러난다. 이제 우리는 플라톤의 무전제가 사상 자체성을 지님을 보인 후에 그것을 현상학적으로 설명할 것이다.

4. 플라톤 철학의 현상학적 특성

1) 플라톤의 무전제성의 사상 자체성

이상의 논의를 통해서 우리는 플라톤의 철학에는 철학과 과학의 학적 차이, 즉 학의 전제론적 차이가 함축되어 있음을 볼 수 있었다. 물론 그 전제

---

14) *Ibid.*, 511e.

15) *Ibid.*, 533b 참조.

론적 차이는 두 학의 탐구 대상과 그 방법이 완전히 구별됨을 보여주었다. 그의 철학은 우선 학의 전제론적 차이를 통해 철학과 과학의 차이를 밝힌 점에서 현상학이다. 그러나 그의 철학이 현상학적인 까닭을 깊이 있게 이해하자면 '현상학적'의 의미가 해명되어야 한다. 우리는 바로 앞장에서 '현상학적'이 사유 방법 또는 태도를 지칭하는 개념임을 밝혔다. 현상학적 사유 방법의 구체적인 의미는 현상학의 표어, "사상 자체에로!"에 함축되어 있다. 그것에 함축된 '현상학적'은 사상 자체에로 나아가는, 또는 사상 자체만을 따르자는 태도이다. 우리는 그러한 현상학적 태도를 사상을 사상의 자기 소여성에서 인식하는 것으로 제시하였다. 따라서 '현상학적'은 사상을 사상의 자기 소여성에서 인식하는 태도 또는 방법을 의미한다.

주지하듯이 플라톤의 철학은 이데아의 인식으로 특징지어진다. 그에게서 이데아는 사물(존재자) 자체이다. 그리고 사물 자체는 사물이 자기 소여성에 인식된 것이다. 여기서 우리는 플라톤의 이데아적 사물 인식이 사물을 바로 그것의 소여성에서 인식하는 후설의 현상학적 사물 인식과 동일함을 볼 수 있다. 사물을 그렇게 인식하는 방법이 후설과 플라톤에서 공히 형상의 직관인 바, 그것은 앞서 본 바와 같이 플라톤에서는 변증법의 형태를 취하고, 후설에서는 현상학적 환원(판단중지)의 형태를 취한다. 우리는 플라톤이 그 직관을 노에시스(noesis)로 표현함을 보았다. 후설에서도 그것이 노에시스임은 주지하는 바이다. 여기서 우리는 대상적으로 뿐만 아니라 방법적으로도 플라톤의 '이데아적' 사물 인식이 현상학적임을 여실히 볼 수 있다. 따라서 플라톤이 이데아의 인식을 철학적 인식 혹은 학적 인식으로 표방했을 때, 그는 이미 후설이 창시한 현상학의 표어, "사상 자체에로!"를 비록 그것을 아직 정형화하지는 않았지만 철저하게 준수하고 있었다. 여기서 우리는 플라톤 철학의 핵심 개념인 무전제와 후설 현상학의 핵심 개념인 사상 자체가 의미상 동일함을 볼 수 있다.

우리는 위 두 개념들이 동일함을 바로 앞장과 지금 이 장에서 입증하였다. 즉 Ⅱ장에서 현상학의 사상 자체가 플라톤의 무전제성의 의미를 지니고 있음이 밝혀졌다면, 여기에서는 플라톤의 무전제가 현상학의 사상 자체의 의미를 지니고 있음이 밝혀졌다. 그 논의들은 다음과 같이 간단히 요약될 수 있다.

플라톤의 무전제도 후설 현상학의 사상 자체와 마찬가지로 형식과 내용을 함께 지니고 있다. 우선 후설에서 사상 자체의 형식은 "자기 자신의 소여성에서 주어짐", "몸소(leifhft) 주어짐"이다. 플라톤에서 무전제의 형식은 전제성이 부정된 것으로서 최하위에 놓인 것이며, 그것은 그 어떤 것에 의해서도 주어지지 않고 자기 스스로 주어지는 것이다. 이들 양자가 지닌 형식은 문자적으로는 다르지만 의미상으로는 동일하다. 즉 그 두 형식은 모두 근원 자체를 가리킨다. 이제 그 점을 보이고자 한다.

자기 소여성에서 주어지는 것은 글자 그대로 자기 소여성에서 주어지기 때문에 자기 자신과 전혀 간격이 없는 것이요, 자기 자신과 추호의 간격이 없다고 함은, '스스로 자기이다'는 자체성을 지님을 의미하고, 이는 바로 자기 스스로 주어짐을 의미한다. 자기 스스로 주어진다 함은, 자기가 자기의 전제임을 의미한다. 자기가 자기의 전제가 되는 전제가 바로 최하위에 놓이는 것, 즉 자기 위에 놓이는 모든 것들의 근원인 초월자, 즉 무전제이다. 이로써 양자의 형식적 의미가 동일한 것으로 밝혀졌다.

이제 사상 자체와 무전제의 형식적 의미가 공히 근원으로 밝혀졌다. 플라톤과 후설에서 이 근원의 구체적인 내용은 다름 아닌 존재자의 존재이다. 또한 이들 양자에서 존재는 공히 형상으로 표현된다. 물론 이 형상은 플라톤에서는 이데아이고, 후설에서는 지향대상(noema), 즉 본질이다. 이로써 플라톤의 무전제와 후설의 사상 자체의 형식적 · 내용적 동일성이 입증되었다.

방금 말한 바와 같이, 사상 자체는 사상의 자기 소여성에서 인식된 것이다. 사상을 그렇게 인식하는 것에는 사상에 대한 무편견적 · 근원적(원본적), '참된 인식'(진리)이 함축되어 있다. 그 까닭은 사상이 자기 자신의 소여성에서 인식된다 함은 사상이 그 자체와 전혀 간격 없음을, 반대로 사상이 자기 소여성에서 인식되지 않으면 사상이 자기 자신과 유리됨을 의미하며, 그렇게 되면 사상은 왜곡, 조작, 은폐되고, 편견이 개입됨은 명백한 사실이나, 사상이 그것 자체와 간격이 없으면 사상은 비은폐적으로, 즉 진리로(참되게), 근원적(원본적)으로, 편견 없이 인식되기 때문이다. 그렇게 인식된 사상이 방금 언급했듯이 플라톤에서 이데아이고, 후설에서는 지향 대상(noema)이다.

2) 변증법의 현상학적 특성

이제 변증법, 즉 플라톤이 말한 지적 직관이 과연 현상학적인지가 밝혀져야 한다. 이것을 다루기 전에 제기될 수 있는 오해를 해명하고자 한다. 오해는 플라톤의 철학은 의식의 철학이 아니라 의식을 초월한 존재론이며, 후설의 철학은 존재론이 아니라 우리가 Ⅱ장에서 말한 바와 같이 현상학적 환원을 통해 존재로부터 고립된 한갓 의식의 본질을 탐구하는 학이며, 그러므로 플라톤의 변증법은 존재 인식의 방법이며, 후설의 현상학은 의식의 인식의 방법이며, 사정이 이러하므로 두 철학자의 철학과 그 방법을 동일한 차원에서 다루는 것은 바람직하지 않다는 것이다. 혹시라도 이런 의문을 제기하는 자가 있다면, 그것은 플라톤의 철학도 후설의 철학도 제대로 이해하지 못하는 데 기인한다.

우리는 플라톤과 후설은 공히 철학적 전제, 즉 무전제의 인식을 이념으로 하고, 그들에서 이런 인식의 구체적 형태가 형상의 직관이며, 그것의 구체적 방법이 플라톤에서는 변증법이고 후설에서는 현상학임을 여러 번 언급하였다. 이들에서 형상이 비록 정신의 형상이 아닌 사물의 형상일지라도 그것은 정신적인 것이다. 이 점은 플라톤에서 이데아가 정신적인 것인데서 후설의 형상, 즉 노에마가 다름 아닌 의식의 지향 대상인 데서 여실히 나타난다. 정신적인 것은 정신의 자기 대상이다. 양자는 불가분적인 것으로 모두 정신에 속한다. 따라서 정신에 대한 철학적 인식은 작용하는 정신에 대한 인식일 뿐만 아니라 그 정신의 상관자인 사물의 형상, 즉 사물의 존재의 인식이다. 정확히 말하면, 정신의 작용을 떠나서는 그 대상을 인식할 수 없고 또한 정신의 대상을 떠나서는 그 작용을 인식할 수 없다. 정신의 대상, 즉 존재는 작용하는 정신을 드러내고, 작용하는 정신은 그 대상, 즉 존재를 드러낸다. 현상학에서는 양자는 이렇게 불가분적이다.[16] 플라톤 철학도 현상학적인 이

---

16) 정신과 그 대상인 존재의 불가분성을 극명하게 제시한 철학자가 하이데거이다. 그에게서 양자의 불가분성은 양자의 공속성으로 나타난다. 물론 어설픈 하이데거 학도는 하이데거에서는 현존재와 존재가 공속하지 정신과 존재가 공속하는 것은 아니라고 함으로써 우리에게 항변할 것이다. 그러나 하이데거가 말하는 현존재도 실은 종래 형이상학에서 은폐된 탈-형이상학적인 정신을 탈은폐한 것이다. 형이상학적

상, 이와 마찬가지이다. 사정이 이런 이상, 플라톤과 후설의 철학은 공히 정신(의식)의 학이자 존재론이다. 다만 작용하는 정신과 그 대상 중 어느 것에 중점을 두느냐에 따라서 의식론 또는 존재론으로 보일 뿐이지, 후설의 철학은 의식론이고 플라톤의 철학은 존재론이라는 주장은 가당치 않다.

위의 사항을 염두에 두면, 플라톤과 후설의 철학은 정신의 순수한 자기 인식의 학, 즉 정신의 본질 인식의 학이라고 해도 무방하다. 정신의 순수한 자기 인식의 학이란 다름 아닌 정신을 정신 자체(소여성)에서 인식하자는, 즉 정신의 무편견적 인식의 학이다. 이 학은 동시에 사물을 그 소여성에서, 즉 사물을 사물 자체에서 인식하는, 즉 사물의 형상을 인식하는 학이다. 그 까닭은 정신의 순수한 자기 인식은 사물을 그 소여성에서 인식할 때 가능하기 때문이다. 사물을 그 소여성에서 인식함으로써 사물과 그것을 인식하는 정신을 왜곡, 곡해하지 않고 인식하는 방법이 플라톤에서 변증법이다. 우리는 이 변증법이 현상학적이라고 본다.

그러면 어떤 의미에서 플라톤의 변증법은 현상학적인가? 그 까닭은 우리가 플라톤에서 철학적 방법과 선험 과학적, 즉 기하학적 방법의 전제론적 차이를 밝히는 과정에서 잠정적으로 드러났다. 이제 우리는 그 잠정적으로 드러난 바를 명확하게 드러내고자 한다. 먼저 이를 위해서 우리는 II장에서 논의된 현상학의 방법적 의미를 상기하도록 하자. 거기서 현상학의 방법적 의미는 연역(추론)이 아니라 기술(記述)이다. 거기서 기술은 "직접적인 제시와 직접적인 증명", 즉 직접 "제시되지 않은 모든 규정들을 멀리한다는 금지적 의미", "현상학적으로 완전히 실현될 수 없는 모든 진술들의 엄밀한 배제"[17]의 의미를 가졌다. 현상학적으로 완전히 실현될 수 없는 것이란 대상의 소여성에서 유래하지 않은 것, 또는 그 소여성을 초월한 것이다. 우선

정신이 신체에 대립되는 이분적 의미를 지닌다면 탈-형이상학적 정신은 종래의 정신과 신체의 이분을 지양한, 따라서 종래의 이분적 정신과 신체의 근원이 되는 것이다. 이런 근원이 종래 형이상학의 개념, 즉 정신으로 표현되면 그가 전달하려는 바가 제대로 전달되지 않기 때문에 그는 그것을 현존재로 표현한 것이다. 물론 정신개념이 현존재로 보다 더 근원적으로 표현됨에 따라 그에게서 존재개념도 종래의 것보다 더 근원적인 의미를 지니게 된다.

17) *LU II/I*, S.19.

플라톤의 변증법이 현상학적인 것은 현상학적 기술의 의미를 갖기 때문이다. 그것의 기술적 의미는 정신이 이데아들을 통일적으로 인식하기 위해 그것들의 소여성인 선에로 되돌아가는 데서 나타난다. 정신이 그것에 되돌아간다는 것에는 정신이 이데아들을 그것들의 소여성인 선에서 철저하게 직관한다는 것이 함축돼 있다. 이러한 직관이 가능하자면 정신의 자의성, 임의성, 상상력이 완전히 배제되어야 한다. 이에 그의 변증법의 방법적 의미는 현상학과 같이 기술적이다.

후설에서 현상학의 방법적 절차, 즉 기술적 절차는 정신 중에서 사상의 자기 소여성에서 유래하지 않는 것, 혹은 그것을 초월한 것에 대한 판단중지나 배제로 이루어진다. 배제되어야 할 정신은 자연적 태도의 정신이다. 이 정신이 배제되고도 남는 정신이 있는데, 그것이 바로 현상학적 잔재인 순수정신, 즉 자연적 세계를 초월한 정신이다. 후설에서 이 정신이 바로 사상들의 소여성이다. 따라서 후설에서 현상학의 기술적 절차는 자연적 정신에서 초월론적 정신에로 되돌아가는 절차이며, 이 절차가 현상학적 환원이다. 플라톤의 변증법의 기술적 절차도 역시 환원의 형태를 취한다. 우리는 이 점을 그의 선분의 비유[18]와 그것을 간단히 시각화한 동굴의 비유[19]에서 분명히 볼 수 있다. 즉 우리는 플라톤에서 현상학적 환원의 여정을 한 현상학자(소크라테스)가 자연적 세계의 정신인 자연적 상상, 자연적 믿음(확신), 선험적 상상(기하학적 추론)을 차례로 떠나 형상이 직관되는 지적 직관, 즉 순수정신에로 나아가는 데서, 또 동굴 안의 자연적 태도의 세계를 떠나(초월하여) 동굴 밖의 초월론적 정신 세계로 나아가는 데서 여실히 볼 수 있다.

실증학의 방법적 성격이 형식 논리학적이라면, 현상학의 그것은 해석학적이다. 혹자는 현상학의 방법적 성격이 해석학적인 것은 하이데거에 해당되지 후설에는 해당되지 않는다고 할 것이다. 하기야 우리도 앞장의 현상학의 개념을 분석하는 중에 하이데거의 현상학의 방법적 성격을 해석학적이라 했지 후설의 그것은 해석이라 하지 않았다. 그러나 후설 현상학의 방법적 성격도 해석학적이다. 후설은 그의 현상학의 방법적 성격을 해석적이라고 명

---

18) Platon, *Ibid.*, 509 d～e.

19) *Ibid.*, 514.

명하지 않았을 뿐 그에게서 그것은 해석적이다. 해석의 본질은 해석학적 순환, 즉 선 이해이다. 선 이해는 정신의 인식 대상이 인식에 앞서 이미 공허하게 정신에 이해되어 있음을 의미한다. 주지하듯이 후설의 현상학은 우리가 앞장에서 지향성이라고 말한 의식의 본질 탐구의 학이다. 그러나 우리는 거기서 지향성에 대해서는 언급하지 않았다. 학의 탐구 대상과 방법은 통일을 형성하고 있으므로 현상학의 방법적 성격을 논의하자면 지향성의 개념이 언급되어야 한다. 그래서 우리는 플라톤의 변증법이 현상학적인 까닭을 밝히는 범위 내에서 여기서 지향성에 대해서 언급하고자 한다. 물론 지향성에 대한 상세한 것은 앞으로의 논의에서 계속 밝혀질 것이다. 의식의 지향성이란 의식이 처음에는 텅 비어 있다가 작용을 함으로써 비로소 대상을 갖게 되는 것이 아니라 의식은 원래가 대상 관련적임을 의미한다. 즉 지향성이란 정신과 그 대상은 항상 불가분적임을 의미한다. 이러한 지향성은 의식의 해석학적 순환 구조를 지니는 데서 가능하다. 플라톤에서도 정신과 그 대상은 불가분적인데, 그것도 그에게서 정신이 해석학적 순환 구조를 갖기 때문이다. 그의 변증법이 현상학적인 두 번째 까닭은 그것의 방법적 성격이 해석학적이기 때문이다.

우리는 후설의 현상학의 해석학적 성격을 형상(본질)의 직관, 즉 형상의 구성에서 단적으로 볼 수 있다. 물론 우리는 그것의 구성에 대해서는 Ⅶ장 2절의 3)의 (2)에서 상론하겠지만, 그의 현상학의 방법적 성격이 해석학적임을 보이기 위한 최소한의 범위 내에서 그것을 여기서 간략히 언급하고자 한다. 후설의 현상학의 해석학적 성격은 형상(본질)의 직관, 즉 형상의 구성이 충족(Fülle)을 통하여 완성되는 데서 단적으로 나타난다. 후설에서 X라는 본질의 직관은 X라는 본질의 소여성 방식들을 충족시키는 것인데, 이 충족을 통하여 X의 소여성 방식들은 X라는 본질 자체로 초월하여 객관적 존립을 갖는다. 물론 그 소여성 방식들을 충족시키는 것은 현상학적 판단중지에서 획득된 현상학적 정신인데, 이 정신이 그것을 충족시키자면 충족에 앞서서 X를 X의 소여성 방식들 속에서 명증적으로는 아닐지라도 공허하게 이미 이해하고 있어야 한다. 정신이 그것을 그렇게 이해하고 있을 수 있는 것은, 그 소여성 방식들이 정신의 순수 수동적 흐름이기 때문이다. 이 수동적 소여성 방식들을 충족시키는 것이 객관화하는 또는 해석하는 능동적 정신이다. 선

이해는 원래 순수 수동적이다. 그래서 그것은 인간의 능동적인 노력에 의해서 얻어질 수 있는 것이 아니다. 그런 수동적 의식이 모든 자명성의 원천이다. 후설은 의식의 선이해적 특성을 "모든 수동적 의식은 이미 대상을 구성하면서 — 더 정확히는 선구성하면서 있다"[20]로 표현한다.

위의 논의로 보건대, 후설에서 본질직관은 순수 수동적인 본질의 공허한 소여성 방식들을 충족시켜서 그 방식들 속에서 선 이해되어 있는(즉 공허하게, 불명료하게 인식되어 있는) 본질을 객관화(명료화)하는 지향작용이다. 이 지향작용이 해석이며, 명증적 인식이다. 우리는 이러한 후설의 본질직관이 무엇을 무엇으로서, 즉 아직 명증적이지 않은 본질을 명증적 본질로서 파악하는 구조, 즉 <으로서>(als) 구조로 지칭되는 해석학적 순환 구조로 구성되어 있음을 쉽게 볼 수 있다.

우리는 철학적 방법과 기하학적 방법이 공히 전제에서 결론에로 나아가서 결론에서 완성됨을 살펴보았다. 두 방법은 이렇게 외적으로는 같은 것으로 보이지만 내적으로는 완전히 다른데, 그 까닭은 철학적 방법의 성격이 해석학적이기 때문이다. 이 성격으로 해서 철학이 결론에 도달하는 방식은 기하학과 다르다. 우리가 이미 본 바와 같이. 기하학의 그 도달 방식은 추론(연역)이고 철학의 그것은 현상학적 해석(직관)이다. 이 도달 방식의 차이는 다음과 같은 차이를 유발한다. 기하학에서 기하학적 전제(시발점)와 결론(도달점)은 확연히 구별되며 서로 떨어져 있다. 이에 기하학적 인식은 전제에서 결론에로 나아감으로써 그대로 끝이며, 그래서 결론에서 전제에로 되돌아오는 성격이 없다. 철학적 인식은 그렇지 않다. 즉 철학적 인식은 전제에서 출발하여 전제에로 되돌아오는 특성을 지닌다. 철학이 도달하는 결론은 철학이 처음에 출발한 바로 그 전제이다. 따라서 철학적 인식의 완성은 철학의 출발점인 철학적 전제의 완성이다. 이것이 해석학적 인식의 완성, 즉 선 이해의 완성이다. 철학에서 전제와 결론은 일치한다. 그래서 철학은 결론에로 나아가기 위해, 즉 인식을 완성하기 위해 임시적인 출발점이 요구되지 않는다.

---

20) *Erfahrung und Urteil*, redigieart und hrsg, v. L. Landgrebe, 1972, S.64. 이후로는 *EU*로 인용하며, 본문에서 언급할 때는 『경험과 판단』으로 표시한다.

후설에서 전제에서 출발하여 전제에로 되돌아오는 현상학적 방법의 해석학적 특성은 형상의 소여성 방식들에서 공허하게 이해된 형상을 객관화 작용(일종의 상기, 현상학적 직관)을 통해서 그 공허한 소여성 방식들을 충족시킴으로써 명증적으로 인식하는 데서 잘 드러난다. 플라톤에서의 그것은 불명확하게 인식된 이데아에서 그것의 소여성인 선의 이데아에로 나아가서 이 이데아를 정점으로 한 이데아들의 통일적인 연관에서 그것을 직관함으로써 그 이데아에 대한 인식이 명확하게 되는 데서 나타난다. 이 경우 불명확하게 인식된 이데아가 철학적 인식의 전제이며, 불명확한 이데아의 명확한 인식이 철학적 인식의 결론이거니와, 여기서 우리는 전제에서 결론에로 나아가는 변증법도 결국 전제에로 되돌아오는 것임을 분명히 볼 수 있다. 변증법적 이데아 인식 방법의 해석학적 성격은 그 이데아 인식이 상기의 형식인 데서 입증된다. 상기의 가능 근거는 망각이다. 망각이 없으면 상기는 존재할 수 없다. 우리의 정신이 무엇을 망각했다고 함은 정신이 텅 비어 있지 않고 이미 대상과 관계하여 그것을 인식하되, 불명확하게 인식하고 있음, 해석학적 용어로 말하면 선 이해하고 있음을 의미한다. 그 선 이해하고 있는 이데아를 상기라는 현상학적 직관을 통해 충족시켜서 명증적으로 인식하는 데서 변증법적 방법의 해석학적 특성이 명료히 드러난다. 이렇게 전제에서 출발하여 전제에로 되돌아옴으로써 완성되는 이데아의 인식의 해석학적 성격은, 플라톤이 "오로지 형상들 자체만을 이용하여 이들을 통해서 이들에로 나아가되 역시 형상들에서 끝남"이라고 말하는 데서 여실히 드러난다. 우리가 여기서 눈여겨볼 것은, 플라톤의 상기설에는 이미 현상학적 의식의 본질, 즉 지향성이 싹트고 있다는 점이다.

전제에서 출발하여 전제에로 되돌아오는 변증법의 해석학적 특성은 한 죄수(현상학자)가 동굴을 탈출하여 동굴로 되돌아옴으로써 이데아에 대한 학적 인식이 완성되는 동굴의 비유에서 시각적으로 극명하게 형상화된다. 죄수는 동굴(자연적 세계)을 초월함으로써 이데아(시각 사물)들의 소여성인 선(태양)에서 이데아들을 통일적으로 이해하고 동굴로 되돌아와서는 동굴 안의 그림자(장작불에 비친 감각 사물)들의 근원이 동굴 밖(이데아 세계)의 선(태양)의 빛을 받은 이데아(시각 사물)임을 인식함으로써 전체를 인식하게 된다. 변증법에서 인식되는 것은 하나, 즉 선이다. 그러나 변증법은 하나에 대한 인식이되 그 인식은 하나에 국한되지 않고 다(多) 또는 전체의 인식이다. 그 까닭은 선은 이데아들의 소여성 방식인 고로 선의 인식은 곧 이데아들의 통일적 연관에 대한 인식이며, 이데아들의 인식은 곧 감각 사물들의 근원의 인식이기 때문이다. 이에 변증법은 일즉전(一卽全) 또는 일즉다(一卽多)를 인식하는 방법이다.

전제에서 출발하여 전제에로 되돌아오는 후설에서의 현상학의 해석학적 특성은 현상학자가 자연적 태도를 초월하여 초월론적 정신에 도달하여 자연적 태도로 돌아옴으로써 자연적 세계의 의미론적 근원에 대한 인식을 완성하는 그의 현상학적 환원에서 드러난다. 이 환원도 일즉전(一卽全) 또는 일즉다(一卽多)를 인식하는 방법인데, 그 까닭은 그 환원에 의해서 인식되는 것은 전체 대상들의 소여성 방식인 하나, 즉 초월론적 정신의 인식이기 때문이다. 이 환원의 (시행착오적) 과정에 대해서는 앞장에서 언급한 대로 V장 4절의 5)에서 Ⅶ장의 1절에 걸쳐서 상론될 것이다. 플라톤의 변증법과 후설의 현상학이 공히 일즉전(一卽全) 또는 일즉다(一卽多)를 인식하는 방법인 것은, 그것들의 방법적 성격이 전제에서 출발하여 전제에로 되돌아옴으로써 전제의 인식을 완성하는 해석학적이기 때문이다. 그들에서 그 전제는 공히 자연적 태도를 초월하는 출발점, 즉 공허하게 인식된, 즉 망각된 형상이다. 이 선 이해된 형상은 자기 스스로를 명증적으로 드러나게 하기 위해 현상학자로 하여금 그의 자연적 태도의 정신을 배제토록 한다.

3) 플라톤 철학에서 싹튼 후설 현상학의 이념과 학적 의미

사상의 자기 소여성에서 유래하지 않는 또는 그것을 초월한 것을 모두 배제함으로써 존재하는 모든 것이 그 속에서 비로소 자기 모습을 드러내고 또한 모든 존재하는 것에 대한 인식의 타당성과 모든 종류의 자명성이 그 속에서 이해되는 사상 자체, 즉 무전제(근원 자체)에로 귀환하는 것이 바로 현상학의 학적 특성이다. 이러한 현상학의 학적 특성에서 무전제성의 인식, 또는 무전제적 인식이라는 현상학의 이념이 싹튼다. 물론 현상학의 이념이 그 속에서 싹트는 현상학의 학적 특성은 존재자에 대한 자명한 전제를 가정하고, 그 가정된 전제에서부터 존재자에 대한 경험을 논리적으로 정확하게 연역, 추리해 나가는 과학의 학적 특성과 구별된다. 과학의 학적 특성이 정밀성으로 규정된다면, 현상학의 학적 특성은 엄밀성으로 규정된다. 따라서 과학이 정밀학이라면, 현상학은 엄밀학이다.

이제 과학과 철학은 그 학적 특성이 다른 것으로 분명히 드러났거니와, 그 차이점은 사물의 인식에서도 단적으로 나타난다. 과학적 사물 인식, 즉 정밀한 사물 인식은 사물의 소여성을 도외시하고 사물에 대한 우리의 경험을 논리적으로 정확하게 다루어서 사물에 대한 정확한(보편적) 정보(지식)를 도출하는 특성을 지닌다. 이러한 과학적 인식은 "인간들의 의견들이나 욕망에 관련된 것들이거나 산출과 조립에 관련된 것"[21]이다. 단적으로 말하면, 그것은 인간의 물질적 욕망을 충족시키는 도구적인 의미를 가진다. 사물이 이러한 도구적 의미로서 인식됨으로써 과학에서 사물은 인간학적으로 왜곡, 곡해, 조작된다. 그러나 현상학적 사물 인식, 플라톤적으로 말하면 이데아적 사물 인식, 즉 엄밀한 사물 인식은 사물을 그 사물의 소여성에서 인식한다. 사물의 소여성은 한 사물을 바로 그 사물로서 존재하게 하는 것, 즉 한 사물을 바로 그 사물로서 한계짓는 것이다. 물론 사물의 소여성은 인간학적인 것도 인간 이성의 논리도 아니다. 따라서 사물을 그 소여성에서 인식하는 현상학적 또는 이데아적 사물 인식은 사물을 인간의 편에서가 아니라 사물의 편에서 인식하는 것이다. 이에 이데아적 사물 인식은 사물에 대한 원본적(근원적) 인식이지 왜곡된, 조작적 인식이 아니다. 즉 그것은 사물을 바로 그 사물로서 한계짓는 사물 자체의 진리에 대한 인식이다.

인간은 과학적 사물 인식에서 인간의 물질적 욕망을 충족시키는 것을 얻지만, 이데아적 사물 인식에서는 그러한 것을 전혀 얻지 못한다. 그렇다면 도대체 현상학은 왜 필요한가? 더욱이 지식, 정보 산업을 통해 경제적 가치를 무한히 추구하는 오늘날의 무한 경쟁의 경제 합리주의 시대에 그것은 불필요하지 않는가? 그러나 경제 합리주의도 각 사물들이 각 사물들로서 한계지어져 있는 한에서, 인간이 인간으로서 한계지어져 있는(존재하는) 한에서 가능할 뿐만 아니라 의미가 있다. 만약 사물을 조작하는 과학적 인식이 고도로 발전하여 인간을 비롯한 존재하는 모든 것의 경계가 무너져 내린다면,

---

21) Platon, *Ibid.*, 533b.

그래서 인간이 동물화되고 사물화되어 인간이 인간으로서 종말을 맞는다면 도대체 과학이나 경제적 합리주의가 무슨 의미가 있겠는가?

인간이 인간으로서 한계지어져 있을 때 사물들도 바로 사물들로서 한계지어져 있다. 인간이 인간으로서 한계지어져 있지 않을 때 사물들도 사물들로서 한계지어져 있지 않음은 물론이다. 오늘날은 사물을 조작적으로 인식하는 과학이 고도로 발전하여 인간은 인간의 한계를 이탈하며, 그에 따라 사물들도 그 고유의 한계가 무너지고 있으며, 이러한 한계 이탈 내지 한계 무너짐의 징조는 자연오염에 따른 생태계의 파괴 현상으로 나타나고 있다. 현상학은 인간을 비롯한 모든 사물들을 바로 그 사물들로서 한계짓는 진리 자체의 학이다. 따라서 생태계 파괴 현상이 점증되어 가는 고도로 발전된 오늘의 과학 시대에 현상학은 절실히 필요하다. 우리는 인간이 인간으로서 존재함(한계지어짐)에 대한 사유를 휴머니즘이라고 규정하였다.

우리는 이제까지 현상학의 학적 특성과 과학의 학적 특성이 다르며, 그것이 다름에 따라 현상학과 과학은 그 이념이 다르며, 이념이 다름에 따라 또한 그 학적 의미도 다른 것으로 밝혀졌다. 즉 모든 종류의 자명성이 그 속에서 이해되는 무전제에로 귀환하는 현상학의 학적 특성에서 무전제성의 인식 혹은 무전제적 인식의 추구라는 현상학의 이념이 싹텄고, 자명한 전제를 가정하고, 그 가정된 전제에서부터 존재자에 대한 경험을 논리적으로 정확하게 추론해 나가는 과학의 학적 특성에서 인식의 추론적인 정밀성을 추구하는 과학의 이념이 싹텄다. 과학과 구별되는 현상학의 이념은, 우리의 논의를 통해서 본 바와 같이 플라톤의 철학에서 설정되었다. 따라서 후설이 실현하고자 그렇게도 강조한 현상학의 이념은 현상학을 창시한 후설에서가 아니라 플라톤의 철학에서 이미 설정된 것으로 이제 입증된 셈이다.

플라톤과 후설에서 현상학의 이념 추구, 즉 무전제적 인식의 추구는 공히 정신의 편견 없는 자기 인식의 추구에 다름 아니다. 그 까닭은 무전제의 소여성, 즉 과학적 인식의 출발점인 자명한 전제의 근원의 소여성이 정신이기 때문이다. 또한 우리는 플라톤과 후설에서 정신의 편견 없는 자기 인식은 정신적 대상인 형상의 직관을 통하여 가능함을 밝혔다. 이렇게 보건대, 후설과 플라톤에서 과학적 인식의 근원을 해명하는 것으로 특징지어지는, 무전제적 인식의 추구라는 현상학의 이념 추구는 형상의 직관에 의한 정신의 편견 없는 자기 인식을 추구하는 것에 다름 아니다. 이제 문제는 현상학이 그러한 이념을 추구하는 학적 의미가 도대체 어디에 있느냐이다. 물론 혹자는 그 의미는 과학적 인식의 근원을 명료하게 밝히는 데 있다고 말할 것이다. 그러나 이러한 답변은 정확한 답변이 아니다. 지금 우리는 현상학이 도대체 과학적 인식의 근원을 명료하게 해명하는 의미가 어디에 있으며 무엇인가를 묻고 있기 때문이다. 그 의미는 위에서 언급한 바와 같이 사물을 사물로서, 인간을 인간으로서 각기 한계짓는, 즉 사물을 사물로서, 인간을 인간으로서 존재하게 하는 진리의 추구에 있다. 이것은 휴머니즘의 본래적 의미를 추구하여 그것을 실현하려는 것에 다름 아니다. 따라서 현상학의 학적 의미는 바로 휴머니즘의 본래적 의미, 즉 인간다운 인간성을 회복하여 그것을 실현하는 데 있다. 그에 반해 정밀한 사물의 인식을 추구하는 과학의 이념이 지니는 학적 의미는 위에서 언급된 바와 같이 인간의 물질적 욕망을 충족시키는 도구적인 데 있다고 하겠다. 물론 과학은 그러한 의미를 실현시킴에 있어서 사물들의 자기 소여성을 도외시함으로써 사물들을 사물들로서 존재하지 않게 하는 반현상학적·반휴머니즘적 현상을 능히 초래한다. 이러한 현상은 정밀한 과학적 인식이 엄밀한 철학적 인식보다 우선하고, 보다 더 중요시되는 시대에 반드시 일어난다. 오늘이 바로 그러한 시대의 전형임은 주지하는 바이다.

방금 보았듯이 현상학의 이념이 갖는 학적 의미는 인간다운 인간성, 즉 휴머니즘의 본래적 의미를 회복하여 실현하려는 데 있다. 이러한 현상학의 학적 의미도 역시 플라톤의 철학에서 싹텄다. 물론 그는 철학의 학적 의미를 그의 스승 소크라테스로부터 이어받았다. 그의 철학은 소크라테스가 그렇게도 실현하고자 한 철학의 학적 의미를 실현하기 위한, 즉 그 당시 소피스트들의 상대주의, 회의주의적 조류에 의해 상실된 인간다운 인간성을 회복하여 실현하기 위한 이론적 작업이라고 할 수 있다. 그의 그러한 작업은 우선 철학의 이념을 설정하는 것에서 시작하여, 철학의 이념이 실현될 수 있도록 국가의 체제를 마련하는 것으로 구성된다. 따라서 철학의 학적 의미를 실현하기 위한 그의 이론서가 『국가』이다.

플라톤은 철학의 학적 의미를 처음부터 알고 있었다. 그에게서 철학의 이념 실현은 철학의 학적 의미를 실현하는 것에 의해서 인도되고 지도되었다.

따라서 그에게서는 철학의 이념 실현보다도 철학의 학적 의미를 실현하는 것이 더 중요하였고, 그 역시 후자에 더 많은 중점을 두었다. 그러나 후설의 현상학적 작업은 현상학의 학적 의미보다는 그것의 이념을 실현하려는 데에 초점이 있었다. 사실 그는 플라톤이 처음부터 알고 있었던 현상학의 이념이 지니고 있는 그 학적 의미를 말년에서야 비로소 깨닫게 되었다. 그가 현상학의 학적 의미를 깨닫고 그것을 실현하려는 동기에서 저술한 책이 그의 최후의 저작인 『위기』[22]이다. 철학자가 얼마나 원숙한지는 그가 철학의 학적 의미를 실현하기 위한 학적 작업이 얼마나 진지하고 치밀하게 이루어졌는가에 의해서 평가된다고 할 수 있다. 따라서 이 점에 비추어 보면 플라톤이 후설보다 철학적으로 더 원숙했다고 할 수 있다.

플라톤이 후설에 비해 철학적으로 더 원숙함은 사물과 인간을 바로 그것들로 한계짓는, 즉 바로 그것들로 존재하게 하는 진리 자체, 즉 선의 이데아를 제시한 데서 잘 나타난다. 앞서 본 바와 같이 선의 이데아는 이데아들의 이데아로서 각 이데아들을 그것들의 소여성에서 존재하게 한다. 물론 플라톤에서는 이 선의 이데아들에 의해서 정신의 편견 없는 자기 인식, 정신의 순수한 자기 인식이 가능하다. 그러나 후설에게는 플라톤의 선의 이데아에 상응하는 본질들의 본질, 즉 노에마들의 노에마가 제시되지 않고 있다.

플라톤에서 인간을 비롯한 모든 사물들을 바로 그 사물들로서 한계짓는 선의 이데아를 인식하는 방법이 변증법임은 이미 언급되었다. 플라톤 철학은 선의 이데아의 변증법적 인식에 관한 학이거니와, 이 학은 인간의 본래성을 회복하는 휴머니즘의 근원학에 다름 아니다. 인간이 인간으로서 존재하지 못하여 인간의 한계를 이탈할 때 인간이 과학적 지식을 아무리 많이 알고 있은들, 그 지식을 통해서 아무리 많은 것을 소유한들 도대체 무슨 소용이 있는가? 적어도 플라톤에서 인간에게 가장 소중한 것은 그러한 지식이나 소유가 아니라 인간을 비롯한 모든 사물들을 바로 그 사물들로서 한계짓는 진리 자체, 즉 선의 이데아이다.[23]

---

22) 원어는 *Die Krisis der europäischen Wissenschaften und die transzendentale Phänomenologie*, hrsg. v. W. Biemel, 1976이다. 본문에서 언급할 때는 여기서처럼 『위기』로 표시하고, 이후로는 *Krisis*로 인용한다.

23) *Ibid.*, 505 참조.

현상학의 학적 의미가 휴머니즘의 본래적 의미의 회복에 있음은, Ⅱ장에서 현상학이 그것을 회복하는 논리로 밝혀진 데서도 확연하다. 또한 철학 자체로서의 현상학의 학적 의미가 그것의 본래적 의미의 회복에 있음은 서론에서 철학이 모든 학을 인도하고 지도하는 보편학으로 밝혀진 데서도 확연하다.

우리가 이 장을 시작할 때 밝혔듯이 플라톤의 철학이 현상학적이라고 해도 후설의 현상학과 같은 것이 아니다. 그런 이상, 후설의 현상학은 플라톤에로 단순히 복귀하려는 것이 아니다. 후설의 현상학은 플라톤 철학과 친근하지만 같은 것이 아니다. 그 까닭은 플라톤의 변증법에 현상학적 철저성이 결여되어 있기 때문이다. 어떤 의미에서 그것이 결여되었는지는 이 장의 서두에서 밝혔듯이 후설에 대한 상세한 논의가 끝난 이후에, 즉 이 책의 결론에서 밝혀질 것이다.

Ⅳ. 철학과 심리학

1. 후설 현상학의 학적 형태

우리는 Ⅱ장, Ⅲ장에서 현상학의 개념을 해명하였다. Ⅱ장에서는 후설과 하이데거의 여러 저작들을 바탕으로, Ⅲ장에서는 플라톤의 『국가』를 바탕으로 그것을 해명하였다. 그 결과 현상학은 과학과 전제론적으로 완전히 구별되는 학, 즉 순수철학(제일철학)인 것으로 밝혀졌다. 또한 이런 철학으로서의 현상학은 인간을 인간으로서 존재하게 하는 진리 자체, 즉 휴머니즘의 본래적 의미를 추구하는 학인 것으로 밝혀졌다. 또한 우리가 본 바와 같이 이 학은 적어도 플라톤과 후설에서는 우선 심리학의 형태를 취한다. 우리는 그 점을 플라톤과 후설에서 현상학이 정신의 무편견적 자기 인식, 또는 정신의 본질 인식의 학인 데서 분명히 볼 수 있었다.

물론 현상학이 우선 심리학의 형태를 취한다고 해서 모든 형태의 심리학이 현상학인 것은 아니다. 정확히 말하면, 현상학은 순수 의식(정신), 즉 초월론적 의식(정신)에 관한 학이다. 그러나 현상학만이 순수 의식의 학으로 지칭되어 온 것은 아니다. 서양에서는 고대로부터 철학, 특히 합리주의 철학은 순수 의식의 학으로 지칭되어 왔다. 그러나 현상학적으로 보면, 비현상학적 철학들에서 탐구된 의식은 순수하지 않다. 그러니까 지금까지 순수 의식의 학으로 지칭된 철학이라고 해서 다 현상학인 것은 아니다. 현상학적 순수 의식과 비현상학적 순수 의식은 구별되어야 한다. 전자는 사상 자체에 합당한 의식이고, 후자는 사상 자체에 합당하지 않은 의식이다. 사상 자체에 합당한 의식은 자연적 태도의 의식이 완전히 배제된 의식, 따라서 자연적 태도의 의식을 완전히 초월한 의식이고, 사상 자체에 합당하지 않은 의식은 아직 자연적 태도의 의식이 완전히 배제되지 않은, 따라서 자연적 태도의 의식을 완전히 초월하지 못한 의식이다. 따라서 순수 의식의 학으로 지칭되어 온 서양의 대개의 철학들이 현상학적으로 볼 때 아직 순수 의식의 학이 아니라고 함은, 그것들이 과학과 마찬가지로 여전히 자연적 태도를 완전히 초월하지 못하고 그것에 머물고 있기 때문이다.

대개의 서양 철학들이 과학과 완전히 구별되는 순수 철학적 탐구 대상으로서 순수 의식을 설정하였음에도 불구하고 과학처럼 순수 의식이 은폐되는 자연적 태도를 완전히 초월하지 못한 까닭은, 앞서 언급되었듯이, 과학과 완전히 구별되는 순수 철학적 방법을 갖지 못하였기 때문이다. 학의 탐구 대상과 그 방법은 불가분적 상관자, 즉 동일 사상의 양면이라는 우리의 논의에 비추어보면, 학이 제아무리 그 학에 합당한 탐구 대상을 설정하였다고 해도 학의 방법이 그것을 탐구하는 데 합당하지 않으면, 학이 원래 탐구하고자 한 대상은 은폐되거나 조작될 수밖에 없다.

이제 철학적 방법은 순수 의식이 은폐된 자연적 태도에서 그것을 초월하여 순수 의식이 탈은폐되는 태도, 즉 초월론적 태도에로 귀환하는 방법임은 쉽게 짐작될 수 있다. 이 같은 철학적 방법이 플라톤과 후설에서 형상의 직관이다. 우리가 플라톤 철학을 현상학적이라고 말한 것도, 그의 철학 방법, 즉 변증법이, 비록 후설에서 볼 때 그 철저성이 다소 결여되어 있지만, 바로 저 귀환의 방법이기 때문이다. 물론 후설 철학이 현상학인 것도, 그가 플라톤이래 방치된 저 귀환의 방법, 물론 플라톤의 것보다 학적으로 더 철저하고 심화된 형태의 방법, 즉 현상학적 판단중지(환원)를 창시한 데 있다. 혹자는 후설의 현상학적 판단중지가 외부 세계에 대한 무관심으로 구성된다는 점에서 외부 세계에 대한 철저한 의심으로 구성되는 데카르트의 방법적 회의가 플라톤의 변증법보다는 더 현상학적이며, 후설에 더 가깝다고 할 것이다. 그러나 앞서 언급했듯이 그것은 그렇지 않은데, 그 점은 이 책의 결론에서 밝혀질 것이다.

후설의 철학함에 다름 아닌 그의 현상학함은 그가 창시한 방법을 통해서 기존의 철학 방법들을 비판하는 식으로 진행되었다. 물론 학의 탐구 대상과 그 방법이 동일 사상의 양면이므로, 그의 철학함에는 기존 철학이 탐구한 대상, 즉 의식에 대한 비판도 함께 함축되어 있다.

이제 학은 이념을 축으로 그 탐구 대상과 그 방법이 통일되어 있는 것으로 밝혀졌거니와, 엄밀한 학을 이념으로 하는 현상학도 예외일 수 없다. 따라서 현상학에는 이중적인 것이 함축되어 있다. 그 하나는 심리(의식)이고, 다른 하나는 심리 탐구의 방법이다. 따라서 심리라는 점에 주목하면 현상학은 심리학이고, 탐구의 방법에 주목하면 현상학은 철학적 방법학이다. 그리고 방법학으로서의 현상학의 학적 표현은 '현상학적'으로 표현된다. 이렇게 볼 때 우선 심리학의 형태로 구체화된 현상학은 이제 '현상학적 심리학'으로 더 구체화된다. 이 더 구체화된 현상학, 즉 현상학적 심리학은 형식적 의미의 현상학이 탈형식화되어 구체적인 방법과 내용을 가진 학이다. 따라서 우리가 현상학이 심리학의 형태를 취한다고 했을 때, 현상학은 모든 형태의 심리학을 다 지칭하지 않고 현상학적 심리학만을 지칭한다. 현상학적 심리학은 나중에 보게 되겠지만 철학과 심리학(실증학)이라는 이중성을 지닌다.

후설의 현상학적에 함축된 구체적인 방법, 즉 현상학적 판단중지는 기존 서양 철학들의 한계나 모순을 극복하려는 새로운 철학적 방법이다. 따라서 후설의 현상학, 즉 현상학적 심리학은 새로운 철학적 방법으로 심리를 탐구하는 철학적 심리학이다. 이렇게 볼 때, 심리 탐구가 철학적으로 이루어짐을 알 수 있다. 물론 심리 탐구는 과학적으로도 이루어질 수 있다. 그러나 우리가 보기에 심리의 근원적 탐구, 즉 심리의 본질에 대한 탐구는 철학적으로 가능하지 과학적으로 가능하지 않다. 심리 탐구의 일차적 방법은 철학적 방법이지 과학적 방법이 아니다. 과학적 방법은 심리 탐구의 이차적 방법이다. 물론 철학적 방법이 심리 탐구의 일차적 방법인 것은 우연적·인위적인 것이 아니라 본질적·자연적인 것이다. 도대체 그 까닭은 무엇인가? 그것을 밝히자면 심리학과 철학의 관계에 대한 상세한 고찰이 요구된다. 그래서 이 장의 논의는 심리학과 철학의 관계를 밝히는 것으로 구성된다.

우리가 여기서 논의하고자 하는 철학과 심리학의 관계는, 철학에 대해서 심리학이 갖는 위상이다. 이 논의는 3단계로 구성된다. 철학과 심리학의 사실적 기저 연관의 관계가 그 첫째이다. 이 관계를 밝히는 중에 철학의 개념이 규정됨과 함께 철학에 합당한 기초학이 밝혀질 것이다. 그 다음 논의는 서양 철학의 역사에서 철학과 심리학의 관계, 즉 철학에 대해서 심리학이 누려온 위상으로 구성된다. 이 논의는 칸트를 중심으로 다루어질 것이다. 마지막 논의는 철학에 대한 심리학의 합당한 위상 회복으로 구성된다. 이 논의는 철학이 진정한 철학일 수 있도록 심리학이 그 본연의 위상에로 되돌아가야 할 당위를 밝히는 것이다. 물론 심리학의 그러한 당위는 논리적 요청에 따른 것이 아니라 심리학과 철학의 사실적 기저 연관에 기초한 것이다. 우리의 이 논의가 끝나면 어떤 의미에서 플라톤 철학에 현상학적 철저성이 결여되었는지가 부분적으로 밝혀질 것이며, 그와 함께 플라톤이래 서양 철학들이 점차 휴머니즘의 본래적 의미 상실의 길을 걷게 된 까닭도 부분적으로 밝혀질 것이다.

2. 기저 연관에서 본 철학과 심리학의 관계

1) 심리의 이중성과 인간의 인간성

(1) 심리의 철학에의 관련성

우선 우리는 심리의 탐구가 철학 혹은 철학적 탐구에 불가분적인 까닭을 철학의 관점에서 해명하고자 한다. 물론 우리가 서려는 철학의 관점은 과학과 대립된다. 일반적으로 우리는 철학을 형이상학(metaphysica)으로, 과학을 형이하학으로 지칭한다. 물론 계속되는 논의에서 밝혀지겠지만, 과학도 무조건 형이하학인 것이 아니라 곰곰이 살펴보면 과학 그 자체는 형이상학이지만, 우선 우리는 일반의 상식에 따라 그러한 이분법적 도식에서 출발한다. 이 같은 도식에서 출발할 경우, 심리 탐구의 일차적 방법이 왜 철학적인가를 해명하는 우리의 방식은 형이상학을 잠정적으로 정의함으로써 이루어지는 셈이다. 그리고 우리는 비록 우리가 해명하고자 하는 형이상학의 정의가 잠정적이긴 하지만, 그것을 아무런 편견 없이 정의하기 위해 오직 형이상학 자체로부터 출발하는 방식, 즉 현상학적 방식을 취할 것이다. 형이상학의 현상학적 정의 방식은 형이상학을 구성하고 있는 글자의 의미를 밝히는 것이다.

형이상학은 metaphysica라는 글자 그대로 자연(physis)을 초월 혹은 넘어섬(meta)에 관한 학이다. 이때의 초월은 이중적 의미, 즉 동사적 의미와 명사적 의미를 갖는다. 동사적인 초월은 스스로 자연을 초월함을 의미한다. 이런 초월의 능력을 가진 것은 인간이다. 그 다음 명사적 의미의 초월은 자연을 초월한 것, 즉 자연 외적인 것이다. 예를 들면, 신, 플라톤이 말한 이데아, 과학, 문화, 역사, 예술 … 등이다. 그러나 명사적인 초월은 동사적 의미, 즉 자연을 초월할 수 있는 자, 즉 인간에게만 사유된다. 양자는 불가분적이다. 형이상학, 즉 철학은 이 이중적인 초월에 관한 학이다.

명사적인 초월, 즉 자연 초월적인 것은 동사적인 초월, 즉 자연을 초월할 있는 인간에게서 비로소 만나지고 사유될 수 있다. 그러므로 인간도 자연 초월적인 것과 더불어 형이상학적 탐구 대상이다. 이 양자의 탐구는 별개일 수 없다. 말하자면 인간을 통하여 전자가 탐구되고, 전자를 통하여 인간이 탐구된다. 물론 이 같은 형이상학적 탐구는 인간이 자연을 초월하는 데서 성립된다. 인간이 자연을 초월할 수 없다면, 형이상학은 물론 그 어떤 학도 성립될 수 없다. 이 세상에서 가장 경이로운 것, 즉 경이로운 것 중의 경이로운 것은 바로 인간이 자연을 초월한다는 것이다. 이런 의미에서 인간은 형이상학적 탐구의 근본적 주제이다. 그렇다면 일반적으로 명사적인 초월(초감성적인 것)이 형이상학적 존재로 알려져 있지만, 보다 더 근원적인 의미의 형이상학적 존재는 인간이다. 물론 인간이 형이상학적 탐구의 근본 주제라고 해서 인간의 모든 것이 형이상학적 탐구의 대상인 것은 아니다. 인간의 특성 중에서도 바로 인간의 근본적인 특성, 즉 자연을 초월하는 특성이 형이상학적 탐구의 대상이다. 인간의 위대함, 인간의 경이로움, 인간이 인간인 것은 인간이 자연을 초월하는 데 있다.

그러면 인간이 자연을 초월한다는 것은 도대체 무엇을 의미하는가? 그것은 인간이 자연을 완전히 이탈하여 자연과 무관함을 의미하는 것이 아니다. 오히려 그것은 인간이 자연에 관계함을 의미한다. 따라서 인간이 자연을 초월한다는 것은 자연에 초월적으로 관계함을 의미한다. 그리고 인간은 자연에 초월적으로 관계하는 한에서 자연을 만난다. 따라서 인간이 자연을 초월한다는 것은, 인간이 자연에 관계하는 방식, 즉 자연을 만나는 방식을 의미한다. 물론 인간이 자연에 초월적으로 관계하는 데에는 언제나 명사적인 초월이 함축되어 있다. 그렇다면 이중적 초월에 관한 학인 형이상학은 인간이 자연에 관계하는 방식에 관한 학으로도 정의될 수 있다.

그러나 인간만이 자연에 관계하는 것은 아니다. 인간 외적 존재, 예를 들면 동물도 자연에 관계한다. 그러나 서론에서 본 바와 같이 인간이 자연에 관계하는 방식과 동물이 자연에 관계하는 방식은 다르다.

자연도 여러 가지 의미를 지닐 수도 있겠지만 일단 우리가 여기서 말하는 자연은 순수 물리적 자연이다. 이러한 자연은 물리적 연관으로 구성되어 있다. 자연의 물리적 연관의 통일성을 규정하는 것은 물리 인과법칙이다. 따라서 자연은 물리 인과법칙을 통해서 통일성을 형성하고 있다. 그렇다면 인간이 자연에 초월적으로 관계한다고 함은, 인간에게는 물리적인 연관 외적인 것이 있으며, 그래서 인간에게는 물리 인과법칙에 의해 설명될 수 없는 특성이 있음을 의미한다. 인간의 그러한 특성을 우리는 서론에서 지향적(초월적) 특성으로 규정하였다. 또한 우리는 서론에서 동물이 자연에 관계하는 방식을 물리적으로 규정하였다.

물리적 연관성으로 구성되는 자연에 동물이 물리적으로 관계한다고 함은, 동물이 물리 인과법칙을 통해서 자연과 일체를 이루고 있음을 의미한다. 그 결과 동물은 자신을 자연으로부터 분리시킬 수 없으며, 오직 자연에 속해 있을 수밖에 없다. 이러한 방식으로 자연에 관계하는 존재는 자연을 인식할 수 없다. 왜냐하면 자연을 인식하자면 자연을 인식하는 자가 자연을 대상(객관)화해야 하며, 그러자면 그 자신 자연에서 이탈하여야 하며, 이 자연에로부터의 이탈 방식이 바로 자연을 초월하는 방식으로 자연에 관계하는 것이기 때문이다. 동물들은 이런 방식으로 자연에 관계할 수 없으므로 자연과의 관계에서 자연 초월적인 것, 가령 사상, 문화, 역사, 학문(과학), 예술과 같은 형이상학적인 것을 산출할 수 없다.

적어도 인간은 자연에 초월적으로 관계하는 한 자연과 분리되는 존재 방식을 취하며, 그런 한에서 인간은 자연을 인식하고, 자연과의 관계에서 자연 초월적인 것들을 산출할 수 있다. 우리는 인간이 이렇게 자연에 초월적으로 관계하는 방식에 관한 학을 방금 철학, 즉 형이상학으로 규정하였다. 그런데 인간의 자연에의 초월적 관계 방식은 사유로 구성된다. 이에 철학은 또한 사유의 학이기도 하다.

사유에는 사유함(thinking, 혹은 자아)과 사유함의 사유된 것들, 즉 사상들(thoughts)이 속한다. 여기서 사유함은 인간의 자연에의 초월적 관계함이고, 사상은 인간의 자연에의 초월적 관계함에 의해서 행해진 언어적 표현이다. 철학을 구성하는 이 사유는 심리의 영역에 속한다. 바로 여기에 심리의 철학에의 관련이 있다.

인간은 신체를 가진다. 그런 이상, 인간은 자연에 속하며, 그래서 다른 동물과 마찬가지로 자연과 물리적 관계를 맺으면서 자연의 인과법칙에 지배되기도 한다. 그러나 인간의 자연에 속해 있는 방식은 초월적이다. 인간은 자연에 초월적으로 속해 있는 점에서 인간의 심리는 이중성을 지닌다. 즉 인간이 자연에 속해 있다는 점에서 인간의 심리는 자연에 속하는 내재성을 지닌다. 또한 인간이 자연에 속해 있는 방식이 초월적이라는 점에서 인간의 심리는 자연을 초월하는 초월성을 갖기도 한다.

물론 자연에는 인간만이 아니라 인간외적 생명체도 심리를 갖고 있다. 그러나 자연에 속하면서 자연을 초월할 수 있는 이중적 심리를 가진 존재는 인간뿐이다. 그래서 인간 심리는 자연 초월적 관점과 자연 내적 관점에서 탐구될 수 있다. 전자의 관점에서 심리를 탐구하는 것이 철학 혹은 초월론적 심리학이고, 후자의 관점에서 심리를 탐구하는 것이 과학, 즉 실증 심리학이다. 물론 철학은 자연 초월론적 심리, 즉 순수 심리를 탐구하고, 실증 심리학은 자연 내적 심리, 즉 경험 심리를 탐구한다. 순수 심리는 물리 인과적 자연을 초월하므로 물리 인과법칙에 지배되지 않으며, 반면 경험 심리는 물리 인과적 자연에 내재하므로 물리 인과법칙에 지배된다. 물론 심리에 대한 실증 심리학적 탐구도 심리 자신이 자연을 초월하는 초월성을 지닌 한에서 가능하다. 그러므로 실증 심리학도 철학에 근거한다. 그런 한, 심리 탐구의 근원적 방법은 철학적일 수밖에 없다. 우리는 여기서 심리 탐구의 일차적 방법이 철학적일 수밖에 없는 까닭을 다시 볼 수 있다.

(2) 심리의 철학에의 관련성에서 규정된 철학의 개념

심리의 철학에의 관련을 논의하는 과정에서 철학이 여러 가지로 표현되었다. 우선 철학은 이중적 의미를 지닌 자연 초월적인 것에 관한 학으로 표현되었다. 그 다음 철학은 인간이 자연에 관계하는 방식에 관한 학으로 표현되었다. 마지막으로 철학은 초월론적 심리에 관한 학으로 표현되었다. 철학에 대한 이러한 표현들은 서로 연관되어 있다. 그래서 각 표현에는 여타의 표현들이 함축되어 있다. 따라서 철학은 여러 가지로 표현되었지만 그 표현들은 다른 의미를 갖는 것이 아니라 동일한 의미를 갖는다. 그런데 철학에 대한 이들 표현들 중에서 여타의 표현들을 가장 잘 함축하고 있는 표현은 마지막 표현, 즉 철학이 초월론적 심리학이라는 것이다. 이 표현에는 위에서 표현되지 않은 철학에 대한 다른 표현도 함축되어 있다. 그러면 그것에 함축되어 있지만 아직 표현되지 않고 있는 것은 무엇인가? 또한 어떤 의미에서 그 마지막 표현은 여타의 표현들을 가장 잘 함축하고 있는가?

먼저 후자의 물음에 대해서 답해 보기로 한다. 그것에 답하는 것은 위의 논의를 간단히 요약하는 것이기도 하다. 우선 그 물음에 답하기 위해 심리는 사유함과 사유함에 의해 사유된 것, 즉 사상으로 나누어진다는 점을 상기하자. 물론 초월론적 심리에는 초월적 사유함과 초월적으로 사유된 것이 속한다. 초월적 사유함과 초월적으로 사유된 것이 위에서 언급된 이중성을 지닌 자연 초월적인 것이다. 따라서 초월론적 심리학으로 표현된 철학은 자연 초월적인 것에 관한 학으로 표현될 수 있다. 그 다음 인간이 자연에 관계하는 방식은 사상의 형태로 표현되거니와, 이 사상이 다름 아닌 초월적 사유함에 의해 사유된 것이다. 따라서 초월론적 심리학으로 지칭되는 철학은 또한 인간의 자연에 관계하는 방식에 관한 학으로 표현될 수 있다.

위의 표현 외에도 철학은 주체성, 진리, 인간의 본질에 관한 학으로 표현되는데, 이러한 표현들도 모두 초월론적 심리학으로 지칭되는 철학에 함축되어 있다. 우선 철학이 주체성의 학이라고 할 때, 주체, 특히 서양 철학에서 주체는 주로 자연 인식의 주체이다. 그리고 자연 인식의 주체는 자연에 초월적으로 관계하는 것, 즉 초월론적 심리이며, 이 심리에 대한 철학적 표현이 이성이다. 따라서 주체성에 대한 철학적 탐구는 이성에 대한 철학적 탐구이며, 이성에 대한 철학적 탐구는 동시에 자연에 대한 초월론적 탐구이다. 자연에 대한 초월론적 탐구는 자연에 대한 실증학적 탐구와 구별되어야 한다. 후자는 실증학의 과제이다. 자연에 대한 초월론적 탐구는 자연에 대한 실증적 탐구가 성립하기 위한 조건에 대한 탐구이다. 자연이 실증적으로 탐구되자면 우선 자연이 객관화(대상화)되어야 하는데, 바로 이 객관화를 가능하도록 하는 것에 대한 탐구가 자연에 대한 초월론적 탐구이다. 그리고 자연의 객관화를 가능하게 하는 것이 자연을 초월하는 심리, 즉 이성, 바꾸어 말하면 주체이다. 그러므로 주체(이성)의 학으로 표현되는 철학은 동시에 자연을 초월론적으로 탐구하는 학이다. 이렇게 표현되는 철학이 초월론적 심리학에 함축되어 있는 것이다.

철학이 진리의 학이라고 할 때, 철학이 다루는 진리는 지식으로 표현되는 실증학적 진리가 아니라 지혜로 표현되는 초월론적 진리, 즉 형이상학적 진리이다. 실증학적 진리는 언급된 바와 같이 검증 가능한 진리인 바, 이 진리는 다시 언어의 논리적 형식에 의해서 선험적으로 검증되는 선험 실증학적 진리와 감각 경험에 의해서 검증되는 경험 실증학적 진리로 나누어진다. 그러나 철학적 진리, 즉 형이상학적 진리는 언어의 논리적 형식에 의해서도 감각 경험에 의해서도 검증되지 않는다. 이러한 철학적 진리는 인간이 자연에 초월적으로 관계하는 방식이다. 물론 이 철학적 진리는 초월론적 심리에 의해 사유된 것이다. 그러므로 초월론적 심리를 떠나서는 초월론적 진리는 성립될 수 없다. 초월론적 진리는 초월론적 심리에 내재한다, 정확히 말하면, 초월론적 진리는 초월론적 심리에 의해서 사유된 것, 그런 의미에서 초월론적 심리의 진리이다. 그런 한, 초월론적 진리는 초월론적 심리를 보여준다. 즉 실증학적 진리가 실증적 자연을 보여주는 거울이듯이, 초월론적 진리는 초월론적 심리를 보여주는 거울이다. 초월론적 진리는 초월론적 심리에 의해서 사유된 것이고, 초월론적 심리는 다른 것이 아닌 바로 그 자신에 의해 사유된 것, 즉 초월론적 진리를 통해서 드러나는 이상, 양자는 불가분적 상관자이다. 이에 진리(지혜)의 학으로 표현되는 철학은 초월론적 심리학이기도 하다.

우리는 서론에서 진리 자체와 인간은 지향적 공속 관계에 있다고 말한 바 있거니와, 이제 이 표현은 초월론적 진리와 초월론적 심리에도 적용될 수 있겠다. 그렇다면 초월론적 심리학은 이제 이 양자의 지향적 공속을 탐구하는 학이기도 하다

인간은 자연을 초월하는 한에서, 즉 초월론적 진리를 갖는 한에서 자연 또는 자연 사물들을 실증적으로 만난다. 따라서 초월론적 진리는 자연을 실

증적으로 만나는 방식이기도 하다. 또한 인간이 자연을 실증적으로 만나는 한에서 인간은 자연이나 자연 사물들에 대한 실증학적 진리를 추구할 수 있다. 따라서 철학적 진리는 실증학적 진리에 선행하며, 실증학적 진리에는 철학적 진리가 전제되어 있다. 철학적 진리와 실증학적 진리의 관계가 이러하므로, 실증학적 진리의 성격은 철학적 진리에 의해서 규정된다. 예를 들면, 동양과 서양의 의학적 진리의 성격은 다르다. 그 까닭은 그 의학적 진리들을 규정하는 동양과 서양의 초월론적 진리가 서로 다르기 때문이다. 동양의 철학적 진리는 도(道)이며, 서양의 그것은 대개 형식 논리적 합리성으로 구성된다. 동양인의 철학적 사유가 도(道) 사유 특성을, 서양인의 철학적 사유가 형식 논리학적 · 수학적 사유의 특성을 띠는 까닭이 바로 여기에 있다.

그러나 철학적 진리는 실증학적 진리의 성격만을 규정할 뿐만 아니라 인간이 자연을 토대로 형성한 모든 형이상학적인 것, 다시 말하면 인간이 자연에 초월적으로 관계하여 형성한 모든 자연 초월적인 것들, 즉 학문, 사상, 문화, 역사, 예술의 성격도 규정한다. 또한 인간이 자연에 초월적으로 관계하는 방식, 즉 철학적 진리 여하에 따라서 인간 이해, 자연 이해도 다르게 규정된다. 우리는 방금 동서양의 철학적 진리는 다르다고 했는데, 그것이 다름으로 해서 동서양의 자연 이해, 인간 이해, 학문, 사상, 문화, 역사도 서로 다를 수밖에 없다. 초월론적 진리는 방금 언급된 것들을 에워싸는 한계이다. 따라서 그것들의 근본적인 이해는 초월론적 진리의 이해를 통해서 가능하다. 그리고 위에서 지적했듯이, 그런 초월론적 진리와 불가분적 상관자가 초월론적 심리이므로, 초월론적 진리는 초월론적 심리를, 초월론적 심리는 초월론적 진리를 통해서 서로 이해된다. 초월론적 심리와 그 진리는 인간이 자신과 세계를 보는 눈이다. 따라서 초월론적 심리와 그 진리는 인간의 인간됨의 한계이자 인간의 본질을 규정한다. 따라서 인간의 본질 사유의 학으로 표현되는 철학은 초월론적 심리학이다. 우리는 심리가 내재성/초월성이라는 이중성을 지닌다고 하였거니와, 실은 심리의 본질도 그것의 내재성에 있지 않고 초월성에 있다.

이제 우리는 여기서 독자들의 혼란을 가져올 수도 있는 우리들에 의해서 사용된 표현의 의미를 분명히 할 때가 되었다. 그럼으로써 우리는 독자들이 혼란에 빠지는 것을 방지하고자 한다. 그 표현은 과학에 대한 상반되는 표현인데, 이는 우리가 과학을 한편으로는 형이하학으로, 다른 한편으로는 형이상학으로 규정한 데서 나타났다.

우선 X가 형이상학인지 형이하학인지는 X가 관계하는 대상에 의해서 규정된다. 만약 X가 형이상학적인 것에 관계하면 그것은 형이상학이고, 형이하학적인 것에 관계하면 그것은 형이하학이다. 우리는 형이상학적인 것을 실증적(물질적) 자연을 초월한 것이라고 규정한 바 있다. 그렇다면 형이하학적인 것은 실증적 자연이다. 과학의 대상은 바로 실증적 자연이다. 이에 과학은 그것이 관계하는 대상적 성격으로 보면 분명 형이하학이다. 이런 관점에서 우리는 과학을 형이하학으로 표현한 것이다. 그에 반해 철학은 실증적 자연을 초월한 것에 관계하므로 형이상학으로 표현하였다.

그 다음 X가 형이상학인지 형이하학인지는 X가 대상에 관계하는 방식과 X가 그것에 관계하여 형성한 형성체에 의해서 결정된다. 만약 X가 어떤 대상에 자연 초월적으로 관계하고, X가 그것에 관계하여 형성한 형성체가 자연 초월적인 것이면 X는 형이상학이다. 이런 관점에서 보면 과학은 분명 형이상학이다. 왜냐하면 과학은 분명 과학자가 자연을 초월하는 한에서 자연을 객관적으로 인식하며, 과학자가 자연에 관계하여 형성한 것, 즉 자연에 대한 진리, 즉 실증학적 진리도 분명 자연 초월적인 것이기 때문이다 초월론적 심리와 그 진리는 물론 과학, 문화, 역사, 예술도 자연 초월적인 것임에는 분명하다. 즉 그것들은 자연 산물이 아니며 자연 안에는 없다. 그것들은 분명히 인간이 자연을 토대로 형성한 자연 외적인 것, 즉 자연 초월적인 것이다. 따라서 그것들은 형이상학의 형식적인 의미를 충족시킨다. 이에 그것들은 철학과 마찬가지로 형이상학이다. 물론 철학이 형이상학이라고 할 때와 과학이 형이상학이라고 할 때의 의미는 다르다. 그 차이는 앞서 언급된 바와 같이 철학은 형이상학적 대상 자체를 탐구하는 데 반해, 과학은 그것 자체를 탐구하지 않은 데서 유래한다. 즉 과학은 과학자로 하여금 그가 탐구하는 자연을 만날 수 있도록 해주는 자연 초월적인 것, 즉 초월론적 심리와 그 진리를 문제삼거나 탐구하지 않는다. 그것을 탐구하거나 문제삼는 것은 바로 철학이다. 과학은 그러한 자연 초월적인 것을 통해서 드러난 자연에 인간이 실증적으로 관계하여 형성한 자연 초월적인 것들이다. 따라서 과학에는 실증성이 내포되어 있다. 그것이 내포되어 있다는 점에서 과학은 순수 형이상학, 즉 형이상학 자체는 아니다. 우리는 순수 형이상학은 아니지만 그래도 형이상학의 의미를 충족시킨다는 점에서 역시 형이상학이기도 한 것, 물론 그것은 실증성이 내포되어 있다는 점에서는 형이하학이기도 하지만, 그것을 광의의 형이상학으로 지칭한다.

철학은 과학의 탐구 대상인 자연을 자연으로 드러나게 하는 자연 초월적인 것 자체를 탐구한다는 점에서 과학에 선행한다. 이에 철학은 과학 위에 놓인다. 따라서 철학의 입장에서 보면 과학은 철학 아래 놓인 학, 즉 형이하학이다. 인간이 과학을 할 수 있는 것은, 인간이 바로 형이상학적, 즉 철학적이기 때문이다. 따라서 형이상학적인 것이 아닌 것은 형이하학적인 것일 수 없으며, 그 역도 성립한다. 가령 인간은 형이상학적이기 때문에 또한 형이하학적일 수도 있다. 그러나 인간 외적 동물들은 형이상학적일 수도 없기 때문에 형이하학적일 수도 없다.

광의의 형이상학적인 것은 순수 형이상학적 진리를 통해 드러나는 자연에 인간이 관계하는 방식에 따라서 여러 종류로 나누어진다. 예를 들면, 인간의 자연과의 인격적 관계에서 성립되는 인간의 자연 초월적인 삶의 양식이 문화이다. 또한 인간이 자연 초월적인 삶을 누리자면 그 삶의 양식에 합당한 자연 초월적인 매체들이 필요한데, 그것들이 바로 문화 매체들 또는 문화적 대상들이다. 이 문화 매체들은 인간이 자연을 바탕으로 만든 감성적 대상들이다. 그 다음 인간이 형이상학적 진리를 통해서 드러난 자연을 토대로 삶을 영위해 가는 과정이 역사이며, 인간이 순수 형이상학적 진리를 통하여 드러난 자연을 실증적으로 다룰 때 성립되는 것이 과학이다.

2) 학문과 심리와 인간 삶

(1) 학들의 기저 연관과 위계배열

심리의 철학에의 관련성을 논의하는 중에 철학의 학적 형태가 밝혀졌다. 우리는 그것의 학적 형태가 초월론적 심리학임을 보았다. 또한 초월론적 심리학으로서의 철학은 과학과 대립되는 학으로 밝혀졌다. 경험 과학은 세계(자연)의 특정 부분, 예를 들면, 물리, 심리, 생물, 식물, 동물, 역사, 사회, 정치, 경제, …를 실증적으로 탐구한다. 이 특정 부분들이 과학의 탐구 대상이다. 따라서 과학은 탐구 대상을 기준으로 보면 각기 다른 여러 종류의 학, 즉 물리학, 심리학, 생물학, 식물학, 동물학, 역사학, 사회학, 정치학, 경제학, … 등으로 분화된다. 이렇게 과학들은 탐구 대상을 기준으로 보면 그 고유의 탐구 영역을 고수하면서 서로 구별된다. 그러나 과학들은 또한 동일성을 갖기도 하는데, 그 동일성은 과학들의 탐구 방법에 있다. 즉 과학들은 저마다 그 고유의 탐구 대상을 갖고 있지만 그 대상들을 동일한 방법으로 탐구한다는 점에서 동일하다. 모든 과학들이 한결같이 사용하는 방법은 실증적 방법이다. 예를 들면, 사회과학과 자연과학은 탐구 대상을 기준으로 보면 분명 다른 학문의 범주에 속하지만, 두 학문 모두 그것들의 탐구 대상을 실증적으로 탐구한다는 점에서 같은 학문의 범주, 즉 과학에 속한다.

Ⅱ장에서 본 바와 같이, 후설 현상학도 엄밀하게 분류하면, 현상학적 실증학(실증적 현상학)과 현상학적 철학(철학적 현상학)으로 나누어지는데, 현상학적 실증학은 실증적 대상, 가령, 사회, 심리, …를 실증적 방법이 아니라 현상학적 방법으로 탐구하는 학이고, 현상학적 철학은 실증학의 탐구 대상이 아닌 철학의 탐구 대상, 즉 초월론적 심리와 그 진리를 현상학적으로 탐구하는 학이다. 따라서 현상학적 실증학과 현상학적 철학도 탐구 대상을 기준으로 보면 서로 다른 학문의 범주, 즉 하나는 실증학에 다른 하나는 철학에 속하지만, 탐구 방법을 기준으로 보면 모두 하나의 학문, 즉 현상학적 학문에 속한다. 현상학적 실증학은 그 탐구하고자 하는 실증적 영역에 따라서 다시 여러 종류의 학문, 즉 현상학적 심리학, 현상학적 사회학, 현상학적 교육학, … 등으로 분화된다. 이렇게 분화되는 현상학적 실증학은 선험적 현상학으로도 불리며, 현상학적 철학은 초월론적 현상학으로도 불린다. 선험적 현상학으로 불리는 현상학적 실증학들은 선험적 실증학이다. 이 학은 우리가 Ⅱ장에 언급한 바 있는 특정 영역의 존재(본질), 즉 심리의 본질, 사회의 본질, 교육의 본질, …을 탐구하는 영역적 존재론이다. 물론 종래의 선험적 실증학과 현상학적 실증학은 특정 영역의 본질을 탐구한다는 점에서는 동일하지만, 그 본질을 탐구하는 방법에서 서로 다르다. 즉 종래의 선험 실증학은 종래의 철학적 방법으로써, 현상학적 실증학은 새로운 철학적 방법, 즉 현상학적 방법으로써 그것을 탐구한다.

방금 논의된 학문들을 위계적으로 배열하면, 최상위에는 철학이, 그 다음에는 선험 과학이, 최하위에는 경험 과학, 즉 사실학이 위치한다. 이 학문들 중에서 독특한 위상을 차지하는 학문이 선험 과학이다. 그 까닭은 선험 과학은 관점에 따라서 과학에 속하기도 하고 철학에 속하기도 하기 때문이다. 즉 선험 과학은 사회, 물리, …와 같은 실증적 대상을 탐구한다는 점에서는 과학에 속하지만, 사회적 사실, 물리적 사실과 같은 사실이 아니라 사회의 본질, 물리의 본질을 탐구한다는 점에서는 철학에 속한다. 사실은 경험 과학의 탐구 대상이고 본질은 철학의 탐구 대상이기 때문이다. 선험 과학에서 선험이 철학적 측면이라면, 실증은 과학적 측면이라고 할 수 있다. 그러나 철학과 경험 과학은 완전히 대립되는데, 철학은 탐구 대상도 철학적인 것이요 탐구 방법도 철학적인 것이며, 경험 과학은 탐구 대상도 실증적이요 탐구 방법도 실증적이다.

Ⅲ장에서 본 바와 같이, 경험 과학은 선험 과학을 전제로 한다. 그러나 우리는 거기서 모든 선험 과학을 다룬 것은 아니다. Ⅱ장에서 본 바와 같이, 선험 과학에는 형식적 존재론과 영역적 존재론이 있거니와, 영역적 존재론이 특정 현상들의 질료적 형식, 즉 본질을 다룬다면, 형식적 존재론은 특정 대상(영역)의 본질이 아니라 특정 대상이 지닌 질료적 형식이 완전히 배제된 대상성 일반의 공허한 형식만을 다룬다. 우리는 Ⅲ장에서 영역적 존재론에 대해서는 거의 언급하지 않고 형식적 존재론에 대해서 언급하였다. 그러나 형식적 존재론에도 보편 수학과 형식 논리학이 속하는데, 우리는 수학에 대해서만 언급하였다. 거기서 우리는 수학이 경험 과학의 방법론적 전제임을 언급하였다. 그러나 경험 과학이 성립하자면 수학과 같은 형식적 존재론뿐만 아니라 영역적 존재론도 요구된다. 말하자면 영역적 존재론도 경험 과학의 전제이다. 즉 영역적 존재론이 특정 영역의 질료적 본질을 탐구하는 학이라면, 특정 영역의 질료적 사실들을 탐구하는 경험 과학들에는 그 특정 영역의 본질을 다루는 영역적 존재론들, 즉 선험 과학들이 평행하고, 전자는 후자를 전제로 한다. 예를 들면, 물리학에는 물리의 본질을 다루는 선험적 물리학이, 심리학에는 심리의 본질을 다루는 선험 심리학이, 사회학에는 사회의 본질을 다루는 선험적 사회학이 평행하고, 물리학은 선험 물리학을, 심리학은 선험 심리학을, 사회학은 선험 사회학을 전제로 한다. 그러면 어떤 의미에서 경험 과학이 형식적 존재론뿐만 아니라 영역적 존재론을 전제로

하는가? 이제 이 점을 살펴보자.

주지하듯이, 경험 과학은 특정 영역의 사실들을 탐구한다. 이 사실들은 3차원적 시간 공간 안에 현상한다. 인간은 감각 경험을 통해서 그 속에 현상하는 사실을 만난다. 이런 의미에서 3차원적 시간 공간은 인간의 감각 경험의 세계 또는 현상의 세계로 불린다. 3차원적 시간 공간을 초월한 것은 적어도 인간의 감각에는 현상하지 않는다. 경험 과학의 탐구 영역은 바로 인간의 감각세계, 즉 3차원적 시간과 공간에 현상하는 것에로 한정된다. 그러므로 인간의 감각 세계를 초월한 것은 경험 과학의 탐구 대상일 수 없다. 가령 신, 플라톤의 이데아, 초월론적 심리와 같은 것은 감각 경험에 나타나는 현상들이 아니기 때문에 경험 과학의 탐구 대상일 수 없다. 감각계의 특정 부분에 대한 과학적 탐구가 가능한 것은, 그 특정 부분의 사실들이 경험 과학자에게 현상하기 때문이다. 만약 그것이 그에게 현상하지 않으면, 그가 제아무리 뛰어나다고 할지라도, 그는 그것에 대한 실증적 탐구를 수행할 수 없으며, 따라서 경험 과학은 성립될 수 없다.

그러나 특정 부분의 사실들이 경험 과학자에게 현상하는 것만으로 실증학적 탐구가 수행될 수 있는 것은 아니다. 그것은 실증학적 탐구가 수행되기 위한 하나의 조건일 뿐이다. 그것이 수행되기 위해서는 우선 경험 과학자에게 주어지는 현상들을 그가 무엇으로서 인식해야 한다. 예를 들면, 어떤 현상들이 물리 현상으로서, 또 어떤 현상들은 사회 현상으로서 인식될 때에서야 비로소 물리에 대한 실증학적 탐구와 사회에 대한 실증학적 탐구가 가능하다. 이렇게 해당 영역의 현상들을 해당 경험 과학의 인식 대상화하는 그 무엇이 바로 해당 영역의 본질이다. 이 본질은 논리학적으로는 개념으로 표현된다. 따라서 현상들을 무엇으로 인식하여 그것들을 인식 대상화하는 인식이 현상들의 개념적 인식이다. 물론 해당 현상들에 대한 경험 과학적 탐구는 경험 과학자가 현상들을 관찰하고 실험함으로써 수행될 수 있지만, 현상들에 대한 관찰과 실험이 가능한 것은 그가 현상들을 개념적으로 인식하기 때문이다. 말하자면 그는 현상들을 개념적으로 인식하는 한에서 그것들을 관찰하고 실험할 수 있다.

이제 현상들에 대한 개념적 인식은 하나의 통일된 인식이지만 이중 구조를 지닌다. 즉 현상들과 이 현상들을 인식 대상화하는 개념, 즉 본질로 구성된다. 따라서 사물(현상, 사실)의 개념적 인식에는 현상계와 본질계가 관련되어 있다. 현상들은 3차원적 시간 공간 안에 나타나는 것들이다. 시간 공간이 개별화의 원리임을 감안하면, 현상들은 개체성을 지닌다. 그러나 본질은 3차원적 시간 공간 안에 나타나지 않고 그것을 초월한다. 그래서 그것은 특정한 시간 공간 점에 매이지 않는다. 이에 그것은 개체성을 초월한 보편성을 지닌다. 따라서 현상들의 개념적 인식은 보편자에 의한 개별자의 인식이다. 그러므로 경험 과학적 인식은 개별자들에 대한 보편적 인식으로 특징지어진다.

우리는 현상들을 후천적으로, 다시 말하면 우리의 신체가 있는 한에서 만난다. 그러나 현상들을 인식 대상화하는 개념(본질)은 현상들 속에 있는 것이 아니다. 그러므로 우리는 현상들을 아무리 뒤져봐도 거기에서 개념을 찾을 수 없다. 또한 개념은 우리가 현상들을 만나는 감각 신체의 어디에도 없다. 그러므로 우리의 신체를 해부하여 아무리 분석해도 거기에는 개념이 없다. 이것은 개념이 감각 경험적인 것이 아님을 의미한다. 그것은 감각 경험적인 것에 선행한다. 그런 의미에서 그것은 선험적이다. 즉 그것은 감각 현상들의 선험적 형식이다. 해당 영역의 현상들의 선험적 형식인 개념을 탐구하는 학이 경험 과학에 선행하는 학, 즉 영역적 존재론이다. 예를 들면, 물리학이 성립되자면 물리 현상들과 이 현상들을 인식 대상화하는 물리적인 것의 본질이 요구되는데, 이 본질은 물리에 속하는 현상들을 다른 것에 속하는 현상들과 구분해 준다. 이 물리적인 것의 본질, 바꾸어 말하면 물리학적 개념에 관한 학이 선험 물리학, 즉 물리 존재론이다.

이제 경험 과학은 영역적 존재론을 전제하는 것으로 밝혀졌다. 물론 이것은 우리가 경험 과학자, 예를 들면 물리학자가 되려면 사전에 반드시 선험적 물리학자가 되어서 그것에 정통해야만 하는 것도, 그렇다고 그가 선험적 물리학에 전혀 무지해도 된다는 것도 의미하지 않는다. 만약 그가 그것에 전혀 무지하다면 물리학적 탐구를 수행할 수 없다. 그 전제는 물리학자가 되려는 사람은 물리적인 것의 본질에 대한 완전한 인식과 완전한 무지의 중간 상태의 인식, 해석학적 용어로 말하면 물리적인 것의 본질을 선 이해하고 있어야 함을 의미한다. 경험 과학이 선험 과학을 전제한다는 것은 이런 의미에서 이해되어야 한다.

그러나 물리학자와 같은 경험 과학자가 물리적 현상들의 본질에 대한 선

이해 하에서 그 현상들을 관찰하고 그것들에 대한 실험을 수행한다고 해서 현상들에 대한 물리학적 탐구를 수행할 수 있는 것은 아니다. 그 외에도 현상들을 양화하고 양화된 그것들의 관계를 논리적으로 다루어야 한다. 이를 위해 요구되는 학이 바로 우리가 Ⅲ장에서 고찰한 선험 과학이되, 선험 과학 중에서도 수학과 형식 논리학이 거기에 속해 있는 형식 존재론이다. 수학은 실증학적 개념으로 인식된 현상들을 양화하여 그것들의 양적 관계를 다룰 수 있게 해주는 학이다. 그런데 현상들을 양적으로 다루자면 형식이 필요한데, 그것이 바로 개념들과 개념들의 논리적 결합태, 즉 명제와 명제들의 논리적 관계에 관한 학, 즉 형식 논리학이다. 이제 현상들에 대한 경험 과학적 탐구에는 탐구 영역의 질료적 본질을 다루는 영역적 존재론과 형식적 존재론이 요구되는 것으로 밝혀졌다. 사정이 이런 이상, 실증학자가 되려면 비록 수학과 형식 논리학에 정통하지는 않아도 수학적 사유 능력과 형식 논리학적 사유 능력이 요구된다. 이런 능력의 소유자가 아니면 유능한 경험 과학자가 될 수 없다. .

이제까지 논의를 요약하면, 경험 과학은 현상들의 원인을 밝히고자 하거니와, 그 원인을 밝히자면 경험 과학자는 우선 현상들의 질료적 본질을 인식하고, 그렇게 인식된 현상들을 양화하고, 그 다음 양화된 현상들을 관찰 실험하며, 그리고 나서 관찰되고 실험된 현상들의 양적 관계를 명제들의 형식으로 표현하여 명제들의 관계를 논리적으로 다루어야 한다. 명제들로 표현된 현상들의 양적 관계를 논리적으로 다루는 것이 바로 추리이다. 이 추리를 통해서 비로소 경험 과학의 탐구 대상, 즉 현상들의 원인이 밝혀진다. 물론 추리의 과정에는 관찰 명제들뿐만 아니라 관찰되지 않은 명제, 즉 경험 과학자가 임시로 정한 명제, 즉 가설(전제)도 포함된다.

(2) 학들의 위계배열에서 본 철학의 기초학

영역적 존재론은 여러 개가 있지만, 사실 그것은 크게 분류하면 Ⅱ장에서 지적한 바와 같이 두 개의 존재론, 즉 의식(심리, 정신) 현상의 본질을 다루는 의식의 존재론과 자연 현상의 본질을 다루는 자연의 존재론으로 나누어진다.

우리는 학문의 위계적 배열에서 선험적 과학은 철학과 경험 과학의 중간에 위치하며, 그래서 그것은 관점에 따라서 철학에 속하기도 하고 실증학에 속하기도 한다고 말한 바 있다. 이러한 위상으로 해서 선험 과학은 철학과 경험 과학의 기초학이다. 다시 말하면, 철학자가 되고자 하는 자나 실증학자가 되고자 하는 자는 모두 하나의 출발점이 필요한데, 그것이 선험 과학이다. 가령, 어떤 사람이 물리적인 것의 존재(본질) 이해를 바탕으로 물리적인 것을 실증적으로 탐구하면 물리학자이고, 존재 일반의 의미나 초월론적 진리를 탐구하면 철학자이다. 마찬가지로 심적인 것의 존재 이해를 바탕으로 심리를 실증적으로 탐구하면 경험 심리학자가 되고, 존재 일반의 의미나 초월론적 진리를 탐구하면 철학자가 된다. 철학사적으로 볼 때, 선험 물리학에 기초한 철학의 형태가 유물론이고, 선험 심리학에 기초한 철학의 형태가 유심론 또는 관념론이다.

그러면 어떠한 종류의 선험 과학이 철학의 기초학으로 적합한가? 여기서 주의해야 할 점은 철학의 기초학이라고 할 때 기초학이 갖는 기초의 의미이다. 기초는 두 가지 의미, 즉 사상적(事象的) 의미와 도구적 의미를 갖는다. 전자의 기초는 근거, 근원을 의미하고 후자의 기초는 목적으로 하는 것에 도달하기 위하여 먼저 밟아야 하는 단계, 즉 예비 단계를 의미한다. 철학의 기초학이라고 할 때 기초는 후자의 의미, 즉 철학이 추구하는 근원에 도달하기 위하여 미리 밟아야만 하는 예비 단계를 의미한다. 따라서 철학의 기초학이라고 할 때 기초학은 철학의 예비학을 의미한다.

어떤 때는 선험 과학보다는 경험 과학이 철학의 기초인 경우가 있었을 것이다. 그 경우 철학자는 처음에 경험 과학자이었을 것이다. 또는 경험 과학자는 아니었을지라도 경험 과학적 토대에서 철학을 한 철학자도 있을 것이다. 우리는 서양 철학사에서 그런 철학자들을 찾아볼 수 있다. 그러나 우리가 보건대, 철학의 참된 기초학은 위에서 언급된 바와 같이 철학의 기초이면서 동시에 경험 과학의 기초가 되는 학이다. 그런 학문은 선험 과학이다. 그래서 우리는 지금 우리가 위에서 언급한 선험 과학들 중에서 철학의 기초학을 찾고 있다.

그것을 찾자면 우선 도대체 철학이란 무엇인가 하는 철학의 개념 규정이 요구된다. 우리는 서론에서 그것을 규정하였다. 거기서 우리는 철학을 휴머니즘의 사유, 즉 인간의 인간다움에 대한 사유, 풀어서 말하면 인간을 인간으로서 존재하게 하는 진리 자체에 대한 사유(사랑)로 규정하고, 이 글의 서두에서 그러한 학으로서의 철학은 심리학의 형태를 취한다고 규정하였다. 철학의 학적 형태가 그러하다면, 선험 과학들 중에서 철학에 적합한 예비학은 선험 심리학이다. 이제 우리는 선험 심리학이 철학의 기초학임을 철학의 관점에서, 즉 휴머니즘의 사유라는 학의 관점에서 구체적으로 보이고자 한다.

철학이 사유하는 인간의 인간다운 인간성은 우선 인간적 삶의 특성에서 고찰될 수 있다. 존재자는 어떤 관점에 따라서 동일한 것일 수 있다. 예를 들면, 우리는 산다는 관점에서 존재자를 볼 수 있다. 자기의 삶을 사는 존재자는 모두 동일자, 즉 하나의 생명체이다. 즉 인간적 존재자도 인간 외적 존재자도 모두 산다는 점에서는 동일하다. 그러나 단순히 산다고 해서 모든 생명체가 무차별적으로 동일한 것은 아니다. 왜냐하면 모든 생명체가 산다고 할 때의 각기 산다는 의미가, 즉 삶의 특성이 다르기 때문이다. 식물과 동물과 인간이 산다고 할 때 그 삶의 의미는 각기 다르다. 동물적 삶의 특성은 신체의 생리적 기능을 단순히 유지, 존속시킨다고 보아도 무방하다. 따라서 동물적 삶의 특성은 거의 생리적이라고 할 수 있다. 인간의 삶도 생리적 특성을 갖지 않는 것은 아니다. 그러나 일반적으로 인간이 산다고 할 때, 그것은 동물적인 생리적 삶만을 의미하는 것이 아니라 그것 이상을 의미한다. 그것 이상의 것, 즉 그것을 초월하는 것 혹은 그것 이외의 것은 정신적 삶이다. 인간이 이렇게 정신적 삶을 사는 것은 인간이 심(心, 마음, Psyche)을 갖는 데서 유래한다.

그러나 생명체 중에서 인간만이 마음을 갖는 것은 아니다. 동물도 마음을 갖는다. 그런데 마음은 영혼(Seele)과 정신(Geist)의 두 측면을 갖는다. 정신이 자연에 대립되는 개념이라면, 영혼은 신체에 대응되는 개념이다. 자연에 대립되는 정신은 자연 법칙을 인식하고, 자연을 이용하고 지배할 수 있다. 그러므로 정신은 자연에 단순히 종속, 지배되는 것에 불과하지 않다. 다시 말하면 정신은 자연에 단순히 수동적으로만 작용하는 것이 아니라 능동적으로 작용한다. 이러한 정신에서부터 인간의 모든 능동적 활동, 즉 인격적·학문적·예술적·문화적·사회적 활동이 유래한다. 이에 반해 신체와 상관 개념인 영혼은 자연 및 자연의 물체에 단순히 수동적으로 작용한다. 그러므로 외부 환경에 대한 인간의 수동적 신체 행위는 영혼에서 유래한다고 하겠다. 이런 의미에서 정신을 마음의 고차 단계로 볼 수 있고, 영혼은 마음의

하위 단계로 볼 수 있다.

영혼이 신체의 상관 개념이라면 신체를 가진 존재는 모두 영혼을 갖는다. 그러나 신체를 가진 존재라고 해서 모두 정신을 갖는 것은 아니다. 따라서 신체를 가진 인간과 동물은 공히 마음을 가진 존재로서 영혼을 갖지만, 정신은 인간만이 갖는다. 다시 말하면, 인간의 마음은 정신에까지 미치지만 동물의 마음은 정신에까지 미치지 못하고 오직 영혼적 차원에만 머문다고 할 수 있겠다. 영혼과 정신을 가진 심적 존재를 의식이라 부르기도 한다.[1)]

우리는 인간적 삶이 동물적 삶과 구별되는 것은 인간이 단순히 마음을 갖는 데 있는 것이 아니라, 이 마음이 영혼의 차원에만 머물지 않고 정신에까지 미치는 데에 있음을 알 수 있다. 인간적 삶의 특성은 정신에 있다. 따라서 인간의 삶에서 가장 문제가 되는 것은 생리적인 것이 아니라 정신적인 것이다. 그러므로 인간이 산다고 할 때의 삶은 주로 정신적인 삶을 의미한다. 정신적 삶은 역사 속에서 문화를 창조하는 삶이다. 이러한 정신적 삶을 살기에 인간은 동물과 구별되는 고차의 사회 생활을 영위한다. 사회 생활에서 인간은 인생의 영욕(榮辱)을 체험하기도 하고, 신체에 장애를 입어 괴로워하기도 하고, 죽음을 두려워하고, 영생(永生)에의 애착을 갖기도 한다. 이러한 것들은 모두 인간이 정신적 삶을 사는 데서 유래한다. 인간이 인간다운 삶을 추구하는 존재인 것도 인간이 정신적 삶을 사는 데서 유래한다.

주로 정신적 삶으로 이루어지는 인간의 삶과 인간의 인간성은 등근원적이다. 그러므로 인간 삶의 양식이 어떠한가에 따라서 인간성이, 인간성이 어떠한가에 따라서 인간 삶의 양식이 결정된다. 따라서 인간의 삶이 위기에 처하면 인간성도 위기에 처한다. 오늘날 이러한 위기가 인간다운 인간성의 상실로 나타남을 우리는 이미 보았거니와, 그것은 인간이 인간으로서 존재하지 않는 데서 유래한다. 인간은 인간의 본질 안에 서지 못할 때 인간으로서 존재하지 못한다. 따라서 인간이 인간으로서 존재하자면 인간은 인간의 본

1) 이렇게 보면, 정신과 영혼은 비록 다르긴 하지만 모두 심(心), 의식, 주관성을 지니고 있다. 따라서 영혼과 정신은 광의(廣義)로는 공히 심적 존재(의식, 주관성)이다. 이런 의미에서 우리는 영혼, 심, 정신, 의식, 주관성을 넓은 의미에서 같게 본다. 후설 역시 현상학적 심리학을 정초함에 있어서 이들 개념들을 넓게 봐서 동일하게 사용한다.

질 안에 서야 한다. 다른 생명체와 구별되는 인간적 삶의 특성이 정신적 삶에 있는 이상, 인간의 본질은 정신에 있다. 그렇다면 인간이 인간으로서 존재하지 못해서, 즉 인간이 자신의 본질 안에 서지 못해서 인간의 인간다운 인간성을 상실하여 인간의 삶이 위기에 처해 있다고 함은 인간이 정신 밖에 선 존재, 즉 비정신적 존재로 전락했음을 의미하는 것인가? 결코 그것을 의미하는 것은 아니다. 즉 그것은 인간이 비정신적 존재로 전락했음을 의미하지 않고 인간이 여전히 정신 안에 서되, 그 본질이 왜곡, 곡해된 정신 안에 섬을 의미한다. 따라서 인간이 인간으로서 존재하자면 왜곡, 곡해되지 않은 정신의 본질 안에 서야 한다. 왜곡, 곡해되지 않은 정신의 본질이 우리가 이미 고찰한 바 있는 정신의 자연 초월성이다.

선험 심리학은 정신의 본질에 관한 학이되, 아직 정신의 본질, 즉 정신의 자연 초월성을 완전히 탐구하는 단계에까지는 미치지는 못한다. 왜냐하면 그것이 완전히 탐구되자면 자연을 완전히 초월한 지평에 서야 하나, 선험 심리학은 아직 자연을 완전히 초월하지 못하고 여전히 자연의 한 부분에 관한 선험적 탐구이기 때문이다. 자연은 크게 비생명적 자연인 순수 물리와 생명적 자연인 심적인 것으로 나누어지는데, 선험 심리학은 순수 물리에 대립되는 심적인 것에 관한 선험적 탐구, 즉 심적인 것의 본질 탐구이다. 그런 한, 선험 심리학은 비록 선험적이라고 할지라도 선험적 물리학과 함께 여전히 자연에 관한 학, 즉 자연에 속한 학이며, 그래서 그것은 아직 자연 초월적 지평, 즉 철학의 지평에 다다르지 못하고 있다. 그 결과 선험 심리학에서는 심적인 것에 관한 선험적 진리만, 즉 물리적인 것에 대립되는 심적인 것의 본질의 모습만 드러날 뿐, 심적인 것에 관한 초월론적 진리, 즉 물리적인 것과의 대립을 벗어나서 자연을 완전히 초월한 심리의 완전한 자기 모습은 아직 드러나지 않는다. 따라서 선험 심리학에서는 심적인 것에 관한 선험적 진리만 탐구될 뿐 초월론적 진리, 즉 철학적 진리는 아직 탐구될 수 없다. 이것이 의미하는 바는, 선험 심리학은 왜곡 곡해되지 않은 심적인 것의 본질을 전혀 탐구할 수 없는 것이 아니라 그것을 탐구하되, 아직 거기에서는 심적인 것의 본질이 완전히 밝혀지지 않고 있다는 것이다. 정신의 본질을 완전히 드러내는 것, 즉 초월론적 진리를 밝히는 것이 철학임을 감안하면 아직 정신에 관한 초월론적 진리를 밝히지는 못하지만, 그래도 그것에 관한 선험적 진리를 밝히는 선험 심리학이 철학의 기초학임은 당연하다고 하겠다.

우리는 방금 철학과 선험 심리학은 모두 정신의 본질을 탐구하지만 그것들이 어떻게 서로 다른지를 살펴보았고, 후자가 왜 전자의 기초학인지를 밝혔다. 또한 이로써 심리학에는 세 종류의 학이 있음이 밝혀졌다. 그 세 종류의 학은 철학, 선험 심리학, 경험 심리학이다. 철학은 심리를 초월론적으로 탐구하는 학, 즉 심리를 자연 초월적 관점에서 탐구하는 학이고, 경험 심리학은 심리에 관한 실증적 탐구학, 즉 심리를 자연 내적 관점에서 탐구하는 학이며, 선험 심리학은 심리를 선험적으로 탐구하는 학, 즉 자연과 대립되는 심리의 본질을 탐구하는 학이다. 따라서 각 학에 상응하는 진리가 추구되는데, 철학에서는 초월론적 진리가, 선험 심리학에서는 심적인 것에 관한 선험적 진리가, 경험 심리학에서는 심적인 것에 관한 실증학적 진리가 추구된다. 이 중에서 선험 심리학은 경험 심리학의 기초학이자 철학의 기초학이다. 따라서 철학자든 경험 심리학자든 그들의 학적 출발점이 되는 학은 선험 심리학이다.

이제 우리가 해야 할 일은, 과연 서양 철학사에 선험 심리학이 철학의 기초학으로서 지위를 제대로 고수해 왔는지를 고찰하는 것이다. 그것을 고찰하자면 우선 서양 학문의 역사에 등장한 선험 심리학과 심에 관한 이 심리학의 주장을 살펴볼 필요가 있다. 선험 심리학은 칸트의 『순수이성비판』(*Kritik der reinen Vernunft*)의 '초월론적 변증론'의 제 2 편 '순수이성의 변증적 추리'의 제 1 장 '순수이성의 오류추리' 부분에서 논의되고 있다. 칸트의 이 저서에서 서술된 그의 철학적 입장이 초월론적 철학, 혹은 이론 철학으로 불린다. 우리는 먼저 이 저서에 나타난 선험 심리학과 이 학문의 심에 관한 주장을 살펴볼 것이다.

3. 철학사적으로 본 철학과 심리학의 관계

1) 선험 심리학에 대한 칸트의 입장

칸트의 『순수이성비판』에서 선험 심리학은 이성적(합리적) 심리학, 순수 심리학, 초월론적(transzendental) 심리학으로 불린다. 물론 선험 심리학에 대립되는 학은 경험 심리학이다. 심리학은 선험 심리학이든 경험적 심리학이든 모두 심(마음, 영혼)을 탐구 대상으로 한다. 선험 심리학은 글자 그대로 마음에 관한 선험적 탐구이고, 경험 심리학은 마음에 관한 경험적 탐구이다. 마음에 관한 선험적 탐구는 일체의 경험적 내용이 배제된 마음(나), 그런 의미에서 순수 마음에 관한 탐구이며, 그에 반해 마음에 약간의 경험적 내용이 섞인다면, 그 마음에 대한 탐구는 이미 경험적 탐구이다. 순수 마음이란 내감의 대상으로서의 '사유하는 나', 즉 '순수 나'이며, 경험적 마음이란 외감의 대상인 나, 즉 신체적인 나이다. 순수 나는 신체적 나의 본질이다. 따라서 칸트가 말하는 합리적 심리학도 실은 마음의 본질을 탐구하는 학이다.

영혼에 관한 순수 심리학의 전체 내용은 다음과 같이 네 개의 범주들로 진술된다.[2)]

(1) 영혼은 실체이다.
(2) 그 성질상 단순하다.
(3) 영혼은 그것이 현존하는 다른 시간들에서도 수적으로 동일하다. 즉 (다수성이 아니라) 단일성이다.
(4) 공간 내의 가능한 대상들에 관계하고 있다.

순수 영혼론에 관한 모든 개념은 오직 위의 네 항목들에서 또는 그것들의 결합에서 발행한다. 즉 영혼은 그것이 한갓 내감의 대상이라는 데서 비물질성의 개념을 갖고, 단순하다는 데서 불후성의 개념을 가지며, 수적으로 동일하다는 데서 인격성을 가지며, 세 항목들의 결합에서 정신성의 개념을 가지며, 공간 내의 가능한 대상들에 관계한다는 데서 신체와의 상호작용 개념을 갖는다. 이로써 순수 심리학은 사유하는 실체를 물질에서의 생명의 원리로 생각한다. 결국 순수 심리학은 영혼은 물체 실체인 신체에 관계하는 비물질적이며 영속적이고 인격적인 정신 실체라고 주장한다.

고대 그리스에서부터 칸트에까지 거의 대개의 서양 철학은 순수 심리학이

---

2) *Kant, Kritik der reinen Vernunft*, hrsg. v. R. Schmidt, Verlag von Felix Meiner in Hamburg, 1971, B, 402.

주장하는 위의 영혼 개념에 기초해 있었다. 예를 들면, 플라톤 철학은 이데아 인식의 학이라고 해도 과언이 아니거니와, 그것의 인식은 바로 순수 심리학이 주장하는 그런 영혼을 기초로 해서야 비로소 가능하다. 즉 플라톤이 말하는 이데아 인식은 경험적 영혼에서 순수 영혼에로 귀환할 때 가능하다. 플라톤 철학은 그러한 귀환으로 특징지어지며, 그러한 귀환의 방법이 우리가 Ⅲ장에서 고찰한 변증법이다. 우리는 플라톤의 그 유명한 상기설과 동굴의 비유를 알고 있거니와, 이것들도 순수 심리학이 주장하는 영혼론이 그 근저에 깔려 있는 한에서 가능하다. 우리는 소크라테스나 플라톤과 같은 철학자들을 통해서 고대 그리스인들이 순수 심리학이 주장하는 그런 영혼관을 갖고 있었으며, 또한 그들이 그런 영혼관을 참인 것으로 알고 있었음도 잘 알고 있다.

중세에 이르러 서양 철학은 기독교를 정당화하는 이론적 도구로 전락함에 따라 순수 심리학이 주장하는 영혼론은 더욱 강화되었다. 따라서 중세 철학도 고대 철학과 마찬가지로 여전히 순수 심리학에 기초해 있다. 주지하듯이 근대 철학은 대륙의 합리론 철학과 영국의 경험론 철학과 함께 시작한다. 합리론 철학은 말할 것도 없고 심지어 경험론 철학도 여전히 순수 심리학을 기초로 하고 있음을 철학의 역사를 통해서 분명히 알고 있다. 물론 데카르트는 실체를 정신 실체와 물체 실체로 나누고 양자의 무관계함을 주장하였지만, 결국 그는 송과선을 통하여 양자의 상호 관계를 인정하였다. 다만 영국 경험론 철학에서는 흄만이 예외적으로 정신의 실체성을 부정함으로써 순수 심리학을 그의 철학의 기초로 하지 않고 있다. 그러나 그는 그것을 부정함으로써 학적 인식을 부정하게 되었고, 그 결과 부정적인 의미의 회의주의에 빠지게 되었다.

이렇게 보건대, 선험 심리학은 서양 철학이 시작될 무렵에서부터 적어도 칸트 당대에까지는 철학의 기초학으로서의 학적 지위를 확고히 누려온 것처럼 보인다. 그러면 칸트 이후는 어떤가? 이에 대해 논의하려면 칸트가 선험 심리학에 대해 어떠한 학적 견해를 취하는지를 살펴볼 필요가 있다. 왜냐하면 칸트 이후 선험 심리학의 운명은 그가 그것에 대해서 취한 학적 입장과 불가분의 관계가 있기 때문이다.

선험 심리학에 대한 칸트의 견해를 살펴보자면 우선 그의 철학적 입장부터 고찰할 필요가 있다. 『순수이성비판』에서 전개되는 그의 철학은 초월론 철학의 형태를 취하는데, 이 철학의 주요 과제는 학의 가능성의 조건을 밝히는 것이다. 주지하는 바와 같이, 그의 초월론 철학에 의하면, 학문은 그 명제가 학적 명제, 즉 선험적 종합인식(명제, 판단)으로 구성되는 한에서 가능하다. 따라서 학문을 구성하고 있는 인식이 선험적 종합판단이 아니라면 그것은 외형상 학문일 뿐 학문이라고 할 수 없다. 가령 자연에 관한 학이 가능하려면 자연에 관한 선험적 종합판단이 가능해야 한다. 이 경우 자연에 관한 학은 자연에 관한 선험학과 자연에 관한 경험학으로 나누어진다. 전자에는 기하학, 수학이 속하고 후자에는 자연에 관한 여러 경험 과학들이 속한다. 칸트는 기하학의 명제, 수학의 명제, 자연과학의 명제는 모두 선험적 종합명제임을 보임으로써 그것들이 모두 학으로서 가능하다고 주장한다. 그러면 위에서 언급된 선험 심리학의 명제들도 선험적 종합명제이며, 따라서 그것도 학으로서 가능한가? 이 물음에 답하자면 칸트의 초월론 철학, 즉 선험적 종합판단의 가능성의 조건에 관한 이론을 소묘할 필요가 있다.

주지하듯이, 칸트에서 선험적 종합판단은 감성과 지성의 종합으로써 가능하다. 감성과 지성은 각각 선험적 형식을 갖는다. 즉 감성은 시간과 공간을 선험적 형식으로 갖고, 지성은 순수지성개념들, 즉 범주들을 선험적 형식으로 갖는다. 범주는 크게 관계, 질, 양, 양상으로 분류되고, 이것들은 다시 각각 3분되어 관계 범주는 실체성, 인과성, 상호성으로, 질 범주는 실재성, 부정성, 제한성으로, 양 범주는 전체성, 수다성, 단일성으로, 양상 범주는 가능성, 현실성, 필연성으로 나누어져 모두 12개이다. 시간 공간이라는 선험적 형식을 갖는 감성은 질료(감각경험)의 다양을 수용하는 직관의 기능을 가지며, 12개의 범주들을 선험적 형식으로 갖는 지성은 직관의 다양을 자발적으로 종합, 통일, 판단하는 작용을 한다. 선험적 종합판단은 지성이 감성에 의해 수용된 직관의 다양에 그 선험적 범주들을 적용하여 그것을 판단하여 종합하는 데서 성립된다. 따라서 선험적 종합판단은 직관의 다양(현상계)을 떠나서는 성립될 수 없고 또한 순수한 지성 개념들만으로도 성립될 수 없고, 양자의 종합, 통일에 의해서만 성립된다.

직관의 다양은 인식의 객관적 소여이기는 하나 그것만으로는 인식이 성립될 수 없다. 왜냐하면 인식은 우선 판단의 형식으로 표현되어야 하고, 그러기 위해서는 개념들이 필요한데, 직관의 다양에는 그 어떠한 개념도 없기 때문이다. 반면 지성은 12개의 순수 개념들을 그 선험적 형식으로 갖기 때문에 그것들을 사용하여 인식을 성립시키지만, 그것들만에 의한 판단은 선험적이기는 하되, 종합적이지는 않다. 선험적이지만 종합적이지 않은 판단이 분석판단이다. 이 판단은 빈개념의 의미가 이미 주개념 안에 주어져 있다. 따라서 분석판단은 주개념과 빈개념의 관계가 논리적 동일성으로 구성된다. 그러므로 그것은 같은 의미의 개념들을 반복해서 나열해 놓은 것에 불과하며, 그래서 그것은 인식되는 대상, 즉 주개념에 대한 인식일 수 없다. 지성의 순수 개념들로만 구성된 판단은 분석판단일 수밖에 없는데, 그 까닭은 우리가 순수지성 안을, 즉 순수지성개념들을 아무리 살펴보아도 거기에 인식의 객관적 소여가 없기 때문이다.

그러면 위에서 언급된 영혼에 관한 선험 심리학의 명제들은 선험적 종합명제일 수 있을까? 우선 그것들을 다시 한 번 상기해 보자. 그것들은 (1) '영혼은 실체이다', (2) '영혼은 성질상 단순하다', (3) '영혼은 수적으로 동일하다', (4) '영혼은 공간 내의 가능한 대상들에 관계하고 있다'이다. 이들 네 개의 명제들은 세 개의 수식어를 갖는 하나의 명제, 즉 '영혼은 시간의 변화 속에서도 자기 동일성을 갖는 공간 내의 가능한 대상에 관계하는 단순한 실체이다'로 귀결되었다. 이렇게 볼 때, 위의 명제들 중에서 가장 중요한 것은 '영혼은 실체(비물질)이다'는 명제이다. 그래서 우리는 이 명제를 중심으로 위의 명제들이 과연 선험적 종합명제인지를 고찰한다.

우리는 '영혼은 실체이다'는 판단이 종합판단인지 아닌지를 밝히는 방식으로 그것이 선험적 종합판단인지 아닌지를 밝히고자 한다. 우리가 이런 방식을 사용하는 까닭은, 그것이 아무리 선험적 판단이라고 할지라도 종합판단이 아닐 경우 그것은 선험적 종합판단일 수 없기 때문이다. '영혼은 실체이다'는 판단은 적어도 외형상으로는 '이율곡은 실체이다'라는 종합판단과 동일하다. 우리가 두 판단이 외적 동일성을 지닌다고 한 것은 두 판단의 빈개념이 모두 실체라는 순수지성개념이며, 두 판단에 사용된 주개념들, 즉 '영혼'과 '이율곡'은 외견상 순수지성개념이 아닌 것으로 보이기 때문이다. 그러면 외형상 동일한 두 판단은 과연 내용상으로도 동일한가? 이 물음에 답하자면 '영혼은 실체이다'와 '이율곡은 실체이다'가 종합판단인지를 따져봐야 한다.

우리가 설명한 칸트의 초월론 철학에 따르면, 어떤 판단이 종합판단이려면 우선 판단되는 사태가 직관의 다양으로 구성되어야 한다. 즉 직관의 다양에 순수지성개념들이 적용될 때 종합판단이 가능하다. 특히 판단되는 사태가 실체성을 지니자면 직관의 다양이 일정한 시간적 지속체, 즉 일정한 시간 안에서 지속하는 것이어야 한다. 말하자면 일정한 시간 안에 지속된 직관의 다양에 적용된 순수지성개념이 실체성이라는 개념이다. 왜냐하면 실체란 변화하면서도 자기 동일성을 지니는 것인데, 일정한 시간 안에 지속하는 직관의 다양이 바로 그런 것이기 때문이다. 그러면 왜 실체는 일정한 시간적 지속성이라는 시간 규정을 지니는가? 그 까닭은 일정한 시간적 지속을 떠나서는 변화하는 자기 동일성이 성립될 수 없기 때문이다. 그리고 일정한 시간 안에 지속하는 직관의 다양은 외적 직관을 통해 수용된 외적 현상들이다.

이율곡은 분명 일정한 시간 안에, 즉 1537년에서 1584년까지 한시라도 단절되지 않고 지속한 사물(직관 다양의 종합)이다. 이는 이율곡이라는 사물은 1537년부터 1584년까지 끊임없이 변화하면서도(즉 늙으면서도) 자기 동일성을 고수했음을 의미한다. 이에 '이율곡은 실체이다'는 이율곡에 대한 객관적 인식, 즉 종합판단이다. 분명 이 판단은 이율곡이라는 사물이 한 역사적 시대에 생존한, 다른 모든 사물과 구별되는 인식 내용을 담고 있다.

이율곡이라는 사물은 분명 순수지성개념들이 적용될 수 있는 (외적 직관을 통해서 수용된) 직관 다양, 즉 외적 현상들, 예를 들면 그 사물의 색, 윤곽, 무게, 높이, … 등으로 구성된다. 따라서 이율곡은 순수지성개념들도 아니요, 또 그것들 안에서 발견될 수 있는 현상들도 아니다. 그러나 영혼 사물은 사정이 다르다. 즉 그것은 외적 직관에 의한 외적 현상들, 즉 직관 다양이 아니다. 그러므로 나는 나의 영혼이 무게가 얼마인지, 무슨 색인지, 어떤 냄새가 나는지에 대해서 아는 바가 전혀 없다. 따라서 영혼에 대해서는 그 어떤 순수지성개념도 적용될 수 없다. 이에 영혼에 대해서는 선험적 종합판단이 불가능하다. 따라서 영혼에 순수지성개념이 적용된 위의 순수 심리학의 명제들은 선험적 종합명제가 아니다. 그러므로 적어도 칸트의 초월론 철학에서 볼 때 순수 심리학은 학으로서 성립될 수 없다.

영혼이 직관의 다양에 적용된 실체 개념이 아니라면, 그것은 도대체 어떠한 개념인가? 그것은 순수지성개념(범주)인가? 그것도 아닌 것 같다. 왜냐하면 위에서 제시된 12개의 순수지성개념들만으로 볼 때는 분명 영혼은 그것들 안에 포함되어 있지 않기 때문이다. 그러면 칸트의 견해는 어떤가? 그는 12개의 범주표에는 들어가 있지 않지만 거기에 들어가야만 하는 하나의 순수지성개념이 있다고 지적하고, 그것이 바로 '나는 생각한다'는 개념, 즉 영혼이라고 한다.[3] 그렇다면 범주를 12개로 제시한 것은 잘못이며 그것을 13개로 해서 범주표를 변경해야 하지 않는가? 칸트에 따르면 그것은 잘못도 아니며 따라서 그렇게 할 필요가 없다. 그것을 범주표에 포함시켜 범주를 13개라고 하지 않는 것은, 그것은 모든 순수지성개념들의 운반구이며 그래서 그것은 모든 개념들 안에 들어가 있어서 비록 그것이 순수지성개념이라고 해도 특정한 이름을 가질 수가 없기 때문이다.

그러면 '나는 생각한다'가 모든 순수지성개념들의 운반구로서 그것들 안에 들어가 있다는 것은 도대체 무슨 뜻인가? 인식은 판단의 형식을 지니고 판단은 개념들의 결합으로 구성된다. 따라서 개념들이 없이는 판단이 성립될 수 없고, 설령 개념들이 있다고 해도 그것들을 결합하거나 종합하는 것이 없다면 판단이 성립될 수 없다. 그런데 12개의 순수지성개념들 하나하나에는 그러한 결합력이 없다. 그러므로 순수지성개념들이 있다고 해서 판단이 성립되는 것은 아니다. 판단이 성립하자면 순수지성개념들을 종합하는 개념이 요구되는데, 그것이 바로 하나의 이름으로 표현할 수 없는 순수지성개념, 즉 '나는 생각한다'이다. 따라서 '나는 생각한다'가 모든 순수지성개념들에 들어가 있다는 것은, 그것이 그것들을 결합하여 판단을 가능하게 한다는 의미를 갖는다. 그것이 그런 의미를 갖는 이상, 모든 판단에는 '나는 생각한다'가 수반된다. 즉 모든 판단들에는 '나는 생각한다'가 놓여 있는 셈이다. 그것이 수반되지 않고서는 판단들이 성립될 수 없다. 이런 의미에서 그것은 모든 판단들의 판단, 또는 판단(표상) 일반의 형식이다. 이 같은 의미를 갖는 자기 의식, 즉 '나는 생각한다'를 칸트는 "순수 자아", "순수 통각", "초월론적 통각", "의식 일반" 등으로 표현하고 있다.

이제 영혼(자기 의식)도 비록 범주표에 들어가 있는 특정한 이름을 가진 12개의 개념들과는 구별되지만 하나의 순수지성개념인 것으로 밝혀졌다. 그

---

3) *Ibid.*, B, 400.

렇다면 '영혼은 실체이다'는 순수지성개념들로만, 즉 영혼과 실체라는 순수지성개념으로 구성된 판단이다. 그렇다면 이제 '영혼은 실체이다'는 판단과 '이율곡은 실체이다'는 판단은 외형상 동일한 것 같지만 내적으로는 동일하지 않음이 밝혀졌다. 이율곡은 직관의 다양에 순수지성개념이 적용된 것이지만 영혼은 순수지성개념이기 때문이다.

순수지성개념들에는 순수 논리적인 의미만 들어 있을 뿐, 그 어떠한 인식의 객관성, 즉 직관의 다양도 배제되어 있다. 그러므로 순수지성개념들로 구성된 '영혼은 실체이다'는 판단에서 영혼과 실체의 관계도 순수 논리적인 관계이다. 이렇게 주개념과 빈개념이 순수 논리적인 관계로 구성된 판단이 위에서 언급된 분석판단이다. 특히 영혼이 12개의 순수지성개념들의 운반구로서 그것들 안에 들어가 있는 그런 것이라면 영혼에는 실체가 함축되어 있다. 따라서 영혼이라는 주개념에 실체라는 빈개념이 함축되어 있다. 따라서 '영혼은 실체이다'는 분석판단이다.

순수 심리학의 탐구 대상은 순수 영혼, 즉 '나는 생각한다'이다. 그런데 이 영혼에 대한 진술들이 분석판단이라 함은 영혼에 관한 객관적 인식이 불가능함을 의미한다. 순수 영혼, 즉 나에 대한 객관적 인식이 불가능한 것은 그것이 표상(판단) 일반의 형식인 데서도 알 수 있다. 우리가 그것을 객관적으로 인식하자면 우리는 우선 그것에 대해 판단을 내려야 한다. 혹자는 그 순간 그것은 객관화되어서 그것에 대한 객관적 인식이 가능하다고 주장할 것이다. 그러나 실은 그렇지 않은데, 그 까닭은 그것, 즉 순수지성개념의 객관화에 사용되는 술어들도 객관적 술어가 아니라 그것 자신의 술어들, 즉 순수지성개념들이어서 우리가 그것의 객관적 인식을 위해 그것에 대해 판단을 하면 할수록 그것 주위만 맴도는 꼴이 되기 때문이다.

그것을 객관적으로 인식하는 방법이 있긴 있는데, 그 방법은 그것을 판단에서 떼어내는 것이다. 그러나 인간의 인식이 개념들의 결합에 의한 판단의 형태를 취한다고 보는 칸트 철학에서는 이 방법은 불가능하다. 왜냐하면 그 경우 그것을 판단에서 떼어내는 인간의 지적 행위도 판단으로 구성되는데, 이미 본 바와 같이 그것은 모든 판단에 수반되는 판단 일반의 형식이어서 인간은 그것을 판단에서 떼어낼 수 없기 때문이다. 따라서 우리는 판단을 통해 그것을 인식하는 한 그것을 객관적으로 인식할 수 없다. 그렇다면 우리가 그것을 인식하는 유일한 방식은 판단을 사용하지 않는 것일 것이다. 그러나 이 방법은 적어도 칸트에서는 신에게는 가능할지 몰라도 인간에게는 불가능하다.

이제 판단을 통한 인간 인식 능력으로써는 '나는 생각한다', 즉 영혼에 대한 그 어떤 인식도 불가능한 것으로 밝혀졌다. 그럼에도 불구하고 그것을 시도한 것이 순수 심리학이며, 그 결과 그 학은 위에서 언급된 영혼에 관한 네 개의 명제를 확보하여 그 명제들로부터 영혼에 관한 객관적 인식을 시도하였다. 우선 순수 심리학은 '영혼은 실체이다'는 판단으로부터 영혼을 비물질성인 것으로 인식한다. 이는 순수 심리학이 영혼은 외적 지각의 대상인 물질과 달리 내적 지각의 대상이라는 점에 주목하여 얻은 인식이다. 순수 심리학은 그 두 번째 명제, 즉 '영혼은 그 성질상 단순하다'는 영혼의 단순성으로부터 영혼의 불후성을 인식한다. 그 다음 그것은 '영혼은 수적으로 동일하다'는 영혼의 단일성으로부터 영혼의 인격성을 인식한다. 마지막으로 그것은 '영혼은 공간 내의 가능한 대상들에 관계한다'로부터 비물질적 영혼이 물질적 신체에 관계함을 인식한다. 이 네 명제를 종합하면, 결국 세 개의 수식어를 갖는 하나의 명제, '영혼은 시간의 변화 속에서도 자기 동일성, 즉 인격성을 갖는 공간 내의 가능한 대상, 즉 물질적 신체에 관계하는 단순한, 즉 불후의 실체, 즉 비물질성이다'로 귀결된다. 그러나 상술된 칸트의 초월론 철학에서 보건대, 영혼에 대한 순수 심리학의 판단 내용들, 즉 영혼의 실체성(비물질성), 단순성(불후성), 단일성(인격성), 공간 내의 가능한 대상(신체)들에의 관계는 영혼에 대한 그 어떤 객관적 인식(내용), 즉 선험적 종합 판단이 아니라, 오직 판단(인식)의 형식적 요건만 갖춘 판단, 따라서 분석판단이요, 그래서 그것들은 영혼에 대한 객관적 인식을 담지 못하고 오직 영혼의 주위만을 맴돌고 있을 뿐이다. 순수 심리학은 이 점을 간과하고 있다.

그러면 칸트의 초월론 철학에서 볼 때 순수 심리학의 명제들은 어떤 의미를 갖는가? 혹자는 이 물음에 대답할 가치가 없다고 할지도 모른다. 왜냐하면 그것들은 모두 분석명제이고, 분석명제는 동의어 반복으로 구성되므로 무의미하기 때문이다. 따라서 그것들은 분석판단이라는 이유로 무의미한가? 아니면 그것들이 지닌 무의미성이 역설적이게도 어떤 의미를 갖기라도 하는가? 이 점을 검토하자면 우선 분석판단이 어떤 의미에서 무의미한지를 살펴

봐야 한다. 적어도 칸트에서 분석판단은 어디까지나 인식의 객관성을 결여하고 있다는 점에서 무의미하다. 그렇지만 분석판단 자체가 무의미한 것은 아니다. 왜냐하면 분석판단에는 주개념과 빈개념의 논리적 형식(관계)이 담겨 있어서 비논리적이지는 않기 때문이다. 이에 분석판단은 논리적 의미까지 갖지 않는 것은 아니다. 따라서 분석판단은 무의미(sinnlos)하지만, 그 무의미는 비논리적인 의미의 무의미(unsinn), 즉 불합리는 아니다.

비트겐슈타인은 "말할 수 있는 것"과 "말할 수 없는 것"을 구별하여, 전자를 유의미한 인식의 영역에 후자를 무의미한 인식의 영역에 귀속시킨 바 있다. 또한 그는 말할 수 없는 것은 무의미하지만 불합리하지는 않다고 보았다.

칸트의 초월론 철학에서 볼 때, 그의 선험적 종합판단은 비트겐슈타인의 "말할 수 있는 것"에 해당하고 영혼에 관한 순수 심리학의 명제들은 비트겐슈타인의 "말할 수 없는 것"에 해당한다. 왜냐하면 선험적 종합명제나 "말할 수 있는 것"은 객관적 인식, 혹은 유의미한 인식에 속하고 순수 심리학의 명제들과 "말할 수 없는 것"은 무의미한 인식에 속하기 때문이다. 비트겐슈타인에서 말할 수 없는 것에는 메타(meta) 명제, 즉 언어를 언어들로써 진술하는 명제가 속한다. 물론 칸트가 지적한 순수 심리학의 명제들도 영혼(하나의 순수지성개념)에 영혼의 술어들(순수지성개념들)로써 구성된다는 점에서 메타 명제의 특성을 지니고 있다. 다만 비트겐슈타인은 언어에 대한 메타 진술을 분석판단이라고 지칭하지 않는데 칸트는 순수 심리학의 명제들을 분석판단으로 지칭하고 있다. 언어에 대한 명제는 언어들로 구성되기 때문에 언어에 대한 객관적 인식이 될 수 없는 것과 마찬가지로 영혼에 대한 진술도 영혼의 술어들로 구성되기 때문에 영혼에 대한 객관적 인식이 될 수 없다.

비트겐슈타인은 말할 수 없는 것, 즉 메타 명제는 무의미하지만 보여주는 바가 있다고 하는데, 그것이 보여주는 것은 그것에서 진술되고 있는 것, 즉 언어의 논리적 구조이다. 이것은 칸트가 지적한 순수 심리학의 명제들에 대해서도 적용된다. 그러면 이 명제들이 보여주는 것은 무엇인가? 그 명제들이 주개념과 빈개념의 관계가 순수 논리적으로 구성되는 분석명제임을 감안하면 그 답은 자명하다. 즉 그 명제들이 보여주는 것은 그 명제들에서 진술되고 있는 것의, 즉 영혼의 논리적 형식들이다. 따라서 비트겐슈타인이 지적한 메타 명제와 칸트가 지적한 순수 심리학의 명제들은 적어도 그들의 철학적 입장에서 보면 모두 무의미하지만 그 명제들에서 진술되고 있는 것의 논리적 형식을 보여준다는 점에서 동일성을 보이고 있다.

순수 심리학의 명제들이 영혼의 논리적 형식들만을 보여주는 이상, 이제 그것은 영혼의 논리학 그 이상의 의미를 가질 수 없다. 물론 영혼의 논리학과 형식 논리학은 구별되어야 한다. 형식 논리학은 사유 일반의 논리적 형식을 다루는 학이지 영혼, 즉 '사유하는 나'의 논리적 형식을 다루는 학은 아니기 때문이다. '사유하는 나'는 사유의 주어(주체)이다. 나가 논리적 주어이어야 사유가 성립된다. 이에 나는 사유의 논리적 조건이다. 따라서 순수 심리학은 사유의 논리적 조건에 관한 학이다. 그런 점에서 그것은 사유의 논리학이다.

순수 심리학이 사유의 논리학의 의미를 지님에 따라 영혼에 관한 객관적 인식을 담고 있는 것으로 간주된 순수 심리학의 명제들도 사유 가능성에 관한 논리적 형식들에 관한 명제로 그 의미가 변경되어야 한다. 따라서 '영혼은 실체이다'는 명제에서 영혼은 객관적 실체성, 즉 비물질성으로 이해되어서는 안 되고 사유의 논리적 주어로 이해되어야 한다. 생각하는 나가 외적 현상들이나 순수지성개념들처럼 복수로 구성되어서 분할된다면, 그것은 사유의 기능을 행할 수 없다. 그것이 사유의 기능을 행할 수 없다고 함은, 그것이 순수지성개념들을 종합, 통일할 수 없음을 의미한다. 그것이 그런 기능을 행할 수 없다면 선험적 종합판단은 성립되지 않는다. 따라서 영혼이 사유하자면 그것은 복수로 구성되지 않은 것, 그래서 분할될 수 없는 것이어야 하고, 분할될 수 없는 것은 그저 단순하다고밖에 말할 수 없다. 분할될 수 없는 그 단순한 것은 수적으로 하나일 수밖에 없다. 따라서 사유가 성립되자면 단순하고 수적으로 하나인 것(x)이 논리적으로 요구된다. 이 논리적으로 요구된 것이 영혼이다. 따라서 '영혼은 그 성질상 단순하다'는 명제와 '영혼은 수적으로 하나이다'는 명제는 영혼에 대한 객관적 인식, 즉 영혼이 단순(불후)하고도 단일한(인격적) 실체(비물질성)로 의미되어서는 안 되고 영혼의 사유의 논리적 조건, 즉 단순하고 단일한 논리적 주어로 이해되어야 한다.

이상에서 본 바와 같이, 순수 심리학은 사유의 논리적 조건만(이 조건이 사유를 성립시키는 순수 나라는 주관의 논리적 조건이라는 점에서 그것은 또한 사유의 주관적 조건이기도 하지만)을 보여줄 수 있다. 그럼에도 그 당시까지 철학은 순수 심리학을 영혼에 관한 객관적 인식의 학으로 보고 그것을 기초로 하였다. 그것을 기초로 한 그 당시까지의 철학을 칸트는 형이상학이라고 한다. 주지하는 바와 같이, 형이상학은 형이상학적 실재에 관한 객관적 인식의 학임을 자처하였다. 형이상학적 실재는 초감성적 실재인 고로 그것의 객관적 인식은 자연히 초감성적 인식 능력으로 간주된 이성에 의해서 가능하다. 이에 형이상학은 또한 이성의 학이기도 하다. 형이상학이 이성의 학인 이상, 그것은 순수 영혼에 관한 학, 즉 순수 심리학을 기초로 함은 당연하다고 하겠다.

형이상학의 인식 대상은 초감성적 실재이거니와, 이에는 영혼, 사물(세계)의 본질(이데아, 형상), 신, 자유 등이 속한다. 물론 그것들은 초감성적 이성의 순수 사유에 의해서 인식된다. 이성의 순수 사유란 형식 논리적 추리이다. 물론 이성의 이 추리에는 이성적 직관이 항상 관계하고 있다. 영혼에 관한 순수 심리학의 명제들도 바로 순수 이성에 의해서 '나는 생각한다'로부터 추리된 것이다. 이 추리의 과정은 다음과 같은 형식 논리학의 삼단논법으로 제시된다.

> 주어로만 생각될 수밖에 없는 것은 주어로서만 생각되며 따라서 그것은 실체이다.
> 이제 생각하는 존재는 한갓 생각하는 존재로만 보면 주어로만 생각된다.
> 그러므로 생각하는 존재는 생각하는 존재로서만, 즉 실체로서만 존재한다.[4]

이 삼단논법은 형식 논리학에 위배되지 않는다. 따라서 위 추리는 형식상으로는 옳다. 그러나 그것은 내용상 오류를 범하고 있다. 그 오류는 매개념에서 발견되는데, 이 추리에서 매개념은 '주어로만 생각되는 것'이다. 대전제에서 진술된 매개념, 즉 '주어로 생각되는 것'은 일반적으로 모든 관점에서 발견될 수 있으며, 따라서 직관 중에서도 발견될 수 있다. 그러나 소전제에서 진술된 매개념은 직관 중에서는 주어질 수 없고 오직 생각의 관점에서만 주어로 생각될 수 있다. 분명 대전제의 매개념과 소전제의 매개념은 그 의미가 다르다. 따라서 위의 순수 이성의 추리는 형식상 참이지만 내용상 매개

---

4) *Ibid.*, B, 410~411.

념 다의(多義)의 오류를 범하고 있다. 이로써 '생각하는 나가 실체이다'는 것이 실은 순수 이성의 오류 추리의 산물임이 밝혀진다. 그렇다면 이 명제뿐만 아니라 그것에 의거한 순수 심리학도 허구이다.

순수 심리학적 영혼의 모습은 이 모습을 추리해 낸 형이상학의 순수 이성의 모습과 다를 바 없다. 왜냐하면 순수 이성도 생각(추리)을 하자면 순수 심리학의 영혼과 같은 모습을 지녀야 하기 때문이다. 따라서 순수 심리학의 순수 영혼과 마찬가지로 형이상학의 순수 이성도 공간 중의 가능한 대상들에 관계하는 단순하고 단일한 실체이다. 그러니까 순수 심리학은 형이상학의 기초학(예비학)이다. 순수 심리학은 형이상학의 기초학이라는 점에서 보면, 그것은 또한 형이상학적 심리학이기도 하다. 다른 한편 영혼에 관한 순수 심리학의 명제들이 형이상학의 순수 이성의 추리의 산물들이라는 점에서 보면 형이상학은 순수 심리학의 기초학(근원학)이다. 따라서 형이상학과 순수 심리학은 불가분의 관계에 있다. 그러므로 순수 심리학이 허구이면 형이상학은 자연히 허구이며, 그 역도 성립한다.

객관적으로 인식되는 것은 허구일 수 없다. 그러나 논리적으로 가능한 것, 즉 논리적 조건에 불과한 것은 충분히 허구(가상)일 수 있다. 우리는 칸트의 초월론 철학에 따라서 순수 심리학을 가상의 학이라고 말하였거니와, 이 학이 그런 학인 까닭은 이미 본 바와 같이 그것이 "생각의 주관적 조건을 객관적 인식"[5]인 것으로 보는 데 있다. 순수 심리학이 가상의 학이라면, 순수 심리학적 주관의 인식 능력에 기초해 있는 형이상학도 초월론적 가상의 학일 수밖에 없다. 그래서 칸트는 기존의 모든 철학을 이러한 형이상학으로 몰아붙여 해체한다. 물론 그가 해체하려고 하는 철학, 즉 형이상학은 오랫동안 추호의 흔들림도 없이 만학의 여왕으로 군림하였다. 그러나 이제 그것은 칸트에 이르러서 여왕의 권좌에서 폐위, 추방되어 전혀 의탁할 곳이 없이 "헤쿠바"[6]라는 한 노녀와 같은 운명에 처하게 되었다.

2절 1)의 (2)에서 본 바와 같이 (초월론) 철학과 초월론적 심리학(완성된 의미의 순수 심리학)은 동일하다. 이 점은 Ⅶ장 1절 2)에서 보게 되겠지만

---

5) *Ibid.*, A, 396.

6) *Ibid.*, A, Ⅸ.

후설에서도 예외가 아니다. 두 학이 동일하기에 우리는 철학을 초월론적 심리학으로 지칭하였다. 그러나 칸트에서는 초월론 철학은 결코 초월론적 심리학일 수 없는데, 그 까닭은 그가 우리가 철학의 기초학으로 본 선험 심리학(물론 미완의 순수 심리학)의 학적 가능성을 부정한 데 있다. 후설에서 철학이 초월론적 심리학인 까닭은, 그가 철학의 기초학인 선험 심리학의 학적 가능성을 인정한 데 있다. 칸트는 선험 심리학의 학적 가능성을 인정하지 않음으로 해서 그에게서 선험 심리학의 학적 완성은 무의미하며, 그런 이상 그에게서 선험(순수) 심리학과 초월론적 심리학의 구별은 무의미하며, 그래서 그에게서 선험 심리학은 우리가 3절 1)을 시작할 때 보았듯이 순수 심리학, 초월론적 심리학과 동일한 차원에 있을 수밖에 없다. 그러나 선험 심리학의 학적 가능성을 부정한 칸트의 초월론 철학은 V장 2절과 VI장 2절에서 보게 되듯이 진정한 의미의 초월론 철학이 아니고 실증 심리학의 차원, 즉 초월론적 심리학주의에 머문다. 물론 초월론적 심리학은 실증 심리학의 차원을 완전히 초월한 학, 즉 철학이다.

2) 칸트의 선험 심리학의 학적 불가능성에 함축된 것들

(1) 이론과 실천의 분리

① 순수 철학적 사유의 부정

이상에서 본 바와 같이, 칸트는 순수 심리학을 허구로 보며, 그래서 그것이 학으로서 불가능함을 그의 초월론 철학을 통하여 입증하였다. 그러면 칸트에 의한 순수 심리학의 부정에는 무엇이 함축되어 있는가? 철학사가를 포함한 대개의 사람들은 그것의 부정에는 기존 철학이 모두 허구이며, 그래서 이제 철학이 새로이 건립되어야 한다는 것이 함축되어 있다고 생각할 것이다. 이런 생각은 매우 긍정적인 것인 것으로 보일지 모르지만, 실은 그것은 그 부정에 함축된 진정한 의미가 아니고 표면적인 의미에 불과하다. 그것의 부정에 함축된 본질적인 의미는 칸트가 인간의 인간다운 인간성 사유의 학, 즉 철학이 불가능하다고 보고 철학 자체가 부정되어야 한다는 것이다. 혹자는 칸트의 초월론 철학이 순수 철학인데 그가 철학을 부정하다니 그게 무슨 소리냐고 우리를 힐난할 것이다. 그러나 우리가 누차 언급했듯이 철학은 인간의 인간다운 인간성 사유의 학이다. 또한 우리는 인간의 인간다운 인간성은 정신의 본질 인식을 통해서 가능함도 언급하였다. 그렇다면 정신의 본질 인식의 가능성을 차단해 버린 칸트의 초월론 철학이 진정한 의미의 철학이 아님이 밝혀지지 않는가? 우리가 본 바와 같이, 그의 초월론 철학은 인간의 인간성 사유에 대해서 조금도 포함하고 있지 않다. 그것은 실증학들, 그 중에서도 자연에 관한 실증학, 즉 자연과학적 인식의 논리적 조건을 명시한 학이다. 그러니까 그것은 인간성 사유의 학이 아니라 자연과학에 대한 학적 사유, 오늘날 용어로 말하면 자연과학적 인식의 가능성과 그 한계를 밝힌 과학철학이다. 이렇게 보면, 그의 초월론 철학도 철학이 전혀 아닌 것이 아니라 일종의 철학, 즉 특수 철학이다. 문제는 특수 철학에 불과한 그의 철학이 특수 철학으로 여겨지지 않고 순수 철학으로 간주되는 데 있다. 분명히 말하지만 칸트의 초월론 철학은 순수 철학이 아니다. 그것은 과학적 철학, 즉 특수 철학일 뿐이다. 이 점은 그가 기존의 철학적 명제를 자연과학적 명제, 즉 선험적 종합명제를 척도로 음미하고 고찰하는 데서 여실히 나타난다. 물론 우리는 기존의 철학적 명제가 참이라고 주장하는 것은 아니다. 다만 우리가 말하고 싶은 것은 기존 철학이 철학인 이상, 그것은 순수 철학적 관점에서 고찰되고 음미되어야 한다는 것이다. 기존의 철학적 명제의 허구성을 순수 철학적 관점에서 음미하고 검토하는 철학이 바로 순수 철학, 즉 현상학적 철학이다. 우리는 후설과 하이데거를 통해서 이 점을 여실히 볼 수 있다. 적어도 이들은 칸트 이상으로 기존 철학에 대해서 가혹한 비판을 가했지만 칸트처럼 자연과학적 명제의 관점에서가 아니라 순수 철학적 입장에서, 후설의 경우 자연과학적인 것을 완전히 초월한 초월론적 의식의 사유의 입장에서, 하이데거의 경우 자연과학적인 것을 완전히 초월한 존재 자체의 사유의 입장에서 그렇게 했음을 우리는 잘 알고 있다. 물론 혹자는 칸트의 초월론적 주관도 자연과학적인 것을 완전히 초월했다고 말할지 모르지만 실은 그렇지 않다. 그 까닭은 Ⅵ장의 2절에서 밝혀질 것이다.

혹자는 우리가 철학을 인간의 인간다운 인간성 사유의 학으로서 보는 것이 잘못되었다고 말할지 모른다. 그러나 철학은 분명 과학과 구별되며, 그런 이상 그것은 과학과 다른 학적 개념을 가질 수밖에 없다. 그 어떤 과학도 인간의 인간다운 인간성을 사유하지 않는다. 그것을 사유하는 학은 과학일 수 없고 바로 과학의 근원학인 철학일 수밖에 없다. 우리는 플라톤을 다루는 데서 이 점을 여실히 볼 수 있었다. 물론 플라톤이 철학을 그렇게 규정했기 때문에 우리가 철학을 그렇게 규정하는 것이 아니다. 그는 철학과 과학의 차이와 그 관계를 잘 알고 있었을 뿐이다. 철학이 인간성 사유의 학이라는 것은 이미 본 바와 같이 철학의 개념 분석에서 나온 것이요. 우리의 자의적 규정이 아니다. 과학과 완전히 구별되면서도 그 근원이 되는 인간의 인간다운 인간성의 사유에 관한 학은 물론 특수 철학, 즉 실증적 철학과도 구별되는 철학, 즉 우리가 형이상학이라고 명명한 것이다.

② 부당한 방식에 의한 형이상학의 정초

물론 칸트는 그의 이론 철학이 인간의 인간다운 인간성 사유의 학, 즉 형이상학이 아님을 누구보다도 잘 알고 있었다. 그래서 그는 철학이라고 불릴 만한 가치가 있는 학, 즉 형이상학의 가능성을 정초하고 싶은 마음이 간절하였다. 이러한 마음에서 저술한 것이 윤리학(도덕 철학), 또는 실천 철학의 형태를 취하는 그의 『실천이성비판』이다. 만약 철학이 인간성에 관한 학이 아니라면 그는 그것을 저술하지 않았을 것이다. 그는 그 저술에서 그의 이론 철학이 말살해 버린 인간성을 살려내려고 하였다. 그는 그것을 살려내기 위해서 과학적 인식의 영역, 즉 감성계에서 출발하지 않고 그의 이론 철학이 그 인식의 가능성을 부정한 영역, 즉 초감성계로 불리는 기존 형이상학적 인식의 영역, 그의 철학 개념으로 말하면 물 자체(Ding an sich)의 영역에서 출발한다. 이로써 그는 인간의 인간다운 인간성의 영역을 초감성계에서 찾는다. 그가 그것을 찾은 초감성계는 적어도 그에게서는 도덕의 영역이기도 하다. 그는 기존 철학자들을 비판하였지만, 적어도 인간의 인간다운 인간성을 전통 형이상학적 세계에서 찾았다는 점에서는 여전히 그들과 견해를 같이 하고 있고 또한 전통 형이상학의 신봉자이다.

이미 본 바와 같이, 칸트는 기존 철학에서 초감성적 물 자체의 세계를 인식하는 능력으로 간주된 순수 심리학적 주관이 객관적 실체가 아니라 사유의 논리적 조건에 불과하다고 함으로써 물 자체의 세계도 논리적으로 사유 가능할 뿐 객관적으로 인식 가능한 대상은 아니라고 하였다. 이로써 그는 우리의 인식의 한계를 감성계에 국한시켰다. 이러한 그의 인식의 한계 설정은 그가 말한 물 자체에 상응하는 초감성적 이데아만이 우리의 인식 대상이고 현상계는 사유(의견)의 대상에 불과하다는 플라톤의 명제를 전도시켰다. 이 전도화가 바로 칸트의 기존 철학, 즉 형이상학의 해체이다. 그 결과 물 자체도 순수 심리학적 주관처럼 한갓 논리적 조건으로 전락하게 된다. 그래서 플라톤이 말한 이데아와 같은 것들은 객관적 실재성을 상실하고 경험을 가능하게 하는 한갓 주관의 논리적 조건으로 전락되었다. 이에 따라 사물의 본질(존재), 또는 사물 자체로 간주된 그 수가 유와 종만큼이나 많은 이데아(형상)들은 칸트에서는 주관의 12개의 판단 형식, 즉 순수지성개념들로 전락하게 된다. 전자가 후자로 전락되어야만 하는 까닭을 논의한 것이 바로 그의 이론 철학, 즉 『순수이성비판』이다. 그에 반해 물 자체, 즉 영혼, 신, 자유를 인식의 논리적 조건이 아니라 도덕적 행위의 조건으로서 요청되어야만 하는 까닭을 다룬 것이 도덕 철학의 형태를 취한 그의 형이상학서, 즉 『실천이성비판』이다.

도덕률은 특정 인간이 아니라 모든 인간의 행위를 구속, 제약한다. 그래서 그것은 가언명법이 아니라 정언명법으로 주어진다. 이에 도덕은 인간의 행위를 주관적으로가 아니라 객관적으로 구속, 제약한다. 이 같은 도덕이 가능하려면 영혼, 신, 자유와 같은 물 자체가 행위의 한갓 주관적 논리로서가 아니라 객관적 실체로서 요청되어야 한다. 그러자면 그것들이 한갓 주관적 사유의 대상으로서가 아니라 객관(실체)적으로 존재하는 것으로서 요청되지 않으면 안 된다. 이렇게 보건대, 물 자체는 이론적으로 부정되지만 실천(도덕)적으로는 비록 요청적 의미에서이긴 하지만 실재한다. 이에 따라 인간도 이론적으로는 순수 철학적, 즉 형이상학적이 아니지만 도덕적으로는 형이상학적이다. 우리는 여기서 그의 『실천이성비판』에 대해서 이것 이상으로 상론하지는 않겠다. 여기서 우리가 『실천이성비판』을 언급한 것은 칸트도 철학 본연의 과제가 인간의 인간다운 인간성의 추구로 보고 있음을 지적하기 위해서이다. 그렇다면 칸트의 저작들 중에서 철학 본연의 주제를 다룬 것, 그래서 진정으로 철학적 가치를 갖는 것은 『실천이성비판』이다. 형이상학의 가능성을 논하고 있는 이 책의 제목에서 보는 바와 같이 그에게서 형이상학은 도덕 철학의 형태로서, 아니 정확히 말하면 도덕 철학을 통해서 가능하다. 그러면 그의 그 같은 형이상학 정초 방식은 과연 형이상학적으로 정당한가? 이제 이 점을 검토해 보자. 그러자면 우선 형이상학의 개념 규정에서 출발해야 한다.

여러 번 암시되었듯이, 형이상학은 존재 자체의 학이다. 물론 칸트에서는 존재 자체도 현상 중에서 직관되지 않기 때문에 그것에 대한 선험적 종합판단이 불가능하며, 그래서 그에게서 형이상학은 이론적으로는 불가능하며, 조건적으로, 즉 도덕적 행위가 가능하기 위한 논리적 요청 하에서 가능함은 방금 살펴본 바와 같다. 그런데 형이상학, 즉 (순수) 철학이 존재 자체의 학임은 철학을 조금이라도 배운 사람은 누구든지 익히 알고 있다. 그렇다면 혹자는 철학을 초월론적 심리와 그것의 진리, 즉 초월론적 진리에 관한 학으로 규정한 우리의 표현이 잘못이라고 지적할 것이다. 그러나 그것은 전혀 잘못이 아니다. 그 두 표현은 의미상 동일하다. 이제 우리는 두 표현이 동일함을 보이고자 한다. 지금 우리가 칸트의 형이상학 정초 방식이 형이상학적으로 정당한지를 검토하는 중에 위 사항을 지적하여 두 표현이 동일함을 입증하려고 하는 것은, 혹시 독자들 중에 그렇게 지적하는 이가 있을까 싶어서, 또 그런 생각을 갖고 이 책을 읽을 경우 야기될 혼란을 미연에 방지하고자 하기 위해서이다. 그래서 우리는 지금 두 표현이 의미상 동일함을 입증한 연후에 칸트의 형이상학 정초의 방식이 과연 형이상학적으로 정당한지를 검토하고자 한다.

형이상학이 존재 자체의 학이라는 형이상학의 학적 개념은 이미 전통 형이상학에서 정립된 것이다. 이제 우리는 전통 형이상학을 예로 들어서 두 표현이 동일함을 입증하고자 한다. 주지하듯이, 전통 형이상학은 존재의 세계를 초감성적 세계, 즉 물 자체의 세계로 본다. 우리는 초감성적 이념을 존재로 탐구하는 형이상학이 이성의 학이기도 함을 지적한 바 있다. 이 지적은 존재 사유의 학은 곧 이성의 학임을 함축하고 있다. 그런데 이성의 학으로서의 형이상학은 이성의 완전한 자기 인식을 지향한다. 그리고 이성의 완전한 자기 인식은 초감성적인 이성이 그의 인식 대상, 즉 초감성계에 속하는 존재 인식을 통해서 가능하다. 영혼이 자기 자신을 물질과 구별되는 하나의 인식 대상으로 보고 그것의 인식을 시도한다면, 그것은 아직 철학(형이상학)이 아니라 선험 실증학, 즉 순수 심리학, 전통 형이상학적 개념으로는 형이상학적 또는 이성 심리학이다. 이 심리학에서는 아직 영혼의 자기 인식이 완성되지 않는다. 영혼이 자기 자신뿐만 아니라 그와 대립되는 초감성적인 사물들의 본질(존재)을 인식할 때, 그것은 이제 실증학을 넘어 철학이 된다. 이 철학에서 비로소 영혼 혹은 이성의 자기 인식이 완성되는데, 그 까닭은 초감성적 이성은 역시 초감성적인 자신의 인식 대상을 인식할 때 그 진상이 완전히 드러날 수 있기 때문이다. 이런 의미에서 형이상학적 대상, 즉 존재는 이성(인간)의 근원적 본질을 드러내는 진리이다. 이 진리가 우리가 말한 철학적(형이상학적) 진리, 즉 초월론적 진리이다. 그리고 이 초월론적 진리를 인식하는, 즉 드러내는 이성이 초월론적 심리이다. 이로써 존재 자체의 학, 즉 형이상학은 곧 초월론적 심리와 그 진리에 관한 학임이 입증되었다. 물론 이 규정은 전통 철학에만 적용되는 것이 아니라 후설의 현상학적 철학에도 적용된다. 그렇다고 후설의 현상학적 철학과 전통 철학이 같은 것은 아니다. 양자는 확연히 다른데, 그 차이점은 VI장 2절에서 논의될 것이다.

이제 다시 칸트의 형이상학 정초의 방식이 형이상학적으로 정당한지를 논의하고자 한다. 이미 언급한 바와 같이, 형이상학은 존재 자체의 학이다. 그런데 존재 자체는 가치나 당위가 아니다. 그래서 존재는 가치나 당위, 즉 Should(Schollen)가 아니라 Sein이다. 흔히 이런 존재가 이론적으로 지칭된다. 그러나 존재에 대한 그러한 지칭은 적합하지 않다. 왜냐하면 이론은 실천과 대립되는데, 존재는 정확히 말하면 이론과 실천의 대립을 넘어서는 것이기 때문이다. 그 대립을 넘어선다는 의미에서 존재는 초월적이다. 이 초월적 존재를 우리는 비록 적합한 표현은 아니지만 순수 이론적이라고 표현한다. 물론 이 경우 순수 이론적은 초월 이론적(초월론적)과 같은 의미이다.

순수 존재는 모든 학에 사용될 뿐만 아니라 모든 학의 근원이다. 따라서 어떠한 학문도 존재를 넘어설 수 없다. 이렇게 보건대, 존재는 가장 보편적이며 가장 근원적 개념이다. 존재가 그러한 개념인 이상, 존재 자체의 학인 형이상학도 순수 보편적 · 근원적 학이다. 그런데 윤리학은 실천적 학이요, 특수학이며, 또한 모든 학들의 근원학이지도 않다. 특수학, 개별학은 보편학, 근원학에 기초한다. 따라서 윤리학은 어디까지나 형이상학을 통해서 가능하지, 형이상학이 윤리학을 통해서 가능하지 않다. 그러므로 윤리학을 통하여 형이상학의 가능성을 정초하는 칸트의 방식은 형이상학적으로 정당하지 않다.

혹자는 항변할 것이다. 초월론적 진리로 표현되는 존재 자체가 인간을 인간이게 하는 개념이라면, 존재 자체가 이미 가치나 당위 개념이지 않느냐고. 만약 그렇다면 칸트의 형이상학 정초 방식이 형이상학적으로 정당하지 않느냐고. 그러나 이 항변은 정당하지 않다. 물론 그가 말한 것, 즉 존재가 인간을 인간이게 하는 개념이라는 것은 맞다. 이 점은 우리도 수차례 언급한 바 있다. 그러나 존재가 인간을 인간에게 한다는 명제는 존재론적 명제이지 윤리(실천)적 명제가 아니다. 즉 그 명제는 존재자에 대한 존재의 관계를 규정한 존재론적 명제이다. 그 관계는 '존재는 존재자를 존재자로서 존재하게, 또는 드러나게 한다'로 표현된다. 인간 역시 하나의 존재자이다. 그러므로 존재는 인간을 인간으로서 존재하게 한다. 따라서 존재가 인간을 인간이게 한다는 명제는 윤리적 명제가 아니라 존재론적 명제임이 밝혀진다. 물리학은 물리적인 것이 물리적인 것으로서 존재하는 한에서 가능하다. 마찬가지로 인간의 도덕적 행위에 관한 학, 즉 윤리학도 인간이 인간으로서 존재하는 한에서 가능하다.

인간이 인간으로서 존재하는 한에서 인간은 인간다운 인간성을 지닌다. 따라서 인간성 역시 원래 윤리학적 개념이 아니라 존재론적 개념이다. 그 까닭은 인간성은 인간이라는 존재자의 존재자성인데, 이 존재자성은 결코 윤리학적 개념이 아니고 존재론적 개념이기 때문이다. 사정이 이런 이상, 존재자성, 인간의 경우 인간성은 존재에 의해 규정된다. 이 인간성을 토대로 윤리학은 건립된다. 오늘날 사람들은 윤리, 도덕이 땅에 떨어졌다고 말하거니와, 이러한 현상이 발생하는 근원적인 까닭은 인간이 인간성을 상실한 데 있다. 여기서도 윤리학이 인간의 인간성을 토대로 건립되어야 함이 드러난다.

인간성이 존재에 의해 규정되는 이상, 존재의 학, 즉 형이상학에 윤리학이 함축되어 있다. 이런 의미에서 형이상학이야말로 근원적인 윤리학이고, 형이상학자야말로 근원적인 의미의 윤리학자이다. 윤리학과 형이상학의 관계가 이러하므로 형이상학자는 윤리학을 따로 저술할 필요가 없다. 물론 여기서 말하는 형이상학은 순수 이론적, 즉 초월론적 철학이다. 적어도 칸트 이전까지, 정확히 말하면 근대 이전까지 철학자들은 그들의 순수 이론 철학 외에 윤리학을 따로 저술할 필요성을 느끼지 못하였다. 그 까닭은 그들의 철학이야말로 근원적 윤리학이기 때문이다. 그 예로 우리는 고대, 중세 철학의 방향을 규정한 플라톤을 들 수 있다. 그의 철학, 즉 이데아론으로 표현되는 그의 형이상학에 그의 윤리학이 함축되어 있음은 철학을 조금이라도 배운 사람은 누구든지 알 수 있다. 물론 아리스토텔레스는 형이상학 외에도 윤리학을 따로 저술하였지만, 그가 저술한 윤리학은 그의 형이상학에 근거한 인간 행위에 대한 논리적 해석이다. 이에 그의 윤리학은 그의 형이상학의 테두리를 조금도 벗어날 수 없다. 따라서 그의 윤리학의 토양은 어디까지나 그의 형이상학이다. 윤리학과 그의 형이상학 사이에 이론적 단절은 없다. 그의 형이상학은 인간의 실천적 행위에 대한 이론적 지침이다. 이론상으로 그의 형이상학은 근원적인 윤리학이다.

방금 본 바와 같이, 형이상학, 즉 순수 이론 철학은 근원적 윤리학이며, 이런 의미에서 형이상학에 윤리학이 함축되어 있다. 그러나 그 역은 성립되지 않는다. 그러므로 윤리학은 근원적인 의미에서 형이상학일 수 없고, 형이상학은 윤리학에 기초할 수 없다. 물론 윤리학이 형이상학을 전제로 한다는 의미에서 윤리학에 형이상학이 함축되어 있다고 말할 수는 있다. 그러나 형이상학은 윤리학을 전제로 성립될 수는 없다. 그러나 우리가 이미 보아 온 것처럼 칸트에 오면 이상 말한 것이 모두 무너진다. 우선 그에게서 순수 이론 철학은 이제 초월론적 존재에 관한 학, 즉 형이상학이 아닐 뿐 아니라, 오히려 그것의 학적 가능성을 부정한다. 형이상학에 근원적 윤리학이 함축되어 있다는 우리의 입장을 고려하면, 그것의 학적 가능성을 부정하는 칸트의 순수 이론 철학에는 윤리(실천)적인 것을 다룰 공간이 배제되어 있다. 그래서 그는 고대, 중세 철학자들과 달리 순수 이론적 문제에 관한 책, 즉 『순수이성비판』과 대등한 위치에 선 순수 실천적 문제에 관한 책, 즉 『실천이성비판』을 별도로 저술하지 않으면 안 되었다. 물론 아리스토텔레스를 통해 본 바와 같이 그에 앞선 철학자들도 윤리학을 저술하였지만, 그들에서 윤리학은 그들의 순수 이론 철학과 대등한 입장에 선 것이 아니라 어디까지나 그것에 뿌리박고 있다. 그래서 그들에서는 이론과 실천 사이에 간격이 없다. 즉 이론과 실천은 분리되지 않는다. 그러나 초월론적 존재에 관한 학적 사유 자체가 부정됨으로써 윤리적인 것을 다룰 공간이 원리적으로 배제되어 있는 칸트의 순수 이론 철학에서는 이론과 실천 사이에 간격이 야기되며, 그로 해서 양자는 분리된다.

(2) 이론과 실천의 종합이라는 규범적 과제의 등장

① 칸트의 종합의 방식

칸트의 비판 철학은 『순수이성비판』, 『실천이성비판』, 『판단력비판』(*Kritik der Urteilskraft*)이라는 그의 저작들로 보건대, 세 개의 철학들, 즉 『순수이성비판』의 이론 철학, 『실천이성비판』의 실천 철학, 『판단력비판』의 미학으로 나누어진다. 그러나 그의 비판 철학에서 비판되고 있는 것은 하나, 즉 인간 정신이라는 점에 주목하면, 그의 비판 철학이 세 개의 철학으로 나누어지는 것은 외관상으로 그러할 뿐이요, 실은 그것은 하나의 정신 철학이라고 말할 수도 있겠다. 그러나 그의 철학의 비판 대상이 정신이라고 해도 우리는 아무런 조건 없이 그의 비판 철학을 하나의 정신 철학이라고는 말할 수 없다. 적어도 순수이성비판과 실천이성비판의 관점에서 보면, 그의 비판 철학은 하나의 정신 철학이 아니라, 별개의 두 정신, 즉 이론이성과 실천이성이라는 두 개의 정신 철학이다. 그러나 하나의 정신에 대한 서로 다른 두 개의 정신 철학, 이것은 그의 비판 철학이 하나의 철학으로서 완성되지 않음을 의미한다. 따라서 그의 비판 철학이 하나의 철학으로서 완성되자면, 분열된 두 개의 정신, 즉 이론이성과 실천이성이 종합되어야 한다. 이 종합을 다룬 저작이 바로 『판단력비판』이다. 칸트는 이 저작을 통해서 그의 비판 철학을 하나의 정신 철학의 체계로서 완성하고자 하였다. 따라서 그의 비판 철학을 서로 분열된 정신들에 대한 철학이 아니라 하나의 정신 철학이게 해준 저작이 『판단력비판』이다.

칸트에서 이론이성과 실천이성의 종합은 그의 이론 철학에서 분열된 이론과 실천의 종합이며, 이 종합은 필연성의 영역인 자연계, 즉 현상계와 그것을 초월한 자유 영역인 목적 또는 도덕, 즉 물 자체의 세계의 종합에 다름 아니고, 이는 결국 인간 정신의 통일성의 회복이다. 인간 정신의 통일성이 회복될 때에서야 비로소 인간의 정신을 통일적으로 고찰할 수 있으며, 이 경우에야 비로소 인간다운 인간성에 대한 근원적 사유, 즉 휴머니즘의 본래적 의미 추구에 대한 근원적 사유가 가능하다. 또한 그 경우에야 그의 비판 철학은 진정한 철학, 즉 보편학일 수 있다. 우리는 철학 본연의 학적 의의가 인간성의 사유에 있음을 고려하여 인간의 윤리적 행위 원리를 통해 인간성의 사유에 접근한 그의 『실천이성비판』이 진정한 의미의 철학서라고 말하였다. 그러나 방금 말한 바와 같이, 인간성에 대한 근원적 사유가 하나의 통일적 정신의 사유에서 가능함을 고려하면, 인간 정신의 실천적 관점에서만 인간성의 사유에 접근하려고 한 『실천이성비판』은 사실 아직 진정한 의미의 철학서라 불리기 어렵다. 그렇다면 칸트의 세 비판 철학서들 중에서 인간 정신의 통일성을 회복하려한 『판단력비판』이 진정한 의미의 철학서이다.

이제 칸트의 비판 철학은 『판단력비판』을 통해서 완성된 하나의 철학, 즉 보편학일 수 있는 것으로 밝혀졌다. 따라서 이 책이 그의 철학 저술들 중에서 가장 중요하고 근본적인 책이다. 인간성의 문제도 이 책에서 다루어져야 한다. 그러나 앞서 본 바와 같이 그것은 이 책에서 다루어지지 않고 『실천이성비판』에서 다루어졌으며, 그의 철학 체계상 『판단력비판』이 가장 근본적이고 중요한 책임을 감안하면 다른 두 책이 이 책을 기초로 저술되어야 하나, 실은 『순수이성비판』을 토대로 두 책이 저술되었다. 이렇게 칸트의 철학서들은 앞뒤가 전도된 모순 관계로 구성되어 있다. 도대체 이러한 모순은 왜 일어나는가?

위 물음에 답하자면 칸트에서 그 종합이 어떻게 이루어지는가를 살펴볼 필요가 있다. 그리고 그것을 살펴보자면 우선 『판단력비판』에서 논의되고 있는 "판단력"의 위치부터 알아봐야 한다. 그것은 지성(이론이성)과 이성(실천이성) 사이에 있는 중간항이다.[7] 따라서 판단력은 감성계를 개념적으로 사유하는 지성의 능력과 초감성적 이념을 원리적으로 사유하는 이성 능력 사이에 위치하는 능력이다. 이러한 위상에 처한 "판단력 일반은 특수를 보편 아래에 포함된 것으로서 사유하는 능력이다."[8] 초감성적 도덕 세계는 보편의 세계요, 감성적 자연 세계는 특수의 세계이다. 따라서 판단력의 매개 능력에 의해서 감성적인 이론의 영역, 즉 자연의 영역에서 초감성적인 실천의 영역, 즉 도덕의 영역에로의 전이가 가능하고, 그로써 대립하고 있는 두 영역의 종합이 가능하다.

---

7) Kanr, *Kritik der Urteilskraft*, hrg. v. K Vorländer, Verlag von Felix Meiner in Hamburg, 1959, XX.

8) *Ibid.*, XXV.

직관의 다양들로 구성된, 그래서 잡다한 현상들의 세계, 즉 감성적 자연은 지성에 의해서 인식됨으로써 자연법칙의 세계, 즉 질서 있는 세계일 수 있다. 지성에 의한 이 같은 자연 인식은, 앞서 본 바와 같이, 지성이 자신의 개념들을 선험적으로 가진 한에서 가능하다. 마찬가지로 판단력이 특수를 보편 아래에, 즉 감성적 자연을 초감성적 도덕 아래에 포함된 것으로 사유하여 양자를 종합하자면, 판단력 역시 자신의 초월론적 원리(개념)를 갖는 한에서 가능하다. 칸트에서 판단력의 초월론적 원리는 자연의 형식적 합목적성의 원리이다.[9] 그런데 판단력에도 두 종류가 있으니, 특수를 이미 주어져 있는 보편에 포함하는 규정적 판단력과 오직 특수만이 주어져 있고 이 특수가 그 아래 포함될 보편을 찾아내야만 하는 반성적 판단력이 그것이다.[10] 이 중에서 자연의 합목적성의 원리를 초월론적 원리로 갖는 판단력은 반성적 판단력이다.

칸트에서 목적은 객체의 현실성의 근거를 포함하고 있는 초감성적 통일이다. 판단력은 이 목적, 즉 자연의 합목적성의 원리를 그 초월론적 원리로 갖기 때문에 자연의 모든 객체의 현실성의 근거를 포함하는 것으로 표상할 수 있다. 따라서 그것은 그러한 표상을 통하여 이론이성(자연, 필연)에서 실천이성(목적, 자유)에로의 전이를 가능하게 하여 양자를 종합할 수 있다. 칸트는 이 종합을 가능하게 하는 판단력의 초월론적 원리, 즉 자연의 합목직성을 미적 대상과 유기체에서 발견한다.

미는 우리가 어떤 대상에 대해서 느끼는 일종의 감정, 즉 쾌감이다. 칸트에 의하면 미적 감정은 우리가 대상에 대해서 어떤 개념을 만들기 전에 그 대상의 표상을 통해서 느끼는 것이다. 즉 그것은 그 대상의 형식과 우리의 직관 능력과의 조화로운 목적 관계에서 생기는 것이다. 다시 말하면, 우리가 어떤 대상에서 미를 느끼는 까닭은, 그 대상에 대한 어떤 이해관계 때문이 아니라 우리가 그 대상을 보는 자체가 우리에게 합목적이기 때문이다.

미적 합목적성이 주관적이라면, 유기체의 합목적성은 객관적이다. 유기체가 합목적이라고 함은, 유기체 안에 합목적적 관계가 실제로 존재하며, 그래

---

9) *Ibid.*, ＸＸⅨ.

10) *Ibid.*, ＸＸⅥ 참조.

서 유기체를 구성하는 그 어떤 것도 쓸모 없는 것은 아무것도 없으며, 따라서 유기체의 모든 것이 그 유기체의 전체적 목적에 합치되도록 조직되어 있음을 의미한다.

두 이성의 종합을 시도한 칸트의 방식의 핵심은 자연을 목적의 관점에서 바라다보는 것이다. 자연을 그러한 관점에서 바라다보자면 초월론적 작업이 필요한데, 이 작업을 다룬 것이 바로 『판단력비판』이다. 그의 초월론적 작업의 핵심은 두 이성 사이에서 두 이성을 매개하는 판단력과 그것의 초월론적 원리, 즉 자연의 합목적성이라는 목적의 원리를 인정하는 것이다. 그것을 인정함으로써 그는 비로소 자연을 목적의 관점을 바라볼 수 있게 되었고, 자연을 목적의 관점에서 바라봄으로써 이제 그에게 인과 필연적인 기계적 자연이 자유로 보여지게 되었다. 이로써 그는 자연의 기계적 필연성과 유기체적 합목적성이 판단력에서 합치되는 것으로 보았다. 판단력에서 그것들이 합치됨으로써 대립되는 별개의 것으로 보인 이론이성과 실천이성도 이제 둘이 아니라 동일한 이성인 것으로 드러난다. 이런 방식으로 그는 그의 비판철학들에서 분열된 인간 정신의 통일성을 회복하려 하였다.

② 칸트 종합 방식의 부당성, 비현상학의 전형

두 이성의 종합을 시도한 칸트의 방식이 정당한가? 이제 이 점을 검토하고자 한다. 만약 그 방식이 정당하지 않을진대, 정신의 통일성 회복을 시도한 그의 『판단력비판』도 『실천이성비판』과 마찬가지로 설득력을 지닐 수 없다.

결론적으로 말하면, 우리가 보기에 두 이성의 종합을 시도한 칸트의 방식은 정당하지 않다. 그 종합을 위해서는 우선 종합의 시선을 철저하게 정신(의식) 자체에로 돌려야 한다. 왜냐하면 이론이성도 실천이성도 정신의 작용이기 때문이다. 즉 감성적 자연을 개념적으로 사유하는 순수지성도, 초감성적 목적의 세계를 요청하여 인간 행위의 실천적 원리를 규정하는 실천이성도 하나의 정신적 현상, 즉 하나는 정신의 이론적 현상이요, 다른 하나는 정신의 실천적 현상이기 때문이다. 사정이 이런 고로, 두 이성을 종합하자면 정신 자체에 대한 철저한 성찰이 선행되어야 한다. 물론 정신 자체는 순수정신이다. 칸트가 두 이성을 종합하기 위해 내세운 판단력도 실은 순수 심리학, 또는 선험 심리학의 탐구 대상인 순수 정신의 판단 능력이다. 순수 정신적 현상들을 성찰하여 정신의 본질을 인식하고 정신의 본질에 의거하여 이론이성과 실천이성이 종합되어야 한다. 현상학적으로 말하면, 두 이성의 종합은 사상 자체, 즉 의식(정신) 자체에로 돌아가서 수행되어야 한다.

그러나 칸트의 이론 철학에서 정신의 본질 인식은 불가능하다. 그래서 그에게서 정신이 정신 자체로서 고찰된 적이 한번도 없었고, 그것은 항상 그에 의해서 설정된 문제를 해결하는 관점에서 고찰되었다. 그래서 그에게서는 그가 설정한 철학적 과제를 해결할 때마다 서로 다른 정신이 상정되었다. 즉 과학적 인식의 가능성을 해명하는 데서 이론적 정신이, 인간의 실천적 행위 원리를 규정하는 데서 실천적 정신이, 두 정신의 종합을 시도하는 데서 판단력이라는 정신이 상정되었다. 이렇게 상정된 정신은 각기 다르며, 통일적으로 이해되지 않고 있다. 그 까닭은 정신의 본질 인식이 부정된 데 있다. 그것이 부정됨으로써, 그에게서 정신은 그에 의해 설정된 철학적 문제 해결의 방식에 합당하게끔 자의적으로 해석되었다. 이 점은 그의 철학이 정신에 대한 비판의 형태를 띠는 데서 여실히 드러난다. 그가 말하는 비판은 정신을 객체로 고찰하는 것이 아니며, 그에 따라 그의 비판 철학은 정신에 대한 이론으로 구성되지 않는다.[11] 그 대신 그의 비판 철학은 정신의 규범적 사용으로 특징지어진다. 이 점은 그가 어떤 철학적 문제 해결에 필수 불가결한 규범적인 논리적 조건들을 미리 상정하고 나서 그 조건들을 정신에 투입시킴으로써 정신을 해석하는 데서 전형적으로 나타난다. 실로 칸트는 정신을 어떤 문제 해결의 규범적인 논리적 조건에 맞도록 끼워 맞추는 데 명수이다. 정신이 이렇게 규범적으로 사용되는 동안에 정신은 정신 자체로서 고찰될 수 없었고, 정신의 참된 의미가 망각, 은폐되어 왜곡, 곡해되지 않을 수 없었다. 따라서 칸트의 철학도 정신 자체를 도외시하여 그것을 왜곡, 곡해시키는 전형적인 비현상학적 철학의 범주를 벗어나지 못한다.

정신의 규범적 사용이 정당성을 지니자면 정신의 본질에 대한 이론적 고찰이 선행되어야 한다. 그렇지 않을 경우, 정신의 규범적 사용이 제아무리 논리적 정합성을 지닐지라도 그것은 정신의 본질적 사실과 무관한 공허한 메아리에 지나지 않는다. 왜냐하면 논리적 정합성은 사실에 반드시 합치하

---

11) *Ibid.*, XX 참조.

는 것만은 아니기 때문이다. 물론 정신의 정합적인 논리적 사용이 정신의 본질적 사실 자체에 맞아떨어지는 경우도 있다. 그 경우는 정신의 그러한 사용이 정신의 본질 인식에 기초하는 경우이다. 그렇지 않을 경우 정신의 규범적 사용은 학적 정당성을 지닐 수 없으며, 따라서 정신의 규범적 사용에 관한 학, 즉 비판 철학은 학일 수 없다. 그것은 철학의 흉내를 낸 허구적인 관념 체계에 불과하다.

주지하듯이, 흄은 그 어떤 객관적 인식도 성립할 수 없다는 회의주의의 대표자이다. 그의 회의주의는 그가 인식의 주체인 정신의 인식을 부정한 데서 유래한다. 칸트는 흄의 회의주의가 그를 독단의 잠에서 깨웠다고 고백한 바 있다. 그는 독단의 잠에서 깨어남으로써 비판 철학을 저술하여 흄에서 부정되었던 과학적 인식의 객관성을 구출하였다고 자부한다. 그러나 우리가 볼 때, 특히 현상학적으로 볼 때, 그 구출은 사상누각이다. 왜냐하면 그의 철학의 핵심은 정신의 본질 인식의 부정에 있고, 그의 비판 철학들은 모두 그 부정에 기초해 있기 때문이다. 모든 인식의 주체인 정신을 객관적으로 인식할 수 없다고 말하면서도 그 정신에 의해서 객관적 인식이 가능하다고 주장하는 것은 앞뒤가 전도된 것이다. 이 앞뒤가 전도된, 즉 불합리한 논리가 그의 비판 철학들을 꿰뚫고 있다. 우리는 위에서 그의 세 비판 철학들은 앞뒤가 전도된 모순 관계로 구성되어 있다고 말한 바 있는데, 그 까닭은 그의 비판 철학들이 정신의 본질 인식의 부정, 즉 선험 심리학의 부정에 기초하기 때문이다.

객관적 인식의 가능성의 조건을 밝힌 칸트의 이론 철학은, 그것이 정신의 본질 인식의 부정 위에 세워진 것인 한, 정신의 규범적 사용을 논리적으로 정당화한 관념 체계이다. 따라서 칸트적 의미에서 보면, 철학함이란 미리 선정된 철학적 과제 해결에 요구되는 공허한 논리적 규범들을 발견하여 그것들을 통해서 정신을 해석하는 기술(방법)을 배우는 것이다. 이 점은 그가 "우리는 철학을 배울 수는 없다. … 단지 철학함만을 배울 수 있을 뿐이다"고 말함으로써 그 스스로 인정한 바이다. 철학함이 그러하다면, 그의 철학함의 산물인 이론이성은 인식하는 정신 자체에 대한 학적 기술이 아니라 형식논리학적으로 상상된 정신, 즉 인식 규범적으로(인식론적으로) 요청된 가정된 정신이다. 바로 이런 정신이 칸트에 의해서 구출된 객관적 인식의 타당 근원이다. 그렇다면 가정된 정신의 토대 위에 세워진 개관적 인식의 가능성의 조건에 관한 학적 인식은 참되다고 할 수 없다. 플라톤도 이 점을 분명히 지적하였다. 우리가 Ⅲ장에서 본 바와 같이, 그는 "어떤 것에 있어서의 출발점이 알고 있지 못하는 것일진대, 그 결론과 중간 항들은 이 알고 있지 못하는 것으로부터 엮어지기 때문에, 그 따위의 일치가 도대체 무슨 방도로 인식으로 되는가"[12]라고 말한 바 있다.

칸트에서 객관적 인식의 가능 조건에 관한 인식의 출발점은 분명 정신이다. 그러나 그에게서 정신 자체는 인식될 수 없는 것이기 때문에 그 출발점은 정신이되, 인식론적으로 요청된 가정된 정신이다. 그런 이상, 객관적 인식의 가능 조건에 관한 그의 인식(인식이론)은 비록 규범 논리적인 정당성을 갖는다고 해도 플라톤이 말하듯이 (진정한 의미의) 인식(인식이론)이 아니다. 그럴진대, 칸트에 의한 객관적 인식의 구출은 제대로 된 구출일 수 없다. 왜냐하면 객관적 인식의 토대인 정신 자체에 대한 인식을 부정한 상태에서 제아무리 갖가지 요령을 피워서 그것을 구출해 봤자, 그것은 땜질 식 처방일 수밖에 없기 때문이다. 따라서 정신 자체에 대한 인식을 부정한 이상, 칸트는 본질적으로 흄주의자, 즉 회의주의자를 넘어설 수 없다. 뿐만 아니라 정신 자체의 인식을 도외시하여 정신을 자연과학적 인식 성립의 논리적 규범들에 끼워 맞추어 해석하는 것도 분명 하나의 독단이다. 따라서 칸트는 흄에 의해서 독단의 잠에서 깨어나자마자 곧 다시 잠들게 되었다. 이런 칸트의 모습을 러셀은 "그 잠에서 깨어난 것도 잠시뿐이었다. 그는 곧 그를 다시 잠들게 할 수 있는 수면제를 발견하였다"[13]고 정확히 표현하고 있다. 칸트는 그가 정신 자체의 인식을 부정하고 그것에 대한 비판을 수행하는 순간 그런 수면제를 발견한 것이다.

이제 정신의 본질 인식의 부정에 기초한 칸트의 비판 철학은 정신을 필요에 따라서 초월론적 관점에서 자의적으로 해석한 것으로 밝혀졌다. 그래서 우리는 칸트에서 정신은 그가 설정한 철학적 과제 해결에 맞게끔 초월론적으로 채색되었음을 보았다. 물론 그에게서 정신은 그가 해결하고자 한 과

---

12) Platon, *Politeia*, 533c.

13) B. Russell, *History of Western Philosophy*, London, 2nd Edition, 1961, p.678.

제의 성격에 따라 다르게 채색되었다. 그러다 보니 그에게서는 그가 해결하려고 한 과제 수만큼의 채색된 정신들이 있었고, 그것들은 통일성을 지닐 수 없었다. 우리는 그 점을 그의 이론이성과 실천이성에서 볼 수 있었다. 물론 우리가 본 바와 같이, 그는 그의 비판 철학을 하나의 철학으로 완성하기 위해 정신들의 통일성 회복이라는 과제를 설정하였다. 이 경우에도 역시 초월론적 관점에서 그에 의해 자의적으로 해석된 그 과제 달성에 합당한 정신이 나타났는데, 그것은 우리가 이미 고찰한 판단능력을 지닌 정신이다.

앞서 본 바와 같이, 칸트는 정신의 통일성을 회복하기 위해서 필연적인 자연법칙 인식의 주체인 이론이성을 목적의 세계에 속하는 도덕적 행위의 주체인 실천이성 아래에 종속시켜야 했다. 칸트는 우리가 자연을 목적의 관점에서 바라다볼 때 그 같은 종속이 가능하다고 생각하고, 우리가 자연을 그렇게 바라다볼 수 있는 철학적 방안을 고안했는데, 그것이 바로 우리가 위에서 고찰한 바 있는 자연의 합목적성의 원리를 정신의 판단력에 투입하여 그것을 판단력의 초월론적 원리로 인정하는 것이다. 이렇게 함으로써 칸트는 인간 정신의 실천적 의지 속에 있는 목적의 원리를 자연에다 옮겨 놓았으며, 그럼으로써 그는 인간 정신과 인과 필연적인 자연의 목적론적 동일성을 확보하였다. 이런 방식으로 그는 인간 정신의 통일성을 회복하려고 하였다.

앞서 지적했듯이, 인간 정신의 통일성을 회복하려는 칸트의 방식은 정신 자체로부터 철저히 유리되어 있다. 그래서 정신의 통일성 회복에 대한 그의 논의는 설정된 과제와 이 과제 해결에 합당한 가정에 의해 정신 자체가 고찰되는 방식으로 이루어지고 있다. 다시 말하면, 두 이성의 종합을 매개하는 정신의 판단력은 정신 자체에서 고찰되지 않고 두 이성이 종합되어야 한다는 당위성과 그 종합이 가능하도록 요청된 가정, 즉 목적을 통해서 고찰되고 있다. 따라서 인간 정신의 통일성을 회복하려는 그의 이론은 그러한 당위성을 지닌 과제를 해결하기 위한 가정으로 구성되어 있다. 그러니 자연의 합목적성의 원리도 사실이 아니라 필요에 의해서 가정된 것이다. 그런 이상, 인간 정신과 자연의 목적론적 동일성도 한갓 가정일 뿐이다. 이론적으로 보면, 자연에는 인과 필연성만 있을 뿐 그 어떤 목적도 없다. 그러나 필요에 의해서는 기계적 자연도 목적으로 해석되어야 하고, 인간과 자연의 목적론적 동일성도 허용되어야 한다는 것이 그의 비판 철학에 함축되어 있다.

물론 '자연의 합목적성의 원리가 판단력의 초월론적 원리이다'는 명제 자체는 참일 수도 있고 거짓일 수도 있다. 문제는 그 명제의 진위가 아니라 그 명제를 주장하는 방식이다. 만약 칸트가 정신의 본질적 현상들에 대한 철저한 고찰을 통해서 그 명제를 주장했다면, 칸트를 나무랄 수 없다. 그 경우 그는 정신 자체에로 돌아가라는 현상학적 태도에 충실하여 정신에 대한 자의적 해석은 있을 수 없다. 또한 그 경우에, 즉 정신의 본질을 철저하게 고찰할 때 인간 정신과 자연의 참된 관계가 밝혀지게 마련이다. 그러나 칸트에서는 그것의 고찰이 아예 차단되어 있으므로, 그는 정신을 정신 자체로써 고찰할 수 없었고 정신을 목적 개념을 통해서 고찰할 수밖에 없었으며, 그래서 그에 의해서 주장된 인간 정신과 자연의 관계도 가정적일 뿐이다. 따라서 그에게서는 정신이 자의적으로 해석될 수밖에 없었다.

이제 인간 정신의 통일성을 회복하려는 칸트의 논의가 실은 인간의 정신이 통일되어야만 한다는 과제를 해결하는 데 규범적으로 합당한 가정의 체계로 구성되는 것으로 밝혀졌다. 그런 이상, 그의 비판 철학은 끝내 미완의 형태로 남을 수밖에 없었다. 이 미완의 그의 비판 철학의 완성을 시도한 일련의 철학자들이 나타났으니, 그들이 바로 칸트의 후계자라 불리는 독일 관념론자들이다. 그러나 그들은 그의 비판 철학을 완성하기 위해서 그의 비판 철학의 정신을 이탈하지 않을 수 없었다. 그 이탈은 그들이 칸트에서 부정된 정신 자체를 인식하려는 데서 나타났다. 그러나 정신 자체를 인식하려는 그들의 방식도 정당하지 않기는 마찬가지이다. 이 점에 대해서는 여기서 언급하지 않겠다.

4. 심리학의 위상 회복

1) 칸트의 비판 철학과 현대 인간성의 위기

우리는 서양 철학사에서 철학과 심리학의 관계를 고찰하기 위한 한 방편으로 이제 막 칸트의 비판 철학의 관점에서 선험 심리학을 고찰하였다. 그 결과 그것은 학으로서 성립될 수 없는 것으로 밝혀졌다. 우리는 그에 앞서 선험 심리학이 철학의 기초학(예비학)임을 밝힌 바 있다. 그러나 칸트에 이르러 그 이전까지 철학의 기초학으로서 확고한 지위를 누려온 그것이 부정됨에 따라 서양 철학사에도 일대 혁명적 변화가 발생하였다. 그 변화는 종전의 철학적 형태가 해체되고 새로운 형태의 철학의 등장에서 시작되었다.

선험 심리학을 기초로 한 종전의 철학 형태가 형이상학이다. 우리는 형이상학은 그것의 기초인 선험 심리학이 칸트에서 부정됨에 따라 그에 의해서 해체될 수밖에 없었음을 살펴보았다. 그것의 해체로 나타난, 이제 더 이상 선험 심리학에 기초해 있지 않은 새로운 형태의 철학이 바로 칸트의 비판 철학이다. 선험 심리학의 학적 불가능성에 기인한 이러한 철학의 형태 변화는 종전과 완전히 구별되는 새로운 학적 태도를 낳았으며, 칸트의 비판 철학에 연원하는 이 새로운 학적 태도는 칸트 이후 오늘날까지, 비록 이 새로운 학적 태도와 다른 학적 태도가 등장하기는 하였지만, 서양 사상계의 주도적 태도가 되었다. 주지하듯이, 오늘의 서양 사상계의 주도적 태도는 실증주의이다. 그렇다면 선험 심리학의 학적 불가능성에 기초한 칸트의 비판 철학의 체계가 지닌 학적 태도는 다름 아닌 실증주의이다. 그의 비판 철학은 실증주의의 이론적 토대를 공고히 하였다. 이 점에서 그의 비판 철학은 실증주의적 철학으로 불릴 수도 있겠다.

앞서 본 바와 같이, 철학의 기초학, 즉 선험 심리학이 부정됨에 따라 철학에도 일대 변화가 일어났거니와, 그것은 칸트의 비판 철학을 기점으로 서양의 철학적 사유가 형이상학적 사유에서 실증주의적 사유에로 전환한 사건이다. 물론 이러한 사유의 전환은 근대 철학의 정초자로 불리는 데카르트에서 이미 감지되었다. 또한 실증학의 학적 성격의 근원을 추적하면 실증주의의 시원적 근원은 고대 그리스 철학에로까지 소급될 수 있다. 그러나 데카르트에서 실증주의적 사유 방식이 감지는 되지만 그에게는 아직 종전의 형이상학적 사유 방식이 농후하게 남아 있으며, 또한 그의 철학은 아직 실증주의의 이론적 토대를 공고히 한 것은 아니다.

물론 혹자는 칸트의 비판 철학의 학적 태도를 실증주의로 보는 우리에게 반기를 들 것이다. 그 근거는 원래 실증주의는 감각 경험만을 인정하여 그것을 통해서 존재 문제와 인식의 문제를 해결하려는 철학적 입장인데, 이것은 주로 대다수의 영미 계통의 철학이지 칸트의 철학은 아니라는 것이다. 물론 칸트의 철학이 영미 계통의 실증주의와 전적으로 같은 것은 아니다. 이 점은 그의 철학, 특히 그의 이론 철학이 인식의 가능성 해명에서 감각 경험뿐만 아니라 감각 경험 외적인 것도 인정하는 데 있다. 우리가 본 바와 같이 그의 이론 철학은 인식 가능한 세계, 즉 현상계를 한계짓는 물 자체와 같은 인식 불가능한 초월적 대상과 현상계의 인식을 위해서 몇몇 선험적 형식들을 인정한다. 그럼에도 우리가 칸트의 비판 철학을 실증주의적으로 지칭하는 까닭은, 위에서 언급한 대로 오늘날 실증주의의 학적 태도는 칸트의 비판 철학의 학적 태도에서 유래하며 또 그것에 이론적 토대를 두고 있기 때문이다.

그러면 칸트의 비판 철학의 학적 태도는 어떠한 것이기에 그것은 오늘날 실증주의의 학적 태도인가? 그것은 칸트의 철학을 논의하는 곳에서 이미 언급되었다. 그러므로 여기서는 이미 언급된 그것을 간략히 제시하기만 하면 된다. 그것은 인식의 한계를 현상학계에 국한시키고, 또한 존재 역시 현상 중에서 직관되지 않기 때문에 그것에는 선험적 종합판단이 적용되지 않는다는 이유로 존재의 학으로 불린 형이상학을 부인하여 이론과 실천을 분리하고, 종전 형이상학이 담당한 인간의 인간다운 인간성에 관한 문제를 개별학인 윤리학을 토대로 접근하려는 태도이다. 이러한 칸트의 비판 철학의 학적 태도는 영미 계통의 실증주의의 학적 태도에 다름 아니다. 물론 칸트에서 이론과 실천의 분리됨은 이론적 인식을 규정하는 대상은 현상 중에서 직관되어서 선험적 종합판단이 적용되지만 윤리적 행위를 규정하는 형이상학적 대상(자유, 신, 영혼)은 현상 중에서 직관되지 않기 때문에 선험적 종합판단이 적용되지 않는다는 그의 이론 철학의 귀결이다. 그러나 칸트는 앞서 본 바와 같이 철학 본연의 학적 의미는 인간다운 인간성의 사유에 있음을 잘 알고 있었기 때문에, 진정한 철학자로 남기 위해서 『순수이성비판』에 이어서 『실천이성비판』을 저술하였다. 그것을 저술함에 이르러 그의 비판 철학은 하나의 철학으로서의 체계를 형성하기 시작하였다.

칸트의 비판 철학의 학적 태도가 실증주의인 것은, 이론과 실천의 분리의 정신이 철저하게 담겨 있는 그의 비판 철학의 정신을 계승한 철학자들이 칸트의 후계자로 불리는 피히테, 셸링, 헤겔로 이어지는 독일 관념론자들이 아니라 영미 계통의 실증주의 철학자들인 데서도 잘 나타난다. 독일 관념론자들은 칸트가 인식 불가능하다고 한 것을 인식하려고 한 점에서 그의 비판 철학의 정신을 계승하지 않고 있다. 그의 비판 철학의 정신을 철저히 계승할 때, 이론과 실천을 분리하여 인간다운 인간성의 문제를 규범학인 윤리학에 떠넘기는 실증주의의 학적 태도가 가능하다. 물론 칸트와 영미 계통의 실증주의자들 사이에 차이점이 전혀 없는 것은 아니다. 앞서 본 바와 같이, 칸트는 이론적으로 전면 부인된 형이상학을 윤리학을 토대로 부활시키려 한 반면, 후자는 약간의 예외자들을 제외하고는 윤리학을 인정하나 그것을 통해서 형이상학의 부활을 시도하지는 않는다는 점이다. 칸트의 이론 철학의 실증주의적 태도는 우리가 본 바와 같이 그가 철학적 명제의 진위를 자연과학적 명제인 선험적 종합명제의 관점에서 검증하려고 한 데서 잘 나타난다. 여하튼 칸트의 비판 철학이 오늘날 실증주의의 이론적 토대임은 이론의 여지가 없다.

실증주의 철학자 중에서 칸트의 이론 철학의 정신을 가장 충실히 계승한 사람은 우리가 언급한 바 있는 칸트 사후에 출현한 언어분석철학의 창시자 비트겐슈타인이다. 그는 칸트의 순수이성비판을 언어비판으로 바꾸어 놓음으로써 칸트의 이론 철학의 정신을 계승하였다. 다만 그는 칸트가 말한 선험적 종합명제에 해당하는 과학적 명제로 표현될 수 없는 세계, 즉 형이상학의 세계는 말할 수 없으며, 그렇기 때문에 그 세계에 대해서는 침묵해야 한다고 보고 침묵함으로써 형이상학의 가능성을 정초하지 않았다는 점에서 도덕 철학의 형태를 통해서 그것의 가능성의 정초를 시도한 칸트와 차이를 보이고 있다.

혹자는 오늘의 영미 계통의 실증주의의 이론적 기원은 칸트의 이론 철학이 아니라 칸트에 선행하는 영국 경험론이라고 함으로써 우리의 견해가 잘못이라고 지적할 것이다. 이 지적은 정당하지 않다. 그것의 정당하지 않음은 지금까지의 우리의 논의에 세심한 주의를 기울인 철학사적 지식이 조금이라도 있는 독자라면 쉽게 알아차릴 수 있을 것이다. 영국 경험론이 아직 실증주의 이론적 토대가 될 수 없는 까닭은, 그것은 흄의 철학을 제외하고 선험심리학의 핵심적 명제, 즉 '정신은 실체이다'에 여전히 기초하고 있기 때문이다. 오늘의 실증주의자는 극단적 회의주의자는 아니다. 그러나 흄은 극단적 회의주의자이다. 이런 회의주의자에게는 실증주의의 이론적 토대도 부정된다. 그러므로 그의 철학이 오늘날 실증주의의 이론적 토대라고 말하는 것도 무의미하다.

어쨌든 우리는 칸트의 철학이 오늘의 실증주의의 이론적 토대라는 점에서 비록 그것이 초월론 철학의 형태를 취하지만 실증주의적 철학으로 지칭한 것이다. 굳이 말하자면, 칸트의 철학의 실증주의와 오늘날 영미 계통의 언어 분석철학의 실증주의는 그 형태를 달리한다고 말하면 되겠다. 즉 칸트의 철학은 실증주의의 초월론적 원리를 제시한 초월론적 실증주의로 표현하면 되고, 영미 계통의 언어분석철학은 그냥 실증주의로 표현하면 되겠다. 원래 실증주의는 칸트가 말한 초월적 대상들을 전면 부정하고 칸트가 말한 인식의 선험적 형식들, 즉 순수 논리적인 것들도 감각 경험들에 대한 귀납적 인과 분석을 통하여 해명하려 한다는 점에서 칸트적인 초월론적 실증주의와 구별된다. 한마디 부언하면, 칸트의 초월론적 실증주의는 후설의 현상학적 개념으로 표현하면 초월론적 심리학주의이다. 이 심리학주의는 현상학적으로 보면 부정적 의미를 내포하고 있는데 그에 대해서는 VI장 2절에서 상론될 것이다.

우리는 서론에서 오늘날 휴머니즘을 주도하는 철학이 우리가 방금 칸트의 비판 철학에서 연원한다고 본 학적 태도, 즉 실증주의임을 지적하였다. 또한 우리는 거기서 오늘날 실증주의가 휴머니즘의 본래적인 의미를 상실한 휴머니즘, 즉 반휴머니즘에로 치달았음도 지적하였다. 오늘의 실증주의의 반휴머니즘화는 원래 실증주의의 학적 태도에 잠재해 있던 것이 실증주의적 사유가 비약적 발전을 이룸에 따라 야기된 현상이다. 사실 서양의 학적 사유가 형이상학적 사유에서 실증주의적 사유로 전환된 근대 이후, 실증학은 저마다의 탐구 영역에서 비약적 발전을 이룩하였다. 그 결과 실증학은 이제 철학적 탐구 영역도 실증학에 의해서 제대로 탐구할 수 있다고 자처하고 철학적 탐구를 시도하였다. 그리하여 실증주의에 의해 철학의 학적 개념, 즉 각 실증학들을 인도하고 지도하는 기초학, 또는 보편학으로서의 철학의 학적 개념이 부정되고 철학은 기껏해야 일개 과학철학쯤으로 여기게 되었다. 원래 보편학으로서의 철학의 학적 개념에는 이론과 실천이 통합되어 있다. 그러나 실증주의에 의해 철학의 학적 개념이 부정됨에 따라 이제 철학과 실증학들이 분리되고, 그에 따라 이론과 실천도 분리되었다.

여기서 주의해야 할 점이 있는데, 그것은 실증주의가 철학을 부정한다는 의미를 제대로 이해해야 한다는 것이다. 실증주의가 철학을 부정한다는 것은 철학을 아예 말살시키는 것을 의미하는 것이 아니라 실증학적 방법으로 철학적 문제를 탐구함으로서 철학을 실증학화함을 의미한다. 그러므로 실증주의에 의한 철학의 학적 개념이 부정되고 그로써 이론과 실천이 분리된다고 함은, 철학이 그 고유의 방법으로 인간의 인간다운 인간성의 추구에 종사하지 않고 역으로 실증학적 방법으로 그것을 추구하게 되었음을 의미한다. 철학 그 고유의 방법으로부터의 철학의 자기 소외, 이것이 실증주의에 함축된 철학과 실증학들의 분리의 의미이다. 이러한 분리를 후설은 실증주의에 의한 철학의 참수로 표현하고 있다.[14)]

우리는 서론에서 자연으로부터의 인간의 물질적 욕구 충족을 가능하게 하는 실증학적 진리들은 철학적 진리에 비추어서 인간에게 적용되고 사용되어야 인간의 인간다운 인간성이 확보될 수 있음을 지적하였다. 그러나 실증학적 방법에 의한 철학의 실증학화로 이론과 실천이 분리됨에 따라, 이제 실증학적 진리에 다름 아닌 실증학화된 철학적 진리에 의거하여 인간의 인간다운 인간성이 다루어지게 되었다. 오늘날 실증주의에 의해 반휴머니즘적 현상이 심화된 까닭이 여기에 있다고 하겠다. 이 점은 실증학적 방법이 실증적 현상들, 즉 사실들을 탐구하는 데 적합한 방법인 점에서도 잘 드러난다. 실증학적 방법이 그런 방법인 이상, 실증학적 방법으로 인간성을 추구하는 철학 역시 "단순한 사실과학들이 단순한 사실인을 양성하는"[15)] 것과 마찬가지로 사실인간만을 양성할 뿐이다.

단순한 사실인간에 인간의 인간다운 인간성이 깃들어 있을 수 없다. 그것에 그것이 깃들어 있다고 주장하는 것은, 과학기술이 고도로 발전하면 인조인간을 만들 수 있거니와, 이 인조인간에 그것이 깃들어 있다고 주장하는 것과 다를 바 없다. 단순한 사실인간이란 인간다운 인간성이 상실된 인간이다. 실증주의가 발전함에 따라 그것에 의해 양성된 인간도 단순한 사실인간의 극한에로 무한히 접근할 수밖에 없거니와, 그렇게 양성된 단순한 사실인간은 고도의 과학기술에 의해 제조될 인조인간이 아니고 무엇이겠는가? 실증주의적으로 양성되고 있는 사실인간은 이 인간이 이념으로 하는 슈퍼맨과

---

14) *Krisis*, S.8.

15) *Ibid.*, S.3.

같은 인조인간만큼은 강하지 못할지라도 역시 강하다. 오늘날 실증주의는 국제화라는 경제 제도를 통해 슈퍼맨처럼 강한 사실인간을 양성하는 데 심혈을 기울고 있다.

그러나 단순한 사실인간이 아무리 강한들 그 강함이 오늘날 인간성과 자연성의 상실을 야기하여 인간과 자연을 병들게 하는 데 도대체 무슨 의미가 있는가? 그 누구도 인간과 인간 삶의 터전인 자연을 병들게 하는 데서 삶의 의미를 찾지 않는다. 그렇다면 단순한 사실인간을 양성하는 실증학들과 실증학화된 철학은 제아무리 고도의 정밀한 학적 체계를 가질지라도 인간의 삶의 의미에 대해서 무력할 수밖에 없다. 이런 의미에서 후설은 오늘의 반휴머니즘적 현상에 다름 아닌 현대의 위기를 우선 인간성의 위기로 표현하고, 그 다음 인간성의 위기가 학문들에서 유래함을 고려하여 학문들의 위기로 표현한다. 따라서 후설에서 휴머니즘의 본래적 의미를 회복하는 방안은 학들의 위기를 극복하는 것으로 구성된다.

후설이 말하는 오늘날 학문들의 위기는 학의 기초 위기를 말한다. 오늘날 학들은 대체 어떠한 의미에서 그 기초가 위기를 맞고 있는가? 이 물음에 대한 답은 우리의 논의를 거치는 동안에 암시되었지만, 그것을 여기서 다시 요약해 보자. 원래 학문의 근원적 · 궁극적 의미는 인간다운 인간성을 추구하고 함양하는 데 있다. 학문들 중에서 그러한 의미가 실현되도록 다른 모든 학문들을 지도하고 인도하는 학문이 우리가 보편학이라고 명명한 철학이다. 철학이 보편학인 이상, 모든 학문들은 철학에 뿌리박고 있다. 이에 모든 학들은 철학의 분과학이고, 철학은 모든 학들의 기초학, 즉 보편학이다. 철학과 철학의 분과학들, 즉 개별학(실증학)들의 관계가 이러할 때 학문의 의미는 실현될 수 있다. 철학이 개별학들과 그러한 관계를 유지 존속시키자면 철학 자신이 개별학의 방법과 구별되는 자기 고유의 방법을 가져야 한다. 왜냐하면 철학이 학의 의미를 실현하기 위해 개별학들을 지도하고 인도하는 방법은 특정 사실(현상)들을 탐구하는 개별학들의 방법과는 달라야 하기 때문이다. 플라톤이 철학의 방법이 개별학의 방법과 달라야 함을 그렇게도 강조한 것은 이런 의미에서 이해되어야 한다.

그러나 앞서 본 바와 같이 실증학의 방법을 철학에 도입하는 실증주의가 지도적 철학으로 등장하면서 철학과 개별학들의 관계가 끊어져 이론과 실천이 분리되었으며, 그 결과 개별학도 철학도 학문의 원래 의미를 실현시키지 못하고 오히려 그 역, 즉 인간의 인간다운 인간성의 문제를 도외시하여 그것의 상실을 야기하게 되었다. 따라서 후설이 말한 학문의 기초 위기란 학문이 근본적·궁극적으로 지향하는 문제, 즉 인간의 인간다운 인간성의 문제를 도외시하여 인간의 삶의 의미에 대해서 아무런 의미도 제공해 주지 못하는 것을 의미한다. 따라서 학문의 기초 위기는 앞서 언급되었듯이 실증주의에 의해 철학이 철학 자체로부터 소외됨으로써 철학이 보편학으로서의 역할을 제대로 수행하지 못하여 원래 하나로 통합되어 있던 인간의 삶과 철학과 실증학들이 분리된 데서 유래한다. 이렇게 보면, 학문의 기초 위기를 극복함으로써 휴머니즘의 본래적 의미를 회복하려는 후설의 방안은 철학이 원래의 지위, 즉 보편학으로서의 철학의 지위를 회복하는 것이다.

철학이 보편학의 지위를 상실하기 시작한 때는 앞서 언급되었듯이 실증주의의 그림자가 철학에 깔리기 시작한 근대이다. 근대는 신흥 학문, 즉 자연에 관한 실증학인 자연과학의 경탄할 만한 발전과 함께 시작된다. 무엇보다도 이 신흥학문의 비약적인 발전에 자극을 받은 것은 그 오랜 역사를 지닌 만학의 여왕이라 불리는 철학이다. 철학이 그것에 자극받아 일어난 결과는 자연과학이 단시간에 왜 그토록 비약적인 발전을 이룩하게 되었을까에 대한 학적 반성이다. 반성의 결과, 철학은 철학에도 자연과학적 방법을 적용하면 상당한 학적 성과를 거둘 수 있으리라 판단하고, 철학에 자연과학적 방법을 적용하게 되었다. 이것은 근대 철학의 아버지로 불리는 데카르트가 자연과학의 선험학인 수학적 방법을 철학에 적용하면서 시작되었다. 이리하여 근대 철학은 합리론이든 경험론이든 칸트의 비판 철학이든 숙명적으로 적어도 방법론적으로는 실증 과학의 싹을 안고 시작되었다.

비록 실증학의 싹이 그 속에 내재는 하고 있었지만 데카르트의 철학은 아직도 보편학으로서의 철학의 학적 지위를 고수하고 있었다. 철학의 보편학으로서의 지위 상실은 영국 경험론에서 시작된다. 그러나 영국 경험론은 아직 철학이 그것을 상실할 수밖에 없는 까닭을 이론적으로 증명한 것은 아니다. 우리가 본 바와 같이 그것은 칸트의 비판 철학에서 증명된다. 칸트는 인간성의 문제나 인간 삶의 의미 문제는 선험적 종합판단이 적용될 수 없는 영역이기에 순수 이론 철학이 다루어야 할 성질이 아님을 천명하였다. 이로써 칸트에 이르러 현대의 반휴머니즘적 상황으로 특징지어지는 현대의 위기 상황, 즉 우리가 철학 자체의 위기로 부른 인간 삶과 철학과 실증학이 분리되는 상황의 학적 틀이 마련되었다.

혹자는 칸트 철학은 비록 이론적으로 인간성의 문제를 다룰 수 없음을 고백했지만, 우리가 이미 살펴본 바와 같이 실천적으로는 순수 이론 철학에서 포기되었던 인간성의 문제를 다룰 형이상학의 가능성의 정초를 시도했다고 지적함으로써 그의 철학에서 인간성 상실로 특징지어지는 현대적 위기의 학적 틀이 마련되었다고 하는 우리에게 항변할 것이다. 이 항변은 옳지 않다. 그가 그것을 저술했다고 해서 그에게서 보편학으로서의 철학의 지위가 회복되는 것은 아니기 때문이다. 그의 철학은 원리적으로 그것이 회복될 수 없게끔 되어 있다. 그럼에도 앞에서 본 바와 같이, 그는 참된 철학자로 남고자 그의 철학에서 그것이 회복될 수 있도록 하기 위해 『순수이성비판』에 이어서 『실천이성비판』과 『판단력비판』을 차례로 저술하였다. 이러한 저술들을 통해서 칸트가 우리에게 보여준 점은, 비판 이론상으로는 하나의 인간 정신이 서로 다른 정신들로 분열되지만, 비판의 당위성으로는 분열된 정신들이 하나의 정신으로 통일되어야 한다는 것이다. 이론적으로 분열될 수밖에 없는 정신을 당위성의 관점에서 통일하고자 하는 바로 거기에서 이제 그의 비판 철학은 하나의 체계 철학으로 등장하게 되었다. 그러나 우리가 앞서 지적한 바와 같이 칸트의 비판 철학은 그의 노력에도 불구하고 하나의 체계로서 완성되지 못하였다. 그것은 그의 비판 철학을 계승한 헤겔에서 완성된다. 헤겔의 철학이 하나의 거대한 체계를 형성한 것은 우연이 아니다. 그의 철학이 그것을 형성한 골격은 칸트에 있다.

2) 형이상학적 심리학에서 탈-형이상학적 심리학에로

우리가 지금까지 다소 많은 부분을 할애하여 칸트의 비판 철학에 대해서 논의한 까닭은, 그 전까지 철학의 기초학으로서 확고한 지위를 누려온 선험 심리학의 그에 의한 학적 가능성의 부정이 어떠한 철학적 의미를 지니는지를 추적하기 위해서였다. 우리의 논의에 의하면, 우선 서양 철학은 그것의 부정을 기점으로 형이상학적 사유에서 실증주의적 사유로 전환했으며, 이는 보편학으로서의 철학의 학적 개념의 상실을 초래했고, 그것의 상실은 철학 안에서 통합되어 있던 이론과 실천이 분리되어 철학, 인간 삶, 실증학이 각기 분리되는 상황을 맞았으며, 그것들의 분리는 학의 기초 위기, 인간성의 위기 등으로 불리는 현대적 위기, 즉 현대의 심화된 반휴머니즘적 현상을 초래하게 되었다. 이 같은 우리의 논의의 귀결로 보건대, 철학이 휴머니즘의 본래적 의미 회복이라는 그 본래의 학적 의미를 실현하자면 철학 본연의 학적 개념, 즉 보편학의 지위를 회복하여야 한다. 바로 이 같은 방식으로 철학의 새로운 정초를 모색한 철학자가 우리가 잠시 언급한 후설이다.

물론 후설에 의한 철학의 새로운 정초 방식, 즉 철학 본래의 학적 개념, 즉 보편학의 지위 회복은 우선 선험 심리학의 위상 회복으로써 가능하다. 왜냐하면 보편학으로서의 철학의 학적 개념의 상실은 비록 그 안에 (선험) 실증학적 방법의 싹이 자라기 시작한 근대 철학의 개척자인 데카르트 철학에서 이미 미약하게나마 일어나기 시작하였지만, 그것의 결정적 상실은 칸트에 의해 그것의 기초학으로 간주된 선험 심리학의 학적 가능성이 부정되면서 비롯되었기 때문이다. 실로 그 전까지 철학의 기초학으로서 확고한 지위를 누려온 선험 심리학은 칸트에 의해 그 학적 가능성이 부정된 이래, 후설이 현상학을 창시할 때까지 한번도 철학의 기초학으로서의 지위를 차지하지 못했음은 물론 서양 학문의 역사에서 아예 그 자취가 완전히 사라졌다. 그리하여 그 이후 서양 지성계에는 "선험적 방법은 수학적인 것에서만 수행되어야만 한다는 뿌리깊은 편견"[16]도 팽배하였다. 결국 칸트에 의한 선험 심리학의 학적 가능성의 부정은 그 이후 서양 철학이 그 본연의 학적 의미, 즉 인간다운 인간성의 사유를 제대로 수행할 수 없게 하는 데 주도적인 역할을 하는 심히 비극적인 결과를 낳았다.

후설의 새로운 철학의 정초 작업이 칸트에 의해 부정된 선험 심리학의 위상 회복을 통한 철학의 학적 지위를 회복하는 방식이라면, 그의 노력은 결국 칸트에 의해 해체된 종전의 형이상학적 형태의 철학을 재건하는 것에 불과한 것은 아닌가? 물론 후설은 우리의 논의로 보건대, 적어도 종전 형이상학이 선험 심리학에 기초하고 보편학이라는 학적 개념을 고수한 점만은

---

16) *Psy.*, S.88.

부인하지 않을 것이다. 그러나 그는 칸트 이상으로 종전 형이상학을 배격한다. 후설과 칸트는 철학을 새롭게 정초함에 있어 탈-형이상학적 태도를 취한다. 탈-형이상학이란 기존 형이상학을 비판적으로 해체, 극복하여 그것을 새롭게 정초함을 의미한다. 이러한 탈-형이상학적 작업이 칸트에서는 비판적 작업이며, 후설에서는 현상학적 작업이다. 그러나 칸트의 비판적 작업은 선험 심리학을 부정함으로써 가능한 반면, 후설의 현상학적 작업은 칸트이래 자취를 감춘 그것을 회복함으로써 가능함은 앞서 본 바와 같다. 이에 칸트와 후설의 철학은 비록 초월론적 주관주의 철학의 형태를 취하고 있음에도 전혀 다른 차원의 철학임을 알 수 있다. 그들의 철학이 공히 그러한 형태를 취한다고 하여 그들의 철학을 동일한 범주의 철학으로 본다면 그들 철학의 본질적 차이를 몰라도 너무나도 모르는 셈이다.

후설이 종전 형이상학을 철저하게 배격하는 까닭은, 그가 보기에 그것이야말로 사상 자체를 도외시하는 전형적인 비현상학적 철학이기 때문이다. 형이상학이 배격됨에 따라 그 기초학인 선험 심리학도 철저하게 배격됨은 물론이다. 이 형이상학이 기초하고 있던 종전의 선험 심리학에 대한 학적 표현은 형이상학적 심리학이다. 후설에서 이 심리학이 배격되는 까닭도 형이상학이 배격되는 까닭과 같다. 따라서 후설이 회복하고자 한 것은 선험 심리학이되, 형이상학적 심리학이 아니라 탈-형이상학적 심리학이며, 이 심리학이 바로 현상학적 심리학이다. 두 심리학은 공히 정신의 본질 인식을 시도하지만 전혀 다르다. 따라서 철학의 새로운 정초를 지향한 후설의 노력은 칸트에 의해 해체된 종전 형이상학에로의 단순한 복귀가 아니다.

우리가 보기에, 서양 철학은 형이상학적 심리학에서 탈-형이상학적 심리학에로의 이행에서 유사이래 가장 큰 혁명적 사건을 맞게 된다. 유사이래 처음 맞는 이 사건은 철학 이념의 변화에서가 아니라 철학 방법의 변화에서 일어났다. 따라서 그 사건은 새로운 철학 방법의 출현을 말한다. 그 새로운 철학 방법은 우리가 이미 Ⅱ, Ⅲ장에 걸쳐서 언급한 현상학적 방법이다. 그렇다면 그 이전까지 서양 철학은 적어도 방법에서 큰 변화가 없었음을 말한다. 우리는 근대의 시작과 더불어, 특히 칸트의 비판 철학을 기점으로 서양의 철학적 사유가 형이상학적 사유에서 실증주의적 사유에로의 전환을 서양 철학에서 일대 사건이라고 말하였다. 분명 그것은 일대 사건임에는 분명하나, 방법론적으로는 아무런 사건도 아니었다. 도대체 어떤 의미에서 그런가? 이제 이 점을 검토해 보자. 그 점을 검토하는 중에 서양 학문의 역사에서 선험 심리학다운 그러한 심리학이 실제로 존재했는지, 다시 말하면 철학의 기초학의 역할을 제대로 한 선험 심리학이 실질적으로 존재했는지가 밝혀질 것이다.

우리는 학문 위계상으로 볼 때 선험학이 철학의 기초학인 동시에 경험 과학의 기초학이라고 말하고, 학문 영역으로 보건대 선험학은 선험 심리학과 선험적 물리학(자연학)으로 나누어지는데, 이 중에서 선험 심리학이 철학의 기초학으로서 적합함을 밝혔다. 그렇지만 철학사적으로 보면, 선험 심리학에 기초한 철학뿐만 아니라 선험 물리학에 기초한 철학도 분명히 있다. 전자의 철학의 형태가 유심론 또는 관념론이라면, 후자의 철학의 형태가 유물론이다. 선험 심리학이 철학의 기초학이라는 우리의 주장에 비추어보면, 지금까지의 철학들 중에서 유심론적 또는 관념론적 철학이 철학 본연의 과제, 즉 인간을 인간으로서 존재하게 하는 진리를 제대로 탐구해 왔고, 선험적 물리학에 기초한 유물론적 철학은 그것을 제대로 사유해 오지 못하였다고 해야 할 것이다. 그러나 실상은 그렇게 말할 수 없다. 왜냐하면 우리가 보기에 서양에는 여러 형태의 철학들이 있는데, 이들 철학들은 방법론적으로 동일하며, 그래서 선험 심리학에 기초한 철학이든 선험적 물리학에 기초한 철학이든 모두 방법론적 동일성을 지니며, 그런 이상 전자가 후자보다 철학적 진리를 더 잘 탐구해 왔다고는 말할 수 없기 때문이다. 즉 선험 심리학을 기초로 한 철학이라고 해도 그것이 물리의 본질을 탐구하는 데 합당한 방법으로 심리의 본질을 탐구하고, 그렇게 탐구된 심리에 기초해 있다면, 그 철학은 비록 외형상으로는 선험 심리학에 기초해 있지만 실은 선험적 물리학에 기초해 있는 것과 다를 바 없겠기 때문이다.

그러면 서양에서 심리와 물리의 본질이 과연 동일한 방법으로 탐구되어 왔단 말인가? 분명히 그러하다. 그것은 철학사적 사실이다. 그렇다면 그 동일한 선험적 방법은 대체 무엇인가? 그것은 우리가 형식적 존재론에 속한 것으로 말한 형식 논리학 또는 수학이다. 우리가 보기에, 이들 학문은 정신과 물리(자연)의 본질을 탐구하는 선험적 방법학으로서 기능해 왔다. 즉 자연의 본질뿐만 아니라 정신의 본질도 형식 논리학적・수학적 방법으로 탐구

돼 왔다. 우리는 이 점을 칸트 이전의 선험 심리학자들이 이성에 의한 순수 형식 논리학적 추리를 통해 정신의 본질, 즉 순수 심리를 인식한 데서, 또 이미 고찰한 바 있는 어느 정도 현상학적 면모를 갖춘 플라톤도 정신의 본질을 드러내는 이데아에 이르는 가장 기초적인 학문을 수학(기하학)으로 본 데서 분명히 알 수 있다. 그러나 우리가 보기에 형식 논리학이나 수학은 양적인 것의 본질, 즉 실증적 자연(물리)의 본질을 인식하는 데 적합한 선험적 방법학이지 그 본질이 결코 양적일 수 없는 것, 즉 정신의 본질을 인식하는 데 적합한 선험적 방법학은 아니다. 그럼에도 서양에서는 형식 논리학, 수학이 모든 영역의 본질을 탐구하는 선험적 방법학의 지위를 고수해 왔다. 실로 서양 학문의 역사는 형식 논리학, 수학과 함께 시작되어 오늘에 이르고 있다. 서양 학문의 역사를 한번 살펴보면 철학자든 실증학자든 한결같이 수학적 · 형식 논리학적 사유 능력이 탁월한 자이거나 그것들에 정통한 자이다. 실로 서양에서는 그 누구도 수학적 · 형식 논리학적 사유 능력이 없이는 철학자도 경험 과학자도 될 수 없었다. 플라톤, 아리스토텔레스, 데카르트, 스피노자, 라이프니츠, 현대의 분석 철학자들은 말할 나위도 없고 뉴턴과 아인슈타인을 비롯한 저명한 경험 과학자들도 모두 수학적 · 형식 논리학적 사유 능력이 탁월한 자들이다.

칸트가 선험 심리학을 부정함으로써 정신에 관한 비판 철학의 체계를 형성하여 서양 철학사에서 획기적 전환을 마련하였음은 앞서 언급되었다. 그러나 정신에 대한 그의 비판 작업의 핵심 역시 정신에 대한 형식 논리학적 고찰 작업에 다름 아니다. 그의 비판 작업의 핵심은 종전 형이상학이 사물 자체에 속한 것으로 본 12개의 형식 논리학적 범주를 순수 지성에로 옮겨 놓아 그것들을 순수 지성의 선험적 형식이라고 한 점이다. 이로써 그가 말한 코페르니쿠스적 전환이 가능하게 되었다. 따라서 칸트는 비록 형이상학적 심리학을 부정하였지만 그 역시 형이상학적 심리학자들처럼 형식 논리학을 통해서 정신을 고찰한 점에서는 그들과 방법론적으로 다를 바 없다. 이로 보건대, 형이상학은 비록 선험 심리학이 그것의 기초학으로 되어 있지만, 실상은 그것의 기초학의 역할을 한 것은 선험 심리학이 아니라 형식 논리학임을 알 수 있다. 그렇다면 칸트의 비판 철학과 이 철학에 의해 해체된 형이상학의 명실상부한 기초학은 공히 형식 논리학인 셈이다. 이로써 우리가 말하고자 하는 것은, 서양 철학사에서 선험 심리학이 진정으로 철학의 기초학으로서의 지위를 한번도 누려보지 못했고 그 대신 형식 논리학이나 수학이 그러한 지위를 누려 왔으며, 그에 따라 실증학들 중에서 제일의 대접을 받아야 할 선험 심리학이 그렇게 대접받지 못했으며, 그래서 서양 철학이 철학 본연의 학적 의미, 즉 휴머니즘의 본래적 의미를 실현하지 못하고 오히려 그것의 상실을 초래하게 되었다는 점이다. 이로써 가히 혁명적이라 불릴 만한 칸트의 철학적 전환도 적어도 방법론적으로는 아무런 전환도 아니었음이 입증되었다.

이제 철학이 그 본연의 학적 의미를 실현하자면, 철학의 기초학, 즉 선험 심리학이 회복되어야 하되 탈-형이상학적으로 회복되어야만 하는 까닭이 밝혀졌다. 그것을 탈-형이상학적으로 회복하는 방법이 현상학이며, 이 방법에 의한 선험 심리학이 현상학적 심리학임은 앞서 언급된 바와 같다. 앞서 언급된 바와 같이, 형이상학적 심리학과 현상학적 심리학은 공히 정신의 본질 인식을 시도하되, 전자는 정신을 정신 자체에서가 아니라 정신 외적 관점에서, 즉 형식 논리학이나 수학의 관점에서 고찰한다면, 후자는 정신을 정신 자체에서 고찰한다. 따라서 현상학적 심리학에서는 형식 논리학이나 수학의 관점에서 정신이 고찰되지 않고, 오히려 그 역으로 정신 자체에서 수학이나 형식 논리학이 고찰된다. 사정이 이러하므로, 형이상학적 심리학에서는 수학이나 형식 논리학의 학적 근원이 정신에서 밝혀질 수 없는 반면에, 현상학적 심리학에서는 그것이 정신에서 밝혀진다. 따라서 형이상학적 심리학에서는 그것들의 근원을 밝히려는 학적 노력이 포기되거나 가정에 의존하거나 할 수밖에 없게 된다. 이에 형이상학적 심리학이 철학의 기초학일 경우, 무전제성의 원리라는 철학의 이념은 아예 실현될 수 없을 수밖에 없었다. 철학의 그 이념 실현의 포기는 다름 아닌 철학 본연의 학적 의미 실현, 즉 휴머니즘의 본래적 의미 회복의 포기이다.

3) 심리학의 위상을 회복하려는 딜타이의 시도와 그 좌절

혹자는 칸트 이후 형식 논리학적 방법이 아닌 방법으로 정신의 인식을 시도한 철학자는 후설이 처음이 아니라고 하고, 그 예로 헤겔의 변증법적 방법, 생 철학자들의 해석학적 방법을 들 것이다. 그러나 헤겔의 변증법적 방법은 후설의 현상학적 방법과 무관하며, 생 철학자들의 해석학적 방법은 후설의 현상학적 방법의 선구일 수 있으며, 또한 그들의 해석학은 Ⅱ장과 Ⅲ장에서 본 바와 같이 현상학의 학적 성격이다. 그러나 그들의 해석학적 방법은 아직 철학 본연의 학적 의미를 실현하는 데 합당한 철학 본연의 방법으로 열려 있지 않다. 우리는 헤겔의 변증법적 방법이 후설의 현상학적 방법과 무관함을 밝힌 연후에 그 까닭을 밝히겠다.

헤겔이 외관상 형식 논리학과 구별되는 변증법으로 정신의 본질을 이해한 것은 사실이다. 그러나 곰곰이 생각해 보면, 그의 변증법적 정신 이해도 Ⅱ장 1절의 2)에서 본 바와 같이 형식 논리학의 기본 범주 속에서 움직인다. 왜냐하면 변증법의 핵심은 모순의 지양인데, 그것은 형식 논리학의 기본 범주 안에서, 즉 유(有)와 그것의 모순인 무(無)의 범주 안에서 그것들의 종합으로써 성립하기 때문이다. 사정이 이런 이상, 그것은 형식 논리학의 기본 틀을 완전히 벗어날 수는 없다. 이 점은 그의 철학이 형식 논리학적 사유 체계 위에 건립된 칸트의 비판 철학의 체계를 비판적으로 계승하여 완성한 철학 체계라는 점에서도 알 수 있다. 형식 논리학이 정신을 단조롭게 도식적으로 이해하듯이, 그것의 변양인 헤겔의 변증법도 그러하다. 주지하듯이, 그의 변증법은 유가 무에로 전개하여 이 양자의 종합에 의한 생성이라는 매우 단조로운 형식적 도식으로 구성되어 있다. 인간 정신은 그렇게 단조롭지 않다. 따라서 변증법의 단조로운 형식적 도식으로 정신을 인식할 경우 정신 역시 도식적으로 이해되어 그 본질이 은폐, 망각되기는 마찬가지이다. 따라서 헤겔의 변증법적 정신 인식도 정신을 정신 자체로써 고찰하는 후설의 현상학적 정신 인식과는 무관하다.

형식 논리학이 정신을 인식하는 데 적합한 방법일 수 있을까에 대한 의심은 헤겔에 대항한 생 철학자들에 의해서 제기되었다. 그들 중, 특히 딜타이는 형식 논리학을 자연 인식에만 적합한 방법이라고 하여 학문 방법론에서 그것의 절대적 진리성을 부정하고 정신 인식에 합당한 방법론을 정초하는 데 심혈을 쏟아 해석학을 정신 인식의 방법론으로 제시하여, 학문을 방법론적으로 자연과학과 정신과학으로 구분하고 철학을 후자의 범주에 귀속시켰다. 철학을 후자에 귀속시킨 그에게도 철학의 기초학이 필요했는데, 그

학 역시 심리학이다.

딜타이의 해석학적 작업은 심리학을 새롭게 정초하는 데서 시작되었다. 그의 이 작업은 칸트에 의해 부정된 철학의 기초학, 즉 영혼의 본질 인식을 시도한 선험 심리학을 후설에 앞서 처음으로 회복하려는 시도였다. 그는 또한 이러한 노력을 통해서 근대 철학에서 정신, 또는 심리학에 대한 접근이나 탐구가 일면적으로, 즉 자연과학적으로 이루어졌음을 최초로 자각하였다. 그리하여 그의 해석학적 심리학 정초 작업은 후설의 현상학과 더불어 자연과학적 또는 자연주의적 심리학에 대항하여 그것의 극복을 시도한 최초의 노력이다. 그는 그 노력을 통해서 기존의 자연과학적 심리학을 "설명적 또는 구성적 심리학"으로 규정하고, 그것에 그의 해석학적 심리학, 즉 "기술적 분석적 심리학"을 대립시켰다.

자연과학적 심리학은 영혼적 생의 현상들을 일의적으로 규정된 일정 수의 요소들에 의해서 일종의 인과관계에 종속시키며, 그렇게 함으로써 경험적 직관을 넘어서는 추리를 사용하여 가설적 · 구성적으로 그것들을 탐구한다. 따라서 이 심리학의 영혼 탐구 방식은 경험을 근거로 하여 경험되지 않은 인과적 연관의 가설적 기초와 법칙가설을 모색하는 식으로 진행된다. 그러나 딜타이는 이러한 방법론적 절차는 자연과학적 개념들을 영혼적 생과 역사의 영역에 부당하게 확대, 적용한 데서 유래하는 것인 바, 외적 경험에 의존하는 공간적으로 상호 외면적인 연장적 자연 인식에는 적합할지 모르나, 비연장적인 내적 영혼의 본질 인식에는 전혀 적합하지 않다고 본다. 따라서 모든 정신과학은 상호 외면적인 연장적인 것에 관계하는 것이 아니라 내적 경험을 통해서 비로소 접근 가능한 정신적 연관에 관계한다. 내적 경험은 그 어떤 상호 외면적인 것도 제시하지 않고, 서로 분리되어 있는 자립적인 요소들을 단편적으로 인식하지도 않고, 오직 내적으로 연관된 상태만을 인식한다. 내적으로 상호 연관된 상태란 끊임없이 흘러가는 체험들로 구성된 생이다. 체험들로 구성된 영혼(정신)적 생은 생 외적인 자연과학적 가설법칙에 의해서 결코 파악될 수 없으며 단지 체험될 뿐이다. 이러한 생을 체험하는 양식이 이해이다. 바로 여기에 자연과학의 자연 인식과 심리학의 정신(영혼) 인식의 근본적 차이가 있다. 이 차이를 그는 "자연은 설명하고 정신생활은 이해한다"[17]로 표현한다.

이제 딜타이에게 정신과학의 고유한 과제는 내적으로 경험 가능한 정신적 연관에로 되돌아가서 통일적인 직관을 창출하고, 그것을 통해 정신적 생활과 활동, 성취, 정신적인 창작의 통일성을 이해하는 것이다. 이러한 작업은 순수 직관을 토대로 수행된 학적 분석, 개념 구성, 체계적 기술이다. 이런 과제를 떠맡은 기초학이 그의 해석학적 심리학, 즉 기술적 분석적 심리학이다. 이 심리학의 핵심 과제는 그때그때 하나의 통일적인 구조연관을 형성하여 다면적으로 각기 얽혀 있는 체험들로 구성된 영혼적 생을 체계적으로 분석하여 그 전형(유형)에 따라 기술하는 것이다.

방금 본 바와 같이, 딜타이의 방법론적 작업을 시종일관 지배한 태도는 논리나 자연과학적 범주와 같은 정신 외적인 것으로써가 아니라 정신적 연관을 바로 그 연관 내에서 파악하고자 하는, 그의 말을 빌리면 "생을 생 그 자체로부터 이해하고자 하는"[18] 태도이다. 따라서 그의 방법론적 태도는 사상 자체에로 귀환하려는 현상학적 태도이기도 하다. 바로 이 점에서 우리는 그의 해석학을 후설 현상학의 선구로 지칭한 것이다. 후설 역시 자연주의적 심리학에 대항하는 그의 심리학적 저술들을 천재적 저술이며 심리학사에 결코 잊혀질 수 없는 노작으로 평가한다.[19] 딜타이 역시 지금까지 철학은 정신의 본질 인식에 합당한 방법을 갖지 못한 고로, "완전한 경험, 즉 왜곡되지 않은 경험을 기반으로 삼은 적이 한번도 없었음"[20]을 실토하며, 이 점에서, 철학은 "아직도 아무런 학도 아니며, 학으로서는 아직도 아무런 단서도 얻지 못하고"[21] 있다고 보는 후설과 견해를 같이 한다. 따라서 심리학에 합당한 방법을 탐구함으로써 철학을 새롭게 정초하고자 한 딜타이의 업적은 탁월하며, 적어도 그는 방법론적 작업에서 데카르트와 칸트를 능가하는 공헌을 세웠다.

철학은 자연과학에서 독립되어야 하지만, 그렇다고 그것과 대등한 관계에 있는 학이 아님은 앞서 여러 번 언급되었다. 철학이 자연과학과 독립되었지

---

17) Dilthey, *Gesammelte Schriften, Band V*, Leipzig und Berlin, 1914, S.144.

18) *Ibid.*, S.4.

19) *Psy.*, S.65.

20) Dilthey, *Ibid., Band VIII*, S.175.

21) *PW*, S.8

만 동시에 그것과 대등하다는 주장의 근원은, 실체를 서로 독립된 대등한 실체들, 즉 정신 실체와 물체 실체로 나눈 데카르트의 이원론이다. 이 이원론은 이론과 실천의 분리의 토대이다. 따라서 그 경우에 철학은 이론과 실천을 통합할 수 있는 학적 지위, 즉 보편학의 지위를 회복할 수 없고, 그래서 그것은 그 본연의 학적 의미도 실현할 수 없다. 철학이 원래의 학적 지위를 되찾아 그 본연의 학적 의미를 지니자면, 응당 자연과학으로부터 독립해야 함은 물론이거니와 그것과 대등한 관계에 있어서도 안 되고, 자연과학의 차원을 완전히 벗어나야, 즉 그것을 완전히 초월해야 함은 앞선 논의의 귀결이다. 그 경우에야 철학은 정신을 여하한 과학적 범주의 속박에서 독립시켜서, 즉 초월론적으로 순화시켜서 정신 자체를 고찰할 수 있으며, 그때에서야 철학은 비로소 이론과 실천을 통합하는 그 본연의 학적 지위를 되찾아 그 본연의 학적 의미를 실현할 수 있는 명실상부한 과학으로부터의 진정한 독립성(자율성)을 가질 수 있다.

딜타이도 분명 자연과학적 방법과 완전히 대립되는 그의 해석학적 방법을 통해 그 당시 자연과학적 방법에 의해 그 본질이 왜곡되어 불구가 된 정신[22]의 본질을 회복하려고 함으로써 그는 분명 철학을 자연과학으로부터 독립시켰다. 이 점에서 그는 분명 옳았다. 그러나 그에게서 철학은 자연과학으로부터 독립은 되었지만, 여전히 그것과 방법론적으로 대등한 관계에 있다. 즉 그에게서 정신은 비록 그것의 탐구 방법에서 물체와 독립했을 뿐 여전히 물체와 대등한 관계에 있다. 이에 그에게는 여전히 데카르트의 이원론의 흔적이 남아 있다. 이 점은 앞서 본 "자연은 설명하고 정신 생활은 이해한다"는 그의 말에서, 또 그가 이 말에 의거하여 칸트가 자연과학의 학적 토대를 마련했다면 자신은 그것과 대립되는 정신과학의 학적 토대를 마련했다고 자처하는 데서 잘 나타난다. 이처럼 그에게 데카르트적인 이원론의 흔적이 남아 있다는 것은, 그가 정초한 정신 인식의 방법에 물체와의 대립성을 벗어나서 정신을 인식할 수 있는 길이 아직 차단되어 있음을 의미한다. 바로 이런 의미에서 우리는 그의 해석학적 방법은 사상 자체에로 나아가려는 현상학적 태도임에도 이론과 실천이 통합되는 보편학이라는 철학 본연의 학적

---

22) Dilthey, *Ibid.*, *Band V*, S.5 참조.

지위를 회복하여 철학 본연의 학적 의미를 실현하는 데 합당한 철학 고유의 방법으로 열려 있지 않다고 말한 것이다. 결국 그의 해석학적 심리학은 정신 자체를 완전히 파악하는 철학의 단계로 상승하기에는 역부족이다. 이는 새로운 방법에 의한 그의 심리학도 아직은 진정한 철학, 엄밀한 철학의 기초학이 되기에는 역부족임을 의미한다.

물론 후설도 자연과학적 방법이 아닌 방법, 즉 현상학적 방법으로써 자연과학적 심리학과 구별되는 현상학적 심리학을 정초하여 우선 자연과학적 심리학과 현상학적 심리학을 대비시킨 점에서는 역시 자연과학적 방법이 아닌 해석학적 방법으로써 자연과학적 심리학과 구별되는 해석학적 심리학을 정초하여 그것을 자연과학적 심리학과 대비시킨 딜타이와 다를 바 없다. 이런 입장에서만 본다면, 그가 서양 학문에 끼친 공헌은 딜타이를 능가하지 않는다. 그러나 그가 그를 능가한 그와 다른 점은, 그가 그의 현상학적 심리학에 철학에로 상승할 수 있는 방법론적 단초를 마련해 놓았다는 점이다. 그로 해서 그의 현상학적 심리학은 철학의 기초학이 될 수 있다는 점이다. 그러나 딜타이의 해석학적 심리학에는 아직 그런 방법론적 단초가 마련되어 있지 않기에 그것은 철학으로 상승할 수 없었고, 그 결과 그에게서는 철학도 여전히 과학에, 즉 자연과학과 대립되는 정신과학의 차원에 머물러 있을 수밖에 없다. 그래서 그에게서 철학은 진정한 철학, 즉 엄밀한 학으로서의 철학으로 상승할 수 없었다.

물론 딜타이뿐만 아니라 근대 철학, 즉 경험론과 합리론, 칸트의 비판 철학도 철학으로 상승하지 못하고 과학의 차원에 머물러 있기는 마찬가지이다. 차이가 있다면, 딜타이의 철학이 정신과학적 차원에 머물러 있었다면, 근대 철학은 Ⅵ장의 2절에서 밝혀지겠지만 자연과학적 차원에 머물러 있었다는 점이다. 철학 본연의 학적 의미, 즉 인간의 정신적 삶에서 생기하는 본래적 인간성 회복에 비추어보면, 그래도 정신과학적 차원에 머물러 있는 딜타이의 철학이 자연과학적 차원에 머물러 있는 근대 철학에 비하면 진일보했다고 할 수 있는데, 이것은 그의 해석학적 정신 인식의 방법이 근대 철학의 정신 인식의 방법에 비해 진일보한 데 있다고 하겠다. 물론 전자가 후자에 비해 진일보할 수 있었던 것은, 전자가 지닌 사상 자체에로 향하는 태도에 있다고 하겠다.

딜타이의 새로운 심리학도 아직 철학의 기초학이 아니라는 것은 대체 무엇을 의미하는가? 앞서 본 바와 같이, 그의 심리학은 형이상학적 심리학도 자연과학적인 정밀한 심리학도 아님은 분명하다. 이런 관점에서 본다면 그의 심리학은 분명 후설이 회복하고자 한 탈-형이상학적 심리학임에는 분명하다. 딜타이적인 탈-형이상학적 심리학을 우리는 해석학적 심리학으로 지칭했다. 딜타이의 해석학적 심리학은 적어도 탈-형이상학의 형태를 취한다는 점에서만은 후설의 현상학적 심리학과 동일하다. 물론 양자의 동일성은 탈-형이상학적 방법에 있는데, 그것은 불가분적 체험 연관으로 구성된 정신 혹은 정신적 생을 꼭 그대로, 그것 자체에서 분석, 기술하는 방법이다.

그러나 딜타이의 해석학적 심리학과 후설의 현상학적 심리학이 지닌 방법론적 동일성은 외적 동일성이지 내적 동일성이 아니다. 이에 두 심리학은 외적으로 동일할 뿐 내적·본질적으로는 분명 다르다. 이것은 해석학적 분석, 기술은 현상학적 분석, 기술과 다름을 의미한다. 후설은 이 차이를 분명히 지적한다. 그는 딜타이의 심리학은 "역사적으로 주어진 개별적인 정신을 다루고, 국가와 법률을 그때그때의 개별적인 유형성에 따라 취급"[23)]할 뿐이며, 그래서 그의 해석학적 기술은 순전히 개별자에 국한되어 보편적인 심리학적 기술에 도달할 수 없고, 경험적인 일반화의 수준을 넘어설 수 없으며 일종의 귀납적인 형태학적 유형론으로, 역사적 정신 형태에 관한 한갓된 자연사로 만족할 수밖에 없음을 암시적으로 지적한 후, 모든 형태학과 자연사는 합리적 설명, 즉 보편적이며 필연적인 법칙에 따른 설명을 요구한다고 말한다.[24)] 이것은 자연에 관한 경험학문인 자연과학이 자연에 관한 보편적이며 필연적 법칙학, 가령 자연에 관한 선험적 학인 수학이나 기하학을 요구하는 것과 마찬가지이다. 그러니까 후설이 말하고자 하는 것은, 딜타이의 새로운 심리학은 정신에 관한 보편적이며 필연적인 법칙학, 즉 선험 심리학이 아니라는 것이다. 그러므로 그의 심리학은 정신과학의 기초학도 철학의 기초학도 될 수 없다는 것이 후설이 말하고자 하는 바이다. 우리는 후설이 말하고자 하는 바로 이런 맥락에서 그의 심리학이 철학으로 상승하기에는

---

23) *Psy.*, S.12.

24) *Ibid.*, S.13 참조.

아직도 역부족이라고 말한 것이다.

딜타이의 심리학이 철학의 기초학이 되기에 아직 역부족인 것은, 그의 해석학적 기술이 아직 정신 자체의 인식에 적중한 방법이 되기에는 미흡하다는데 있다. 후설은 그의 방법이 그럴 수밖에 없는 까닭을, 그가 "본질직관에 기초한 일종의 일반적인 본질기술이 있다는 점을 아직 알고 있지 못하고"[25] 있는 데서 찾는다. 본질은 보편적이며 필연적이다. 따라서 심적인 것에 관한 분석과 기술이 본질에 대한 분석과 기술일 때에서야 비로소 기술적 분석적 심리학은 심에 관한 보편적 필연적 법칙적 학, 즉 심의 선험적 본질에 관한 학일 수 있다. 결국 딜타이의 심에 대한 해석학적 기술은 심의 본질직관에 기초한 본질기술이 아닌 까닭에, 그의 해석학적 심리학은 탈-형이상학적 심리학이되, 엄밀한 철학에로 상승할 수 있는 탈-형이상학적 선험 심리학이 될 수 없었다. 반면 후설의 현상학적 심리학이 그러한 학일 수 있었던 것은 그의 현상학적 기술이 본질직관에 기초한 본질기술이기 때문이다. 결국 칸트 이후 부정된 선험 심리학의 탈-형이상학적 회복은 후설에 의해서 비로소 가능하게 되었다. 물론 그에게서 그것의 회복은 철학 본연의 학적 개념을 회복하여 철학 본연의 학적 의미를 실현하기 위한 단초의 마련이다.

후설의 현상학적 본질기술은 II장에서 언급된 바와 같이 2단계의 현상학적 방법, 즉 형상적 환원과 초월론적 환원을 거쳐서 완성된다. 형상적 환원의 단계에서 본질을 기술하는 학이 바로 현상학적 심리학이다. 그런데 본질기술은 형상적 단계에서는 아직 완성되지 않고 초월론적 단계에서 완성되는데, 이 단계는 물체와 대립되는 정신을 초월한 차원, 즉 정신과학을 초월하여 철학의 차원에 진입한 것이다. 이에 후설의 현상학적 기술은 딜타이의 해석학적 기술과 달리 심리학(정신과학)에서 철학에로 상승할 수 있는 방법일 수 있는 것이다. 이러한 그의 현상학적 방법은 실증주의, 즉 심리학주의 비판에서 싹텄다. 따라서 이제 다음 논의 순서는 후설의 심리학주의 비판과 이 비판에서 그의 현상학적 방법이 싹트게 된 과정을 고찰하는 것이다. 이 논의는 후설의 사유가 심리학주의에서 현상학에로 이행하는 과정을 보여줄 것이다.

---

25) *Ibid.*

Ⅴ. 심리학주의에서 현상학으로

1. 근대 심리학 탄생의 사상사적 소묘

앞서 본 바와 같이, 우리가 철학의 기초학으로 본 선험 심리학은 칸트 이후 어떠한 형태로도 출현하지 못하였다. 그 대신 그가 그 학적 가능성을 인정한 경험 심리학은 그후 크게 발전하였으니, 이제 심리학도 근대를 기점으로 선험 심리학에서 경험 심리학으로 그 형태가 바뀌었다. 이에 근대 이전 시대를 선험 심리학의 시대라 할 수 있겠고, 근대 이후를 경험 심리학의 시대라 할 수 있겠다. 선험 심리학이 근대 이전 철학의 형태, 즉 형이상학의 기초학으로 기능한 점을 감안하면, 근대 이전은 형이상학의 시대이며, 근대 이후의 경험 심리학이 자연과학적 방법에 기초한 점을 감안하면, 근대 이후는 자연과학의 시대로 지칭될 수 있다. 이처럼 근대는 심리학이 선험 심리학에서 경험 심리학에로 이행해 가는 심리학의 역사에서도 전환기이다. 그것은 또한 서양 사유가 형이상학적 사유에서 자연과학적 사유에로 이행해 가는 사유의 전환기이기도 하다.

그러면 서양에서 근대 이전과 그 이후는 그 전환기를 기점으로 완전히 단절된 것인가? 또한 선험 심리학(형이상학)과 경험 심리학(자연과학)도 그것을 기점으로 완전히 단절된 것인가? 우리가 보기에 그것은 단절된 것이 아니라 연속적이다. 우리가 그렇게 보는 까닭은, 선험 심리학과 경험 심리학 모두 서양 전통 사상에 속하기 때문이다. 흔히들 서양 사상의 통일적 형태는 합리주의로 불린다. 그러나 합리주의도 여러 형태가 있다. 동양의 유교적 합리주의가 있는가 하면, 후설의 현상학적 합리주의도 있다. 물론 이 두 합리주의는 서양의 합리주의와 구별된다. 그러므로 우리는 서양 전통 사상을 지칭하는 합리주의를 그냥 합리주의라고 지칭하지 않고 서양적 합리주의로 지칭한다.

선험 심리학과 경험 심리학이 모두 서양적 합리주의에 속한다면, 근대 이전과 그 이후는 동일한 합리주의 시대이다. 그런 의미에서 양 시대는 연속적이다. 그러나 양 시대는 연속적임에도 분명 차이점이 있다. 그 차이는 방금 본 바와 같이 서양인의 사유 양식이 선험 심리학적 사유 양식에서 경험 심리학적 사유 양식에로의 이행에서 발견된다. 사상은 심적 사유의 상관자, 즉 그것의 산물이다. 그렇다면 서양의 전통 사상인 서양적 합리주의도 서양의 심리학적 사유의 산물이며, 특히 그것의 최초의 형성 원천은 근대 이전 선험 심리학적 사유에 있다.

선험 심리학과 경험 심리학이 공히 서양적 합리주의에 속하는 동시에 이 합리주의가 심리학적 사유의 산물이라면, 선험 심리학에서 경험 심리학에로의 이행은 서양적 합리주의의 전개 과정에서 일어난 하나의 변양이다. 그러나 서양적 합리주의는 그 변양에도 불구하고 그 핵심적 구조는 근대 이전이나 근대 이후에나 여전히 불변적이다. 근대 이후의 경험 심리학의 사상적 근원도 불변적인 서양적 합리주의의 핵심적 구조에 있다. 이 점을 염두에 두고, 이제 우리는 경험 심리학의 탄생을 사상사적으로 고찰하고자 한다.

서양적 합리주의의 핵심적 구조는 이념과 자연의 분리이다. 이 분리를 제일 처음으로 표명한 철학자가 플라톤이고, 그후 근대에 데카르트가 그것을 근대적 양식으로 다시 표명하였다. 이 분리가 서양적 합리주의의 핵심 구조인 이상, 서양적 합리주의를 제대로 이해하자면 그 분리의 의미를 알아야 하며, 그것을 알자면 우선 이념의 의미와 자연의 의미를 알아야 한다. 이념은 논리적 · 수학적 합리성의 세계, 즉 비주관적 · 객관적 세계를 말하는데, 이러한 세계는 생활세계적 자연을 초월한 영역이다. 그에 반해 자연은 신체적 의식을 가진 인간 혹은 일상인이 살아가는 주관적 · 상대적 세계, 즉 생활세계를 말한다. 물론 서양적 합리주의에서 진리의 세계는 이념의 세계이지 생활세계적 자연의 세계가 아니다. 플라톤에서 이런 진리의 세계가 바로 자연을 초월한 그러면서도 자연의 감각 사물들의 형상(원형)인 이데아의 세계이다. 이데아는 객관성, 합리성, 선험성을 지니고 있다. 플라톤에서 정신의 본질은 그러한 이데아와 짝을 맺는 데 있으며, 그러므로 그에게서 정신의 본질 인식은 Ⅲ장에서 본 바와 같이 그것과 짝을 맺는 이데아의 인식을 통해서 가능하다.

이데아가 감각적 자연을 초월한 것인 이상, 그것을 인식하는 정신도 자연 초월성을 지니고 있다. 정신의 초월성을 구성하고 있는 것도 선험적 합리성이다. 이 합리성의 대표적인 학문이 형식 논리학과 수학이다. 따라서 플라톤에서 이들 학문은 정신의 본질을 인식하는 학이기도 하다. 적어도 플라톤에서는 심리학 연구도 논리학, 수학을 통해서 가능하다. 뿐만 아니라 플라톤이 말하는 이데아의 세계는 진리의 세계인 동시에 선(윤리)의 세계이고 미의 세계이다. 따라서 플라톤에서는 진, 선, 미, 이 모든 것이 수학이나 논리학을 통해서 접근 가능하다. 말할 것도 없이, 플라톤에서 감각적 자연의 근원적 인식은 초월론적 정신에 의한 이데아의 인식으로써 가능하다. 하나 플라톤 철학의 목적은 감각적 자연을 인식하는 데 있지 않고 이데아의 이데아, 즉 선을 인식하는 데 있다. 이 선이 인식될 때 정신의 자기 인식, 즉 그 본질이 완전히 밝혀지고, 또한 인간은 완전히 인간다울 수 있고 인간다운 삶을 누릴 수 있다. 바로 그 이데아의 세계가 플라톤에서 정신의 고향이다.

플라톤에서 정신의 완전한 자기 인식은 정신의 자기 고향에로의 귀향을 함축하고 있다. 이러한 정신의 완전한 자기 인식은 정신의 신체(자연)와의 완전한 분리를 통해서 가능하다. 그 분리는 죽음을 의미한다. 이러한 정신과 신체의 분리가 지니고 있는 의미는, 정신이 합리적 초월 세계에로의 귀환을 지향하는 데 있다. 분리의 이 같은 의미가 서양 고, 중세의 합리주의를 특징짓는다. 서양 근대의 합리주의도 정신과 신체(자연)의 분리를 그 특징으로 한다. 그러나 그 분리의 의미는 고대, 중세의 그것과 다르다. 그것이 다른 데서 서양적 합리주의는 근대에 변양된다. 이 변양은, 서양적 합리주의가 그 핵심 구조는 그대로 지닌 채 고대, 중세의 합리주의에서 근대적 합리주의로 이행함을 의미한다. 후설은 서양 근대의 합리주의를 객관주의로 지칭한다.

고, 중세 합리주의에서 정신과 신체의 분리의 특성이, 정신이 합리적 초월세계에로의 귀환을 지향하는 데 있다면, 근대 합리주의에서 그 분리는 정신이 합리적인 자연 인식을 지향하는 데 그 특징이 있다. 신체와 정신의 분리에 기초한 자연의 합리적 인식, 즉 원자론적, 기계론적 자연 인식은 갈릴레이에 의해 시도되었고, 갈릴레이적 자연 인식의 철학적 토대는 정신과 신체의 분리를 표명한 데카르트에 의해서 표현되었다.

데카르트는 우선 그 유명한 방법적 회의를 통하여 정신을 자연(신체)으로부터 분리, 독립시켰다. 그의 방법적 회의는 자연물체와 구별되는 순수 정신의 본질을 파악하는 방법이다. 이 방법을 통해 세계는 이제 자연세계(외부세계)와 정신세계(내부세계)로 이분된다. 이 경우 정신의 본질은 사유이고 물체의 본질은 연장이다. 그래서 그는 정신을 사유실체로, 물체를 연장실체로 부른다. 그에게서 정신과 물체는 서로 무간섭적이다. 즉 정신은 목적론적 활동을 하고, 물체(자연)는 기계론적 운동을 한다. 스콜라 철학을 비롯한 종전의 서양사상은 물체에도 영혼과 같은 것을 인정하여 물체 혹은 자연도 인간과 같은 목적적 활동을 하는 인격적 존재로 생각했다. 그러나 자연을 그러한 존재로 사유할 경우 자연에 대한 자연과학적 인식, 즉 합리적인 인식은 불가능하다. 그래서 그는 자연을 합리적인 인식의 대상으로 하기 위해서 자연물체에 정신적인 것을 모두 제거하였다. 그렇게 하는 것이 정신을 자연으로부터 분리, 해방하는 것이었고 또한 자연을 갈릴레이적인 원자론적 자연으로 만드는 길이다. 따라서 데카르트적 합리주의는 정신과 자연의 분리를 전제로 가능하다. 그러한 분리 하에서 정신은 자연의 주체가 되고 자연은 정신의 객체가 된다. 데카르트의 이 같은 이원론이 근대적 학문들, 즉 자연과학과 심리학 탄생의 철학적 토대이다. 그러나 다음 장에서 보게 되겠지만 데카르트의 합리주의 철학의 기초가 된 심리 물리 이원론은 갈릴레이의 자연인식의 결과로 준비된 것이다.

갈릴레이의 자연인식의 방법은, 이 또한 바로 다음 장에서 상론되겠지만, 자연의 수학적 추상화, 즉 자연의 수학화이다. 갈릴레이의 이러한 자연 인식의 방법은 자연의 인식에서 지금까지 들어보지 못한 괄목할 만한 성과를 거두게 되었다. 그러자 그것이 진정한 학의 원형인 것으로 간주됐다. 그리하여 마침내 수학적 자연과학의 방법론과 그 이념이 모든 학으로 확대되었다. 그래서 자연의 인식뿐만 아니라 정신의 인식에까지도 수학적 자연과학의 방법이 적용되었다. 그 결과 심리학 연구에 일대 전환이 일어났다. 이른바 근대적 심리학이 탄생하게 되었다. 이 근대적 심리학은 데카르트의 이원론, 홉스의 기계론, 스피노자의 형이상학적 일원론에 기초한 심리학과 내적 경험에 기초한 로크의 심리학을 거쳐 19세기에 뮐러(Joh. v. Müller), 베버(E. H. Weber), 볼크만(Volkmann), 헬름볼츠(Helmboltz), 헤링(Hering), 페크너(G. Th. Fechner)와 같은 독일의 물리학자와 심리학자들의 자극에 의해서 비약적인 발전을 하게 되었다. 그 자극은 생리학(Physiologie)과 내적으로 결합된 심리학과 함께 일어났다. 이리하여 데카르트와 홉스 시대에 의도된 자연주의적 심리학은 크게 발전된 실험 생리학의 기술을 갖고서 처음에는 감각 심리학의 심리-물리적 문제 또는 감각-심리 물리학에 접근함으로써 심리-물리적 · 생리적 · 실험적 심리학이라는 새로운 형태로 구체화되었다. 새로운 형태의 이 심리학은 자연과학의 방법론에 입각함으로써 그 이전까지 은폐된 심적 사실들에 관한 많은 지식을 낳았다. 이 심리학은 심적 사실의 이론적 해석에 관해서는 아직 정밀한 자연과학적 분과의 그것에는 미치지 못했지만 추구된 이론의 방법론적 스타일에 관해서는 그것과 완전히 일치한다. 이로써 이제 이 새로운 심리학은 정밀한 물리학과 동열에 서는 것으로 나타나 마침내 심적인 것에 관한 엄밀한 학으로서 확고한 지위를 점하는 것으로 여겨졌다. 그래서 이 심리학으로부터 정신과학의 정밀한 정초와 논리학, 인식론, 철학의 개혁이 기대되었다.

2. 후설의 심리학주의 비판의 동기와 그 의의

실제로 근대 자연과학적 심리학, 즉 경험 심리학이 방금 언급된 기대를 충족시킬 수 있다고 확고히 믿고, 경험 심리학에 의거하여 위의 개혁 작업을 수행한 일련의 철학자들이 등장하였으니, 그들이 바로 실증주의에 속하는 심리학주의자들이다. 심리학주의는 좁은 의미의 심리학주의, 즉 논리학적 심리학주의와 넓은 의미의 심리학주의, 즉 초월론적 심리학주의로 대별된다.[1] 논리학적 심리학주의는 경험 심리학이 논리의 기본 법칙들을 정초할 수 있다고 봄으로써 마침내 경험 심리학이 논리학의 기초학이 될 수 있다고 주장하는 입장이다. 초월론적 심리학주의는 경험 심리학이 논리학뿐만 아니라 인식의 문제, 윤리의 문제, 존재의 문제 등을 다루는 철학의 기초학이 될 수 있다는 입장이다. 이 심리학주의에 이르러 이제 경험 심리학은 철학을 제치고 철학의 자리에 놓임으로써 모든 학의 기초학으로 등장한다. 이로써 칸트에 의해 철학의 기초로 간주된 선험 심리가 부정된 이래, 철학은 그 기초학이 없이 지내다가 심리학주의에 이르러 칸트가 그 학적 가능성을 인정한 경험 심리학에서 그 기초를 되찾은 셈이다.

그러나 새로운 심리학, 즉 경험 심리학에게 많은 것이 기대되었지만 그것은 그 기대에 부응하지 못하였다. 그리하여 이 심리학에 대한 반발과 비판이 일어났으니, 그것은 앞서 언급된 바와 같이 쇼펜하우어를 시작으로 하는 생 철학자들에서 시작되어 딜타이에 이르러 그 절정에 달하였다. 그러나 자연과학적 심리학을 비판하고 등장한 그의 새로운 심리학, 즉 해석학적 심리학도 비록 심리학계에 신선한 바람을 일으키며 많은 영향을 끼쳤지만 철학의 기초가 되기에는 아직 역부족이었으며, 딜타이에 뒤이어 후설이 기존의 자연과학적 심리학을 비판하여 딜타이 식의 해석학적 심리학과 구별되는 철학의 기초학, 즉 현상학적 심리학이라 불리는 탈-형이상학적 선험 심리학을 창시하게 되었음을 우리는 바로 앞장에서 살펴본 바 있다. 그러나 후설은 그가 현상학을 창시하기 바로 직전까지만 해도 역설적이게도 그가 그의 현상학을 통해 그렇게도 극복하고자 원했던 심리학주의자이었다.

후설이 그 당시에 기대었던 심리학주의는 좁은 의미의 심리학주의였다. 앞서 말한 바와 같이, 그 당시 매우 발전된 경험 심리학으로부터 많은 것이 기대되었기에, 그 기대에 부흥하고자 심리학주의자들은 우선 논리학, 수학과 같은 선험적 학문을 경험적 심리(사유) 법칙에서 정초하고자 하였으니, 이들이 바로 협의의 심리학주의자들, 즉 논리학적 심리학주의자들이다. 후설이 이 심리학주의에 발을 내딛게 된 것은 그 심리학주의가 풍미하던 19세기 후반에 수학자로서 그의 학문적 삶을 시작한 것과 밀접한 관련이 있다. 그

---

1) 이 심리학주의에 대한 상세한 설명과 그 비판에 대한 것은, 신귀현, 「E. Husserl의 心理學主義에 대한 批判」(『철학회지』, 제6집, 1979. 5., 영남대)을 참조하라.

는 1878~1881년 베를린 대학에서 바이어스트라스(Weierstrass)와 크로네커(Kronecker) 교수의 지도로 수학을 공부하고, 1882~1883년 빈(Wien) 대학에서 쾨니히스베르거(Königsberger) 교수의 지도로 「변수계산이론에 대한 기여」(Beiträge zur Theorie der Variationsrechnung)로 학위를 취득하고, 그 후 다시 베를린 대학의 바이어스트라스 교수의 조교가 되어 수학을 계속 연구하였다. 따라서 후설은 처음에 수학자였으며, 수학자로서 그의 관심은 수 개념의 근원을 밝히는 데 있었다. 그 무렵 수 개념의 기원에 관한 주요 이론은 방금 말한 심리학주의와 논리주의(Logismus)가 있었다. 심리학주의는 수 개념을 심리의 자연적 현상으로 환원하여 그것에서 수의 근원을 정초하려는 주관주의적 입장이며, 논리주의는 이탈리아의 수학자 페아노(G. Peano)와 독일의 논리학자 프레게(G. Frege)의 수학의 기초에 관한 기호 논리학적 연구를 토대로 수학의 모든 개념을 기본적인 몇몇 논리법칙으로 환원하여 해명하려는 객관주의적 입장이다. 따라서 심리학주의는 수의 근원을 인간의 경험적 주관(심리)에서 찾으며, 논리주의는 그것을 객관, 즉 논리에서 찾는다. 러셀과 화이트헤드가 공동으로 저술한 『수학의 원리』(*Principia Mathematica*)는 논리주의의 대표적인 저작이다. 이 두 이론은 수 개념의 근원을 밝힘에 있어서 갈등과 대립과 긴장을 불러일으켰다. 당시 후설은 수 개념은 물론 논리학의 근원도 경험 심리학에 의해서 정초될 수 있다고 확신하고,[2] "심리학적 분석"이라는 부제(副題)가 붙은 「수 개념에 관하여」라는 교수자격 논문을 집필하였다. 그러나 후설은 곧 수의 기원에 대해서 논리주의 입장을 취한 프레게의 비판을 받고[3] 자신의 심리학적 분석이 부당함을 깨달았다. 그리하여 후설은 수학의 연구에서 논리학 연구로 전향하였으며, 이 연구의 결과가 1900년에 『논리연구 Ⅰ』, 1901년에 『논리연구 Ⅱ』로 출판되었다. 그 Ⅰ권은 논리학의 근원을 심리학적으로 정초하려는 심리학주의를 비판한 것이며, Ⅱ권은 심리학주의에 대한 대안으로서 논리학에 대한 자신의 이론을 제시한 것으로 "현상학과 인식이론의 연구들"이라는 부제가 붙

---

2) *Logische Untersuchungen. Erster Band*, hrsg. v. E. Holenstein, 1975, S.6. 이후로는 *LU I* 로 인용하며, 본문에서 언급할 때는 『논리연구 Ⅰ』로 표시한다.
3) 이 비판의 과정에서 오간 상호 논박에 대해서는 신귀현 앞의 논문을 참조하라.

어 있다. 이 책의 출판과 함께 현상학이라는 학이 세상에 그 모습을 드러내었다.

따라서 후설이 그가 몸담고 있던 심리학주의에서 이탈하게 된 결정적 계기는 수 개념의 기원을 밝히는 그의 심리학적 분석에 대한 프레게의 논리주의적 비판이다. 이 비판을 기점으로 후설은 수학의 연구에서 논리학의 연구로 전향하거니와, 이 전향이 바로 심리학주의로부터의 이탈이다. 그러나 그는 심리학주의에서 완전히 이탈하여 논리학의 연구로 전향하지만, 그의 이 전향은 그가 심리학에서 완전히 이탈하여 프레게와 같은 논리주의로 선회한 것을 의미하는 것은 아니다. 그는 여전히 심리학에 의거하여 논리학의 근원을 연구하되, 이제 그 근원이 되는 심리학은 더 이상 경험 심리학이 아니라 그 자신이 현상학이라 부른 새로운 심리학이다. 따라서 심리학주의자와 그로부터 이탈한 후설 모두 논리학의 근원을 심리(정신)에서 찾는다는 점에서는 같지만, 전자가 자연과학적(경험) 심리에서 그것을 찾는다면 후설은 현상학적(선험) 심리에서 그것을 찾는다. 이리하여 양자에서 논리학의 근원이 되는 심리는 다르다. 후설 현상학의 이해는 이 심리의 차이에 대한 이해로부터 시작되고, 그 차이는 우선 후설의 심리학주의 비판에 잘 나타나 있다.

후설의 논리학적 심리학주의의 비판의 결과로 그의 현상학적 철학, 즉 초월론적 현상학이 나타났음은 주지하는 바이다. 그러나 그의 전기 그것은 조잡한 감이 없지 않다. 물론 조잡한 그것은 경험적 심리학이 아니라 『논리연구 II』에서 현상학적으로 탐구된 심리학에 기초해 있었지만, 후설은 그 심리학을 아직은 현상학적 심리학이라고 부르지 않고 기술 심리학으로 부르고 있다. 이것도 후설이 나중에 현상학적 심리학이라고 부른 것에 비하면 조잡하다. 그렇지만 그것은 그의 나중의 현상학적 심리학의 전신이다. 그의 현상학적 사유가 무르익은 후기에서야 비로소 그의 초월론적 현상학은 보다 더 성숙된 형태를 지니게 되었으며, 그래서 전기의 그 조잡성을 어느 정도 떨쳐 버릴 수 있었다. 그 점에 대해서는 다음 장에서 상론될 것이다. 그의 후기 초월론적 현상학이 기초한 심리학이 현상학적 심리학이다.

후설이 보기에, 철학은 심리학과 연관되면서도 그것과 완전히 구별된다. 그 연관성은, 앞서 우리가 밝힌바 있듯이, 자연과학이 그것의 선험적인 예비학으로서 수학이나 기하학을 요구하듯이 철학도 그 선험적인 예비학으로서 심리학을 요구하는 데서 나타난다. 후설에서 철학의 기초가 되는 선험적 학이 현상학적 심리학임은 여러 번 언급되었다. 현상학적 심리학에서는 선험적 주관(정신)만이 확보될 뿐이다. 현상학적 심리학은 선험적 실증학이기에 그것에서 확보된 선험적 주관에는 비록 선험적이긴 하나 실증성이 개재되어 있다. 그런데 철학은 그 어떠한 형태의 실증학도 아니다. 그러므로 철학적 주관에는 그 어떤 형태의 실증성도 배제되어 있다. 그것이 배제된 주관이 바로 실증성을 초월한 주관, 즉 초월론적 주관이라 불리는 철학적 주관이다. 현상학적 심리학에서는 이 초월론적 주관은 확보될 수 없고 선험적 주관만이 확보될 수 있다. 그러나 초월론적 주관은 현상학적 심리학을 발판으로 해서야 비로소 획득될 수 있다. 그러기에 현상학적 심리학은 철학, 즉 초월론적 현상학의 예비학인 것이다. 바로 여기에 후설에서도 철학과 심리학의 불가분성이 있다. 그러나 현상학적 심리학은 선험적 주관에만 도달할 뿐 철학이 주제로 하는 초월론적 주관의 경지에는 도달할 수 없다는 점에서 아직은 철학일 수 없다. 여기에 철학과 심리학의 차이가 있다.

이제 철학적 주관, 즉 초월론적 주관에는 그 어떤 경험 심리학적 요소도, 그 어떤 실증적 요소도 철저하게 배제된 것으로 밝혀졌다. 철학은 선험 심리를 기반으로 해서 그러한 초월론적 주관에 도달할 때 우리가 Ⅱ장과 Ⅲ장에 걸쳐서 제시한 철학의 이념을 실현할 수 있고, 그것을 실현할 때 철학은 그 학적 의미, 즉 인간다운 인간성도 회복할 수 있음도 앞서 언급된 바 있다.

후설은 그의 현상학적 사유가 원숙기로 접어든 후기에 그의 초월론적 현상학의 입장에서 그의 초월론적 현상학과 적어도 외형상으로는 같은 주관주의 철학의 형태를 취하는 근대 철학을 바라다본다. 그 결과 그는 근대 철학에서의 주관에는 경험 심리학적 요소 내지는 실증성이 개재되어 있음을 발견한다. 이에 후설은 근대 합리주의, 경험주의, 칸트의 비판주의 철학은 모두 철학적 주관, 즉 진정한 의미의 초월론적 주관에로 상승하지 못하였음을 지적한다. 그런 한, 그것은 비록 철학적(초월론적) 문제를 다루고 있음에도 실은 철학의 차원에로 진입하지 못하고 심리학의 차원에 머물러 있는 셈이다. 그러므로 근대 주관주의 철학은 진정한 의미의 초월론 철학이 아니라 앞서 지적한 초월론적 심리학주의이다. 따라서 후설의 초월론적 심리학주의 비판은 근대 주관주의 철학에 대한 비판인 바, 그것은 후설의 현상학적 사유가 보다 더 성숙한 후기에 행해진다. 단적으로 말하면, 그것의 비판은 근대 이후 서양 철학사에 대한 후설의 비판, 좀더 정확히 말하면 비판적 해석이다.

자연과학적 심리학에는 근대인들의 사유를 특징짓는 양식이 함축되어 있다. 그러므로 그것은 근대라는 한 시대를 특징짓는 심리학, 즉 근대적 심리학이라 할 수 있다. 후설 현상학은 바로 근대적 심리학, 또는 그 심리학에 기초한 철학에 대한 비판으로 특징지어진다. 그런 의미에서 그의 현상학은 근대 정신에 대한 비판이다. 이 점에서 그의 현상학에는 극대를 극복하려는 탈-근대의 정신의 숨쉬고 있다. 현대의 많은 철학들이 탈-근대를 부르짖고 있는데, 그 탈-근대의 선봉장이 후설이라고 해도 과언은 아니다.

이제 후설의 탈-근대의 철학적 작업의 핵심은 그의 근대적 심리학 비판에 있는 것으로 밝혀졌다. 그러나 여기서 우리가 주목해야 할 점은, 그가 근대적 심리학을 비판하는 것은 그가 그것을 부정하고 포기하는 것이 아니라는 점이다. 그의 비판의 의의는 그것의 권리와 정당성은 그 나름대로 인정하고 다만 그 직분을 넘어선 그것에게 자기 직분에로 되돌아가게 하여 그 직분에 안주하게 하는 데 있다. 따라서 그의 근대적 심리학 비판은 자기의 길을 잃고 헤매는 심리학에게 자기의 길을 되찾아 주는 것이다. 근대적 심리학이 자기의 직분을 넘어섰다는 것은, 그것이 정신의 본질을 탐구함으로써 정신의 본질에 관한 보편적 학이고자 하는 것을 의미한다. 그러나 근대적 심리학은 계속되는 우리의 논술에서 밝혀지겠지만 그것의 방법으로는 정신의 본질을 탐구할 수 없고 기껏해야 정신의 외면만을 탐구할 수 있을 뿐이다. 그럼에도 불구하고 그것은 정신의 보편적 본질에 관한 학이고자 하였다. 그 결과 인간 삶의 핵심인 정신의 본질이 왜곡, 곡해되어 인간성이 위기에 직면하게 되었다. 따라서 인간성의 위기를 철학적으로 극복하자면 무엇보다 정신의 본질에 관한 학이 요구되며, 이 요구에 부응하고자 후설은 현상학적 심리학 또는 순수 심리학이라고 부르는 학을 건립하게 된 것이다. 물론 후설은 처음에는 정신의 참된 본질 인식의 학, 즉 현상학적 심리학의 건립이 갖는 그 의의를 철학의 이념 실현의 관점에서만 파악하고, 나중에서야 그 의의를 휴머니즘의 본래적 의미 회복, 즉 철학의 학적 의미 실현의 관점에서 파악할 수 있었다. 다시 말하면, 후설의 논리학적 심리학주의 비판으로 탄생한 그의 전기의 초월론적 현상학에서는 아직 인간성 회복이나 참된 삶의 의미문제는 다루어지지 않고, 그것은 그의 초월론적 심리학주의 비판이 시작되는, 현상학적 심리학에 기초한 그의 후기 초월론적 현상학에서 다루어지게 된다. 이런 의미에서 우리는 플라톤이 처음부터 깨달았던 철학의 이념 실현의 학적 의미를 그는 말년에서야 비로소 깨달았다고 말한 것이다.

근대적 심리학은 현상학적 심리학에서 해명된 정신의 본질에 안에서 또는 이 본질을 전제로 그 맡은 바를 충실히 탐구할 때 자신의 길로 되돌아올 수 있다. 근대적 심리학의 근원적 극복이 현상학적 심리학의 정초로써 가능한 까닭이 바로 여기에 있다. 물론 그 학의 정초에 이르는 길은 평탄하지 않고 현상학자의 고독하고도 고뇌에 찬 "끝없는 고난의 길"[4]이다. 또한 그 길은 현상학적 심리학의 정초에서 단절되는 것이 아니라 초월론적 판단중지를 통해서 그것을 현상학적 제일철학, 즉 초월론적 현상학으로 순화시키는 데까지 이어진다. 그러기에 그 길은 끝없는 고난으로 점철된다. 그것은 인간의 순수한 정신의 본질을 인식하여 인간다운 인간성을 회복하기가 그만큼 어려움을 의미한다. 물론 후설이 볼 때 인간은 초월론적 현상학에서 완전히 해명된 정신의 본질 안에 설 때 비로소 인간으로서 존재할 수 있으며 인간답게 될 수 있다.

이제까지의 논의로 보면, 후설의 현상학적 작업은 결국 근대의 정신을 비판, 극복하는 탈-근대적 작업이며, 이 작업의 핵심은 근대적 심리학 비판에 있으며, 그의 근대적 심리학 비판은 아직은 인간성의 문제와는 관련이 없는 논리학적 심리학주의 비판에서 시작하여 초월론적 심리학주의 비판으로 이어짐을 알 수 있다. 우리의 관심이 휴머니즘의 본래적 의미를 현상학적으로 회복하는 데 있음을 감안하면, 후설의 초월론적 심리학주의 비판이 곧바로 다루어질 수도 있지만, 그렇게 하지 않고 그의 현상학적 심리학의 모체가 된 그의 기술적 심리학 탄생에 결정적 역할을 한 논리학적 심리학주의 비판을 그의 『논리연구 Ⅰ』을 중심으로 이제 다루고자 한다. 그 까닭은, 그렇게 하는 것이 후설 현상학을 근본적으로 철저하게 이해할 수 있기 때문이다.

---

4) *Krisis*, S.264.

따라서 이제 우리는 여기서 후설의 논리학적 심리학주의 비판과 이 비판에서 현상학이 출현하게 되는 과정을 고찰할 것이다.

3. 후설의 논리학적 심리학주의 비판

1) 논리학에 대한 심리학주의의 근본 입장

논리학적 심리학주의에 속하는 대표적인 철학자들은 밀(J. S. Mill), 베네커(Benecke), 지그바르트(Sigwart) 등이다. 이들은 논리학을 경험 심리학에서 정초하기 위해서 먼저 논리학의 학적 특성을 규명하는 일부터 시작한다. 그 결과, 그들은 논리학을 올바른 생각에 관한 실천적이고 규범적인 이론, 즉 생각을 올바르게 또는 잘 하기 위한 생각의 '기술에 관한 이론'(Kunstlehre)으로 규정한다. 논리학의 특성을 이렇게 규범학으로 규정할 경우 논리학을 정초지어 줄 이론적 학문이 요구된다. 이것은 자연에 관한 기술학인 공학이 자연에 관한 이론적 학인 물리학을 요구하는 것과 같다. 이 경우 심리학주의자들은 논리학의 이론적 학문으로서 경험 심리학을 제시한다. 왜냐하면 논리적인 것, 즉 개념, 판단, 추리, 연역, 귀납, 정의, 분류 등과 관련된 생각하는 작용은 심리적 과정을 떠나서는 성립될 수 없고, 이 심리적 과정의 자연적(사실) 법칙을 다루는 이론적 학이 바로 경험 심리학이기 때문이다. 그리하여 심리학주의는 자연법칙이 물질적 세계의 법칙이듯이, 논리법칙은 우리가 생각하는 작용이라고 하는 심리적 과정의 자연적 규칙에 불과하다고 한다. 이와 같은 전제 하에서 밀은 다음과 같이 말한다.

> 논리학은 심리학과 분리되어 심리학과 병존하는 학이 아니다. 논리학이 학인 한, 그것은 심리학의 한 분과이거나 한 분야이다. 바로 이런 것으로서 논리학은 심리학과 구별되는데, 이는 부분이 전체와 구별되고 생각하는 기술이 학문과 구별되는 것과 같다. 따라서 논리학은 그 이론적 기초를 전적으로 심리학에 의존하고 있으며 생각기술의 규칙을 근거짓는 데 필요한 만큼 심리학을 내포한다.[5]

---

5) *LU I*, S.64.

이러한 입장에서 심리학주의자들은 “사람들이 순수 논리학을 아주 좁게 한정할 수는 있으나 심리학을 배제할 수는 없을 것”[6]이라고 말한다.

위의 심리학주의자들의 주장에 반심리학주의자들, 예를 들면, 헤르바르트(Herbart)와 같은 신칸트학파 사람들이 반론을 제기한다. 이들은 심리학은 사실(Sein)로서의 생각을 고찰하고, 논리학은 규범 혹은 당위(Sollen)로서의 생각을 다룬다고 하여, 심리학은 생각의 자연법칙에 관계하고 논리학은 생각의 규범법칙에 관계한다고 한다. 이 같은 반심리학주의자들의 주장에는 심리법칙은 우연적 법칙인 데 반해 논리법칙은 심리학 없이도 가능한 필연적인 지성(Verstand) 사용의 규범적 규칙이라는 것이 암시되어 있다. 이에 대해 심리학주의자들은 필연적인 지성 사용도 하나의 지성 사용으로서 지성 자체와 함께 심리학에 속하며, 사실적 생각의 한 특수한 경우라고 반박한다. 다시 말하면, 심리학이 생각의 자연법칙, 즉 판단 일반의 법칙을 탐구하는 것이라면, 올바른 생각의 규범 법칙과 같은 판단의 특수한 법칙이 심리학에서 배제되어야 하는 것은 무용하다고 주장한다. 그리하여 심리학주의자들은 생각의 모든 규칙은 생각의 사실(자연)법칙과 동일하며, 이 때문에 “논리학은 생각의 물리학”[7]이라고 주장한다. 이에 대해 반심리학주의자들은 논리학은 심리학과 다른 과제를 가지는데, 심리학이 의식과정의 실재적 인과 연관을 인과 법칙적으로 탐구하는 것이라면, 논리학은 지성 활동의 인과적 기원이나 결과가 아니라 진리의 내용을 탐구한다고 주장한다. 다시 말하면, 논리학은 결과되는 판단이 참이기 위해서 지성이 어떻게 활동해야 하는가를, 즉 지성의 자연적 연관이 아니라 규범적 연관을 탐구한다고 주장한다. 이런 의미에서 반심리학주의자들에게 “논리학의 목표는 생각의 물리학이 아니라 생각의 윤리학이다.”[8] 논리학의 과제가 진리의 내용이라는 주장에 대해 심리학주의자들도 논리학은 심리학과 다른 과제를 가지는 인식의 기술학이라고 주장한다. 그러나 그들은 이렇게 주장하면서도 논리학이 생각의 자연적 인과적 연관을 연구하지 않고서 어떻게 생각의 규범적 연관을 연구할 수 있겠

---

6) *Ibid.*, S.65.

7) *Ibid.*, S.67.

8) *Ibid.*, S.68.

느냐고 반문한다. 결국 심리학주의자는 규범법칙을 사실법칙으로 환원할 수 있다고 믿으면서 결과되는 판단이 명증과 진리에 도달하도록 지성의 활동을 형성하고, 배열하고, 결합하는 것을 주요 목표로 삼는다.

다음과 같은 논의도 심리학주의를 완전히 논파하지 못한다. 즉 논리학은 다른 어떠한 학문에 근거하고 있지 않는 것과 마찬가지로 심리학에 근거하고 있지 않다. 이유는 모든 학문은 논리규칙과의 조화를 통해서만 학문이며, 이 때문에 모든 학문은 논리규칙의 타당성을 전제해야 하기 때문이다. 그러므로 논리학을 심리학에 기초지으려 하는 것은 순환이다. 이 주장에 대해 심리학주의자는 이러한 논의는 논리학 일반의 불가능성을 초래한다고 논박한다. 이유는 논리학도 학문 자체로서 논리적으로 태도를 취해야 한다면 그것이 전제하는 규칙의 타당성을 정초해야 하기 때문이다.

2) 후설의 비판

(1) 심리학주의자들의 제 1 편견

후설에 의하면 심리학주의자들은 몇 가지 편견에 빠져 있는데, 제 1 편견은 다음과 같다.

> 심적인 것에 관한 규칙의 처방(Vorschrift)은 심리적으로 기초지어져 있음은 자명하다. 따라서 인식의 규범적 법칙은 인지 심리학에 기초해야 함은 분명하다.[9]

후설은 심리학주의자의 이러한 편견을 논파하기 위해 먼저 '순수 논리법칙'(예를 들면, 동일률이나 모순율)의 성격을 밝히는 데서부터 시작한다. 앞서 본 바와 같이, 심리학주의자들과 반심리학주의자들은 모두 그것을 생각의 규범법칙으로 본다. 따라서 그들은 논리법칙의 성격에 대해서는 의견을 같이한다. 그러나 역시 앞에서 본 것처럼, 심리학주의자들은 규범적인 논리법칙이 심리의 경험법칙으로 환원될 수 있다는 입장에서 논리학이 심리학으

---

9) *Ibid.*, S.159.

로부터 독립될 수 없다고 본 데 비해, 반심리학주의자들은 그것이 그것에로 환원될 수 없다는 입장에서 논리학을 심리학과 독립된 분과의 학으로 본 데서 서로 견해를 달리한다. 후설은 논리법칙을 생각의 관념적인 이론법칙으로 본다. 그렇게 봄으로써, 그는 심리학주의자와 반심리학주의자 모두를 비판한다. 우선 그는 반심리학주의자들부터 비판한다. 그는 논리법칙이 이론적 성격을 지님을 다음과 같이 설명한다.

> “다음의 명제는 AB라는 기호 쌍을 가진 모든 것에 적용된다. 기호 A를 갖는 모든 대상이 또한 기호 B를 갖고 또 규정된 어떤 대상 S가 기호 A를 갖는다면, 기호 A를 갖는 대상은 또한 기호 B를 가진다.” 우리는 이제 이러한 명제가 최소한의 규범적인 내용을 포함하고 있을 것이라는 것에 결정적으로 항변해야 한다. 물론 우리는 그 명제를 규범화로 전향할 수 있다. 그러나 그렇다고 해서 그것은 결코 규범인 것은 아니다.[10)]

후설은 논리적 명제와 유사한 특성을 수학적 명제, 즉 $(a+b)(a-b) = a^2-b^2$을 통해 논리법칙이 이론적 특성을 지니며, 또 그 명제가 규범 명제로 전향됨을 분명히 한다. 위의 수학적 명제는 임의의 두 수의 합과 차의 곱의 결과는 두 수의 제곱의 차와 같음을 의미할 뿐이지 우리의 판단작용과 우리가 어떻게 판단해야 하는가 하는 규범적 실천적인 지침은 조금도 내포하고 있지 않다. 물론 우리는 이 명제를 두 수의 합과 차의 결과를 규정하기 위해서는 두 수의 제곱의 차를 만들어라 라고 하는 규범적 명제로 바꿀 수 있다. 그렇다고 해서 이론적인 이 명제가 본질적으로 규범적 명제로 변화하는 것은 아니다. 따라서 논리적 명제는 본질적으로 이론적 특성을 가지며, 논리적 명제가 규범적 특성을 갖는 것은 이론적 특성에서 파생된 부수적인 것이다.

후설은 위와 같은 자신의 입장에서 심리학주의자와 반심리학주의자들을 모두 비판한다. 후설은 반심리학주의자들을 다음과 같이 비판한다.

> 어쨌든 반심리학주의자들은 심리학은 자연법칙에 관계하고, 논리학은 규범법

---

10) *Ibid.*, S.160.

칙에 관계한다고 하는 그들의 논거에 강조점을 두어서는 안 된다. 사실적 존재와 사건에 대해서 경험적으로 정초된 규칙인 자연법칙의 역은 처방으로서의 규범법칙이 아니라 개념(이념, 순수 개념적 본질)들 속에 순수하게 기초지어진, 따라서 비경험적 법칙성이라는 의미에서 관념법칙이다.[11]

따라서 반심리학주의자들의 오류는 논리적 명제들의 본래적인 내용(관념적인 이론 법칙)과 이 명제들의 기능인 실천적 전향의 차이점을 간과한 데 있다. 그 결과 그들은 논리학의 규범적 법칙에만 주목하여 심리법칙과 논리법칙의 차이점은 후자는 규범화하는 데 있고 전자는 그렇지 않는 데 있는 것으로 보았다.

후설에 의하면, 심리학주의자들의 오류는 관념적인 것 일반의 본질을 오인한 데 있다. 관념적인 것의 본질은 경험적인 것의 본질과 구별된다. 그러므로 관념법칙과 경험법칙도 본질적으로 차원을 달리한다. 경험법칙은 경험적인 대상이 있는 한에서만 존재한다. 예를 들면, 경험법칙인 뉴턴의 만유인력의 법칙은 물체 일반이 존재하는 한에서 존재한다. 경험적 대상 일반이 없으면 그 어떠한 경험법칙도 존재할 수 없다. 후자는 전자가 있고 난 후에야 비로소 존재할 수 있다. 이 점에서 경험법칙은 후험적(a posteriori)이다. 그런데 경험적 대상은 시간과 공간 안에서만 존재한다. 다시 말하면, 그것은 시간과 공간에 제약된다. 그리고 대상의 시간 공간적 조건은 항상 변화한다. 그러므로 경험법칙도 이 조건이 변함에 따라 변할 수밖에 없다. 따라서 경험법칙은 절대적인 타당성, 즉 절대적인 보편성과 필연성을 갖지 못하며, 상대적인 타당성만을 가질 뿐이다. 이에 경험법칙은 우연성을 면할 길이 없다. 이에 반해 관념법칙은 시간 공간 속에, 다시 말하면 경험세계에 존재하지 않는다. 그것은 경험세계 또는 경험적 대상에 관한 법칙이 아니다. 그것은 경험적인 대상이 없어도 타당하게 존재한다. 모든 경험적 대상은 시간 공간에 제약되기 때문에 개별자이며, 개별자로서의 경험적 대상은 부단히 생멸(生滅)한다. 그러나 관념적 대상은 시간 공간에 제약되지 않는다. 이 때문에 그것은 경험적 대상처럼 생멸하지 않는다. 그것은 모든 경험적 대상이 소멸해도 여전히 존재한다. 그것은 시간 공간적인 것, 즉 경험적인 것을 초월한

---

11) *Ibid.*, S.168.

다. 이 점에서 그것은 보편자이다. 보편자로서의 그것은 절대적인 타당성, 즉 절대적인 보편성과 필연성을 갖는다. 물론 보편적 대상, 즉 관념적 대상에 대한 관념법칙도 그 같은 속성을 갖는다. 그런데 관념법칙은 경험세계에 존재하지 않지만 경험세계에 속하는 개별적인 경험 대상들을 규제한다. 그러므로 관념법칙 또는 관념적 범주가 경험적 대상에 앞서 존재하지 않는다면, 경험세계에 속하는 인간은 경험적 대상에 접근할 수 없다. 경험적인 것에 앞서서 그것을 규제한다는 점에서 관념법칙은 선험적이다. 관념적인 것의 선험성을 부정하는 자는 사과 두 개와 배 한 개를 놓고 산술을 성공적으로 끝마친 한 어린아이가 배가 고파서 그것들을 모두 먹어버린 순간 산술의 법칙은 모두 사라졌다가 어떤 경험적 대상이 나타나면 그것이 다시 등장하는 것으로 보는 자와 다를 바 없다.

심리학주의자들이 순수 논리법칙의 근원으로 보는 심리의 자연법칙은 경험법칙에 속하고, 순수 논리적인 법칙은 관념법칙에 속한다. 우리는 방금 이 두 법칙이 전혀 차원이 다름을 보았다. 즉 순수 논리적인 법칙은 경험계가 아니라 관념계에 속하며 경험적 법칙이 아니라 관념법칙에 지배되며 자기가 자기를 규제하며 그 자체로 존재하여 대상 영역을 형성한다. 따라서 그것은 결코 경험적인 것에 의해 그 존재가 정초될 수 없다. 그러므로 순수 논리법칙은 경험 법칙인 심리의 자연법칙에서 정초될 수도 없고, 그것에로 환원될 수도 없다. 따라서 그러한 환원과 정초를 시도한 심리학주의자들은 잘못이다.

그러나 후설은 생각의 기술이론 자체를 반대하는 것은 아니다. 생각의 기술이론은 글자 그대로 올바른 생각을 잘 하고 좀더 빨리 수행하기 위한 방법에 관한 기술을 의미한다. 이런 의미에서 그것은 방법론적 논리학으로 불린다. 이 논리학은 분명히 심리학을 기초로 하며, 어떤 의미에서는 심리학에 속하기도 한다. 왜냐하면 생각을 잘 하기 위해서는 생각이 그 속에서 이루어지는 심리에 대한 경험적 지식이 어느 정도 필요하기 때문이다. 이런 의미에서 방법론적 논리학은 짧은 시간에 교육의 효과를 극대화시키는 교육방법론, 즉 교육 심리학에 비유될 수 있다. 나아가 방법론적 논리학에는 심리학뿐만 아니라 식품학, 의학과 같은 실증 과학적 지식이 도움이 되기도 한다. 뇌에 대한 의학적 연구는 논리적 생각이 잘 수행되기 위한 조건에 대한 정보를 제공할 수 있으며, 식품이나 약품에 대한 연구는 논리적 생각을 촉진시키는 식품이나 약품을 찾아내거나 개발할 수 있기 때문이다.

따라서 후설은 방법론적 논리학의 존재 의의를 결코 부정하지 않는다. 그는 그것을 인정한다. 단지 그는 심리학주의자들이 방법론적 논리학과 순수 논리학의 차이점을 간과한 나머지 전자가 생각의 경험적 사실을 탐구하는 것을 넘어서서 후자를 정초하려는 것을 부정, 비판할 뿐이다. 순수 논리학과 방법론적 논리학은 내용, 기원, 기능에 있어서 전혀 다르다. 순수 논리학은 관념적인 것에만 관계하며 방법론적 논리학은 실재적(경험적)인 것에 관계한다. 그리고 전자는 직접적인 통찰적 공리에서 그 기원을 가지며, 후자는 경험 사실적인 심리적 현상에서 그 기원을 갖는다. 후설에 의하면 순수 논리학은 방법론적 논리학의 제1의 그리고 가장 본질적인 기초이다. 왜냐하면 학문의 방법은 어떻게 해야 하는가 하는 규범을 내포하게 마련인데, 이 규범은 논리적 범주에 순수하게 기초해 있는 관념적 법칙의 규범적 전향 이외에 아무 것도 아니기 때문이다. 또 심리학은 위에서 밝힌 바와 같이 순수 논리학이 아닌 방법론적 논리학에 참여할 수 있는데, 그 이유는 학문은 인간적 수행이기 때문에 심리학이 참여한다고 해서 모순되지 않기 때문이다. 따라서 학 일반에 참여하는 것은 경험적 분과인 방법론적 논리학과 관념적 분과인 순수 논리학으로 대별된다.

(2) 심리학주의자들의 제2편견

심리학주의자들의 제2편견은 다음과 같이 표현된다.

> 추리는 판단에 의한 판단의 논증이며, 이 경우 논증은 심리적 활동이다. 다시 진리와 개연성, 필연성과 가능성에 관한 언표는 판단과 관계하며 판단이 사념하는 것은 판단작용에서만 그때그때 제시되고 체험된다. 따라서 사람들이 심리적 현상과 관계되는 명제들과 이론들을 심리학으로부터 배제하려고 생각하는 것은 기묘한 일이다. 이 점에서 순수 논리적 명제와 방법론적 명제의 구별은 무의미하다.[12]

---

12) *Ibid.*, S.171.

이러한 심리학주의자들의 입장에 의하면 수학도 심리학의 한 분과가 될 것이다. 왜냐하면 수학에서의 가감승산은 심리적 작용에서 생겨나며, 그런고로 수학은 심리적인 합법칙성에 종속되어야 하기 때문이다. 이에 대해 후설은 수학적 법칙이 나타나는 셈작용이나 연산작용은 시간적으로 경과하는 경험적 사실로서 심리학이 다루어야 함을 인정하지만 3이라는 수는 관념적인 종의 계열에 속하는 것으로서 개별적 사건이나 시간적 규정성과는 무관하다.[13] 따라서 3이라는 수는 필연적이며 보편적인 관념적 단일체이다. 바로 이러한 단일체가 우연성과 상대성을 면할 수 없는 경험적인 수학적 심리작용에서 현출한다. 따라서 수학적 개념이나 법칙이 경험적인 수학적 심리작용에서 현출하는 것은 틀림없는 사실이다. 그러나 바로 이 때문에 수학이 심리학의 한 분과라는 결론은 도출되지 않는다. 수학자의 관심은 관념적인 단일성이지 수학적인 심적 체험이 아니다. 따라서 수학적 개념은 심리학적 기원을 가짐에도, 다시 말하면 수학의 연산형성체(Operationsgebilde)는 수학적 연산의 심리작용 없이는 있을 수 없을지라도, 아무도 순수 수학이론을 심리학의 분과로 보지 않으며, 또한 수학적 법칙들은 심리학적으로 존재할 수 없다. 이러한 사실은 계산기와 컴퓨터의 예에서 명확히 드러난다. 컴퓨터가 작동하자면 소프트웨어(Software)와 하드웨어(Hardware)가 있어야 한다. 전자는 순수 관념적 법칙에 상응하고, 후자는 인간의 경험적 심리작용에 상응한다. 컴퓨터가 복잡한 수학계산을 하는 동안 이 계산은 두 법칙, 즉 수학법칙(소프트웨어)과 물리적 기계법칙(하드웨어)에 따라서 이루어진다. 이것은 컴퓨터가 하드웨어의 물리적 기계법칙에 따라 작동되는 동안에도 소프트웨어의 관념적 법칙은 물리적 기계법칙을 조금도 손상시키지 않는 채 스스로 기능하고 있음을 의미한다. 심리학주의자에 의하면 하드웨어는 소프트웨어의 기초학이거나 그것의 한 분과이어야 한다. 그리하여 컴퓨터의 하드웨어의 물리법칙에 정통한 자는 반드시 어느 정도의 유능한 컴퓨터 프로그래머이어야 한다. 그러나 실은 그렇지 않다. 양자는 전혀 별개의 차원에 속한다. 그러므로 하드웨어의 물리법칙에 아무리 정통한 자도 꼭 유능한 컴퓨터 프로그래머인 것은 아니며, 그 역도 역시 성립된다. 이제 컴퓨터의 예를 통해

---

13) *Ibid.*, S.173 참조.

서 관념법칙(순수 논리법칙, 수학법칙, 컴퓨터의 소프트웨어)과 자연법칙(경험적 심리법칙, 하드웨어)은 전혀 다른 차원에 속하는 것으로 입증되었으며, 이와 함께 심리학주의자들의 오류도 입증되었다.

따라서 후설은 심리학주의자들의 제 2 편견에 대한 비판을 통해, 논리적 연관에 이중성을 인정한 셈인데, 그것은 "한편에서는 심리학에 귀속하는 영혼적 형성체에 대한 분류개념(Klassenbegriff)을 의미하고, 다른 편에서는 순수한 합법칙성의 영역에 속하는 형상적 단일성에 대한 일반개념"[14]을 의미한다. 전자는 인간학적-주관적 인식작용의 특성을 띠는 것으로 경험적인 것에 관계하고, 후자는 객관적-관념적 인식내용의 통일에 관한 것으로 관념적인 것에 관계한다. 전자에서 2×2=4라는 판단은 누가 몇 시에 어디서 어떠한 상황에서 판단했는가에 관계하며, 후자에서 그것은 2×2=4라는 판단의 의미, 즉 명제에 관계한다.

(3) 심리학주의자들의 제 3 편견

심리학주의자들의 제 3 편견은 명증이론에 관한 것으로서 다음과 같이 표현된다.

> 모든 진리는 판단에 있다. 그러나 우리는 판단명증의 경우에만 판단을 참으로 인식한다.[15]

우리가 인식에서 진리를 가질 경우 반드시 판단을 통해서 가진다. 그런데 판단은 판단작용과 판단된 것, 즉 판단내용으로 나누어진다. 그리고 판단내용은 참(진리), 거짓 중 하나를 포함한다. 이 경우 판단내용이 참임을 보증하는 것이 명증이며, 이것에 대한 이론이 명증론이다. 물론 참과 거짓을 동시에 모두 갖는 판단은 없다. 또한 참도 거짓도 아닌 그런 판단내용을 가진

---

14) *Ibid.*, S.177. 여기서 분류개념은 개개의 경험적 실재들에 속하는 동일한 경험적 속성으로 구성되는 개념을 의미한다. 물론 이 같은 개념형성은 경험적 추상작용에 의해서 이루어진다. 인간은 이러한 추상작용을 통해 경험세계에 속하는 개념체계를 구성할 수 있다.

15) *Ibid.*, S.183.

판단도 없다. 우리가 본 바와 같이, 심리학주의자들은 그 자체로 존재하는 논리법칙을 부정하고, 그것을 경험적인 판단작용에서 정초하려고 시도한다. 그 경우 그들은 또한 판단작용에서 독특한 종류의 내적 경험, 즉 감정이 일어난다고 본다. 그들에 의하면 그 감정은 판단내용의 진리를 보증하는 감정, 즉 명증 감정(Evidenzgefühl)이다. 따라서 그들은 명증을 어떤 판단작용에 수반되는 우연적 감정으로 본다. 그리하여 심리학주의자들은

> 모든 정상적인 사람은 정상적인 상태에서 불에 탈 때 고통을 느끼듯이 2+1=1+2라는 판단에서 명증을 느낀다.[16]

고 말한다. 이런 관점에서 밀은 논리학을 "(심리학적으로 파악되어야 할) 명증이론 또는 명증의 철학"[17]으로, 지그바르트는 "필연성이라는 주관적 감정(…)이 일어나는 조건을 의식하고 그것을 보편적으로 기술하는 것"[18]으로 규정한다.

후설은 심리학주의자들의 제 1 편견을 논파할 때와 마찬가지로 순수 논리적 명제와 방법론적 명제, 즉 심리학주의자의 명증 명제의 관계를 고찰함으로써 위의 제 3 편견을 논파한다. 후설은 전자는 후자로 변경될 수 있다고 한다. 예를 들면, 순수 논리적 명제인 모순율은 빛 자체는 빛의 모순개념, 즉 빛이 완전히 배제된 개념인 암흑 자체와 함께 있을 수 없다는 명증 명제로 변경될 수 있다. 이렇게 변경된 명증 명제가 진술하는 명증 조건은 심리적 조건, 실재적 조건에 다름 아니다. 왜냐하면 위 명제는 우선은 감각적 경험을 통해 우리의 마음이 빛과 암흑을 경험하는 한에서 성립되기 때문이다. 그 다음은 빛을 명증적으로 인식하기 위해서는 그것의 모순개념인 암흑을 없애야 하고, 이를 위해서는 그 자신이 빛을 비추어야 하기 때문이다. 그리고 빛을 비추는 자의 심리 상태가 정상이라면, 빛과 암흑이 교차되는 순간 그에게 감정이 일어날 수도 있으며, 이 감정이 빛의 진리성을 보증하는 명증으로 작용할 수도 있다. 이런 점에서 후설은 "논리적 명제는 심리적인 명

---

16) *Ibid.*, S.192.

17) J. S. Mill, *An Examination*, 473쪽. 후설, 같은 책, 184쪽에서 재인용.

18) Sigwart, *Logik*, I^2, 16쪽. 후설, 같은 책, 같은 쪽에서 재인용.

증 사실에 관계하며, 어떤 의미에서는 명증의 심리적 조건을 허용한다"[19]고 말한다. 이처럼 우리는 선험적으로 가능한 변경을 통하여 어떤 명증 명제를 얻을 수 있으며, 또한 원한다면 명증의 조건도 얻을 수 있다. 그러나 이러한 변경에도 불구하고 논리적 명제는 그 의미와 진리를 조금도 상실하지 않으며, 명증 명제의 특성을 자신 속에 전혀 내포하지 않는다. 따라서 논리적 명제는 누가 판단하는가, 판단하는 자의 심리상태나 주변 상황에 대해서 전혀 언급하지 않는다. 사정은 순수 수학적 명제에서도 마찬가지이다.

> $a+b=b+a$라는 진술이 의미하는 것은, 두 수의 합이 이들을 결합하는 위치와 관계없음이지 어떤 누군가의 셈하고 합산하는 것이 전혀 아니다.[20]

> 몇 백만의 자릿수를 가진 십진수가 있고, 이 수에 관계되는 진리도 있다. 그러나 아무도 이런 수를 현실적으로 표상할 수 없고 또 그것에 관한 가감승산을 현실적으로 수행할 수 없다. 여기서 명증은 심리학적으로 불가능하다.[21]

이로써 후설은 심리학과 논리학의 대상 영역의 차이점을 분명히 한다. 심리적인 가능성은 실재적인 가능성이고, 명증 가능성은 관념적인 가능성이다. 심리학적으로 불가능한 것은 관념적으로 충분히 말해질 수 있다. 역으로 관념적 법칙에 모순되는 심리적 작용은 어떠한 것이든 불가능하다. 따라서 논리적 명제 자체는 심리적 명제일 수 없다. 때문에 논리적 명제 자체는 구체적인 심리적 명증성의 감정이나, 그 조건에 대해서 아무런 언표도 하지 않고 오직 명증성의 가능성 내지 불가능성의 조건만을 언급할 뿐이다. 심리학주의자들은 바로 이 점을 간과하였다.

결국 심리학주의자들은 생각작용에 있어서 관념적인 것과 실재적인 것의 관계를 오해함으로써 세 번째 편견에 빠졌다. 그러나 심리학주의자들의 세 번째 편견은 또한 진리와 명증의 관계를 오해하고 있음을 나타내고 있다. 세 번째 편견에 의하면 진리는 판단 속에 있으며, 이 판단의 진리는 판단작

---

19) *Ibid.*, S.185f.
20) *Ibid.*, S.187.
21) *Ibid.*, S.188.

용에서 발생하는 명증 감정에 의하여 결정된다. 따라서 심리학주의에서는 명증 감정이 판단의 진리를 보증하고 결정하는 권위를 지니고 있으며, 진리는 명증의 감정 없이는 생겨나지 않는다. 후설은 진리가 판단에 있다는 점은 인정하지만 명증 감정이 판단진리의 권위라는 점은 인정하지 않는다. 왜냐하면 두 사람이 동일한 감각을 지니고 있을 경우 이들은 감각을 각자 다르게 느끼기며, 동일한 사람이라고 해도 이 사람이 처한 시간과 공간에 따라서 다르게 느끼기 때문이다. 이러한 난점을 모면하기 위해 심리학주의자들은 정상인과 정상적 상황을 말하지만, 그 기준이 애매모호하다. 후설은 명증을 어떤 판단에 우연적으로 또는 자연법칙적으로 이어지는 우연적 감정인 심적 특성이 아니라 "진리의 체험"[22]으로 본다. 이 경우 "진리는 체험이라는 작용 속에 관념적인 것이 존재한다는 의미에서 체험된다."[23] 따라서 진리는 현실적 체험의 명증적 판단 속에 있는 하나의 이념(Idee)이다. 그리고 여기서 "명증적 판단은 근원적 소여성(originärer Gegebenheit)의 의식"[24]이며, 이 의식은 충전적으로(adäquat) 지각된 것이다.

> 충전적으로 지각된 것은 단순히 사념된 어떤 것에 불과한 것이 아니라 사념된 것으로서 작용 속에 근원적으로 주어져 있고, 즉 그 자체 현재적으로(gegenwärtig) 그리고 남김 없이(restlos) 파악되어 있다.[25]

이때 비로소 진리가 드러난다. 그 진리를 드러내는 의식이 명증적 의식이다. 따라서 명증은 일종의 심적 감정이 아니라 그 자체로 주어져 있는 사태(Sachverhalt) 또는 진리의 봄, 통찰, 파악이다.

위에서 논의된 후설의 명증론과 진리론이 시사하는 바는 다음과 같다. 첫째 명증은 진리 없이는 일어나지 않는다는 것이다. 후설식으로 말하면, "지각의 영역에서 보지 않음이 있지 않음과 결코 일치하지 않듯이 명증의 결핍이 비진리를 의미하지 않는다"는 것이다. 둘째 진리는 항상 명증적 의식에

---

22) *Ibid.*, S.193.

23) *Ibid.*

24) *Ibid.*

25) *Ibid.*

서 체험된다. 이 점에서 진리와 진리의 체험인 명증은 본질적인 상관(연관) 관계를 맺고 있다. 후설은 이를 다음과 같이 표현하고 있다. “사념과 이 사념이 사념하는 현재화(Gegenwärtigen)간의 합치, 즉 진술의 현실적인 의미와 그 자체로 주어진 사태간의 합치의 체험이 명증이고 그 합치의 이념이 진리이다.” 셋째 진리의 객관성을 형성하는 것은 진리의 관념성이라는 것이다. 따라서 2×2=4라는 진리의 타당성과 대상성은 우연적·사실적·시간적 체험인 진술작용에 속하는 것이 아니라 진술의 의미, 즉 2×2=4라는 순수하고 동일한 진술에 속한다. 이 점에서 후설은 우연적 심적 사실인 명증 감정을 진리의 객관성을 보증하는 권위를 지닌 것으로 보지 않는다. 따라서 후설이 모든 진리는 판단에 있음을 시인한 것은 판단의미의 관점에서이지 심리학주의자의 명증판단의 관점에서가 아니다.

3) 비판의 성과

우리의 논의는 다음과 같이 약술될 수 있다. 심리학주의의 근본입장은 모든 논리법칙은 심리법칙으로 환원될 수 있다는 것이다. 여기서 심리법칙은 사실적으로 존재하는 심리작용의 인과분석에서 도출된 경험법칙이다. 그런데 경험법칙은 어떤 사실적인 존재가 없이는 존재할 수 없다. 예를 들면 경험법칙인 만유인력의 법칙은 경험적 물체 일반이 없이는 존재할 수 없고, 나무에 대한 경험법칙인 탄소동화작용은 경험적인 식물 일반이 없이는 존재할 수 없다. 이런 맥락에서 심리학주의자는 논리법칙도 인간의 심리 없이는 존재할 수 없다고 봄으로써 일종의 심리인 사고작용과 대립되는 논리의 자체적인 영역을 인정하지 않는다. 이에 대한 후설의 반론은 논리법칙은 경험법칙이 아니라 관념법칙이라는 것이다. 관념법칙은 경험법칙과 달리 그 자신 존재하기 위해서 그 어떠한 경험적 실재도 요구하지 않는 객관적(자체적) 존재이다. 논리법칙도, 관념적 존재인 한, 심적 사실인 사고작용과 대립하여 그 자체로 존재하는 객관적 존재이다. 후설은 이러한 관념적인 대상영역을 확보함으로써 객관주의적 입장을 취한다. 그러나 이는 후설이 반주관주의자의 입장을 취함을 의미하지 않는다. 후설이 반대하는 주관주의는 관념적 존재를 경험적인 심리적 사실로 환원하려고 시도하는 심리학주의적 주관주의이다. 후설은 관념적 존재가 우리의 심적 사실로 환원되지는 않을지라도 항상 우리의 의식의 대상으로서만, 즉 의식의 상관자로서만 존재한다고 주장한다. 심리학주의자들은 논리적인 것이 바로 이러한 이중적 상관관계를 갖는다는 사실에 현혹되어 순수 논리법칙과 이 법칙이 나타나는 심적 과정인 생각작용을 혼동함으로써 논리법칙을 심리법칙으로 환원하여 순수 논리학을 방법론적 논리학을 통하여 정초지으려는 오류를 범했다. 그러나 후설은 타방에로 환원될 수 없는 의식작용과 그것의 대상인 관념적 존재의 상관 관계를 획득함으로써 전통 철학이 취한 근거 없는 객관주의의 입장을 취하지 않고 그것을 정초하려는 새로운 주관주의의 입장을 취한다. 이 상관자가 바로 후설이 심리학주의를 비판한 결과로 획득한 가장 큰 성과로서 엄밀한 학으로서의 현상학의 이념 실현의 가능성의 조건이다.

4. 현상학의 출현

1) 현상학의 이념과 주제

저 상관자 중의 첫째 계기인 관념적 대상영역은 후설로 하여금 진리 상대주의를 넘어서 절대주의로 나아가는 길을 열어 주었다. 후설은 바로 그 첫 계기에서 진리의 절대성을 추구하는 그의 현상학의 이념을 찾았다. 이렇게 후설의 현상학에는 진리의 절대성이 함축되어 있는 데 반해, 심리학주의에는 진리에 대한 종적 상대주의가 함축되어 있다.[26] 전자에 후자가 함축되어 있는 까닭은, 논리법칙을 생각의 자연법칙으로 환원할 경우 심적 존재가 어떠한 구조를 가지느냐에 따라서 논리법칙도 다르기 때문이다. 예를 들면, 인간과 다른 심적 구조를 가진 존재자인 신, 천사, 악마는 각기 인간과는 다른 자신들의 심리구조에 적합한 진리(논리법칙)를 가질 것이다. 그러나 칸트는 이미 19세기의 심리학주의에 앞서서 종적 상대주의를 인간 이성의 원리

---

26) 후설은 그 대표적인 예로 지그바르트의 논리학과 에르트만의 논리학에서의 인간학주의를 들고 있다. 상세한 것은 *Ibid.*, 39절과 40절 참조.

에 입각하여 학적으로 표현한 바 있다. 그의 주저, 『순수이성비판』에는 인간과 다른 이성적 존재자는 인간과 다른 형식으로 인식할 것이라는 것이 암시되어 있다. 그리하여 후설은 칸트도 인간학주의와 심리학주의를 완전히 탈피하지 못하였다고 본다.[27)]

관념적 대상의 자체적인 존재영역을 확보한 후설에게 종적 상대주의는 성립하지 않는다. 왜냐하면 종적 상대성을 결정하는 것은 어떤 종에 독특한 자연성에서 기인하는 종의 지성 형식인데, 관념적 대상은 그 어떠한 자연성도 내포하지 않기 때문이다. 이와 같은 특성을 지닌 관념적 대상성에는, 경험적 대상에 경험법칙으로 이루어진 진리가 속하듯이, 경험적 세계와 실재에 대해서 아무 것도 언급하지 않는 관념적 법칙으로 이루어진 진리가 속한다. 예를 들면 2+2=4라는 진리는 개별적으로 실재하는 사물을 지닌 세계가 존재하든 존재하지 않든 그 자체로 존재한다. 따라서 관념적 대상은, 결코 경험적일 수 없는 관념적 진리가 거기에 속하는 하나의 영역을 이룬다. 잠시 후에 보게 되겠지만, 후설은 이 영역을 『이념들 Ⅰ』에서 사실계와 구별하여 본질계라고 칭한다. 본질은 개체를 개체이게 하는 "개체의 그 무엇"[28)] 이다. 개체의 그 무엇인 본질은 개별적인 것이 아니라 보편적인 것이다. 개체는 그 자체만으로 개체일 수 없고 그것의 본질을 통해서 개체일 수 있다.

본질은 개체의 원형, 즉 형상이며, 본질에 관한 진리는 경험적 진리에 앞선 근원적 진리이며, 현상학은 바로 이 근원적 진리를 문제삼는다. 형상과 그것에 대한 진리는 Ⅲ장에서 보았듯이 플라톤이 철학의 대상으로 탐구한 것이다. 그러나 그것은 근대 주관주의 철학에 의해 형이상학적 대상으로 낙인이 찍혀 철학에서 방치되었다. 특히, 칸트는 우리는 물 자체를 생각할 수 있을 뿐 인식할 수 없고, 오직 물 자체에 의해 촉발된 현상들만을 우리의 지성형식에 따라 해석(구성)할 때, 인식이 가능함을 자신의 철학체계 내에서 증명함으로써 형상의 인식만이 인식이고 경험적(현상론적) 인식은 생각에 불과하다는 플라톤의 주장을 정면으로 반박하였다. 칸트의 이러한 입장이 현상론을 대변한다. 후설의 현상학은 그 자체로 존재하는 사물의 형상과 그

---

27) *Idee*, S.48.

28) *Ideen I*, S.13.

것의 인식을 주장한다는 점에서 현상론과 구별된다. 그러나 현상학은 플라톤에 전적으로 동의하는 것은 아니다. 후설은 플라톤과 달리 현상론적 인식도 타당한 인식으로 본다. 다만 현상학은 현상론적 인식이 성립하기 위해서는 형상적 인식이 선행해야 하며, 현상론적 인식의 근원은 경험과학이 아니라 현상학에 의해서만 해명될 수 있음을 주장할 뿐이다.

이제 저 상관관계의 두 번째 계기인 의식이 논의되어야 할 차례이다. 우선 의식은 관념적 대상 영역, 즉 본질계와 달리 경험적으로 실재하는 사실적 존재이다. 이런 의식이 본질이 주어지는 소여성이다. 따라서 본질은 의식에서만 그 소여성 방식들(Gegebenheitweisen)을 가진다. 이 때문에 본질은 항상 의식의 대상으로서만 존재하고 의식 초월적 대상일 수 없다. 현상학은 이렇게 의식을 본질의 소여성 방식들로 보기 때문에 본질의 명증적 소여성과 그 인식에 도달하기 위해 의식 이외에 어떠한 전제도 허용하지 않는다. 바로 여기에 무전제의 학이라는 현상학의 학적 성격이 유감 없이 드러난다. 우리가 Ⅱ장에서 언급한 현상학의 표어, "사상 자체에로"도 그 어떤 것도 요구하지 말고 본질이 현출하는 의식 자체에서 철학을 시작하라는 것이다.

주지하듯이, 현상학은 본질 인식의 학이다. 그런데 방금 본 바와 같이 현상학의 인식 대상인 본질의 소여성은 의식이다. 그러므로 본질 인식의 학인 현상학은 당연히 의식의 탐구로 귀결될 수밖에 없고, 그런 의미에서 우리는 현상학의 학적 형태를 심리학이라고 언급한 바 있다. 그런데 우리는 본질의 소여성인 의식을 사실적으로 존재하는 경험적 실재라고 말하였다. 이 점을 고려하면 현상학은 경험적 실재로서의 의식에 관한 학인 셈이다. 그렇다면 현상학은 경험 심리학에 다름 아니다. 그러나 우리는 현상학은 심리학의 형태를 취하지만, 경험 심리학이 아님을 여러 차례 언급하였다. 그러면 현상학은 그것이 탐구하는 의식이 경험적 실재임에도 도대체 어떻게 해서 경험 심리학이 아니고 선험 심리학이란 말인가?

경험 심리학도 현상학도 모두 경험적 실재인 개별적 의식을 탐구하되, 전자는 그것에서 그것의 자연성 혹은 사실성을 인식하고, 후자는 그것에서 그것의 본질을 인식한다. 마찬가지로 자연과학도 현상학도 모두 경험적 실재인 개체를 인식하되, 전자는 개체에서 그것의 자연법칙을, 현상학은 개체에서 그것의 본질을 인식한다. 이런 까닭으로 두 학은 모두 경험적 실재를 다룸에도 불구하고 서로 다르다. 개체의 본질을 인식하는 학이 바로 선험적 학이다. 현상학이 경험적 실재인 개별적 의식을 다룸에도 불구하고 경험 심리학이 아니고 선험 심리학인 까닭이 바로 여기에 있다.

이제 현상학은 경험적인 개별 의식을 다룸에도 불구하고 그것이 인식하는 의식은 경험적 의식이 아니라 본질 의식인 것으로 밝혀졌다. 후자는 흔히 현상학적 의식으로 지칭된다. 현상학적 의식과 경험적 의식은 구별되어야 한다. 적어도 후설에서 후자는 특정한 종, 즉 신, 인간, 천사, 악마에 고유한 의식이며, 전자는 모든 종에 공통되는 의식이다. 그 까닭은 후설에서 종적 상대주의가 부정되는 이상, 인간, 신, 천사, 악마는 각기 논리학이나 수학계산, 예를 들면 2+2에서 모두 4라는 답을 얻으며, 이 경우 그것들이 지닌 수학하는 내적 행위와 생은 선험적 필연적으로 도처에서 본질적으로 동일하기 때문이다.[29] 이 같은 현상학적 의식의 종(種)적인 동일성은 선험적인 순수 관념적 영역, 즉 무제약적 보편적 필연적 진리의 영역에 심적인 종류의 본질과 선험적인 진리가 속함을 의미한다. 따라서 현상학은 경험적으로 실재하는 사실적인 인간 주관이 아니라 주관성 일반의 관념적 본질과 그 진리에 관한 학이다.

이제 두 계기가 모두 해명되었다. 그러나 두 계기가 왜 항상 필연적인 상관관계를 형성하는지에 대해서는 아직 해명되지 않았다. 인간은 그 두 계기가 상관관계를 형성하는 한에서 본질을 인식할 수 있다. 따라서 그 두 계기가 필연적인 상관관계를 형성하는 까닭에 답하는 것은, 경험적으로 실재하는 세계 내의 인간이 도대체 어떻게 해서 경험계를 초월한 본질을 인식할 수 있는가에 답하는 것이기도 하다. 후설은 그 까닭을 의식의 본질에서 찾는다. 후설에 의하면 의식의 본질은 항상 무엇에 대한 의식이다. 예를 들면, 수학적 작용은 항상 2, 3, … 과 같은 수학적 대상에 대한 의식이고 사랑하는 작용은 항상 사랑되는 것에 대한 의식이며, 역으로 수학적 대상은 항상 수학적 의식 작용에서, 사랑되는 것은 항상 사랑하는 의식작용에서 현출한다. 이 같은 의식의 특성이 의식의 지향성이며, 이것이 의식의 본질이다. 우리는 지향성에 대해서 Ⅲ장에서 간단히 다룬 바 있다. 의식의 지향성은 의식이

---

29) *Psy.*, S.38 참조..

그 대상과 맺는 관계가 객관(인과)적 관계가 아니라 자기 관계[30]임을 의미한다. 물론 이 자기 관계는 의식의 대상과의 단순한 일대일의 정적인 관계를 의미하지 않고, 의식이 경험적 대상의 지각에 앞서서 자기 스스로 대상을 드러내고 있음을 의미한다. 이러한 의식의 지향성은 선험적이다. 따라서 본질이 항상 의식과 상관관계를 맺고, 인간이 이 상관관계에서 본질을 인식할 수 있는 것은, 의식의 선험적 자기 본성, 즉 지향성에서 기인하는 셈이다.

이제 우리는 경험계를 초월한 본질은, 의식의 지향작용에 의해 의식과 필연적인 상관관계를 맺는 의식의 지향대상으로 또 반드시 그것의 지향대상으로만 현출함을 알 수 있다. 이렇게 의식의 지향작용은 그 대상, 즉 본질을 드러낸다. 그러나 또한 의식의 지향작용은 이 작용에서 현출하는 지향대상에 의해서 드러난다. 따라서 의식의 지향작용은 그 지향대상에 의해서 드러나고, 의식의 지향대상은 의식의 지향작용에 의해서 드러난다. 따라서 의식의 지향성은 의식의 자기 인식의 가능성의 조건이자 또한 의식 자체를 드러내는 의식의 빛이다. Ⅲ장에서 언급되었듯이, 후설은 의식의 지향작용을 noesis로, 그 지향대상을 noema로 지칭한다. 또한 우리는 Ⅲ장에서 후설에서나 플라톤에서나 형상(본질)의 직관은 형상만이 인식이 아니라 동시에 그것을 직관하는 정신의 인식이라고 말한 바 있는데, 우리가 그렇게 말한 까닭은 바로 의식(정신)이 지닌 빛, 즉 지향성에 근거한다. 이 지향성이 바로 현상학의 탐구 주제이다.

2) 이원론의 해소와 그에 따른 휴머니즘의 본래적 의미 회복

우리는 흔히 이원론 철학이라는 말을 듣는다. 이원론이란 주관과 객관의 관계 규정에서 나타난다. 즉 주관과 객관 사이에 메워질 수 없는 틈이 발생하면, 그것은 이원론 철학이다. 이 틈은 주관 초월적 객관을 주장하는 철학에서 일어난다. 따라서 객관을 주관을 초월하는 것으로 규정하는 철학은 이원론 철학일 수밖에 없다. 이때 주관을 초월한 객관에 중점을 두면 그 철학은 객관주의 철학이고, 주관에 중점을 두면 주관주의 철학이다. 물론 이 경

---

30) *Ibid.*, S.31 참조.

우 주관주의는 객관주의에 대립되는 주관주의이며, 객관주의 역시 주관주의에 대립되는 객관주의이다. 따라서 여기서의 주관주의, 객관주의는 이원론을 극복하지 못한 철학을 의미한다. 주관주의 철학은 상대주의나 회의주의에 귀결될 수밖에 없다. 그 까닭은 객관은 주관을 초월해 있기 때문에 주관은 도저히 객관을 인식할 수 없으며, 그래서 주관주의는 이제 인간은 객관을 인식할 수 없다는 명제를 주관주의의 공식으로 내세우게 되는데, 이 공식이 바로 회의주의의 공식이기 때문이며, 그 다음 일단 회의주의가 성립되면 주관주의는 이제 진리는 각자의 주관에 따라서 다르다는 입장을 취하게 되는데, 이것이 바로 상대주의의 공식이기 때문이다. 그 다음 객관주의 철학은 신비주의나 독단주의로 귀결될 수밖에 없다. 그 까닭은 객관주의는 비록 객관이 주관을 초월해 있음에도 불구하고, 그 초월적 객관을 주관이 인식할 수 있다고 주장하는데, 이때 주관주의가 내세우는 주관이 지니고 있는 주관 초월적 객관 인식의 능력은 기묘한 직관이며, 그 직관은 결국 신비적 직관일 수밖에 없기 때문이고, 그 다음은 그러한 직관은 오직 그러한 직관을 내세운 철학자만이 그 타당성을 인정할 뿐 다른 철학자는 그 직관의 타당성을 전혀 인정하지 않기 때문이다.

우리는 현상학의 주제가 의식의 지향성임을 밝혔고, 또한 의식의 지향성은 의식, 즉 주관과 그 대상, 즉 객관이 필연적인 상관관계를 형성하고 있음을 의미하는 것도 밝혔다. 따라서 의식이 지향적이라 함은, 주관과 객관 사이에 그 어떤 틈도 없음을 의미한다. 그러므로 의식의 지향성을 탐구 주제로 하는 현상학은 이원론 철학이 아니며, 오히려 현상학에서 이원론은 해소된다. 우리는 앞서 현상학은 **적어도 외형상으로는** 근대 철학과 같은 주관주의 철학의 형태를 취한다고 말하였다. 그러나 현상학의 주관주의와 근대 철학의 주관주의는 본질적으로 다르다. 바로 이 때문에 우리는 앞에서 **적어도 외형상으로**라는 조건을 붙였던 것이다. 결론적으로 말하면, 후설이 보기에, 근대 철학, 즉 합리론, 경험론, 칸트의 비판 철학은 외형상 주관주의의 형태를 취할 뿐, 철저한 주관주의, 즉 진정한 의미의 주관주의가 아니다. 후설에 의하면 철저한 주관주의에서는 이분법적 대립이 해소된다. 그러므로 그것에는 객관주의가 대립하지 않는다. 그것에 객관주의가 대립하지 않으므로 그것은 동시에 객관주의이다. 근대 철학은 진정한 주관주의가 아니기에 그것에는 아직 객관주의가 대립하며, 그래서 그것에서는 아직 이분법적 대립이 해소되지 않고 있다. 그러나 후설은 자신의 초월론적 현상학은 철저한 주관주의, 즉 진정한 주관주의임을 자처한다. 그래서 그는 또한 자신의 주관주의는 동시에 객관주의라고 주장한다. 그는 이 점을 다음과 같이 분명히 한다.

> 오래 전부터 전승된 철학적 관점들의 모호한 대립들, 즉 … 주관주의와 객관주의, 관념론과 실재론, … 와 같은 대립들은 … 현상학의 … 연구에서 … 저절로 해소된다. … 주관주의는 가장 보편적이고 가장 일관된 초월론적 주관주의를 통해서만 극복될 수 있다. 이러한 형태 속에서 주관주의는, 그것이 합치되는 경험을 통해서 제시될 수 있는 모든 객관성의 권리를 대변하는 한, 동시에 객관주의이다. … 현상학의 초월론적 관념론은 자신 속에 자연의 실재론을 전적으로 함축하며, 그렇다고 그것은 수수께끼적인 논증을 통해서가 아니라 현상학적 연구 자체의 일관성을 통해서 논증된다.[31)]

그러나 근대 철학은 진정한 주관주의, 철저한 주관주의가 아님에도 주관주의의 형태를 취하고 있다. 우리는 이런 철학을 어정쩡한 주관주의로 표현하고자 한다. 그러면 근대 철학은 어떤 의미에서 진정한 주관주의가 아닌가? 우리가 볼 때, 어떤 철학이 진정으로 주관주의 철학이라면 그 철학에는 주관이 나타나야 한다. 물론 이 주관은 존재론적으로 자연 사물들과 완전히 구별되는 것이다. 이러한 주관은 존재론적으로 사물들을 완전히 초월한 것이다. 사물들을 완전히 초월했다는 것은 자신 안에 자연적 사물성이 완전히 배제되어 있음을 의미한다. 이에 주관주의 철학에서 주관은 초월론적 주관일 수밖에 없다. 따라서 우리가 방금 진정한 주관주의 철학에는 주관이 나타나야 한다고 말했을 때의 주관은 바로 초월론적 주관을 의미한다. 따라서 어떤 철학이 아무리 주관주의 형태를 취하고 있을지라도 거기에 주관, 즉 초월론적 주관이 나타나 있지 않으면, 그것은 진정한 주관주의 철학이 아니다. 바로 이런 이유로 우리는 근대 철학이 비록 주관주의의 형태를 취하고 있음에도 진정한 주관주의가 아니라고 말한 것이다.

그러나 근대 철학은 분명 주관을 탐구 대상으로 하며 주관에 대해서 논

---

31) *Ibid.*, S.253.

의한다. 이에 근대 철학은 분명히 주관주의 철학이다. 그럼에도 현상학적으로 볼 때 근대 철학에 주관은 나타나 있지 않다. 따라서 근대 철학은 분명히 주관주의임에도 거기에는 주관이 나타나 있지 않은 참으로 기묘한 철학이다. 이런 철학을 우리는 위에서 어정쩡한 주관주의로 표현한 것이다. 그러면 근대 철학은 어떤 의미에서 주관주의 철학임에도, 즉 주관을 탐구함에도 거기에는 주관이 나타나 있지 않는가? 그 까닭은 근대 철학에서는 탐구되고 있는 주관이 존재론적으로 자연사물들을 완전히 초월하지 못하고 있으며, 그래서 주관이 자연사물들을 기술하는 범주로 기술되어서 그것이 사물화되기 때문이다. 따라서 존재론적으로 볼 때, 근대 주관주의 철학에는 사물화(객관화)된 주관, 즉 객관만이 있지 사물들과 완전히 구별되는 사물들을 완전히 초월한 것, 즉 주관은 없다. 따라서 우리가 어정쩡한 주관주의 철학으로 표현한 근대 철학은 현상학적으로 또는 존재론적으로 볼 때 객관만이 등장하는 객관주의 철학이다. 이런 의미에서 우리는 앞에서 후설이 근대 합리주의(주관주의)를 객관주의로 본다고 말한 것이다.

주관을 탐구하는 근대 철학에 주관은 등장하지 않고 객관화된 주관이라는 의미의 객관만이 등장하여 그것이 결국 진정한 주관주의로 상승하지 못하고 어정쩡한 주관주의에 머물고 있는 근대 철학의 처지를 현상학적으로 표현하면, 근대 철학에서의 주관은 아직 철학적인 주관, 즉 초월론적 주관으로 상승하지 못하고 심리학적 주관에 머물고 있으며, 그래서 그것은 아직 초월론적 철학이 아니라 초월론적 심리학주의에 머물고 있는 것으로 표현될 수 있다. 어떤 의미에서 근대 철학의 주관이 초월론적 주관으로 상승하지 못하고 심리학적 주관에 머물고 있는지, 심리학적 주관에 머물 경우 왜 이분법적 대립이 해소될 수 없는지는 다음 장에서 계속 논의될 것이다.

철학사는 근대의 시작과 함께 서양철학은 객관주의에서 주관주의로 이행하였다고 기술하고 있다. 혹자는 서양철학의 이러한 이행을 하나의 발전으로 보기도 한다. 그러나 우리가 볼 때 그것은 발전이 아니다. 왜냐하면 진정한 의미에서 철학의 발전은 방금 본 바와 같이 이원론적 대립을 극복할 수 있는 철저한 주관주의로 가능하거니와, 근대 이전의 객관주의도 그 이후의 주관주의도 방금 본 바와 같이 철저한 주관주의 철학이 아니기 때문이다.

우리는 철학을 정신의 순수한 자기 인식의 학, 즉 정신의 왜곡, 곡해 없는 본질 인식의 학이라고 규정하고, 이러한 학을 동시에 초월론적 주관(정신)에 관한 학이라고 말하였다. 우리가 철학을 그것에 학이라고 한 까닭은, 초월론적 주관에서 철학이 지향하는 정신의 순수한 본질 인식이 가능하기 때문이다. 또한 우리는 인간은 인간이 인간으로서 존재하게 되는 곳 안에, 즉 인간의 본질 안에 설 때 비로소 휴머니즘의 본래적 의미를 회복할 수 있다고 말하고, 인간의 본질을 정신의 왜곡, 곡해 없는 본질 인식에서 찾았고, 우리는 그러한 정신의 본질을 지향성이라고 말하였다. 또한 우리는 현상학은 바로 그 지향성을 발견하여 그것을 주제적으로 탐구함으로써 이원론적 대립이 해소된 철저한, 진정한 의미의 주관주의라고 말하였다. 그렇다면 근대 이전 객관주의도 그 이후의 주관주의도 이원론적 대립을 해소하지 못하고 있다는 것은, 그것들에서 아직 정신의 순수한 본질, 즉 지향성이 인식되지 않았음을 의미한다. 철학의 발전은 철학이 그 이념으로 추구한 정신의 순수한 본질 인식의 관점에서 평가되어야 한다. 이 같은 관점에서도 근대에 서양 철학의 객관주의에서 주관주의에로의 이행이 철학의 발전이 아님이 명백해진다.

인간이 정신의 순수한 본질 안에 설 때 휴머니즘적일 수 있다면, 방금 본 바와 같이 근대에 서양 철학의 객관주의에서 주관주의에로의 이행도 여전히 정신의 본질, 즉 지향성의 망각에서 이루어진 이상, 그것은 휴머니즘에도 큰 진전을 가져오지 않은 셈이다. 이것은 사실이다. 객관, 즉 사물의 본질을 주관 초월적인 것으로 봄으로써 정신의 본질, 즉 지향성을 망각한 고, 중세의 객관주의 철학의 시대는 당연히 소수의 사람들만이 진리(본질의 진리)를 인식한다고 자처하여 그들에 의한 전제적 · 봉건적 사회체제가 마련되었으며, 이러한 사회체제하에서 대개의 사람들은 빈곤한 노예적인 삶을 강요당하지 않을 수 없었다. 노예적인 삶에서 인간다운 인간성을 기대하기란 요원한 것이다. 따라서 고대, 중세에서도 진정한 휴머니즘은 기대될 수 없었다. 근대 이후 서양인들은 사물 자체, 즉 사물의 본질이 의식의 지향대상임을 망각함으로써 사물 자체를 도외시하고, 그 대신 주관의 이념적 완전성에 따라서 사물을 표상하고, 그렇게 표상된 사물의 이념적 완전성에 맞게끔 자연 사물들을 변형, 조작함으로써 자연을 지배하고, 이러한 자연지배의 질서에 합당한 사회체제를 고안하여, 그 결과 그들은 전시대의 전제적 · 봉건적 지배체제에서 해방됨은 물론 풍요로운 물질적 삶을 누릴 수 있었다. 그리하여 서양인들은 근대 주관주의가 이제 정치, 경제, 종교적 자유를 확보하여 전시대의 전제적 · 봉건적 지배체제와 물질적 빈곤에 의해서 억압된 인간다운 인간성을 그들에게 되찾아 준 것으로 믿었다. 그리하여 근대 주관주의는 서양인들에게 휴머니즘의 본래적 의미를 완전히 회복해 준 것으로 보였다.

근대 주관주의가 인간의 자연 지배의 틀을 마련함으로써 계몽의 시대를 도래시켜서 서양인들에게 정치, 경제, 종교적 자유와 물질적 풍부를 가져다 줌으로써 그 전시대의 전제적 · 봉건적 지배체제에 의해서 억압된 인간다운 인간성을 회복해 준 것은 분명하며, 따라서 그것은 휴머니즘에서 그 전시대에 비해 진일보한 것으로 보임직도 하다. 그러나 이러한 진일보의 이면에는 근대 주관주의에 의한 또 다른 인간성의 상실이 싹이 내밀고 있었으며, 그 싹은 오늘날 크게 성장하여 서론에서 본 것과 같은 인간의 사물화라는 인간성 상실과 자연오염에 의해 야기된 생태계의 파괴에 따른 반휴머니즘적 삶의 환경을 도래시켰다. 따라서 그 진일보도 잠시일 뿐 근대 주관주의는 그것의 원리에 따라 자연을 철저하게 지배하는 것에 비례하여 반휴머니즘적 현상을 심화시켜 왔다.

이상의 논의로 이제 확인되는 것은, 플라톤에 의해서 설정된 무전제성이라는 철학의 이념뿐만 아니라, 휴머니즘의 본래적 의미 회복이라는 철학의 학적 의미 실현도 정신의 왜곡되지 않은 본질 인식, 즉 지향성의 인식에 따른 이분법적 대립이 해소된 진정한, 철저한 주관주의로써 가능하다는 점이다. 따라서 지향성 개념은 철학의 이념을 실현하는 것에서뿐만 아니라 철학의 학적 의미를 실현하는 데도 핵심적 개념이다. 이제서야 우리는 지향성이 후설 현상학의 탐구 주제로 등장하게 된 그 심원한 까닭을 알 수 있겠다.

3) 현상학의 방법

이제 후설의 현상학적 작업은 지향성의 인식에 초점이 있는 것으로 밝혀졌다. 그러므로 그의 현상학적 방법도 지향성의 인식 방법에 다름 아니다. 이제 이 방법이 논의될 차례이다. 어떤 방법이든지 간에 방법은 그것이 탐구하고자 하는 대상에 정확히 맞아떨어져야 하며, 그런 방법이 참된 방법임을 우리는 Ⅲ장에서 지적한 바 있다. 또한 우리는 그곳에서 후설 현상학 창시의 의의는 철학의 이념을 실현하는 데 적합한, 조금도 자연과학적이지 않은 순수 철학적 방법의 창시에 있다고도 밝혔다. 이처럼 그의 현상학적 방법이 순수 철학적 방법인 까닭은, 그것이 지향성의 탐구에 딱 맞아떨어지는 방법이기 때문이다. 그러므로 그의 현상학적 방법에 대한 논의는 그의 지향성 개념을 도외시하고서는 불가능하며, 그것에 대한 논의를 전제로 한다.

앞서 본 바와 같이, 지향성은 의식과 의식 대상의 필연적 상관관계, 또는 의식의 그 대상과의 자기 관계이다. 그런데 의식의 대상과의 자기 관계는 세속적 자연적 태도에서는 은폐되어 있다. 왜냐하면 이 태도에서 의식과 대상은 항상 자기 관계, 즉 지향적 관계가 아니라 객관적 관계, 즉 인과적 관계를 맺고 있는 것으로 보이기 때문이다. 즉 자연적 태도에서는 나의 의식 밖에 경험적 물체가 미리 존재하고, 그 존재하는 것이 나의 신체에 원인으로 작용함에 따라 그 결과로 내가 그것을 나의 신체의 감각기관을 통해서 수용함으로써 마침내 그것이 나의 의식의 대상이 되어 비로소 나의 의식은 그것과 관계를 맺는 것으로 보인다. 그러므로 외부 물체와 관계하는 신체 행위의 인과적 분석을 통하여 의식(심리) 현상을 탐구하는 귀납 인과적인 경험 심리학적 방법에 의해서는 지향성은 밝혀지지 않고 은폐될 뿐이다. 그것이 밝혀지지 않으므로 해서 의식의 지향대상인 본질과 그것의 진리도 은폐될 수밖에 없다. 따라서 의식의 본질인 지향성에 대한 탐구는 종전의 심리학적 방법이 아닌 새로운 방법이 요구된다. 이 요구를 충족시키기 위해서 현상학이라는 이름이 선택되었다.[32] 후설이 그 새로운 방법으로 제시한 것이 우리가 이미 언급한 본질직관으로 불리는 현상학적 방법, 즉 현상학적 환원(판단중지)이다. 이것은 자연적 세상 삶에서 은폐된 의식의 지향성을 탈은폐하는 방법이며, Ⅱ장에서 지적된 바와 같이 두 단계, 즉 형상적 환원과 초월론적 환원으로 나누어진다.

우선 지향성을 인식하자면 지향대상, 즉 본질을 인식해야 한다. 그런데 본질은 앞서 언급한 바와 같이 경험적 사실 세계를 초월해 있다. 그러므로 지향성을 인식하자면 우선 경험적 사실의 영역을 떠나 그것을 초월한 본질

---

32) *Ibid.*, S.28.

영역에로 나가야 한다. 이것은 사실의 영역에서 본질영역으로의 시선 전향을 의미한다. 이것이 형상적 환원이다. 사실의 세계는 개체들로 구성된다. 그러므로 사실 세계의 인식은 개체직관을 통해서 가능하다. 그러나 본질의 세계는 보편의 세계이다. 그러므로 본질 세계의 인식은 본질직관으로써 가능하다. 결국 형상적 환원은 본질을 직관하기 위해 개체직관의 사실 영역(자연세계)을 떠나 본질의 영역에로 나아가는 방법이다. 이 방법에 의해서 본질이 직관된다. 그러나 형상적 환원은 사실계를 떠난다고 해서 개체직관을 전혀 도외시하는 것이 아니라, 개체직관을 범형으로 한다. 말하자면 개체직관이 없이는 본질을 직관하는 형상적 환원은 성립될 수 없다. 그 까닭은 본질이 선험적으로 개별화된 형태가 개체이기 때문이다.[33)]

그러나 자연적 사실 세계를 떠나 그것을 초월한 본질의 세계로 시선을 돌려 본질을 직관하는 형상적 환원은 지향성 탐구의 제일보이지 지향성 탐구의 완성이 아니다. 즉 그것은 지향성 탐구의 필요조건일 뿐 충분조건은 아니다. 왜냐하면 앞서 본 바와 같이 지향성은 의식과 대상의 자기 관계이며, 지향성의 인식은 이 관계를 밝히고 인식하는 것인데, 형상적 환원은 본질계가 사실계와 독립하여 그 자체로 존재하는 객관적 영역임을 밝힐 뿐, 아직 본질과 의식과의 관계를 밝히지는 않기 때문이다. 즉 형상적 환원에서는 본질이 사실로부터 독립되어 있는 것과 마찬가지로 의식으로부터도 독립되어 있는 것처럼, 즉 의식 초월적으로 존재하는 것처럼 여겨져서,[34)] 그 본질은 아직 의식의 자기 대상, 즉 의식의 지향대상으로 밝혀지지 않기 때문이다. 따라서 형상적 환원에서도 지향성은 아직 완전히 탈은폐될 수 없고 여전히 은폐될 수밖에 없다.

---

33) 이는 본질의 사실에 대한 우위를 의미한다. a priori한 본질과 a posteriori한 사실은 차원이 다르다. 그러나 양자는 서로 다름에도 불구하고 본질직관과 개체직관은 상관관계를 형성하고 있다. 즉 본질직관은 개체직관을 범례로 복잡한 단계를 거쳐서 이루어진다. 후설은 이러한 과정을 a priori 를 파악하는 "순수귀납의 방법"(*Ibid.*, S.91f.)으로 칭한다. 이에 관한 상세한 것은 *Ibid.*, S.69에서 93까지 참조하라. 또한 한전숙, 『현상학의 이해』(민음사, 1984), 63쪽에서 67쪽까지 참조하라. 물론 형상적 환원도 자연적 사실 세계를 떠난다는 점에서는 넓은 의미의 초월론적이다.

34) 이 점에 주목하여 후설은 형상적 환원은 아직 실증 과학의 소박성을 모면할 수 없다고 한다.

후설에서 본질이 의식의 자기 대상이라는 것은 본질이 의식의 지향작용에 의해 구성됨을 의미한다. 구성은 의식 초월적인 것으로 간주된 본질을 의식 내재화하여 그것이 바로 의식의 지향작용에 의해서 구성된 의식의 대상, 즉 지향대상임을 밝히는 것이다. 이 같은 구성의 과정, 즉 본질이 의식내재화되는 과정을 고찰하기 위해서는 의식 초월적 본질에서 의식 내재에로의 시선 전향이 필요한데, 이것이 초월론적 환원이다. 따라서 초월론적 환원은 의식 초월적 본질에서 본질이 현출하는(구성되는) 주관에로 나아가는 과정이다. 본질이 현출하는 주관이 바로 우리가 철학적 주관이라고 말한 초월론적 주관이다. 그러니까 초월론적 환원은 본질이 구성되는 초월론적 주관에로 나아가는 방법이다. 후설은 초월론적 주관에서 지향대상이 지향성의 빛을 받아 명증적으로 현출하는 방식을 볼 수 있으며, 그때 지향성의 탐구가 제대로 이루어질 수 있다고 본다.

이제 형상적 환원이 사실계를 떠나서 본질을 밝히는 방법이라면, 초월론적 환원은 그 본질이 의식의 지향작용(noesis)에 의해서 구성된 지향대상(noema)임 밝히는 방법이며, 지향성은 이들 두 환원을 통하여 비로소 탐구될 수 있는 것으로 밝혀졌다. 형상적 환원에 의해서 형상학, 즉 형상적 현상학이 탄생한다. 물론 형상적 학은 사실학이 아니라 선험학이다. 초월론적 환원에 의해서 초월론적 주관의 학, 즉 초월론적 현상학이 탄생한다. 물론 후설에서 초월론적 환원은 형상적 환원의 지반 위에서 행해진다. 이는 초월론적 환원에 의해 확보된 초월론적 주관성에 관한 초월론적 현상학이 형상적 환원에 의해서 확보된 형상(본질)에 관한 형상적 현상학을 통하여 성립함을 의미한다. 현상학적 심리학과 이 심리학의 전신인 기술적 심리학은 형상적 환원을 통해서 성립된다.

여기서 주의해야 할 점은, 후설에서 형상적 환원과 본질직관의 관계가 명시되어야 한다는 것이다. 이 양자는 동일한 의미로 쓰이기도 하나 반드시 동일한 것은 아니다. 대개 후설에서 본질직관은 초월론적 환원에 대립되는 형상적 환원을 의미한다. 그러나 정확히 말하면, 본질직관은 형상적 환원만을 의미하지 않는다. 그것에는 초월론적 환원도 함축되어 있다. 그러니까 본질직관이 형상적 환원보다 더 넓다. 물론 형상적 환원은 앞서 본 바와 같이 사실계를 초월한 본질을 직관하는 방법이며, 실제로 본질은 형상적 환원에 의해서 인식(직관)된다. 그러나 그것에서 본질이 직관되지만 그것에서 본질직관이 완성되는 것은 아니다. 본질직관은 본질이 의식 초월적 대상이 아니라 바로 의식의 지향대상으로 밝혀질 때, 그 때서야 완성된다. 따라서 본질직관은 본질을 의식 초월적 대상으로 인식하는 형상적 환원의 단계에서는 아직 완성될 수 없고 본질을 의식 내재적 대상, 즉 의식의 지향대상으로 직관하는 초월론적 환원에서 비로소 완성된다. 이 초월론적 환원에 의해서 비로소 지향성의 인식, 즉 본질직관이 완성되는 초월론적 현상학이 탄생한다.

4) 현상학적 방법의 구체적인 실행 방식

이제 후설의 초월론적 현상학이 탄생하게 된 과정이 논의될 차례이다. 그러나 우리는 그것을 논의하기 전에 현상학의 이념과 그 학적 의미를 실현하는 그 방법의 구체적인 실행 방식에 대해서 논의하고자 한다. 후설의 초월론적 현상학이 출현하게 된 과정은 이 구체적인 방식과 밀접하기 때문이다. 물론 우리는 이제까지 그 방식을 논의했지만, 논의된 그 방식은 아직 구체적이지 않고 형식적이었다. 우리가 논의한 현상학의 이념과 학적 의미를 실현하기 위한 형식적 방식은 현상학적 환원에 의한 지향성의 인식이다. 그리고 그 인식이 완성된 철학의 형태는 이분법적 대립이 해소된, 동시에 객관주의이기도 한 철저한 주관주의이다.

우리는 현상학의 이념을 엄밀한 인식의 추구, 즉 과학적 인식의 출발점인 미리 주어진 전제의 자명성의 인식 추구로 규정한 바 있다. 이 자명성의 소여성은 의식이다. 실로 의식은 자명한 것이 자명한 것으로서 현출하는 곳(Da)이다. 그러므로 방금 언급한 현상학의 이념은 의식(정신)의 엄밀한 인식, 즉 정신의 철저히 무편견적 · 무전제적 자기(본질) 인식을 추구하는 것에 다름 아니다. 우리는 위의 문단에서 이 이념을 실현하기 위한 형식적 방식이 지향성의 현상학적 인식이라고 말하였다. 이제 우리는 그 형식적 방식이 구체화된 방식을 세계의 현상학적 이해, 또는 현상학적 환원에 의한 세계의 이해로 본다. 그 까닭은 "세계가 미리 주어진 자명성의 유일한 전체이기"[35] 때문이다. 따라서 현상학의 이념은 세계를 철저하게 현상학적으로, 즉 현상학적 환원에 의해 이해할 때 지향성의 인식이 완성되어 실현될 수 있다. 또한 현상학의 학적 의미의 실현이 현상학의 이념의 실현으로써 가능한 이상, 오늘날 실증주의에 의해 상실된 인간다운 인간성의 회복이라는 현상학의 학적 의미 실현도 현상학적 세계이해로써 가능하다. 세계가 철저하게 현상학적으로 이해될 때, 진정한 의미의 철저한 주관주의가 가능하며, 세계도 또한 주관적인 동시에 객관적인 것으로 이해될 수 있다.[36]

현상학적 세계이해는 세계의 무전제적 이해를 의미한다. 그러나 현상학에서 세계의 무전제적 이해는 그 어떠한 출발점도 없이 세계를 이해함을 의미하지 않는다. 그러한 세계이해는 도무지 성립될 수 없다. 현상학적으로 볼 때, 무전제적 세계이해는 의식을 출발점으로 하여 세계를 이해하되, 의식을 의식외적인 전제들, 예를 들면 논리학, 자연과학적 개념, 귀납인과성, … 등과 같은 것들을 통해서 이해하고 나서, 그렇게 이해된 의식을 통해서 세계를 이해하는 것이 아니라, 그 어떠한 전제도 가해지지 않은 순수 의식 자체만으로써 세계를 이해하는 것을 의미한다. 여기서도 의식의 무전제적·무편견적·명증적 자기 인식은 세계를 철저하게 현상학으로 이해하는 것에 다름 아닌 것으로 입증된다.

그런데 과학자나 일상인에게 세계가 존재한다는 것은 의심할 바 없이 절대 확실하며 자명하다. 따라서 그들에게 세계는 자명하게 존재하며 절대 확실하게 미리 주어져 있다. 그러므로 과학자에게 세계가 존재한다는 것은 하등의 의심의 여지도 없는 자명한 사실이다. 그러므로 과학자에게 세계존재의 자명성은 이해될 필요가 없다. 그러나 현상학자에게 그것은 이해되어야 할 대상이다. 그 까닭은, 적어도 현상학자에게 세계가 자명하게 존재한다는 것은 수수께끼이고 의심스러운 것[37]이기 때문이다. 그렇다고 현상학자는 수

---

35) *Krisis*, S.183.

36) 필자는 후설에서 세계는 현상학적 환원에 의해서 최종적으로 도달한 의식의 시간성에서 이렇게 주관적(관념적)인 동시에 객관적(실재적)인 것으로 이해됨을 필자의 박사학위 논문, "시간 지평에서의 '세계'의 이해 — 후설과 하이데거의 현상학을 중심으로"(서울대 대학원, 1993, 2월)의 E장 Ⅱ절에서 상론한 바 있다. 그러므로 이 책에서는 그 점에 대해서는 논의하지 않는다.

37) 이렇게 철학자와 과학자는 세계를 보는 눈이 다르다. 진정한 철학자가 되고자 하는 자는 우선 세계를 보는 법을 배워야 한다.

동적으로 선여된 세계존재의 자명성을 부정하지 않는다.

> 존재 확실성과 존재증명에서 항상 선여된 의심할 바 없는 세계는 이미 있다. … 실재론이라는 말이 나는 이 세계 속에 사는 사람임을 의식하고 또 나는 이 세계를 조금도 의심하지 않음을 의미한다면 이보다 강한 어떠한 실재론도 있을 수 없다. 그러나 중요한 것은 그 자명성을 이해하는 것이다.[38]

그것을 이해하기 위해, 우선

> 현상학자는 자명한 것을 의심스러운 것으로, 수수께끼로 간주해야 하고 또 여기서부터 보편적인 세계존재의 자명성을 이해하는 것 이외의 그 어떠한 학적 주제도 가질 수 없는 역설 속에서 살아간다.[39]

따라서 철학은 일반인이나 과학자가 보기에 절대 자명한 것을 수수께끼로서, 의심스러운 것으로서 보는 데서 시작하고, 철학함 혹은 철학적 고뇌는 그 수수께끼를 푸는 데서 시작된다. 따라서 그러한 수수께끼를 푸려고 하는 철학자에게 세계가 자명하게 존재한다고 보는 과학자는 소박하다. 여기서 소박하다는 것은 세계가 아직 철저하게 이해되지 않고 있음을 의미한다. 다시 말하면, 그것은 세계가 존재하게 되는 의미의 근원에로 철저하게 파고 들어가 있지 않음을 의미한다. 이런 의미에서 과학자는 소박한 인식 주관에 머물러 있다. 그것에 머무는 한, 그 주관에는 세계가 자명하게 존재한다는 것이 전제되어 있다. 그러므로 과학자에게서 주관의 무전제적 자기 인식이라는 철학적 인식은 불가능하다.

따라서 철학적 인식을 위해서 "철학자는 소박한 인식주관이기를 철저하게 그만 두어야 한다."[40] 실로 "철학의 길은 소박함을 넘어서는 것"[41]이다. 방금 본 바와 같이, 후설은 "현상학자는 … 보편적인 세계존재의 자명성을 이

38) *Ibid.*, S.190f.

39) *Ibid.*, S.183f.

40) *Erste Philosophie. Zweiter Teil*, hrsg. v. R. Boehm, 1959, S.6. 이후로는 *EPh II*로 인용하며, 본문에서 언급할 때는 『제일철학 II』로 표시한다.

41) *Krisis*, S.339.

해하는 것 이외의 그 어떠한 학적 주제도 가질 수 없는 역설 속에서 살아간다"고 말하였거니와, 이 역설에서 나오는 길이 바로 소박함을 넘어서는 철학의 길이며, 후설에서 그것을 넘어서는 철학의 길은 현상학적 환원 또는 판단중지이다. 이것은 세계가 나에 앞서서 이미 존재하고 있다고 하는 선입견에서 벗어나기 위해 일단 세계를 괄호 안에 넣어 세계가 존재한다고 하는 것에 대한 그 어떠한 판단도 내리지 않음을 의미한다. 세계가 나에 앞서 미리 존재하고 있다고 믿는 태도가 바로 자연적 태도이다. 따라서 현상학적 판단중지는 세계존재의 자명성의 근원을 밝히기 위한 "자연적 태도의 총체적 변경"[42]이다. 그러나 자신에 친숙한 자연적 태도를 총체적으로 변경하여 그것에서 떠난다는 것은 어렵고도 고독한 일이다. 그렇지만 그 "고독은 현실적으로 철저한 철학을 위한 방법론적 기초요구이다."[43] 따라서 보다 더 철저한 철학을 위해서는 보다 더 철저한 고독이 요구된다. 이 고독한 현상학적 환원의 길을 끝까지 걸어가면, 세계의 현실성에로 향해 있는 나의 자연적·세속적 삶 전체는 일단 나의 현상학적 관심 밖에 놓여서 그 자연적 효력을 완전히 상실하여 그 자연적 타당성이 지속되지 않는다. 그 결과 나는 모든 종류의 자연성과 세속성을 완전히 초월 극복하여 자연성과 세속성이 철저히 배제된 순수한 나, 즉 초월론적 나(주관)에 도달하게 된다. 이 나가 세계존재의 자명성의 근원이다.

따라서 현상학적 판단중지를 통해서 세계 안에 있는 자연적·세속적인 인간 나는 이제 세계를 초월한 나, 즉 현상학적 나로 의미 변화를 겪게 된다. 이러한 나의 의미 변화는 앞서 언급된 두 단계의 환원, 즉 형상적 환원을 거쳐서 초월론적 환원에 의해서 이루어진다. 형상적 판단중지는 개별적 사태, 또는 개별적 존재 영역에 대한 판단중지이다. 이 점에서 그것은 아직 보편적 판단중지가 아니다. 예를 들면 언어를 현상학적으로 이해(연구)할 경우 언어에 대한 판단중지, 사회를 현상학적으로 이해할 경우 사회에 대한 판단중지, 심리를 현상학적으로 이해할 경우 심리에 대한 판단중지가 이루어진다. 이렇게 보건대, 형상적 환원은 세계의 각 영역의 본질을 탐구하는

---

42) *Ibid.*, S.151.

43) *Ibid.*, S.189.

방법이다. 이 환원은 우리의 시선을 세계의 사실들, 즉 질료적 영역들을 초월한 그것들의 본질들에로 시선을 돌리는 방법이지만, 그것에 의해 도달하는 본질들이 세계의 각 질료적 영역들의 선험적 형식이라는 점에서 여전히 세계의 지반 위에 머무르고 있으며, 따라서 아직 보편적인 세계 자체를 완전히 초월하는 최후의 보편적인 판단중지는 아니다. 최후의 보편적 판단중지가 초월론적 판단중지이다. 이것은 앞서 언급된 바와 같이 자연적 태도를 총체적으로 변경하는 것이다. 이들 두 환원을 거침으로써 비로소 나는 사실을 그 내용으로, 본질을 그 형식으로 하는 세속적 자연적 세계를 초월하여 세계적인 것(자연성과 세속성)이 전혀 개입되지 않는 초월론적 주관(나)에 도달하게 된다.

이상의 논의로 보건대, 현상학의 이념과 학적 의미를 실현하려는 후설의 현상학적 정신의 본질 인식은 현상학적 세계이해로 구체화되거니와, 이는 세계 내의 자연적 · 세속적인 나 또는 경험 심리학적 나를 현상학적 판단중지를 통해서 세계를 초월한 현상학적 나, 즉 초월론적 나(주관)로 환원하는 것으로 나타난다. 세계 내의 나가 세계를 초월한 나로 환원됨에 따라 자연적 세계도 역시 이제 초월론적 나의 지향대상으로 환원된다. 이 같은 환원을 통하여 자연적 세계와 그 안에서 살아가는 세상적인 나를 초월론적 주관에서 이해하는 초월론적 현상학이 탄생한다. 후설에서 현상학의 이념과 학적 의미는 초월론적 현상학 안에서 실현 가능하다. 이제서야 그의 최초의 초월론적 현상학이 출현하게 된 과정을 논의할 때가 되었다.

5) 후설의 첫 초월론적 현상학

(1) 출현과정

현상학의 이념은 철학이 출현한 이래 모든 철학자들이 실현하고자 한 제일철학의 이념임은 앞서 언급되었다. 그러나 그 이념은 실현된 적이 없다. 정말 그것의 실현은 어려운 것이다. 바로 이것이 회의주의가 출현한 배경이었다. 회의주의는 철학의 이념 실현의 불가능성을 공식화한다. 우리는 그 단적인 예로 앞서 언급된 정신의 본질 인식에 대해서 회의주의를 취한 칸트를 들 수 있는데, 그는

> 따라서 사람은 (선험적인) 모든 이성학 중에서 오로지 수학만을 배울 수 있지 철학은 (그것이 역사적인 것이 아닌 한) 결코 배울 수 없다. 그러나 이성에 관해서는 기껏해야 철학함(Philosophieren)만을 배울 수 있다.[44]

고 함으로써 철학의 이념의 실현의 가능성을 부정하였다. 그러나 후설은 칸트의 이런 주장을 철학의 대상과 그 방법을 제대로 확보하지 못한 데서 오는 "철학의 비학문성의 고백에 불과하다"[45]고 일축하고 현상학적 방법으로 철학을 학으로서 새로이 정초한다. 물론 그가 정초하고자 한 철학은 초월론적 현상학이다. 그는 평생 그것을 일관되게 추구하였다.

그러나 후설 현상학은 처음부터 초월론적 현상학의 형태를 취하지 않았다. 앞에서 잠시 언급되었듯이, 그의 최초의 현상학적 저작은 "현상학 및 인식론 연구"라는 부제가 붙은 『논리연구 Ⅱ』이다. 그는 그것이 그의 스승 브렌타노(Brentano) 자극의 완전한 결과임을 고백한다.[46] 그는 "수학과 모든 학문 일반의 객관성이 논리적인 것의 심리학적 정초와 어떻게 조화를 이루는가 하는 원리적인 회의로 긴장하던"[47] 중에 브렌타노로부터 의식의 지향성 개념을 이어받아 그것을 완성하였다. 이 책의 주제는 순수 논리학 자체를 확립하려는 것이 아니라 논리학과 수학의 모든 종류의 관념적 대상들이 거기서 현출하는 심적 체험의 본질 구조에 관한 기술적 탐구라는 점에서 그의 최초의 현상학은 기술 심리학의 형태로 나타났다.

후설의 최초의 초월론적 현상학은 『논리연구 Ⅱ』의 기술 심리학이 확대되고 심화된 형태이다. 따라서 이 심리학이 그의 첫 철학, 즉 초월론적 현상학의 기초학인 셈이다. 앞에서 본 바와 같이, 후설은 『논리연구 Ⅰ』에서 논리학적 심리학주의를 비판한 결과 그 자체 객관적 존립을 갖는 관념적 대상 영역을 확보하였다. 그런데 후설은 그렇게 확보된 관념적 대상 영역을 『논리연구 Ⅱ』의 기술적 심리학에서는 수학과 논리학의 영역에 한정시켰다. 그러나 후설은 나중에 그것을 수학과 논리학에 한정시키지 않고 사실적으로

---

44) Kant, *Kritik der reinen Vernunft*, B 865.

45) *PW*, S.8.

46) *Psy.*, S.33.

47) *LU I*, S.6.

존재하는 경험 세계의 모든 영역에 적용하였다. 처음에 수학과 논리학에 한정된 순수 관념적 대상 영역을 경험 세계의 모든 영역에 적용한 것, 그것이 바로 후설이 말하는 그의 기술 심리학이 확대된 것이다. 그것의 확대로 나타난 것이, 우리가 앞에서 잠시 언급한 사실계(경험계)에 대립되는 본질(형상)계이다. 사실계가 사실성에 근거한 경험법칙에 지배되는 개체들로 이루어진다면, 본질계는 관념성에 근거한 본질법칙에 제약되는 보편들로 이루어져 있다. 여기서 사실성과 관념성 구분의 기준은 시간과 공간이다. 즉 사실성은 특정한 시간 공간 점에 위치하는 시간 공간성을 지니고 있는 반면, 관념성은 특정한 시간 공간 점을 초월한 초시간성과 초공간성을 지니고 있다. 이 때문에 경험법칙(사실계)은 시간 공간에 제약된 보편성과 필연성을 지니며, 본질법칙(본질계)은 시간 공간을 초월한 무제약적인 보편성과 필연성을 지닌다. 따라서 본질계와 사실계는 전혀 다른 차원에 속한다. 이 때문에 본질과 사실은 각기 전혀 다른 방법으로 파악된다. 본질은 본질직관에 의해서, 개체는 개체직관(감각경험)에 의해서 파악된다.[48]

본질직관은 개체직관이 지닌 사실적인 존재 정립을 전혀 내포하지 않는다. 그러므로 앞서 본 바와 같이 본질을 직관하기 위해서는 개체직관이 이루어지는 경험적 세계, 즉 사실계를 떠나야 한다. 이러한 태도의 전환을 위해 필요한 것이, 우리가 앞에서 다룬 사실계에서 본질에로 시선을 전향하는 형상적 환원이다. 이 환원도 일단 사실계, 즉 자연적 세계를 떠난다는 의미에서 넓은 의미의 초월론적 행위라고 볼 수 있다. 본질직관은 이러한 형상적 환원에서 시작된다. 본질직관이 그것에서 시작될 수밖에 없는 것은, 본질이 사실과 전혀 다른 차원에 속하는 데서 유래하는 필연적인 귀결이다. 그러나 본질과 사실이 서로 다른 차원에 속한다고 해서 양자가 서로 무관한 것은 아니다. 본질이 사실에 대해서 우위를 점한다. 본질이 사실에 대해 우위를 점한다고 함은, 본질계는 사실계 없이도 존재할 수 있지만 그 역은 불가능함을 의미한다. 그 까닭은 본질이 선험적으로 개별화된 형태가 사실이기 때문이다. 본질과 사실의 이러한 관계로 해서, 존재의 순서에서는 본질의 인식이 개체(사실)의 인식에 앞서고, 인식의 순서에서는 개체의 인식이 본질의 인

48) *Ideen I*, S.14.

식에 앞선다. 이런 까닭으로, 본질과 개체(사실)는 차원이 다름에도 불구하고 본질직관과 개체직관은 각기 타방이 없이는 성립되지 않는다.[49] 즉 개체직관은 본질직관에 기초하고, 본질직관은 개체직관을 범례로 해서 성립한다.

본질직관에 의하면, 본질들은 위계 질서를 이루고 있다. 즉

> 밑으로 내려가면 최하의 특수한 차이 또는 형상적 단일성에 도달하고, 위로 올라가면 종적 본질과 유적 본질을 거쳐서 최상의 유에 도달하게 된다. 형상적 단일성은 자신 위에 자신의 보편적 유로서 보다 더 보편적 형식을 필연적으로 가지지만 자신 아래에는 종이 되는 분리를 갖지 않는다. 마찬가지로 최상의 유는 그 위에 어떠한 유도 갖지 않는다.[50]

예를 들면 순수 논리적인 영역에서 최상의 유는 의미 일반이고, 중간적 유는 문장 일반이고, 최하의 형상적 단일성은 규정된 모든 문장 형식이다. 이와 같은 것은 물론 다른 영역에도 적용된다.

그 다음 기술 심리학의 심화란 형상직관에 의해서 획득된 본질의 근원을 의식의 지향작용에서 해명하는 것이다. 후설은 모든 본질을 의식의 지향작용에 의해서 지향된 대상, 즉 구성된 대상으로 간주한다. 그러나 앞에서 본 바와 같이, 형상적 환원은 사실계를 초월해서 객관적 존립을 갖는 본질을 밝힐 수는 있지만, 그것이 의식의 지향작용에 의해 구성된 것임을 보여줄 수는 없다. 따라서 본질이 의식의 지향작용에 의해서 어떻게 구성되는가를 밝히기 위해서는 그것을 구성하는 지향적 의식, 즉 초월론적 주관에로의 귀환이 필요한데, 이 귀환의 방법이 초월론적 환원이다.

이상의 논의로 보건대, 결국 기술적 심리학의 확대란 형상적 환원을 통하여 사실계를 완전히 초월하여 본질계에 도달함을 의미하고, 심화란 초월론적 환원을 통하여 본질들을 구성하는 초월론적 주관에 도달함을 의미한다. 따라서 『논리연구 II』의 기술적 심리학이 두 환원을 통하여 확대되고 심화

---

49) *Ibid.*, 15 참조

50) *Ibid.*, S.30. 후설은 본질이 밑에서 위로 배열되는 것을 일반화(Generalisierung)라 하고 그 역을 특수화(Spzialiriesung)라고, 또 이 특수화를 본질 필연성이라고 칭한다(*Ibid.*, S.19).

된 형태가 후설의 최초의 초월론적 현상학인데, 이것은 1913년 그의 『이념들 Ⅰ』에서 그 모습을 드러냈다. 초월론적 현상학은 그 두 환원을 통해서 세계의 존재의 자명성을 초월론적 주관에서 해명하는 것을 시도한다.

후설은 그의 첫 초월론적 현상학의 기초가 된 『논리연구 Ⅱ』의 기술적 심리학을 나중에 『심리학』에서 '논리-수학의 인식론'으로 회고하고 있다.[51] 그러나 그가 말한 이 인식론이 확대되고 심화된 그의 초월론적 현상학은 『이념들 Ⅰ』에서 처음 그 모습을 드러냈지만, 그 서론적 논의는 나중에 『이념』이라는 표제로 출판된 1907년 봄학기에 괴팅겐 대학에서 행한 다섯 개의 강의와 1911년 *Logos* 지 제 1 권에 발표한 『엄밀학』에서 행해졌다.

(2) 초월론적 현상학의 소묘와 그 성패

우리는 후설의 첫 초월론적 현상학은 『논리연구 Ⅱ』의 기술 심리학이 확대되고 심화된 형태이며, 그것을 확대, 심화시킨 방법이 세계의 현상학적 환원이고, 이 환원은 세계의 각 영역의 사실들에서 그 사실들의 선험적 형식들인 본질들에로 나아가는 형상적 환원에 이어 그 본질들에서 그것들이 현출하는 곳(Da)에로 나아가는 초월론적 환원을 거쳐서 완성되었음을 살펴보았다. 그리고 현상학적 환원이 도달한 최후의 그곳이 주관이되, 세계 내의 주관, 즉 세상적 또는 인간적 주관이 아니고 세계를 초월했다는 의미에서 세계 안에 없는 주관, 즉 현상학적 또는 초월론적 주관임도 보았다. 초월론적 현상학은 이 주관에 관한 학이며, 초월론적 현상학의 과제는 세계존재의 자명성의 이해이고, 그것의 이해를 통해서 지향성의 인식이 완성되어 현상학의 이념과 학적 의미가 실현될 수 있음도 밝혔다.

우리는 과학자에게는 세계가 존재하는 것이 자명하다고 말하였는데, 그 까닭은 그가 자신을 세계 안의 인간(신체) 주관으로만 보는 데 있다. 인간이 자신 앞의 한 나무처럼 세계 안의 대상에 불과하다면, 세계는 그 나무가 존재하기 전에도 존재했고 그가 그 나무를 치워버린 후에도 여전히 존재하는 것처럼, 그에게도 세계는 그가 탄생하기 전에도 존재했고 그가 죽은 후에도 여전히 존재하는 것으로 여겨질 수밖에 없으며, 따라서 그에게 세계가 존재

51) *Psy.*, S.27.

하는 것은 자명할 수밖에 없다.

그러나 우리는 현상학자에게는 세계존재의 자명성이 의심스럽게 여겨진다고 말했다. 그에게 그것이 의심스럽게 여겨지는 것은, 그가 세계 초월적 태도를 취하고 있기 때문이다. 그가 그런 태도를 취하고 있지 않으면, 그는 결코 그 자명성을 의심할 수 없다. 그가 그것을 의심스럽게 여기는 것이 세계 초월적 태도를 취하는 데서 기인하는 이상, 이제 그가 현상학적 환원을 통해서 세계 안의 주관에서 그것을 초월한 현상학적 주관 또는 초월론적 주관에 도달했을 때는 그에게 세계존재의 자명성이 단순히 의심스럽게 여겨지지 않고 그것이 아예 자명하지 않는 것으로 여겨진다. 그 까닭을 이해하자면 우선, 그가 환원을 통해 그곳에 도달했을 때, 그는 과학자와 정반대 편에 처함을, 즉 과학자는 세계 안에 그는 세계 초월적 차원에 있음에 주목해야 한다. 앞서 언급된 바와 같이, 그 자신을 하나의 나무와도 같이 오로지 세계 내적 존재로만 생각할 경우, 그는 세계가 존재하는 한에서만 그 안에 존재할 수 있다. 따라서 그의 존재는 세계에 의존한다. 그러므로 그가 존재하는 한, 그에게 세계가 존재하는 것은 자명할 수밖에 없다. 따라서 그는 그가 그 안에 존재하는 세계존재의 자명성이나 그 근원을 이해할 하등의 필요성을 느끼지 못한다.

여기서 먼저 알아두어야 할 점은, 현상학자가 현상학적 환원을 통하여 세계 안의 주관에서 이제 과학자와 정반대 방향에, 즉 세계를 초월한, 초월론적 주관에 도달했다는 것은, 신체와 영혼이 분리되어 영혼이 신체를 완전히 초월하여 현실(감각적 신체)의 세계를 완전히 초월하여 그것의 피안에로, 즉 영적인 세계로 나아감으로 이해되어서는 안 되고, 의식의 외면성, 즉 표층에서 그 내면성, 즉 심층에로 파고 들어감으로 이해되어야 한다. 우리는 철학의 이념을 과학적 인식의 출발점, 즉 임시로 정해진 전제의 자명성, 또는 세계존재의 자명성의 이해라고 하였거니와, 의식의 표층과 심층은 그 자명성을 기점으로 나누어진다. 의식이 자명한 전제에 의거하여 외부 사물들을 과학적으로 인식할 때 그 표층이 열리고, 그와 반대 방향으로, 즉 전제로부터 사물들의 인식에로가 아니라 그것들을 인식하는 의식 자체에로 파고 들어갈 때 그 심층이 열린다. 우리가 앞서 설명한 현상학적 환원은 이렇게 의식의 표층에서 그 심층으로 파고 들어가는 방법이다. 표층적 의식은 세계 안의 의식이고, 심층적 의식은 세계 초월적 의식이다. 따라서 현상학적 환원에 의해서 세계 안의 나가 그것을 초월한 나, 즉 초월론적 나로 되었다는 것은 의식의 표층에서 그 심층에로 시선이 전향되었음을 의미하지 그 무슨 현실 세계의 피안에 있는 형이상학적이고도 신비로운 영적 세계에로 나아가서 그 세계를 체험하는 것을 의미하지 않는다. 그 영역을 체험하는 신비로운 주관은 믿음에 의거한 신학적 주관일 수는 있어도 사유에 의거한 현상학적 주관은 아니다. 현상학적 주관은 세계의 소여성의 영역이지 현실의 피안에 있는 주관이 아니다. 따라서 현상학의 초월론적 주관은 신학의 영적 주관과 구별된다. 후자는 현상학의 소관 사항이 아니다. 현상학의 초월론적 주관은 세계가 그 안에 내재하는 주관을 의미하며, 세계가 그 안에 내재한다고 함은, 세계가 그것의 지향작용에 의해서 지향되는 객관임을 의미한다. 세계가 초월론적 주관의 지향대상인 한, 세계는 초월론적 주관의 사정 영역을 벗어날 수 없다. 그런 점에서 그것은 초월론적 주관에 내재한다. 이런 의미에서 초월론적 주관은 세계의 소여성의 영역(Da)이다. 이에 그것은 현존재(Dasein)이기도 하다.

흔히들 세계의 존재 타당성에 대한 판단중지로 불리는 현상학적 환원은 세계를 괄호침, 혹은 세계의 배제라는 의미로 이해된다. 그래서 혹자는 현상학적 환원을 수행한 이후 모든 것이 의식에서 사라지며, 그에 따라 세계도 의식에서 완전히 사라진 것으로 이해할 수 있겠다. 그러나 그것은 잘못된 이해이다. 현상학적 환원을 아무리 철저히 해도 세계는 의식에서 사라지지 않는다. 오히려 현상학적 환원을 철저히 하면 할수록 세계는 의식에 뚜렷하게 현출한다. 여하한 경우에도 현상학에서 세계는 의식에서 사라지지 않는다. 그 까닭은 이미 앞서 본 바와 같이 현상학에서 의식의 본질은 항상 무엇에 대한 의식이라는 특성, 즉 지향성이기 때문이다. 정확히 말하면 현상학적 환원을 통하여 세계가 사라지는 것이 아니라 그 의미가 변한다. 이 변화는 현상학적 환원에 의해서 세계 안의 나가 세계를 초월한 나로 변함에 따라 필연적으로 발생한다. 즉 환원에 의해 이제 세계도 나를 그 안에 포함하고 있는 공간적인 자연적 경험 세계에서 나 안에 내재하는 세계, 즉 나의 지향대상으로 변한다.

지향대상은 감각 경험적 대상이 아니라, 비감각적인 순수 관념적 대상이다. 감각 경험적 대상은 공간성과 물질성을 지니지만 순수 관념적 대상은 여하한 공간성과 물질성도 지니지 않는다. 그것은 의미를 갖는다. 의미 없는 관념적 대상은 없다. 우리는 후설의 논리학적 심리학주의에서 지향대상이 그 자체 객관적 존립을 갖는 순수 관념적 대상임을 보았다. 공간적・물질적 대상은 단 하나도 지향대상일 수 없다. 왜냐하면 그것은 단 하나도 나의 의식을 뚫고 나의 의식에 들어와서 나의 의식과 상관관계를 맺을 수 없기 때문이다. 우리가 세계의 존재 타당성에 대해서 아무리 판단을 중지해도 현상학에서 세계가 결코 의식에서 사라지지 않는다고 한 것은, 세계와 그 속의 모든 대상들이 나의 의식의 지향대상, 즉 순수 관념적 존재로서 나의 의식에 내재한다는 의미에서 한 말이다.

나는 저기 있는 한 물체가 사람이며, 그 사람이 나의 친구임을 단번에 알아보고 그를 반갑게 맞이할 수도 있다. 이것은 분명히 공간적인 자연적 경험세계에서 일어나는 자연적 태도의 한 현상이다. 이 자연적 현상은 현상학적 현상을 전제로 가능하다. 현상학적 현상은 세계 초월적 현상인 바, 쉽게 말하면 그것은 나에게(나의 의식에) 지향적 대상이 현출함을 의미한다. 나의 의식에 지향적 대상이 현출한다고 함은 나의 의식에 순수 관념적인 의미가 나타나며, 나는 그렇게 나타나는 그 의미를 이해하고 있음을 의미한다. 따라서 위와 같이 한 물체를 나의 친구로 반갑게 맞이하는 자연적 현상은, 내가 이 현상이 발생하기 이전에 그 공간적 물질적인 자연적 대상이 지닌 여러 관념적 의미들이 나의 의식에 지향대상들로서 현출하기 때문에 가능하다. 즉 물체라는 순수 관념적 대상, 친구라는 관념적 대상이 나의 의식에 지향대상으로서 현출하지 않으면 나는 거기에 물체가 있다든지, 그 물체가 나의 친구라는 것을 도저히 의식할 수 없다. 그래서 나는 거기에 물체가 있다고도 말할 수 없음은 물론 그 물체가 나의 친구라는 말은 더더욱 할 수 없다.

이제 현상학적 환원으로 해서, 세계 안의 나는 세계 초월적 나로, 나를 그 안에 포함하고 있는 공간적인 경험세계는 나 안에 내재하는 세계, 즉 나의 지향대상으로 변했다. 이 과정에서 괄호 안에 들어가서 그 존재 타당성에 대한 판단이 보류되어 배제된 것은 공간적 자연세계이지 세계 자체는 아니다. 세계 자체는 물론 세계 내의 모든 대상들도 나의 지향대상으로서 나에게 이해되어 나의 의식에 내재한다. 사정이 이런 이상, 과학자와 정반대

편에 선, 즉 세계를 초월한 주관에 다다른 현상학자는 이제 과학자처럼 그의 존재를 세계에 의존하는 것이 아니라 그 역이다. 즉 그가 세계 안에 있는 것이 아니라 세계가 그 안에 있다. 앞서 본 바와 같이, 자연적 · 물질적 대상이 그것의 순수 관념적 의미가 나의 의식에 지향대상으로서 내재하는 한에서 존재하는 것과 마찬가지로, 공간적 물질세계도 나의 의식에서 지향대상으로 현출하는 한에서 존재한다. 따라서 현상학자에게 세계가 존재한다는 것은 자명하지 않다. 그 까닭은 세계의 존재는 그것을 초월한 초월론적 주관에 있으며, 그런 이상 그것의 존재는 그 주관에서 이해되어야 하기 때문이다. 만약 내가 나의 의식에서 현출하는 나의 모든 지향대상, 즉 순수 관념적 의미를 모조리 제거한다면, 나는 아무 것도 의식할 수 없으며, 그에 따라 세계가 자명하게 존재한다는 의식도 가질 수 없다. 그러므로 그 경우에 세계가 존재한다고 말할 수 없다. 이로써 세계의 존재는 초월론적 주관에 있는 것으로 밝혀졌으며, 그런 이상 그것은 이미 세계를 이해하고 있다. 이에 세계가 존재한다는 것이 자명하지 않고 초월론적 주관에서 해명되어야 할 성격의 것임이 뚜렷이 밝혀졌다.

현상학적 환원을 통해서 이제 우리는 세계존재의 자명성의 근원, 즉 초월론적 주관에 도달하였다. 물론 이 주관은 경험 심리학적 주관, 즉 세계 내 주관의 관념적 본질이다. 그러므로 그 영역 역시 물질적 · 감각적 영역이 아니다. 지향대상이 물질적 · 감각적인 것이 아닌 것과 마찬가지로 그 주관에도 감각 심리적인 것이 추호도 포함되어 있지 않다. 그러기에 그것은 순수 주관이다. 이 순수 관념적 주관성의 영역만이 유일하게 현상학적으로 타당한 영역, 즉 현상학적으로 괄호쳐지지 않은(괄호 밖의) 영역이다. 이 순수 주관은, 관념적 존재, 예를 들면 2라는 관념적 수는 두 개의 물질적인 감각 경험적 대상들, 예를 들면 사과 두 개가 없어져 버려도 여전히 순수 관념적 영역에 존재하듯이, 괄호쳐진(괄호 안의) 감각 경험적 세계 전체가 멸해도 잔존하는 "현상학적 잔재"[52]이다. 그러나 이 현상학적 잔재 없이는 공간적 자연적 세계도 그 세계 내의 여하한 대상도 의식될 수 없으며, 따라서 그것들은 존재할 수 없다.

---

52) *Ideen I*, S.66.

세계 안의 주관은 세계에 가려져 있다. 물론 그 주관은 세계에 가려져 있음을 아직 의식하지 못하고 있다. 그것을 의식하지 못하고 있기에 그 주관에게 세계가 존재한다는 것은 자명하게 보인다. 현상학적 태도는 세계 내의 주관은 세계에 가려져 있다는 것을 자각하는 데서 시작된다. 물론 그것을 자각하는 주관은 이미 세계 초월적이다. 따라서 후설에서 현상학적 태도는 세계 초월적 태도에서 싹튼다. 마치 어떤 집의 방에 갇혀 있는 자가 그가 갇힌 집 자체를 볼 수 없는 것처럼, 세계 내의 주관도 세계에 가려져 있기 때문에 그것이 속한 세계 자체를 제대로 볼 수 없다. 그가 갇혀 있는 방의 집 자체를 인식하자면 그 집에서 나와야 하듯이 세계 내의 주관도 그것이 속한 세계 자체를 인식하자면 세계를 초월해야 한다. 세계를 초월하는 길이 의식의 외면성에서 그 내면성에로 파고 들어가는 현상학적 환원임은 앞서 언급되었다. 의식의 외면성인 세계 내 주관은 실은 의식 자체의 영역이 아니라 공간적인 경험적 실재의 영역이다. 이 실재의 영역은 공간성을 지님으로 해서 음영이 진다. 음영은 그림자를 말하거니와, 그림자는 항상 유동적이며 따라서 그 영역은 항상 의심스럽고, 절대 명증적이지 않고 참된 실재(존재)의 영역이 아니다. 그에 반해 의식의 내면, 즉 세계 초월적인 영역은 비공간적인 의식 자체의 영역, 즉 순수 관념적인 의미의 영역, 즉 지향성의 영역이다. 세계 내의 주관은 공간적 사물들의 영역이기에 이곳에서는 의식(체험) 자체가 지각되지 않고 공간적 사물들이 지각된다. 반면 초월론적 주관은 비공간적인 의식 차체의 영역, 즉 순수 관념적 의미들인 지향대상들이 체험(현출)되는 곳이기에, 그곳에서의 지각은 의식의 자기 지각이다. 이곳은 공간적인 음영들의 세계를 완전히 초월한 영역이기에, 후설은

> 우리는 사물을 음영을 통해서 지각하지만 ... 체험은 음영지지 않는다.[53]

> 실재는 음영을 갖는, 원칙상 추정적인 지평을 가질 뿐 결코 절대적으로 주어질 수 없는, 한갓 우연적이고 의식 상대적인 존재인 데 대해서, 의식은 필연적이며 절대적인 존재, 즉 원칙상 음영과 현출을 통해서는 주어질 수 없는 존재이다.[54]

---

53) *Ibid.*, S.96.

고 말한다. 그래서 그는 그곳을 추호의 음영도 주어지지 않은 충전적 명증의 영역으로 보고, 그것 대해 의심한다는 것은 도저히 불가능하다[55]고 한다.

방금 언급된 충전적 명증성의 영역인 초월론적 주관성의 영역은 순수 관념적 의미(지향적 대상)들이 현출하는 곳이다. 이제 세계존재의 자명성의 이해는 그곳에서 세계가 어떻게 지향대상으로 현출하는가를 밝히는 것으로써 완성된다. 지향적 대상이 초월론적 주관에서 주어져 있는 그대로 현출하는 방식들을 밝히는 것이 구성이다. 따라서 이제 자연적 세계존재의 자명성에 대한 현상학적 이해는 초월론적 주관에 의한 세계의 구성으로써 완료된다. 초월론적 주관이 세계를 구성한다는 것은, 그것이 이제 괄호 속에 있는 것에 괄호를 벗게 하여 자연적 존재 타당성을 지니게 하는 권리의 원천임을 의미한다.

『논리연구 II』의 기술 심리학의 확대, 심화로 탄생한 후설의 첫 초월론적 현상학에서 밝혀진 초월론적 주관성의 영역은 우선 질료와 이 질료에 의미를 부여하는 지향작용(noesis)으로 이루어진다. 질료는 지향적 작용의 소재, 즉 "형식 없는 소재"이며 지향작용은 "소재 없는 형식"[56]이다. 위에서 언급한 구성이란 형식 없는 소재(질료)가 지향작용에 의해 영화(靈化)되어 의미를 얻는 것이며, 영화된 질료의 의미가 바로 지향적 대상(노에마)이다. 노에마는 항상 노에시스의 상관자로서 주어진다. 지향적 경험이란 노에시스가 그 상관자인 노에마를 체험하는 것이며, 노에시스와 노에마의 상관관계가 바로 순수의식, 즉 체험의 구조이다. 후설의 첫 초월론적 현상학에서 세계구성은 노에시스가 질료에 의미를 부여함으로써 이루어진다. 즉 노에시스가 질료에 의미를 부여할 때 지향적 대상이 현출하거니와, 이렇게 구성된 지향대상은 지향작용과 질료의 영역을 초월한다. 그러나 그것은 현상학적 영역, 즉 지향성의 영역을 초월한 것은 아니다. 그것은 현상학적 · 지향적 소여성을 초월하지 않는다. 그것은 현상학적 소여성에 내재한다. 다만 그것은 내실적(reel) 영역이라 불리는 질료와 지향작용의 영역을 초월한다. 그

---

54) *Ibid.*, S.117.

55) *Ibid.*, S.96, 46절 참조.

56) *Ibid.*, S.209.

점에서 그것은 내실적 초월의 영역에 속한다. 그러나 이 영역은 현상학적 소여성을 초월하지 않고 그것에 내재하기 때문에 내재적 초월이라 불린다. 이렇게 하여 이제 초월론적 주관성은 내실적 내재와 내재적 초월의 영역으로 구성된다.

이제 공간적인 자연적 세계를 괄호치는 현상학적 환원은 세계를 부정하거나 말살하는 것이 아닌 것으로 밝혀졌다. 그것은 나를 공간적인 자연적 세계의 근원, 즉 초월론적 주관에로 인도하는 길이다. 이 근원이 있는 연후에서야 비로소 자연적 세계는 존재하게 된다. 현상학적 환원은 이 점을 보여준다. 즉 그것은 "세계존재를 소박하게 선여하고 나서 그것을 합리화, 객관화하는 주관성이 최초의 것이지 자명한 세계존재가 최초의 것이 아니다"[57] 라는 것을 보여준다. 여기서 오해하지 말아야 할 것은, 초월론적 주관이 자연적 세계의 근원이라고 할 때 그것은 세계의 공간성과 물질성의 창조자로 이해되어서는 안 되고, 세계에 지향적(관념적) 의미를 부여하는 자로 이해되어야 한다. 따라서 자연적 세계의 근원이 초월론적 주관이라는 것은, 그것이 비공간적으로, 즉 지향적으로 초월론적 주관에 의존함을 의미한다. 공간적 자연세계는 초월론적 주관성을 지향적으로 초월할 수 없다. 그러므로 현상학적 의식, 즉 지향적 의식 또는 초월론적 의식에는 그 외부가 없다. 외부가 없으므로 그것에는 내부도 없다.[58] 따라서 현상학적 환원을 통해서 의식의 외면성에서 그 내면성에로 파고 들어간다고 해서 그 내면성이 그것의 외면성(공간적 자연세계)으로 둘러싸여 있는 것으로 이해되어서는 안 된다. 외면성은 내면성으로 환원될 때 그것은 내면성의 지향적 대상으로 환원되어 버렸기 때문이다. 따라서 현상학적 내면성은 내부와 외부가 모두 그 안에서 지향적 대상으로 현출하는 곳으로 이해되어야지 공간적인 것으로 이해되어서는 안 된다. 이처럼 현상학적 내면성에는 공간적 의미의 내부와 외부가 없기 때문에 그곳은 II 장에서 말한 "다른 모든 존재 영역들이 그 속에 뿌리를 두는 존재 일반의 근원 범주"이자 지금까지 "모든 철학적 대립들이 현상학적으로 해소"[59]되는 곳이다. 우리가 현상학은 객관주의에 대립되지 않

---

57) *Krisis*, S.70.

58) *CM*, S.116f.

은 주관주의 철학, 즉 이분법적 대립이 해소되는 철저한 주관주의 철학이라고 말한 것도, 우선은[60] 그것의 탐구 주제가 내부와 외부가 없는 내면성이기 때문이다.

세계에 관한 과학자의 탐구는 일단 세계가 자명하게 존재한다는 세계존재의 자명성의 전제하에서 성립된다. 그러나 그 전제하에서 성립되는 세계에 대한 과학적 탐구는 과학자가 세계를 인식 대상으로 객관화하는 한에서 가능하며, 이 객관화는 과학자가 현상학적 태도, 즉 세계 초월적 태도를 취하는 한에서 가능하다. 따라서 과학자도 그의 학적 탐구에서 현상학적 태도를 취하고 있다. 뿐만 아니라 그의 의식의 심층도 바로 방금 설명된 현상학적 내면성으로 구성된다. 과학자가 세계를 과학적으로 탐구할 수 있는 것도 그에게 현상학적 내면성이 있어서 세계가 그것에 지향적으로 내재하기 때문이다. 진실로 그의 세계에 대한 과학적 탐구는 세계가 그의 현상학적 내면성에 지향적으로 내재하는 한에서만 가능하다. 다만 그는 그것을 망각하고 있을 뿐이다. 물론 그것은 과학자의 소관사항이 아니라 현상학자의 소관사항이다. 또한 동양철학에서 인간이 소우주라고 하고, 라이프니츠에서도 단자가 소우주라고 하거니와, 그것도 인간에게, 단자에게 현상학적 내면성이 있는 한에서만 그러하다.

세계의 철저한 이해는 세계를 바로 그 근원에서 이해하는 것이다. 이를 위해서 공간적 자연세계 전체를 포기하고 단념하는 현상학적 환원이 요구된 것이다. 우리는 현상학적 환원에 의해 그 근원에로 되돌아갈 때 참된 현실성을 바라다볼 수 있고 참된 삶을 살 수 있다. 여기서도 우리는 현상학적 환원에 휴머니즘의 본래적 의미 회복의 길이 함축되어 있음을 볼 수 있다.

---

59) *Psy.*, S.253.

60) 여기서 우선이라는 조건이 붙은 까닭은, 현상학적 세계이해에서 세계가 주관적인 동시에 객관적으로 이해되어 이분법적 도식이 해소되는 까닭은, 세계이해가 이루어지는 초월론적 주관이 내부와 외부가 없기 때문인데, 이는 이분법적 도식의 해소에 대한 표면적인 설명일 뿐 심층적인 설명은 아니기 때문이다. 그 심층적 설명은 현상학적 주관의 시간성에 대한 고찰에서 가능하다. 시간성에서 세계가 이해될 때 왜 그것이 주관적인 동시에 객관적인 것으로 이해되는지는 앞서 언급된 필자의 학위논문에서 상세하게 다루어지고 있다.

현상학적 환원에는 공간적 자연세계 전체를 단념하고 포기하는 것이 함축되어 있지만, 물론 그것은 궁극적으로 포기되고 단념되는 것이 아니라 그것의 근원에로 돌아가기 위한 하나의 방법론적 절차에 따른 것이다. 따라서 내가 현상학적 환원을 수행하는 동안에 공간적 자연세계가 실제로 소멸된 것이 아니라 다만 그 동안에 자연적 세계에 대한 나의 자연적·세상적 관심이 철저히 배제되어 있음을 의미한다. 말하자면 "특수한 어떤 직업적 태도를 가지고 특별한 습관적 관심방향"[61)]을 취하는 것이다. 모든 직업은 그 작업시간을 갖는다. 우리가 각자의 직업에 충실히 종사하기 위해서는 그 직업에 상응하는 작업시간에는 오직 그 직업만 몰두해야 한다. 예를 들면, 우리는 동시에 시민, 물리학자, 가장일 수 있다. 어떤 사람이 물리학 연구에 충실하자면 가장으로서, 시민으로서 자신의 신분을 지닌 채 동시에 이 신분을 망각하고 오로지 물리학에만 몰입하는 그의 작업시간을 가져야 한다. 일단 물리학 연구가 끝나면 그는 가장으로서, 시민으로서의 자신의 시간을 가질 수 있다. 현상학적 탐구도 마찬가지이다. 즉 현상학적 환원에 의한 현상학적 탐구가 끝나면 나도 다시 자연적 태도의 나로 돌아와서 자연적·세상적 삶을 살게 된다. 그러므로 나는 세상적 삶을 살면서도 현상학적 환원을 얼마든지 수행할 수 있다. 현상학적 환원은 꼭 수도사와 같은 격리된 공간에서만 가능한 것이 아니다. 산책을 하는 중에도 차를 타고 가는 중에도 그것은 얼마든지 수행될 수 있다.

이상의 논의로 보건대 초월론적 현상학의 성패는 내부와 외부가 없는 진정한 의미의 현상학적 내면성을 과연 확보하느냐 하지 못하느냐에 달려 있다. 이는 현상학적 환원이 얼마나 철저하게 행해졌는가의 문제이다. 따라서 초월론적 현상학의 성패는 현상학적 환원이 철저하게 행해졌는가에 달려 있다. 문제는 후설의 초기의 초월론적 현상학이 열어제친 형식 없는 소재와 소재 없는 형식으로 구성된 초월론적 주관성이 과연 내부와 외부가 없는 진정한 현상학적 내면성일 수 있는가이다. 이 문제는 그의 『논리연구 II』의 기술 심리학의 확대, 심화가 과연 철저한 현상학적 환원의 과정을 밟았는가의 문제이다. 이제 후설을 따라 그 점을 검토해 볼 차례이다.

---

61) *Krisis*, S.139.

Ⅵ. 근대적 사유에서 탈-근대적 사유의 길로

1. 현상학적 환원의 심화

1) 데카르트적 길과 심리학자의 길의 차이점

후설은 현상학적 환원을 통하여 더 이상 되물어 갈 수 없는 곳, 음영짐이 전혀 없는, 따라서 추호도 의심될 없는 명증적 의식, 즉 초월론적 자아 의식에서 세계의 존재 근원과 세계에 관한 모든 학문의 근원을 찾았다는 점에서, 그의 철학 이념 추구의 길(방법)은 방법적 회의를 통하여 획득된 생각하는 자아 존재의 절대 확실성에서 학문의 전당을 구축하려고 한 데카르트의 방법과 일맥상통한다. 그래서 그는 데카르트주의자임을 자처하여 자신의 현상학을 20세기의 데카르트주의로 표현하고 있다.[1] 그러나 후설의 이념 추구의 길은 내내 데카르트의 그것과 일맥상통하면서도 데카르트적 길과 비데카르트적 길로 나누어진다. 혹자는 후설의 이념 추구의 길이 데카르트의 길과 일맥상통한 한, 그의 길은 일관되게 데카르트적 길이지 그것과 구별되는 비데카르트적 길을 말한다는 것은 이상하다고 할 것이다. 이러한 의아심을 떨

---

1) *CM*, S.3.

쳐버리자면, 우선 그의 이념 추구의 길이 데카르트의 그것과 일맥상통한다는 의미부터 명확하게 규정되어야 한다. 그의 길이 데카르트의 길과 일맥상통한 점은 그가 데카르트의 방법적 회의와 유사한 방법, 즉 현상학적 환원이라는 방법을 통해서 절대적 명증의 영역에 도달하려 한 데서 찾아야 한다. 따라서 후설이 현상학적 환원을 포기하지 않는 한, 그는 데카르트와 일맥상통하며, 이 점에서 그는 데카르트주의자이다.

그러나 우리가 Ⅲ장에서 보았듯이, 절대 명증의 영역에서 모든 학문의 기초를 구축하고자 한 것은 데카르트에서 비로소 시작된 것이 아니라, 이데아의 명증적 인식을 추구한 플라톤에서 시작되었다. 플라톤에서도 이데아의 명증적 인식의 영역은 감성이 아니라 이성이다. 이 점에서 플라톤에서 명증적 인식의 영역도 적어도 외적으로는 데카르트의 그것, 즉 이성과 다르지 않다. 따라서 데카르트적 이념 추구도 이미 플라톤에서 설정되었다. 그런 이상 흔히 데카르트적 철학 이념이라는 말을 쓰는데, 그것은 데카르트에만 고유한 것이 아니라 철학 자체의 이념이다. 다만 데카르트적 이념 추구라는 말은 사용할 수 있는데, 그 까닭은 그 말에는 철학 이념을 추구하는 데카르트 고유의 철학 방법이 함축되어 있기 때문이다. 철학의 이념을 추구하는 방법은 각 철학자에 따라서 다를 수 있다. 따라서 후설이 데카르트주의라고 하는 것은 철학 이념이 데카르트와 같기 때문이 아니라 그것을 추구하는 현상학적 환원의 방법이 데카르트의 방법적 회의와 유사하기 때문이다. 이런 의미에서 우리는 후설이 현상학적 환원을 포기하지 않는 한, 그는 데카르트와 일맥상통하는 데카르트주의자로 지칭한 것이다.

그 자신을 스스로 데카르트주의라고 칭한 후설에서 좀 역설적인 것 같기도 하지만 데카르트적 길과 비데카르트적 길이 운위된다. 대개 데카르트적 길을 걸은 시기가 후설의 전기 사상으로, 비데카르트적 길을 걸은 시기가 그의 후기 사상으로 불린다. 이 두 길은 후설 연구가가 붙인 것이 아니라 후설이 직접 말한 것이다. 후설은 1923/24년 겨울학기 프라이부르크 대학에서 강의를 하였는데, 그 강의내용을 보엠(R. Boehm)이 편집하여 『제일철학 Ⅱ』로 출판하였다. 이 책에서 후설은 초월론적 현상학에 이르는 첫 번째 길과 두 번째 길을 제시하여, 전자를 자신의 최초의 절대적 정당화의 지도 원리로서 데카르트적 길이라고 한 데서[2] 데카르트적 길과 구별되는 비데카르트적 길이 그의 현상학에서 논의되기 시작하였고, 계속해서 그는 거기서 말한 그의 그 두 번째 길인 비데카르트적 길을 “심리학자의 길”[3]이라고 칭하고 있다. 그러나 그의 비데카르트적 길은 1923년의 강의에서 처음 나타난 것이 아니다. 그는 위 책에 수록된 수고에서 “다른 길이 벌써 오래 전부터 나를 괴롭혀 왔다”[4]고 회고하고, 다른 길로서 “1910/11년의 논리학의 길”[5]과 방금 말한 “심리학자의 길”을 들고 있다.

그러나 후설 연구가들이 본 후설의 비데카르트적 길에는 후설이 말한 ‘논리학의 길’, ‘심리학자의 길’ 외에도 몇 개 더 있다. 그들이 본 것을 제시하면, ‘현상학적 심리학의 길’, ‘실증과학의 비판을 통한 길’, ‘존재론을 통한 길’, ‘생활세계를 통한 길’이다. 물론 여기서 현상학적 심리학의 길은 후설이 말한 심리학자의 길과 같은 것이다. 이 책에서는 이들 비데카르트적 길을 다 다루지 않고 그 중에서 현상학적 심리학의 길을 다루고자 한다. 그 까닭은 현상학적 심리학의 길은 비데카르트적 길 중의 하나가 아니라 후설 연구가들이 말한 비데카르트적 길들을 대표하는 길이기 때문이다. 그것이 비데카르트적 길을 대표하는 까닭은, 논리도, 실증학도, 존재도, 생활세계도 결국은 현상학적 심리학의 탐구 대상인 지향적 의식의 상관자로서 나타날 수밖에 없으며, 그런 이상 논리학을 통한 길, 실증과학의 비판을 통한 길, 존재론을 통한 길, 생활세계를 통한 길은 모두 현상학적 심리학을 거치지 않을 수 없기 때문이다. 따라서 다른 모든 비데카르트적 길은 현상학적 심리학의 길에 함축되어 있다. 이에 후설에서 초월론적 현상학에 이르는 길 중에서 현상학적 심리학의 길이 가장 핵심적인 길이다. 우리가 비데카르트적 길 중에서 현상학적 심리학의 길을 선택한 까닭이 바로 여기에 있다. 또한 우리가 그 길을 선택한 것은, 지금까지 우리가 일관되게 견지해 온 주장, 즉 철학(초월론적 현상학)의 기초학이 선험 심리학(후설에서는 현상학적 심리학)이라는 주장에 비추어 봐도 그 정당성을 지닌다. 결국 심리학자의 길은 초월론적 현상학의 기초학인 현상학적 심리학을 정초하여 그것을 통해서 초월

---

2) *Ibid.*, S.125.

3) *Ibid.*, S.126.

4) *Ibid.*, S.283.

5) *Ibid.*, S.225.

론적 현상학에 도달하는 길이다. 또한 우리가 그 길을 선택한 것은, 우리가 제시한 초월론적 현상학의 구체적인 과제, 즉 세계존재의 자명성의 이해라는 관점에서도 그 정당성을 지닌다. 그 까닭은 세계존재의 자명성을 이해하자면, 세계를 현상학적으로 환원하여야 하며, 세계를 현상학적으로 환원하자면 세계를 철저히 경험해야 하고, 후설에서 심리학자의 길은 바로 세계의 철저한 경험에서 출발하기 때문이다. 그 길이 왜 세계의 철저한 경험에서 시작되는가는 후설이 내리는 심리학자의 길에 대한 정의에서 밝혀질 것이다. 이제 후설이 말하는 비데카르트적 길, 즉 심리학자의 길이 데카르트적 길과 어떻게 구별되는지 그 윤곽이 해명되어야 한다.

우선 후설이 말한 데가르트적 길은 『논리연구 II』의 기술 심리학의 확대, 심화로 특징지어진 현상학적 환원을 통하여 초월론적 주관성에 도달한 길임에 유의해야 한다. 그러니까 앞에서 우리가 다룬 그의 첫 초월론적 현상학이 걸은 길이 바로 데카르트적 길이다. 그 길이 데카르트적 길인 까닭은, 그의 현상학적 환원이 데카르트가 방법적 회의를 시작할 때와 거의 동일한 관점에서 행해진 데 있다. 그리고 그가 데카르트적 길과 구별한 비데카르트적 길은, 그가 현상학적 환원을 데카르트가 방법적 회의를 시작할 때와는 다른 관점에서 행한 데서 유래한다. 따라서 데카르트적 길과 비데카르트적 길의 차이점을 분명히 이해하자면, 데카르트가 방법적 회의를 시작할 때의 관점이 이해되어야 한다.

데카르트가 방법적 회의를 시작할 때 지닌 관점은 조금도 의심할 여지가 없는 것만이 절대 확실하며(명증적이며), 절대 확실한 것만이 존재한다는 것이다. 따라서 그의 방법적 회의는 조금이라도 의심의 여지가 있는 것은 존재하지 않는다는 관점에서 시작되었다. 그는 그 같은 관점에서 방법적 회의를 한 결과, 세계는 충분히 의심스럽기 때문에 존재하지 않을 수도 있다고 확신하였다. 그러나 그는 세계를 의심하는 자아는 추호의 의심의 여지도 없으며, 그래서 그것은 절대 확실하게 존재한다는 결론에 도달하였다. 결국 그가 방법적 회의를 시작할 때 지닌 관점은 세계는 의심스럽기 때문에 존재하지 않을 수도 있음이 절대 확실하며, 그에 반해 그것을 의심하는 자아는 절대적으로 존재한다는 귀결로 이어진다. 따라서 그의 방법적 회의는 철저한 세계경험 비판의 관점에서 시작되었다.

후설이 첫 초월론적 주관에 도달한 현상학적 환원의 길도 역시 데카르트가 방법적 회의를 시작할 때 지녔던 관점에서 이루어졌다. 그래서 그 길이 데카르트적 길로 지칭된 것이다. 따라서 후설의 데카르트적 길도 데카르트의 방법적 회의처럼 철저한 세계경험 비판의 관점에서 시작된다. 그 비판의 결과, 그도 역시 세계(실재)는 음영지기 때문에 존재하지 않을 수도 있다는 것이 필증적으로 확실하다[6]고 보고, 곧장 세계존재의 자연적 타당성을 보류하였는데, 이 보류가 배제, 괄호침, 판단중지로 표현되는 현상학적 환원이다. 그 경우 보류되는 것은 단순히 감각적 세계만이 아니라 감각세계에 침투해 있는 문화·역사적인 것, 관념적인 것, 타자, 인간적 나 등이다. 반면 유일하게 음영지지 않아서 도저히 의심할 수 없는 것, 그래서 전 세계가 멸해도 여전히 잔존하는, 그래서 또한 유일하게 괄호쳐지지 않은 것이 우리가 앞에서 "현상학적 잔재"로 칭한, "소재 없는 형식"과 "형식 없는 소재"로 구성된 "순수의식 또는 초월론적 의식"이다. 괄호 안의 자연적 세계는 이제 괄호 밖의 소재 없는 형식이 형식 없는 소재에 의미를 부여함으로써 비로소 존재하게 된다. 이것이 데카르트적 길의 핵심이다.

이렇듯 데카르트적 길은 철저한 세계경험 비판과 그에 따른 세계가 존재하지 않을 수도 있음이 필증적으로 확실하다는 데서 시작되었다. 그러나 심리학자의 길은 그렇지 않다. 후설은 그 점을 분명히 밝힌다. 그가 말하는 심리학자의 길은 다음과 같다.

> 저 진저리나는 세계경험의 비판과 함께 시작하지 않고서 또 세계의 비실존의 가능성을 명증에로 가져오지 않고서도 개별적 작용들에 대해서 무관심적 자기고찰이라는 환원을 수행하는 것은 충분하지 않는가?[7]

이 인용문에서 후설은 현상학적 환원을 세계경험의 비판에서 또 세계가 존재하지 않을 수도 있다는 것이 확실하다는 데서 시작하지 않고 세계가 존재한다는 데서 시작해도 충분함을 시사하고 있다. 곧 보게 되겠지만, 심리학적 길은 실제로 세계가 존재한다는 데서 시작된다.

---

6) *Ibid.*, S.69. 제 39강의 참조

7) *Ibid.*, S.127.

결국 후설에서 데카르트적 길과 비데카르트적 길, 즉 심리학자의 길의 차이점은 환원의 출발점이 변경된 데서 유래한다. 즉 철저한 세계경험 비판의 관점에서 세계가 존재하지 않을 수도 있다는 것이 확실하다는 것에서 환원이 시작되는 것이 데카르트적 길이며, 내가 그 속에서 살아가는 세계가 존재한다는 관점에서 그 존재하는 세계를 철저히 경험하는 데서 환원이 시작되는 것이 심리학자의 길이다. 간단히 말하면, 데카르트적 길은 철저한 세계경험 비판에서, 심리학자의 길은 철저한 세계경험에서 각기 시작된다고 할 수 있다.

2) 심리학자의 길로 이행한 까닭

물론 환원의 출발점이 변경되었다고 해서 후설이 환원을 통해 도달하고자 하는 곳이 변경된 것은 아니다. 즉 그 출발점이 변경되었음에도 그가 도달하고자 하는 곳은 그가 애초에 꿈꾼 초월론적 주관성이다. 또한 그 출발점이 변경되었음에도 그의 환원은 여전히 형상적 환원과 초월론적 환원 두 단계로 구성됨은 변함이 없다. 따라서 후설은 그의 환원의 출발점이 변경되었음에도 일관되게 초월론적 현상학의 이념을 추구하였다. 그러나 그것이 변경됨에 따라 그가 도달한 초월론적 주관성의 모습은 데카르트적 길의 그것과 다를 수밖에 없다. 그 차이점은 우리가 후설을 따라 심리학자의 길을 끝까지 걸은 후에 밝혀질 것이다. 그래서 여기서는 그 차이점에 대해서는 뒤로 미루고, 후설이 환원의 출발점을 변경시킨 까닭과 그것이 변경됨에 따라 나타난 결과를 간단히 살펴보고자 한다.

앞서 언급되었듯이, 피상적으로(자연적 태도에서) 볼 때 나는 세계 안에 있지만 근원적(지향적 · 현상학적 · 심층적 · 사실적 · 본질적)으로 볼 때는 오히려 세계가 나 안에 있다. 따라서 피상적으로는 세계가 먼저이지만 실제(사실적으)로는 나가 세계보다 먼저이다. 이에 세계 안에 내가 있다는 것은 피상적일 뿐이요, 사실은 세계가 나 안에 있다. 피상적인 영역에서 사실(물론 현상학적 사실)의 영역에로 나의 시선을 옮겨서 피상적인 것이 아니라 참된 것, 즉 진리를, 여기서는 세계가 나 안에 있음을 보게 하는 방법이 현상학적 환원이다. 따라서 현상학적 환원이 그 본래의 방법적 의미를 실현하자면, 나, 즉 자연적·경험적 나 밖에 있는 것으로 여겨진 세계, 즉 자연적 세계가 나, 즉 초월론적 나 안에 있는 세계, 즉 나의 지향대상으로 되는 과정, 즉 비지향적인 자연적 세계가 지향적 세계로 의미가 변화되는 과정을 형이상학적·가정적·논리적, 한갓 사념(허구)적으로가 아니라 사실적으로(사상 자체에 맞아떨어지게), 즉 실증적으로 철저하게 보여야 한다. 후설은 그의 현상학적 환원이 그 같은 방법적 의미를 능히 실현할 수 있다고 보았기 때문에 자신의 현상학이야말로 진정한 실증주의, 즉 오로지 의식에 직접 주어진 것을 한치의 오차도 없이 주어져 있는 그대로 수용해서 기술하는 실증주의라고 자처할 수 있었던 것이다.

따라서 환원이 그 방법적 의미를 실현하자면 세계가 주관에로 환원되는 절차를 상세하게, 그것도 실증적으로 보여야 한다. 그러자면 존재하는 세계에 대한 철저한 경험이 요구된다. 만약 세계에 대한 철저한 경험을 하지 않고서 세계를 주관에로 환원한다면, 그 환원은 한갓된 사념의 성격을 면할 수 없으며, 따라서 실증성을 지닐 수 없다. 만약 실증성이 결여된 환원에 의해서 초월론적 주관에 도달한다면, 그 주관은 왜곡, 곡해되지 않은 것이라고 단정할 수 없고, 그렇게 되면 그것이 과연 진정한 초월론적 주관인지도 심히 의심스럽다. 다시 말하면, 그것이 심리학적 주관을 완전히 벗어난, 그래서 심리학적 주관과 완전히 구별되는 초월론적 주관이라는 보장이 없다.

앞서 본 바와 같이, 데카르트적 길에서 세계는 한갓 음영진 것, 즉 의심스러운 것으로 치부되었다. 그래서 거기서는 세계가 현상학적으로 고찰될 만한 가치가 없었다. 왜냐하면 그 길에서 현상학적으로 고찰될 만한 가치가 있는 것은 절대 명증적인 것, 즉 추호의 음영도 없는 것이기 때문이다. 그러니 그 길에서는 세계에 대한 철저한 고찰이 결여될 수밖에 없었다. 그래서 거기서 환원은 세계를 단번에 뛰어넘어 즉각 초월론적 주관성에 이른다. 따라서 그 길에서는 세계가 주관에로 환원되는 구체적인 절차(과정)들이 제시될 수가 없었다. 우리는 후설의 첫 초월론적 현상학을 논의하는 곳에서 그 절차들을 밝히지 않았다. 그것은 우리의 고의가 아니라 후설 자신이 제시한 바가 없기 때문에 밝힐 수 없었다. 따라서 데카르트적 길에서 환원의 구체적인 절차들이 제시되지 않고 있는 한, 그 길의 환원은 사상 자체에 맞아떨어지는 실증성을 지니고 있다고 보기가 힘들다. 그렇다면 그것에 의해 확보된 초월론적 주관성도 한갓 추정된, 사념된 것이 아니라고 단정하기 어렵다. 그런 한, 그 길에서 확보된 초월론적 주관성도 심리학적 주관의 흔적을 완전히 떨쳐버렸다고 단정하기 어렵다.

여기서 초월론적 주관이 심리학적 주관의 잔재를 완전히 떨쳐버리지 못했다는 말의 의미가 제대로 이해되어야 하겠다. 그것을 이해하자면, 우선 심리학적 주관의 잔재를 완전히 떨쳐버린 주관의 형태가 초월론적 주관임에 주목해야 한다. 그리고 초월론적 주관은 세계에 내재하거나 세계의 지반 위에 있는 주관이 아니고 세계를 완전히 초월한 주관이다. 역으로 말하면 세계가 완전히 그것에 내재하는 주관을 말한다. 만약에 세계가 그 안에 완전히 내재하지 않는다면, 그리하여 세계의 지반 위에 서 있는 흔적이 조금이라도 있다면 그러한 주관이 바로 심리학적 주관이다. 그러나 이 주관은 그 자신이 세계(자연)의 지반 위에 있으면서도 그 점을 망각하고 있기 때문에 그 자신을 마치 초월론적 주관인 것으로 인식한다. 그래서 그것은 그것에서 진정한 초월론적 철학, 즉 철저한 주관주의 철학이 정초될 수 있다고 착각한다. 물론 그것은 자신이 그러한 착각에 빠져 있다는 것도 알지 못한다. 그 점을 알지 못하기 때문에 그것은 자신이 모순, 즉 "자연적 지반 위에 있는 초월론 철학이라는 모순"[8]에 빠져 있음을 알지 못한다. 진정한 초월론 철학은 자연적 지반, 즉 세계의 지반을 완전히 초월할 때 가능하며, 그 초월은 세계가 주관에 완전히 내재하게 될 때 이루어진다. 세계가 주관에 완전히 내재할 때 세계는 비로소 주관의 지향대상일 수 있고, 그것이 주관의 지향대상이 될 때 그 주관과 객관 사이에 그 어떤 틈도 없는 철학, 즉 우리가 말한 이분법적 대립이 해소된 철학이 가능하다. 따라서 (진정한 의미의) 초월론 철학에서 비로소 이분법적 대립이 해소될 수 있다. 또한 세계가 주관의 지향대상이 될 때에는 세계 의식을 가진 주관만이 존재한다. 이러한 의미의 주관이 바로 진정한 주관, 즉 철저한 주관이다. 만약 주관 밖에 자연이 머물러 있다면, 즉 주관이 자연적 지반 위에 서 있다면 그 주관은 자연성에 의존할 수밖에 없다. 자연성에 의존하는 주관은 진정한 의미의 주관, 즉 철저한 주관일 수 없다. 따라서 진정한 의미의 초월론 철학은 철저한 주관주

---

8) *CM*, S.119.

의이다. 이에 진정한 의미의 초월론 철학, 철저한 주관주의, 이분법적 대립이 해소된 철학은 모두 동일선상에 있다. 따라서 초월론적 주관이 심리학적 주관의 잔재를 완전히 청산하지 못했다는 것에는, 이분법적 대립이 해소된 진정한 의미의 초월론 철학, 즉 철저한 주관주의에로 상승하지 못하고 있다는 것이 함축되어 있다. 참된 초월론 철학, 즉 철저한 주관주의 철학에로 상승하지 못한 초월론 철학, 주관주의 철학이 우리가 여러 번 언급한 초월적론 심리학주의이며, 이 심리학주의는 자연적 지반 위에 선 초월론 철학이라는 모순을 범하고 있으며, 근대 주관주의 철학이 초월론적 심리학주의에 머물고 있음은 앞서 언급되었다.

따라서 데카르트적 길에서 확보된 후설의 초월론적 주관성이 심리학적 주관의 잔재를 완전히 떨쳐버렸다고 단정하기 어려운 한, 그 길은 그가 그렇게도 바라던 진정한 초월론 철학, 즉 초월론적 현상학에로 도달한다고 단정하기 어렵다. 바로 여기에 후설이 데카르트적 길에서 비데카르트적 길, 즉 심리학자의 길로 이행한 까닭이 있다. 그리고 후설이 초월론적 현상학에 그렇게도 도달하려고 애쓴 것은, 초월론적 현상학에서 비로소 자명성의 이해, 또는 정신의 무편견적인 가기 인식으로 표현된 철학의 이념과 인간다운 인간성의 회복이라는 철학의 학적 의미가 실현될 수 있다고 보았기 때문이다.

데카르트적 길은 처음부터 세계를 음영진 것으로 보았기 때문에, 그 길에서 환원은 세계의 존재를 철저히 배제하기만 하면, 즉 세계존재의 자연적 타당성을 철저하게 보류하기만 하면 초월론적 주관성이 곧장 현상학적 시야에 들어온다는 동기에서 수행되었다. 그런 까닭에 그 길은 세계가 주관에로 철저하게 실증적으로 환원되는 구체적인 과정들을 건너뛸 수밖에 없었으며, 그런 고로 앞서 지적된 난점을 지니게 된다. 그러나 심리학자의 길은 그와 같은 난점을 막을 수가 있는데, 그것은 그 길이 존재하는 세계를 철저하게 경험하는 데서 시작되기 때문이다. 그러나 이 길이 존재하는 세계를 경험하는 데서 시작한다고 해서 시종일관 세계가 존재한다는 소박한 인식주관에, 즉 자연적 태도에 머무는 것은 아니다. 이 점을 이해하자면 우선 후설이 "개별적 생에 대한 무관심적 자기 고찰"이라는 의미부터 이해할 필요가 있다. 그리고 그것을 이해하자면 "개별적 생"의 의미부터 이해해야 한다.

그것은 세계 안에서 세계를 지각하는 생이다. 주지하듯이, 그 생은 외적 지각이다. 외적 지각도 하나의 의식 생이다. 그리고 외적 지각은 개체 지각에 다름 아니다. 따라서 후설이 말하는 개별적 생에 대한 자기 고찰이란 외적 기각에 대한 고찰이다. 그런데 외적 지각에 대한 고찰에는 세계경험(고찰)이 함축되어 있다. 왜냐하면 우리가 그 속에서 살아가는 세계는 외적 지각에서 비로소 주어지기 때문이다. 그런 의미에서 세계는 외적 지각 안에 있다. 그러므로 세계경험 없는 외적 지각은 불가능하며, 외적 지각 없는 세계경험도 불가능하다. 양자는 이렇게 불가분적이다. 그 다음 후설이 말하는 무관심적은 그 어떤 편견도 없음을 의미하며, 그런 의미에서 그것은 철저함을 의미한다. 따라서 "개별적 생에 대한 무관심적 자기 고찰"은 외적 지각에 대한 철저한 고찰을 의미한다. 그리고 외적 지각에서 세계가 주어짐을 감안하면, 외적 지각에 대한 철저한 자기 고찰은 우선 철저한 세계경험에서 시작될 수밖에 없다. 그리고 철저한 세계경험은 모든 편견에서 해방되어 세계가 지각에 주어져 있는 그대로 경험함을 의미한다. 이 철저한 세계경험은 외적 지각에 대한 철저한 자기 고찰이 완성될 때 끝나고, 외적 지각에 대한 철저한 자기 고찰은 외적 지각이 바로 자기 자신을 대상화하여 대상화된 자기 자신을 완전히 고찰할 때 완성된다. 그리고 외적 지각이 자기 자신을 대상화한다는 말은 외적 지각에 대한 반성을 의미하며, 대상화된 외적 지각을 완전히 고찰할 때는 외적 지각에 대한 반성이 완료되었을 때를 말한다. 그리고 외적 지각에 대한 반성은 잠시 후에 논의될 현상학적-심리학적 환원을 의미한다. 그러니까 철저한 세계경험은 결국 이 환원이 완료되었을 때 끝나는 셈이다. 그리고 그것이 완료되었을 때는 초월론적 환원이 행해졌을 때이다. 그때에 비로소 외적 지각의 주관은 내적 주관, 즉 초월론적 주관으로, 내가 그 안에 있는 세계, 즉 나 밖에 존재하는 세계는 초월론적 주관의 지향적 대상으로 환원된다.

따라서 데카르트적 길에서 세계는 처음부터 배제되었지만, 심리학자의 길에서 세계는 처음부터 배제되지 않고 현상학적 환원이 완료되었을 때, 즉 형상적 환원을 거쳐서 초월론적 환원이 행해졌을 때 비로소 배제된다. 다시 말하면 심리학자의 길에서 세계는 처음부터 배제되지 않고 환원이 진행됨에 따라 점차적으로 배제되다가 초월론적 환원에서 완전히 배제된다. 그러나 그것이 완전히 배제되는 순간, 그것은 완전히 소멸한 것이 아니라 지향적 대상으로서 되살아난다. 심리학자의 길에서 철저한 세계경험이란 바로 이러한 과정을 의미한다. 즉 그것은 세계가 배제되는 과정들을, 바꾸어 말하면 비지향적 세계, 즉 자연적 태도의 세계가 지향적 세계로 환원되는 과정들을 철저하게 실증적으로 보여주는 것을 의미한다. 또한 동일한 의미지만 다르게 표현하면, 그것은 세계 안에서 행해지는 외적 지각이 초월론적 지각으로 환원되는 과정들을 철저하게 실증적으로 보여주는 것을 의미한다. 따라서 심리학자의 길에서는 자연적 세계가 배제되고 지향적 대상으로 환원되는 과정들이 철저하게 실증적으로 제시된다. 이러한 환원들을 거치는 사이에 심리학적 주관과 초월론적 주관의 차이점이 분명히 드러난다. 그러므로 심리학자의 길은 이 길에서 획득된 주관성이 어떤 의미에서 심리학적 주관이 아니고 초월론적 주관인지를 잘 보여준다. 이 점에서 심리학자의 길은 데카르트적 길에 비하면 분명 진전된 것이다. 진전된 것인 만큼, 심리학자의 길의 초월론적 주관성이 데카르트적 길의 그것에 비하면 깊이에서 더 깊다. 물론 그 깊이의 차이는 앞서 말한 대로 후설을 따라 우리가 그의 심리학자의 길을 걸은 연후에 밝혀질 것이다.

만약 후설의 초월론적 현상학이 초월론적 심리학주의와 확연히 구별되지 않는다면, 초월론적 현상학을 정초하려는 그의 현상학적 작업은 완전한 실패이다. 그러나 앞서 본 바와 같이 데카르트적 길에서 확보된 초월론적 주관성에는 아직 심리학적 주관의 흔적이 완전히 지워졌다고 단정하기는 어렵다. 이러한 의구심이 남아 있는 한, 그 길은 성공적이라고 단정할 수 없다. 물론 그 성공을 단정할 수 없는 까닭은, 그 길에서 현상학적 환원이 철저하게 행해지지 않는 데서 찾아야 한다. 그래서 우리는 초월론적 현상학의 성패는 현상학적 환원이 얼마나 철저하게 이루어지느냐에 달려 있다고 한 것이다. 그러나 적어도 심리학자의 길은 그 길을 통해서 확보된 초월론적 주관에서 심리학적 주관의 흔적이 완전히 지워지게 되는 절차를 보여준다. 그래서 우리는 그 길에서 획득된 초월론적 주관이 데카르트적 길의 그것에 비해 깊이에서 더 깊다고 말한 것이다. 적어도 초월론적 주관에 심리학적 주관의 흔적이 완전히 지워져 있으면 그것은 성공적이라고 할 수 있다. 따라서 후기의 심리학자의 길이 전기의 데카르트적 길에 비하면 성공적이라고 할 수 있다. 이로 보건대, 후설이 비데카르트적 길을 걸은 것은 초월론적 현상학과 완전 결별을 의미하는 것이 아니라, 오히려 그것의 이념과 학적 의미를 실현하기 위한 "현상학적 방법의 새로운 형태와 심화"[9)]를 의미한다.

3) 심리학자의 길의 심오함과 원숙함

심리학자의 길에서 환원의 형태가 심화됨에 따라서 데카르트적 길에서는 볼 수 없었던 여러 가지 점들이 나타났는데, 그것들로 해서 후설의 후기 초월론적 현상학은 전기의 그 조잡한 형태를 극복하고 심오하고 원숙한 형태로 나타날 수 있었다. 그 여러 가지 점들 중의 하나가 우선 현상학적 세계개념의 등장이다. 이것은 심리학자의 길이 철저한 세계경험에서 출발한 데 따른 귀결이다. 데카르트적 길에서도 세계가 경험되지 않은 것은 아니지만 거기서는 세계가 처음부터 배제의 대상이었기 때문에 세계경험은 초월론적 주관성에 이르는 데 부정적 의미를 지닌다. 그러나 심리학자의 길에서 세계경험은 그것에 이르는 데 긍정적인 의미를 지닌다. 그 까닭은 현상학적 세계경험에서 현상학적 세계개념이 나타나기 때문이다.

현상학적 세계개념은 자연주의적 또는 실증주의적 세계개념과 구별된다. 대개의 사람들은 세계 하면 자연주의적 세계를 생각한다. 후설의 데카르트적 길에서 나타난 세계도 역시 자연주의적 세계이다. 이 점은 후설이 거기서 세계가 대상들의 총체라고 하는 데서, 즉 "세계는 가능한 경험과 경험적 인식대상, 즉 현실적 경험을 근거로 하여 올바른 이론적 생각을 통해서 인식될 수 있는 대상들의 총체이다"[10)]고 하는 데서 잘 나타난다. 그러나 자연주의적 세계는 우리의 외적 지각에 주어지는 그대로의 세계가 아니다. 그것은 세계를 피상적으로 본 것에 불과하다. 하나 현상학은 세계를 우리의 지각에 주어지는 그대로 보거니와, 그렇게 보여진 세계가 3절 3)의 (1)에서 다루어질 지평이다. 또한 자연주의는 우리의 외적 지각에 주어진 그대로의 세계를 보지 못한 고로, 세계와 세계의 대상들을 명확히 구별하지 못하고 있다. 그러나 세계를 우리의 외적 지각에 주어진 그대로 보는 현상학은 세계,

---

9) *EPh II*, S.126.
10) *Ideen I*, S.11.

즉 지평과 대상들을 명확하게 구별할 뿐만 아니라 그 관계도 분명히 제시하여, 지평이 대상들의 근원임을 밝힌다. 따라서 현상학은 현상학적 세계, 즉 지평이 자연주의적 세계, 즉 대상들의 총체의 근원으로 본다. 즉 현상학은 자연주의적 세계가 현상학적 세계에 묻혀 있다고 본다. 이 점도 3절 3)의 (1)에서 논의될 것이다. 전자가 후자에 묻혀 있는 한, 우리는 현상학적 세계, 즉 지평을 떠나서는 그 어떠한 대상도 경험할 수 없다. 따라서 현상학이 자연주의보다 세계를 더 근원적으로 경험한다. 여하튼 자연주의적 세계에는 보다 더 근원적인 세계, 즉 현상학적 세계가 전제되어 있다. 그러나 자연주의는 그 전제되어 있는 그 세계를 망각하고 있다. 따라서 심리학자의 길에서 후설의 자연주의 혹은 실증주의 비판은 철저한 세계경험에서부터, 즉 심리학자의 길을 걷는 순간에 이미 시작된다.

현상학적 세계개념, 즉 지평개념은 심리학자의 길이 처음 나타난 『제일철학 II』에서는 "주변세계"(Umwelt)로 자주 언급되면서 "실재적 주변세계의 지평으로서의 세계지평"[11]으로 표현되기도 하며, 『심리학』에서는 "순수 경험세계", "이론에 앞서는 직관의 세계", "과학에 앞서는 경험세계"로 표현되어 주제적으로 다루어지다가 그의 생전의 최후의 저작인 『위기』에서 마침내 가장 원숙된 표현, 즉 인간 삶의 근원 터전인 생활세계로 나타난다. 후설은 현상학적 세계를 생활세계로 전개시키는 와중에서 수학적 자연과학을 모델로 한 근대 학문, 즉 객관과학과 객관과학에 의해서 형성된, 대개의 사람들이 진정한 의미의 세계로 믿는 객관주의적 세계, 객관과학의 사상적 토대인 근대 합리주의를 비판한다. 근대 합리주의는 근대의 주관주의 철학을 말한다. 그러나 근대 주관주의는 앞서 언급한 대로 철저한, 진정한 주관주의가 아니라는 점에서 후설은 그것을 객관주의로 칭한다. 그것들에 대한 후설 비판의 핵심적 요지는, 인간 삶의 근원터전인 생활세계는 근대 자연과학과 객관주의의 의미 기반임에도 그것들은 그것을 망각하였으며, 그 결과 그것들은 인간의 삶에 대해서 아무런 의미도 제공해 주지 못하게 되었고, 그에 따라 그것들은 그 기초가 위기를 맞았으며, 그것들의 기초 위기는 결국 인간성의 위기로 이어졌다는 것이다. 이 같은 비판은 데카르트적 길에서는 도저

---

11) *EPh II*, S.151.

히 찾아볼 수 없는 것이다. 또한 후설은 그 같은 비판을 거치는 중에 철학의 이념 실현의 학적 의미(인간다운 인간성의 회복)를 비로소 깨달아서 그것을 실현하려고 노력하였다. 이것도 데카르트적 길에서는 도저히 볼 수 없는 것이다. 후설의 현상학은 그 학적 의미를 발견함으로써 이제 비로소 원숙해질 수 있었다.

또한 후설은 근대의 객관과학을 그것의 의미 기반인 생활세계적 관점에서 비판하던 중에 방법론상으로 객관과학에 도저히 속할 수 없는 학문을 발견하고, 그 학문을 근본적으로 다시 정초하고자 하였는데, 그가 정초하고자 한 학문이 심리학인 바, 그는 그것을 객관적 방법이 아니라 순수 주관적인 방법, 즉 현상학적 방법으로 정초하고자 하였다. 그 결과 심리학자의 길을 걷던 중에 초월론적 현상학의 기초학(예비학)인 현상학적 심리학이 정초된다. 이것은 데카르트적 길의 조잡한 기술 심리학이 이제 심리학자의 길에서 그 조잡성을 벗고 보다 더 진전된 형태로 모습을 드러냈음을 의미한다. 이것은 그의 첫 초월론적 현상학의 기초학인 기술적 심리학이 현상학적 심리학으로 심화되었음을 의미한다. 이렇게 심리학이 심화됨으로 해서 그의 초월론적 현상학도 역시 심화되었다. 또한 그는 현상학적 심리학을 정초한 후 비판적 작업을 계속하는 중에 초월론적 심리학주의라는 개념을 발견했을 뿐만 아니라 주관주의 철학, 객관주의 철학, 합리주의 철학 등으로 표현되는 근대 철학이 바로 초월론적 심리학주의에 속함을 지적하면서 근대 철학을 철저하게 비판하여, 자신의 초월론적 현상학을 근대 철학과 같은 초월론적 심리학주의와 완전히 구별되는 초월론적 철학으로 심화시킨다. 이로써 또한 그의 초월론적 현상학은 후기에 더욱 심오해진 것이다. 물론 초월론적 심리학주의라는 표현도 데카르트적 길에서는 볼 수 없는 개념이다.

결국 심리학자의 길의 출발점이 된 현상학적 세계가 생활세계로 전개됨에 따라 심리학자의 길도 심오해지고 원숙하게 전개된다. 즉 『제일철학 II』에서 시작된 심리학자의 길은 『심리학』을 거쳐서 현상학적 세계개념이 생활세계로 전개된 『위기』에서 가장 심화되고 원숙된 형태로 나타난다. 이제 우리는 후설과 함께 심리학자의 길을 걸어가면서 그의 현상학이 데카르트적 길에 비해 보다 더 심오하고 원숙한 형태로 나타나게 된 과정들을 추적하고자 한다. 그러나 우리는 그의 심리학자의 길에 대한 고찰을 그것이 처음 나타난『제일철학 II』에서 시작하지 않고『위기』에서 시작하고자 하는데, 그 까닭은 방금 언급되었듯이 그 저작에서 그 길이 가장 원숙하게 전개되고 있기 때문이다.

심리학자의 길이 철저한 세계경험에서 출발한다고 할 때, 철저한 세계경험이란 피상적(표층적) 세계경험에서 내적(심층적) 세계경험에로 파고 들어가서 세계(의식)의 외면성에서 그 내면성에로 도달하는 과정들이다. 우리는 후설에서 철학의 이념과 학적 의미를 실현하기 위한 구체적인 방식이 세계존재의 자명성의 이해라고 하였다. 그러나 그것은 후설에만 국한되는 방식이 아니다. 모든 철학자들이 시도한 방식이다. 따라서 한 철학자의 철학 사상은 그가 행한 세계경험에 대한 언어적 표현으로 구성된다. 실로 세계경험을 떠나서는 여하한 철학도 성립될 수 없다. 한 시대의 철학도 마찬가지이다. 즉 한 시대의 철학은 그 시대 철학자들이 행한 세계경험에 대한 언어적 표현으로 구성된다. 그런 한, 한 개인의 철학이나 한 시대의 철학이 철학의 이념과 학적 의미 실현에 얼마나 가까이 다가가는가 하는 것은 그 시대 철학자들의 세계경험이 얼마나 철저하냐에 달려 있다고 해도 과언이 아니다. 만약 세계를 철저하게 외적으로 고찰할 경우 자연과학은 발전할 수 있을지 몰라도 인간다운 인간성의 회복을 학적 의미로 하는 철학, 특히 주관주의 철학은 오히려 퇴보이다. 그러나 불행히도 근대 학문은 과학이나 철학이나 모두 외적 세계경험에 기초한다. 그래서 근대 과학은 객관과학이고, 근대 철학은 비록 형태는 주관주의의 형태를 취하지만 실은 객관주의이다. 따라서 철저한 세계경험에서 출발하는 후설의 심리학자의 길은, 특히 이 길이 가장 원숙하게 전개되는『위기』에서는 근대 학문들에 대한 비판, 즉 근대 과학과 근대 철학의 외적 세계 고찰에 대한 비판에서 시작된다. 단적으로 말하면 후설의 그 길은 근대 정신에 대한 비판에서 시작된다. 그리고 근대 정신에 대한 비판은 근대 정신을 지도하고 이끈 근대 정신의 상관자에 대한 비판이다. 그 상관자는 근대 정신의 지향적 형성체인 바, 근대 학문들에 함축되어 있는 객관주의로 불리는 근대적 이념이다. 그러므로 후설과 함께 그의 심리학자의 길을 걷는 우리의 논의도 근대 정신과 그것의 상관자인 근대의 객관주의 비판에서 시작될 수밖에 없다. 심리학자의 길이 심화되면 될수록 근대 사유에 대한 비판도 심화된다. 따라서 이 길은 근대 정신을 철학적으로 표현한 데카르트의 방법적 회의와 거의 유사한 방식으로 이루어진, 그래서 근대적 사유의 흔적이 완전히 해소되었다고 단정지을 수 없는 데카르트적 길과는 달리 그 흔적을 해소했다고 볼 수 있으며, 그런 의미에서 그것은 근대적 사유에서 탈-근대적 사유로 이행하는 길로 볼 수 있다.

2. 근대적 사유와 그 이념의 비판

1) 객관적 합리주의와 그것에 함축된 초월론적 심리학주의

우리가 Ⅲ장에서 플라톤을 현상학으로 다룰 때 보았듯이 철학은 고대 그리스에서부터 이미 신화나 전통의 권위로부터 벗어나서 인간 정신(이성)에 대한 철저한 인식, 즉 편견 없는 인식을 통해서 무전제적 인식이라는 그 이념과 인간다운 인간성의 회복이라는 학적 의미를 실현하려고 하였다. 물론 그것의 실현을 시도한 철학은 그때부터 우리가 서론에서 제시한 보편학의 형태를 취하였다. 그러나 주지하듯이 고대 그리스에서 막 꽃피기 시작한 인간 이성은 중세에 이르러 신을 빙자한 그 당시 교회 지도자들의 권위 혹은 그들에 의해 조작된 신적 이성과 봉건적 권위에 종속되어 만개하지 못하고 시들었다. 그에 따라 인간다운 인간성의 회복이라는 철학의 학적 의미도 실현될 수 없었다. 그러나 철학의 학적 의미를 실현하려는 노력은 근대의 서막인 르네상스 시대의 유럽인들에 의해서 줄기차게 이루어졌다. 주지하듯이 그 시대는 휴머니즘의 시대라고 불릴 정도로 조작된 신적 이성과 봉건적 권위에 의해서 상실된 휴머니즘의 본래적 의미를 회복하고자 하였다. 그것을 회복하기 위해 그들이 모형으로 삼은 것은 고대 그리스인들의 고전들에 함축되어 있는 그리스의 인간 이성을 부활하여 꽃피우는 것이었다. 르네상스인들의 그 소망은 인간 이성이 중세의 왜곡된 신적 이성을 누르고 승리한 근대에 마침내 실현될 기회가 왔다.

실로 근대는 중세의 인위적으로 조작된 신적 이성에 대한 인간 이성의 승리와 함께 시작된다. 이 승리로 해서 인간 이성은 마침내 인위적으로 조작된 전 시대의 신적인 권위에서 해방되어서 이제 제 갈 길을 아무런 제약도 없이 자기 스스로 걸어가게 되었다. 이처럼 인간 이성이 제 갈 길을 아무런 제약도 없이 스스로 걸어간, 그래서 마음껏 자유를 누린 자유의 세기들, 이것이 근대의 특징이다. 물론 근대 이성이 가는 그 길의 종국은 고대로부터 철학이 실현하고자 꿈꾸어 온 휴머니즘의 본래적 의미 회복이다. 물론 이것은 근대 철학의 궁극적 이상일 뿐만 아니라 인간 이성의 궁극 목적이기도 하다. 근대인이 그것을 실현하기 위해 걸어간 길 역시 세계존재의 자명성의 인식이다. 근대 철학에서도 이 인식은 이성이 자기 스스로 세계의 주체가 되어서 자기 자신으로부터, 자기 자신만에 의한 인식이다. 따라서 그것은 자연히 이성적 세계인식, 합리적 세계인식이다. 그리고 근대인이 추구한 그 합리적 세계인식은 특정한 시대와 사람에게만 타당한 인식(진리)이 아니라 시간과 공간을 초월하여 모든 시대 모든 사람에게 타당한 인식이다. 따라서 근대의 합리적 세계인식은 이제 보편적 세계인식이라는 형태를 지닌다. 이제 근대인은 중세인과 달리 자유로운 인간 이성과 그것에 의한 세계의 보편적 인식을 통해서 정치적 · 사회적 환경을 비롯한 인간의 모든 환경세계를 새로이 형성하고, 그렇게 함으로써 휴머니즘의 본래적 의미를 회복하고자 하였다.

근대인은 합리적 · 보편적 세계인식은 앞장에서 간단히 언급되었듯이 이성에 의한 주관 상대적인 것들의 배제로써 가능하다고 보았다. 그것들이 배제된 인식이 객관적 인식이다. 따라서 근대인의 보편적 세계인식은 객관적 인식(진리)의 형태를 띤다. 바로 여기서 근대의 철학적 주관(이성)에 의한 세계경험은 객관주의, 또는 객관적 합리주의라는 철학 형태로 나타난다. 이 합리주의가 추구하는 최고의 가치는 인식의 객관성이다. 물론 근대인들은 플라톤에 의해서 설정된 철학의 이념도 철학의 학적 의미도 객관성의 이념이 충족될 때에 실현된다고 보았을 것이다.

근대 철학의 객관주의적 사유, 또는 객관주의적 세계경험(인식)을 기초 놓은 것은 근대 초에 이루어진 수학 개념들의 의미변화와 인간의 수학적인 추상화 능력이다. 수학 개념들의 의미 변화란 수, 측정단위, 공간형태, 점, 선, 면이 완전히 추상화된 것을 말한다. 이러한 변화는 순수 추상적인 기하학적 시간 공간의 발견과 함께 이루어졌다. 고대 수학에서의 시간 공간은 아직 지평 제약적이다. 때문에 그것은 유한하고 이질적이다. 그러나 근대 초에 발견된 순수 기하학적인 시간 공간은 지평 초월적이다. 때문에 그것은 무한하고 그 자체로 존재하는 등질적인 것이다. 또한 수학에서 시간 공간을 수로 표시하는 대수학이 출현함으로써 이제 시간 공간을 그 형식으로 하는 순수 기하학적인 모든 형태는 수로 표시될 수 있었다.

고대에서 수학의 순수 형식인 시간과 공간은 아직 완전히 추상화되지 않고, 지평 제약적이기 때문에, 고대 수학은 한정된 유한한 과제만을 설정하였으며, 그리하여 지평 초월적인 순수 추상적인 공간 시간개념과 결부된 무한한 과제를 설정하지 않았다. 그것은 "한정된 유한한 a priori"[12]만을 알았을 뿐이다.

그러나 근세 초에 나타난 지평 초월적인 시간 공간을 그 형식으로 하는 새로운 순수 수학은 지평을 초월하여 세계를 이념화, 수학화하는 데에 사용되었다. 이 새로운 학문을 사용하여 새로운 세계를 발견한 사람은 갈릴레이이다. 그에게 새로이 발견된 순수 수학은 자명한 진리로 받아들여졌다. 물론 그것은 시간 공간을 초월하여 모든 사람에게 타당한 진리, 즉 비주관적 비상대적 진리이다. 그는 자연에 관해서도 이러한 보편적인 진리 체계를 구축하려고 세계와 그 속의 모든 물체들을 추상을 통하여 수학화하였다. 그리하여 이제 세계 속의 모든 물체는 그 물체의 현실적인 구체성에서가 아니라 그 물체의 이념적인 완전성에서 생각되고, 그래서 그것은 그것의 완전성, 즉 "극한형태"(Limes-Gestalt)[13]에로의 무한한 접근에서 파악된다. 그러나 사물의 극한형태는 직관될 수 없고 오직 무한한 이념으로써만 주어진다. 그 결과 생활세계의 구체적인 지각 사물들은 이념화되어 구체적이고 현실적인 세계를 초월하여 시간 공간적으로 무한히 뻗어 있는 이념적 세계에 자기 동일적인 자체 존재로 존재하게 되고, 세계는 무한한 그럼에도 불구하고 그 자체로 완결된 이념체들의 총체가 되었다.

갈릴레이는 사물의 형태만을 수학화하지 않고 사물의 형태를 채우고 있는 질료, 예를 들면 질적인 감각조차도 간접적으로 수학화함으로써[14] 세계 자

---

12) *Krisis*, S.19.

13) *Ibid.*, S.23.

14) *Ibid.*, S.32, c) '충족(füllen)의 수학화 가능성의 문제' 참조.

체를 “수학적인 전체”[15]로 파악하였다. 이것은 기하학의 대수화에 의하여 가능하게 되었다. 즉 기하학적인 모든 형태를 수로 표시하는 대수화에 힘입어서 사물의 관념적인 극한형태는 물론 이 형태를 채우고 있는 감각질조차 수로 표시되어 자연 전체는 완전히 수의 체계로 이루어 진 하나의 포괄적인 연역체계로 된다. 이리하여 자연은 수적인 공식으로 표현된다. 이 공식에 의해서 물체세계의 모든 연장물에 대한 정확한 예측과 정밀성이 획득된다. 이제 수학은 “순전한(정밀한) 객관적 인식의 왕국”[16]으로 되고, 세계인식과 합리적 실천을 위한 안내자이자 “실재에 관한 보편적인 인식방법”[17]이 되었다. 근세 초에 등장한 순수 수학이 자연과학에 번짐으로써 수학적 자연과학, 즉 객관적 합리주의가 출현하였다.

세계가 완전히 수학적으로 설명되기 위해서는 물체 세계뿐만 아니라 정신적인 것, 문화적인 것, 나아가서 세계를 경험하고 인식하는 주관도 수학적인 자연과학에 의해서 설명되어야 한다. 이러한 목표 하에 갈릴레이는 주관적인 것, 정신적인 것, 문화적 속성들을 추상을 통해 자연화(물체화)한다.[18] 이는 수학적 자연과학이 자연의 인식에서 비약적인 성과를 거두자, 이제 그 방법이 보편적 세계인식의 모범이 되었음을 의미한다. 이로써 자연을 연구하는 자연과학은 정신을 연구하는 심리학뿐만 아니라 보편적 세계인식을 과제로 하는 철학의 모범이 되었다. 이것은 심리를 탐구하는 심리학, 나아가서 인식주관을 탐구하는 철학도 정밀한 자연과학의 특수한 분야임을 의미한다. 근대 철학은 실제로 수학적 자연과학을 그 모범으로 한다. 이제 우리는 그 점을 보이고자 한다. 그것을 보이자면 자연과학적, 즉 객관적 합리주의의 입장에서 정신이 어떠한 존재인지 밝혀야 하고, 그것을 밝히자면 근대 객관적 합리주의의 방법을 상기할 필요가 있다.

앞서 본 바와 같이, 근대 객관주의, 즉 합리주의는 객관적으로 참된 것을 추구하기 위해 그것의 추구에 방해가 되는 주관 상대성을 면할 수 없는 정신적 양상들을 배제한다. 물론 이것은 정신의 탐구에서도 예외가 아니다. 바

15) *Ibid.*, S.26.

16) *Ibid.*, S.37.

17) *Ibid.*, S.31.

18) *Ibid.*, S.60 참조.

로 이러한 방법으로 정신을 탐구하는 심리학이 근대의 심리학, 즉 객관주의적 · 자연과학적 심리학이다. 이 심리학은 정신의 탐구에서 일단 정신의 주관 상대적인 양상들을 배제하여 그 배제된 정신을 물체의 부가물(Annex)로 본다. 그것은 정신이 물체의 부가물이라는 점에 주목하여 정신을 자연과학적 자연과 동등한 것으로 취급하여 원리적으로 자연과 동등한 존재방식을 정신에 적용한다. 바로 앞장 1절에서 보았듯이, 근대 자연과학에서 자연은 "그 자체로 완결된 실재적 물체세계"[19]이며, 그것은 그러한 자연을 이념으로 한다. 따라서 근대 합리주의, 즉 근대 심리학은 "영혼도 물체처럼 그 자체로 완결된 하나의 실재적인 것"[20]으로 본다. 이제 정신은 자연 속에 있는 것, 혹은 자연과 대등한 것으로 된다.

그러나 양자는 서로 대등하면서도, 즉 동등한 존재 방식을 취하면서도 각기 완결된 실재이다. 그러므로 세계는 이제 서로 완결된, 즉 타방에 대해서 각기 폐쇄된 그러면서도 원리적으로는 동등한 존재방식을 취하는 정신과 물체로 이원화된다. 물론 이러한 이원론적 세계 이해는 갈릴레이의 자연의 수학화에 따른 귀결이다. 이 귀결을 철학적으로 처음 표현한 철학자가 데카르트이다. 그 유명한 그의 심리(정신) 물리(자연) 이원론은 바로 수학적으로 파악된 갈릴레이의 자연 이념의 결과로 준비된 것이다. 이제 수학적으로 파악된 갈릴레이의 세계는 데카르트에서 이원론적으로, 즉 심리-물리적(psychophysisch)으로 파악된다. 이 이원론이 출현하자 자연과학적 합리성에 기초한 새로운 심리학이 홉스에 의해 심리-물리적 인간학의 형태로 기획되었다.

세계의 이원적 구성은 신체라는 물체를 소유한 생명체에서 가장 단적으로 나타난다. 이 경우 근대의 자연과학적 심리학은, 정신은 물체처럼 자립적으로 세계 속에 객관적으로 실재하지 못하고, 다만 그것이 신체 물체에 관계하고 기초하는 한에서 세계에 객관적으로 실재한다고 본다. 그리하여 근대 심리학은 물체를 자립적 실재로, 정신을 비자립적 실재로 본다. 세계가 이렇게 서로 완결된 채 분리되어 있으면서도 대등한 존재 방식을 취하는 두 실재로 구성되어 있는 한,

---

19) *Ibid.*, S.61.

20) *Ibid.*, S.87.

> 이중적으로 분열된 동일한 인과성이 하나의 세계를 포괄하고, 합리적인 해명의 의미는 어디서나 동일하며, 그러나 아무튼 그렇기 때문에 모든 정신적 해명은 그것이 유일하고 따라서 보편적 철학적이어야 한다면, 물리적인 것에로 인도된다.[21]

이리하여 근대 심리학은 정신의 탐구에서 이제 정신을 물리적 인과성에 따라서 설명하는 심리-물리적 방법을 사용하게 된다. 근대 객관적 합리주의에서 정신의 자연화는 정신을 심리-물리적으로, 즉 신체 물체의 물리 인과성에 따라서 탐구하는 데서 유래하는 필연적인 귀결이다. 근대 합리주의는 정신을 자연화(사물화)한다는 점에서 자연주의이기도 하다.

근대 주관주의 철학, 특히 합리론 철학과 경험론 철학은 방금 설명된 근대의 자연과학적 심리학의 정신 개념에 기초해 있다. 우선 그 단적인 예로 데카르트의 합리주의 철학을 들 수 있는데, 주지하듯이 그의 철학은 그의 심리(정신) 물리(자연)의 이원론에 기초한다. 우리는 바로 앞장 1절에서 그의 이원론이 그가 방법적 회의를 통해서 정신을 자연에서 독립시킨 결과로 얻어진 것임을 언급하였다. 혹자는 우리의 이 언급에 주목하여 데카르트의 정신 개념은 근대 심리학적 정신 개념, 즉 세계 속에 실재하는 정신 또는 자연과 대등한 정신, 즉 우리가 앞서 언급한 심리학적 주관이 아니라 자연을 완전히 초월해서 결코 자연과 대등하지 않은 정신, 즉 우리가 초월론적 정신으로 칭한 철학적 정신이라고 말할 것이다. 혹시 그는 이렇게 말함으로써 우리가 앞에서는 데카르트의 정신을 초월론적 주관이라고 하고 여기서는 그것을 다시 심리학적 정신이라고 하여 우리가 때에 따라 왔다갔다하는 자기 모순을 범한다고 우리를 논박할지도 모르겠다. 만약 그가 우리를 그렇게 논박한다면, 그의 논박은 데카르트의 철학에 대한 무지에서, 또 우리가 앞장에서 명료하게 해명한 그의 이원론의 의미를 전혀 이해하지 못하는 데서 유래한다.

데카르트는 분명 방법적 회의를 통해서 자연에서 독립된 정신을 확보하였다. 그가 확보한 정신이 자연물체로부터 독립되었음은, 그가 정신의 본질을 사유로 자연의 본질을 연장으로 지칭하여 양자를 서로 무간섭적이라고 한

---

21) *Ibid.*, S.341f.

데서도 잘 나타난다. 그러나 데카르트의 이 철저한 정신과 자연의 분리는 우리가 앞장에서 본 바와 같이 인식론적 관점에서 이루어진 것이지 존재론적 관점에서 이루어진 것이 아니다. 만약 자연이 인간과 같은 정신을 지닌 인격적 존재라면, 갈릴레이적인 자연 인식, 즉 기계론적 원자론적 자연 인식으로 표현되는 수학적·합리적인 자연 인식은 도저히 불가능하다. 그래서 그는 자연을 갈릴레이적인 합리적 인식의 대상으로 하기 위해서 부득불 자연물체에서 정신적인 것을 모두 제거하여 양자를 철저하게 분리하지 않으면 안 되었다. 그러나 그가 갈릴레이적인 자연 인식의 이념에 사로잡혀 있는 한, 그가 방법적 회의를 통해 정신을 자연으로부터 아무리 인식론적으로 철저하게 분리해도 그에게서 정신은 자연(세계) 초월적 존재로 승화되지 못하고 여전히 자연과 대등한 존재 양식을 취하고 있다. 그래서 그의 정신에는 여전히 세계 내의 사물적인 의미의 흔적이 남아 있다. 이 점은 그에게서 정신이 "사유하는 실체 또는 고립된 인간의 정신 또는 영혼 … 인과 원리에 의거한 추론의 출발점"[22]으로 파악되는 데서 단적으로 나타난다.

데카르트에서 자연(세계)에는 정신과 물체라는 두 실재가 있는데, 그것들은 모두 실체라는 점에서 동일한 존재양식을 취한다. 그러나 그것들은 동일한 존재양식, 즉 실체성을 지님에도 각기 완결되어서 독립되어 있는데, 이는 정신이 외부세계, 즉 연장적인 물체 세계로부터 고립된 데서 유래한다. 그리고 정신의 이 고립은 정신이 결코 연장적일 수 없는 사유를 그 본질로 하는 데서 유래한다. 이리하여 데카르트에서 정신은 자연 내에 있으면서도 연장적인 자연물체로부터 고립된 자연적 실재이다. 이 고립된 자연적 실재를 후설은 위 인용문에서 사유하는 실체 또는 고립된 인간 정신으로 표현하고 있다. 데카르트의 심신 이원론에 함축된 이 정신은 근대 자연과학적 심리학의 정신 개념에 충실한 것이다. 그의 철학이 그러한 정신 개념에 기초해 있음은 주지하는 바이다. 따라서 그의 합리주의 철학은 자연과학적 심리학을 기초로 하고 있다.

이제 데카르트의 사유하는 자아는 세계 초월론적 주관, 즉 철학적·초월론적 주관이 아니라 세계 내에 실재하는 그것도 세계의 물체계로부터 고립

---

22) *CM*, S.63.

된 채 실재하는 주관, 즉 심리학적 주관이며, 또한 이 주관은 외부 물체와 독립적이면서도 그것과 대등한 존재방식을 취하는 것으로 밝혀졌다. 그에게서 정신은 자연물체와 대등한 존재방식을 취한다는 점에서 물체화, 자연화되고 있다. 그는 이렇게 자연화된 심리학적 주관을 통해서 세계이해와 같은 초월론적인 철학적 문제를 해결하고자 하였다. 이에 그의 철학은 진정한 철학, 즉 초월론 철학 또는 철저한 주관주의 철학으로 승화되지 못하고 초월론적 심리학주의로 전락되고 말았다. 데카르트적인 심리학적 주관을 통해서 세계를 이해할 때 직면하는 가장 큰 난점은, 그 주관이 외부물체들로 둘러싸인 그 자신의 섬에서 어떻게 밖으로 나올 수 있는가이다. 이 같은 물음에 응답하기 위해서 그는 신의 성실성을 가정하지 않으면 안 되었다. 물론 후설에서도 앞서 본 바와 같이 환원을 통해서 획득된 초월론적 주관성에 심리학적 주관의 흔적이 완전히 배제되었다고 단정하기 어려웠던 데카르트적 길에서는 사실 저 물음에 응답하기가 매우 곤혹스럽지만, 환원을 통해서 획득된 주관이 심리학적 주관과 확연히 구별되는 초월론적 주관임을 보여주는 심리학자의 길에서는 그 물음 자체가 불합리하다.[23] 왜냐하면 V장에서 보았듯이 진정한 의미의 초월론적 주관이라면 이 주관 안에 이미 심리-물리로 구성된 세계가 들어와 있기 때문이다. 그런 이상 초월론적 주관에는 안과 밖이 없다. 그러므로 그것에서 안과 밖을 말하는 것은 무의미하다.

그러나 후설에 의하면 데카르트는 적어도 방법적 회의를 하는 순간에는 철학적 관점, 즉 세계 초월적 관점에 있었다. 따라서 이런 관점에서만 본다면 그의 방법적 회의는 심리학적 주관이 아니라 초월론적 주관에 도달하는 데 아주 좋은 초월론 철학의 방법이다. 그럼에도 불구하고 그가 실패한 것은 후설에 의하면 비록 그가 방법적 회의를 통해서 초월론적 자아를 매우 어렵게 이끌어냈으나 "근대 객관주의에 대한 지나친 관심"[24] 때문이다. 단적으로 말하면, 일체의 선입견과 편견을 떨쳐버리고 사상 자체에로 되돌아가려는 현상학적 사유의 빈곤에서 유래한다고 하겠다. 그 결과 그는 의식을 의식 자체에서 사유하지 못하고 근대 객관주의를 가능하게 한 수학, 즉 자

23) *Ibid.*, S.116.

24) *Krisis*, S.83.

연 물체들의 연장성에 관한 선험학인 수학을 통하여 의식을 고찰하였다. 이 점은 그가 “나는 수학이 특히 마음에 들었다. 그 추리의 확실성과 명증성 때문이다. 당시는 아직 그 참된 용도를 깨닫고 있지 못했다”[25]고 하는 데서 잘 나타난다. 그는 이 수학을 그가 방법적 회의를 통해 그 어렵게 확보한 초월론적 자아를 해명하는 데 사용함으로써 그것을 수학적으로 고찰하게 되었다. 그 결과 마침내 그것이 자연화, 수학화될 지평이 마련되었다. 이에 그의 초월론적 의식은 심리학적 의식으로 전락될 수밖에 없었다.

스피노자는 심물 평행론을 주장하였다. 스피노자의 이 이론은 데카르트의 심신 이원론과 구별되는 것으로 보인다. 그러나 단지 그렇게 보일 뿐이지 실은 스피노자의 이론에 담긴 의미는 데카르트의 그것에 담긴 것과 구별되지 않는다. 이 점은 스피노자의 심물 평행론에 함축된 의미가 해명될 때 확연히 드러난다.

데카르트에서 실체는 하나의 무한 실체, 즉 신과 두 개의 유한 실체, 즉 정신(사유)과 물체(연장)로 나누어진다. 그러나 스피노자에서 실체는 오직 하나, 즉 신뿐이며, 그에게서 신은 바로 자연이다. 그는 데카르트가 실체라고 본 사유와 연장을 실체로 보지 않고 자연의 두 속성으로 본다. 그러나 실체였던 사유와 연장이 이제 실체의 속성, 즉 자연의 속성으로 격하되었다고 해서 데카르트에서 성립되었던 양자의 대치관계가 무너진 것이 아니라 여전히 지속한다. 즉 정신과 물체는 실체의 속성이면서도 여전히 엄연히 구별되어 각기 완결적이며 독립적이다. 따라서 정신의 원인은 정신에 있고 물체의 원인은 물체에 있을 뿐이다. 즉 정신적 현상은 사고라는 속성이 나타난 것이고 물질적 현상은 연장이라는 속성이 나타난 것이다. 그러나 양자가 이렇게 서로 독립적일지라도 그것들은 하나의 동일한 실체의 속성들이기 때문에 양자 사이에는 완전한 일치와 평행의 관계가 성립한다. 물론 양자는 각기 자기 완결적이기 때문에 평행하고 있을 뿐 작용을 주고받을 수 없다. 이러한 정신과 물체가 자연의 두 면이다. 그러므로 물체적인 것에는 반드시 정신적인 것, 즉 관념이 대응하며, 또한 관념으로 존재하지 않은 물체도 없다. 이에 자연은 물체이기도 하고 정신이기도 하다.

---

25) Descartes, *Discours de la Méthode*, 蘇 斗永 譯, 동서문화사, 1978, 35쪽.

이렇게 보건대, 데카르트의 심물 이원론이나 스피노자의 심물 평행론도 모두 심과 물은 자연 안에서 서로 독립적(무간섭적인)이면서 대등한 관계를 이루고 있다는 근대 객관주의의 견해를 표현한 것에 다름 아니다. 굳이 말하면, 스피노자가 심과 물에 대한 근대 객관주의의 견해를 데카르트보다 더 세련되게 표현했다고 할 수 있다. 그렇다면 스피노자는 결국 데카르트의 심물 이원론을 더욱 세련되게 표현한 것이다. 따라서 스피노자에서도 정신은 자연을 초월한 것이 아니라 자연적인 것이며, 자연물체와 대등한 것이다. 그에게서도 정신의 자연화, 사물화가 이루어지고 있다.

정신의 자연화는 경험론에서도 수행된다. 그 선구자인 로크는 정신을 "물체와 마찬가지로 그 자체로 완결된 실재, … 그 위에 정신적 자료가 오고가는 석반과 같은 하나의 공간",[26] 내감과 외감이라는 두 개의 창을 가진 암실, 흰 종이에 비유함으로써, 흄은 정신(자아)을 정신의 원자로 일컬어질 수 있는 감각자료들의 복합체로 봄으로써 각기 자연화, 사물화하였다. 또한 우리가 Ⅳ장 3절의 2)에서 살펴본 논리법칙을 인과적인 심리법칙으로 환원하려고 시도한 후설 당시의 심리학주의도 정신을 자연화, 사물화하였다.

또한 합리주의와 경험주의를 비판적으로 종합한 칸트에서도 역시 정신은 진정한 의미의 초월론적 주관으로 승화되지 못하고 있다. 우리는 그 점을 그에게서 인식 주관이 사물 인식에 적합한 범주들로 진술되는 데서 알 수 있다. 혹자는 칸트에서 정신 자체는 감성계를 초월한 것이기 때문에 우리가 그것에 대해서 인식할 수 없다는 것에 주목하여 적어도 칸트에서 정신의 사물화가 일어나지 않는다고 할는지 모르겠다. 그러나 칸트에서는 정신 자체만이 현상계를 초월한 것이 아니다. 사물 자체도 현상계를 초월한 것이다. 따라서 칸트에서도 정신은 현상계에서건 물 자체의 세계에서건 항상 사물과 함께하지 사물 자체를 초월한 것은 아니다. 굳이 말한다면, 칸트에서 정신은 사유하는 사물, 인격적 사물, 그 자체 목적이 되는 사물로 불릴 수 있으며, 이에 그것은 자연 물체와 같은 연장적 사물과 구분된다고 할 수 있다. 그러나 사유하는 사물이건, 인격적 사물이건, 그 자체 목적이 되는 사물이건 사물은 사물이다. 따라서 그에게서 정신은 사물적 의미를 벗어나지 못하고 있다.

---

26) *Krisis*, S.87.

근대 객관주의의 이념은 세계를 완전히 수학화할 때 실현 가능하다. 그리고 세계의 수학화는 정신의 사물화, 자연화가 가능할 때 완성된다. 위에서 본 바와 같이 근대 객관주의는 정신의 자연화, 사물화의 길을 열어 놓았다. 이로써 자연 사물들을 탐구하는 자연과학들 뿐만 아니라 정신을 탐구하는 심리학, 철학도 그것의 한 분야가 되었다. 이제 마침내 수학적 자연과학을 보편적으로 원용한 근대 객관주의가 완성된다. 이 완성이 의미하는 것은 객관주의는 이제 그 이념 실현에 매우 가까이 다가갔음을 의미한다. 이러한 객관주의에서 세계는 즉자적으로 존재하는 합리적・체계적인 하나의 통일체로서 존재하며, 세계 내부의 모든 개별자들은 그 궁극에 이루기까지 합리적으로 규정되어 있다. 이제 "자신을 체계적으로 지배하는 합리적 과학을 가진 합리적으로 무한한 존재 전체의 이념이라는 개념은 들어보지 못한 새로운 것이다."[27] 그러나 들어보지 못한 그 새로운 이념은 유럽인에게 갑자기 닥친 우연적인 결과가 아니다. 그 뿌리는 유럽 사유의 출발점에 있다. 즉 그 뿌리는 철학이 그 이념과 학적 의미를 실현하고자 보편학을 꿈꾸고 출발한 고대 그리스철학에로 소급된다. 일찍이 피타고라스 학파는 음의 높이는 진동하는 현의 길이에 함수적으로 의존한다는 사실을 발견했으며, 플라톤은 현실적이고 구체적인 개별적 사물들은 그 자체로 존재하는 이데아에 의해 가능하다고 하여 고대 기하학의 실재에의 원초적인 적용 가능성을 시사하였다. 그러나 앞서 언급한 바와 같이 고대 그리스에서는 아직 세계를 수학화, 이념화하는 정밀한 방법이 나타나지 않았으며, 그것은 근대 초에 수학 개념들의 의미 변화와 함께 나타났다. 그 정밀한 방법이 출현하자마자 이제 철학은 보편학으로서의 그 역할을 상실하고, 그 자리에 수학적 자연과학이 등장하였다. 그와 함께 철학적 보편성, 즉 철학이 추구하고자 한 보편학의 보편성의 자리에 자연과학적 보편성, 즉 객관성이 자리잡게 되었다. 이리하여 수학적 자연과학이 원래 철학이 설정한 보편학의 이념 추구를 대신하게 되었다.

---

27) *Krisis*, S.19.

2) 근대 객관적 합리주의의 불합리성

철학으로부터 보편학의 지위를 차지한 불과 2~3세기의 짧은 역사를 지닌 수학적 자연과학은 누가 봐도 자신의 탐구영역에 충실히 몰두함으로써 괄목할 만한 성과를 올렸으며, 또한 앞서 본 바와 같이 그것은 그 이념 실현에 가까이 다가갔다. 그러나 그것이 철학을 대신한 만큼 그것이 실현한 것은 보편학인 철학이 실현하고자 한 것일 수 있는가? 다시 말하면 그것은 진정 보편학이 거두어야만 했던 성과도 동시에 이룩했는가? 이에 답하자면 정신을 자연화하는 근대 객관주의가 과연 궁극적·보편적·절대적 진리일 수 있는지를 검토해 볼 필요가 있다. 이제 우리는 그 점을 검토해 보고자 한다.

정신의 자연화란 정신 자체, 즉 그 본질을 자연적 사실(물리 인과성)로 설명하려고 시도하는 객관주의의 이념이다. 그것에는 정신의 자연 초월성의 철저한 배제가 함축되어 있다. 그러므로 정신의 자연화를 시도하는 객관주의에 대한 논박은 정신의 자연 초월성을 배제하려는 시도가 불가능함을 밝히는 것과 동일하다. 그 시도가 불가능하다 함은 정신에는 물리 인과성으로 도저히 환원(설명)될 수 없는 것이 있음을 의미한다.

정신에서 자연 초월성을 부정(배제)하려는 자연과학적 심리학의 시도는 결코 성공할 수 없다. 왜냐하면 그 부정을 포함한 모든 경험 심리학적 작업은 역설적이게도 정신의 자연 초월적 특성에서 가능하기 때문이다. 일례로 근대 객관주의적 정신, 즉 자연화, 사물화된 정신은 객관주의의 산물이지만, 객관주의 자체는 자연화된 정신의 산물이 아니다. 그것은 인간 정신의 지향적 형성체이다. 그러나 그것을 지향적으로 형성한 정신, 또는 정신의 자연화를 수행한 정신은 자연화된 것이 아니다. 그것은 자연화된 정신에 앞선, 즉 그것을 초월한 것이다. 따라서 경험 심리학적 정신에 앞서서 그것을 낳은 자연 초월적 정신을 자연화된 정신으로 환원하려는 자연과학적인 심리학의 작업은 앞뒤가 전도된, 즉 결과를 원인으로 착각하는 불합리성을 범한다. 이 불합리성에는 객관주의를 낳은 정신 자체는 객관과학적 방법으로 도저히 따라잡을 수 없으며, 그런데도 그것으로써 그것을 따라잡으면 그것은 불합리하게 파악되어 그 본질이 은폐, 왜곡, 곡해될 수밖에 없다는 것이 함축되어 있다. 물론 근대 객관주의에서 정신의 본질의 은폐, 왜곡, 곡해는 그것의 자연화, 사물화로 나타난다. 따라서 이제 우리는 근대 객관적 합리주의에서 정신은 그 본질이 은폐, 왜곡될 수밖에 없다는 결론에 도달한다. 이 점은 근대 합리주의 철학자들이 우리가 정신의 본질로 칭한 지향성을 망각하고 있는 데서 잘 드러난다.

의식의 지향성은 정신이 언제나 그 대상과 관계하고 있음을 의미한다. 물론 정신이 관계 맺고 있는 그 대상은 정신 밖에서 무엇이 들어와서 생긴 것이 아니다. 따라서 지향성에는 정신이 원래부터 백지가 아니라는 것이 함축되어 있다. 그러므로 의식을 백지로 본 경험론이나, 자아의 인식 대상을 자아가 그것의 몇몇 생득관념들에 따라서 논리적으로 도출된 것으로 본 데카르트, 인식 주관이 그것의 감성적 직관을 통해 외부의 잡다한 질료들을 수용한 다음, 그것의 능동적인 지성이 그 선험적 형식들을 통해 수용된 질료들을 파악할 때 비로소 주관의 인식 대상이 구성된다고 보는 칸트도 모두 지향성을 망각하였다. 이렇게 지향성을 망각하는 데서 의식(정신, 주관)은 자연화, 사물화되어 그 본질이 왜곡, 곡해된다. 그들이 모두 초월론적 심리학주의에 빠진 것은 그들에서 지향성이 망각된 데서 잘 나타난다. 이 망각된 지향성은 결코 자연화될 수 없기 때문에 현상학은 그것을 탐구하기 위하여 자연적 지평을 전면적으로 철저하게 초월하는 현상학적 환원의 방법을 사용하는 것이다.

또한 정신의 본질 해명에서 근대 객관주의자들이 범한 그 불합리성에는 객관주의의 합리성(진리)이 보편적이고도 궁극적인 참된 합리성(진리)이 아니라는 것이 함축되어 있다. 객관주의를 선도한 수학적 자연과학은 분명 “인간정신이 거둔 위대한 승리이다. 그러나 그 방법과 이론의 합리성에 관한 한, 그것은 철저히 상대적인 하나의 학문이다.”[28] 상대성을 면할 수 없는 “그 어떤 인식계열이나 개별적 진리도 절대화되거나 고립되어서는 안 된다.”[29] 그러나 근대 합리주의는 이 점을 무시하고 자연에만 타당한 자연적 일면적 합리성을 자연을 넘어서 모든 영역에, 특히 정신의 본질 규명에까지 보편적으로 적용하였다. 이것은 분명 독단이다. 이 독단으로 해서 그것은 도

---

28) *Ibid*., S.343.
29) *Ibid*., S.339.

저히 자연화될 수 없는 정신의 본질을 자연화하였을 뿐만 아니라 자연화된 정신이 마치 참된 정신인 것처럼 보이게 하였다. 그렇게 함으로써 그것은 정신의 본질을 은폐, 왜곡시켰다.

정신의 탐구에서 근대 객관적 합리주의가 범한 불합리성은 그것이 합리적이라고 굳게 믿고 있던 그것의 정신 탐구의 방법이 불합리한 데서 유래한다. 각 정신은 주관적 양상들로 나타난다. 그런데 객관주의는 앞서 본 바와 같이 객관성의 이념을 충족시키기 위해 정신의 본질적인 나타남인 주관적 양상들을 방법론적으로 배제한다. 여기서 근대 객관적 합리주의, 특히 자연과학적 심리학은 정신의 본질 탐구를 목표로 하면서도 정신을 배제하는 자기 모순(불합리성)을 범한다. 이 모순은 결국 방법에서는 정신적인 것들을 배제하고 탐구대상에서는 그것들을 요구하는 모순으로 이어진다. 따라서 정신의 본질을 탐구하기 위해 객관적 합리주의의 방법에 충실하면 할수록 정신적인 것은 세계에서 배제되어 자취를 감추게 된다. 그래서 완성된 객관주의적 "세계는 주관 없는 존재 전체"[30]가 된다. 물론 객관적 합리주의자는 거기에 주관(정신)이 있다고 말한다. 그러나 그는 그 경우 "객관적 세계는 주관적인 것의 배제를 통해서 구성되어 있으면서도 주관적인 것 자체는 세계에 속한다"고 하는 불합리성을 합리화해야만 하는 당혹감에 빠지지 않을 수 없다.

그의 말대로 객관주의적 세계에 정신이 있다고 말할 수는 있겠으나, 그 정신은 생동하는 원 정신, 즉 지향적 정신이 아니라 자연화, 사물화된 정신, 그런 의미에서 생동적인 원 정신의 그림자 혹은 죽은 정신에 불과하다. 그런 이상, 객관주의에서 정신은 생명 없는 자연과정이며, 물리학의 대상으로 파악된 물리적인 것에 의존하며, 이제 정신적 생은 더 이상 주변세계의 관계 중심일 수 없다. 이에 자연화, 사물화된 정신은 진정한 정신이 아니다. 그래서 후설은 근대 주관주의 철학을 주관주의가 아니라 객관주의로 지칭하였으며, 우리는 어정쩡한 주관주의로 지칭하였다. 자연화된, 죽은, 그림자에 불과한 정신은 정신의 외면, 즉 표층일 뿐이요, 생동하는 내면, 즉 심층은 아니다.

---

30) P. Jassen, *Gesichte und Lebenswelt*, Haag, 1970, S.24.

또한 근대 객관적 합리주의는 방법론적 오류로 해서 앞서 본 바와 같이 근대 철학을 초월론적 심리학주의의 오류에 빠지게 하여 그것으로 하여금 자연적 지반 위에 선 초월론 철학이라는 오류를 범하게 하였다. 혹자는 우리가 앞에서 완전히 논박한 데카르트나 칸트의 정신은 초월론성의 형태를 지니기 때문에 그들은 초월론적 심리학주의에 빠지지 않는다고 주장할지도 모른다. 물론 그들의 정신은 분명 초월론성이라는 형태를 취하지만, 오직 외적으로만 그러할 뿐이다. 즉 그들의 초월론성은 자연 사물들의 선험적 학인 수학적 · 형식 논리학적 선험성으로 구성된다. 이에 그들이 본 정신의 초월론성에는 이미 자연과학적인 것이 개재되어 있다. 따라서 그들의 정신도 여전히 자연적 지반 위에 놓여 있으며 자연을 완전히 초월하지 못하고 있다.

심리학은 정신의 본질 인식을 시도한다. 근대 객관주의적 심리학, 즉 자연과학적 심리학도 예외는 아니다. 그러나 방금 보았듯이 그것은 객관주의적 이념에 사로잡힌 나머지 정신의 참된 본질을 인식하기는커녕 오히려 그것을 은폐, 왜곡시켰다. 바로 여기에 근대 "심리학 특유의 위기", "근대 심리학의 비극적 실패"[31]가 있다. 그러나 이 심리학의 위기는 심리학만이 아니라 동시에 철학까지도 위기에 직면하게 한다. 왜냐하면 무전제적 인식이라는 철학의 이념과 인간다운 인간성의 회복이라는 철학의 학적 의미는 정신의 본질에 대한 왜곡, 곡해 없는 인식으로써 실현 가능한데, 방금 본 바와 같이 근대 심리학은 그것의 본질을 은폐, 왜곡함으로써 결국 철학의 이념과 그 학적 의미 실현에 순기능을 하기는커녕 그것을 방해하는 것으로 작용하기 때문이다. 철학이 보편학임을 감안하면, 또한 철학의 학적 의미가 인간성에 관한 것임을 감안하면, 철학을 위기로 몰고 간 근대 심리학은 결국 학 일반과 인간성의 위기를 자초한 셈이다. 이로써 근대의 모든 학문들을 지도하고 인도한 근대 객관주의는 그 이념을 아무리 실현해 봤자 그것은 철학이 애초에 보편학으로서 꿈꾼 바를 실현한 것이 아니다. 오히려 그것이 그 이념을 실현하면 할수록 철학의 이념과 그 학적 의미는 더더욱 실현되지 않는다. 그럼에도 그것의 독단은 심화되어 마침내 그것은 오늘날 도처에서 위세를 떨치는 실증주의를 도래시켰다. "실증주의는 실증과학들의 성과들과 이

31) *Krisis*, S.17.

들의 심리학주의적 설명에 만족하여 철학적 심연들을 회피하거나 표면상 은폐시킨다."[32] 이러한 실증주의는 마침내 인간 삶의 핵인 정신을 자연화하여 사실 인간을 양성하게 되었다. 사실인간 그 어디에서 인간의 인간성, 인간의 존엄성을 찾아볼 수 없음은 이미 언급되었다.

물론 정신에 대한 경험 심리학자의 주장이 모조리 틀린 것은 아니다. 적어도 그의 주장은 정신의 자연 내적 특성에 대해서는 참일 수도 있다. 그러나 그것은 정신의 보편적 본질이 아니다. 그것은 정신의 보편적 본질의 한 특성, 그것도 외적 특성일 뿐이다. 경험 심리학자의 잘못은 정신의 외적 특성을 정신의 보편적 본질로 보는 데 있다. 여기서 경험 심리학은 자기의 직분을 넘어선다. 즉 경험 심리학은 원리적으로 정신의 자연적 특성만을 탐구할 수 있음에도 불구하고 그것을 넘어서 정신의 보편적 본질을 탐구하고자 한다. 결국 근대 심리학을 인도한 객관적 합리주의는 가야 할 길과 가지 않아야 할 길을 동시에 가서 개별과학으로서는 성공한 반면에 철학, 즉 보편학으로서는 실패하고 오히려 그것의 발전을 방해한 셈이다. 따라서 우리가 서론에서 지적한 현대의 위기는 근대 합리주의의 모순(불합리성)에 있다. 즉 이 합리주의의 불합리성이 현대인들이 직면한 구체적인 위기들로 나타나고 있다.

3. 탈근대적 사유와 현상학적 심리학

1) 실증학적 이성에서 현상학적 이성에로

앞서 지적한 바와 같이, 근대는 고대 그리스에서 막 꽃피기 시작했지만, 중세적 권위에 종속되어 만개하지 못하고 시들어 버린 인간 이성의 부활과 함께 시작되었다. 이 이성이 부활되는 순간, 그것은 중세적인 권위에 의해서 좌절된 철학(보편학)의 학적 의미 실현, 즉 "고매한 정신으로 충만한 축복된 새로운 인간성"[33]의 실현(회복)에 부풀어 있었다. 그것은 이성이 완전히 꽃

---

32) *Ibid.*, S.90f.

33) *Ibid.*, S.8.

피었을 때 실현된다. 이제 이성은 자신을 속박한 모든 것에서 해방되었으므로 자신을 꽃피우기에 참으로 자유로웠다. 그래서 이성은 자신을 꽃피우기 위해 자기 길을 아무런 제약도 없이 걷게 되었다. 이성에게 그 길을 인도한 것이 방금 고찰된 근대 객관적 합리주의이다. 그러나 근대 이성은 그 첫 발자국을 내딛는 순간 잘못된 길로 들어서고 말았다. 이 점은 근대 합리주의의 불합리성에서 입증되었다. 근대 이성이 그 첫 발자국을 잘못 내딛는 순간 그것은 그것이 부활되는 순간에 품은 그 부푼 꿈을 실현하는 데서 빗나가기 시작하였다. 근대 이성이 그 첫 발걸음을 잘못 내딛은 길을 극단적으로 걸어간 시기가 바로 철학의 종말의 시대, 즉 철학의 이념 실현과 학적 의미 실현이 좌절되어 후설이 말한 "고매한 정신으로 충만한 축복된 새로운 인간성"이 붕괴되어 인간성의 위기로 치달은 현대 실증주의 시대이다.

철학의 종말의 시대란 철학 자체가 완전히 끝났다는 것을 의미하는 것이 아니라, 길을 잘못 들어선 이성적 철학, 즉 근대적인 합리주의 철학이 갈 수 있는 길을 다 갔다는 의미로 이해되어야 한다. 이것에는 철학이 다시 시작되어야 한다는 것이 함축되어 있다. 철학의 새로운 시작의 꿈을 안고서 출현한 것이 후설의 현상학이다. 그러나 우리가 이제까지 쭉 봐왔듯이 후설 현상학에서도 근대의 철학적 세계, 즉 객관주의적 세계를 철저하게 고찰하여 그것의 모순을 지적함으로써 근대 철학적 잔재를 완전히 청산하고 철학의 새로운 시작의 길을 모색한 것은 데카르트적 길이 아니라 그 길을 심화, 발전시킨 심리학자의 길이다. 이런 의미에서 우리는 그의 심리학자의 길을 근대적 사유에서 탈근대적 사유에로의 이행의 길로 본 것이다.

오늘날 대개의 사람들은 근대의 전형적 특징을 합리주의(이성)에서 찾고 탈근대의 전형적 특징을 비합리주의에서 찾는다. 그러나 후설에서 "참되고 진정한 철학과 … 참되고 진정한 합리주의는 같다."[34] 따라서 그의 탈근대적 사유는 여전히 합리주의로 특징지어진다. 그는 끝까지 인간 이성을 신뢰하였다. 그래서 그는 철학의 이념 실현과 학적 의미 실현이 좌절됨에 따라 야기된 오늘의 인간성의 위기의 원인도 "합리주의의 좌초"에, 즉 "합리주의 자체에 있는 것이 아니라 합리주의의 외면화에, 즉 합리주의가 '자연주의'와

---

34) *Ibid.*, S.200～201.

‘객관주의’ 속에 매몰된 데”[35]서 찾는다. 이렇게 그는 그 원인을 합리주의 자체에서가 아니라 “길을 잘못 들어선 합리주의”에서 찾고 있으며, 그 잘못된 합리주의를 “이성의 발전 형태에서 하나의 이탈”[36]로 본다.

따라서 이제 전환이 필요하다. “정신의 문제를 파악할 수 없게 하는 낡은 합리주의”, 즉 “은폐된 배리로 접착된 계몽시대의 합리주의에 대립해서 참되고 진정한 합리주의를 실현하는 것”[37]에로의 전환이 필요하다. 이 전환을 가능하게 해주는 것이 현상학적 환원의 길이되, 그의 심리학자의 길이다. 이 길에서 그가 도달하고자 곳은 이성이다. 그 “이성(ratio)은 보편적으로 책임을 지는 학문의 형식으로 실제로 보편적이며 실제로 철저한 정신의 자기이해 이외의 다른 것이 아니다.”[38] 우리는 그것을 모든 것을 객관화하는 객관주의적 · 실증학적 이성에 대립되는 현상학적 · 주관주의적 · 철학적 이성으로 지칭한다. 이 이성에 기초한 합리주의가 참되고 진정한 철학인데, 우리는 그것을 또한 현상학적 합리주의, 주관적 합리주의로 지칭한다. 이렇게 후설은 끝까지 인간 이성을 신뢰하는 합리주의, 그러나 인간성의 위기를 초래한 근대 객관적(정밀한, 실증학적) 합리주의가 아니라 그것에 의해 좌초된 인간성(휴머니즘)을 새롭게 정초하고자 하는 현상학적(엄밀한) 합리주의를 추구한다. 실증과학적 이성이 인간정신(주관)의 표면이라면 현상학적 이성은 그 심층이다. 표면은 언제나 “무한히 풍부한 심층 차원의 표면”[39]이다. 따라서 현상학적 이성은 실증학적 이성의 근원이다.

이성은 원래 존재하는 모든 것, 즉 사물, 가치, 목적, 역사, 학문, 인간에게 그 궁극적 의미를 부여하는 것이다. 이성이 이러한 자기의 소임을 다하지 못할 때 이성에 대한 신뢰가 상실되거니와, 그 상실은 곧 역사의 의미, 인간성의 의미에 대한 신뢰의 붕괴이며, 이러한 붕괴는 회의주의 내지 허무주의로 귀결될 수밖에 없다. 이 같은 결과를 야기하는 신뢰성을 상실한 이성은 근대의 객관적 합리주의의 이성이다. 따라서 후설의 객관적 합리주의

---

35) *Ibid.*, S.347.

36) *Ibid.*, S.337.

37) *Ibid.*, S.201.

38) *Ibid.*, S.437.

39) *Ibid.*, S.122.

의 이성에서 현상학적 이성에로의 전환은 이성이 상실한 신뢰성을 회복하는 작업이다. 우리는 그의 이러한 전환을 현상학적-심리학적 전환으로 지칭한다. 그의 이 전환은

> 그 자신의 합리적 삶의 의의로부터 소외되어 몰락하고 야만으로 전락하느냐, 아니면 자연주의를 극복하는 이성의 용기에 의하여 회생하느냐.[40)]

하는 선택의 기로에서 내려진 영웅적 결단이다. 인간은 실증학적 이성에서 현상학적 이성에로 돌아가서 그 안에 설 때, 정신의 자연화로 야기된 허무주의에 매몰된 인간성을 회복할 수 있고, 또한 그것의 회복과 함께 역시 허무주의에 매몰된 다른 모든 것을 되살릴 수 있을 것이다. 바로 그러한 이성에 관한 학이 현상학적 심리학이다. 탈근대적 사유는 실증학적 이성에서 현상학적 이성에로 이행하는 데서 성립되고, 이 이행에서 현상학적 심리학이 정초된다. 결국 후설에서 탈근대적 사유는 현상학적 심리학의 정초에서 가능하다.

2) 객관주의적 세계에서 주관적 세계에로

이제까지의 논의로 보건대, 후설의 탈근대적 사유, 즉 현상학적-심리학적 전환 또는 그의 심리학자의 길은 그가 객관주의적 세계를 철저히 경험하는 데서 시작하여 그것을 낳은 근대 객관적 합리주의의 불합리성을 밝혀내고, 그 불합리성을 해소시키는 것으로 귀결된다. 그리고 그 해소는 초월론적 심리학주의(객관주의적 또는 실증학적 이성)를 해체하여 초월론적 현상학(현상학적 이성)으로 승화시킬 때 완성된다. 그의 이러한 탈근대적 사유에로의 길은 우선 중세적 속박에서 해방될 때부터 잘못 들어선 길을 계속 걸어가서 그 길의 최후에까지 다다른 이성(객관주의적 이성)을 그곳에서 되돌려서 그 온 길로 되돌아가게 하여 그것이 발걸음을 잘못 내디딘 최초의 곳에 도달하게 하는 것이다. 이것은 자기 길을 잘못 들어서서 그 본래의 모습이 은폐된 이성에게 그 본래의 모습을 되찾아 탈은폐시키는 것이다. 또한 그것은 자기

---

40) *Ibid.*, S.347～348.

근원(고향)을 잃고 헤맨, 그래서 신뢰성을 상실한 이성, 즉 객관주의적 이성에게 그 근원에로 돌아가게 하는 것이다.

객관주의적(실증학적) 이성을 그 근원에로 인도하는 길은 그 이성에 의해서 형성된 객관주의적 세계를 떠나는 것인데, 이것은 객관주의적 세계를 형성한 객관과학에 대한 판단중지로써 가능하다. 이것이 자연과학적 학문과 완전히 구별되는 지금까지 서양의 역사에서 존재한 적이 없는 정신에 관한 전적으로 새로운 종류의 학문, 즉 현상학적 심리학을 향한 심리학자의 길에로 나아가는 제일보이다. 근대의 자연과학적 심리학이 심적 삶의 외부만 해명한다면 현상학적 심리학은 그 외부에 의해서 은폐된 그렇지만 그것의 가능 근거인 내부로 들어가서 심적 삶의 보편적 본질의 탈은폐를 시도한다. 또한 그것은 객관과 완전히 구별되는 순수 주관적인 정신의 본질을 탐구한다는 점에서 객관적 학문이 아니라 순수 주관적 학문이다. 이 순수 주관적인 학문은 앞서 본 바와 같이 객관주의적 세계에서는 도저히 정초될 수 없는데, 그 까닭을 여기서 다시 한번 상기하면, 객관주의는 객관적으로 참된 것을 추구한 나머지 주관 상대성을 면할 수 없는 정신적인 양상들을 배제하여 그 배제된 정신을 물체의 부가물로 보고 자연과 대등한 것으로 간주하여 자연화하기 때문이다. 정신은 자연화되는 순간 그 본질이 은폐, 망각됨은 앞서 본 바와 같다. 그러나 더 심각한 것은 객관주의자들은 자신들이 정신의 본질을 망각하고 있다는 그 사실조차 망각하고 자신들이야말로 정신의 본질을 해명하고 있다고 믿는 무의미한 지적 우월감에서 오는 건망증이다. 이 건망증은 객관주의의 소박함에서 유래한다. "소박함의 가장 일반적 명칭은 정신을 자연화한 자연주의의 다양한 유형들로 형성된 객관주의이다."[41]

객관주의가 소박하다고 함은 그것이 근원적 진리이며, 그렇게 때문에 그 어떤 것에 의해서도 그 근원이 해명될 필요가 없다고 보는 것을 의미한다. 그러나 객관주의를 가능하게 한 근원이 없는 것이 아니다. 그것은 객관주의에서 은폐, 망각되어 있다. 망각된 그것은 객관과학을 판단중지하는 자, 즉 현상학적 심리학자에게서 탈은폐된다. 이 심리학자에서 탈은폐되는 그 근원은 위에서 언급된 신뢰성을 상실한 객관주의적 이성의 근원이다. 우리는 이

---

41) *Ibid.*, S.339.

근원에 이르는 길을 객관과학에 대한 판단중지라고 말하였거니와, 그것은 세계와 이성을 객관과학적으로 탐구하는 방법, 즉 객관성을 추구하기 위해 그것들의 탐구에서 주관 상대적 양상들을 배제하는 방법을 무력화시키는(괄호치는) 것이다. 그것은 객관과학과 객관과학자들의 부정이나 말살을 의미하는 것이 아니다. 오히려 그 결과 객관과학은 생활세계의 여러 과학들 중의 하나이며, 과학자들 역시 생활세계에서 다양한 직업을 가진 사람들 중의 한 사람임이 밝혀진다. 또한 그와 함께 객관과학적 방법도 가능한 여러 가지 방법들 중의 하나에 불과하다는 것도 밝혀진다. 따라서 객관과학들에 대한 판단중지는 객관주의적 방법이 세계와 정신을 탐구하는 근원적이고도 유일한 방법이 아님을 보여준다.

객관주의적 방법이 세계와 정신 탐구의 근원적 방법이 아님은, 그것이 추상화라는 고도의 인공화를 매개로 하는 데서 단적으로 나타난다. 인공화가 개입되는 순간 근원적인 것은 왜곡, 조작된다. 그러므로 객관주의적 방법으로 탐구된 정신과 세계는 그 원래의 모습, 즉 근원적 모습이 아니라 인공적으로 조작된 모습이다. 따라서 객관주의적 세계와 정신도 세계와 정신에 대한 근원적 진리가 아니라 인공적으로 조작된 진리일 수밖에 없다.

따라서 세계와 정신을 근원적으로 탐구하는 방법은 그것들이 추호도 조작되지 않도록 세계와 정신을 직접 현상하는 꼭 그대로 기술하는 방법이다. 이처럼 세계와 정신이 추호도 왜곡, 곡해되지 않도록 그것들이 직접적으로 현상하는 양상들에서 그것들을 파악하는 것이 바로 사상 자체에로에 깃든 현상학의 방법적 의미이다. 그 경우 세계와 그 속의 사물들이 직접적으로 현상하는 곳(Da)은 정신이다. 그러므로 세계와 그 속의 사물들의 근원적·직접적 탐구는 정신이 현상하는 양상들을 떠나서는 불가능하다. 그런데 정신이 현상하는 양상들은 주관적이다. 이 주관적 양상들로 현상하는 정신이 세계와 사물들이 직접적으로 현상하는 곳이다.

이제 세계와 정신이 현상하는 직접적·근원적 양상(방식)들은 주관적인 것으로 밝혀졌다. 이 주관적 양상들에서 세계와 정신은 통일되어 있다. 그런 이상, 주관적 양상들이 세계와 정신을 탐구하는 직접적·근원적인 소여이다. 이 소여의 구체적인 형태가 개체지각, 즉 외적 지각이다. 그러므로 세계와 정신의 근원적 탐구는 세계와 정신이 통일되어 있고 직접적으로 주어지는 외적 지각에로 돌아가서 그것을 철저히 고찰하는 것이다. 외적 지각에서 세계와 그 속의 사물들이 인간에게 직접 주어진다고 함은, 그것들이 객관화된 형태로가 아니라 주관적 양상들로 주어짐을 의미한다. 이 양상들은 상대적이다.

이제 사물은 인간에게 처음(근원적으로) 주어질 때 주관적으로 주어지는 것으로 밝혀졌다. 객관과학에서 행해지는 사물의 객관화는 사물이 주관적으로 주어지는 한에서 가능하다. 왜냐하면 사물의 객관화는 사물에 대한 인간의 추상작용에 의해서 가능하거니와, 그러한 추상작용이 가능하자면 일단 추상의 재료가 주어져야 하는데, 그 재료가 바로 주관 상대적으로, 즉 주관적 양상들로 지각된 사물이기 때문이다. 따라서 사물이 주관적으로 지각되지 않고서는 사물에 대한 추상작용은 도저히 불가능하다. 그것이 불가능하다고 함은 사물이 구체적으로 지각되는 현실세계를 초월하여 무한한 이념의 세계에서 객관적 존립을 갖는 이념화된, 즉 객관화된 사물이 불가능함을 의미한다. 따라서 주관적으로 지각되는 사물이 객관화된 사물보다 더 근원적이다. 주관적으로 지각되는 사물의 세계가 후설이 『위기』에서 말하는 생활세계이다. 그리고 주관적으로 지각되는 사물이 생활세계적 사물이고, 사물이 주관적으로 지각된다고 함은 생활세계적으로 지각됨을 의미한다.

어떤 것이 근원에 가까우면 가까울수록 그것은 참되며, 진리이다. 따라서 참된 사물은 객관화된 사물에 있지 않고 주관적 양상들로 지각된 사물, 즉 생활세계적 사물에 있다. 우리는 이 점을 물이라는 사물에서 분명히 볼 수 있다. 우리는 원래부터 물을 이념화(객관화) 작용을 통하여 H_20로 알고 있는 것이 아니다. 우리가 원래, 근원적으로 만나는 물은 생활세계적으로 지각된 물, 예를 들면 갈증이 날 때, 손을 씻고자 할 때, 햇볕에 타들어 가는 한 포기의 꽃을 살리고자 할 때 지각되는 물이다. 물은 이렇게 생활세계적으로 지각되지 않고서는 H_20로 객관화될 수 없다. 이 같은 관점에서 하이데거도 물의 참된 의미는 물의 H_20에로의 객관화에 있지 않고 물이 인간에게 생활세계적으로 주어지는 방식, 즉 물의 적소성(適所性, Bewandtis)에 있다[42]고 하였다. 이로 보건대, 추상적이고 지각될 수 없는 객관주의적 세계와 객관과학의 근원은 구체적이고 지각 가능한 생활세계임을 알 수 있다. 잠시 후에

42) Heidegger, *SZ*, §18 참조.

보게 되겠지만 이념화된 객관주의적 세계는 생활세계가 이념화된 모습일 뿐이요, 그런 의미에서 그것은 생활세계의 한 부분, 그것도 표면에 불과하다.

이제 생활세계가 존재하는 모든 것을 이념화, 객관화하는 실증학적 이성의 근원임이 밝혀졌다. 후설이 현상학적 심리학을 정초하기 위해 객관과학에 대한 판단중지를 통해서 도달한 최초의 곳이 바로 그곳이다. 그곳은 주관적 양상들의 세계, 즉 주관적 세계이다. 순수 주관성에 관한 학인 현상학적 심리학을 정초하기 위해 후설이 객관과학에 대한 판단중지를 통해 객관주의적 세계에서 주관적 세계에로 첫발을 내딛는 것은 지극히 당연하다.

객관주의적 이성의 눈에는 객관화, 이념화된 것만이 진리로, 참된 것으로 들어온다. 그러나 이 순간 그 이성에게는 그것의 근원이 망각된다. 그 까닭은 그것이 객관화를 수행함에 있어서 그것의 근원인 주관 상대적인 것들을 배제하기 때문이다. 따라서 그것은 객관화를 수행하는 순간 근시안적, 편협된 시각을 갖는다. 그로 해서 그것은 스스로 자기 은폐적이다. 그러나 더욱 심각한 것은 객관주의자들은 그들이 지닌 시력이 자기 은폐적인 근시안적·편협적인 데도 마치 전체를 꿰뚫어보는 통찰력을 지닌 것으로 착각하면서도 그 착각에 빠져 있음을 깨닫지 못하는 데 있다. 그래서 그들은 특정 부분에 타당한 진리를 전체에 적용시키는 오류를 범한 것이다. 그 단적인 예로 그들은 그들이 발견한 생활세계의 한 부분, 그것도 생활세계의 표면에 불과한 객관주의적 세계가 깊이와 넓이에서 전체를 포괄하는 진정한 세계로 보는 오류를 범하였다. 따라서 그들이 세계를 객관(주의)적으로만 고찰하는 것은 철저한 세계 고찰일 수 없다. 그들의 세계 고찰이 철저하지 않기 때문에 그들은 이성의 깊이(본질, 심층)를 보지 못하고 그 겉모습, 즉 객관화(이념화)하는 부분만을 볼 수밖에 없었다. 이런 결과는 "객관적 세계 고찰은 외부에서의 고찰이며, 그리하여 외부성만을 즉 객관성만을 파악할 뿐이요, 철저한 세계 고찰은 자기 자신을 외부에 표시하는 주관성에 관한 체계적이고도 순수한 고찰"[43]인 데서 유래한다. 정신의 표층과 짝을 이루는 세계가 객관주의적 세계라면 정신의 심층과 짝을 이루는 세계는 생활세계이다.

따라서 객관주의적 이성은 그 근시안적 시각으로 해서 그것이 서 있는

43) *Krisis*, S.116.

근원 지반을 망각한 셈이다. 그 결과 갈릴레이를 비롯한 수학적 자연과학자들은 순수 수학이 생활세계에 그 복잡한 의미 원천을 가진다는 사실을 망각하였다. 이념체들에 대해서 아무것도 모르는 생활세계에서 수행되는 선기하학적 측량술이 순수 기하학에 선행하며 또 순수 기하학의 의미 토대이자 이념화 발견의 토대이다. 이것은 이념화된 객관주의적 세계가 절대적인 진리의 세계가 아님을 의미하고, 또한 이념화된 세계의 골격이 생활세계에 있음을 의미한다. 또한 객관주의자들은 자기 은폐적인 이성만을 보고, 그것만을 주제화하여 그것의 근원을 망각했기 때문에 그들의 철학에서는 하나같이 생활세계가 망각되어 있고, 오직 수학적 논리학적으로 접근 가능한 객관주의적 세계만이 주제화되어 있다. 객관주의적 세계가 초월론적 심리학주의의 세계개념이라면, 생활세계는 초월론적 현상학의 세계개념이다.

생활세계는 객관주의적 세계에 선행한다. 과학이 고도로 발달한 과학의 시대에도 생활세계가 존재하듯이 또한 고도로 발달한 물리학에 관해서 아무것도 모르는 원시인의 시대에서도 그것은 존재하였다. 따라서 과학이 아무리 발전해도 생활세계는 소멸되지 않는다. 객관주의적 세계는 생활세계에 "잘 들어맞는 이념의 옷"[44]을 걸친 세계이다. 그런데 객관과학이 발달하면 발달할수록 저 이념의 변장은 완벽한 가면술을 구사하여 생활세계는 일상적 삶의 영역에서도, 학의 영역에서도 은폐된다. 말하자면 이념의 변장은 형식의, 이론의 본래적인 의미를 이해할 수 없게 하여 "과학이 우리들의 세계에 침투하면 할수록, 과학이 이 세계를 명백하게 파악한 것으로 믿으면 믿을수록, 그리고 최종적인 비밀의 구석까지 들추어내어 폭로했다고 생각하면 할수록, 이 세계는 우리들에게 더욱 낯설고 이해할 수 없게 된다."[45] 객관주의적 이성의 자기 은폐로 해서 야기된 객관과학들의 자기 근원의 망각은 "거기서 그것의 표면세계가 하나의 단순한 투사인 심층차원에 관해서 어떤 예감도 갖지 못하는 유명한 헬름볼츠의 표면체에 관한 상"[46]을 연상케 한다.

서양에서 객관주의적인 사유는 앞서 본 바와 같이 근대에 비로소 싹튼

44) *Ibid.*, S.51.

45) Landgrebe, *Der Weg der Phänomenologie*, Gütersloh, 1963, S.127.

46) *Krisis*, S.121.

것이 아니라 이미 고대 그리스에서 싹텄다. 그러므로 서구 사유의 역사는 생활세계 망각의 역사이자 동시에 객관적인 것 자체만을 이성적인 것으로 아는 "은폐된 이성의 역사"[47]였다. 따라서 객관주의적 세계의 발견은 발견이자 동시에 은폐이며, 그것을 발견한 갈릴레이는 "발견의 천재이자 동시에 은폐의 천재"이다.

3) 생활세계의 주제적 고찰

(1) 순수화환원에 의한 순수 경험세계의 경험

후설이 심리학자의 길을 걷기 위해 객관과학에 대한 판단중지를 통해 도달한 최초의 곳은 객관주의적 세계의 근원이지만 그것에 의해서 배제된 곳, 즉 생활세계로 밝혀졌다. 그러나 후설은 역설적이게도 객관주의에 의해서 배제된 그곳을 이번에는 도리어 객관주의적 학문들을 배제(판단중지)함으로써 도달하였다. 물론 그가 도달한 생활세계는 인간의 삶의 근원 터전인 동시에 인간 삶에서 성립되고 그 의미를 얻는다. 그러므로 생활세계가 없으면 인간 삶이 성립될 수 없거니와, 인간 삶이 없이는 생활세계도 성립될 수 없고 무의미하다. 인간적 삶의 특성이 정신적 삶임을 고려하면 생활세계는 정신적인 것이 침투해 있는 세계, 그런 의미에서 주관적 현상의 세계이다. 이곳이 후설이 객관과학들에 대한 판단중지를 통해서 도달한 곳, 즉 근대에 부활된 이성이 길을 잘못 들기 시작한 곳, 즉 이념화, 객관화의 첫발자국을 내딛기 시작한 곳이다. 이성이 올바른 제 길을 가느냐 아니면 잘못된 길을 가느냐는 생활세계에서 어떤 방향으로 향하느냐에 달려 있다. 즉 이성이 추상을 통해 생활세계적 사물들을 객관화, 이념화하는 방향의 길을 갈 때 그것은 길을 잘못 들기 시작한다. 그것이 그 길로 전진하면 할수록 그것의 시야는 점점 좁아져 자신의 이념화의 발걸음의 원천(근원)인 생활세계를 망각하기 시작하며, 그러다가 그것이 그 길의 극단에 다다를 때 그 시야가 극도로 좁아져서 생활세계와 이 생활세계를 형성하는 삶의 주체인 자기 자신까지도 완전히 망각(자연화)하여 신뢰성을 상실한 이성, 즉 철학의 이념과 학

---

47) *Ibid.*, S.53.

적 의미까지도 완전히 망각하여 마침내 철학의 종말을 선언하고 사실인간만을 양성하여 인간성을 위기에 몰아넣는 실증주의적 이성으로 변절되어 그 모습을 드러낸다. 이 실증주의적 이성에 의한 인간성의 위기(상실)는 그것이 생활세계적 자연(사물)을 이념화할 때 그 자연성이 파괴(오염)되는 것과 함께 일어난다.

후설의 현상학, 특히 그의 심리학자의 길은 극단적으로 길을 잘못 간 이성을 되돌려서 그 본래의 길을 가도록 인도하는 것이다. 자기 본래의 길을 가는 이성을 우리는 실증주의적 이성과 구별되는 현상학적 이성으로 지칭한 바 있다. 후설은 이성이 그 본래의 길을 가면 그 상실한 신뢰성을 되찾을 수 있으며, 그래서 그것은 철학의 이념과 학적 의미도 실현하여 인간성의 위기를 회복할 수 있다고 확신한다. 이성 본래의 길은 이성을 잘못 인도한 실증주의적 길과는 정반대 방향이다. 그 길은 현상학적 길이다. 두 길이 만나는 곳이 생활세계이다. 이에 실증주의자와 현상학자는 공히 생활세계에 출발한다. 그러나 그들은 생활세계에서 가는 길이 서로 다르다. 그 길들은 반대 방향을 향한다. 실증주의의 길이 생활세계를 이념화하는 길이라면, 현상학적 길은 생활세계를 주관의 지향대상으로 환원하는 (초월론적) 길이다.

이제 우리는 실증주의 맞은편의 현상학적 길을 걸을 때가 되었다. 그 길을 걷자면 그 길의 출발점인 생활세계의 주제적 고찰이 요구된다. 그 까닭은 현상학적 길이 생활세계를 주관의 지향대상으로 환원하는 길인 이상, 그 길이 가능하자면 그것이 주관의 지향대상으로 환원되어야 하는데, 생활세계가 그렇게 환원되자면 그것이 어떤 세계인지 밝혀져야 하고, 그것이 어떠한 세계인지는 그것이 주제적으로 고찰될 때 비로소 밝혀지기 때문이다. 우리는 생활세계가 객관주의적 세계의 근원지라는 점과, 또한 후설이 현상학적 심리학을 정초하기 위해 객관과학의 판단중지를 통해 도달한 최초의 곳이라는 점만을 밝혔을 뿐 그것을 주제적으로 다루지는 않았다. 후설이 그것을 주제적으로 다루는 곳이 『위기』이다.

그러나 앞에서 간단히 보았듯이 후설에서 생활세계는 그가 심리학자의 길을 처음 언급한 『제일철학 Ⅱ』에서 암시되고 『심리학』에서 다소 구체화된다. 일례로 그는 『제일철학 Ⅱ』, 151쪽에서 공간 시간적 · 인과적 자연을 세계의 보편적 구조로 보고 이 구조는 생(삶)의 지평에서 바로 그것일 수 있다고 함으로써 그가 세계의 핵심구조로 보는 순수 물리세계를 생활세계의 관점에서 보고 있다. 그는 계속해서 공간 시간적 · 인과적 자연 속에 사회 공동체 및 관념적 의미 형성체가 뿌리박혀 있다고 하고 그것들이 뿌리박힌 세계를 생활세계 대신 주변세계(Umwelt)로 표현한다. 『제일철학 Ⅱ』, 『심리학』에서 생활세계라는 용어 자체는 아주 드물게 사용되고 있다. 그리고 『위기』의 부록에 실린 "유럽 인간성의 위기와 철학"이라는 논문에서는 생활세계라는 용어 대신에 주변세계라는 용어가 쓰인다. 이 둘은 동일한 의미를 지니고 있다.

이처럼 생활세계가 『위기』에서 처음으로 등장하지 않고 이미 그 이전의 저작들에서 등장하는 이상, 생활세계로 귀환하는 객관과학에 대한 판단중지에 상응하는 방법도 그 이전의 저작, 즉 『심리학』에서 순수화환원이라는 형태로 나타난다. 물론 『심리학』에서는 생활세계라는 용어는 많이 언급되지 않고 그 대신 『위기』의 생활세계와 의미상 동일한 "순수 경험세계",[48] "선이론적 직관의 세계",[49] "선과학적 경험세계"가 주제적으로 다루어지고 있다. 또한 객관과학에 대한 판단중지도 『심리학』에서 문화 역사적 의미를 비롯한 인간정신의 모든 이론적 형성체를 배제하고 선이론적 직관의 세계로 귀환하기 위한 "순수화환원"[50]이 『위기』에서 다르게 표현된 것이라고 할 수 있다. 이런 점을 고려하여 우리는 이제 순수화환원의 방법에 따라서 순수 경험세계, 또는 선이론적 직관의 세계를 경험함으로써 생활세계를 주제적으로 다루고자 한다.

후설은 『심리학』에서 심적 생의 근원적 본질을 탈은폐하기 위해서 『위기』에서처럼 자연과학적 자연에서 순수 경험세계, 또는 선이론적 직관의 세계로 돌아갈 것을 역설한다.

> 자연과학적 방법이 자연의 이념을 획득하기 위하여 절단하고 던져 버린 정신성의 절단된 층은 그것의 근원적 연관에로 되돌아와야 한다. … 그러나 사람이 추상적 상징적으로 자연과학적 사유의 습성으로 교육받는다면, 자연과학적 자연

48) *Psy.*, S.98.
49) *Ibid.*, S.56.
50) *Ibid.*, S.118.

개념의 근원적 의미를 결코 생각하지 못하며 그 자연을 구체적인 자연 속에 주어져 있는 것으로 즉각 다루지 못한다. 그리하여 양자 — 정신적 세계와 자연 — 는, 비록 자연과학적 방법의 수행의 내부에서는 즉각 이해될지라도, 똑같이 이해되지 않고 있다.[51)]

후설은 이렇게 말하고 나서 정신과 자연의 본질을 이해하기 위해서 "선과학적 경험세계와 이 세계가 거기에 주어져 있는 경험작용에로의 귀환의 필연성"[52)]을 역설한다. 그가 그것을 역설하는 까닭은

학의 주제로서 정신과 자연은 처음부터 거기(da)에 있는 것이 아니라, 자연적 선이론적 경험의 근원 지반에서 이론적 관심과 이 관심에서 도출된 탐구에서 비로소 형성된다.[53)]

고 보기 때문이다. 철학이든 과학이든 모든 학문은 후설이 돌아가고자 하는 순수 경험세계, 즉 선이론적 직관의 세계에 관한 학이다. 그런 이상, 순수 경험세계는 모든 학문의 출발점이다. 그런 이상, 모든 학문의 근원적인 형성은 순수 경험세계에로 되돌아가서 고찰되어야 한다. 현상학적 심리학도, 비록 객관과학은 아니지만, 그것에서 출발하므로 그 근원적 형성은 그것에로 돌아가서 고찰되어야 한다.

모든 학문의 출발점인 순수 경험세계는 글자 그대로 주관의 자발적 의식작용에 의한 관념적 의미 형성체, 예를 들면 논리적 판단들, 문화적 의미, 술어적인 것이 전혀 물들지 않는 세계이다. 관념적 의미 형성체는 심리적 실재도 아니고 물체적 신체에 속하지도 않지만, 어떤 주관에 의하여 형성되었다는 점에서 주관적인 것이다. 이 관념적 의미 형성체는 세계에 존재하지만 한 나무가 세계에 존재하는 방식으로 존재하는 것은 아니다. 하나의 나무는 세계의 특정한 시간 공간점에 존재한다. 이 같은 실재를 우리는 자립적(개별적) 실재라 한다. 그러나 관념적 의미 형성체는 세계의 특정한 시간,

---

51) *Ibid.*, S.55.

52) *Ibid.*

53) *Ibid.*

공간점에 실재하지 않는다. 따라서 그것은 자립적 실재가 아니다. 그러나 그것은 자립적 실재를 통해서 세계에 존재한다. 이에 그것은 비자립적이며, 비자립적으로 세계에 존재한다. 그리고 자립적 실재는 관념적 의미 형성체의 표현물이다. 이 표현물이 객관 시간 공간을 그 형식으로 하는 자립적 실재적 층이라고 한다면, "의미는 물체적 실재성에 붙어 있는 독특한 비실재적인 층이다."[54] 이 비실재적 층은 보편 시간적[55]으로, 즉 도처에 있으면서도 아무 데도 없는 식으로 세계에 속한다. 따라서 순수 경험세계는 비실재적 의미층이 모두 배제된 세계이다. 그것을 배제하는 방법이 순수화환원이다. 따라서 이 환원은 순수 경험세계로 돌아가는 방법이다.

순수화환원에 의해서 시야에 들어온 순수 경험세계는 관념적 술어(이론)가 모두 배제된 세계라는 점에서 선술어적 세계이다. 이 세계는 구체적인 지각 사물들, 즉 개별자들로 구성된다. 이런 세계를 주제적으로 다루자면 우선 그것이 경험되어야 한다. 그것도 그것이 존재하는 그대로, 즉 근원적으로 경험되어야 한다.

과연 그것은 그렇게 경험될 수 있는가? 그것은 그 안에 셀 수 없는 수많은 것들을 지니고 있다. 따라서 그것은 지극히 넓다. 이 지극히 넓은 세계를 존재하는 그대로, 즉 근원적으로 경험하기란 매우 어려운 것으로 보인다. 그 안에 있는 것들을 모조리 경험한 연후에야 세계가 우리들에게 주어진다면 우리는 생전에 세계를 경험할 수 없을 것이다. 그것들을 모조리 경험하지 않고 어떻게 세계가 근원적으로 경험될 수 있을까? 그것의 경험 가능성의 문제는 매우 중요하다. 왜냐하면 순수 경험세계가 경험되지 않는데 모든 학문의 성립 근원을 그것에로 되돌아가서 고찰한다는 것은 무의미하기 때문이다. 만약 그것이 근원적으로 경험되지 않는다면 초월론적으로 환원된 주관성도 초월론적 실증성이 결여된 초월론적 가상에 불과하게 된다. 그렇게 되면 세계존재의 자명성에 대한 초월론적 이해도 가상이 된다. 따라서 세계존재의 자명성에 대한 현상학적 이해가 초월론적 실증성을 지니기 위해서도 초월론적 환원의 대상인 그것이 근원적으로 경험되어야 한다.

---

54) *Ibid.*, S.117.

55) *EU*, S.313.

우리는 그 안에 있는 지각 사물들을 모조리 경험하지 않고도 그것을 근원적으로 경험할 수 있는 길을 후설 현상학의 "원리 중의 원리"[56]에서 찾을 수 있다. 이 원리에 의하면 근원적으로 부여하는 직관이 인식의 권리원천이며, "직관의 근원양상이자 대상을 근원 원본성에서 즉 자기 현존의 양상에서 표현하는 것은 지각이다."[57] 이 지각이 Ⅶ장 2절의 3)에서 다룰 세계구성의 모델이자 세계가 근원적으로 경험되는 곳이다. 물론 이 경우 지각은 외적 지각, 즉 개체지각이다. 앞서 언급되었듯이 세계는 이 개체지각에 주어져 있다. 그래서 우리는 세계의 근원적 경험은 개체지각을 철저하게 고찰하는 것에 다름 아니다고 말하였던 것이다.

물론 개체지각에서 세계가 근원적으로 경험된다고 해서 개별자가 지각되듯이 세계가 경험되는 것은 아니다. 그것은 개체지각에서 지각되는 개별자를 매개로 경험된다. 우리는 어떤 개별자의 지각, 예를 들면, 집[58]의 지각에서 직접(aktuelle) 지각된 것 그 이상의 것을 가진다. 그 이상의 것이란 집이라는 개별자의 내적·외적 지평이다. 우리가 집 지각에서 직접 지각하는 것은 집의 모든 측면이 아니라 집의 한 측면이다. 그럼에도 불구하고 우리는 그 경우 집 자체를 지각할 수 있는데, 그 까닭은 직접적으로 지각된 집의 한 측면에 직접적 지각되지 않는 집의 여타의 측면들이 함께 현존하기 때문이다. 이처럼 직접 지각된 집의 한 측면에 직접 지각되지 않은 집의 여타의 측면들이 함께 현존하는 것이 집의 내적 지평이다. 이 내적 지평은 직접 지각된 집의 한 측면이 직접 지각되지 않은 집의 다른 측면들을 선지시하기, 즉 공허하게[59] 지시하기 때문에 가능하다. 결국 내가 집의 한 측만을 지각

---

56) *Ideen I*, S.52.

57) *Krisis*, S.107.

58) 순수화환원에 의해서 획득된 순수 경험세계의 경험을 설명하기 위해서 집의 지각을 예로 드는 것은 부적절할지도 모른다. 왜냐하면 집 자체는 관념적인 의미체가 배제된 개체라기보다는 관념적인 의미체로 간주될 수 있기 때문이다. 그럼에도 불구하고 우리가 집의 지각을 예로 드는 까닭은 집이 개체의 형식을 가졌으며 순수 경험세계 내에서 개별자는 개별자의 형식을 취한 집이 지각되는 방식으로 지각된다고 보기 때문이다.

59) 여기서 공허하게 지시한다는 것은 집의 여타의 측면들이 어떤 방식으로든지 이미 지각되어 있지만 집이 지각되는 동안에는 그 측면들이 집의 앞면이 지각되듯이 직

한 경우에도 집 자체를 지각할 수 있는 것은 그것의 내적 지평을 선취했기 때문이다.[60)]

지각의 내적 지평은 사물 지각의 내적 조건으로서 지각하는 자아의 활동 공간이다. 그러나 이렇게 지각된 집은 동시에 다른 대상들도 지시한다. 예를 들면 집은 뜰을, 뜰은 산을 지시하며 이런 지시는 무한히 계속된다. 이 지시 대상들은 내가 집을 지각하는 동안에는 지각되지 않지만 내가 주의를 돌리면 항상 지각될 수 있는 가능적 대상들로서 나의 집과 항상 함께 현존한다. 이 함께 현존하는 대상들이 집 지각이 이루어지기 위한 외적 조건인 집의 외적 지평이다.

모든 지각사물은 방금 말한 지평을 가지며 그 속에 묻혀 있다. 따라서 "개별자는 그 자체로서는 아무것도 아니며"[61)] 지평 속에서 개별자일 수 있다. 이것은 개별자가 지각되기 위해서 지평이 선행되어야 하며 동시에 지평은 개별자 없이는 지각될 수 없음을 의미한다. 따라서 개별자와 지평은 분리될 수 없는 통일을 이루며, 이로써 "경험일반은 이 사물 혹은 한 사물에 대한 경험인 것만은 아니다."[62)] 이것은 사물 지각에서 우리는 사물과 이 사물이 속해 있는 지평을 동시에 경험한다는 뜻이다. 후설은 이 같은 논리에 따라 "세계 자체가 경험될 수 있다는 것을 우리가 부정한다면 우리가 개별적 사물에 대해서도 동일한 것을 부정해야 한다"[63)]고 말한다. 이 지평의 경험이 근원적인 세계경험이다.

그러나 세계경험은 개체경험을 통해서 가능하지만 개체경험과 동일한 성격을 지니는 것은 아니다. 개체경험은 특정한 시간 공간 속에 선여된 개체를 수용하는 경험작용인 바, 이 작용은 주관의 수용 능력이라는 능동성을 띠고 있는 데 반해, 세계(지평)는 특정한 시간 공간에 존재하지 않기 때문에

관적으로 지각되지 않음을 의미한다. 물론 집지각이 끝난 후 시선을 집의 여타의 측면들에로 돌리면 그것들은 그 앞면이 직관되듯이 지각된다. 그런 공허한 지시 방식을 후설은 先지시로 표현한다.

60) 후설은 이 같은 맥락에서 내적 지평을 선지(先知, Vorwissen)로도 표현한다.

61) *Ibid.*, S.47.

62) *EU*, S.27.

63) *Psy.*, S.97.

개체를 수용하는 주관의 능동성만으로는 경험될 수 없다. 때문에 세계는 주관의 수용적 능동성에 의해서 개체가 직관되듯이 직관될 수 없다. 이것은 세계가 비직관적임을 의미한다. 그러나 이것은 세계가 경험되지 않음을 의미하는 것이 아니라 공허하게 경험된다는 뜻이다. 그리고 세계가 공허하게 경험된다는 것은 특정한 시간 공간 속에 존재하지 않는 세계는 특정한 시간 공간 속에, 즉 세계 속에 존재하는 개체에 앞서 존재하기 때문에 개체를 수용하는 주관의 수용적 능동성만으로는 경험될 수 없고 수용적 능동성의 가능성의 조건인 주관의 순수 수동성에 의해서 근원적으로 경험된다는 것을 의미한다. 여기서 세계가 개체에 앞서 있다는 것은 개체는 이미 세계(지평)에 묻혀 있고, 그 속에 묻혀 있음으로써 개체는 비로소 개체일 수 있음을 의미한다. 이는 개체가 개체로서 경험되기 위해서는 개체경험에 세계가 이미 공허하게 나마 경험되어 있어야 함을 의미한다. 따라서 세계경험은 비록 공허할지라도 개체의 "순수한 경험종합의 과정"64)으로 볼 수 있다. 그런데 개체경험은 주관의 수용적인 능동성에 의한 것이요, 주관의 자발적인 능동성(지식)은 수용적 능동성의 전제 위에서 가능하며, 개체경험에는 이미 세계경험이 전제되어 있다는 점에서 세계경험은 주관의 수용적 능동성과 이에 근거한 자발적 능동성의 가능성의 조건이다. 이렇게 보면 세계의 공허성은 단적인 무가 아니라 장차 이루어질 의식의 능동성과 그 내용을 규정할 가능성의 조건이다. 그리하여 세계는 무엇이 규정될 수 있는 "무규정성(공허성)의 지평 … 규정될 수 있는 것으로서의 뮤규정성의 지평이다."65)

개체경험에는 이미 세계경험이 전제되어 있을 뿐만 아니라 세계와 개체는 불가분적임이 밝혀졌다. 그럼에도 불구하고 세계와 개체는 구별된다. 위의 논의에서 내적 지평은 개체 자체가 갖고 있는 것인 데 반해, 외적 지평은 이 개체와 다른 개체들과의 공간적 공존이다. 따라서 개별자에 있어서 개별자의 내적 지평과 외적 지평은 같지 않다. 세계는 모든 개체가 그 안에 존재하는 하나의 기체라는 점에서 하나의 내적 지평이다. 그러나 세계는 그것이 존재하기 위해서 그 어떠한 외적 지평도 갖지 않는다. 세계가 개별자의

64) *Ibid.*, S.96.

65) *EU*, S.35. (　)와 그 안의 내용은 필자의 삽입임.

지각을 통해서 경험됨에도 불구하고 개별자가 경험되듯이 경험될 수 없는 것은 이 때문이기도 하다. 물론 세계는 개별자의 측면에서는 이 개별자가 공간 시간적으로 존재할 수 있기 위한 외적 지평이다. 이 때문에 "세계 자체는 어떤 것 속에 있는 것이 아니며, 더 이상 포괄적인 다수성 속에 있는 상대적인 통일체가 아니라는 점에서 절대적인 기체이다. 세계는 … 그 자체 총체적인 것이다."[66] 바로 이러한 의미의 세계가 무규정성의 지평이다. 세계가 이렇게 무엇이 규정될 수 있는 무규정성의 지평이라는 점에서 세계는 이미 완결되어 버린 것이 아니라 항상 개방적이다.

개체경험을 통해서 세계를 근원적으로 경험한 결과, 우리는 세계는 공허하게 지평으로 경험되는 절대적 기체라는 결론에 도달하였다. 그러나 여기서 세계가 절대적 기체라고 할 때 절대적은 상대적임을 간과해서는 안 된다. 즉 후설에서 세계가 절대적이라는 것은 모든 개별자는 세계에서 비로소 규정될 수 있고 규정된 그것은 세계에 존재한다는 의미에서이다. 이런 의미에서 세계는 내적 지평(절대적 기체)이다. 따라서 후설에서 세계는 세계 내 대상들에 대해서 절대적이다. 그러나 다음 장의 세계구성에서 밝혀지겠지만 절대적인 세계도 초월론적 주관성의 지향적 상관자라는 점에서 초월론적 주관성에 내재한다. 따라서 진정한 의미의 현상학적 절대자는 초월론적 주관성이지 세계가 아니다. 이 주관성이 후설 현상학에서 가장 앞선 것이며 그 다음이 세계이며 최고 나중의 것이 세계 내 대상들이다.

(2) 순수 경험과 심과 물의 존재론적 관계

이제 순수 경험세계는 나의 개체지각의 지평으로서 경험되었다. 그러나 지평으로 경험된 그곳은 나의 수용적 능동성의 수용 대상, 즉 개체지각의 대상인 개체에 선행하는 것으로 밝혀졌다. 개체에 선행하므로 그것은 개체지각에서 경험되되 개체에 앞서서 경험된다. 그것이 개체지각에서 개체에 앞서 경험되는 방식이 순수 수동적 경험이다. 따라서 그것은 개체지각에서 순수 수동적으로 경험된다. 그것이 순수 수동적으로 경험된다고 함은, 존재론적으로 그것은 "어떠한 행위도 없이, 파악하는 시선의 전향도 없이, 어떠

66) *Ibid.*, S.157.

한 관심의 일깨움도 없이 이미 거기에 있는 수동적 선소여성의 영역”[67]임을 의미한다. 그리고 그것이 수동적인 선소여성의 세계라 함은 그것이 주관의 모든 능동적 작용 이전의, 그 작용의 근원이 되는 세계임을 의미한다. 또한 그것은 앞서 보았듯이 주관의 능동적 작용에 의해서 형성된 술어적인 것이 모두 배제된, 그래서 순수 지각 사물로 구성된 세계, 즉 선술어적 세계이다. 따라서 이제 순수 경험세계, 선술어적 세계, 수동적 선소여성의 세계는 동일한 의미를 갖는다. 반면 술어적 세계는 선술어적 세계를 바탕으로 주관의 능동적 작용에 의해서 형성된 세계이다. 순수 경험세계는 순수 경험이 이루어지는 세계이다. 이 경우 순수 경험은 선술어적 경험, 순수 수동적 경험을 의미한다. 그러면 이렇게 표현되는 순수 경험은 대체 어떤 경험인가? 이제 우리는 순수 경험이 어떤 경험인가를 밝히면서 순수 경험세계에서의 심과 물의 존재론적 관계를 밝히고자 한다.

순수 경험세계는 개별자들의 세계이다. 그러므로 순수 경험도 개별자에 대한 경험이다. 이 개별자에는 자립적인 실재와 비자립적인 실재가 불가분적으로 얽혀 있다. 개별자의 자립적인 실재는 그것의 고유한 의미에 따라서 직접 경험될 수 있는 대상이고, 그것의 비자립적 실재는 그것 자체로 경험될 수 없고, 다른 것, 즉 그것의 자립적 실재를 통해서 비로소 경험될 수 있는 대상이다. 따라서 자립적인 실재는 개체의 형식적 규정성을 의미하고, 비자립적인 실재는 개체의 속성, 양상을 의미한다. 순수 경험은 이 같은 개별자의 자립적 비자립적 실재에 대한 경험이다. 예를 들면 ‘금은 노랗다’(Gold ist gelb)는 순수 경험일 수 없다.[68] 왜냐하면 이 명제에서 이다(ist)는 능동적 사유의 작용이 개입된 것, 그래서 술어적 판단, 즉 관념적 형성체이기 때문이다. 따라서 순수 경험은 이다(ist)가 배제된 경험이다. 그런 경험은 자립적 실재인 이 금과 비자립적 실재인 노랑의 경험이다. 이러한 선술어적 경험에서 ‘금은 노랗다’는 술어적 경험이 가능하다. ‘금은 노랗다’는 명제는 비실재적 형성체이다. 즉 실재하는 것은 여기의, 즉 특정 시간 공간의 노란 이 금이지 ‘금은 노랗다’가 아니다. ‘금은 노랗다’는 앞서 언급되었듯이

---

67) *EU*, S.24.

68) *Psy.*, S.95.

순수 경험세계에 존재하되 객관 시간 공간을 형식으로 존재하지 않고 보편시간성을 형식으로 존재한다. 보편시간성을 형식으로 하는 것은 순수 경험세계의 특정한 시간 공간에 실재하지 않는다는 의미에서 비실재적 의미층으로 불릴 수 있지만, 그것은 주관의 자발적인 사유의 형성체라는 점에서 단적인 무는 아니며, 그 점에서 그것은 존재한다고 할 수 있다. 객관과학에서의 "진리는 이러한 비실재적 형성체의 특출한 술어"[69]로 이루어진다. 따라서 관념적 의미형성체로 이루어지는 과학에는 술어적 경험형성의 가능성의 조건인 선술어적 경험과 그 세계가 이미 전제되어 있다.

그러면 순수 경험을 가능하게 해준 저 자립적 실재와 비자립적 실재의 통일은 어떻게 이루어지는가? 이것은 실재의 가능성의 조건이 무엇인가 하는 물음과도 직결된다. 후설에 의하면 실재의 통일은 "확고한 인과성을 보존하는 통일"[70]이다. 그러므로 하나의 실재적 사물을 안다는 것은 그것이 인과적으로 어떻게 움직이는가를 미리 봄을 의미한다.

세계 역시 개별자처럼 자립적 실재와 비자립적 실재로 이루어져 있다. 이것은 세계의 존재가 크게 이분됨을 의미한다. 후설은 세계의 존재를 물체(신체)의 영역과 심적 영역으로 나눈다.[71] 그는 우선 물체를 자립적 실재에 귀속시키고 심리를 비자립적 실재에 귀속시킨다. 그 까닭은 심리는 그 자체로 지각될 수 없고 신체(물체)를 통해서 지각되기 때문이다. 그리고 심적인 것은 다시 영혼적 생과 정신, 즉 인격적 생으로 이분된다. 영혼적 생은 외부의 조건(자극)에 수동적으로 반응하는 심적인 것의 하부 단계, 즉 수동적 단계에 속하고, 정신, 즉 인격적 생은 문화적 · 역사적 공동체를 형성하여 문화와 역사를 창조하는 심적인 것의 상부 단계, 즉 능동적 단계이다. 세계는 심적인 것과 물체적인 것으로 층이 이루어져 있으므로, "순수 경험의 구체적 세계에는 물리적 자연과 정신성이 도처에서 불가분적으로 서로 얽혀 있다."[72] 이 경우 정신이 물체와 얽히는 방식은 영화작용(beseel)이다. 이것은 심적인 것이 신체와 얽히는 작용만을 의미하지 않는다. 예술가가 물체, 즉 예

69) *Ibid.*, S.58.
70) *Ibid.*, S.101.
71) *Ibid.*, S.103.
72) *Ibid.*, S.105.

술 작품의 소재를 갖고서 창작활동을 하는 것도 역시 일종의 영화작용이다.

그런데 심리와 물체는 자립적이든 비자립적이든 간에 실재인 이상, 인과관계를 통하여 통일(결합)을 이루고 있다. 그러나 심리는 비자립적이기 때문에 자기 자신과 인과관계를 맺지 못하고 항상 자립적인 물체와 인과관계를 맺을 수밖에 없다. 심리와 물체의 이러한 인과적 통일성은 영화작용을 통해서 가능하다. 이 영화작용에 의한 인과관계의 통일로 구성된 존재가 생명적 존재, 즉 인간과 동물이다. 이에 생명적 존재는 심리-물리적 존재이다. 이것은 인간과 동물이 그의 심리가 거기에 인과적으로 작용하는 물체를 가진 존재임을 의미한다. 우리가 세계의 존재가 심리와 물리로 이루어져 있다고 말한 것은 심리-물리적 존재를 두고 한 말이기도 하다.

심리가 영화작용에 의해 물체에 인과적으로 작용할 때 인간과 동물의 물체는 각자의 신체로 된다. 그리하여 이제 신체는 "이중성을, 즉 물리적 외면성과 영화(靈化)하는 내면성"[73]을 갖는다. 예를 들면, 신체운동인 발의 운동은 공간 내의 물리적 운동이면서 동시에 주관적 운동이다. 신체의 이러한 이중성은 심리의 영화작용에 의한 물체와의 인과적 통일에서 유래한다. 인과성은 동물의 신체를 동물의 심리에 결합하며, 또 그 역도 가능하게 한다. 이러한 인과성이 심리적 존재가 공간세계에서 하나의 실재적 사물로서 존재할 수 있는 조건이다. 즉 심리는 신체물체에 인과적으로 영화하여 신체화됨으로써 공간세계에 한 위치를 차지한다. 이것이 심리가 세계에 존재하는 방식이다. 그리하여 이제

> 공간세계로서의 객관적 경험세계는 물리적 인과성의 단순한 통일이 아니라 심리-물리 인과적 통일이다. 심적 활동들은 물리에로 이행하며 그로써 전 물리세계로 이행한다.[74]

여기서 우리는 물리와 심리의 인과적 상호작용을 볼 수 있다. 후설은 그의 심리 물리의 인과적인 상호작용을 데카르트의 심리 물리의 비통일적 이원론이나 스피노자의 평행론과 구별한다. 물론 그는 그들의 이론을 오류라

---

73) *Ibid.*, S.131.

74) *Ibid.*, S.133.

고 본다. 앞서 살펴보았듯이 그는 그들이 오류를 범한 요인을 그들이 근대에 새로이 출현한 자연과학적 편견에 젖어서 영혼적 존재의 고유한 본질을 보지 못한 데서 찾는다.[75)]

심리가 순수 경험세계에 존재할 수 있는 것은 그것이 그 속의 물체(신체)에 내재하기 때문이다. 이 점에 주목하여 우리는 심리를 순수 경험세계의 내면으로, 물리(체)를 그것의 외면으로 지칭한다. 이 내면에 관한 학이 심리학과 정신과학이요, 그 외면에 관한 학이 자연과학이다. 그리고 그 내면과 외면을 동시에 갖는 실재가 신체, 즉 심리-물리적 존재이다. 이에 신체는 심리학의 탐구대상이면서 자연과학의 탐구대상이다. 심리학 중에서도 선험 심리학, 즉 현상학적 심리학은 심리-물리적 존재에서 물리적인 것을 배제하고 순수 심적인 것의 본질에 관한 학이다. 이 본질을 우리는 순수 경험세계의 내면성으로 지칭한다. 따라서 현상학적 심리학은 순수 경험세계의 내면성에 관한 학이다. 이 학의 입장에서는 심리-물리적 존재도 그것의 외면이다.

앞서 보았듯이, 자연과학이 근대이래 괄목할 만한 발전을 이룩한 것은 자연과학자가 순수한 자연의 이념을 획득하기 위하여 철저한 추상을 수행하여 주관적인 모든 것, 즉 문화적 의미 및 생명적 존재를 배제하여 심적인 것이 전적으로 배제된 그 자체로 완결된 순수 물리세계를 획득하였기 때문이다. 이 세계는 비주관적 세계로서 공간 시간적으로 연장되어 있다. 자연과학자에게는 그런 세계가 자연의 본질이자 "보편적이며 그 자체로 완결된 세계의 핵심구조"[76)]이다. 이 구조는 일차적 근원적으로 공간적이다. 개별적 실재는 공간 속에서 하나의 인과연관을 형성한다. 따라서 개별적 실재가 순수세계에서 지평을 갖는다는 것은 그것이 다른 사물과의 인과적 연관으로 존재함을 의미한다. 물론 공간세계에서 귀납은 순수 물리적인 귀납, 즉 인과적 귀납이다.

물론 심리가 신체와 결합하여 공간세계에 나타나는 한, 심리는 신체물체와 귀납적(물리적) 인과관계를 맺을 수도 있다. 이 경우 앞서 지적된 신체의 이중성은 심리-물리의 인과적 통일성으로 나타나며, 이 통일성으로 해서 심적 활동들은 물리 및 모든 물리세계에로 이행한다. 이 이행에서 정신은 물

---

75) *Ibid.*, S.139 참조.

76) *Ibid.*, S.119.

리적 인과법칙에 따를 수도 있다. 바로 이런 측면에서 정신은 심리-물리(경험, 자연과학적) 심리학의 탐구대상이다. 이 심리학의 입장에서 보면 정신은 비자립적이고 물체는 자립적인 것으로 보인다.

그러나 후설은 그것은 심적 생의 외면성이지 그 내면성, 즉 본질이 아니라고 본다. 그는 이 점을 분명히 지적한다.

> 사람은 여기서 이제 고차 단계에 있어서 귀납 인과적인 것이 정신성의 실재적 본질을 형성하지 않는다는 것에 눈멀어서는 안 된다.[77)]

그렇다면 심적인 것이 신체물체와의 결합을 통해서 공간적 자연세계에 들어온다는 것은 대체 무엇을 의미하는가? 그것은 심적인 것의 본질이 공간적임을 의미하는 것이 아니라 "심적인 것은 그것 자체에 있어서 연장(延長)적이 아니라 물리적 신체성을 통해서 연장성과 장소성에 이차적으로 관계할 뿐임"[78)]을 의미한다. 이것은 심리-물리의 귀납적 인과성이 심적인 것의 본질적인 현상일 수 없음을 의미한다. 말하자면 심리-물리적인 귀납적 인과성은 심적인 것의 외면성에 불과할 뿐 그 내면성(본질)은 아니라는 것이다. 후설은 심적인 것의 본질(내면성)을 귀납적 인과성이 아니라 "정신적 동기의 인과성인 심적인 그리고 종(種)적-인격적인 인과성"[79)]으로 본다.

> 귀납의 외면성은 … 여기서는 내면성 속에 있는 이차적인 것으로 현출한다. 물론 모든 외면성, 심지어 모든 귀납적 자연, 즉 물리적 그리고 심리 물리적 자연의 인과성은 연관적인 인격적 경험의 통일 속에서 구성되는 외면성, 따라서 이차적인 것에 불과하며, 따라서 이러한 외면성은 진정한 본질적 내면성에로의 환원이 요구된다.[80)]

그 내면성은 "전적으로 고유한 종류의 본질개념 하에 놓여 있는 그 자체로

---

77) *Ibid*., S.140.
78) *Ibid*., S.135.
79) *Ibid*., S.141.
80) *Ibid*.

완결된 통일"[81]로서 "… 항상 새로운 지금이라는 형식으로 이루어진 흐르는 변화의 경이로운 시간구조"[82]를 지니고 있을 뿐만 아니라 "거기서 독특한 새로운 통일들, 즉 습성들, 수동적 · 능동적 능력, 지각능력, 감정능력, 사유능력, 지적 능력 등등이 구성되는 생"[83]이다.

정신은 그 내면성에서 볼 때, 물리 인과법칙에 지배되는 것만은 아니다. 자연주의 심리학자는 이 점을 간과하였다. 정신이 물리 인과법칙에 지배되는 것만은 아니라는 데에 정신의 본질이 있다. 즉 정신은 "어떤 것일 수도 있지만 절대로 어떤 것만일 수는 없다"[84]는 데에 그 수수께끼가 있다. 바로 여기에 정신에 관한 탐구가 심리-물리 심리학으로 다할 수 없고, 현상학적 탐구가 요구되는 까닭이 있다.

정신이 물리세계에로 이행함으로써, 물리세계는 비로소 존재의미를 지니며 나의 생활세계로 구성된다. 이런 의미에서 정신은 자립적이다. 그러나 물체는 정신에 의해서만 그 존재의미를 가지므로 비자립적이다. 분명 정신은 세계인식(구성)의 주체, 학문수행의 주체, 자기 인식의 주체라는 점에서 자립적이다. 자연은 단지 외견상으로만 자립적이며 합리적이다. 심리-물리적 심리학은 이 점에만 주목하여 자연이 자립적이고 정신은 비자립적이라는 독단에 빠졌다.

> … 정신만이 … 자기 스스로 존립하고 자립적이며, 그것은 이 자립성에서 아니 이것에서만 참으로 합리적이고 참되며 근본적으로 학문적으로 다루어진다.[85]

정신의 자립성에 대한 그의 견해는 "의식의 존재는 … 사물 세계가 절멸해도 그 자신의 실존에는 아무런 영향도 받지 않는다"[86]고 하는 데서도 잘 나타난다.

---

81) *Ibid.*, S.140.

82) *Ibid.*

83) *Ibid.*

84) 신오현, 「현상학과 심리학」(『현상학적 심리학 강의』, 민음사, 1992), 16쪽.

85) *Krisis*, S.345.

86) *Ideen I*, S.104.

(3) 현상학적-심리학적 환원과 현상학적 심리학

① 현상학-심리학적 환원

따라서 정신의 본질과 진정한, 궁극적 · 보편적 · 절대적 합리성(이에 관한 학문)에로 나아가자면 정신이 자연(과의 병존, 심리-물리적 인과성) 속에서, 즉 "정신이 소박한 외향(外向)에서 자기 자신에로 되돌아가서 자기 자신 곁에, 순수하게 자기 자신 곁에 머무를 때에만"[87] 즉 외면성에서 내면성에로 되돌아갈 때만이다. 자연을 자립적으로 인정하고 정신을 자연과 대등하게 병존하는 것으로 인정하는 순간, 심리학은 미궁에 빠졌다. 그러나

> 의식(체험)과 실재는 서로 평화롭게 나란히 살아가며 때로는 서로 관계를 맺거나 함께 결합하는 그런 동위의 존재 양식들이 결코 아니다.[88]

후설의 이 말은 정신은 자연보다 훨씬 풍부하고 심오하고 경이로운 그 무엇임을 의미한다. 따라서 정신은 자연과 그 존재방식이, 차원이 다르다. 그러니까 이제 정신은 제자리로 돌아가야 한다. 이것이 저 미궁에서 헤어나는 길이다. 그 길은 심적 삶의 내면성을 철저하게 드러내는 현상학-심리학적 판단중지이다. 이것은 자연과학이 순수물체를 얻기 위해 물체적인 것에서 비물체적인 정신적인 것들을 철저히 배제하는 것과 마찬가지로 순수 심리에로 귀환하기 위해 심리에서 비심적인 물체적인 것을 철저히 배제하는 방법이다. 후설은 심적인 것에서 물체적인 것이 철저히 배제될 때 순수 심적인 것의 본질이 밝혀질 수 있으며, 그로써 심리학이 성공할 수 있으리라고 보았다. 따라서 그는 심리학이 그 기나긴 역사에도 불구하고 발전을 하지 못한 것은 심적인 것을 드러내기 위한 철저한 배제의 방법이 심리학에 결여되었기 때문이라고 본다. 그것의 결여는 심리학이 심리가 물리적인 공간세계에 자리잡을 수 있는 가능성의 조건인 심리-물리의 인과성을 물리적 인과성(귀납적 인과성)으로 보고, 심리가 영화하는 곳인 신체물체를 귀납적

---

87) *Krisis*, S.345～346.

88) *Ideen I*, S.105.

인과방법(자연과학적 방법)을 통하여 심적 생의 본질을 연구해 왔다는 증거이기도 하다.

현상학-심리학적 판단중지는 우선은 주관적(지향적) 반성의 형태를 취한다. 그것은 자연주의자의 자연적 반성과 다르다. 자연주의자에서 반성은 사물의 객관성을 확보하기 위한 수단으로 사용된다. 그는 그것을 확보하기 위해 반성적 시선을 사물 자체에로 향한다. 이 같은 자연적 반성에서는 사물 자체가 현출하는 사물의 주관 상대적인 소여성 방식들은 사물의 객관성의 확보에 장애물로 작용한다는 이유로 고찰의 대상에서 제외된다. 따라서

> 자연적-보통의 세상 삶 속에는 이 다양한 주관적인 것이 경과하지만, 그 삶에서는 그것이 지속적으로 그리고 필연적으로 은폐되어 있다.[89)]

자연적 반성은 반성적 시선을 객관적인 사물이 현출하는 주관 상대적 소여성 방식들에로 향하지 않고 사물 자체(객관)에로 향한다는 점에서 객관에 대한 객관적 반성으로 외적 지각의 형태를 띤다. 이에 반해 현상학적 반성은 반성적 시선을 자연적 반성에서 제외된 사물의 주관 상대적인 소여성 방식들에로 향한다는 점에서 주관적 반성이다. 이와 같은 현상학적 반성은 외적 지각에 대한 지각을 통해서 가능하다. 말하자면 현상학적 심리학은 자연적(외적) 지각을 하나의 범형으로 하여 지각생(심적인 것)의 본질을 탐구하려고 시도한다. 이는 본질직관의 범형으로 개체직관이 사용된 것과 같은 맥락이다. 외적 지각에 대한 지각, 즉 지각의 지각, 그것이 현상학적 심리학자의 길이다. 따라서 "심리학자의 길은 외적 고찰에서 내적 고찰에 이르는 길"[90)]이다.

이제 우리는 세계를 경험할 때의 자연적 집 지각을 예로 들어 심리학자의 길을 가보자. 자연적 집 지각에서 나의 시선은 오로지 집이라는 객관적 대상에만 향하고 있으므로, 나는 이 집이 주어지는 주관적 방식들을 잊고 있다. 그러나 현상학적 반성은 나의 시선을 집 자체로부터 그것이 주어지는

---

89) *Krisis*, S.149.

90) *Ibid.*, S.250.

주관적 소여성 방식들에로 향하게 한다. 이것이 외적 지각에 대한 지각, 즉 내적 지각이다. 우리가 집 지각에서 직접 지각하는 것은 집 자체가 아니라 집의 여러 측면들이며, 이것들이 집 자체가 주어지는 주관적 방식들이다. 이것들이 주관성을 띠는 까닭은, 그것들이 나의 주관으로부터 유래하기 때문에, 다시 말하면 객관적으로 존재하는 집 자체와는 달리 항상 나의 주관의 방향들, 즉 좌, 우, 위, 아래, 여기, 저기의 변화에 따라서 결정되기 때문이다. 이 때문에 집의 주관적 양상들은 등질적인 것이 아니라 나의 주관의 위치 변화에 따라서 멀고 가깝다. 그리하여 그것들은 항상 원근법(遠近法)적으로(perspektisch), 즉 음영(陰影, Abschatung)적으로 주어진다. 집 자체가 지각되기 위해서는 다양한 양상들(음영들)이 선행되어야 한다는 점에서 그것들은 선험적이다. 따라서 "순수 객관적인 것, 즉 사물은 이 주관적 방식들 없이는 선험적으로 인식될 수 없으며",[91] 사물 자체는 자신의 주관적 방식들 속에 이미 주어져 있다. 따라서 사물의 주관적 양상들에서 주관과 사물(객관)은 분리되어 있지 않고 통일되어 있다.

② 순수 심리학적 주관성의 영역 : 감각장

주관과 객관의 불가분적 통일은 지각하는 자가 다른 사물처럼 단순히 세계에 공간적으로 내재하는 데서 유래하지 않고 사물을 지각하는 자의 사물 음영들, 즉 지각사물의 주관적 원근들에서 유래한다. 이것은 원근(음영)들이 삼차원적 공간내의 객관적 사물들의 객관적 공간적 음영(원근)들이 아니라 주관적인 음영들임을 의미한다. 사물의 객관적 음영들은 "객관적인 것에 대한 객관적 모사"[92]로 모든 주관에 대해서 동일하게 주어지지만, 주관적 원근들은 주관이 처한 방향들에 따른 "주관적 차이와 불가분적으로 결합해 있다."[93] 사물의 객관적 형태들은 그것에 대한 주관적 원근들을 통해서 가능하다. 가령 등질적인 색(노랑)은 그 색의 주관적인 음영을 통해서, 도형(사각형) 역시 그것의 주관적인 원근법적 소여성 방식들을 통해서 주어진다.

91) *Psy.*, S.152.

92) *Ibid.*, S.160.

93) *Ibid.*, S.157.

따라서 객관(대상)과 그 주관적 소여성 방식들 간에 "평행구조"[94]가 나타난다. 이 평행구조는 모든 사물 지각에 반드시 속한다.

공간지각 역시 그러한 평행구조를 지니고 있다. 지각된 사물은 모두 지각 공간(장) 속에서 위치를 차지하여 연장적으로 운동한다. 이런 공간은 무한하고 삼차원적이며 객관적이다. 이 객관적 공간에 그것을 표현하는 주관적인 공간 원근(음영)들이 평행한다. 즉 지각사물이 그 연장(존재)의 한 형식으로서 삼차원적 공간을 갖듯이, 지각사물을 표현하는 원근법적인 지각작용도 하나의 확고한 형식을 갖는데, 그것이 감각장으로서의 시각장이다. 시각장 속에는 객관적 사물들이 아니라 그것들을 표현하는 원근들이 통일을 이루고 있다. 그런데 우리는 객관의 음영들을 형태 없이는 파악할 수 없다. 가령 어떤 색을 파악하자면 그 색이 넓이를 가진 사물에 나타나야 하고 사물의 면 역시 어떤 색으로든 채색되어야 한다. 때문에 시각장은 사물들의 각 측면 원근들로 꽉 찬 이차원적 유한성을 지니고 있다.[95] 따라서 시각장은 공간과 유사하되 공간 자체는 아니고,[96] 공간성을 띠고 있다. 무한한 삼차원적인 객관적 공간은 이 공간성을 그 소여성 방식들로 가지며 이것들을 통해서 우리에게 지각된다.

저 원근들은 나의 지각의식의 것이지만 나의 능동적인 의식작용이 임의로 규정할 수 없다. 원근들의 통일의 장인 시각장은 능동적 의식에 의해서 형성된 것이 아니라 순수 수동적인 의식에 의해서 형성된 것이다. 그러나 감각장에는 시각장[97] 외에도 그것과 평행하는 다른 감각장, 즉 촉각장도 있다. 우리는 동일한 사물, 즉 책상을 시각을 통해서 뿐만 아니라 촉각을 통해서도 지각할 수 있다. 이것은 촉각장과 시각장이 통일되어 있음을 의미한다. 그렇다고 시각자료와 촉각자료 자체가 통일되어 있는 것은 아니다. "상이한 영역의 자료들은 서로 서로 어떠한 질료적 통일도 갖지 않는다."[98] 그럼에

---

94) *Ibid.*, S.160.

95) *Ibid.*, S.163 참조.

96) *Ibid.*, S.162.

97) 후설은 감각장 중에서 시각장을 주로 원근들로 표현하지면, 우리는 지각장 일반을 표현하는 말로 음영들을 사용한다 .

98) *Ibid.*, S.154.

도 불구하고 우리는 각기 다른 지각들, 즉 시각과 촉각에 의해 동일한 물체, 예를 들면 책상을 지각할 수 있는 것은 상이한 자료들이 이미 나의 수동적 의식에 의해 파악되어 있기 때문이다. 이것은 각기 다른 감각자료들로 구성된 감각 영역들도 순수 수동적이긴 하지만 나의 주관적인 파악이 개입될 때 하나의 동일한 대상층을 형성함을 의미한다. 여기서 감각자료들은 후설이 말하는 질료이다.

질료는 어디까지나 감각자료, 예를 들면 색 자료, 음 자료, 고통 자료, … 이지 감각이 아니다. 질료 없이 우리는 어떠한 감각도 할 수 없다. 후설에서 이 질료는 공간 속의 객관적인 것이 아니라, 즉 "신체기관과 심리-물리적인 것을 생각함이 없는 순수 주관적으로 고찰된 것"[99]이다. 따라서 질료는 나의 신체와 사물과의 인과관계에서 발생하여 나에게 감각되는 자료가 아니다. 오히려 질료는 그러한 인과관계에 앞서서 나의 순수 수동적 의식에 주어져 있다. 후설에서 순수 수동적인 의식은 다름 아닌 시간의식이다. 우리는 다음 장 2절의 2)에서 시간의식을 상론할 것이다. 질료 자체는 음영이 없다. 이런 의미에서 그는 질료를 "단순히(bloß) 주관적인 어떤 자료"[100]라고 한다. 음영들은 시간의식에서 발생한다. 질료가 원래 음영들이 없다는 것은 그것 자체는 의식처럼 순수 수동적인 시간의식의 구조를 갖지 않는다는 것을 의미한다. 그러나 질료가 의식에 주어져 있는 한, 그것은 이미 수동적인 시간의식에 의해서 음영지어져 있다. 말하자면 질료는 의식의 음영작용에 의해 음영지어짐으로써 음영들을 가지며, 이 음영들을 통해서 질료는 비로소 무엇을 감각할 수 있는 감각자료일 수 있다. 그러나 우리는 질료가 순수 수동적인 의식에 의해 음영지기 위해서는 질료가 이 의식을 촉발해야 한다고 본다. 이렇게 시간의식이 그 음영작용에 의해서 질료를 음영짓고 또 질료는 자신을 음영짓도록 의식을 촉발하는 의식(주관)과 질료의 관계를 우리는 질료와 의식의 음영관계로 보고자 한다. 여기서 질료가 어떤 사물의 질료라는 점을 생각하면 주관(의식)과 질료의 음영관계는 사물의 주관적인 음영(원근)들로 나타나며, 이 음영들은 결국 사물이 거기서 현출하는 사물의 주관적인

99) *Ibid.*, S.167.

100) *Ibid.*, S.166.

소여성 방식들로 볼 수 있다.

아마도 후설의 현상학적 심리학은 의식과 질료의 음영의 관계가 신체와 사물 간의 인과관계에 앞서서 그것을 가능하게 조건으로 보는 것 같으며, 이에 그것은 경험 심리학과 다르다. 즉 심리-물리적인 인과관계에 질료와 주관의 음영관계가 선행하며, 그 인과관계는 감각설명의 피상적인 측면에 불과하다는 것이 후설의 현상학의 입장인 것 같다. 나의 감각장은 경험 심리학이 정신의 원자로 부른 감각자료들이 인과적으로 운동하는 물리 인과적인 통일의 장이 아니라 나의 의식의 음영작용들에 의해서 사물들의 주관적 음영들이 통일된 장이다. 물리 인과적 통일의 장은 지각사물들의 운동장인 지각공간이다. 따라서 감각장과 지각공간은 다르다. 즉 모든 지각사물이 질서정연하게 배열되어 있는 곳이 지각공간이라면, 지각사물들의 주관적 소여성방식(음영)들이 질서정연하게 배열된 곳이 감각장이다. 종래의 경험 심리학은 감각장을 지각공간과 혼동함으로써 지각의 주체인 의식주관을 공간화 사물화하였다.

수용적 능동성을 특징으로 하는 외적 지각이 가능한 것은 사물들의 주관적 음영들이 이미 순수 수동적 의식의 흐름에 의해 감각장 속에 자신의 고정된 위치를 갖고서 다른 사물들을 공허하게 지시하면서 존재하기 때문이다. 여기서 우리는 객관(외적 사물과 사물공간)이 주관(감각장)과 독립된 것이 아님을 알 수 있다. 역으로 이것은 외적 지각은 동시에 주관적인 감각장의 경험임을 의미한다. 여기서 우리는 "외적 지각은 … 순수 주관성의 첨단(Zipfel)"[101]이며, 또한 외적 지각에는 순수 주관성이 은폐되어 있음을 알 수 있다. 여기서 우리는 지각의 외면성(외적 지각사물과 이 사물지각의 공간)은 지각주관의 내면성(감각장)이 외화한 것으로 볼 수 있다. 이제 이 내면성의 구조가 논의될 차례이다.

③ 순수 심리학적 주관성의 구조

이제 우리는 지각(심적인 것)이 내면성과 이것이 외화된 외면성의 구조를 가지고 있음을 볼 수 있었다. 물론 우리는 내적(현상학적) 지각(반성)을 통

---

101) *Ibid.*, S.191～192.

하여 전자에, 외적(자연적) 지각을 통하여 후자에 접근할 수 있다. 전자는 순수 주관성 및 동기 인과성의 영역이고 후자는 객관적(초월적) 대상들 및 귀납적 인과성의 영역이다. 우리는 전자를 순수 경험세계의 내면성으로, 후자를 순수 경험세계의 외면성으로 규정하였다. 객관적 사물은 모두 객관적 시간과 공간을 그 형식으로 존재한다. 이에 반해 주관적인 것들은 주관적(내재적) 시간[102]을 그 형식으로 존재한다. 주관적 시간은 주관적인 것의 흐름이다. 여기서 흐름이란 파지와 예지로 이루어진 시간의식이며, 이 의식은 항상 음영 연속적인 다양한 위상들을 지니면서 순수 수동적으로 흐른다. 감각장의 통일은 이러한 시간의식의 수동적 흐름에서 기인한다. 이것은 이차원적인 감각장이 일차원적인 시간의식 위로 떠내려감을 의미한다. 다시 말하면 모든 사물들의 주관적 소여성 방식(음영)들이 의식의 흐름 속에 그것의 확고한 시간길이를 지닌 채 의식과 함께 수동적으로 흘러감을 뜻한다. 그리하여 "순수 주관성은 항상 그리고 언제나 흐르는 생의 형태로서만 존재한다."[103] 여기서 "흐름은 형식으로서의 내재적인 시간길이를 … 가지는 과정이다."[104] 외적 지각이 개별성을 지니는 것은 그것이 의식의 흐름 속에서 고정된 내재적 시간길이를 가지기 때문이다. 따라서 지각은 일정한 시간길이를 가진 하나의 흐름이다. 이 흐름의 영역이 의식의 가장 심층적 부분이다.

질료는 시간대상인데, 이 질료가 순수 수동적인 의식의 흐름 위에 음영 연속적으로 떠내려가는 것을 의식하는 것이 후설이 말하는 체험, 음영들, 현출(erscheinen)들, 대상의 주관적 양상들이다. 이것들은 질료와 의식의 관계인데, 후설은 그 관계를 내실적(reel)이라고 한다. 이 내실적 영역이 지각사물의 초월적 영역과 대립되는 순수 주관성(내재)의 영역이다. 그러나 내실적 영역만이 순수 주관성의 영역인 것은 아니다. 왜냐하면 저 현출들은 각기 그의 시간위치에 대응하는 그의 대상을 갖기 때문이다. 즉 현출(체험, 음영)들은 단순히 현출인 것이 아니라 무엇의 현출, 즉 대상의 현출이다. 다시 말하면 현출들이 있으면 반드시 현출하는 것(대상)이 있다. 양자는 불가분적

102) *Ibid.*, S.170.
103) *Ibid.*, S.201.
104) *Ibid.*, S.200.

상관자이다. 따라서 "현출들의 공허한 가짐(haben)이란 없다."[105] 그리고 흐름들 속에서 현출하는 대상은 흐름의 "부분들의 집합"[106]이 아니라 흐름의 부분들의 "종합의 관념적 상관자"[107]이다. 여기서 우리는 의식의 본질이 지향성임을 안다. 즉 현출들은 항상 무엇의 현출들이라는 것이 의식의 지향성이다. 이 경우 후설은 현출들과 현출하는 대상의 관계를 지향적 관계로, 현출들이 그의 상관자를 체험하는 것을 지향적 체험으로 그리고 상관자를 지향대상으로 명명한다. 그러나 지향대상은 현출들도 또 이것들의 부분도 이 부분들의 합도 아니라는 점에서 내실적 영역이 아니고 그것을 초월해 있다. 그렇다고 그것은 외적 지각에 의해서 지각된 객관적 대상이 아니라 내적 지각에 의해 지각된 주관적 대상이다. 이 점에서 이 대상영역도 현출(음영, 체험)들과 마찬가지로 순수 주관성의 영역이다. 후설은 이 양자를 구분하여, 후자를 내실적 내재로, 전자를 내재적 초월로 부른다.[108]

이제 순수 주관성은 외적 지각의 도움 없이 스스로 대상을 형성할 수 있는 지향성을 지니고 있는 것으로 밝혀졌다. 이때의 의식작용과 의식대상을 후설은 자연적 지각작용과 그 대상과 구별하여 노에시스와 노에마로 표현한다. 현상학적 심리학은 그것들의 상관관계, 즉 지향성을 탐구하는 학임은 이미 언급되었다. 이제까지 우리가 쭉 봐왔듯이 후설은 현상학적 심리학을 위해 현상학적-심리학적 환원을 수행하였다. 이 환원은 처음에는 외적 지각대상에서 이 지각작용 자체에로 시선을 전향하는 반성의 형태를 띠었다. 그러나 이제 의식은 스스로의 지향작용에 의해서 외부의 객관적 대상과는 다른 자신의 지향대상을 형성할 수 있음이 밝혀졌다. 따라서 우리가 외부의 초월적 영역과 독립된 내재의 순수 주관성을 철저히 탐구하기 위해서는 객관적(공간) 대상을 철저히 도외시하고 지향적 상관자에만 관심을 가져야 한다. 이를 위해서는 모든 객관적 존재에 대한 관심을 철저히 억제하고 지향적 상관관계에만 관심을 가져야 한다. 이로써 주관적 반성의 형태로 시작된 현상학적 환원은 모든 초월적 존재정립을 억제함으로써 더욱 심화되어 순수한

105) *Ibid.*, S.196.

106) *Ibid.*, S.180.

107) *Ibid.*, S.175.

108) *Ibid.*, S.171, 34절.

정신의 자기 반성의 형태를 띤다. 이 경우에 비로소 내재가 완전히 열려져서 우리는 "모든 인식의 어머니, 현출하는 모든 대상성의 어머니"[109]를 직관할 수 있다. 이 어머니는 현상학-심리학적 순수자아이다.

노에마는 정립된 의식대상이고, 그것을 정립하는 노에시스는 정립(능동적) 작용이다. 이 경우 정립은 양자가 순수 수동적인 의식의 흐름, 즉 노에시스적 흐름을 초월함을 의미한다. 이 초월작용의 주체가 순수자아이다. 이 자아의 초월작용에 의해서 내실적 영역과 대립되는 내재적 초월이라는 경이로운 영역이 성립된다. 그런데 노에시스와 노에마는 자아의 초월 이전에는 순수 수동적인 의식의 흐름에 떠내려가는 의식흐름의 내용들에 다름 아니다. 이 점에서 양자는 의식의 노에시스적 흐름에 제약되어 있으며, 또한 노에마를 대상으로 정립하는 노에시스의 능동성도 순수 수동적인 노에시스적 흐름을 기초로 한다.

노에시스와 노에시스적 흐름은 구별되어야 한다. 노에시스적 흐름은 순수 수동적인 시간의식의 흐름이다. 이 수동적인 시간의식은 아직 대상을 정립할 수 있는 정립적 의식은 아니다. 이에 반해 노에시스는 수동적인 시간의식의 흐름 속에 있는 흐름들의 내용을 대상(노에마)으로 정립하는 정립적 의식이다. 그러나 이 노에시스가 정립적(능동적) 의식일 수 있는 것은 노에시스의 정립대상인 노에마가 이미 순수 수동적인 시간의식의 흐름 속에 수동적으로 이미 통일되어 있기 때문이다. 이 순수 수동적인 시간의식의 흐름을 우리가 노에시스적 흐름이라고 명명한 것은 이 의식의 흐름은 비록 이 흐름의 내용을 노에마로 정립할 수는 없지만 흐름의 내용이 노에마로 파악될 수 있도록 저 흐름의 내용을 수동적으로 통일짓기 때문이다. 물론 노에시스적의 능동적 작용이 가능한 것은 노에시스가 노에마와 더불어 이미 노에시스적 흐름의 내용이기 때문이다. 노에시스적 흐름에서 노에마가 정립되는 과정에 대해서는 다음 장 2절 3)의 (2)의 세계의 구성을 다루는 곳에서 상론될 것이다.

노에시스의 능동성이 가능하자면 노에시스적 흐름이 이미 통일되어 있어야 한다. 이 흐름의 통일의 주체도 역시 순수자아이다. 결국 "순수 자아극은

---

109) *Ibid.*, S.193.

수적으로 하나이며 동일하고, … 순수 주관성의 유일한 중심이다."[110] 이제 현상학적 영역의 모든 통일의 주체는 순수자아이다. 이 자아는 어디까지나 체험의 주체이지 체험 자체는 아니다. 그러므로 그것은 "체험의 내실적 흐름 속에서 … 체험들의 내실적 계기로서 발견될 수 없다."[111] 이것은 자아가 내실적 영역에 밀접하게 관계하면서도 그것을 초월함을 의미한다. 그러나 그것을 초월한다고 해서 자아는 지향대상과 같은 것이 결코 아니다. 그러한 자아에 대하서 후설은 다음과 같이 말한다.

> 순수자아는 현출들의 통일로서 또 사물적 속성규정들의 기체로서 구성되는 단순한 사물대상이 아니다. 자아는 능동적 작용들을 수행한다. … 자아는 능동적 작용들에 상응하는 습성들의 극이다. … 자아는 역사를 가지며 자신의 역사로부터 자신에게 습성적으로 또 동일한 자아로 항존하는 것을 창조한다.[112]

이제 우리는 현상학-심리학적 환원을 통해서 볼 때 외적 지각은 결국 시간의 흐름으로 환원되고, 이 시간의 흐름으로 이루어진 순수 주관성의 유일한 중심이 순수자아임을 알 수 있다. 그러나 우리가 심리학자의 길을 통하여 다다른 물체계로부터 독립한 이 순수자아의 시간 영역은 그 길의 종점이 아니다. 그곳은 아직 그 길이 도달하고자 하는 최종적인 깊이가 아니다. 어떤 의미에서 그런지는 그 길에서 정초된 현상학적 심리학의 관점에서 생활세계를 고찰한 후에 밝혀질 것이다.

4) 생활세계의 다의적 구조와 현상학적 심리학

앞서 언급되었듯이, 지금까지 우리가 논의한 순수 경험세계는 후설이 『위기』에서 객관과학들의 판단중지를 통해 도달한 생활세계와 의미상 크게 다르지 않다. 다만 그의 『위기』에서의 생활세계에는 앞서 경험된 순수 경험세계에 "익명적으로 머물러 있는 주관적 현상의 영역",[113] "주관 상대적인

---

110) *Ibid.*, S.210.
111) *Ibid.*, S.208.
112) *Ibid.*, S.211.

것"[114]이라는 규정이 첨가되어 있다. 그러나 이 규정도 이미 순수 경험세계에 함축되어 있다. 다만 우리는 현상학적 심리학의 세계에로 들어가기 위해 순수 경험세계 내의 심과 물의 존재론적 관계를 밝혀서 현상학적-심리학적 환원의 길로 가는 데 주의력을 쏟은 바람에 그 함축되어 있는 것을 드러내어 밝힐 수 없었을 뿐이다. 여기서 하나 주의할 점은 생활세계를 주관적 현상의 영역이라고 할 때의 주관은 아직 현상학-심리학적 환원에 의해서 파악된 현상학적 의미의 주관이 아니라는 점이다. 굳이 말하면 그것은 선현상학적 의미의 주관이다.

앞의 논의에서 순수 경험세계는 자연과학에서 배제되어 망각된 곳으로 밝혀졌다. 따라서 그것 역시 익명적이다. 그 다음 순수 경험세계 역시 후설이 『위기』에서 말하는 "주관적 현상의 영역", "주관 상대적인 것"인데, 이것은 순수 경험세계가 개체지각의 지평으로 경험되는 데서 단적으로 나타난다. 지평이란 한계지어져 있음을 의미한다. 그런데 지평은 개체지각의 지평이므로 그것은 개체를 지각하는 자를 중심으로 한계지어져 있다. 따라서 개체를 지각하는 나가 지평, 즉 순수 경험세계의 중심이다. 그러나 나를 중심으로 지평으로 경험되는 순수 경험세계는 객관적 세계는 아니다. 왜냐하면 내가 사물들이 묻혀 있는 그 지평의 중심인 한, 그 지평은 각 주관에게 동일한 것, 즉 객관적인 것이 아니라 각 주관이 처한 방향에 따라서 각기 다르기 때문이다. 그래서 지평은 각 주관이 처한 방향에 따라서 다르게, 즉 주관 상대적으로 경험된다. 그러므로 순수 경험세계는 주관 상대적 세계이며, 주관적 현상의 영역이다. 따라서 앞서 언급한 대로 『심리학』에서의 순수 경험세계는 『위기』의 생활세계와 의미상 동일하다.

우리는 생활세계가 나를 중심으로 한계지어져 있다고 말하였거니와, 그 한계짓는 끈은 시간과 공간이다. 이는 후설이 그것의 선행 형태인 지평으로 경험된 순수 경험세계를 "구체적으로 충족된 시간과 공간에 다름 아니다"[115]라고 하는 데서 드러난다. 따라서 시간과 공간이 생활세계를 한계짓

---

113) *Krisis*, 29절.

114) *Ibid.*, S.128.

115) *Ibid.*, S.97.

는 보편적 형식이다. 시간 공간은 나를 중심으로 하는데, 그것이 나를 중심으로 한다고 함은 그것의 절대 영점, 즉 중심점이 나임을 의미한다. 그러므로 시간 공간 역시 나에게 원근적이다. 이에 시간 공간도 객관적·등질적이지 않고 주관적·이질적이다. 시간 공간의 절대 영점, 즉 중심점은 나의 생생한 삶을 구성하는 나에게만 고유한 지금, 여기이다. 지금 여기를 떠난 나의 삶은 불가능하다. 나의 삶의 내용 전체는 나의 고유한 지금, 여기에 내재한다. 그러나 나의 이 지금과 여기는 고정되어 있지 않고 부단히 변화 유동한다. 그러기에 나의 삶과 그 터전인 생활세계는 고정적, 완결적이지 않고 부단히 생동적·가능적·개방적이다. 나의 삶과 그 세계가 바로 이러하기에 나의 생활세계적 지각 역시 객관적 고정적일 수 없고 주관 상대적이다. 생활세계가 이러한 특징을 지니는 것도 역시 우리가 밝힌 바 있는 정신의 특성, 즉 정신이 그 영화작용을 통해서 물리적 자연과 얽혀 있는 특성에서 유래한다.

이제 생활세계는 각 주관에 고유한 지평으로 경험되며, 그렇게 경험되는 그것은 등질적 시간 공간으로 무한한, 즉 지평 초월적 세계가 아니고 나를 절대 영점으로 원근적, 즉 음영 연속적 시간 공간으로 한계지어진 유한한 세계인 것으로 밝혀졌다. 이러한 생활세계는 물체가 주관 상대적으로 지각되는 세계이다. 우리는 이미 객관적인 사물직관은 물론 수학적·자연과학적 방식에 따라서 이념들을 직관하는 것에도 그것들에 대한 주관 상대적인 직관, 즉 생활세계적 직관이 전제되어 있음을 밝혔다. 이로써 알 수 있는 것은, 지평 초월적 등질적인 무한한 객관주의적 세계는 지평 제약적 음영 연속적인 유한한 생활세계를 통해서 가능하며, 따라서 객관주의적 세계도 주관 상대적인 생활세계를 그 소여성 방식으로 가짐을 의미한다. 여기서 "선과학적인 세계생의 한갓된 주관 상대적인 직관"[116]과 이 직관이 이루어지는 생활세계가 이념화와 그것에 의한 객관주의적 세계보다 먼저임이 다시 밝혀진다.

또한 유한한 생활세계는 광활한 객관적 세계에 한계를 설정한 지리학적 환경세계도 아니다. 광활한 객관적 세계도 그곳의 지리학적 환경세계도 역시 유한한 생활세계를 통해서 가능하다. 생활세계의 음영 연속적인 유한한

---

116) *Krisis*, S.127.

지평은 객관적 세계의 가능성의 조건일 뿐만 아니라 나의 선과학적인 모든 인격적 활동의 가능근거이다. 이 같은 관점에서 볼 때 생활세계는 자연세계와 문화 · 역사세계를 산술적으로 합해 놓은 세계가 아니다. 오히려 그것은 자연세계 및 문화 · 역사세계의 가능 조건이다. 이 같은 조건으로서의 생활세계는 자연세계 및 문화 · 역사세계를 그것에 포괄하는 상호 주관적 세계이기도 하다.

그러면 객관과학과 문화 · 역사세계, 즉 관념적인 의미 형성체(술어적인 것)를 포괄하는 의미의 생활세계는 관념적인 의미 형성체가 배제된 의미의 생활세계, 즉 순수 경험세계의 관점에서 어떻게 이해되어야 할까? 이에 대해 우리는 관념적인 의미 형성체는 그것이 배제된 생활세계에서 인격적 활동을 통해서 형성된 것이며 그 형성된 것은 다시 "생활세계에로 유입(침전)된"[117] 것이라고 답할 수 있다. 이 유입론을 통해서 우리는 생활세계는 단순히 관념적인 것(술어적인 것)이 배재된 선술어적 순수 경험세계에 불과한 것이 아니라 술어적인 것과 선술어적인 것이 섞여 있는 세계임을 알 수 있다. 말하자면 생활세계는 나에 의해서 형성된 모든 관념적 의미 형성체들, 나아가서 인류에 의해서 형성된 유형 무형적인 모든 문화 유산들(객관과학들, 예술품, 전통, 관습)이 침전된 보편지평이다. 그 유입론을 제대로 이해할 때 생활세계의 역설적인 양의성, 즉 한편으로는 술어적인 것(객관과학 및 관념적 의미 형성체)이 배제된 선술어적 세계로서의 생활세계와 다른 한편으로 그 속에 술어적인 것과 선술어적인 것이 섞여 있는 세계로서의 생활세계의 "대립됨에도 불구하고 분리될 수 없는 통일 … 역설적인 상호 관련성"[118]은 수수께끼가 아니라 이해된다. 따라서 우리는 유입론을 통한 생활세계의 양의성의 이해와 함께 후설 현상학에서 "세계는 … 복수가 무의미한 유일성에서 존재함"[119]을 이해할 수 있다. 우리는 유입론을 통해서 선술어적 생활세계는 관념적인 것 일반이 형성될 수 있는 근원 지평이자 그것에서 형성된 것이 침전되고 또 장차 형성될 것이 침전될 보편적 지평(그릇)임

---

117) *Ibid.*, S.133. ( )와 그 안은 필자의 삽입임.

118) *Ibid.*, S.133.

119) *Ibid.*, S.146.

을 알 수 있다. 우리가 앞에서 세계를 절대적 기체라고 한 것은 바로 이러한 보편 지평으로서의 생활세계를 두고 한 말이다. 절대적 기체인 생활세계는 완결된 고정된 세계가 아니고 항상 흐르는 개방된 세계이다. 이 흐르는 세계는 과거와 장래를 그 속에 지닌 현재의 세계이다. 따라서 생활세계는 항상 흐르는 현재의 세계이다. 이런 의미에서 생활세계는 “존재론적 세계사”[120]이기도 하다.

생활세계가 객관적 사물들과 술어적인 것들이 현출하는 주관 상대적인 소여성 방식들의 세계라는 점에서 그것은 객관적 사물과 술어적인 것을 그것에 내포한다. 이 경우 우리는 술어적인 것과 객관적 사물들을 생활세계의 표층이라고 부르고, 이 표층이 현출하는 주관 상대적인 소여성 방식들의 세계를 그 심층이라고 명명한다. 후설에서 생활세계는 넓은 의미로는 심층과 표층을 모두 말하며, 좁은 의미로는 심층을 의미한다. 표층은 그 근원을 심층에 두고 있으며, 이 때문에 표층은 심층에서 분리될 수 없다. 그런데 객관성을 추구하는 자연주의의 이념화 방법에서는 표층만 탈은폐되고 심층은 은폐된다. 그래서 자연주의는 표층을 진정한 의미의 세계인 것으로 보고 그 근원인 심층을 보지 못하였다.

생활세계의 표층이 그 심층과 분리될 수 없다는 것은, 그것이 주관과 객관(사물 및 이 사물에 대한 이론)의 통일의 장임을 의미한다. 그 까닭은 객관, 즉 표층은 그것의 주관적 소여성 방식들을 통해서 가능한데, 이 소여성 방식들의 세계가 바로 그 심층이기 때문이다. 그리고 객관의 주관적 소여성 방식들이 생활세계의 중심인 주관에서 유래한다는 점에서 생활세계는 주관적(관념적)이지만, 그 소여성 방식들을 통하여 존재하는 객관적 사물과 그 세계는 아직 지향적이지 않고 주관 밖에 존재한다는 점에서 생활세계는 또한 동시에 객관적(실재적)이기도 하다. 이에 우리는 생활세계를 관념론 실재론 중의 양자 택일적인 이분법적 도식으로 해석하지 않고 실재론과 관념론을 동시에 함축하는 것으로 해석한다.

생활세계가 관념론(주관주의)과 실재론(객관주의)을 동시에 포용한다는 것은, 한편으로는 그것을 관념론 실재론 중의 어느 하나에 귀속시키려는 시도

---

120) P. Janssen, *Gesichte und Lebenswelt*, Haag, 1970, S.24.

가 무의미함을 의미하고, 다른 한편으로는 그것은 그 속에서 생하는 심적 생이 취하는 태도가 어떠하냐에 따라서 실재론적 측면과 관념론적 측면을 동시에 가짐을 의미한다. 우리는 생활세계의 실재론적 측면을 그것의 외면성으로, 관념론적 측면을 그것의 내면성으로 부르고자 한다. 전자는 객관과학, 즉 자연과학의 탐구 대상이며, 후자는 주관적 학, 즉 현상학적 심리학의 탐구 대상이다. 따라서 생활세계의 외면성은 생활세계의 심적 생이 자연과학적 태도를 취할 때 획득되고, 그 내면성은 생활세계에 생하는 심적 생이 현상학-심리학적 태도를 취할 때 획득된다. 이렇게 생활세계의 심적 생이 여러 학적 태도를 취할 수 있고, 그 태도에 상응하는 학을 가질 수 있는 것은, 심적 생이 그 속에서 생하는 생활세계가 주관 상대적 세계이기 때문이다. 즉 자연과학자가 객관화, 이념화 태도를 취하여 이념화, 객관화된 세계를 획득할 수 있었던 것은, 생활세계적(주관 상대적) 직관에 대한 객관적 반성을 수행했기 때문이며, 현상학적 심리학자가 노에시스와 노에마의 구조를 지닌 순수 심리학적 주관성을 획득할 수 있었던 것은, 생활세계적 지각에 대한 객관적 반성이 아니라 주관적 반성, 즉 현상학-심리학적 환원을 수행했기 때문이다. 이렇게 볼 때, 주관 상대적인 생활세계는 모든 학이 성립될 수 있는 가능성의 조건이자 성립된 학들이 그 속에 유입되는 곳임이 분명해진다. 우리는 그런 주관 상대적 세계를 생활세계의 표층(술어적 영역)과 구별하여 생활세계의 심층이라고 부른 것이다.

생활세계의 표층에 속하는 것은 객관과학과 그것에 의해 형성된 것이다. 그리고 우리는 생활세계의 심층과 표층은 모두 생활세계의 외면성에 귀속시킨다. 우리가 객관적 사물과 그에 대한 이론적 영역뿐만 아니라, 그것들의 가능성의 조건인 주관 상대적인 사물의 세계, 즉 생활세계의 심층까지도 생활세계의 외면성에 귀속시키는 이유는, 주관 상대적인 사물의 세계는 아직은 순수 심리학적 주관성의 영역(노에시스-노에마의 영역, 생활세계의 내면성)이 아니기 때문이다. 순수 심리학적 주관성의 영역은 어디까지나 주관 상대적인 사물의 세계에서 행해지는 주관 상대적인 사물지각을 현상학-심리학적으로 환원함으로써 획득된다.

생활세계의 내면성과 외면성은 현상학적 심리학의 관점에서 의미를 지닌다. 그 구분은 생활세계 자체에서는 무의미하다. 왜냐하면 생활세계 자체는 내면성과 외면성을 동시에 포용하는 주관 상대적인 세계이기 때문이다. 이 주관 상대적 세계가 앞서 언급된 객관적 사물과 그것에 대한 이론들의 근원 지평이자 그 이론들이 그 속에 유입되는 세계이다. 이런 세계는 자연적 태도만의 세계도 인격적 태도만의 세계도 아니고 자연적-인격적 태도의 세계이다. 이 태도는 자연적 태도와 인격적 태도를 산술적으로 합한 태도가 아니다. 그것에 적합한 표현은 자연스러운(naturale) 태도이다. 이 자연스러운 태도의 주관 상대적 세계의 a priori에 관한 학을 후설은 "생활세계 존재론"[121]이라 하여, 그것을 "독특한 학문성, 즉 객관적 논리적이 아니라 … 가치에 있어서 저차가 아닌 고차의 학문성"[122]으로 규정하고, 그 학의 대상으로 생활세계의 주관 상대성을 관통하는 보편적 구조를 제시한다.[123] 후설은 그 보편적 구조를 구체적으로 제시하지 않고 있다. 그러나 현상학적 심리학을 거쳐서 종국에는 생활세계를 초월론적 주관성으로 환원하려는 후설의 심리학자의 길에서 우리가 생활세계 존재론에 관해서 주목하고자 하는 점은, 생활세계가 무수한 체험내용을 그 안에 지닌 음영 연속적 흐름으로 구성된 생동하는 현재의 세계라는 것이다.

위의 우리의 논의에서 나타났듯이 현상학적 심리학은 생활세계의 외면성으로부터 독립된 순수 심리의 본질영역, 즉 순수 심리학적 주관성을 확보하였지만 그 내면성에서 그 외면성이 어떻게 그 존재 의미를 얻는가를 밝히지는 못하였다. 그것을 밝히는 것은 형상적 현상학, 즉 현상학적 심리학에서는 불가능하고 초월론적 현상학에서 가능한데, 이 초월론적 현상학은 형상적 현상학을 초월론적으로 환원함으로써 성립된다. 이제 우리는 현상학적 심리학과 생활세계가 왜 초월론적 환원을 통하여 초월론적 주관성으로 환원되어야 하며 또 어떻게 환원되는가를 다음 장 1절에서 논의할 것이다.

---

121) *Krisis*, 51절.

122) *Ibid.*, S.127.

123) *Ibid.*, S.142 참조.

VII. 초월론적 환원과 세계의 구성

1. 현상학-심리학적 내면성에서 현상학-초월론적 내면성에로

1) 생활세계의 초월론적 환원

어떤 종류의 것이든 간에 선험적 학은 사실에 대해 언급하는 바가 없고 사실과 전혀 다른 차원에 있다고 할지라도, 세계의 형식(본질)을 탐구한다는 점에서 사실학과 마찬가지로 세계의 지반 위에 있다.[1] 그러므로 선험적 학은 세계를 이해하는 초월론적 문제, 즉 철학적 문제를 다룰 수 없다. 그럼에도 그 문제를 다룰 경우 그것은 세계를 전제로 세계를 이해하는 식이 되어 순환논증의 오류를 범한다. 후설은 이 오류를 "초월론적 순환"[2]이라 한다. 이 순환은 우리가 앞서 지적한 근대 철학이 범한 모순, 즉 "자연적 지반 위의 초월론 철학이라는 모순"을 말한다. 또한 앞서 언급되었듯이, 그런 모순을 범한 철학의 형태가 초월론적 심리학주의이다. 근대 철학이 그러한 모순

---

1) 후설은 현상학적 심리학도 실증과학(positve Wissenschaft)으로 명명하는데, 그에 대해서는 *Psy.*, S.88, 335를 참조하라.

2) *Ibid.*, S.290.

을 범한 이면에는 그것이 심리학과 철저히 구별되지 않고 있다는 것이 함축되어 있다. 즉 근대 철학은 실증학인 심리학을 통해서 철학의 문제, 즉 세계를 이해하려고 시도한 결과 초월론적 철학으로 상승하지 못하고 초월론적 심리학주의로 전락했다. 초월론적 심리학주의는 그 자체가 모순인데, 이 모순은 물음은 철학적으로 제시하고, 그 해결은 실증학인 심리학에서 찾는 것으로 구성된다. 여기서도 철학의 성패는 심리학주의의 철저한 극복 여하에 있음이 다시 드러난다.

그것의 극복은 세계가 존재한다는 소박성으로부터 완전히 자유로울 때 가능하다. 그러나 현상학적 심리학자는 아직 그런 소박성으로부터 자유롭지 못하다. 왜냐하면 그는 현상학-심리학적 판단중지를 통하여 세계에 대한 관심을 보류했지만 그것은 어디까지나 물체적 자연성이 배제된 정신의 순수한 본질을 고찰하기 위한 것이지 아직 세계존재의 자명성 자체를 이해하려는 초월론적 작업에서가 아니기 때문이다. 이러한 처지의 그는 객관주의의 소박성으로부터는 자유롭지만 주관적 세계(생활세계)의 소박성으로부터는 아직 완전히 자유롭다고 할 수 없다. 그러므로 "심리학자의 관심은 초월론적 내면성이 아니라 세계 안의 내면성"[3]이다. 물론 그 내면성은 심리학적 판단중지를 통해 외면성으로부터 독립되어 있기 때문에 순수하다. 그러나 그 "순수성은 현상학적 순수성이지만 최초의 의미에서만 그리고 불완전하고 초월론적이 아닌 의미에서만 순수성이다."[4] 초월론적 판단중지가 요구되는 이유가 여기에 있다.

초월론적 환원은 초월론적으로 순수하지 못한 내면성을 초월론적으로 순수하게 하는 방법인 바, 그것은 생활세계의 외면성을 괄호쳐서 그에 대한 관심을 일거에 철저히 억제하는 것이다. 그것이 철저히 억제될 때 그 외면성이 상실됨으로써 현상학적인 순수 심리학적 주관성은 생활세계의 지반을 완전히 벗어난다. 그럼으로써 그것은 이제 그 외부를 상실한다. 외부가 없으므로 그것은 또한 내부도 없다. 이런 주관성이 현상학적-초월론적 주관성이며, 이 주관성의 영역이 현상학적-초월론적 내재이다. 결국 순수 심리학적

3) *Krisis*, S.266.

4) *EPh II*, S.128.

주관성은 초월론적 판단중지를 통해서 비로소 세계 내 존재(世界兒)에서 세계 초월적인 초월론적 주관성(철학적 兒)으로 상승(純化)하게 된다. 그것이 그렇게 상승하는 순간 초월론적 환원에 의해 그 외면성을 상실한 생활세계는 초월론적으로 환원되어 초월론적 주관의 지향적 대상으로 되살아난다. 이 되살아나는 과정들을 밝히는 것이 세계의 구성이다.

따라서 현상학적 심리학도 세계의 내면에 관한 선험학인 이상, 초월론적 환원을 거치지 않고 초월론적 문제를 해명하려 할 경우, 근대 철학처럼 초월론적 심리학주의에 빠질 수밖에 없거니와, 초월론적 환원을 거쳐 초월론적 현상학으로 상승할 때 그것은 비로소 철학일 수 있다. 현상학적 심리학자는 초월론적 환원을 통해서 세계를 상실함과 동시에 초월론적 주관성을 얻거니와, 이 주관성이 우리의 의식 중에서도 생활세계의 내면성과 외면성을 그 안에 포함하는, 그리고 심리학자의 길이 도달하고자 하는 최종적인 곳, 즉 의식의 가장 깊은 곳이다. 이 가장 깊은 의식이 세계존재의 자명성이 이해되는 곳이다. 이로 보건대, 현상학-초월론적 환원은 의식에게 날개를 달아 그것을 피안의 세계로 날려 보내는 것이 아니라, 오히려 그 역으로 자연적-감각적 의식에서 자연적 세계존재의 자명성이 이해되는 의식의 깊은 내면, 즉 초월론적 차원으로 파고 들어가는 방법이다.

현상학-심리학적 환원의 결과, 순수 심리학적 주관성은 언제나 음영 연속적으로 흐르는 현재라는 시간으로 구성된 것으로 밝혀졌다. 초월론적 주관은 세계의 외면성으로 둘러싸인 순수 심리학적 주관성이 초월론적 환원을 통하여 그 외면성을 상실한 것이다. 그런 이상, 그것 역시 그러한 시간의 흐름으로 구성되어 있다. 또한 생활세계도 풍부한 내용을 그 속에 지닌 언제나 음영 연속적 흐름으로 구성된 현재의 세계로 밝혀졌다. 이 현재의 세계가 초월론적 주관성에로 환원되는 이상, 풍부한 내용을 지닌 생활세계의 현재 역시 생동하는 초월론적 주관성의 자기 규정성일 수밖에 없다. 이렇게 볼 때, 객관주의적 세계 비판에서 시작한 심리학자의 길이 도달한 의식의 그 최종적인 곳, 즉 그 가장 깊은 곳인 초월론적 의식은 결국 시간 규정성을 지닐 수밖에 없거니와, 후설은 그것을 "생동적으로 흐르는 현재의 지평",[5)]

5) *EPh II*, S.146.

"생동하는 현재"[6]로 명명한다.

2) 현상학적 심리학의 이중성

우리는 생활세계의 선험적 학들 중의 하나인 현상학적 심리학의 주제를 의식(정신)의 본질, 즉 지향성의 연구로 제시하였다. 또한 우리는 지향성은 의식이 자기 스스로 대상과의 관계를 형성한다는 점에서 의식과 대상의 객관(인과)적인 관계가 아닌 자기 관계이며, 이 자기 관계의 인식이 의식의 무전제적·무편견적 자기 인식임을 밝혔다. 그러나 자연적 일상적인 세계에서는 의식과 대상은 객관적(인과적) 관계로 보이기 때문에 지향성은 은폐되어 있다. 이 은폐를 보지 못하기 때문에 경험(심리-물리, 자연과학적) 심리학은 외부 물체와 관계하는 신체 행위의 인과적 분석에 의존하는 귀납 인과적 방법으로 의식을 탐구한다. 그 결과 그것은 의식의 외면을 내면(본질)인 것으로 보는 우를 범하여, 마침내 의식의 본질을 은폐, 왜곡시키기에 이르렀다.

현상학적 심리학은 경험 심리학에서 은폐, 왜곡된 의식의 본질을 바로잡기 위해 그것을 은폐하는 자연적 일상적 세계의 존재에 대해 판단을 유보하는 판단중지라는 방법을 사용하였다. 우리는 이것이 과학적 방법과 완전히 구별되는 순수 철학적 방법임을 밝혔다. 이 점에 주목하여 우리는 현상학적 심리학을 철학적 심리학으로 지칭하였다. 현상학적 심리학은 순수 철학적 방법으로 의식외적인 것이 철저히 배제된 순수의식, 즉 의식 자체를 탐구한다. 이에 그것은 또한 순수 심리학이기도 하다. 따라서 현상학적 심리학, 철학적 심리학, 순수 심리학은 동일한 사상(事相)의 다른 이름이다.

그러나 현상학적 심리학은 지향성(순수의식)을 탐구함에도 아직 그것의 탐구를 완성한 학은 아니다. 왜냐하면 의식은 세계를 바로 그 지향대상으로서 고찰할 때에 그 본질, 즉 지향성이 완전히 탐구될 수 있는데, 현상학적

---

6) *Analysen zur passiven Synthesis*, hrsg. v. M. Fleischer, 1966, S.162. 이후로는 *Synthesis*로 인용한다. 이 현재는 후설의 초기 저작 *Zur Phänomenologie des innerenen Zeitbewußtsein*(hrsg. v. R. Boehm, 1966)에서부터 그의 모든 저작들에 전제되어 있다. 이후로 이 저작은 *Zß*로 인용하며, 본문에서 언급할 때는 『시간의식』으로 표시한다.

심리학은 아직 세계의 지반 위에, 즉 세계 내에 머물러 있기 때문에 그것은 세계를 의식의 지향대상으로 고찰할 수 있는 깊이에까지는 도달하지 못했기 때문이다. 현상학적 심리학에서 주제가 되는 지향대상은 세계 자체가 아니라 세계로 둘러싸인 세계 내적 대상이다. 사정이 이러하므로, 현상학적 심리학은 아직 완성된 학이 아니다. 이 미완의 현상학적 심리학이 의식에 관한 선험 실증학, 즉 선험 심리학 또는 형상적 심리학이다.

방금 지적한 바와 같이, 현상학적 심리학이 완성되는 경우는 그것이 세계를 의식의 지향대상으로 삼을 때에, 즉 의식과 세계 자체를 상관관계의 주제로 삼을 때이다. 그것을 위해서 요구된 것이 초월론적 판단중지였던 것이다. 따라서 현상학적 심리학은 초월론적 판단중지를 통해만 그리고 그때에만 완성된다. 완성된 현상학적 심리학이 초월론적 심리학, 초월론적 현상학, 현상학적 초월론적 철학, 현상학적 제일철학이다. 이런 의미에서 후설은 "초월론적 철학과 동일한 초월론적 심리학이 있을 뿐이며",[7] "따라서 순수 심리학은 자기 자신에 있어서 초월론적 주관성에 관한 학인 초월론적 철학과 동일하다",[8] "순수 심리학은 … 현상학적 초월론 철학으로만 실현될 수 있다"[9]고 말한다.

방금 본 바와 같이, 현상학적 심리학은 이중성을 지닌다. 그래서 그것은 어떤 점에서 "초월론적 현상학과 한 구절 한 구절 일치"[10]한다. 이 일치는 지향성의 내용이 아니라 그 형식적 구조에서 찾아져야 한다. 다시 말하면, 의식과 세계 내적 대상의 상관관계와 의식과 세계의 상관관계에서 비롯되는 지향성의 형식적인 구조에서 찾아져야 한다. 이 일치로 해서 현상학적 심리학은 "초월론 철학에로의 상승을 위한 교육적 의미"[11]를 지니고 있으며 또한 "초월론적 현상학의 본질 발굴을 위한 예비단계"[12]이다.

우리는 학문의 위계 배열에서 선험과학은 철학과 경험과학의 중간에 위치

7) *Krisis*, S.261.

8) *Ibid.*

9) *Ibid.*, S.263.

10) *Psy.*, S.250.

11) *Ibid.*, S.276.

12) *Ibid.*, S.287.

하기에 관점에 따라 철학에 속하기도 하고 경험과학에 속하기도 하며, 그래서 그것은 철학과 경험과학의 기초학, 즉 예비학이라고 하였다. 나아가 우리는 선험학들 중에서도 선험 심리학이 제일의 지위를 차지해서 철학과 경험과학의 기초학이 되어야 하나, 서양학문의 역사에서는 사실상 그러한 제일의 지위를 점해온 학은 선험 심리학이 아니라 형식 논리학임을 밝혔다. 또한 우리는 그 같은 관점에서 서양의 모든 학문은 사실상 처음부터 형식 논리학에서 출발했다는 것도 밝혔다. 특히 철학, 즉 보편학의 형식을 취한 철학이 형식 논리학에서 출발할 경우 그것은 그 이념과 학적 의미를 실현할 수 있는 진정한 철학, 즉 초월론적 철학으로 상승할 수 없고 겨우 그것의 흉내를 내는 처지, 즉 초월론적 심리학주의로 전락될 수밖에 없었다. 초월론적 심리학주의에서는 이성이 신뢰성을 상실하게 되고, 그 결과 이성 안에서 통일되어 있어야 할 인간 삶과 실증학과 철학이 분리되어 결국 인간성이 위기에 처하게 되었다.

철학이든 실증학이든 모든 학문은 인간 정신의 형성체이다. 그러므로 인간 정신의 본질을 탐구하는 학이 모든 학문의 출발점, 즉 기초학이 되어야 한다. 그것의 본질을 탐구하는 학이 선험 심리학이다. 그래서 우리는 Ⅳ장에서 선험 심리학이 모든 학의 기초이자 실증학들 중에서 제일의 학이라고 하였다. 또한 우리는 선험 심리학이 그러한 학일 수 있는 까닭을 그것에는 철학에로, 즉 자연 초월적 정신에로 상승할 수 있는 방법론적 단초가 마련되어 있는 데서 찾았다. 물론 후설 현상학이 창시되기 이전에도 선험 심리학으로 명명된 학이 있었는데, 소위 형이상학적 심리학으로 불린 것이 그것이다. 그러나 우리는 그것이 정신 자체를 파악하는 데 합당한 방법이 아니라 물체의 선험적 형식을 파악하는 데 적합한 형식 논리학적 방법에 기초한 까닭에 진정한 선험 심리학일 수 없음을 또한 밝혔다. 또한 그런 까닭에 그 심리학에는 물체 자체를 초월하여 정신 자체에로, 즉 자연 초월적 정신에로 귀환할 수 있는 방법론적 단초가 결여되어 있을 수밖에 없었다.

실로 후설의 현상학이 출현하기까지 진정한 선험 심리학, 즉 철학의 기초학이 부재했다. 그의 현상학은 진정한 선험 심리학의 정초로 특징지어진다고 해도 과언이 아니거니와, 그것을 정초하려는 그의 현상학적 노력은 우리가 지금까지 다루어온 그의 심리학자의 길에서 그 구체적인 결실을 맺게 된 것이다. 심리학자의 길의 가장 큰 성과가 현상학적 심리학을 확보한 것이다. 앞서 보았듯이, 현상학적 심리학은 이중성을 지니고 있는데, 그 이중성은 그것에 철학에로, 즉 자연 초월적 정신에로 상승할 수 있는 방법론적 단초가 마련되어 있는 데서 유래한다. 그것이 철학의 기초학인 것도 그것에 그러한 방법론적 단초가 마련되어 있기 때문이다. 그것에 마련되어 있는 방법론이 완전히 실현되었을 때 그것은 정신에 관한 선험 실증학에서 철학에로 상승하는 것이다.

그러면 현상학적 심리학에는 진정 철학에로 상승할 수 있는 방법론적 단초가 마련되어 있는가? 물론이다. 그 단초는 심리학자의 길에서 나타나 있다. 그 길 중에서도 현상학적 심리학의 방법, 즉 현상학-심리학적 환원의 길에 나타나 있다. 물론 이 환원은 심의 본질, 즉 심의 선험적 진리를 인식하는 방법이다. 이 방법이 철학에로 상승할 수 있는 단초는 그 형식적 구조에 있다. 그것의 형식적 구조는 객관적인 것을 주관적인 것, 즉 주관 상대적인 것에로 환원하는 것이다.

현상학-심리학적 환원은 우리에게 외적 지각대상이 내적 지각의 대상, 즉 지향적 대상으로 환원될 수 있음을 보여주었다. 그러나 그 환원의 과정은 간단히 이루어지지 않고 복잡한 과정을 밟아서 이루어졌다. 즉 그 환원은 우선 순수화환원, 혹은 객관과학들에 대한 판단중지를 통하여 객관주의적 세계에서 주관 상대적 생활세계(순수 경험세계)로 되돌아가는 데서 시작하여, 거기에서 외적 지각의 대상을 그것이 현출하는 주관 상대적인 소여성 방식들에로 되돌아가서 고찰하고, 그 다음 그 소여성 방식들의 통일의 장인 감각장에로 되돌아가서 그 구조를 고찰하는 식으로 행해졌다. 그 결과 감각장은 현출들(노에시스적 흐름)과 그것들 속에서 현출하는 것(노에마)의 구조를 이루고 있었다. 그 같은 구조를 이루고 있는 것이 물체성이 배제된 그 자체로 완결된 순수 심리학적 주관성의 영역으로 밝혀졌다. 이렇게 현상학-심리학적 환원은 객관적인 것은 주관 상대적인 것에 그 근원이 있으며, 또 주관 상대적인 것은 순수 주관성의 영역으로 환원될 수 있음을 보여준다. 그것이 그런 구조를 지니고 있다는 것은 그것에는 생활세계도 순수 주관성의 영역으로 환원될 수 있는, 바꾸어 말하면 생활세계 내의 순수 심리학적 주관성도 초월론적 주관성으로 상승할 수 있는 형식적 구조가 갖추어져 있음을 의미한다. 그 점은 초월론적 주관성에로 환원되어야 할 순수 심리학적 주관성을 둘러싸고 있는 생활세계가 객관적 사물과 객관주의적 세계가 현출하는 주관 상대적인 소여성 방식들의 세계인 데서 단적으로 나타난다.

결국 후설의 심리학자의 길은 객관적인 것의 근원이 주관 상대적인 것에 있다고 보고 전자를 후자에로 환원하는 것으로 특징지어진다. 우리의 논의에서 본 바와 같이, 그 길은 객관주의 비판에서, 즉 순수화환원을 통해서 객관주의적 세계를 순수 경험세계(생활세계)로 환원하는 데서 시작되었다. 생활세계와 그 내면성에 관한 학인 현상학적 심리학은 심리학자의 길을 가는 도중에 발견된 것이다. 그리고 그 길의 종국에 다다를 때 그 길에서 발견된 현상학적 심리학은 완성된다. 그 완성된 형태의 현상학적 심리학이 초월론적 심리학, 초월론적 현상학, 현상학적 초월론적 철학, 현상학적 제일철학임은 조금 전에 본 바와 같다.

후설의 현상학을 비롯한 모든 학문은 생활세계에 관한 학이며 생활세계에서 출발한다. 이 생활세계에 관한 학은 생활세계의 지반 위에 있는 학과 그것을 초월한 학으로 크게 이분된다. 전자의 학들이 심리학자의 길의 도중에 있는 학, 즉 실증학들이고 후자의 학이 심리학자의 길의 최후점에 있는 학, 즉 초월론적 현상학으로 불리는 철학이다. 따라서 초월론적 현상학은 생활세계에 관한 학이지만 생활세계의 지반 위에 머물러 있지 않다는 점에서 다른 학들과 구별된다. 물론 우리는 세계의 지반 위의 학들도 선험학과 경험학으로 나누어짐을 Ⅳ장에서 본 바 있다.

3) 심리학자의 길에서 되돌아본 데카르트적 길

여러 번 언급되었듯이, 초월론적 심리학주의에는 "자연적 지반 위에 있는 초월론 철학이라는 모순"이 함축되어 있다. 지금까지의 우리의 논의로 보건대, 그러한 초월론적 심리학주의에 빠지지 않으려면 철학과 심리학을 철저히 구분함과 동시에 철학의 기초학으로서의 순수 심리학적 주관성에 관한 학, 즉 현상학적 심리학과 이 학의 출발점이 되는 주관 상대적인 세계, 즉 생활세계를 확보하여야 한다. 우리는 근대 철학자들이 초월론 철학에 이르지 못하고 초월론적 심리학주의에 빠졌다고 여러 번 말한 바 있거니와, 사실 그들이 그것에 빠진 이면에는 순수 심리학적 주관성에 관한 학과 생활세계의 망각이 함축되어 있다. 그러나 후설은 그의 데카르트적 길도 초월론적 현상학에 이르는 기초학, 즉 순수 심리학적 주관성에 관한 학이 어떻게 확보되는지 분명하지 않기 때문에 소박한 자연적 태도에 다시 빠지기 쉽다고 말한다.

> 게다가 나는, 내가 데카르트적 길이라고 부르는, 나의 『순수 현상학과 현상학적 철학의 이념들』(『이념들 Ⅰ』을 말함)[13]에서의 초월론적 판단중지에로의 매우 짧은 길(…)은 커다란 결점을 지니고 있다는 사실에 주목한다. 그 결점이란 그 길이 단숨에 초월론적 자아에 도달한 것이다. 그러나 이 자아는 모든 선행적인 설명이 결여되어 있으므로 가상적인 내용의 공허함에서 나타나는 바, 사람들은 이러한 내용의 공허함에서 무엇이 획득되어야 하는가, 더욱이 거기서부터 철학에 대해서 결정적인 완전히 새로운 종류의 기초학이 어떻게 획득되어 있어야 하는가에 대해서 어찌할 바를 모른다. 따라서 사람들은, 나의 『이념들』의 출발에서 보여졌듯이, 너무나 쉽게 또한 동시에 첫 출발에서 소박한 자연적 태도에 다시 빠지기 쉽다.[14]

후설은 여기서 그의 데카르트적 길은 세계존재의 자명성을 이해하기 위해 초월론적 환원을 수행했음에도 불구하고 그 환원에서 초월론적 의식(초월론적 현상학, 또는 철학)에 이르는 기초학이 어떻게 확보되는지 모호하기 때문에 여전히 자연적 태도에 있을 가능성이 있음을 고백한다. 이렇게 고백하면서 그는 데카르트적 길의 그러한 결점이 주로 환원의 과정에서 일어났음을 암시하고 있다. 이 점은 그가 초월론적 판단중지에로의 매우 짧은 길, 단숨에 초월론적 자아에 도달이라는 어법에서 분명히 드러난다. 그의 그 같은 환원 형태의 수행은 앞장에서 논의되었듯이 세계는 비충전적이라는 절대적 확신에서 환원이 시작된 까닭에 처음부터 세계의 존재를 배제하고 곧바로 초월론적 자아에 도달한 결과 세계가 초월론적 의식에로 어떤 단계를 밟아

13) ( )와 그 안의 내용은 필자가 삽입한 것임.

14) *Krisis*, S.157.

서 어떤 방식으로 환원되었는지가 고찰되지 않은 데서 유래한다. 이런 의미에서 우리는 바로 앞장에서 데카르트적 길에서 환원이 철저하게 실증적으로 수행되지 않았다고 말한 것이다. 그 경우 초월론적으로 환원된 의식은 형식상으로는 외부세계와 독립되어 있지만 그 내용이 무엇인지 알 수 없는 공허한 동일성의 극에 불과하다. 문제는 여기에 있다. 왜냐하면 후설이 말한 데카르트적 길의 결점은 그 길에서 도달한 초월론적 의식이 내용 없는 공허한 동일성의 극에 불과한 데서 일어나기 때문이다.

초월론적 의식이 공허하다는 것은 V장 4절의 5)의 (2)에서 보았듯이, 그것이 형식과 질료의 이분법적 구조를 이루고 있음을 의미한다. 여기서 형식은 주관(자아, 노에시스)을 말하는데, 후설은 그것을 "소재 없는 형식"으로 표현한다. 그리고 질료를 "형식 없는 소재"로 표현한다. 데카르트적 길에서 세계구성은 후자가 전자에 의해 영화되어 의미를 얻는 것을 말하며, 영화된 질료의 의미가 지향적 대상(노에마)인 세계임을 우리는 또한 거기서 고찰하였다. 초월론적 의식의 이분법적 세계의 구성은 순전히 의식의 능동적(술어적) 구성이다.

바로 앞장의 세계경험에 대한 논의에서 의식의 능동적인 사물지각은 수동적으로 선여된 세계의 경험을 전제로 가능한 것으로 판명되었다. 그러므로 세계구성은 의식의 능동성만으로는 완전히 밝혀질 수 없고 그것과 더불어 의식의 순수 수동성이 개입될 때 완전히 밝혀질 수 있다. 이것은 순수 수동적인 의식뿐만 아니라 능동적인 의식도 세계의 구성에 관여함을 의미하는데, 그 까닭은 세계경험의 결과 세계는 수용적 능동성을 지닌 개체지각을 통해서 경험되기 때문이다. 즉 세계는 의식의 수용적 능동성에 의한 개체경험을 통해서 경험되기에 세계구성에는 의식의 능동성이 관여하고, 다른 한편으로 의식의 능동성에 의한 개체경험에는 공허한 세계경험이 전제되어 있기에 세계구성에는 또한 의식의 순수 수동성이 관여한다. 물론 이 경우 의식의 순수 수동성이 그 능동성에 선행하며, 따라서 보다 더 근원적이다. 그런데도 데카르트적 길에서는 세계구성에서 의식의 능동성이 주로 관여하고 그것의 가능성의 조건, 즉 그것의 근원인 의식의 순수 수동성이 어떻게 관여하는지 밝혀지지 않고 있다. 이에 데카르트적 길은 결점을 지니게 된 것이다.

결국 데카르트적 길은 명색이 세계를 구성한다고 하면서도 거기서 구성된 것은 실은 세계 내적 대상, 즉 개별적 대상과 술어적인 것일 뿐 그것들이 묻혀 있는 수동적으로 선소여된 공허한 세계 자체는 어떻게 구성되었는지 밝혀지지 않은 셈이다. 그러므로 이 길은 여전히 세계(자연)의 지반 위에 선 철학, 즉 자연적 지반 위에 선 초월론 철학이라는 오해를 사기 쉽다. 그래서 후설은 세계존재의 자명성의 이해에서 데카르트적 길은 소박한 자연적 태도에 다시 빠지기 쉽다고 말한 것이다.

데카르트적 길의 결점은 후설이 원래 의도한 현상학적 환원의 방법적 의미가 제대로 실현되지 않은 데서 유래한다. 현상학적 환원의 궁극 목적은 세계가 이해될 지평인 의식의 본질 탐구에 있다. 환원은 그 목적을 실현하기 위해 개체지각을 그 범형으로 사용한다. 환원이 철저하게 이루어졌을 때 개체지각 자체가 초월론적으로 환원되며, 그때에 환원은 비로소 그 방법론적 의미를 달성하여 그 궁극 목적을 실현할 수 있다. 그런데 데카르트적 길에서는 개체지각 자체가 초월론적으로 환원되기보다는 개체지각의 대상, 즉 개체가 주로 초월론적으로 환원되는 듯하다. 이 점은 데카르트적 길에서 환원이 개체지각 자체가 아니라 개체지각에서 지각된 개체를 자유롭게 변형하여 의식 초월적 개체의 본질을 파악하고, 그 다음 파악된 그 본질을 의식 내재화하는 데서 단적으로 드러난다. 그러다 보니 데카르트적 길에서는 지각 자체, 즉 의식 자체가 환원되는 과정들이 언급되지 않고 지각의 대상, 즉 의식의 대상이 환원되는 과정들이 주로 언급된다. 그래서 후설의 독자들은 그의 데카르트적 길에서 당혹감을 느끼는데, 그 당혹감은 후설이 의식의 본질을 탐구한다고 하면서도 실은 데카르트적 길에서 탐구되고 있는 것은 의식의 본질이 아니라 대상의 본질인 데서 온다. 그래서 독자들은 그 길에서 탐구되고 있는 것이 대상의 본질인지 의식의 본질인지 잘 구분하지 못한다.

세계의 경험에서 본 바와 같이, 개체지각은 세계와 분리될 수 없다. 그 까닭은 세계란 바로 개체지각의 지평이기 때문이다. 그러니 개체지각 자체가 아니라 그것의 대상이 환원된, 그런 점에서 환원이 불철저하게 행해진 데카르트적 길에서는 개별적 대상의 구성만이 드러날 뿐 그 대상이 묻혀 있는 수동적으로 선여된 세계의 구성은 드러나지 않을 수밖에 없다. 또한 환원의 불철저성으로 해서 후설은 지각의 대상, 즉 개별적 대상을 주제적으로 고찰했지 그 지평인 세계는 주제적으로 고찰하지 못했다. 그래서 그 길에서 세계는 처음부터 배제되어 현상학적으로 고찰될 수 없었다. 그 결과 그는 세계를 대상들의 단순한 집합, 즉 대상들의 총체에 불과한 것으로 보아 세계를 개별적 대상과 동일한 차원의 것으로 보게 된 것이다. 그래서 그는 그 길에서 근원적 세계, 즉 생활세계를 주제화하지 못했다. 그것이 주제화되지 않음으로 해서 세계가 주관에로 환원되는 과정들, 즉 세계가 의식 내용화되는 과정들이 밝혀질 수 없었다. 이것은 배제된 세계와 구성된 세계의 간격이 좁혀질 수 없는 결과, 즉 의식 초월적 외부세계와 구성된 의식 내재적 세계가 제각기 따로 놀고 있는 결과를 야기한다. 그래서 데카르트적 길은 마침내 근대 철학에서와 같은 주관과 객관의 분열이 야기되는 초월론적 심리학주의에 빠지기 쉬운 결점을 지닌 것이다. 그 모든 것이 불철저한 현상학적 환원으로 야기된 것이다. 초월론적 현상학의 성패가 환원의 철저성에 달려 있음이 여기서 다시 입증된다.

데카르트적 길에서 환원이 불철저하게 행해졌다면 그 길에서 도달한 초월론적 자아도 자연적 태도의 소박성을 면할 수 없다. 그러므로 그것은 진정한 의미의 현상학적 절대자, 즉 초월론적 자아가 아니다. 따라서 데카르트적 길의 초월론적 자아도 다시 현상학적으로 환원되어야 한다. 다시 말하면 불철저한 환원은 이제 철저한 형태로 다시 행해져야 한다. 이를 후설은 다음과 같이 역설한다.

> 나는 세계를 괄호치고, … 나의 시간 공간적인 실재적인 인간존재를 괄호침으로써 현상학적 환원을 끝내는 것이 아니라, 나는 나를 초월론적 자아와 초월론적 기능함(Leisten)에로, 따라서 초월론적 생에로 다시 던진다. … 이미 기초지어진 기능들인 나에게 소박하게 부과된 나의 모든 통각들을 괄호쳐야 한다. (소박하게 획득된 초월론적 자아는 다시 초월론적 환원에 종속되어야 한다.)[15]

이 말은 후설이 1931년 한 수고에서 한 말이지만, 이것 역시 데카르트적

15) Ms. C_2I, S.11(1931), K. Held, *Lebendige Gegenwart, Phaenomenologica 23*, 1966, S.66에서 재인용.

길의 결점을 보완하여 그 길에서 일어나기 쉬운 오해를 불식하려고 걸은 심리학자의 길의 연장선에서 한 말이다. 환원이 불철저하게 이루어진 데카르트적 길이 초월론적 지평에 곧바로 도달했다면, 환원의 형태가 심화, 철저화된 심리학자의 길은 그것에 곧바로 도달하지 않고 앞서 본 바와 같이 여러 과정들을 거쳐서 도달하였다. 즉 그 길은 세계 내의 한 실재인 심리-물리적 실재가 현상학적-심리학적 순수 주관성으로, 이 주관성이 현상학적-초월론적인 순수 주관성으로 환원되는 과정들을 해명했고, 그것들을 해명하는 중에 객관주의적 세계가 생활세계로 환원되는 과정이, 또 생활세계가 초월론적 주관성으로 환원되는 과정들을 드러냈다. 그 결과 획득된 초월론적 주관성은 데카르트적 길의 질료 형식의 이분법적 도식으로 구성된 것, 즉 내용 없는 공허성으로 구성되어 있지 않다. 그것은 순수 수동적 흐름으로 구성되어 있다. 잠시 후 세계의 구성에서 보게 되겠지만 그 흐름에는 흐르는 현재의 세계인 생활세계가 지닌 것보다 더 풍부한 내용이 포함되어 있다. 이에 그것은 지향적 · 현상학적으로 보면 수천 년의 역사를 가진 생활세계보다 더 크고 더 넓다.

이 지평에는 주관 객관의 분리도 형식과 질료의 이분법적 도식도 존재하지 않는다. 거기에서는 주관 객관, 형식과 질료도 모두 의식 흐름의 내용으로 존재한다. 그러나 그 지평은 주관 객관, 형식과 질료의 이분법적 도식의 가능 조건이다. 또한 그 지평은 데카르트적 길에서처럼 음영 없는 충전성을 띠지 않고 어두운 음영 연속적 흐름을 띠고 있다. 데카르트적 길의 공허한 주관성은 실은 이 지평을 그 근원으로 가진 것이다.

결론적으로 말하면, 세계존재의 자명성의 명증적 이해는 개별적 대상의 구성과 그것이 묻혀 있는 수동적으로 선여된 세계의 구성을 통해서 가능한데, 불철저한 환원의 수행으로 특징지어진 데카르트적 길에서 획득된 형식과 질료의 이분법적 도식을 지닌 초월론적 주관성의 표층에서는 개별적 대상의 구성은 밝혀질 수 있지만 세계구성은 밝혀질 수 없고, 그것은 환원이 심화, 철저화된 심리학자의 길에서 획득된 형식과 질료를 그 흐름의 내용으로 갖는 초월론적 주관성의 심층에서 잘 밝혀질 수 있다는 것이다. 초월론적 주관성의 심층은 데카르트적 길에서 은폐된 셈이다. 결국 심리학자의 길은 데카르트적 길의 형질 이분법에 의한 노에시스-노에마 구성, 즉 정적 구성의 근원을 순수 수동적인 의식의 흐름, 즉 시간의식의 지평에서 해명할 것을 시도한다. 이에 심리학자의 길은 일반적으로 발생적 현상학으로, 데카르트적 길은 정적 현상학으로 불린다. 그리고 심리학자의 길의 생동적으로 흐르는 현재는 의식의 능동적 사유작용에 의해서 형성된 술어적인 것이 개재되어 있을 수 없다. 이에 그것은 선술어적이다. 데카르트적 길의 형질 이분법의 구성은 술어적이다.

그러나 심리학자의 길이 데카르트적 길의 결점을 보완한 것인 한, 정적 현상학과 발생적 현상학은 별개의 현상학이 아니라 동일한 초월론적 의식에 관한 학이다. 다시 말하면 전자는 의식의 횡단면(표층)을, 후자는 의식의 종단면(심층)을 연구하는 학이다. 이런 의미에서 세계존재의 자명성을 초월론적으로 이해하는 데 있어 심리학자의 길은 데카르트적 길의 보완이다.

그러나 후설은 데카르트적 길을 걸을 때부터 또는 그 이전부터 심리학자의 길을 염두에 두고 있었다는 점에 유의해야 한다. 그 점은 그가 데카르트적 길을 걸은 『이념들 Ⅰ』 이전의 저작인 『시간의식』(7쪽의 각주)에서 모든 구성이 파악내용(질료)과 파악작용(형식)이라는 형질 이분법적 도식으로 이루어지는 것이 아니라고 말한 것을 비롯하여 『이념들 Ⅰ』에서 데카르트적 길의 구성을 초보자를 위하여 시간 차원을 사상한 것이라고 말하는 데서,[16] 또 같은 책에서 다음과 같이 말하는 데서 나타난다.

> 우리가 여러 환원을 통해서 밝혀낸 초월론적 절대자는 사실은 가장 궁극적인 것이 아니다. 그것은 아주 깊이 그리고 매우 독특한 의미에서 스스로 구성된 것이며 그 원천을 궁극적 절대자 속에 가지고 있는 것이다.[17]

모든 종류의 구성이 이분법적 도식만으로 이루어지지 않는다는 것에는 이분법적 구성은 수동적 시간의식에서 그 근원을 갖는다는 의미가 내포되어 있다. 이것은 심리학자의 길에서의 구성을 생각나게 하며, 또 후설이 데카르트적 길을 걷기 이전에 그 길을 염두에 두고 있었음을 의미한다. 다만 그가 심리학자의 길을 처음부터 주제적으로 다루지 않은 까닭은, 그가 말하듯이

---

16) *Ideen I* (W. Biemel 판, 1950), S.215.
17) *Ibid.*, S.182.

현상학의 초보자에게 초월론적 현상학의 이해를 쉽게 하려고 의도적으로 초월론적 주관성에 이르는 복잡한 길(과정)을 사상하고 짧은 길을 제시한 데 있다.

한 가지 주의해야 할 점은 데카르트적 길과 심리학자의 길에서 획득된 초월론적 의식이 모두 공허한데, 그 공허하다는 의미가 서로 다르다는 점이다. 데카르트적 길에서 자아가 공허하다는 것은, 이미 본 바와 같이 그 길이 세계를 철저히 경험하지 않고 곧바로 초월론적 자아에 도달한 까닭에 세계가 초월론적 자아에로 환원되는 과정들이 생략됨으로 해서 그것이 어떤 내용을 지니고 있는지 알 수 없다는 의미로 이해되어야 하고, 심리학자의 길에서 그것은 비록 초월론적 자아는 풍부한 내용을 갖지만 그것은 자아의 순수 수동적인 음영 연속적 흐름에 포함되어 있기 때문에 개체가 직관되는 방식, 즉 능동적으로 직관되지 않는다는 의미로 이해되어야 한다.

4) 생동하는 현재와 현상학적 환원

이제까지 우리는 세계존재의 자명성이 이해될 지평에 도달하기 위하여 현상학적 환원을 수행하였다. 이 환원은 외적 지각, 즉 자연적 지각을 범형으로 하여 그것에 대한 지각의 형식으로 수행되었다. 그 같은 형식으로 수행되는 현상학적 환원은 내적 지각, 즉 반성의 형태를 취한다. 물론 이 환원을 수행하는 자도 바로 환원에 의해 획득된 초월론적 자아이다. 또한 그 환원이 수행되는 지평도 역시 초월론적 자아의 지평, 즉 생동하는 현재이다. 이제 우리는 현상학적 환원이 초월론적 자아에 의해서 그것의 지평에서 어떻게 가능한지를 고찰하고자 한다.

우선 환원, 즉 현상학적 반성은 자아(주관)가 객관으로 되는 자아의 자기분열을 전제로 한다. 이 분열이 생하는 곳 역시 자아 자신의 지평, 즉 생동하는 현재이다. 이 현재 없이는 자아의 분열이 일어날 수 없으며, 그것이 일어나지 않으면 현상학적 환원이 성립될 수 없고, 그것이 성립되지 않으면 현상학 자체가 성립될 수 없다. 따라서 현상학적 환원이 도달한 최후의 곳은 세계 이해의 근원 지평일 뿐만 아니라 현상학적 환원과 현상학의 가능성의 지평이기도 하다. 그러나 생동하는 현재는 부단히 생동(초월)함으로써 환원을 가능하게 할 뿐 분열되는 일이 없다. 따라서 분열되는 자아는 그것의 지평에서는 하나로 있다. 자연적 지각을 예를 들어 그 점을 고찰하기로 하자.

자연적 지각, 예를 들면 집 지각을 수행하는 자아는 집 자체의 고찰에 전적으로 몰두하고 있으므로 집 자체와 그것의 지평, 즉 세계 속에 자신을 상실하거나 망각한 자아이다. 이 경우 자기 망각적 자아는 잠들어 있는 것이 아니라 오히려 "깨어 있으며, 그것은 현실적(aktuell) 자아이며 작용을 수행하는 자아이다."[18] 그러나 자아의 자기 망각성(자기 상실성)은 자연적 지각에서는 알려질 수 없고, 반성, 즉 내적 지각에서 알려진다. 내적 지각에서 지각되는 것은 집이 아니라 '나는 집을 지각한다'이다. 따라서 내적 지각에서 나는 집이 아니라 이전에 집을 지각한 (자기 망각적) 자아의 지각작용을 반성하는 자아로 상승하여, 자기 망각적 자아와 이 자아의 집 지각작용을 지각한다. 그 결과 나는 내적 지각에서 이중의 자아와 그 작용을 갖는데, 반성하는 자아와 반성되는 자아가 그것이다. 여기서 반성되는 자아는 집 지각에서 망각된 자아이다. 그런데 반성에서 알려지는 것은 반성되는 자아, 즉 자기 망각적 자아요, 자기 망각적 자아를 반성하는 자아 자체는 알려지지 않는다. 말하자면 반성에서 반성하는 자아 자체는 망각되는 셈이다. 이 자기 망각적 자아는 두 번째 반성에서 알려진다. 그런데 두 번째 반성에서도 알려지는 자아는 자기 망각적 자아요, 그것을 반성하는 자아 자체는 또 망각된다. 이런 과정은 계속된다.

위 논의의 핵심은 자아는 자신의 작용 속에서는 망각되며 그 망각된 자아는 다시 그것에 대한 반성에서 알려진다는 것이다. 여기서 우리는 이중의 자아가 놓여 있음을 볼 수 있다. 즉 반성작용에서 알려지는 자아의 밑바탕에는 망각되는 자아가 항상 놓여 있으며, 망각되는 자아 위에는 알려지는 자아가 항상 놓여 있다. 이러한 자아의 이중적 놓여 있음을 통해서 우리는 자아의 자기 인식은 자아의 자기 망각을 전제로 함을 알 수 있다. 따라서 우리는 자아의 자기 망각 없이는 어떠한 종류의 자아도 인식할 수 없다. 문제는 두 자아가 동일한가이다.

---

18) *EPh II*, S.88.

우리는 두 자아가 동일하다고 본다. 그러나 두 자아의 동일성은 양상적으로 구별된다. 즉 두 자아의 동일성은 어디까지나 동일한 근원에서 유래했다는 점에서의 동일성이다. 마치 같은 뿌리에 근원을 두고 있는 나무 줄기들이 모두 한 나무의 것인 것처럼.[19] 두 자아가 이러한 의미의 동일성을 지닐 수 있는 까닭은, 두 자아 모두 생동하는 현재의 지평에서 유래하여 거기에서 통일되어 있기 때문이다. 즉 자기 망각적 자아는 생동하는 현재의 자기 외화에 다름 아니며, 외화된 자기 망각적 자아가 이 자아에 대한 반성에서 지각되는 것은 그것의 활동이 생동하는 현재에 의해 파지되었기 때문이요, 자기 망각적 자아에 대한 반성작용이 가능한 것도 자기 망각적 자아가 생동하는 현재에 의해 파지되면서 예지되기 때문이다. 따라서 "나는 생동하는 현재 속에서 이중화된 자아와 이중화된 자아의 작용을 공존(Koexistenz)에서 가진다."[20]

우리는 자기 망각적 자아가 이중성을 지니고 있음을 밝혔다. 후설은 자기 망각성(Selbstvergessenheit)이라는 표현 대신에 현재적(顯在的, patent) · 잠재적(latent) 자아라는 표현을 쓰는데, 그 까닭은 자기 망각적 자아는 어디까지나 현실적 자아, 즉 현재 작용하는 자아를 의미하는데 망각이란 이미 지나가 버림이라는 느낌을 풍기기 때문이다.[21] 현재적 자아는 반성하는(망각되는) 자아요, 잠재적 자아는 반성되는(알려지는) 자아이다. 반성작용은 잠재적 자아 위에서 이루어지지만 반성작용을 수행하는 자는 잠재적 자아가 아니라 현재적 자아이다. 따라서 반성작용에서는 잠재적 자아가 현재적 자아 위에 나타난다. 그러나 현재적 자아는 반성작용이 끝나면 곧장 잠재적 자아로 변양된다. 따라서 두 자아의 관계는 기저 연관의 관계이며 상대적이다. 이 점에서 두 자아의 관계는 의식의 수동성과 능동성의 관계와 같다.

---

19) *Ibid.*, S.90 참조.

20) *Ibid.*, S.89.

21) *Ibid.*, S.90.

2. 상호 주관적 생활세계의 구성

1) 환원과 구성, 시화로서의 구성

이미 밝혀진 바와 같이, 현상학적 환원, 특히 초월론적 환원은 자아에게 날개를 달아 자아를 피안의 세계로 날려보내는 것이 아니라 의식의 외면과 그 세계, 즉 자연적 태도의 세계에 대한 보편적 판단중지를 수행하여 그 세계를 잠시 떠나 의식의 깊은 내면에서 판단중지된 세계가 어떻게 그 존재의미를 얻는가를 살피기 위한 방법이다. 우리는 세계가 그곳에서 그 존재의미를 얻는 과정들을 살피는 것이 구성임을 앞서 지적하였다. 환원은 세계의 구성을 해명하기 위한 필수적인 예비 단계이다. 현상학에서는 환원이 없이는 구성은 있을 수 없다. 환원된 대상은 장차 환원에 의해 밝혀진 초월론적 자아에 의해서 구성될 대상이다. 이미 언급된 바와 같이, 현상학적 환원은 수동적으로 선여된 세계를 의식 내용화하는 과정들이다. 우리는 현상학적-심리학적 환원을 통하여 세계가 의식의 내용으로 환원될 수 있음을 보였다. 그러나 현상학적 심리학의 차원에서는 아직 두 개의 대상 영역, 즉 현상학적인 주관적(지향적) 대상영역과 자연적인 객관적(물리적) 대상영역이 나란히 병존하였다. 현상학적 심리학의 처지가 이러하므로 우리는 거기서는 세계의 구성이 다루어질 수 없음을 밝혔다.

세계의 철학적 구성은 자연적인 객관적 대상 영역을 지향적으로 자신 안에 포괄하는 주관성, 즉 초월론적 주관성에 의해서 가능하다. 이 주관에 관한 학이 초월론적 환원을 통하여 성립된 초월론적 현상학이다. 따라서 "초월론적 현상학은 구성하는 의식의 현상학이다."[22] 선험 심리학으로서의 현상학적 심리학은 이 초월론적 현상학의 한 부분에 불과하며, 또 초월론적 현상학에 접근하는 하나의 예비단계 그 이상도 이하도 아니다.

초월론적 현상학의 세계구성은 외적 지각을 통해 외부에서 세계구성의 질료를 수용함으로써 시작될 수 없음은 우리의 논의의 결과 자명하다. 왜냐하면 그런 세계구성은 의식의 본질(지향성)이 아니거니와 초월론적 순환을 범

---

22) *Idee*, S.X.

하기 때문이다. 그렇다고 그것은 세계구성을 외적 지각에 대한 지각, 즉 내적 지각에서부터 시작할 수도 없다. 왜냐하면 내적 지각은 순수 심리학적 주관성에로 나아가는 현상학-심리학적 환원이지 세계 자체를 구성하는 초월론적 환원은 아니기 때문이다. 결국 초월론적 현상학의 세계구성 작업은 내적 지각에 대한 지각에서 출발되어야 한다. 생활세계의 외면성을 배제하는 초월론적 환원은 실은 우리의 시선을 내적 지각에서 그것의 지각에로 전향하는 것에 다름 아니다. 그때에 우리는 비로소 세계의 지반을 초월한, 그렇지만 그 안에 세계가 그것의 흐름의 내용들로서 내재하는 초월론적 자아에 도달하여 그것에 의해서 세계가 구성되는 과정들을 고찰할 수 있다.

초월론적 자아가 세계를 구성하자면, 그 활동 공간이 필요하거니와, 그 공간이 바로 우리가 여러 차례 언급한 "생동적으로 흐르는 현재" 또는 "생동하는 현재"이다. 물론 초월론적 자아와 그 현재는 별개의 것이 아니다. 그 현재는 초월론적 자아의 생동적인 시화함(Zeitigung)이다. 그래서 후설은 그 현재를 "현실적 자아(aktuelles Ich), 즉 흐르면서도 정지해서 현재화하는 자아"[23]로 표현한다. 초월론적 자아의 생동적인 시화함은 항상 현재적 사건이다. 그러므로 생동하는 현재, 즉 자아의 활동 공간은 자아 외적인 것이 아니다. 자아의 생동적인 시화함 자체가 바로 자아의 활동 공간이다.

초월론적 자아는 항상 생동적인 시화의 방식으로 존재한다. 세계 역시 이 같은 자아의 존재 방식을 떠나서는 구성될 수 없다. 그러므로 초월론적 자아의 세계의 구성은 초월론적 자아의 시화에 따른 세계의 시화에 다름 아니다. 그래서 헬트(K. Held)는 말하기를 "후설은 그의 후기에 모든 초월론적 대상 구성을 시화로서, 즉 '의식' 속에 있는 여러 단계의 시간적 존재자를 지향적으로 알리는 가능성으로 이해하였다."[24]

또한 초월론적 의식에서 세계가 구성된다는 것은 초월론적 의식이 세계를 지향대상으로 체험하는 것이기도 하다. 초월론적 의식의 세계체험, 즉 세계구성이 시화인 것은 모든 체험은

---

23) *Krisis,* S.189.

24) K. Held, *Ibid.*, S.Ⅷ.

그 내재적 시간성에 따라서 시간적으로 질서 잡힌 것으로서, 시간적으로 시작하고 끝나는 것으로서, … 내재적 시간의 항존적인 무한한 지평의 내부에서 나타나지 않으면 안 된다. … 여타의 모든 의식 종합을 가능하게 하는 보편적인 근본 형식은 일체를 포괄하는 내적 시간의식이다.[25]

라는 후설의 말에서도 단적으로 입증된다.

후설에서 세계구성이 시화인 이상, 세계의 구성을 다루기 전에 시간 현상에 대한 현상학적 해명이 선행되어야 한다. 후설의 모든 현상학적 작업은 지각을 근원 모델로 한다. 우리는 이 점을 현상학적 환원과 현상학적 세계경험에서 분명히 보았으며, 잠시 후에 다룰 세계의 구성도 지각에서 출발한다. 시간 현상의 현상학적 해명 역시 지각에서 출발한다. 정확히 말하면 후설에서 시간 현상의 현상학적 해명이란 지각의 근원적 분석에 다름 아니다. 곧 보게 되겠지만, 현상학적 분석에 의하면 지각을 근원적으로 구성하고 있는 것은 시간성이며, 이 시간성은 후설에서 현재화 또는 현재장으로 불린다. 이 지각의 시간성, 즉 현재화를 구성하는 것이 초월론적 자아의 시간성, 즉 생동하는 현재이다. 이렇게 보면 후설에서 시간 현상에 대한 현상학적 해명은 지각의 시간성인 흐르는 현재와 초월론적 자아의 시간성인 생동하는 현재로 구성된다. 그러나 여기서는 흐르는 지각 현재에 초점을 두며 생동하는 현재에 대해서는 세계의 구성에 필요한 핵심적인 것만을 다룬다.[26]

2) 지각을 구성하는 시간 현상들의 현상학적 해명

(1) 시간의 근원에 관한 이론들과 후설의 시간 탐구의 출발점

후설이 탐구의 자료로 삼은 시간은, 객관시간을 배제하고 난 후에 남는

---

25) *CM*, S.81.

26) 필자는 석사학위 논문(「E. Husserl 현상학에 있어서의 인식과 시간」, 서울대학교 대학원, 1987. 2.)에서 후설의 시간론을 '흐르는 지각 현재'와 '생동하는 현재'로 나누어서 체계적이고도 철저하게 다룬 바 있다. 생동하는 현재에 대한 상세한 것은 이 논문을 참조하라. 그리고 여기서 다루어지는 후설의 시간론도 석사학위 논문의 일부를 요약한 것임을 밝혀둔다.

현출하는 시간, 현출하는 지속 자체로서 "의식 경과의 내재적 시간"[27]이다. 내재적 시간은 객관적 시간과 달리 측정에 의해 양화될 수 없고, 이질적으로 파악되며, 동일하게 반복해서 체험될 수 없다. 후설의 내재적 시간과 그 근원에 관한 연구는 브렌타노의 근원적 연상의 비판에서 시작된다.

브렌타노에 의하면, 우리가 일정한 시간 동안 지속한 멜로디의 표상을 가질 수 있는 것은, 음 감각은 발생하는 자극이 사라진 후에도 시간 규정성을 지닌 그것과 내용적으로 유사한 표상들을 낳으며, 이 표상들은 다시 그것과 유사한 표상들을 낳기 때문이라는 것이다. 이렇게 표상들이 산출될 수 있는 것은, 그 표상들이 그때그때 울린 현실적 음에 재현되기 때문이다. 이 경우 표상들을 현실적 음에 재현시키는 결합법칙이 필요한데, 그 법칙이 근원적 연상이다. 브렌타노에 의하면, 근원적 연상은 "시간적으로 변양된 표상이 주어진 표상에 끊임없이 결합하는 것"[28]이다.

그러나 근원적 연상은 감각의 근원적 사실이 아니다. 그것은 환상이다. 왜냐하면 자극은 현재의 감각 내용을 산출할 뿐이므로, 자극이 사라지면 감각도 사라지고, 감각이 사라지면 감각에 결합되어 성립된 과거와 미래에 대한 시간 표상들도 사라지고, 그 시간 표상들이 사라지면 과거와 미래도 사라지기 때문이다. 따라서 브렌타노의 이론에 의하면, (어떤 자극에 의하여 지금 발생하고 있는 음의) 현재를 제외한 모든 시간 술어들은 가상(Schein)이다. 따라서 지속과 변화의 지각은 "근원적 연상의 활동성에 근거한 가상"[29]이다. 결국 시간의 근원을 근원적 연상에서 찾은 브렌타노는 시간의 근원을 환상에 둔 셈이다.

후설에 의하면 브렌타노를 비롯한 그 당시 심리학자들은 시간 개념의 근원에 관한 물음도 색들, 음들에 관한 근원 물음과 달리 해명될 수 없다고 봄으로써, 그들은 색을 감각하듯이 색의 지속도 감각할 수 있다고 믿었다. 그러나 그것은 오류이다. 왜냐하면, 분명 "감각의 지속과 지속의 감각은 두 가지 종류이며, … 감각의 연속과 연속의 감각도 동일한 것이 아니기"[30] 때

---

27) *Zß*, S.5.

28) *Ibid.*, S.13.

29) *Ibid.*

30) *Ibid.*, S.12.

문이다. 브렌타노가 그런 오류를 범하게 된 것은, 그가 감각주의에 빠지지 않았음에도 또 처음으로 파악내용과 파악작용을 철저히 구별했음에도 불구하고, 시간 이론에 결정적인 파악작용을 고려하지 않고 파악내용만을 문제 삼았기 때문이다.[31)]

후설은 브렌타노가 시간의 근원을 해명함에 있어 의식의 한 측면만, 즉 의식의 파악 내용만을 고려한 것은 헤르바르트에서 유래하고 로체(Lotze)에 의해 계승된 "의식 전체의 순간성"[32)] 이론에 영향을 받았기 때문이라고 말한다. 이 이론은 우리의 지적 활동은 점적인 성격을 지니고 있어서 멜로디와 같이 일정한 시간 동안 지속한 대상도 한순간에 파악된다고 한다. 이 주장의 요지는 연장과 지속을 가진 시간은 연장과 지속이 전혀 없는 한순간에 가능하다는 것이다. 말하자면 시간의 근원을 비시간적인 데서 찾고 있다. 문제는 비시간적인 지적 활동이 어떻게 시간을 표상할 수 있는가이다. 우리는 이 지적 활동이 시간을 창조하지 않는 한, 비시간적인 지적 활동에 의해서 표상된 시간은 상상에 불과하다고 본다.

위 이론에 이의를 제기한 사람은 그것을 독단으로 부른 스테른(W. Stern)이다.[33)] 그는 의식 순간성 이론의 대안으로 현재시(Präsenzzeit)를 내세운다. 이 이론에 의하면 잇달아 일어나는 몇몇 음들이 하나의 멜로디로 형성되는 것은, 심적 과정의 잇달은 발생이 전체적인 상과 즉각 결합하기 때문이다. 따라서 이 이론에 따르면 우리는 음들을 한꺼번에(순간적으로, 비시간적으로) 지각하는 것이 아니다. 즉 우리가 멜로디를 듣는 것은 이전의 음들이 마지막 한 음에 남아서 지속하기 때문이 아니라 음들이 파악작용의 형식과 연속적 통일을 형성하기 때문이다. 결국 그의 이론은 멜로디의 통일적인 파악은 시간적으로 연장된 의식 내용에 의해서 가능하다고 본다. 후설은 그의 현재시 이론을 수용하여 그것을 의식 흐름 이론으로 발전시킨다. 그래서 그는 의식을 순간적 현상을 보지 않고 지속적인 흐름의 현상으로 본다. 이 이론은 선후(先後)적으로 흐르는 시간은 흐르는 의식을 통해서 비로소 지각될

31) *Ibid.*, S.19 참조.

32) *Ibid.*, S.20.

33) *Ibid.*

수 있다고 본다. 즉 멜로디의 지각은 의식의 한 순간에서가 아니라 멜로디처럼 지속하는 의식의 흐름을 통해서 가능하다는 것이다. 따라서 "멜로디는 작용연속에서 구성된다. 이 작용연속의 일부는 기억이며, 점적인 부분은 지각이며, 그 밖의 부분은 기대이다."[34] 의식의 흐름인 그 작용연속에서 우리는 내적 시간을 체험하며, 이 체험이 내적 시간의식이다. 예비적 분석에 의하면 내적 시간, 즉 의식의 흐름은 다음 도식처럼 이중의 구조를 지닌다.

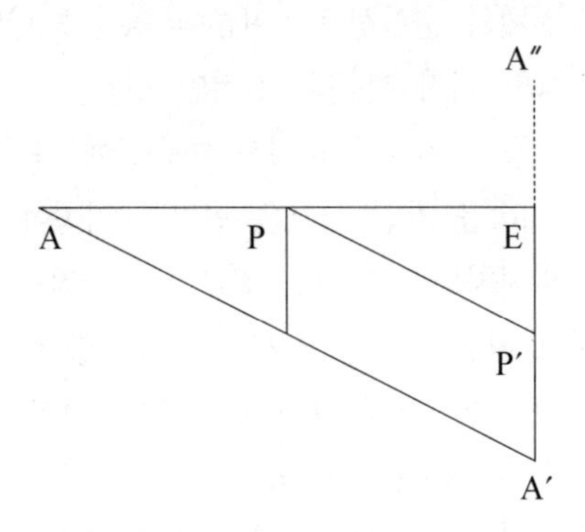

[도식 1] 시간 의식의 흐름[35]

도식[36]에서 AE 열은 지금 점의 계열로서 물리적 지속만을 표현하므로, 우리는 이 열에서 내적 시간을 체험할 수 없다. 점 E는 과거지평과 미래지평을 가진 현재점이다. A′ E A″ 열은 근원인상, 파지, 예지로 형성되는 현재장이며, 여기서 우리는 현재, 과거, 미래를 체험할 수 있다. 후설이 분석의 주제로 삼은 열은 A′ E A″ 열이다. 그는 이 열을 시간대상의 지각을 통해 분석한다. 시간 대상이란 "시간 속에서 통일을 이룰 뿐만 아니라 자신 속에 시간 연장을 지닌 대상이다."[37] 예를 들면 지속하는 음이다. 이제 우리는 음 지각의 분석을 통해 후설에서 시간 현상을 현상학적으로 제시하고자 한다.

34) *Ibid.*, S.23.

35) *Ibid.*, S.28. A″E는 필자의 삽입임.

36) 이 도식을 변형시킨 것으로는 Eigler의 도식이 있는데, 그에 대해서는 G. Eigler, *Metaphysiche Voraussetzungen in Husserls Zeitanalysen*, Verag Anton Meisenheim Am Glan, 1961, S.81을 참조하라.

37) *Ibid.*, S.23.

(2) 지각의 시간 계기들과 그것들의 상호관계

도식에서 A′E A″ 열은 현실적 지금(aktuelles Jetzt)이라 불리는 원천점과 함께 현출하며, 그것이 없이는 현출할 수 없다. 그러나 새로운 지금이 끊임없이 솟아올 때, 그 현실적 지금은 의식 변양의 법칙에 의해 방금으로 변양되어 과거로 침전된다. 과거로 침전되기 이전의 지금 의식을 후설은 『시간의식』에서는 근원인상이라 하고, 1930년의 시간 원고에서는 중심적인 체험극, 원천점, 근원현재, 본래적 현재의 핵으로 부른다.[38] 그리고 그는 근원인상(현실적 지금)이 방금으로 변양된 의식을 파지(Retention)라 한다. 가령, 도 음이 울렸다고 하자. 이 울리는 도 음이 근원인상이며, 그 음은 계속해서 울리는 다음의 음의 진동에 의해서 뒤로 밀려나고, 이 두 번째의 진동에 의해 또 새로운 근원인상이 나타나서 그것이 다시 현실적 지금이 된다. 이러한 변양의 과정은 밀려나는 근원인상, 즉 무수한 현실적 지금을 단순히 기계적으로 밀어내는 물리적 과정이 아니라 개개의 지금점들을 뒤로 밀어내면서 파악하는(greifen) 과정을 이룬다. 이 과정을 파지라고 한다면, 근원인상은 "파지라고 하는 혜성의 꼬리의 핵"[39]이며 파지는 근원인상의 꼬리이다. 모든 파지는 근원인상에 연이어 있으며, 파지에 대해 근원인상이 필연적으로 앞서 지나간다.

근원인상은 의식에 의해서 창조되는 것이 아니라, 의식에 주어지는 것이다. 이 때문에 우리는 주어지는 근원인상을 수용할 뿐이다. 이 수용작용이 지각이다. 후설은 지각작용을 지금 파악으로 특징짓는다. 왜냐하면, 근원인상은 연장을 갖지 않고 순간적으로 주어지므로, 이러한 순간적인 것을 가지는 지각도 순간적인 지금에서 끝나기 때문이다. 이렇게 본다면, 지각은 점적인 감각내용을 수용하는 것이다. 이제 현재(지금)는 지금 파악에서 끝나는 지각에 의해 근원적으로 구성되는 것으로 밝혀졌다. 그러나 이렇게 구성되는 현재는 추상적인 것이다. 왜냐하면 현재는 전혀 연장이 없으며, 만약 그것이 조금이라도 연장이 있다면, 그것은 과거와 미래로 분할되어 현재일 수 없기 때문이다. 이런 점에서 후설은 근원인상과 함께 주어지는 지금 파악에

---

38) K. Held, *Ibid.*, S.19.

39) *Zß*, S.30.

의한 “지금은 관념적 경계, 즉 자체로 존재할 수 없는 추상적 경계에 불과하다”[40]고 본다. 후설의 이 말은 근원인상은 추상적으로만 고정될 수 있을 뿐이요, 사실은 정지를 거부하면서 끊임없이 변화유전하기 때문에 지속하는 소여성으로 의식될 수 없음을 의미한다. 사정이 이런 한, 근원인상의 현출은 그것이 과거에로의 퇴각함, 즉 파지를 통하여 체험된다. 따라서 근원인상(도음)의 의식은 의식과 음과의 간격 없는 밝음의 근원인접이자 동시에 어두움과 은폐의 출발점, 즉 파지의 출발점이다.

파지는 현실적 지금이 방금으로 변양하는(미끄러져 가는) 의식이며, 그 지금을 아직도 보유하고 있음이다. 그러나 파지는 현실적 지금의 방금에로의 단순한 위치이동은 아니다. 왜냐하면 음영지지 않는 근원인상이 파지됨과 함께 의식은 층화(abstufen)되며, 그로써 음영 현상들이 주어지기 때문이다. 그리고 이렇게 파지된 “파지의 내용은 본래적인 의미에서 내용이 아니다.”[41] 왜냐하면 근원인상은 감각내용을 직접 수용하는 지각인 반면, 파지는 본래적인 의미에서 지각이 아니기 때문이다. 말하자면 파지는 음이 방금 지나간다는 낙인만 찍을 뿐 음이라는 감각을 수용할 수 없기 때문이다. 따라서 감각된 음 속에서 파지 음은 결코 얻어질 수 없다. 이로써 다음과 같은 결론이 나온다. 파지의 음은 지금 현실적으로 존재하는 것이 아니다. 만약 그렇다면, 그것은 막 지나감이 아니라 현실적인 것이다. 또 파지의 음은 기억 속에 지금(현실적 지금)으로 주어져 있는 것이 아니다. 그렇다면 그것은 파지가 아니라 지각(근원인상)이다. 그러나 파지 자체는 현실적이다. 따라서 파지는 현실적이지만 현실적 지금이 아니라 현실적 지금이 방금 지나감을 근원적으로 구성한다.

도 음이 울릴 때, 이 음은 다음에 오는 음에 의해 밀려나지만, 그 음은 소멸하는 것이 아니라 보존되어 있으며, 그와 동시에 다음의 음이 계속 울릴 것이라는 것이 기대에 의해 현재(근원인상)에 앞서서 파악되는데, 그것을 후설은 예지(Protention)라 한다. 파지와 예지는 각각 과거와 미래가 아니라 과거와 미래 구성의 가능성의 조건이다.

---

40) *Ibid.*, S.40.

41) *Zß*, S.31.

파지와 마찬가지로 예지도 현실적이지만 현실적 지금이 아니라 그와 유사한 것이 도래할 것임을 근원적으로 구성한다. 그러나 예지는 파지의 지반 위에서 일어나고 언제나 파지를 전제로 한다. 그리하여 후설은 "미래의 현출은 현출된 과거와의 유사성에 의해 기대"[42]되고 "파지의 경과를 통해서 … 계속 변화하는 선기대가 있다. … 파지의 경과가 기대지향을 동기지으며 산출한다"[43]고 말한다. 즉 "파지는 미끄러져 감에서 비주제적인 보존이며, 예지는 떨어져 보존됨에서 비주제적인 앞선 파악이다."[44] 그런데 파지 음은 근원인상을 경계로 이미 잡아진 음이고, 예지 음은 앞서서 잡아진 음이다. 이것을 위의 문장들과 관련시켜 볼 때, 예지는 "뒤집어진"[45] 파지임을 알 수 있다.

그러면 파지와 예지의 도치관계는 어떤 관계일까? 파지된 것은 변경될 수 없다는 점에서, 파지는 그 자체로 완결된 의식이다. 이런 점에서 파지는 필연성, 결정성의 근원이다. 파지가 완결된 의식임에 반해, 예지는 개방적이다.[46] 예지에서 예지내용은 결정적으로 규정된 것이 아니어서 다르게 있을 수도 있지 않을 수도, 실현될 수도 실현되지 않을 수도 있다. 따라서 예지는 자유, 희망, 비관, 낙관, 가능성의 근원이며, 나아가서 호기심과 충동의 근원이기도 하다. 바로 이런 점에서 예지는 목적론적 기능을 갖는다고 할 수 있으며, 그리고 목적론적 기능을 갖는다는 점에서 파지와 달리 욕구와 의욕이라는 의미의 지향적 특성을 갖는다. 파지와 예지의 이러한 차이점으로 볼 때, 양자의 도치관계는 물리 인과관계가 아니라 "동기의 인과관계임"[47]을 알 수 있다. 동기의 인과관계는 필연성과 결정성이 아니라 자유와 개방성을 기초로 한다.

우리가 방금 고찰한 근원인상, 파지, 예지는 현재화(Gegenwärtigung)로서 근원적인 시간 체험인 동시에 일차기억이다. 그에 반해 상기와 기대는 파지

---

42) *Synthesis*, S.187.

43) *Ibid.*, S.323.

44) K. Held, *Ibid.*, S.40.

45) *Zß*, S.56.

46) *Ibid.*, S.56 참조.

47) *Synthesis*, S.184.

와 예지를 통해 가능하게 된 현전화(Vergegenwärtigung)로서 이차 기억이다. 이제 파지와 상기의 차이점을 고찰하면서 이차 기억의 특성을 알아보기로 하자.

파지는 근원인상 자체를 수용한다는 의미의 본래적인 지각은 아니지만, 근원인상이 방금 지나감을 근원적으로 구성한다는 의미에서 변양된 지각이다. 그리고 어떤 음의 지각은 근원인상에 파지와 예지의 결합으로 이루어진다. 이렇게 이루어지는 "지각의 본질은 어떤 것을 생생하게(leifhaft), 즉 지금으로 의식하게 하는 것"[48]이다. 이러한 지각은 직접 제시하는(präsentieren) 작용이며, 현전화는 그것 자체를 '간접적으로 제시하는'(repräsentieren) 작용이다. 따라서 현전화를 바탕으로 하는 상기(재기억)는 근원인상의 방금 지나감을 근원적으로 구성할 수 없으며 파지가 근원적으로 구성한 것을 재현한다.

후설이 의식의 흐름에는 "붉음이라는 종의 연속체가 관념적인 순수 붉음을 향하여 수렴되는 것처럼, 관념적인 경계를 향하는 상승적인 연속체가 있다"[49]고 했을 때, 그것은 다음과 같이 도시될 수 있다.

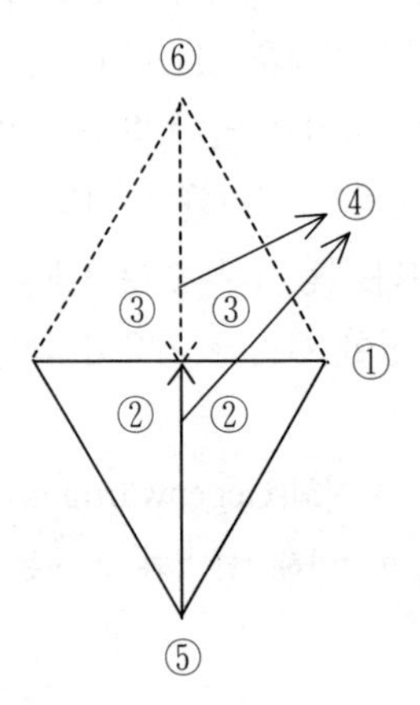

① 관념적 경계(추상적 현재)
② 파지의 지평
③ 예지의 지평
④ 상승적 연속체
⑤ 지각(파지)과 비지각(상기)의 교차점
⑥ 지각(예지)과 비지각(기대)의 교차점

[도식 2] 현재장의 구조[50]

48) *Ibid.*, S.315.
49) *Zß*, S.40.
50) 앞의 필자의 석사학위 논문, 11쪽.

이 도식에서 "파지는 생동하는 지금의 지평(즉 ②)을 구성한다."[51] ②가 생동하는 지평인 것은 ①을 포함하고 있기 때문이다. 후설은 ②가 ①에 비교될 때, ②는 음영의 현상을 지니고 있기 때문에 조잡한 지금이라 한다. 그리고 이 조잡한 지금은 ①에서 멀어질수록 보다 더 미세한 지금들로 계속 나누어지며, 그런 한 파지가 계속되고 있다. 이런 의미에서 후설은 "지금 의식에 직접적으로 연이어 있는 모든 기억을 파지"[52]라고 한다. 그러나 어느 점엔가 이르러 ①을 포함하지 않는 시점, 즉 ⑤에 이르러 파지가 중단되며 현재화가 끝난다. 그와 함께 과거가 시작된다. 상기란 파지가 완료된 지점 ⑤에서 다시 ①로 돌아가서 ②의 지평을 현전화하는 것이다. 이때의 지평은 생동하는 지평이 아니라 죽은 지평이다. 그러나 재현은 순간적으로 이루어지는 것이며, 그것이 순간적으로 이루어지면 재현함을 경계로 의식이 층화됨으로써 음영 현상들이 나타나며, 그로써 우리는 지각에서처럼 파지와 예지의 현상을 가질 수 있다. 따라서 이차적인 시간 체험도 비록 죽은 지평일지라도 다시 의식에 "시간장"(Zeit Hof)[53]을 형성한다. 후설은 우리의 모든 의식작용이 이처럼 층화되어 연장되어 있으며 점적으로 있을 수 없음을 분명히 한다.

(3) 현재장과 그 구조

우리는 지금까지 근원인상, 파지, 예지를 분리해서 고찰하였다. 그러나 이들은 사실 분리될 수 없는 통일을 형성하여 현재장을 형성하고 있다. 우리는 지금파악만이 본래적인 의미의 지각이며, 파지와 예지는 지금파악에 비교될 경우 지각이 아니라고 하였다. 이러한 지각의 정의에 따라서 우리는 다음과 같이 말할 수 있다. 멜로디가 울리고 그것이 파지될 경우, 우리는 현실적 음과 파지음을 구별할 수 있는데, 그 경우 우리는 전자를 지각된 음으로 후자를 지각되지 않는 음이라고 말할 수 있다. 그러나 우리는 지금 점만이 지각됨에도 불구하고 멜로디 전체를 동시에 의식하고 있지 않는가? 여기서 지각의 상대성이 나타난다. 즉 우리가 시선을 연속체로서의 멜로디에 향

---

51) *Ibid*., S.43. ( )와 그 안의 내용은 필자의 삽입임.

52) *Synthesis*, S.315.

53) *Zß*, S.35.

할 경우와 개별적인 음에로 향할 경우에 우리는 각각의 경우에 지각을 갖는다. 우리가 연속체로서 멜로디를 지각할 수 있는 것은 지나가는 음을 보유함(파지함)과 동시에 도래할 음을 예지하기 때문이다. 여기서 우리는 지금파악에서 끝나는 지각과 파지(예지)라는 지각을 구별할 수 있다. 이들 지각은 근원적으로 구성한다는 점에서는 동일하나, 구성하는 대상의 소여성에 대해서 서로 다르다. 지금파악은 현실적 지금을 근원적으로 구성하며, 파지는 현실적 지금의 방금 지나감 또는 방금 지나간 지금을 근원적으로 구성한다. 지금파악이 파지의 핵이지만 그것은 현실적 지금을 구성할 뿐, 방금 지나감 또는 방금 지나간 지금을 구성할 수는 없다. 그런데 사실은 파지(예지)는 지금파악이 변양된 지각이다. 그러나 지금파악은 절대로 변양되지 않는 지각이다. 만약 파지와 예지가 지금파악처럼 절대로 변양되지 않는다면, 우리는 과거와 미래를 체험할 수 없으며, 그렇게 되면 우리는 시간 자체를 의식할 수 없게 될 것이다. 따라서 우리가 시간을 의식하고 있다는 것은, 지각이 "근원인상의 구성적인 기능과 그것을 끊임없이 변화시키는 파지와 예지의 연속으로 이루어진 분할할 수 없는 하나의 기능을 형성하고 있음"[54)]을 의미한다. 지각의 이러한 구조, 즉 근원인상을 핵으로 하고 파지와 예지를 그 꼬리로 하는 구조는 현재장이기도 하다. 현재장은 주변부로서의 방금 지나감과 곧 도래함을, 양자의 경계를 형성하는 핵심부로서의 전혀 은폐되지 않고 환히 빛나는 핵위상(근원인상)을 갖고 있다. 현재장의 세 계기 중에서 우위를 점하는 것은 근원인상이다. 여기서 우리는 후설의 시간론에서 현재가 중요한 역할을 함을 알 수 있다. 현재장은 끊임없이 순수 수동적으로 흐르고 있으며, 이 흐름의 통일 역시 순수 수동적으로 이루어진다. 여기서 수동적이라 함은 흐름이 자아와 무관한 기계적임을 의미하는 것이 아니라 "능동적인 자아의 관여함이 전혀 없음"[55)]을 의미한다.

흐르는 현재장이 핵심부와 주변부로 이루어져 있다는 것은, 그 내부에 이중의 지금이 있음을 의미한다. 이중의 지금을 해명하기 위해, 우리는 먼저 의식류인 파지의 이중의 지향성을 고찰하기로 한다. 파지는 횡의 지향성

54) *Ibid.*, S.325.

55) *Ibid.*, S.386.

(Querintentionalität)과 종의 지향성(Längintentionalität)을 갖는다.[56] 전자에 의해 일차기억(음), 내재적 대상이 근원적으로 구성되며, 후자에 의해 일차 기억의 통일, 즉 의식 흐름의 통일이 구성된다. 도 음이 울릴 경우, 도 음만 파지되는 것이 아니다. 도 음이 파지되면, 그 '파지'도 파지되며, 또 그 '파지의 파지'도 파지되며, 이런 방식으로 결국 파지는 도 음을 축으로 하나의 종(縱)의 연속체를 이룬다. 파지들의 이러한 종의 모든 계열을 관통하는 것이 종의 지향성이다. 이 종의 지향성에 의해 우리는 '전-공재'(Vor-Zugleich)를 가질 수 있다. 전-공재란 한 의식 안에서 색과 음의 공존과 같은 횡적인 공존이 아니라 파지 계열의 종적 공존을 의미한다. 예를 들면, 나에게 근원인상이 파지될 경우 그 근원인상 자체는 지나가 버렸으나, 나는 근원인상을 이제 막 지나갔다는 형식으로 파악한다. 이때 근원인상 자체는 앞서(vor) 지나간 것이지만, 동시에 그것은 방금 지나갔다는 형식으로 지금(파지)과 함께 존재(Zugleich)한다. 이처럼 선행한 위상들은 파지됨과 동시에 흘러 가버렸음에도 불구하고 여전히 지금의 형식으로 공존한다. 이런 식으로 흐름의 통일이 구성된다. 횡의 지향성은 종으로 파지 변양하는 계열을 가로질러서 단면으로 본 지향성이다. 이 지향성에 의하여 흐름 자체가 아니라, 흐름의 내용(음, 의식작용)이 구성된다. 이런 의미에서 이 지향성은 대상적 지향성이기도 하다. 그리고 이 지향성이 의식의 흐름의 내용(음, 의식작용)을 구성할 수 있는 것은 시간위치를 규정함으로써 "내재적인 시간, … 즉 그 속에 지속과 지속하는 것의 변화가 있는 진정한 시간"[57]을 구성하기 때문이다. 그러나 두 지향성은 독립된 별개의 것이 아니라 동일한 사상의 양면이다.

이제 우리는 이중의 지향성을 통해서 이중의 지금을 고찰하기로 한다. 우리는 의식류의 종의 지향성에서 파지 계열의 종적 연속체, 즉 전-공재를 발견했다. 우리는 전-공재에서 다음의 위상들을 가질 수 있다. 즉 현실적 지금(J^0), 방금의 현실적 지금(J^1), … 파지의 종료점에서는 J^n을 가질 수 있다. 우리는 이러한 전-공재의 계열을 [도식 2]의 ④ 선에서 볼 수 있는데, 전-공재로 구성된 ④ 선 역시 다음과 같이 도시될 수 있다.

---

56) *Zß*, S.80, 82. 참조.

57) *Ibid.*, S.83.

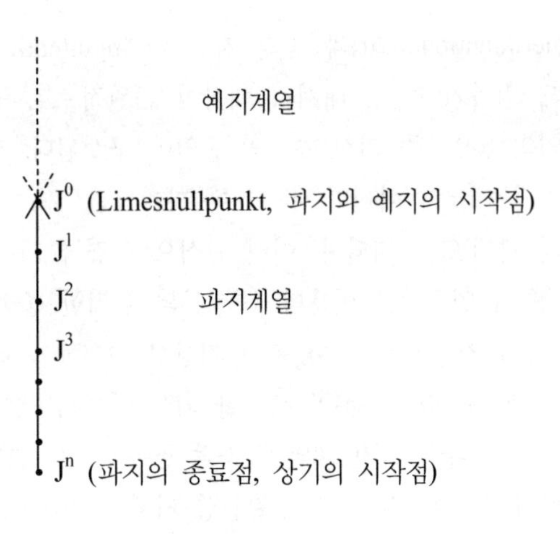

[도식 3] 전-공재

이 도식에서 우리는 시위들 0, 1, …, N에 관계없이 항상 어디서나 동일한 하나인 지금(J)을 가질 수 있다. 하나이며 동일한 지금은 핵 위상인 현실적 지금(근원인상)인 J^0의 서 있는 형식에 다름 아니다. 이러한 의미의 지금을 형식으로서의 지금이라 한다. 과거로 퇴행해 가는 파지 변양들(J^1, J^2, …, J^n)은 바로 형식으로서의 지금에 의하여 이루어지며, 이 지금을 거치지 않고서는 파지가 일어날 수 없다. 파지는 그 지금을 거쳐서 발생한다. 그리고 과거는 파지를 통해서 체험된다. 그러므로 과거로 퇴행해 가는 시점으로서의 지금도 형식으로서의 지금을 관통함으로써 가능하다. 시점으로서의 지금은 시간이 미래로부터 과거로 부단히 흘러가는 시간 흐름의 과정이 거쳐야 할 점을 말한다. 시간이 부단히 흐르듯이 시점으로서의 지금도 부단히 흐른다. 그러나 형식으로서의 지금은 흐르는 시간의 앞선 형식으로서 언제나 동일하며, 흐르지 않고 서 있다. 이러한 이중의 지금의 의미에서 후설은 "시간은 정지함에도 불구하고 흐른다"[58]고 한다.

(4) 생동하는 현재와 시화의 방식

의식류의 이중의 지향성과 대비시켜 볼 때, 시점으로서의 지금은 횡의 지

58) *Ibid.*, S.64.

향성과 연관되어 있으며, 형식으로서의 지금은 종의 지향성과 밀접한 관계가 있음을 알 수 있다. 그런데 두 지향성이 동일한 사상의 양면과 같이 서로 얽혀 있듯이, 이중의 지금도 마찬가지이다. 이중의 지금으로 이루어져 있는 현재장은 부단히 흐르고, 즉 생동하고 있다는 점에서, 또 흐름에도 불구하고 과거, 미래로 됨이 없이 항상 현재라는 점에서 그것이 앞서 언급된 '생동하는 현재', '흐르면서도 서 있는 현재', 또는 "현실적 자아, 즉 흐르면서도 정지해서 현재화하는 자아"이다. 이 현재라는 시간은 갖가지 의식작용의 근원 지평으로서 『시간의식』에서는 "비유상 흐름",[59] "전(前)현상적 전(前)내재적 시간성"[60]으로 후기에서는 근원 수동성, 전반성성, 선시간성, 익명성으로 표현된다. 여기서 근원 수동적이란 생동하는 현재의 흐름이 능동적 의식작용에 앞서서 이미 통일되어 있으며 이렇게 통일된 흐름이 모든 능동적 의식작용을 가능하게 한다는 뜻이며, 선시간적이란 생동하는 현재가 객관시간에 앞서 있으면서 그것을 가능하게 한다는 뜻이고, 전반성적이란 생동하는 현재가 반성에 앞서서 반성을 가능하게 한다는 뜻이며, 익명적이란 생동하는 현재가 선시간적이기 때문에, 다시 말하면 특정한 시점으로 이루어진 객관시간 속에 나타나지 않기 때문에 알려져 있지 않음을 의미한다. 생동하는 현재가 시점을 갖지 않는다는 것은 객관시간의 입장에서 볼 때 아무 데도 없음을 의미한다. 그런데 특정한 시점이 없다는 것은 모든 시간, 즉 도처에 있음을 의미한다. 따라서 생동하는 현재의 익명성은 도처에 존재하지만 아무 데도 없음을 의미한다. 흔히들 이 같은 시간성이 보편시간성으로 알려져 있다.

원래 보편시간성은 보편자, 즉 관념적인 보편적 대상의 소여성 형식이다. 따라서 그것은 개별적 대상의 소여성 형식인 객관시간과 구별된다. 객관시간은 한정된 지속성을 지니며, 시점으로 구성된다. 그러나 보편시간성은 한정된 지속성도 시점도 갖지 않는다. 그러나 초월론적 자아가 보편시간성의 형식을 취한다고 해서 관념적인 보편적 대상과 동일하거나 그것과 같은 차원에 속하는 것은 아니다. 초월론적 자아의 시간성은 보편시간성을 형식으

---

59) *Ibid.*, S.75.

60) *Ibid.*, S.83.

로 하지만 보편시간성과 구별된다. 보편시간성은 정적이다. 그것에는 생동성이 없다. 그러나 초월론적 자아는 부단히 생동한다. 그것이 생동한다고 함은, 그것이 순수 수동적으로, 즉 근원현재를 파지, 예지하는 형식으로 부단히 흐르면서도 흐르지 않음을 의미한다. 부단히 흐르면서도 흐르지 않음에 합당한 표현이 언제나 현재로만 흐름이다. 이에 우리는 보편시간성의 형식을 취하는 초월론적 자아를 보편시간성과 구별하여 생동하는 현재로 표현한 것이다.

관념적 대상과 그것의 소여성 형식인 보편시간성도 초월론적 자아에 의해서 구성된 것이다. 즉 그것은 초월론적 자아가 그의 초월적 작용을 통해 그 의식의 흐름 속에서 구성되는 시점들을 뛰어 넘음으로써 구성된다. 따라서 보편시간성도 근원인상, 파지. 예지로 구성되는 초월론적 자아의 흐름, 즉 생동성을 그 근원으로 한다. 그리고 통속적 시간, 즉 객관시간 역시 그 같은 의식의 흐름을 전제로 한다. 우리는 생동하는 현재에서 객관적 시간이 구성되는 과정을 잠시 후에 다룰 것이다.

생동하는 현재의 선시간성, 전반성성, 익명성, 근원 수동성은 모두 별개의 것이 아니라 하나의 통일체로서 파악되어야 한다. 이 같은 특성을 지닌 시간이 후설에서 세계의 이해의 근원 지평이다. 세계는 이 지평에서 시화(구성)된다. 그런 이상, 후설에서 세계구성이 근원적으로 이해되자면 먼저 시화의 방식이 제시되어야 한다. 그래서 우리는 그것을 간단히 제시한 후 세계구성을 다루고자 한다.

앞의 2)의 (2)에서 보았듯이, 후설에서 시간은 근원인상의 현출에서 현재가 지각되면서 동시에 그것이 파지되고 그것과 유사한 것이 예지되는 방식(과정)으로 시화한다. 그리고 시화는 흐름이다. 이로써 우리는 후설에서 시간은 현재에서 과거를 거쳐 궁극적으로 미래를 향해 흐름을 알 수 있다. 시간이 궁극적으로 미래를 향해 흐른다는 점에서, 그에게서 시간은 직선적이지만 단순히 직선적은 아니다. 왜냐하면 시간은 위에서 드러났듯이 단순히 과거에서 현재를 거쳐 미래에로가 아니라 현재에서 과거, 과거에서 미래에로 흐르기 때문이다. 이 같은 시간 흐름은 현재를 축으로 하고 그것의 파지와 예지를 그 지평(꼬리)으로 하는 구조를 지닌다. 이런 의미에서 우리는 후설에서의 시화, 즉 시간의 흐름의 방식을 지평-직선적으로 규정한다. 후설에서 세계는 바로 이 지평-직선적으로 시화하는 시간에서 구성된다. 이 점은 세계의 구성에서 밝혀질 것이다.

3) 협의의 객관세계의 구성

(1) 상호 주관적 생활세계 구성의 출발점

이제 구성되어야 할 세계는 환원에 의해서 배제된 세계, 즉 나를 초월하여 그 자체로 존재한다는 협의의 객관성과 나를 포함한 모든 사람들에게 통용되는 광의의 객관성을 동시에 지닌 상호 주관적 생활세계이다.[61] 우리는 그것을 구성하기 위해 후설을 따라서 『성찰』의 "원초적(primorndinal) 세계"[62]의 구성에서 출발한다. 그 까닭은 후설에서 그것은 상호 주관적 세계의 가능성의 조건이므로 상호 주관적 세계의 구성은 그것의 구성을 전제로 가능하기 때문이다.

원초적 세계는 나의 "본래성의 영역",[63] 또는 나의 고유의 세계이다. 즉 그것은 주관적 원근(음영)의 세계로서 나의 생활세계이다. 상호 주관적 생활세계를 구성하자면 우선 그 출발점인 원초적 세계에로 되돌아가야 한다. 그래서 후설은 특별한 판단중지, 즉 원초적 환원[64]을 수행한다. 이 환원은 그가 순수 경험세계로 되돌아가기 위해 사용한 순수화환원과 의미상 동일하다. 차이점이 있다면 순수화환원에서는 관념적 의미층, 즉 비실재적 의미층만이 배제되었지만 원초적 환원에서는 그것과 더불어 상호 주관적 세계 형성의 가능성의 조건인 타자까지도 배제된다. 그가 타자까지도 배제하는 까닭은

---

61) 필자는 「현상학에서 객관적 세계의 구성」(『철학논구』, 18집, 서울대 철학과)이라는 논제의 박사연구 논문에서 상호 주관적 생활세계의 구성을 다룬 적이 있다. 여기서 논의되는 생활세계의 구성도 위 논문을 모체로 하였음을 밝혀둔다.

62) *CM*, S.134.

63) *Ibid.*, S.124.

64) 후설은 원초적 세계를 논하고 있는 『성찰』에서는 이 용어를 사용하고 있지 않다. 그러나 그는 이 책 124쪽에서는 그 용어에 상응하는 것으로서 특별한 판단중지, 『경험과 판단』에서는 추상(57쪽)이라는 용어를 사용한다. K. Held가 *Phänomenologie der Lebenswelt, Ausgewählte Text II*, Philipp Reclam jun, Stuttgart, 1986, S.33에서 그 용어를 사용하고 있다.

타자의 전제하에 타자를 구성하는 순환논증의 오류를 범하지 않기 위해서이다. 그것들이 배제된 원초적 세계 역시 우리가 앞장에서 순수화환원을 통하여 다다른 순수 경험세계와 같다. 원초적 세계는 그것들이 배제되었기 때문에 거기에서 심적 존재는 나뿐이다. 따라서 원초적 세계는 심적 존재인 나를 제외하면 순수물리 세계이다. 이 같은 세계가 타자와 상호 주관적 생활세계가 구성될 지반이다. 이 원초적 세계는 나를 제외하면 순수물체의 세계라는 점에서 후설은 그것을 종종 "순수자연",[65] "본래적 자연"[66]으로 표현하였다. 그러나 그것이 순수자연을 넘어서 원초적 세계인 것은 나의 심적 생이 그 속에 생하기 때문이다. 이렇게 내가 그 속에 생하는 이상, 그것은 순수물체의 세계, 즉 순수자연 이상의 것이다. 즉 그것은 개별자(이 나무)를 기반으로 하여 나에 의해서 형성된 비실재적인 의미층(술어적 영역, 예를 들면 이 나무는 푸르다)이 개별자를 통하여 그 속에 존재하는 세계이다. 다만 원초적 세계는 타자 및 타자에 의해서 형성된 것이 배제된 세계이다.

현상학자가 일종의 추상인 원초적 환원을 통하여 획득한 순수자연과 자연과학자가 모든 심적인 것과 인격적 술어를 추상함으로써 획득한 순수자연은 적어도 추상을 통해서 획득되었다는 점에서 외견상 유사하다. 그러나 외형적 유사성에도 불구하고 양자는 본질적으로 다르다. 그 차이점은 그 순수자연을 획득하는 데 사용된 추상의 차이에서 유래한다. VI장에서 본 바와 같이, 자연과학자의 추상은 이념화, 객관화인 바, 그것은 직관적으로 주어진 것을 수학을 사용하여 그 구체적 경험내용을 모두 추상하여 그것의 완전성인 관념적 "극한형태", 즉 이념으로 파악하는 방법이다. 이 방법에 의해 파악된 자연과학의 순수자연은 하나의 이념, 즉 합리적으로 완전히 규정될 수 있는 하나의 연역적인 포괄적 체계로 규정된다. 이렇게 이념으로 파악된 순수자연은 비록 객관적인 것, 예를 들면 심적인 것, 문화 · 역사적인 것, 인격적인 것이 사상(捨象)되었음에도 객관과학의 탐구대상으로서 객관성을 띠고 있다. 자연과학자의 이념화에서 사상된 것은 객관적인 것을 형성하고 있는 구체적이고 현실적인 내용일 뿐 객관적인 것 자체는 아니기 때문이다. 따라

65) *EU*, S.57.

66) *CM*, S.127.

서 원초적 환원에서 배제의 대상이 되었던 객관적인 것, 즉 정신적인 것은 이념화에서는 배제되지 않고 오히려 순수수학을 통하여 물체처럼 이념화, 자연화된다. 그래서 자연과학자의 추상은 모든 것을 수학을 통하여 자연화하는 자연주의적 태도를 낳는다. 이에 반해 현상학자의 추상은 타자 및 그와 직·간접적으로 관련된 것은 무엇이든지 배제하기에 그 결과 획득되는 순수자연은 "모든 사람에 대해서 경험될 수 있는 것으로서의 모든 세계적인 것에 속하는 객관적이라는 의미를 완전히 상실한다."[67] 따라서 객관성을 완전히 상실한 자연은 모든 사람에게 경험 가능하다고 하는 자연적 의미를 조금도 지니지 않는 나의 "본래적인 영역"이다. 이 영역은 세속적인 것이 조금도 개입되어 있지 않기 때문에 나의 초월론적 영역이다 후설이 초월론적이라는 말을 인식 형성의 궁극 원천에로 되물어 간다는 의미로 사용하고 있음[68]에 비추어 볼 때, 세속적인 영역이 배제된 그곳을 초월론적 영역이라고 할 수 있다. 그의 현상학에 인식 형성의 궁극 원천은 자연적·세속적 영역일 수 없고 오히려 그곳을 떠나(초월하여) 있어서 그 영역이 배제된 곳이기 때문이다. 따라서 현상학자의 원초적 환원은 세속적(객관적)인 모든 것을 배제하여 초월론적 영역으로 나아가는 초월론적 태도를 낳는다. 결코 초월론적이지 않은 이념화로 특징지어지는 자연주의적 태도에서는 세속적인 것이 배제된 초월론적 영역은 부정되거나 은폐될 수밖에 없다. 원초적 환원은 자연주의적 태도에서 부정되거나 은폐된 영역을 밝혀 내어 그곳에로 귀환하는 것이다.

우리는 원초적 세계를 내면성과 외면성의 두 측면에서 구성한다. 원초적 세계는 초월론적 주관성에 의해서 구성되는 한, 그것은 그 근원에서 어디까지나 초월론적 주관성 내에 있다. 이 주관성 내에서 구성되는 것은 우선은 원초적 세계의 내면성이다. 이 내면성은 아직 심리-물리적 주관 밖에 객관적으로 실재하는 세계는 아니다. 그래서 우리는 초월론적 주관성에서 구성된 그 내면성이 초월론적 주관성에 의해서 심리-물리적 주관 밖에 실재하는 세계로 구성되는 과정을 원초적 세계의 내면성의 구성과 구별하여 원초적

---

67) *Ibid.*, S.127～128.

68) *EU*, S.48.

세계의 외면성의 구성으로 표현한다. 그리고 원초적 세계의 내면성의 구성을 보이는 것은 원초적 세계의 지반 위에 있는 주관성, 즉 순수 심리학적 주관성의 구성을 보이는 것과 동일하다. 그러므로 우리는 원초적 세계의 내면성의 구성을 다룸으로써 순수 심리학적 주관성의 구성을 대신하고자 한다.

우리는 원초적 세계의 내면성과 외면성을 구성한 후, 그 구성된 세계에서 타자를 구성하고 나서 나와 타자와의 공동성, 즉 상호 주관성을 구성한 연후에, 다시 그것을 바탕으로 정신세계, 즉 문화·역사세계를 구성함으로써 상호 주관적인 생활세계의 구성을 마무리한다.

후설은 생활세계는 초월론적 자아에서 그 존재 의미를 얻는다고 말했을 뿐 그 과정을 구체적으로 밝히지는 않았다. 그가 생활세계의 구성에서 직접 다룬 것은 원초적 세계의 외면성의 구성, 타자의 구성, 상호 주관성의 구성, 정신세계의 구성이다. 그 가장 중요한 원초적 세계의 내면성의 구성에 대해서는 그가 구체적으로 밝힌 바가 없다. 또한 그는 생활세계의 구성을 전체적·통일적으로 그리고 체계적으로 밝힌 바도 없다. 많은 후설 연구가들도 생활세계에 대한 연구는 많이 하였지만 그것의 구성을 통일적으로, 체계적으로 다룬 이는 거의 찾아보기 어렵다. 따라서 세계구성, 그 중에서 원초적 세계의 내면성의 구성과 그것을 바탕으로 생활세계를 통일적·체계적으로 구성하려는 우리의 논의는 하나의 모험이다.

(2) 원초적 세계의 내면성의 구성

① 내재적 초월(노에시스-노에마)의 구성

세계의 구성은 개체지각의 가능성을 해명하는 것에서 출발할 수밖에 없다. 그 까닭은 바로 앞장 3절의 3)의 (3)에서 본 바와 같이 세계는 개체지각을 통해서 경험되었거니와, 그렇게 경험된 세계는 개체지각의 내적·외적 지평에 다름 아니기 때문이다. 그래서 우리는 세계의 경험을 다룰 때 모델로 사용한 집 지각의 경험을 고찰하는 데서 세계의 구성을 다루고자 한다.

우리는 집 지각에서 직접 지각되어 현존하는 것은 집의 한 측면이지만 이 측면은 동시에 집의 여타의 측면들을 간접적으로, 또는 공허하게, 순수 수동적으로 지시함으로써 그것은 여타의 측면들과 함께-현존하며, 나아가 지각된 집 역시 다른 대상들을 공허하게 지시함으로써 다른 대상들과 함께-현존함을 보았다. 이것이 지각의 지평성에서 유래함도 보았다. 또한 이 함께-현존함들이 지각의 지평성을 형성함도 보았다. 지각이 그러한 지평을 형성하기 때문에 그것은 현존하는 것 이상을 갖고 있다. 지각이 그 이상의 것을 갖고 있다고 함은, 지각이 "어떤 것이 어떤 것을 상기시키고 무엇이 다른 무엇을 지시하는"[69] 연합의 구조, 즉 현존함과 함께-현존함이라는 구조를 이루고 있음을 의미한다. 이 연합은 지각이 현존에서 함께-현존함에로 항상 초월함을 의미한다. 이에 지각은 초월적이다.[70] 이 때문에 지각은 세계구성적, 즉 초월론적일 수 있다. 여기서 우리는 지각의 초월론성의 해명은 지각의 초월성(Transzendenz)이 어떻게 가능한가로 환원됨을 알 수 있다.

지각이 항상 초월적인 것은, 앞서 본 바와 같이 그것이 근원인상을 그 핵으로 하고 파지와 예지를 그 꼬리로 하는 지각 흐름의 구조,[71] 즉 지평-직선적 시화로 표현되는 현재화로 구성되기 때문이다. 여기서 근원인상은 집 지각의 경우 이 지각에서 처음으로(직접) 지각된 집의 앞면이며, 파지와 예지는 그 앞면을 앞면으로서 현출하게 하는 순수 수동적인 시간의식이다. 즉 파지는 처음으로 지각된 집의 앞면을 지금 막 지나감으로 낙인찍어서 보존하는 의식이며, 이 파지에 의해서 집 앞면의 현존함이 가능하다. 예지는 집의 앞면과 유사한 집의 여타의 면들이 지각될 것을 지시하거나 예측하는 의식이며, 이것에 의해서 책상 앞면의 여타의 면들과의 함께 현존함이 가능하다. 이러한 기능을 지닌 파지와 예지는 실은 근원인상이 의식에 현출하는 방식, 다시 말하면 근원인상이 의식에 주어지는 소여성 방식들이다. 이것이 뜻하는 것은, 근원인상이 의식(파지 예지)에 앞서서 이미 하나의 완성된 의미 형성체로 주어져 있어서 우리가 그것을 단순히 수용하는 것이 아니라, 그것은 그 소여성 방식들을 통하여 비로소 무엇으로 규정될 수 있다는 것이다. 따라서 어떠한 것이든 간에 그것은, 그것이 의식에 주어지는 소여성 방식들, 즉 파지 예지를 통하지 않고서는 존재한다고 할 수 없다.

---

69) *Ibid.*, S.78.

70) *CM*, S.151 참조.

71) *Synthesis*, S.355 참조.

이제 우리는 우리에게 직접, 일차적으로 주어지는 것은 물체 자체가 아니라 물체의 주관적 소여성 방식들이며, 물체는 그 방식들을 통하여 간접적으로 주어짐을 알 수 있다. 따라서 물체의 소여성 방식들은 물체 자체가 아니라 물체가 물체로 규정될 수 있는 가능성이다. 그러나 이 가능성은 파지와 예지에 의해서 무엇으로 규정될 수 있는 공허한 가능성이다. 공허하게 선규정된 물체의 소여성 방식들이 완전히 채워질(충족될) 때, 그것들은 그것들이기를 중지하고 하나의 물체로 구성된다. 이 구성은 물체가 그 공허한 소여성 방식들을 초월했음을 의미한다. 이 초월을 통해서 물체는 그 주관적 소여성 방식들을 떠나 객관적으로 존재한다.

우리는 물체의 주관적 소여성 방식들의 구성을 다루었지 물체의 구성은 다루지 않았다. 물론 전자가 선행되어야 그것의 구성이 가능하다는 점에서, 그것은 물체의 근원적 구성 혹은 선구성이다. 그러나 물체의 구성이 완전히 해명되자면 무엇에 의해 물체의 주관적 소여성 방식들의 충족(초월)이 이루어지는가가 해명되어야 한다.

물체의 주관적 소여성 방식들의 충족, 초월은 무엇을 의미하는가? 그것은 의식이 그것에게 주어진 어떤 물체의 공허한 소여성 방식들에로 되돌아가서 그것들을 떠올려서 그것들을 하나의 무엇으로 규정하는 것이다. 따라서 이 규정작용은 일종의 상기(想起)이다. 상기는 물체의 주관적 소여성 방식들을 구성한 현재화를 기반으로 성립된다. 말하자면 상기는 공허하게 선규정된 것, 즉 현재화된 것을 현전화하는 것이다. 상기의 현전화 작용에 의해 물체의 주관적인 공허한 소여성 방식들이 충족되어 하나의 물체에로 초월한다. 따라서 물체의 구성은 의식의 현재화, 현전화 작용이 각기 짝지어짐으로써 이루어진다. 여기서 현전화 작용이 노에시스요, 현전화된 대상이 지향적 대상(노에마)이다. 그리고 물체의 주관적인 공허한 소여성 방식들(현재화)이 의식의 순수 수동적인 흐름, 즉 노에시스적 의식의 흐름이다.

현전화는 상기와 기대로 이루어지며, 상기와 기대는 각각 현재화를 형성하고 있는 파지와 예지에 의하여 가능하다. 상기는 나의 현재의 의식을 초월해 있는 과거의 나의 의식내용을 직관하는 작용이며, 이 작용은 의식이 자신의 멀어짐을 그때그때 보존하는 파지를 전제로 한다. 이에 파지는 상기와 반성을 근원적으로 구성한다. 또 파지된 것은 결정적으로 규정되어 있어서 변경될 수 없기 때문에 그것은 결정성, 완결성, 필연성의 근원이기도 하다. 한편 기대는 장차 도래할 것을 현재에 앞서서 직관하는 작용인데, 이것 역시 예지를 통해서 가능하다. 장차 도래할 것으로 예지되는 것은 결정된 것이 아니어서 다르게 있을 수도, 있지 않을 수도 그리고 실현될 수도, 실현되지 않을 수도 있기 때문에 예지는 상상, 희망, 비관, 가능성, 개방성 등의 근원이기도 하다.

따라서 파지에 의해 상기, 반성, 필연성, 결정성이, 예지에 의해 기대, 욕구, 충동, 자유, 희망, 비관, 개방성, 가능성, 상상이 각기 구성되고, 파지와 상기에 의해 나의 과거가, 그리고 예지와 기대에 의해 나의 미래가 각기 구성된다. 이 모든 것은 나의 의식흐름의 내용들이다. 물체는 이러한 나의 의식내용들을 통하여 순수 자연물체로 구성될 뿐만 아니라 문화적 · 정신적 대상, 예를 들면, "가치술어, 작품술어"[72]로도 구성된다. 결국 나의 의식흐름의 내용들은 순수 자연물체와 문화적 대상이 현출하는 주관적 소여성 방식들이다.

물체가 현출하는 그 주관적 소여성 방식들이 동시에 문화적 대상이 현출하는 주관적 소여성 방식들인 한, 거기에는 이미 나의 삶의 학적 의미, 가치, 행위의 의도가 내포되어 있다. 대상의 주관적 소여성 방식들을 통해 구성된 모든 대상은 나의 생활세계에 유입(침전)되며, 이로써 나의 생활세계는 하나의 통일적인 의미층을 가진다. 이 같은 대상구성과 침전은 나의 삶이 지속되는 한 계속될 것이기 때문에, 나의 생활세계는 나에 의하여 구성된 의미가 침전된 곳이자 장차 나에 의해서 구성될 의미가 침전될 지평이다. 이 점에서 나의 생활세계는 정적인 세계가 아니라 나에 의해서 발전하는 동적 · 역사적 세계이다. 그리고 나의 생활세계는 나에 의해서만 구성된 것이어서 타자의 손길이 닿지 않았다는 점에서 원초적이다.

위의 논의에 의하면, 지향적 대상(노에마) X는 그것의 주관적 소여성 방식들(선규정된 것, 현재화된 것)이 현전화(상기)에 의해 충족되어 X로 된 것, 즉 X 자체로 초월한 것이다. 이것은 지향적 대상 X가 일종의 상기(현전화)에 의해 구성됨을 의미하고 또한 X가 그것의 주관적 소여성 방식들을

---

72) *CM*, S.129.

초월하여 그 자체 객관적으로 존립함을 의미한다. 여기서의 초월은 현상학적 의미의 초월로, 즉 의식 초월적 초월이 아니라 의식 내재적 초월로 이해되어야 한다. 왜냐하면 대상(의미)으로 하여금 객관적 존립을 갖도록 해준 그것의 주관적인 소여성 방식들은 실은 나의 의식흐름의 내용이며, 사정이 이런 한, 대상은 나의 의식 흐름에 얽매여 있기(내재하기) 때문이다. 따라서 그것은 나의 의식이 없으면 존재할 수 없다.

② 질료의 구성과 의식장의 구성

우리는 방금 개체의 지평, 즉 세계를 바탕으로 개체를 구성하였을 뿐, 세계의 구성에 대해서는 아직 상세한 것을 언급하지 않았다. 이제 그것이 논의되어야 한다. 세계구성은 현전화, 즉 개체 구성에 앞서서 그것을 가능하게 하는 조건이며, 이에 그것은 선구성이다. 이처럼 세계가 현전화의 가능성의 조건인 한, 그것은 현전화에 의해 구성될 수 없고 그것을 가능하게 하는 순수 수동적인 현재화에 의해 구성될 수밖에 없다. 여기서 세계가 순수 수동적인 선소여임이 다시 밝혀진다. 이런 세계는 지각의 지평, 즉 개체의 내적 · 외적 지평으로 밝혀졌다. 여기서 내적 지평은, 이미 밝혀졌듯이, 현존하는 개별자의 한 측면에 여타의 측면이 함께-현존함인데, 개별자의 한 측면의 현존은 파지에 의해서, 함께-현존함은 파지의 지반 위에서 여타의 측면들을 공허하게 기대하는 예지에 의해서 구성되며, 개별자의 외적 지평, 즉 개별자에 여타의 대상들이 함께-현존함도 역시 개별자의 내적 지평과 같은 방식으로 이루어진다. 이렇게 보면, 지평으로서의 세계는 파지와 예지로 구성되는 셈이다. 그러나 파지 예지는 항상 근원인상, 즉 질료의 파지 예지이다. 이렇게 보면 지평으로서의 세계는 질료가 이미 음영지어져 있는 순수 수동적인 선소여성의 영역이다. 이것은 우리가 VI장에서 밝힌 생활세계 개념, 즉 주관적 원근, 즉 음영 연속적인 수동적인 선소여성의 개념과 일치한다.

그러나 음영지어져 있는 근원인상(질료, 근원현재)은 원래 음영이 없다. 이것은 질료가 파지 예지의 기능, 즉 음영작용을 수행할 수 없음을 의미한다. 그러나 의식은 능동적 작용에 앞서서 항상 파지 예지적으로 흘러서 층화되어 음영적 위상들을 지니므로, 질료 역시 의식에 주어져 있는 한 의식의 능동적 작용에 앞서 이미 파지, 예지되어 다양한 위상들, 즉 음영들을 지니며, 그것들을 지님으로써 지향적 대상으로 구성될 소재가 된다. 질료가 의식에서 이 같은 소재로 구성될 수 있는 것은, 그것이 주어지는 의식이 이미 그것을 그 핵으로 하고 그것의 파지 예지를 그 꼬리로 하는 구조, 즉 지평-직선적 시화의 구조를 지니기 때문이다. 질료는 그 같은 구조를 지니는 의식에 주어지기 때문에 의식에 주어지는 순간부터 벌거벗은 단순한 소재에 불과한 것이 아니라 음영들을 지닌 소재, 즉 이미 지향적 대상의 윤곽을 지니고 있는 지향적 대상의 질료일 수 있다. 만약 의식이 그런 구조를 지니고 있지 않다면 그것은 의식에 주어져도 의식될 수 없다. 후설은 의식이 그런 구조를 지니는 데서 그 본질을 흐름으로 규정한 것이다. 따라서 후설에서 근원인상이 질료일 수 있는 것은, 결국 의식이 질료를 파지, 예지하는 방식으로 순수 수동적으로 흐르기 때문이라고 할 수 있다. 결국 후설에서 질료는 순수 수동적인 파지, 예지의 흐름들에 의해서 구성된다.

질료가 음영들을 지닌다는 것은 그것이 무의미한, 즉 데카르트적 길의 형식 없는 소재에 불과한 것이 아니라 이미 지향적 대상의 윤곽을 지니고 있음을 의미한다. 이런 질료를 후설은 지향적 대상이 될 수 있는 "핵-인"[73]것으로 지칭한다. 질료가 지향적 대상이 될 수 있는 가능성을 지녔다는 점에서 그것은 무의미하지는 않지만 그렇다고 노에마(의미)도 아니다. 바로 이런 처지의 질료를 우리는 선의미로 표현하고 싶다. 질료가 그 같은 선의미, 즉 지향적 대상의 윤곽을 지니고 있다는 것은, 그것의 음성적 위상들이 이미 하나의 공허한 통일성을 형성하고 있음을 의미한다. 그러나 질료 자체는 각 위상들(물체의 여러 측면들)과는 다르다. 각 위상들은 복수이지만 질료는 단수이다. 그러나 양자는 각기 다름에도 불가분적 상관관계를 이루고 있다. 왜냐하면 각 위상들은 질료 없이는 있을 수 없고 질료 역시 각 위상들이 없이는 있을 수 없기 때문이다. 후설은 이 질료를 지향적 대상의 기체극(이념극, 자립적 요소)으로, 각 위상들(물체의 여러 측면들)을 지향적 대상의 속성극(비자립적 요소)으로 표현한다.[74]

---

73) *Psy.*, S.167.

74) *Ibid.*, S.180 참조.

세계가 방금 언급된 통일성을 지닌 질료의 영역이기 때문에, 세계는 지향대상과 지향작용의 가능성의 조건이자 이것들이 그 속에 묻혀 있는 지평일 수 있다. 그리고 그 같은 세계(개별자의 지평)는 의식의 흐름이 단순히 직선적인 흐름이 아니라, 근원인상을 축으로 하고 이의 파지와 예지를 그 꼬리로 하는 지평-직선적 흐름이기 때문에 가능함을 우리는 방금 개체의 구성을 통해서 보였다. 세계가 그 같은 의식의 흐름에 근거한다는 것은, 세계가 흐르는 의식장 속에 구성되어 있음을 의미한다. 그리고 세계가 구성되어 있는 그곳은 개별적 대상(지각 노에마)들이 각기 고유한 시간위치를 지닌 채 다른 대상들을 공허하게 지시하는 음영 연속적인 통일의 장이다. 그곳은 개별적 대상들이 각기 고유한 시간위치를 지닌 채 다른 대상들을 공허하게 지시하면서 존재하는 음영 연속적인 이차원적인 통일의 장이다. 노에시스가 노에마를 능동적으로 파악할 수 있는 것도, 그 양자가 그 속에 그 고유의 시간위치를 점유한 채 순수 수동적으로 배열되어 있기 때문이다.

노에시스와 노에마가 흐르는 의식장에 이미 수동적으로 고유한 시간위치를 점유하고 있기 때문에, 우리는 노에시스적 능동적 작용을 자유로이 수행할 수 있을 뿐 노에시스적 흐름과 그 흐름의 내용은 비록 나의 의식에서 유래한 나의 것이라고 할지라도 내 임의로 소멸시키거나 변경시킬 수 없다. 또한 나의 능동적인 노에시스적 작용과 그에 의해 구성된 지향대상도 일단 구성되고 나면 다시 흐르는 의식장에 그 고유한 시간위치를 확보한 채 나의 의식흐름의 내용으로 된다. 일단 이렇게 되고 나면, 그것들이 비록 나의 능동적인 작용에 의해 구성되었다고 할지라도 나는 그 내용과 그 시간위치를 내 임의대로 변경할 수 없다. 이 임의적인 변경의 불가능성에서 대상의 실재성이 구성된다. 그리고 이 실재성을 지닌 대상은 나의 의식의 흐름의 내용이 되어 나의 새로운 능동적 작용의 기반이 된다. 이러한 과정은 계속된다.

방금 언급된 의식의 수동성과 능동성의 기저연관은 우리에게 몇 가지 점을 시사한다. 첫째 의식의 능동성은 항상 그 이전의 수동성을 전제로 하되, 그것들의 관계는 상대적이라는 것이다. 이것은 질료와 노에마의 관계도 상대적임을 의미한다. 즉 지금 구성된 노에마는 이 이전에 구성된 노에마를 전제로 가능하며, 이렇게 되면 그 이전의 노에마는 지금 구성된 노에마의 질료요, 지금의 노에마는 다시 나의 의식흐름의 내용으로 되어 장차 구성될 노에마의 질료가 된다. 여기서 우리는 나의 흐르는 의식장이 음영 연속적 통일체임을 다시 볼 수 있다. 둘째 나의 흐르는 의식장이 완결된 것이 아니라 개방적임을, 다시 말하면 계속적인 의미침전이 이루어지는 발전하는 동적・역사적임을 의미한다. 셋째 나의 흐르는 의식장은 나를 촉발함을 의미한다. 이는 나의 의식장 속에 의식과 함께 흘러가는 질료가 일종의 "선지향적 구조, 비본래적 지향성"[75]을 지님을 의미한다.

이제 흐르는 의식장 속에서 개별적 대상들, 즉 노에시스-노에마들이 어떻게 구성되는지가 해명되어야 한다. 그것의 해명에는 두 요소, 즉 개체의 개성(개별성)과 개체의 자기 동일성의 구성이 요구된다. 이 같은 개체의 구성은 우리가 이미 논의한 바 있는 파지의 이중적 지향성 또는 이중의 지금에 의해서 구성된다. 그리고 개체의 개별성의 구성은 그것이 의식장 속에서 차지하고 있는 그 고유한 시간위치의 구성을 말한다.

먼저 개체의 개별성, 즉 그 고유의 시간위치는 시점으로서의 지금에 의해서 구성된다. 왜냐하면 어떤 종의 질료(근원인상)에 속하는 개체(A)가 개성을 갖는다는 것은, 그와 동일한 종에 속하는 다른 개체(B)와 구별됨을 의미하며, 이 구별은 두 개체의 질료가 현출하는 시간위치가 다른 데 근거하며, 그 시간위치는 앞서 본 바와 같이 시점으로서의 지금, 횡의 지향성에 의해서 구성되기 때문이다. 그런데 개체(A)의 질료는 어떤 시간위치에 나타나자마자, 그것은 파지 변양됨으로써 그 시간위치는 변한다. 개체가 그 동일성을 보존하기 위해서는 그것의 시간위치를 변화 유전하는 의식의 흐름 속에 고정시켜야 한다. 다시 말하면 파지 변양된 시간위치, 즉 [도식 3]에서 J^1, J^2, …, J^n이 J^0와 모두 동일해야 한다. 만약 그것들이 동일하지 않다면, 우리는 앞서 언급된 전-공재에서 질료에서는 동일한 N개의 서로 다른 개체를 가지게 됨으로 개체의 동일성은 확보할 수 없다. 따라서 개체의 동일성이 확보되자면 J^1, J^2, …, J^n들이 모두 J^0와 동일해야 한다. 이것의 동일성을 해명하는 것은 개체의 지속 형식인 객관시간의 구성을 해명하는 것이기도 하다. 그런데 J^1, J^2, …, J^n의 J^0와의 동일성은 우리가 이미 본 바와 같이 형식으로서의 지금, 즉 종의 지향성에 의해서 가능하다. 즉 J^1, J^2, …, J^n들은 모두

---

75) *Ideen II*, S.335.

J^0의 서 있는 형식이므로 J^0, J^1, J^2, …, J^n은 모두 동일하다. 파지의 계열에서 변한 것은 J^0이 J^0에서 점점 멀어져 가는 J^0의 소여성 방식이다. 후설은 원천점(J^0)에서 점점 멀어져 가는 대상을 "경과 양상에서의 대상"[76]이라고 한다. 그러나 경과 변화에서도 "대상과 대상 시간의 각점, 그리고 이 시간 자체는 동일하다."[77] 물론 이러한 동일성은 방금 설명된 이중의 지금에 의해서 가능한 것이다. 이로써 이제 우리는 개체와 그것의 소여성 형식인 객관시간의 구성에는 이중의 지금이 불가분적으로 작용함을 알 수 있다.

결국 시점으로서 지금에 의해서 모든 개별적 지각대상들의 시간위치가 흐르는 의식장 속에서 구성되고 형식으로서의 지금에 의해서 개별적 대상의 자기 동일성이 구성된다. 즉 이중의 지금으로 해서 노에시스-노에마들은 흐르는 의식 속에서 그의 고유한 시간위치와 자기 동일성을 가질 수 있고, 또한 흐르는 의식은 그 속에 고유한 시간위치를 가진 무수한 개별적 대상들이 배열된 통일적 영역일 수 있다. 흐르는 의식장도 이중의 지금에 의해서 구성된다. 그 이중의 지금은 독립된 별개의 것이 아니라 의식의 심층의 양면이며 각자가 서로를 전제한다. 단지 발생의 논리적 순서에서는 형식으로서의 지금이 시점으로서의 지금보다도 먼저이다.

우리는 파지와 예지는 근원인상이 출현한 지점에서 상관관계를 형성하면서 각자 반대 방향으로 멀어져 간다는 점에서 예지는 파지가 "뒤집어진" 것임을 보았다. 또한 우리는 파지와 예지의 그 도치관계가 물리적 인과관계가 아니고 자유와 개방성에 기초하는 "동기의 인과관계"임도 지적하였다. 그래서 의식도 물리-인과성에 의해 통일된 등질적인 물리적 흐름이 아니라 파지와 예지의 동기-인과성에 의해서 통일된 음영(위상) 연속적인 생동적 흐름이다. 우리는 후자의 흐름 없이는 결코 전자의 흐름을 의식할 수 없다. 의식의 이러한 특성 때문에 의식에 구성된 나의 원초적 세계는 단순히 순수한 물리세계에 그치는 것이 아니라 인격적인 것이 개입된 문화·역사적 세계일 수 있다. 또한 우리는 생활세계가 폐쇄적 완결적이지 않고 언제나 생동적이고 개방적이라고 명명한 바 있다. 이렇게 생활세계가 생동성과 개방성을 지니는

---

76) *Zß*, S.27.

77) *Ibid.*

것도, 그것을 구성한 의식이 파지와 예지의 동기-인과성에 의해서 통일된 음영 연속적인 생동적 흐름이기 때문이다. 또한 생활세계가 생동적으로 흐르는 현재의 세계인 것도 그것을 구성한 의식이 생동하는 현재이기 때문이다.

③ 초월론적 자아의 구성

파지와 예지가 그 기능이 상이함에도 불구하고 이차원적으로 평행하는 흐름이 아니라 일차원적 유사시간적 배열로 통일을 이루는 까닭은, 양자가 형식으로서의 지금에서 함께 일어나기 때문이다. 따라서 파지 예지의 통일을 이해하기 위해서는 양자의 발생의 형식인 지금의 특성이 논의되어야 한다. 우리는 이 지금이 시점을 갖지 않고, 변화하지 않으며, 시간 속에서 지속하지 않는다고 했다. 그러나 이 지금이 변화하지 않는다고 해서 정지하고 있는 것은 아니다. 오히려 그것은 음영 연속적으로 부단히 흐른다. 그러나 그 부단한 흐름에도 불구하고 그것은 과거, 미래일 수 없고 항상 현재라는 점에서 과거, 미래로 형성된 객관시간에 앞서 있는 선시간성을 띠고 있으며, 그래서 그것은 "생동하는 현재", "흐르면서도 서 있는 현재"로 불린 것이다.

생동하는 현재의 흐름, 즉 파지 예지는 자아가 자신으로부터 부단히 멀어져 가는 자기 운동, 자아의 자기 초월, 자기 소외, 자아의 자기 지향의 지평이다. 자아의 모든 초월은 그것의 생동하는 지평을 통해서만 가능하다. 그리고 모든 종류의 구성은 자아의 이 지평에서 자기 초월을 통해서만 가능하다. 자아는 바로 그러한 초월을 통해서 자신의 세계뿐만 아니라 자기 자신도 구성한다. 즉 자아는 자신을 파지 예지함으로써 현재의 자기로부터 현재의 자기를 초월해 있는 과거 또는 미래의 자기, 즉 자기의 남에로 자기 초월 또는 자기 소외하여 이 남으로부터 다시 파지 예지를 통하여 자기 소외함으로써 현재의 자기로 되돌아와서 그 남이 바로 자기임을 안다. 그리하여

> 지금 현실적으로 존재하는 동일한 자아는 어떤 의미에서는 이 자아에 속하는 각 과거에서는 다른 것(있었던 것 그리하여 지금 있지 않는 것)이다. 그러나 자아는 자신의 시간적 연속에서도 존재하며 또 존재했고 또 자신에 앞선 자신의 장래를 가지는 하나이며 동일한 자아이다. 지금 현재하는 자아는 … 비록 과거의 자아가 더 이상 현재하지 않을지라도 자신의 과거의 자아와 결합하며 … 교

제할 수 있으며 … 비판할 수 있다.[78]

여기서 우리는 자아는 다른 어떤 것에도 의존함이 없이 자기 소외, 자기 초월함으로써 스스로 자신을 구성함을 알 수 있다. 자아의 이러한 자기 초월, 자기 소외, 자기 운동은 자아 가능성의 조건이다. 따라서 자아의 순수생은 요소들의 복합일 수 없다.[79] 자아는 자기가 자기의 원인이다.

자아는 그의 생동하는 현재의 지평을 통해서만 현재의 자기를 초월한 먼 과거의 자신의 세계 또는 장래의 자신의 세계에로 나아갈 수 있다. 이는 자아에 의해 구성된 모든 것(세계)은 생동하는 현재의 지평에 내재함을 의미한다. 그러나 생동하는 현재의 지평은 나의 의식 흐름의 내용(세계)이 아니라 그것이 구성되는 지평이다. 그러나 구성하는 자는 구성된 것과 동일한 차원에 있을 수 없다. 즉 구성하는 자는 구성된 것을 초월해 있을 수밖에 없다. 후설이 초월론적 자아는 일종의 내재적 초월이라고 했을 때, 이것은 이런 관점에서 이해되어야 한다.

물론 초월론적 자아의 초월은 지향대상의 내재적 초월과는 다르다. 왜냐하면 지향대상은 의식흐름 속에 그 고유한 시간위치를 지닌 채 의식의 흐름에 제약되어 있는 반면, 자아는 시간위치를 지닌 대상을 구성한 자로서 시간위치를 갖지 않기 때문이다. 그렇다고 해서, 앞서 본 바와 같이, 그것은 의식흐름을 벗어난 관념적 의미체가 지니고 있는 보편시간성과 같은 차원에 속하는 것도 아니다. 결국 초월론적 자아는 그의 부단한 생동적 시화, 즉 생동하는 현재의 지평을 통해 자신의 세계의 특정한 시간 속에 존재하지 않고 모든 곳에 존재한다. 그것에 의해서 구성된 모든 것은 그것의 자기 초월(자기 소외)의 내용이어서 생성 소멸하지만, 그것 자체는 "태어나지도 죽지도 않는다."[80] 따라서 그것은 현상학적 절대자이며 구성된 것처럼 세계에 속하지 않고 오히려 세계가 그것에 속한다. 찰나에도 미치지 못하는 한없이 유한한 생동하는 현재의 지평에 세계는 물론 무한한 과거와 장래가, 즉 몇 억겁이 존재한다.

---

78) *Krisis*, S.175.

79) *EPh II*, S.124.

80) *Synthesis*, S.377.

(3) 원초적 세계의 외면성의 구성

지금까지 우리는 원초적 세계의 내면성의 구성만을 다루었다. 이제 그 외면성이 구성될 차례이다. 이 구성은 인간적 자아, 즉 심리-물리적 자아 또는 인격적 자아의 구성을 통해서 가능하다. 이 인간적 자아, 즉 세계에 귀속하는 세계화된(verweltlich) 자아 역시 초월론적 자아에 의해 구성된다. 이 구성을 후설은 다음과 같이 말한다.

> 우리는 흐르는 소여성 방식들의 변화 속에서 우리들에 대해서 부단히 존재하는 세계를 … 궁극적으로 기능하는 보편적인 주관성(초월론적 자아)의 형성체로서 이해하게 된다. 여기서 주관성이 자기 자신을 인간의 주관성으로서 즉 세계의 요소로서 객관화하는 것이 이 세계를 구성하는 작용에 본질적으로 속한다.[81]

여기서 후설은 초월론적 주관성은 세계를 구성하는 자이며, 그것이 세계를 구성하는 작용을 가지는 한, 초월론적 주관성은 자기 자신을 세계의 요소, 즉 인간적 자아로 구성하는, 다시 말하면 객관화, 외화, 세계화하는 작용을 지니고 있음을 언급하고 있다. 초월론적 자아는 이렇게 자신을 객관화함으로써

> 각 초월론적 자아는 … 세계 속에 있는 인간으로 구성되어야 하며 따라서 각 인간은 초월론적 자아를 자신 속에 지니고 있다. 그러나 이것은 인간 영혼의 실재적 부분이나 실재적 층으로서가 아니라 각 인간이 현상학적 자기 성찰을 통해서 제시할 수 있는 바, 해당 초월론적 자아의 자기 객관화인 한에서이다.[82]

따라서 초월론적 자아는 자신을 객관화하는 한, 사물과 마찬가지로 자아-인간으로서 세계 내에, 즉

> 나에게 할당된 초월론적 차원을 가진 자아-인간(Ichmensch)은 공간 내의 어떤 곳에 또 세계 시간내의 어떤 때에 있다.[83]

---

81) *Krisis*, S.115~116.

82) *Ibid.*, S.189~190.

그러면 초월론적 자아는 어떠한 의도에서 자기 자신을 객관화하여 자신을 세계의 특정한 공간 시간 속에 존재하는 인간 자아로 구성하는가? 이에 대해서 후설은

> 초월론적 자아로서의 나는 나에 대해서 존재하는 전체 세계 내부의 인간적-인격적 자아라는 일반적 자아의 타이틀 하에서 세계화하는 자기 통각을 수행한다.[84]

고 말한다. 즉 초월론적 자아는 자신을 통각하고자 할 때 자신을 자기 아닌 것, 즉 구성된 것과 비교하지 않으면 안 된다. 이 비교에서 우리는 양자가 구별되며 대립됨을 알 수 있다. 그런데 양자가 대립된다고 함은, 양자는 각자에 대해서 각기 객관화됨을 의미하며, 자아가 객관화되었음은 자아가 자기 아닌 것, 즉 구성된 것과 마찬가지로 세계에 귀속함을 의미한다. 따라서 인간적 자아란 초월론적 자아가 자기 통각을 위하여 자신을 객관화하는 과정에서 세계화된(구성된) 자아라고 할 수 있다. 다시 말하면 인간적 자아란 초월론적 자아가 자기 자신을 외화(세계화)한 자아에 다름 아니다. 이제 선험적 자아의 이 자기

> 세계화(외화)에 의해서 나에게 초월론적으로 고유한 모든 것은 심적인 것으로서 나의 영혼 속으로 들어온다.[85]

이리하여 나의 심리(영혼)가 구성된다. 그런데 사물의 객관화는 초월론적 자아의 자기 객관화를 통하여 가능하므로, 초월론적 자아는 일차적으로 자신을 객관화하여 객관화된 인간적 자아를 매개로 자신이 흐르는 의식장 속에서 구성한 것을 외화(객관화)함으로써 자신의 원초적 세계의 외면성을 구성한다. 이 세계가 외화된 세계라는 점에서 그것은 비록 나의 초월론적 자아에 의하여 구성되었지만 나와 다르고 대립되며 나를 초월해 있다. 이는

---

83) *Ibid.*, S.214.

84) *CM*, S.130.

85) *Ibid.*

나의 원초적 세계는 나에 대해서 객관적으로 존재함을 의미한다. 이제 우리는 여기서 나의 초월론적 자아의 "내재적 초월, … 원초적 초월"[86]을 통하여 협의의 객관성을 확보한다.

세계(인간)자아는 초월론적 자아가 자기 객관화(외화)한 자아라는 점에서, "자연적 · 객관적 세계생은 세계를 구성하는 초월론적 생의 특수한 방식"[87]이다. 따라서 양 자아는 별개의 것이 아니라 동일 사상의 양면이다. 바로 이 때문에, 즉 초월론적 자아가 자신을 외화함으로써 그것이 세계에 귀속하는 인간적 자아로 현출하기 때문에 물체지각은 물론 신체지각 또는 자유로운 신체활동도 가능하다. 이는 우리가 사물지각을 통하여 사물뿐만 아니라 지각하는 신체까지도 경험함을 의미한다. 즉 우리는 눈으로 봄으로써, 발로 참으로써, 손으로 밀음으로써 물체뿐만 아니라 동시에 보이는 물체, 차이는 물체, 밀리는 물체에 의하여 눈, 발, 손을 지각할 수 있다. 따라서 나의 신체는 "실제로 자기 자신에 관계함"[88]으로써 지각의 주체이자 동시에 지각의 대상이 된다. 이 때문에 나의 신체는 "단순한 물체가 아니라 추상적인 세계층의 내부에 있는 독특한 대상"[89]이다. 이 독특한 대상은 나의 원초적 세계 내에서 모든 물체들의 방위 중심이며, 따라서 모든 물체는 나의 신체를 중심으로 지향적으로 방향지어져 있다. 그리하여 나의 신체를 통하여 나의 원초적 세계의 객관적 공간성, 즉 나의 원초적 세계의 외면성이 구성된다. 이 외면성은 나의 흐르는 의식장이 나의 초월론적 자아의 자기 객관화에 의하여 외화된 지평이다. 외화된 지평으로서의 세계가 주관적 원근의 세계, 즉 나의 주관 상대적인 생활세계이다.

4) 광의의 객관세계의 구성

(1) 타자의 구성

광의의 객관세계, 즉 상호 주관적 세계는 나의 원초적 세계 위에 몇 개의

86) *Ibid.*, S.136.

87) *Krisis*, S.178.

88) *CM*, S. 129.

89) *Ibid.*, S.128.

층을 부과함으로써 성립된다. 이 층들 중에서 최초의 층은 "타자 및 타자 일반의 구성층"[90]이다. 왜냐하면 타자는 상호 주관성 성립의 전제 조건이기 때문이다. 타자란 나와 다르고 나에게 낯선 자이면서 동시에 나와 동일한 나 아닌 최초의 자아이다.

원초적 세계는 나의 초월론적 자아에 의해서 구성된 것이기 때문에 그것은 그 근원을 추적할 경우 나의 초월론적 자아를 떠나서 그 자체로 존재할 수 없다. 따라서 원초적 세계는 항상 나의 초월론적 자아에 내재한다. 이 경우 세계를 그 속에 내포하는 나의 초월론적 자아는 그 자체로 완결된 하나의 우주, 즉 모나드이다. 그리하여 나의 원초적 세계는 나에게 낯선 세계가 아니라 나에게 친숙한 세계요, 나의 삶의 세계이다. 이 때문에 나와 다르고 나에게 낯선 타자(타모나드)는 나의 원초적 세계에 존재하지 않으며 따라서 그것은 나의 원초적 세계(모나드)를 초월해 있다. 사정이 이런 이상, 우리는 "자아 내재로부터 타아(Alter ego)의 초월에로 이르는 길",[91] 즉 나의 원초적 세계에 있지 않는 것을 나의 원초적 세계에서 구성할 수 있는 능력이 무엇인가라는 물음에 부딪친다. 후설은 이 능력으로 "간접적 지향성"[92]을 암시한다. 그것은 일종의 함께-현전하는 작용, 즉 일종의 간접제시(Appräsentation)이다. 우리는 간접제시를 이미 사물을 구성하는 지각의 초월에서 고찰한 바 있다. 그러나 여기서의 간접제시는 우리가 지각의 초월성을 논할 때의 간접제시와 다르다. 왜냐하면 전자는 현전화인 반면에, 후자는 현재화이기 때문이다. 즉 지각의 초월성을 논할 때의 간접제시는 근원인상 파지 예지로 이루어진 현재화였다. 집 지각의 초월성을 논할 때 현재화는 직접 지각된 집의 한 측면(근원인상)에 파지와 예지를 통하여 그 집의 여타의 측면들이 공허하게 함께-현존하는 위상들로 이루어졌다. 이들 위상들로 이루어진 현재화가 간접제시인 것은 근원인상에 함께-현존하는 집의 여타의 측면들이 근원인상이 지각되듯이 직접 지각되지 않고 그 근원인상의 파지에 기초하여 그것과 유사한 것을 예측하는 예지를 통해서 간접적으로 지각되기

---

90) *Ibid.*, S.137.

91) *Ibid.*, S.121.

92) *Ibid.*, S.138.

때문이다. 그러나 근원인상 파지 예지의 구조를 지닌 현재화에 의해서 집의 한 측면(집의 근원인상)만이 지각되는 것이 아니라 집 자체가 직접적으로 지각된다는 점에서 현재화는 직접성을 지니고 있다. 말하자면 현재화는 집 자체를 매개를 거치지 않고 나에게 본래적으로(직접) 부여하는 지각이다. 이에 반해 현전화는 집과 유사한 어떤 것이 내 앞에 주어졌을 경우 그 유사물을 집으로 지각하는 경우이다. 현전화에 의한 이 집 지각은 현재화에 의해서 본래적으로 지각된 집을 내 앞에 다시 떠올림(현전화)으로써 가능하며, 이 경우 떠올림은 결국 이전에 현재화에 의해 나에게 이미 주어져 있는 집의 의미를 저 유사물에 이입시키는 것이다. 이같이 볼 때, 현전화에 의한 집 지각은 이전의 나의 본래적인 집 지각, 즉 현재화에 의한 집 지각이 없이는 불가능하다. 따라서 현전화에 의한 집 지각은 이전에 현재화에 의해서 직접 지각된 집을 전제로 한다는 점에서 간접제시이다. 예를 들면, 내가 사는 집과 전혀 다른 양식의 건물을 보자마자 내가 그 건물이 집임을 한눈에 지각하는 것은 집의 직접제시(현재화)가 아니라 집의 간접제시(현전화)이다. 왜냐하면 내가 그 건물을 한눈에 집으로 지각하자면 나의 의식에 이미 선여된 집이라는 의미를 그 건물에 이입시켜야 하는데, 그 경우 나에게 이미 선여된 집의 의미는 이전에 나의 현재화에 의해 이미 나에게 지각되어서 나의 의식에 파지(보존)되어 있기 때문이다. 이와 같이 볼 때, 현전화가 무엇을 간접적으로 제시할 수 있기 위해서는 "현재화, 즉 본래적인 자기 부여와 결합할 경우에만 그리고 현재화에 의해 요구될 경우"[93)]이다. 물론 현전화라고 해서 모두 간접제시인 것은 아니다. 즉 현재화와 결합하지 않는 것은 간접제시가 아니다. 예를 들면, 환상의 경우이다. 이에 반해 현전화가 간접제시로 기능하는 경우는 이전에 현재화에 의해 나에 의해서 파악된 것과 유사한 것이 내 앞에 현존하는 경우이다. 예를 들면 수천 년 전의 원시인의 유물 같은 것들이다.

이제 나의 원초적 세계에 존재하지 않는 타자는 간접제시에 의해 나의 원초적 세계에서 어떻게 구성되는가가 해명되어야 한다. 우리는 나를 나의 원초적 세계로 환원할 경우에 우선은 인간적 자아, 즉 심리와 신체를 가진

---

93) *Ibid.*, S.139.

심리-물리적 자아로 발견한다. 이에 반해 타자의 경우는 순수물체에 불과하다. 이 타자의 물체를 비롯해서 모든 물체는 나의 원초적 세계에서 항상 <저기>이다. 그에 반해 심리-물리적 자아로서의 나는 나의 원초적 세계에서 위치이동에도 불구하고 항상 <여기>로 주어진다는 점에서, 절대적 여기이다. 이처럼 나를 원점으로 모든 물체들이 방향지어져 있는 나의 원초적 세계에서 신체의 의미를 가진 것은 오직 나의 신체뿐이며, 따라서 나를 제외하면 원초적 세계는 순수물체의 세계이다. 이러한 원초적 세계에서 나에 의해서 타자가 구성되기 위해서는 원초적 세계 내의 어떤 물체, 즉 타자물체[94]가 타자의 신체로 구성되어야 한다. 그런데 나만이 신체의미를 가진 순수물체의 세계에서 나에 의해서 타자의 물체가 타자의 신체로 구성되기 위해서는 나에게 직접 제시된 나의 신체의미가 타자의 물체로 이입되어야 한다. 이때 나에게 그 이입을 동기짓는 것은 나에게 직접 제시된 타자물체의 거동(Gebaren)이다. 타자물체의 거동에 의해서 나는 나의 신체의 의미를 그 물체에로 이입하는데, 이때의 이입은 간접적일 수밖에 없다. 왜냐하면 그 이입은 타자의 물체와 나의 신체와의 유사성을 바탕으로 이루어지기 때문이다. 이처럼 타자의 물체는 나의 신체와의 유사성에 의해서 타자의 신체로 파악되기 때문에 간접제시는 또한 "유비파악"(analogisierende Auffassung)[95]이기도 하다. 유비파악에 의해서 타자의 물체는 나의 신체와 마찬가지로 지각된다.

후설에서 간접제시(유비파악, 또는 나의 이입)를 통하여 타자의 물체에로 주로 이입되는 나의 신체의 의미는 마음의 영역에 고유한 나의 감정과 사물지각의 가능성의 조건인 감각이다. 그것들의 이입을 통해서 타자의 물체는

---

94) 후설에서의 타자의 물체라는 말은 이미 타자의 의미를 지니고 있는 물체라는 뜻이 아니라 나에 의해서 나의 신체 의미가 이입될 대상으로서의 어떤 물체로 이해되어야 한다. 그리고 여기서 물체라는 말은 Körper의 번역이다. Körper는 물체, 신체, 육체, 몸이라는 의미를 지니고 있으나 우리는 그것을 물체로 번역한다. 왜냐하면 타자의 구성의 지반이 되는 원초적 세계는 나의 신체를 제외하면 순수물체의 세계인데, 이 경우 그 단어를 육체로 번역할 경우 육체라는 말은 생명적 존재를 연상하기 쉽고 생명적 존재는 심적 존재를 지칭하기 쉬우며 그렇게 되면 원초적 세계는 나와 타자가 함께 존재하는 세계로 착각되기 쉽기 때문이다.

95) *Ibid.*, S.140.

나와 마찬가지로 인격적 자아 및 신체와 마음을 가진 심리-물리적인 자아로 지각된다. 물론 그 이입은 타자물체의 외적 거동에 의해 내가 유발됨으로써 일어난다. 나의 신체의미의 이입을 통하여 나는 타자의 심리-물리적 자아는 타자의 초월론적 자아가 자기를 객관화한 자아로 파악함으로써 타자의 초월론적 자아에 접근한다.

그런데 여기서의 감정과 감각은 초월론적인 것으로 이해되어야 한다. 왜냐하면 그것들은 나의 신체와 신체 밖의 것에 의해서 일어나는 것이 아니기 때문이다. 우리는 감정과 감각을 초월론적 자아가 질료를 음영짓고 또 질료는 자신을 음영짓도록 초월론적 자아를 촉발하는 초월론적 자아와 질료의 음영적 관계에서 발생하는 것으로 보고자 한다. 물론 이 음영적 관계는 질료와 초월론적 자아의 접촉에서 이루어진다. 그 경우 질료와 초월론적 자아가 접촉하는 장은 초월론적 자아의 지평이다. 이 지평은 초월론적 자아가 자기 자신을 파지하고 예지하는 장이므로 음영을 지니고 있다. 그 때문에 초월론적 자아의 지평에서 이루어지는 초월론적 자아와 질료의 접촉은 항상 음영적 접촉이다. 우리는 이들 양자의 음영적 접촉을 감정과 감각 발생의 가능성의 조건으로 보고자 한다. 그리고 우리는 양자의 음영적 접촉이 감각 발생의 조건이라는 점에서 촉각을 근원감각으로 본다. 우리의 이런 주장은 디머(A. Diemer)와 같다.[96] 그의 말을 빌리지 않더라도 우리의 주장은 맹인에서 입증된다. 맹인은 외부와의 인과 관계에 의해서 주어지는 시각이 없지만 이미 촉각을 지니기 때문에 시각의 기능을 지닐 수 있는 것이다. 물론 이때의 촉각은 외부물체와의 인과적 접촉감이 아니라 자아와 질료의 음영적 접촉이다.

근원감각(질료와 자아의 음영적 접촉, 촉각)에서 감정, 감각(시각, 후각, 압각), 충동이 발생한다. 그것들의 담지자는 신체이다. 이렇게 보면, 나의 신체는 나의 초월론적 자아와 질료의 음영적 접촉을 통하여 근원적으로 구성되는 셈이다. 또한 촉각이 근원감각인 한 감각장도 근원적으로 촉각으로 구성되어 있는 셈이다.

---

96) A. Diemer, *Edmund Husserl*, Verlag Anton Hain. Meisenheim am Glan, 1965. S. 178

위의 논의에서 우리는 타자가 철두철미 나와의 유사성에 입각한 유비파악에 의해서 구성됨을 알 수 있다. 유비파악은 짝 관계를 형성하고 있다는 점에서 유비추리와 외견상 유사하나, 양자는 본질적으로 다르다. 유비추리는 2 : 3 = 4 : X에서 X의 항을 추리하는 것으로, X는 비례법칙에 의해서 결정되는 반면에, 유비파악은 현재화와 짝을 형성하는 것을 파악하는 것인 바, 그것은 유형에 의해 결정된다. 이러한 유비파악은 "아직 알려져 있지 않은 이 세계의 사물들은 그 유형에 관해서는 알려져 있으며, 우리는 여기 있는 이 사물은 아닐지라도 그것과 같은 것을 이미 이전에 보았음",[97] "미지성은 기지성의 한 양상"[98]임을 함축하고 있다. 따라서 아무리 기괴하고 이상한 것이라도 그것은 그 유형에 관해서 알려져 있어서, 그것은 이미 <무엇으로> (als Was) 파악된다. 결국 유비파악, 즉 간접제시는 무엇을 <무엇으로> 파악하는 것이다. 이러한 대상 파악이 가능한 까닭은, 간접적으로 파악되려는 대상에 그것과 유사한 의미의 대상을 직접적으로 구성한 현재화가 지향적으로 소급되어 있어서 현재화에 의해 직접 구성된 대상 의미가 간접적으로 파악될 대상에로 이입되기 때문이다. 따라서 직접 구성된 대상의 의미는 간접적으로 제시될 대상을 그 <무엇으로> 규정하는 지반으로, 이는 수동적으로 나의 의식에 선여(先與)되어 있을 수밖에 없다. 왜냐하면 간접제시는 그것에 이미 시간적 · 논리적으로 선행하는 직접제시(현재화)를 전제해야 하기 때문이다. 이 때문에 어떤 것을 간접적으로 제시하려는 의식의 능동성은 의식의 수동성을 전제해야 하며, 따라서 간접제시는 직접제시와 수동적으로 결합(종합)되어 있다. 그러나 간접제시가 이처럼 직접제시와 수동적으로 결합한다고 해서, 간접제시는 직접제시된 것을 단순히 재생하는 것은 아니다. 왜냐하면 재생은 직접제시된 것 자체를 복사하는 데 반해 간접제시는 직접제시된 것 자체가 아니라 그와 유사한 의미 혹은 정반대의 의미를 부여하는 것이며, 나아가 간접적으로 제시된 것은 필요하다면 계속되는 간접제시와 수동적으로 연합하여 또다시 간접제시될 어떤 것에 의미를 부여함으로써, 우리의 인식의 폭을 확대시키기 때문이다. 만약 간접제시가 재생에 불과하다면, 간접

---

97) *CM*, S. 141.

98) *EU*, S.34.

적으로 제시된 타자는 타자가 아니라 나 자신을 재생한 데 불과하다. 간접제시가 재생이 아니기 때문에 간접적으로 제시된 타자는 나 자신도, "나 자신의 복제(Duplikat)"도, 아니고 "나 자신의 반영이지만 나의 본래적인 반영이 아니라 나의 유사자",[99] 또는 "최초로 객관화된 나의 자아의 지향적 변양"[100]이다.

이제 우리는 이상의 논의를 통하여 다음과 같이 말할 수 있다. 즉 나의 원초적 세계에서 타자는 직접적으로는 물체로 제시되고, 간접적으로는 나와 짝을 이룸으로써 나와 마찬가지로 세계에 귀속하는 심리-물리적 자아이며, 또 간접적으로 제시된 타자는 나의 지향적 변양태로서 나와 마찬가지로 나의 원초적 세계의 변양인 그 자신의 원초적 세계를 가지며 여기서는 타자는 항상 <여기>이고, 나는 항상 <저기>라고. 이리하여 원초적 환원에 의하여 배제된 타자는 이제 간접제시에 의하여 나의 지향적 변양체로서 나의 원초적 세계에 되살려지는 셈이다.

후설의 타자구성에서 문제는 타자가 나의 간접적 지향성에 의해서 나의 유사자로 구성된다면 나와는 다른 타자의 고유한 개성이 어떻게 보증될 수 있는가이다. 그는 그것을 보증하기 위해 타자를 구성하는 간접제시를 나의 상기에 비유한다. 현재 행해지고 있는 나의 상기가 지금은 나의 현재를 초월해 있지만 한때는 나의 현재였던, 따라서 나의 현재의 변양태로서의 나의 과거 자체를 제시하는 것과 마찬가지로 나의 원초적 영역에서 행해지는 나에 의한 간접제시는 나의 원초적 영역을 초월해 있는 나의 변양태로서의 타자 자체를 제시할 수 있다는 것이다. 그리하여 과거와 타자 자체는 모두 나의 구성하는 지향성의 상관자라는 것이다. 우리는 그가 타자성을 보증하기 위해 타자를 구성하는 간접제시를 상기에 비유하는 그의 예는 적절하지 않다고 본다. 왜냐하면 상기에 의해 구성될 대상은 원래의 나의 원초적 세계에 속하는 나의 것이요, 타자는 처음부터 나의 원초적 세계에 있는 나의 것이 아니라 나의 원초적 세계를 초월해 있는 나에게 낯선 자이기 때문이다. 따라서 후설에서 타자성은 상기에 비유해서 보증될 수 없으며 다른 방식으

---

99) *CM*, S. 125.

100) *Ibid.*, S.144.

로 보증되어야 한다. 그러나 후설 현상학에서 다른 방식은 제시되지 않고 있다. 이것이 제시되지 않을 경우 간접제시를 통하여 구성된 타자는 나 자신의 복사라는 비난을 모면하기 쉽지는 않다.

우리가 보기에, 이 난점은 구성될 필요가 없는 타자를 구성한 데서 발생한다. 그러므로 타자 구성의 불필요성을 밝히면 그 난점은 자연히 사라지게 된다. 우리는 후설이 확보한 초월론적 의식은 초월론적으로 타자성을 지니기[101] 때문에 그것은 구성될 필요가 없다고 본다. 이제 우리는 우리의 이 주장을 후설의 현상학이 의식의 본질에 관한 학이라는 데 입각하여 정당화하고자 한다.

본질은 개별적인 것이 아니라 보편적인 것이다. 즉 본질은 여러 개별자들을 개별자이게 하는 개별자의 그 무엇이며, 이 무엇은 보편성을 지니고 있다. 의식의 경우 본질이란 의식이라 불려지는 모든 의식들, 즉 모든 개별의식들을 의식이게 하는 의식의 보편적 구조이다. 물론 그 구조는 어떤 유나 종에 고유한 유적·종적 보편성을 초월하는 것이다. 우리는 후설이 그 같은 보편성을 초월하는 의식, 즉 초월론적 의식을 추구한 것으로 보고자 한다. 이 점은 그가 종적 상대주의를 극복하고 절대적 진리를 추구하려고 시도한 데서 나타난다. 종적 상대주의를 초월하는 절대적 진리는 종적 상대적인 의식을 초월하는 보편적 구조를 지닌 의식, 즉 초월론적 의식에서 주어진다. 이 의식을 확보하기 위해 후설이 수행한 것이 초월론적 환원이며, 이 환원은 형상적 환원을 통한 개별의식(나의 의식)의 분석에서 출발하였다. 초월론적 환원이 그것에서 출발한 것은 후설의 현상학의 테두리 내에서 정당한데, 그 까닭은 후설에서 본질직관은 개체직관을 항상 그 범형으로 하기 때문이다. 그런데 본질직관을 통해 획득된 개체의 본질은 이 개체에만 적용되는

---

101) 타자성을 초월론적으로 지니고 있다는 말은 내가 나 밖에 있는 타자를 지각함으로써 초월론적 의식이 타자성을 갖는다는 뜻이 아니라 내 앞에 있는 타자 지각에 앞서서 나의 초월론적 의식이 이미 타자성을 가지고 있다는 의미로 이해되어야 한다. 말하자면 내가 나 앞에 있는 타자를 지각할 수 있는 것도 이 지각에 앞서서 나의 초월론적 의식이 이미 타자성을 지니고 있기 때문에 가능하다는 것이 우리의 주장이다. 따라서 초월론적 의식이 지니고 있는 타자는 세계 속에 존재하는 타자와 구별되어야 한다. 전자는 보편적인 의미의 타자이며 후자는 개별적인 의미의 타자이다. 물론 전자는 후자의 가능성의 조건이다.

것이 아니라 이 개체의 종에 속하는 모든 개체들에 적용된다. 의식의 경우도 초월론적 의식(본질)은 특정한 개별의식(나의 의식)에만 적용되는 것이 아니라 의식이라 불리는 모든 의식들에 적용되어야 한다. 모든 의식이 아니라 어떤 특정한 의식에만 적용되는 그런 초월론적 의식(본질)은 초월론적 의식(본질)이 아니라 특정한 개별의식(우연적 상대적인 의식)에 불과하다. 왜냐하면 본질이 본질인 것은 특정한 개별자가 아니라 개별자 일반에 적용되는 것이기 때문이다. 이는 역으로 말하면 개별자들(개별의식들)은 이 개별자들의 본질(초월론적 의식)이 선험적으로 개별화된 것들임을 의미한다. 이런 의미에서 본질(초월론적 의식)은 개별자들(개별의식들)을 초월론적으로 자신 아래에 가진다. 초월론적 의식이 개별의식들을 초월론적으로 자신 아래에 가질 수 있기 위해서는 초월론적 의식이 원래 타자성을 초월론적으로 지니지 않고는 불가능하다. 그리고 초월론적 의식이 타자성을 지니고 있다는 것은, 그것이 초월론적 상호 주관성을 지니고 있음을 의미한다. 이는 후설에서 타자 내지 상호 주관성은 구성될 필요가 없음을 의미하지 않는가.

후설은 위의 우리의 주장에 반론을 제기할 것이다. 즉 그는 초월론적 의식이 원초적 환원을 통하여 타자 일반을 배제하고 남은 나의 인간적 의식을 초월론적으로 환원함으로써 획득된 이상, 초월론적 의식에는 개별의식(타자)들이 초월론적으로 내포되어 있을 수 없다고 말할 것이다. 그의 이런 반론은 원래부터 나에게 없는 것은 나에게 있을 수 없다는 이유로 정당화될 수도 있다. 그러나 문제는 그가 초월론적 의식에서 타자를 구성하려고 하는데 있다. 그러나 초월론적 영역에는 타자가 배제되어 있는 영역이 아닌가? 타자가 배제되어 있는 초월론적 영역에서 어떻게 타자를 구성하려고 시도할 수 있는가? 초월론적 영역이 진정으로 타자가 배제된 영역이라면 초월론적 영역에서 타자에 대한 의식도 없을 것이며, 타자에 대한 의식이 없으면 초월론적 영역에서 타자를 구성할 수도 없을 것이다. 그러나 후설은 간접제시를 통하여 타자를 구성하지 않았는가? 이는 무엇을 의미하는가? 이것은 후설이 초월론적 영역에서 타자의식을 이미 갖고 있음을 의미하지 않는가? 그리고 후설이 그것에서 그것을 갖고 있다는 것은, 초월론적 의식에 타자 내지 상호 주관성이 초월론적으로 내포되어 있음을 의미하지 않는가? 물론 후설도 초월론적 의식에 타자 및 상호 주관성이 내재함을 인정한다. 그러나 후설에서 그것은 어디까지나 초월론적 의식이 타자를 구성함으로써 가능하다. 그러나 우리가 보기에, 초월론적 의식에서 후설의 타자구성이 가능한 것도 그것이 구성에 앞서서 초월론적 의식에 타자가 초월론적으로 내재하기 때문에 가능하다. 우리가 타자성과 상호 주관성을 초월론적으로 지니고 있는 초월론적 의식에서 초월론적으로 구성되어야 할 것으로 보는 것은 세속적인 의식(개별의식의 의미에서 타자, 세속적 상호 주관성)이다. 우리는 이 의식은 초월론적 자아의 자기 객관화에 의해서 구성된다고 하는 후설에 동의한다.

그러나 우리는 타자가 간접제시에 의해서 구성될 필요가 없다고 해서, 후설의 초월론적 현상학에서 간접제시가 무의미하다고 보지는 않는다. 다만 우리는 그것이 타자구성에서만 무의미할 뿐 타자와 다른 미지의 사물 파악에 필요하고, 또 선여된 지평을 바탕으로 새로운 지평을 형성하는 데 필요한 초월론적 조건[102]으로 보고자 한다. 우리는 후설에서 타자, 상호 주관성은 구성될 필요가 없다고 볼지라도 그의 현상학을 이해하려는 의도에서 그의 입장에서 상호 주관성의 구성을 계속 논의한다.

(2) 상호 주관성의 구성

간접제시를 통하여 원초적 세계에서 타자가 나에 의해서 구성된 이상, 이제 나의 고유영역인 원초적 세계에는 나와 타자가 함께 존재한다. 그러나 원초적 세계에 나와 타자가 단순히 함께 존재한다는 사실만으로 그 세계가 객관적(상호 주관적) 세계인 것은 아니다. 왜냐하면 그것이 객관세계이기 위해서는 나와 타자와의 공동성이 구성되어야 하기 때문이다. 이 공동성이 객관세계의 주관성으로서 초월론적 상호 주관성, 초월론적 우리, "모나드들의 조화"[103]이다.

나의 원초적 세계에서 나와 타자와의 공동성이 구성될 때 나의 원초적

---

102) 초월론적 조건이란 해당의 사물을 파악하기 위해서 이미 갖고 있는 그 사물에 대한 지식을 말한다. 우리가 이 지식을 초월론적 조건으로 보는 까닭은, 이 지식은 그 근원에서 나의 주관 외부에서 또 내부에서 온 것이 아니라 초월론적 자아(현재화하는 자아)에 의해서 구성된 것으로 보기 때문이다.

103) *Ibid.*, S.138.

세계는 더 이상 나에게 고유한 세계가 아니다. 다시 말하면 그것의 구성을 통하여 주어지는 상호 주관성의 상관자인 객관세계는 나의 원초적 세계를 초월한 세계일 수밖에 없다. 따라서 원초적 세계가 나의 초월론적 자아의 원초적 초월에 의한 세계라면, 상호 주관적 세계는 나의 초월론적 자아의 고차단계의 초월인 "제2의 객관적 초월"[104]에 의한 세계이다. 물론 이때의 초월도 현상학적으로 이해되어야 한다. 즉 "객관세계는 상호 주관성 또는 이것에 … 고유한 본질을 초월하지 못하며 내재적 초월로서 상호 주관성에 내재한다."[105]

나와 타자와의 초월론적 공동성은 타자가 나 자신의 유사자이되 "보통의 의미에서의 유사자가 아닌 유사자"[106]임을 의미한다. 이 유사성이 뜻하는 바는, 나(나의 모나드)와 타자(타모나드)는 한편으로는 자신에게만 고유한 원초적 세계를 갖는 한, 실재로 분리되어 있으며(이 분리는 사실 양자의 신체가 지닌 공간성을 통하여 나타난다), 다른 한편 타자는 나에로 "비실재적 · 지향적인 방식"[107]으로 들어와서 나와의 지향적 동일성을 형성하고 있음을 의미한다.

나와 타자와의 지향적 동일성이 확보되기 위해서는 우선 타자의 물체가 타자의 신체로 되어야 한다. 이는 우리의 논의에 의하면 간접제시에 의하여 가능하다. 따라서 나와 타자와의 지향적 동일성 역시 간접제시에 의하여 구성되는 셈이다. 일찍이 라이프니츠(Leibniz)는 각 모나드는 그 자체로 완결되어서 그 스스로 조화될 수 없고 오직 신의 예정조화에 의해서 상호간의 조화가 가능하다고 하였다. 그러나 후설은 그것을 형이상학적 허구라고 단정하고, 각 모나드는 그것이 지닌 간접적 지향성(간접제시)에 의해 각기 조화를 이룰 수 있으며, 이는 형이상학적 허구가 아니라 지향성의 경험적 사실이라고 보는 것 같다. 따라서 후설에서 각 모나드는 직접 제시적으로는 그 자체로 완결되어 창이 없는 존재이지만, 간접 제시적으로는 자신을 개방하여 다른 모나드와 교통하는 존재이다.

---

104) *Ibid.*, S.136.
105) *Ibid.*, S.137.
106) *Ibid.*, S.125.
107) *Ibid.*, S.157.

그러면 간접제시는 어떠한 특성에 의하여 그 자체로 완결되어 실제로 분리되어 있는 각 모나드를 지향적·비실재적으로 꿰뚫고 들어가서 각 모나드들 간의 지향적 동일성을 형성할까? 우리가 논의한 간접제시는 그 핵인 직접제시, 즉 본래적 의미의 지각과 연합한 현전화였다. 이 점에서 간접제시는 본래적 의미의 지각과 연합하여 양자의 기능을 겸한 공동지각, 즉 직접적으로 제시하면서 간접적으로 제시하는 "공동지각"(Mitwahrnehmung)[108]이다. 그리고 공동으로 지각된 것은 두 사태간의 하나의 공동성, 현재 우리의 논의에서는 나와 타자의 공동성, 즉 상호 주관성이다. 이것은 사물지각에서 직접적으로 제시된 것과 간접적으로 제시된 것이 융합되어 하나의 동일한 사물이 형성되는 것과 마찬가지이다. 이것이 가능한 까닭은, 간접제시가 단순히 일방에서 타방으로의 의미이입이 이루어지는 저차적 연합이 아니라 "지향적 겹침작용"(intentionale Übergreifen)[109]에 의한 양방 상호 간의 의미이입이 이루어지는 "고차단계의 연합"[110]이기 때문이다. 이 고차단계의 연합에 의해서 간접제시에서 공동으로 지각된 것, 즉 직접적으로 지각된 것과 간접적으로 지각된 것 간의 "융합화"(Verschmelzung)[111]가 일어남으로써 공동으로 지각된 것은 하나의 동일자를 형성한다. 따라서 간접제시는 타자 자체뿐만 아니라 타자와 나의 지향적 동일성까지도 구성한다.

우리는 이미 나의 신체의미의 타자물체에로의 이입을 논한 바 있다. 이제 간접제시가 지닌 고차단계의 연합에 의한 의미의 역 이입은 다음과 같은 방식으로 이루어진다. 만약 내가 타자물체가 <여기>있고 역으로 내가 거기 가서 거기에 있다고 상상한다면, 저 타자물체의 현출은 나에게 직접제시될 것이며, 그리고 나에게 직접제시된 타자물체의 현출은 나에게 "공간 내의 물체인 나의 신체의 구성체계에 귀속하는 유사한 현출을 재생적으로 일깨움"[112]으로써, 나는 나의 현출체계도 저것과 유사할 것이라고 간접적으로 파악한다. 이러한 상호 의미이입에 의하여 나와 타자와의 융합화가 이루어

---

108) *Ibid.*, S.150.

109) *Ibid.*, S.142.

110) *Ibid.*, S.147.

111) *Ibid.*, S.147.

112) *Ibid.*

져 양자의 지향적 동일성이 구성된다. 타자에서가 아니라 나의 지향성의 원천에서 유래하는 지향적 동일성은 곧 "나-너 종합, … 우리 종합"[113]이며, 이리하여 이제 나의 초월론적 자아는 초월론적 우리에로의 의미 변화를 겪음으로써 어떠한 것이든 간에 "주관성은 상호 주관성 속에서만 그것일 수 있게"[114]된 것이다.

나의 초월론적 자아의 초월론적 상호 주관성에로의 의미변화가 뜻하는 바는, 타자도 나와 동일한 원초적 자연을 가지며, 이로써 나의 원초적 자연은 나와 타자에 대해서, 타자의 원초적 자연 또한 타자와 나에 대해서 통용되는 공동의 자연, 즉 객관적 자연으로 되므로, 결국 나는 나의 원초적 자연을 초월하여 상호 주관적 자연, 즉 객관적 자연을 내포하고 있다는 것이다. 이러한 우리의 논의에 따르면, "객관적 자연이라는 경험현상은 원초적으로 구성된 층위에 타자경험에서 간접적으로 제시된 제2의 층을 가진"[115] 자연이다. 이를 등식화하면, 객관적 자연=나의 원초적 자연(제1의 층)+타자의 원초적 자연(제2의 층)이다. 이 등식이 함축하는 바는, 객관적 자연은 실재적인 개별주관들이 시간 공간적으로 분리되어 있어서 각 개별주관들에게 현출할 때 객관적으로 현출하는 것이 아니라 주관 상대적으로 현출한다는 것이다. 그럼에도 불구하고, 각 개별적 주관에 따라서 다양한 방식으로 현출하는 자연이 객관적 자연인 까닭은, 각 개별주관들이 지향적으로 서로 대응하며 일치하는 하나의 체계를 형성함으로써 각 개별주관들의 다양성이 배제되기 때문이다. 객관적 자연의 지반 위에서 역시 간접제시의 방법을 통해서 문화 역사세계가 구성된다.

(3) 정신(문화 · 역사)세계의 구성

문화 · 역사세계가 구성될 터전인 객관적 자연은 객관주의의 이념화에 의한 정밀한 자연이 아니라 나와 타자에게 동일한 유형으로 경험되는 자연이다. 그것과 그것에 내재하는 물체가 나와 타자에게 동일한 유형으로 파악되

---

113) *Krisis*, S.175.

114) *Ibid.*, S.189.

115) *CM*, S.153.

는 까닭은, 그것들이 현출하는 나와 타자의 신체의 지각기관이 정상이기 때문이다. 따라서 자연은 정상적인 신체의 지각기관을 지닌 사람이면 누구든지 객관적으로 접근할 수 있는 보편적 영역이다. 그러므로 객관적 자연의 정상성은 신체의 정상성 하나뿐이며, 신체의 정상성은 수동적으로 선여되어 있기 때문에 객관적 자연의 정상성 역시 수동으로 선여되어 있다. 여기서 정상성은 친숙성, 동일성을 의미하며, 정상성의 역인 이상(Abnormalität)은 낯설음, 이타성(異他性)을 의미한다. 물론 정상성은 나와 타자와의 지향적 동일성에 의해서 구성되는 반면에, 이상은 "이상에 선행하는 정상의 지반 위에서 이상으로 구성되어야 하고 또 구성될 수 있다."116) 이는 이상은 정상적 존재의 의미이입을 통하여서 가능함을 의미한다. 따라서 이상은 정상 없이는 결코 생각할 수 없다.

정상인이 보편적으로 접근할 수 있는 객관적 자연은 "물질적 자연(사물영역)과 동물적 자연(생명의 영역)"117)으로 층을 이루고 있다. 우리는 이미 전자를 구성하였고, 후자 역시 인간적 자아의 구성을 해명함으로써 그 일부를 구성하였다. 그리고 나머지 부분, 즉 동물의 구성은 이제 곧 해명될 것이다. 그러나 한편으로는 물질은 정상인 생명에 대해 이상이므로 물질적 자연은 동물적(생명적) 자연의 변양태로 구성되며, 다른 한편으로는 양자는 그들이 지니고 있는 속성에 의해서 우리의 의식에 구성되고 각기 구별된다. 즉 물질적 자연은 "연장"118)이라는 공간적 속성과 "변화와 운동, 즉 물도식(Dingschema)"119)이라는 시간적 속성을 지니고 있으며, 이러한 속성을 지닌 사물들은 인과법칙에 의해서 규정된다. 이에 반해 동물적 자연은 영혼(Seele)과 신체로 이루어진다. 영혼은 물질적 자연이 지닌 속성과 전혀 다른 속성으로서 비연장성, 일회적인 흐름과 그로 인한 역사성, 그리고 비인과성을 지니고 있다. 이러한 속성을 지닌 영혼은 신체와 결합하는데 신체는 물질적 자연의 속성을 지니면서 동시에 "감각의 담지자",120) "의지기관 및 자유

---

116) *Ibid.*, S.154.

117) *Ideen II*, S.27. ( )와 그 안의 내용은 필자의 삽입임.

118) *Ibid.*

119) *Ibid.*, S.35.

120) *Ibid.*, S.144.

로운 운동의 담지자",[121] 다른 모든 물체의 방위중심이다. 이러한 속성들을 지닌 신체와 영혼으로 이루어진 심리-물리적인 영역이 동물적 자연이다. 동물도 인간과의 정도의 차이가 있을 뿐 심리-물리적 존재이다. 이 심리-물리적인 존재가 자연의 영역에 귀속하는 까닭은, 영혼이 신체에 속하여 하나의 독립된 영역을 형성하지 못하고 또 영혼을 담지하고 있는 신체가 물리적 속성을 지닌 한, 심리-물리적 존재 역시 사물처럼 인과법칙에 지배되기 때문이다.

두 개의 층으로 이루어진 객관적 자연에서 통용되는 태도는 "자연적 태도와 자연주의적 태도"[122]이다 자연주의적 태도는 자연적 태도를 기초로 하여 성립되는 태도인 바, 그것은 이미 우리가 고찰한 바 있는 자연 자체를 이념화, 즉 합리적으로 규정하는 하나의 포괄적인 연역체계로 파악하고, 나아가서 정신, 문화, 역사도 자연화, 사물화, 이념화하는 객관주의적 태도를 말한다. 따라서 바로 앞장 2절에서 본 바와 같이 연주의적 태도에서는 정신세계의 주체인 인격의 존재는 망각될 수밖에 없다.

인간적 자아는 자연과의 관계에서는 심리-물리적 자아로 나타난다. 이 심리-물리적 자아는 선험적 자아의 자기 객관화(외화)로 나타난 자아이기에 선험적 자아와 동일한 자아임을 이미 논의한 바 있다. 이처럼 동일한 자아가 각기 다른 자아로 나타날 수 있는 까닭은, 자아가 여하한 태도를 취하느냐에 있다. 만약 자아가 "자연주의적 태도에 대립되는 인격주의적 태도"[123]를 취하면, 인과법칙에 지배되는 자연에 속한 심리-물리적 자아는 이제 자연을 바탕으로 인과법칙이 아니라 "동기부여를 근본법칙"[124]으로 정신(문화 · 역사)세계를 창조하는 정신적-인격적 자아로 나타난다. 이처럼 우리의 태도 변경이 자유로운 까닭은, 우리의 의식이 초월론성(Transzendentalität)을 지니기 때문이다. 심리-물리적 자아로서의 인간과 함께 자연의 영역에 귀속한 동물은 그것을 갖지 않기 때문에 인간과 같은 정신세계를 창조할 수 없다. 여기서 인간과 동물은 확연히 구별된다. 따라서 우리는 "인간이해에 대한

---

121) *Ibid.*, S.151.

122) 상세한 것은 *Ibid.*, S.180 참조.

123) *Ibid.*, S.173.

124) *Ibid.*, S.211.

우회로를 통해서 동물을 이해한다."[125] 말하자면 인간이 정상이라면 동물은 이상이며, 논의된 바와 같이, 이상은 그에 선행하는 정상을 기반으로 구성되기 때문에 동물은 정상적 존재의 변양, 즉 인간적 존재의 변양으로 구성된다. 이는 인간과 동물이 지닌 시간성의 차이에서 여실히 드러난다. 인간은 자신의 과거, 장래로 형성된 삶의 시간을 가진 존재이다. 때문에 인간은 자신의 삶의 내용으로 이루어진 문화와 자신의 삶의 시간구조에서 유래한 역사를 지닌 진정한 의미의 세계를 가지고, 그것을 창조하는 역사적 존재이다. 이에 반해 동물은 과거, 미래로 형성된 시간양상이 아닌 흐르는 현재로 이루어진 동물적 공동체 속에서 살기 때문에 자신을 장래에로 던질 수 없으며, 그리하여 동물은 과거, 장래로 형성된 삶의 시간을 가질 수 없고, 이 때문에 동물은 세계를 가질 수도, 창조할 수도 없고 오직 자연만을 가질 뿐이다. 결국 인간이 동물과 달리 세계를 창조하고 소유할 수 있는 까닭은 인간이 지닌 삶의 시간에 있음이 분명하다. 따라서 세계를 형성하는 삶의 시간 내용, 즉 다양하고 이질적인 체험내용을 사상(捨象)하여 시간을 등질화하여 과거 장래로 형성된 시간 양상을 무색하게 하고, 그것을 바탕으로 삶의 시간의 주체인 인격을 자연화, 사물화, 이념화함으로써 세계를 무세계화하는 소위 정밀한 자연과학이 정초된 이후 인격성을 망각하는 인류의 야수적·동물적 타락이 시작되었다고 말함은 망언은 아니리라.

우리는 객관적 자연의 정상성은 신체기관의 정상성이기 때문에, 자연은 정상인이면 누구나 다 객관적으로 접근할 수 있는 무제한의 영역임을 밝혔다. 그러나 문화·역사로 형성된 정신세계는 사정이 다르다. 왜냐하면 내가 속한 나의 정신(문화·역사)세계와 그것을 시간·공간적으로 초월해 있는 다른 정신세계, 예를 들면, 원시인의 세계, 나와 동시대의 아프리카의 어떤 부족의 문화세계의 객관성을 한정하는 정상성이 각기 다르기 때문이다. 다시 말하면 자연의 경우 그 객관성을 한정하는 정상성은 신체의 지각기관의 정상성이므로, 자연은 정상인에게는 보편성을 띠지만, 정신세계의 정상성은 해당 정신세계의 성원에게만 통용되는 전통, 관습, 규범, 가치체계, 신념체계와 같은 것으로 상대성을 띠기 때문이다. 물론 정신세계의 정상성 역시 자

---

125) *KIII* 18, S.39. A. Diemer, *Ibid.*, S.269에서 재인용.

연의 정상성과 마찬가지로 해당의 정신세계의 각 성원에게 수동적으로 선여되어 있다. 따라서 나의 문화세계를 시·공간적으로 초월한 다른 문화세계는 나에게 이상으로 나타난다. 반면에 나의 문화세계는 정상이다. 따라서 다른 문화세계가 나의 문화세계에 객관적으로 통용되자면 다른 문화세계가 나의 문화세계의 변양으로 구성되어야 한다. 이 구성은 나의 문화세계의 정상성의 의미가 다른 문화세계에 이입됨을 의미한다. 이때 비로소 타 문화세계는 그 낯설음이 제거되어 나의 문화세계와 친숙하게 된다. 이것은 정상인의 변양으로서의 불구자나 인간존재의 변양으로서의 동물이 나에게 낯설지 않고 친숙한 것과 마찬가지이다.

다른 문화세계가 어떻게 나의 문화세계의 변양으로 구성되는가는 어려운 문제가 아니며, 그 핵심은 우리의 논의에서 잠정적으로 해명되었다. 즉 다른 문화세계가 나의 문화세계의 변양태로 구성되기 위한 선결조건은 나의 문화세계를 초월해 있는 다른 문화세계의 타자 및 나와 이 타자와의 선험적 상호 주관성이 확보되어야 하는데, 우리는 나의 원초적 세계를 초월해 있는 이상으로서의 타자 그리고 이 타자와 나와의 선험적 상호 주관성을 간접지향성에 의한 의미이입을 통하여 구성하였다. 상호 주관성이 확보된 연후에 나의 문화세계를 초월한 타 문화, 예를 들면, 아프리카의 어떤 부족의 문화나 원시인의 유물이 나의 문화세계에 주어지면 나의 문화세계의 정상성이 간접제시를 통하여 그것들에 이입됨으로써, 그들은 나의 문화의 지향적 변양으로 구성되어 나의 문화와 친숙하게 된다. 여기서 유의할 점은, 타자와 객관적 자연의 구성에서 나의 원초적 자연이 그 구성의 중심인 것과 마찬가지로, 다른 문화세계의 구성에서도 나의 문화세계가 구성의 중심이 된다는 것이다. 이것은 나의 현재의 체험이 나의 현재를 초월해 있는 나의 과거, 미래의 체험을 구성할 때 그 중심이 되는 것과 마찬가지이다. 따라서 모든 종류의 구성에는 방향성의 법칙이 적용된다.

물론 방향성의 법칙은 나의 문화세계의 구성에도 적용된다. 즉 나의 문화세계는 나의 원초적 세계를 초월해 있는 이상인 나의 동료 그리고 동료와 나와의 지향적 동일성, 즉 선험적 상호 주관성을 내가 나의 원초적 세계에서 간접제시를 통하여 구성함으로써 성립된다는 점에서, 나의 문화세계 역시 나의 원초적 세계를 중심으로 하여 구성된다. 따라서 나의 원초적 세계는 나의 문화세계의 구성의 기반이다. 이렇게 본다면 간접제시의 방식으로 구성된 다른 문화세계의 의미도 결국 나의 원초적 세계에 침전됨으로써 나의 원초적 세계는 나의 고유영역을 상실하게 된다. 그리하여 이제 나의 원초적 세계는 학문을 비롯한 인류의 모든 유산이 침전된 포괄적 지평이다. 이는 나의 원초적 세계는 결국 원초적 환원에 의하여 배제된 것이 모두 되살려진 지평임을 의미한다. 따라서 나의 원초적 세계는 이제 더 이상 나와 타자가 몰교섭하는 창 없는 나만의 세계가 아니라, 나와 나의 이웃이, 나와 타국인이 상호 교섭하면서 살아가는 인류공동의 생활세계이다. 이로써 나의 원초적 세계는 초월론성을 벗어나 세속적 의미의 객관적 세계가 된다. 이리하여 초월론적 환원에서 배제된 것은 이제 모두 나의 원초적 세계에 되살려진다. 그래서 나의 원초적 세계는 상호 주관적 생활세계, 즉 우리가 우선 대개는 그 속에서 살아가는 자연적-인격주의적 태도의 세계이다.

인간은 항상 장래에로 자신을 내던지기 때문에, 그는 그에게 수동적으로 전승된 지평을 바탕으로 새로운 세계를 창조한다. 이때 기존의 정상성이 파괴되어 이상이 됨과 동시에, 이 이상은 새로이 창조된 세계에서는 새로운 정상성으로 된다. 이처럼 생활세계에서의 정상성은 불변적인 자연의 그것과 달리 항상 변화한다는 점에서, 그것은 완결된 세계가 아니라 개방되고 생동하는 세계이다. 그래서 생활세계는 인간에 의해서 이룩된 모든 의미가 침전된 지평이자 동시에 장차 인간에 의해서 이룩될 의미가 침전될 지평이요, 그 역사는 근원적인 의미형성과 형성된 의미침전이 서로 얽혀 작용하는 생동하는 운동이다. 그리고 생활세계에서 형성되는 의미는 결국 "인간성의 완성"[126]에 관계하기에, 인간성의 완성은 생활세계의 역사의 완성과 더불어 완성될 수밖에 없다. 따라서 심리학자의 길을 걸음으로써 객관주의의 이념화로 지금까지 은폐된 생활세계를 막 발견하여 그것을 허용하는 초월론적 현상학의 관념론은 지금까지의 관념론이 주장한 인간역사의 완성이 아니라 인간성의 완성이 거기서 실현되어야 할 새로운 역사의 장을 연 관념론이다.

---

126) *Krisis*, S.13.

Ⅷ. 결론 : 철학의 학적 의미 회복의 길 찾기로서의 현상학적 사유

1. 철학의 학적 의미와 그 실현의 방법으로서의 현상학

1) 사상 자체의 직관적 분석에 따른 현상학의 이해

우리의 긴 논의는 철학 본연의 학적 의미 실현의 모색으로 구성되었다. 그것은 철학 본연의 방법적 의미가 실현될 때에서야 실현될 수 있다. 따라서 철학 본연의 학적 의미 실현의 문제는 곧 철학 본연의 방법적 의미 실현의 문제이다. 그렇다면 우리의 논의는 결국 철학 본연의 방법적 의미 실현의 문제로 구성된 셈이다.

철학 본연의 방법적 의미는 철학의 개념이 규정될 때에서야 밝혀질 수 있다. 그래서 우리는 그 본연의 방법적 의미 실현의 문제를 다루기 위해 철학의 개념을 규정하는 것에서 시작하였다. 우리는 그것을 규정하기 위해 먼저 철학, 즉 지혜사랑을 구성하고 있는 사랑의 존재론적 분석을 시도하고, 그 다음 휴머니즘에로 접근하였다.

사랑의 존재론적 분석의 결과, 사랑은 사랑하는 자가 그에 의해 사랑받는 것에로의 일치를 지향하는 지향적 가능성으로 밝혀졌다. 여기서 사랑하는 자는 인간이고, 인간에게 사랑받는 것은 인간으로 하여금 자신을 사랑하도록 유발하는 존재자와 그 진리이다. 그 중에서도 순수하게, 근원적으로 사랑받는 것은 인간에게 지향적으로 내재하는 진리인 바, 진리 중에서도 지식으로 표현되는 진리, 즉 존재자를 인간의 사용에 점점 편리하게 조작하는 방법론적 진리(실증학적 진리)가 아니라, 지혜로 표현되는 진리, 즉 존재자를 존재하는 그대로 드러나게 하는 진리 자체(형이상학적 · 철학적 진리)이다. 실증학적 진리는 진리 자체가 인간에게 사랑받는 한에서 탐구될 수 있다. 이 진리 자체는 인간에게 사랑받고 있지만 인간은 대개 그것을 망각하고 있다. 인간이 망각하고 있는 그 진리 자체가 인간의 인간성을 규정하거니와, 철학은 인간이 이 진리 자체에로 귀환하는 데서 시작된다. 우리는 이런 관점에서 철학을 진리 자체에 대한 탐구의 학으로 규정하였다.

우리는 사랑을 존재론적으로 분석한 후에도 철학을 좀더 명료하게 개념 규정하기 위해 휴머니즘에로 접근하였는데, 그렇게 한 까닭은 휴머니즘을 구성하고 있는 그 핵심 개념인 인간의 인간다운 인간성을 규정하는 것이 철학이 탐구하는 진리 자체(지혜)이기 때문이다. 이런 까닭으로 우리는 철학의 개념을 명료하게 규정하기 위해 철학과 휴머니즘의 공통 분모를 찾았던 것이다.

우리는 그 공통 분모를 지혜가 그 안에 함축된 사랑으로 제시하고, 철학과 휴머니즘을 모두 지혜를 사랑하는 태도로 규정하였다. 이 규정에 따라 우리는 철학은 휴머니즘적이며, 휴머니즘은 철학적이라고 하였다. 우리는 철학과 휴머니즘의 이 불가분성에 입각하여 철학 본연의 학적 의미를 휴머니즘의 본래적 의미 회복(실현)으로 규정한 연후에, 인간의 모든 사상들은 휴머니즘의 본래적 의미 회복을 지향하고 그것에로 귀결되는 것으로 보았다. 그 같은 관점에서 우리는 휴머니즘을 사상들의 사상으로 규정하였다. 물론 각 사상이 휴머니즘을 지향한다고 할 때, 그 지향하는 바는 휴머니즘의 본래적 의미 회복인 바, 그 의미는 특정한 역사적 시대에 국한되지 않은, 즉 특정한 시간 공간을 초월하는 보편성을 지닌다. 그러나 그것을 회복하려는 인간의 노력 또는 사상은 특정한 역사적 시대에 국한될 수밖에 없다. 이에 역사에는 여러 휴머니즘들, 즉 개별적 휴머니즘들이 등장한다.

개별적 휴머니즘들은 모두 휴머니즘의 본래적 의미 회복을 시도하나 그것을 완전히 회복할 수는 없다. 그래서 우리는 개별적 휴머니즘들은 휴머니즘의 본래성과 비본래성(반휴머니즘성)을 동시에 지니고 있다고 하였다. 휴머니즘의 비본래성은 그 본래성의 부정적 변양인 바, 휴머니즘이 이런 양면성을 동시에 지니고 있음은 그것에 인간다운 측면이 깃들여 있는 동시에 인간답지 못한 측면이 깃들여 있을 수 있음을 의미한다. 인간의 지혜사랑의 태도인 휴머니즘이 그런 양면성으로 구성되어 있는 이상, 철학도 그런 양면성으로 구성된다. 우리는 그 까닭을 지혜가 그 안에 함축되어 있는 사랑의 존재 양식이 지향적 가능성(역사적)인 데서 찾았다. 그리고 우리는 새로운 철학적 사유는 기존의 철학적 사유에 함축된 휴머니즘의 비본래성을 지향하고 그 본래성을 회복하려는 사유로 규정하였다.

인간이 동물적 유기체로서 자연에 속하는 이상, 인간이 인간다워지자면 철학적 진리만으로 충분하지 않고 실증학적 진리도 필요하다. 그래서 우리는 철학은 실증학적 진리들을 추구하는 만학(萬學)을 인도하고 지도하는 기초 학, 즉 보편학의 형태를 취할 때 그 학적 의미 회복에 가까이 갈 수 있다고 보았다.

인류 역사에는 동서고금을 막론하고 수많은 사상, 즉 휴머니즘이 있거니와, 우리는 그 중에서 오늘의 시대를 주도하는 범세계적 휴머니즘이 서양의 실증주의이며, 그것은 오늘날 경제 합리주의의 형태를 취함을 밝혔다. 우리는 이 휴머니즘의 특징을 고도의 실증학적 진리 체계, 즉 기술이 경제, 즉 상업주의와 결탁한 데서 찾았다. 이 시대의 주도적 휴머니즘이 그러한 것인 이상, 이 시대는 지식 정보화 시대이며, 기술 경제학이 이 시대를 선도한다.

경제적 합리주의 역시 휴머니즘의 본래성과 비본래성을 지니고 있다. 우리는 그것이 지닌 그 양면성을 실증주의적(또는 경제적) 합리성에서 찾았다. 이 합리성은 풍요로운 물질적 번영을 가져다주고, 그럼으로써 인간을 속박한 종래의 불합리한 봉건적 권위와 제도, 빈곤으로부터 인간을 해방하였다. 그것의 인간 해방적 특성은 분명 휴머니즘의 본래성에 부합된다. 그러나 그것이 지닌 휴머니즘의 본래성(경제적 풍요와 그에 수반된 결과들)은 역설적이게도 그 비본래성을 야기하는데, 그것은 경제 합리주의 시대 인간이 인간으로서 인정받고 대접받기 위해 경제적 합리성에 따라서 생각하고 행동하는 데서 야기된다. 인간이 그것에 따라 생각하고 행동함에 따라 인간 관계는 자연히 물량적 특성을 띠며, 그로 해서 이 시대는 인간성 상실 혹은 인간소외로 지칭되는 인간의 비인간화, 즉 인간의 물상화 현상으로 지칭되는 반휴머니즘적 현상이 그 어느 시대보다 보편화, 심화된다. 우리는 경제적 합리주의의 그런 반휴머니즘적 현상을 경제적 합리성에 따른 인간의 자연지배에서 기인하는 자연성의 상실에서 찾았다. 그것이 상실됨에 따라 자연이 오염되고, 그것이 오염되는 데서 생태계의 파괴와 같은 비인간적 삶의 공간과 함께 인간다운 인간성 상실이 야기된다. 그래서 우리는 물질적으로 고도로 진보된 문명화된 경제적 합리주의 시대에도 인간은 인간다운 상황에로 진입하는 한편 여전히 야만적 상황에로 전락하고 있음을 지적하였다.

한 시대의 진정으로 생동적인 철학적 사유는 그 시대 철학에 함축된 휴머니즘의 비본래성을 극복하고 그 본래성을 회복하는 것으로 구성된다. 따라서 우리 시대 진정으로 생동적인 철학은 오늘의 주도적 철학인 실증주의 또는 경제적 합리주의에 만연한 휴머니즘의 비본래성을 극복하고 그 본래성을 회복하는 철학이다. 물론 회복되어야 할 그 본래성은 경제적 번영이 아니라 그것에 의해서 은폐된 것이다. 경제적 번영은 휴머니즘의 본래성의 일면이지 전면은 아니다. 경제적 번영에 의해서 은폐된 그것, 즉 휴머니즘의 본래적 의미 회복의 꿈이 우리의 철학적 사유의 출발점이었다.

실증주의에서 상실된 휴머니즘의 본래적 의미를 회복하는 길은 실증주의에서 그 본래적 의미 상실이 심화, 보편화된 까닭을 분석하는 길이기도 하다. 그 길은 실증주의 비판의 길에 다름 아니다. 우리는 우리 시대 실증주의를 비판하는 대표적 철학을 후설 현상학으로 보고, 서론에 이어서 그의 현상학의 개념을 분석하였다. 이 작업은 Ⅱ장에서 끝나지 않고 Ⅲ, Ⅳ, Ⅴ장으로 계속 이어졌다. 우리의 그 분석은 현상학을 이해하기 위한 작업이다. Ⅱ장과 Ⅲ장에서의 현상학의 개념 분석 작업이 현상학의 핵심 개념의 직관에 따른 직관적 이해작업이라면, Ⅳ장과 Ⅴ장에서의 그 작업은 현상학이 발생하게 된 과정들을 역사적으로 추적하여 그 개념을 이해한 역사적 이해작업이다. 그리고 Ⅱ장에서의 현상학의 개념 분석이 후설 현상학의 핵심 개념인 사상 자체의 직관적 분석에 의거한 현상학의 이해작업이라면, Ⅲ장에서의 그 분석은 플라톤 철학의 핵심 개념인 무전제(전제)의 직관적 분석에 의거한 현상학의 이해 작업이다.

우리는 후설 현상학의 개념을 직관적으로 분석하는 중에 오늘의 서양 실증주의에서 휴머니즘의 본래적 의미 상실이 심화, 보편화될 수밖에 없는 방법론적 원인을 발견하였다. 그 원인은 휴머니즘의 본래적 의미는 철학 본연의 방법으로 실증학적 진리와 확연히 구별되는 진리 자체를 추구하는 보편학의 형태를 취하는 철학에서 가능한데 실증주의는 실증학적 방법으로 진리 자체를 추구한 결과 그것에서 진리 자체가 실증학적 진리로 왜곡, 곡해되어 나타나는 데 있었다.

실증학적 방법의 형식적 기초는 형식 논리학이다. 그러나 진리 자체는 형식 논리학으로 접근될 수 없다. 그러므로 그것은 술어적 영역의 한계 영역인 형식 논리학적 범주들을 초월한다. 그러한 진리가 인간다운 인간성을 규정하므로, 인간성 역시 형식 논리학적 범주들을 초월한다. 따라서 인간성은 진리 자체와 더불어 선술어적 차원에 속한다. 그러나 실증학적 방법의 형식적 기초가 형식 논리학인 고로, 실증학적 진리는 형식 논리학적 방법으로 접근 가능하다. 그러므로 그것은 술어적 영역에 속한다. 선술어적 차원에 속해야 할 진리 자체가 실증주의에서는 실증학적 진리로 왜곡, 곡해되어 술어적 영역에 속하고, 또한 그에 상응하여 선술어적 차원에 속해야 할 인간다운 인간성 역시 왜곡, 곡해되어 술어적 차원에 속하는 것으로 나타난다. 그러니 실증주의에서 휴머니즘의 본래적 의미는 상실될 수밖에 없다.

현상학이 실증학적 진리 탐구의 방법이 아니라 순수 철학적 진리 탐구의 방법으로 밝혀진 이상, 그것은 철학 본연의 방법학이다. 이 방법학의 모토가 '사상 자체에로'인데, 우리는 사상 자체가 철학적 진리, 즉 진리 자체의 형식적 의미임을 보았다. 또한 우리는 그것이 인간의 인간성 또는 인간의 본질을 규정할 뿐만 아니라 존재자 전체의 근원이자 모든 학문의 근원임도 보였다. 나아가 우리는 사상 자체, 즉 근원이 형식 논리학적으로 탐구될 수 없으며, 선술어적 영역에 속함도 보였다.

철학 본연의 방법, 즉 현상학적 방법의 형식적 의미는 은폐된 것을 탈은폐하는 것인 바, 후설에서 그것은 직관, 즉 봄이다. 직관은 연역(추론)이 아닌 기술로 구성되거니와, 기술은 직접 제시되지 않은 모든 규정들을 멀리함, 다시 말하면 현상학적으로 완전히 실현될 수 없는 모든 진술들의 철저한 배제를 의미한다. 그리고 이러한 기술의 구체적 절차가 현상학적 환원(판단중지)이다. 이에 후설에서 현상학적 기술, 현상학적 직관, 현상학적 환원은 동일한 의미를 갖는다. 물론 이런 현상학적 방법이 궁극적으로 추구하는 것이 실증학적 진리와 구별되는 철학적 진리, 즉 사상 자체인 바, 그것의 구체적 내용은 본질(형상)이다. 이렇게 보건대, 휴머니즘의 본래적 의미를 추구하는 후설 현상학은 본질직관의 학의 형태를 취한다.

후설 현상학이 직관하고자 하는 본질은 우선은 개별적 대상의 근원, 즉 개체의 본질이다. 이 본질을 직관하는 것이 형상적 환원이다. 본질은 사실적인 것(감각 경험적 사물)의 근원인 바, 그것에는 사실적인 것이 조금도 내포되어 있지 않다. 본질에 주어져 있지 않은 것들을 철저히 배제하고 본질 자체에로 귀환하는 것이 형상적 환원이다. 그러나 형상적 환원은 본질 자체에로 귀환하지만, 아직 그것에 의해서는 본질 자체에로, 즉 진리 자체에로의 완전한 귀환은 이루어지지 않는다. 그 까닭은 형상적 환원에서는 아직 본질이 현출하는 그 소여성, 즉 소재지(Da)가 밝혀지지 않기 때문이다. 그 소재지를 밝히는 것이 초월론적 환원이다. 이 환원에 의해 밝혀진 그곳은 의식 자체이다. 본질의 소재지가 의식인 이상, 본질은 결코 의식 초월적 대상일 수 없고 의식에 내재하는 의식의 대상이다. 그것이 의식의 대상인 한, 그것은 의식에 의해서 구성된 대상이다. 이처럼 본질이 의식의 대상임을, 즉 의식에 의해서 구성된 대상임을 밝히는 방법이 초월론적 환원이다.

본질이 의식의 대상이라는 것은 의식이 항상 대상 관련적임을 의미한다. 따라서 초월론적 환원은 의식이 원래 백지가 아님을 보여준다. 그것은 의식이 의식인 한 의식은 언제나 대상에 관계하고 있음을 보여준다. 의식의 이런 특성이 바로 의식의 본질이다. 현상학이 본질 탐구의 학이라고 할 때의 본질은 바로 의식의 본질을 말한다.

후설에서 의식의 본질은 초월론적 환원에 의해서 열려지는 의식, 즉 초월론적 의식에서 완전히 드러난다. 그러므로 의식의 본질의 관한 학인 그의 현상학은 결국 초월론적 의식에 관한 학이다. 초월론적 의식은 모든 대상들이 현출하는 최후의 근원지이다. 즉 그곳은 술어적인 것이 현출하는 선술어적 영역이자 인간다운 인간성이 규정되는 곳이며, 또한 모든 자명성의 타당 근원이다. 사물의 근원적 인식은 그것이 현출하는 그 소여성(소재지)에서의 인식이다. 방금 본 바와 같이, 후설에서 그곳은 초월론적 의식이므로, 그에게서 사물의 근원적 인식은 형상적 환원에서 완료되지 않고 초월론적 환원에서 완료됨을 볼 수 있다.

이제 후설 현상학의 개념 분석에서 보건대, 그의 현상학은 현상학적 환원에 의한 의식의 본질, 즉 초월론적 의식을 탐구하는 학으로 귀결되며, 이렇게 귀결되는 그 학은 사물의 근원적 인식의 학이기도 하다. 이러한 그의 현상학은 실증학과 철저히 구별된다. 이는 현상학의 학적(방법적) 성격, 즉 현상학적 환원의 성격이 실증학의 학적 성격, 즉 형식 논리학적 성격이 아닌 데서 기인한다. 그런데 실증학과 구별되는 학에 대한 명칭은 현상학 외에도 또 있는데, 그것은 제일철학이다. 그렇다면 우리는 결국 그의 현상학 개념의 직관적 분석을 통해서 그의 현상학이 제일철학이라는 결론에 도달한 셈이다.

고대로부터 제일철학은 실증학적 전제의 자명성의 원천인 무전제에로 귀환하여 거기에서 실증학들의 학적 토대를 확고히 하는 것을 이념으로 한다. 이 같은 제일철학의 이념이 흔히들 무전제성의 추구로 표현된다. 우리가 현상학의 개념 분석에서 최후로 얻은 것도 이러한 제일철학의 이념과 그것을 실현하는 방법이다.

제일철학의 이념은 과학의 이념과 전혀 다르며 그것을 추구하는 방법도 과학과 전혀 다르다. 그러니까 그것은 과학과 구별되는 철학 이념과 그것의 실현을 위한 그 본연의 방법도 갖고 있는 셈이다. 주지하듯이, 서양 철학은 처음부터 제일철학으로 출발하였다. 그렇다면 서양 철학은 처음부터 과학과 구별되는 현상학적 철학으로 출발한 셈이다. 우리는 이 점을 Ⅲ장에서 플라톤 철학의 핵심 개념인 전제 개념의 분석을 통해서 입증하였다. 또한 우리는 그 분석을 통해 후설 현상학의 이념, 즉 철학적 전제인 무전제의 인식도 플라톤에서 싹텄음을 보았다. 우리는 거기서 계속해서 그들에서 무전제를 인식하는 구체적 형태가 형상의 직관이며, 이 직관은 플라톤에서는 변증법이고 후설에서는 현상학임도 밝혔다.

후설과 플라톤에서 형상, 즉 본질은 존재자의 존재이다. 이 형상은 정신의 형상이 아닌 사물의 형상일지라도 그것은 정신적인 것이다. 이 점은 플라톤에서는 형상, 즉 이데아가 정신적인 것인 데서, 후설에서는 형상, 즉 노에마가 의식의 지향대상인 데서 여실히 나타난다. 정신적인 것은 정신의 자기 대상이다. 정신과 그 대상은 불가분적인 것으로서 모두 정신에 속한다. 따라서 정신에 대한 철학적 인식은 작용하는 정신의 인식인 동시에 그것의 상관자인 사물의 형상의 인식이다. 이는 정신의 작용을 떠나서는 그 대상을 인식할 수 없고 정신의 대상을 떠나서는 작용하는 정신을 인식할 수 없음을 의미한다. 따라서 정신의 대상은 작용하는 정신을 드러내고, 작용하는 정신은 그 대상을 드러낸다. 현상학에서 양자는 이렇게 불가분적이다. 이런 점을 고려하여 우리는 형상의 직관의 학으로서 현상학은 플라톤과 후설에서 정신의 순수한 자기(본질) 인식의 학인 동시에 사물의 본질론, 즉 존재론임을 밝혔다.

정신의 순수한 자기 인식의 학이란 정신을 정신 자체에서 인식하자는, 즉 정신의 무편견적 자기 인식의 학이다. 이 학은 동시에 사물을 그 소여성에서, 즉 사물을 사물 자체에서 인식하자는, 즉 사물의 형상을 인식하자는 학이다. 정신의 순수한 자기 인식은 사물을 그 소여성에서 인식할 때 가능하기 때문이다. 플라톤에서 사물을 그 소여성에서 인식함으로써 사물과 그것을 인식하는 정신을 왜곡, 곡해하지 않고 인식하는 방법이 변증법이다.

우리는 플라톤의 변증법이 현상학적인 까닭을 그것의 기술적 성격과 해석학적 성격에서 찾았다. 그러나 우리는 플라톤 철학이 현상학적이라고 해도 후설의 현상학과 같은 것이 아님을 지적했다. 이 지적에 따라 우리는 후설의 현상학은 플라톤 철학과 친근하지만 같은 것이 아니라고 하였다. 우리는 그 까닭을 플라톤의 변증법에 현상학적 철저성이 결여되어 있는 데서 찾았다. 어떤 의미에서 그의 변증법에 현상학적 철저성이 결여되어 있는지는 본론에서 제시된 후설의 현상학의 핵심 내용이 좀더 추적된 연후에 밝혀질 것이다.

오늘날 실증주의는 경제적 합리주의 형태를 취하고 있거니와, 그것은 고대 그리스에서 싹튼 시작기의 서양 합리주의가 발전할 수 있는 최종 형태이다. 그런데 서양의 최종적 합리주의의 씨앗은 플라톤의 철학에 있다. 그의 철학은 외형상 후설 현상학처럼 실증적 합리주의와 구별되는, 즉 우리가 휴머니즘의 본래적 의미 회복의 논리로 본 현상학적 합리주의이다. 그렇지만 역설적이게도 그런 합리주의에서 출발하여 그 최종점에 도달한 오늘의 서양 합리주의는 휴머니즘의 본래적 의미를 상실하였다. 따라서 오늘의 서양 합리주의의 시작인 플라톤의 철학에로 되돌아가서 그것을 되짚어 보면 오늘의 서양 합리주의가 휴머니즘의 본래적 의미를 상실하게 된 까닭을 보다 더 근원적으로 이해할 수 있다. 이런 이유로 우리는 현상학의 개념을 플라톤의 철학에로 소급하여 분석한 것이다.

우리는 현상학의 이념(무전제적 인식, 즉 엄밀한 인식 또는 정신의 순수한 자기 인식)이 지니는 그 학적 의미를 사물을 사물로서, 인간을 인간으로서 각기 한계짓는, 즉 사물을 사물로서, 인간을 인간으로서 존재하게 하는 진리 자체의 추구에서 찾았다. 그래서 우리는 철학의 학적 의미를 휴머니즘의 본래적 의미 회복으로 규정하였다. 그에 반해 정밀한 사물의 인식을 추구하는 과학의 이념이 갖는 그 학적 의미는 인간의 물질적 욕망을 충족시키는 도구적인 데 있다. 물론 과학은 그러한 의미를 실현함에 있어 사물들의 소여성을 도외시함으로써 반현상학적 · 반휴머니즘적 현상을 능히 초래한다. 이러한 현상은 정밀한 과학적 인식이 엄밀한 철학적 인식보다 우선하고 보다 더 중요시되는 시대에 반드시 일어난다. 오늘이 바로 그러한 시대의 전형임은 주지하는 바이다.

현상학의 이념뿐만 아니라 그 학적 의미도 역시 플라톤의 철학에서 싹텄다. 플라톤은 철학의 학적 의미를 처음부터 알고 있었다. 그에게서 철학의 이념 실현은 철학의 학적 의미를 실현하는 것에 의해서 인도되고 지도되었다. 따라서 그에게서는 철학의 이념 실현보다도 철학의 학적 의미를 실현하는 것이 보다 더 중요하였고, 그 역시 후자에 더 많은 중점을 두었다. 그러나 후설은 현상학의 학적 의미보다는 그것의 이념을 실현하려는 데에 초점을 두었다. 사실 그는 플라톤이 처음부터 알고 있었던 현상학의 이념이 지니고 있는 그 학적 의미를 말년에서야 깨달았다.

철학자가 얼마나 원숙한지는 그가 철학의 학적 의미를 실현하기 위한 학적 작업이 얼마나 진지하고 치밀하게 이루어졌는가에 의해서 평가된다고 할 수 있다. 이 점에 비추어 보면 플라톤이 후설보다 철학적으로 더 원숙했다고 할 수 있다. 이 점은 플라톤이 사물과 인간을 바로 그것들로 한계짓는, 즉 그것들로 존재하게 하는 진리 자체로 선의 이데아를 제시한 데서 잘 나타난다. 선의 이데아는 변증법적 방법(현상학적 방법)에 의해서 인식되는 바, 그것은 이데아들의 이데아로서 각 이데아들을 그것들의 소여성에서 존재하게 한다. 물론 플라톤에서 선의 이데아들에 의해서 정신의 편견 없는 자기 인식, 즉 정신의 순수한 자기 인식이 가능하다. 플라톤 철학은 선의 이데아의 변증법적 인식에 관한 학이거니와, 이 학은 인간의 본래성 회복을 시도하는 휴머니즘 학에 다름 아니다. 인간이 인간으로서 존재하지 못하여 인간의 한계를 이탈할 때 인간이 과학적 지식을 아무리 많이 알고 있은들, 그 지식을 통해서 아무리 많은 것을 소유한들 도대체 무슨 소용이 있는가? 적어도 플라톤에서 인간에게 가장 소중한 것은 그러한 지식이나 소유가 아니라 인간을 비롯한 모든 사물들을 바로 그 사물들로서 한계짓는 진리 자체, 즉 선의 이데아이다. 그러나 후설에게는 플라톤의 선의 이데아에 상응하는 철학적 진리라 할 수 있는 본질들의 본질, 즉 노에마들의 노에마가 제시되지 않고 있다.

이렇게 플라톤이 철학의 학적 의미를 기하학과 같은 과학에 의해서는 도저히 실현될 수 없는 휴머니즘의 본래적 의미 회복에 두었다는 점에서도 그의 철학이 비실증주의적 철학, 즉 현상학적 철학임이 여실히 드러난다.

2) 그 역사적 출현 과정의 추적을 통한 현상학의 이해

앞서 언급한 대로, 우리는 Ⅳ장과 Ⅴ장에서 후설 현상학의 개념을 그것이 탄생하게 된 역사적 과정에서의 분석하였다. 그 분석의 출발점은 Ⅱ장에서 그의 현상학의 개념을 직관적으로 분석하던 중에 밝혀진 그의 현상학의 학적 형태를 밝히는 데서 시작되었다. 그의 현상학은 심리학의 형태를 취하되, 심리의 경험적 사실을 탐구하는 경험 심리학이 아니라 심리의 본질을 탐구하는 선험 심리학의 형태를 취하는 것으로 밝혀졌다. 나아가 우리는 심리의 철학에의 관련성을 밝혔다. 이 과정에서 철학은 심리의 본질을 탈은폐하는 학으로 밝혀졌다. 그 탈은폐는 자연 초월론적 심리에서 완성된다. 그래서 우리는 철학을 또한 초월론적 심리학으로 규정하였다. 계속해서 우리는 자연 초월론적 심리로 나가는 데는 사다리가 필요함을 지적한 후, 그 사다리를 선험 심리학으로 제시하였다. 초월론적 심리학(철학)과 선험 심리학은 공히 심리의 본질의 탈은폐를 시도하지만, 그것은 선험 심리학에서는 완전히 탈은폐되지 않고 철학에서 완전히 탈은폐된다.

선험 심리학에서 그것이 완전히 탈은폐되지 않은 까닭은, 그 심리학은 아직 초월론적 진리(진리 자체)와의 상관관계에서 심리를 다루는 차원에까지

도달하지 못하기 때문이다. 따라서 그것은 아직 자연을 완전히 초월하지 못하고 여전히 자연의 한 부분에 관한 선험적 탐구이다. 그래서 거기서는 심적인 것에 관한 선험적 진리만, 즉 물리적인 것에 대립되는 심적인 것의 본질만 드러날 뿐, 심적인 것에 관한 초월론적 진리, 즉 물리적인 것과의 대립을 벗어나서 자연을 완전히 초월한 심리 자체는 아직 드러나지 않는다. 그러나 그것은 정신의 초월론적 진리를 밝히지는 못하지만, 정신의 선험적 진리를 밝히므로, 우리는 그것을 철학의 기초학으로 명명한 것이다.

초월론적 심리와 초월론적 진리는 지향적으로 상호 귀속하기에 불가분적 상관관계를 형성하고 있다. 그것들이 그렇게 표현되는 한, 실증학적 진리가 실증적 자연을 보여주듯이, 초월론적 진리 역시 심리와 자연 일반 및 자연 사물들을 초월적으로 보여준다. 이 초월론적 심리와 그 진리를 통해서 인간은 자기 자신과 세계를 인식한다. 그래서 우리는 초월론적 심리와 그 진리는 인간이 자신과 세계를 보는 눈이자, 인간의 인간됨의 한계이며, 인간의 인간다운 인간성, 즉 인간 본질을 규정하는 것이라 한 것이다.

우리는 앞서 지적된 철학과 심리학의 기저 연관의 관계를 확보한 후, 계속해서 서양 철학의 역사에서 철학과 심리학의 관계를 추적하였다. 그 결과 칸트에 의해서 선험 심리학의 학적 불가능성이 입증되기 전까지, 그것은 서양에서 플라톤이래 철학의 기초학으로 기능해 왔음을 보았다. 물론 칸트 이전의 철학 형태는 형이상학이며 그 기초학으로 기능해 온 선험 심리학은 형이상학적 심리학이다. 그러나 우리의 분석에 의하면, 플라톤이래 선험 심리학, 즉 형이상학적 심리학은 외형적으로만 철학의 기초학의 역할을 해왔지 실질적으로 그 역할을 해온 것은 아니며, 그 실질적 역할을 해온 것은 형식 논리학이다. 실로 서양에서 형식 논리학은 형이상학뿐만 아니라 그것의 학적 불가능성을 입증한 칸트의 이론 철학의 기초이기도 하였다. 그러나 형식 논리학은 실증학의 학적 성격이다. 이 같은 학적 성격을 갖는 형식 논리학이 실질적으로 철학의 기초학으로 기능해 왔다는 것은, 서양 철학에 철학 본연의 방법이 부재하였음을 보여주는 단적인 예이자, 서양철학이 그 학적 의미를 제대로 회복할 수 없었음을 보여주는 단적인 예이다.

칸트의 비판철학은 정신의 분질 인식의 불가능성에 기초한다. 그 결과 그의 비판철학에서는 이론과 실천이 분리되었다. 우리는 그 분리를 야기한 그의 비판철학이 현대의 위기 상황으로 특징지어지는 보편학의 완전한 좌초, 즉 이성 안에서 통합되어 있어야 할 인간 삶과 철학과 실증학의 분열의 이론적 토대가 되었음을 지적하였다. 또한 우리는 서양의 사유가 형이상학적 사유에서 실증주의적 사유로 완전히 전환되는 확고한 이론적 토대가 칸트의 비판철학임도 지적하였다.

칸트 이후, 철학은 얼마간 기초학 없이 지내다가 마침내 그것을 갖게 되었는데, 그것은 그후 급속한 발전을 이룩한 자연과학적(경험) 심리학이다. 이 심리학에서 철학의 기초를 찾은 철학자들이 실증주의 철학자들로 명명되는 소위 심리학주의자들이다. 우리는 Ⅴ장에서 후설의 입장에서 심리학주의의 개념을 규정하고 그 오류를 밝히고, 그의 현상학은 그것의 비판 결과로 탄생하였음을 지적하였다. 또한 우리는 Ⅳ장의 말미에서 경험적 심리학에 반대하여 새로운 심리학을 정초하려는 딜타이의 시도를 살펴보았다. 실로 그는 자연과학적 심리학이 위세를 떨치는 그 전성기에 그것에 대항한 최초의 학자이다. 그가 그것에 대항하여 정초한 심리학이 기술적 분석적 심리학, 즉 해석학적 심리학이다. 그가 이 새로운 심리학을 정초한 동기는 자연과학적 심리학에서는 정신의 본질은 왜곡, 곡해되어 마침내 정신은 거기서는 불구를 면할 수 없다고 본 데 있다.

정신이 불구이고서는 철학의 학적 의미가 실현될 수 없다. 그것의 실현은 불구의 정신이 그 본래의 모습에로 되돌아갈 때 가능하다. 정신의 그런 모습에로 되돌아감은 정신에 대한 왜곡, 곡해되지 않은 인식이 완성될 때 가능하며, 그 인식이 완성된 학이 보편학의 형태를 취하는 철학이다. 앞서 말했듯이 그러한 철학에로 올라가기 위해서는 그 사다리(기초)로서 선험 심리학이 필요하다. 이 심리학은 물체적인 것이 완전히 배제된 순수 심적인 것을 탐구하는 데 합당한 방법을 가져야 한다. 그런 방법을 가진 심리학이 참된 선험 심리학이다. 우리는 이 참된 선험 심리학을 탈-형이상학적 선험 심리학으로 제시하고, 나아가서 그 심리학의 정초가 서양의 전통 합리주의적 사유에서 유래하는 오늘의 위기를 철학적으로 극복하는 데 가장 시급함을 지적하였다.

그러나 딜타이의 기술적 분석적 심리학은 자연과학적 심리학도 형이상학적 심리학도 아닌 탈형이상학적 심리학이지만, 탈형이상학적 선험 심리학은 아니다. 우리는 그 까닭을 그것에 아직 철학에로 상승할 수 있는 방법론적 단초가 결여되어 있는 데서 찾았다. 이어서 우리는 오늘의 위기 극복에 가장 시급하게 요구되는 탈형이상학적 선험 심리학의 정초 작업을 최초로 수행한 작업이 후설의 현상학적 작업임을 밝혔다. 이 작업의 핵심은 물체적인 것이 완전히 배제된 정신의 순수한 본질을 인식하는 방법을 마련하는 것이다. 그 방법이 현상학이고, 그 방법에 의한 선험 심리학이 현상학적 심리학이다. 물론 우리가 보았듯이 그의 현상학적 심리학은 처음부터 정초된 것은 아니다. 그것은 그의 현상학적 작업의 와중에서 시행착오를 거쳐서 정초되었으나, 아직 미완이다.

현상학적 심리학을 정초하려는 그의 최초의 노력은 우리가 Ⅴ장에서 다룬 그의 논리학적 심리학주의 비판이다. 그 비판의 결과 나타난 학을 그는 기술적 심리학이라고 하는데, 그 심리학은 아직은 우리가 Ⅵ장에서 다룬 현상학적 심리학은 아니며, 그것에 비하면 조잡하다. 그것은 현상학적 심리학의 전신이다.

후설의 최초의 현상학인 기술적 심리학의 과제는 논리학적 심리학주의 비판에서 획득된 순수 관념적인 것이 심리작용에 현출하는 방식을 왜곡, 곡해됨이 없이 꼭 그대로 기술하는 것이다. 그가 이 기술을 통해서 연구하고자 한 것은 의식의 본질, 즉 지향성이다. 그래서 우리는 그의 현상학의 주제를 의식의 지향성이라 한 것이다.

우리는 지향성을 의식과 대상의 관계로 규정하고 그 관계를 의식과 대상의 객관적 관계가 아니라 의식의 자기 관계임을 여러 차례 지적하였다. 의식의 지향성에는 의식의 지향작용은 지향대상을, 지향대상은 지향작용을 드러낸다는 것이 함축되어 있다. 이에 의식의 지향성은 의식의 자기 인식의 가능성의 조건이자 의식 자체를 드러내는 의식의 빛이다. 우리는 후설에서나 플라톤에서나 형상(본질)의 직관은 형상만의 인식이 아니라 동시에 그것을 직관하는 정신의 인식이라고 말한 바 있는데, 우리가 그렇게 말한 것은 바로 의식의 빛, 즉 지향성에 근거한다. 또 우리가 Ⅳ장에서 지적한 초월론적 심리 와 그 진리의 상관관계도 역시 의식의 지향성에 의해서 가능하다. 여기서 우리는 철학적 탐구의 핵심적 주제가 지향성임을 여실히 볼 수 있다.

우리는 지향성의 인식이 완성되어 철학의 이념과 그 학적 의미가 실현되는 철학에서 동시에 주관주의와 객관주의의 대립, 즉 이원론적 대립이 해소되며, 그런 철학이야말로 진정한 주관주의 철학, 초월론적 철학임을 지적하였다. 후설에서는 초월론적 현상학이 그런 철학이다. 그러나 V장에서 지적된 바와 같이 근대 철학은 정신의 본질, 즉 지향성을 망각하여 심리학적 주관에서 철학적 문제를 해결하려 함으로써 진정한 철학, 즉 진정한 주관주의 철학, 진정한 초월론적 철학에로 상승하지 못하고 자연적 태도 위에 선 초월론적 철학으로 표현되는 초월론적 심리학주의에 빠졌다. 현상학(철학)의 성패가 지향성의 인식을 완성하느냐 하지 못하느냐에 달려 있음이 여기서 다시 입증된다.

앞서 지적된 바와 같이, 후설의 최초의 현상학이 기술 심리학의 형태를 취한 선험 심리학인 이상, 거기에서 지향성(정신의 본질)의 인식은 완성될 수 없다. 그것은 그것을 초월한 심리학에서 완성될 수 있다. 그래서 그는 그것의 인식을 완성하기 위해 그의 기술 심리학을 확대, 심화시켰으며, 그 결과 그의 초월론적 현상학이 출현하였다. 그가 그의 기술 심리학을 확대, 심화시킨 그의 구체적인 방식이 현상학적 환원에 의한 세계존재의 자명성의 이해이다. 따라서 그의 초월론적 현상학은 논리학적 심리학주의 비판의 결과로 획득한 순수 관념적 존재를 형상적 환원을 통하여 세계의 모든 사실적 영역에 적용하여 그 영역의 본질을 인식하고(기술 심리학의 확대), 그렇게 인식된 본질을 다시 초월론적 환원에 의해 초월론적 주관에로 환원하여 그것이 바로 초월론적 주관에 의해서 구성된 대상임을 밝힘으로써(기술 심리학의 심화) 탄생하였다.

2. 현상학적 환원과 구성의 의의

1) 환원의 형태 변경을 통한 환원의 방법적 의미 실현의 모색

그러나 우리가 현상학을 직관적 관점과 발생적 또는 역사적 관점에서 분석하여 그 개념을 이해하고 확보했다고 해서 지향성의 인식이 완성되어 철학의 이념과 그 학적 의미가 완전히 실현된 경지에 도달한 것은 아니다. 다시 말하면 그 개념이 확보되었다고 해서 현상학이 엄밀한 보편학으로 완성된 것은 아니다. 양자는 별개의 문제이다. 즉 물리학의 개념의 인식과 물리학의 정밀한 학으로서의 완성이 별개인 것같이 별개이다. 따라서 X를 탐구하는 어떤 학의 개념을 알고 있는 것과 그 학의 개념에 따라 X의 탐구를 완성했다는 것은 별개의 것이다. 이렇게 학에서 양자가 별개의 문제로 등장한다는 것은, 학의 개념 확보가 곧 학의 방법적 의미의 실현으로 이어지지 않음을 의미한다. 학의 방법적 의미가 완전히 실현되었을 때는 학의 개념의 인식이 곧 그 학의 개념에 따른 X에 대한 탐구의 완성으로 이어질 수 있다. 따라서 철학 본연의 방법적 의미, 즉 현상학적 환원의 의미가 완전히 실현되었을 때는 현상학의 개념의 인식은 곧 그 개념에 따른 지향성의 인식의 완성과 그에 따른 철학의 이념과 그 학적 의미의 완전한 실현으로 이어질 수 있다.

이제 현상학적 환원의 방법적 의미가 실현될 때에서야 지향성의 인식이 완성되어 철학의 이념과 그 학적 의미가 실현될 수 있는 것으로 밝혀졌다. VI장의 논의는 데카르트적 길로 지칭된 현상학적 환원의 방법적 의미가 제대로 실현되지 못했으며, 그로 해서 그의 초월론적 현상학은 진정한 초월론 철학에로 상승하지 못하고 초월론적 심리학주의에 빠지기 쉬운 함정을 지니고 있음을 보여주었다. 현상학적 환원의 방법적 의미가 제대로 실현되지 못했다고 함은, 세계가 초월론적 주관성에로 철저하게 실증적으로 완전히 환원되지 않았음을 의미한다.

따라서 환원이 그 방법적 의미를 실현하자면 세계가 주관에로 환원되는 절차를 상세하게, 그것도 실증적으로 보여야 한다. 그러자면 존재하는 세계에 대한 철저한 경험이 요구된다. 그런데 데카르트적 길에서 세계는 한갓 음영진 것, 즉 의심스러운 것으로 치부되었다. 그래서 거기서는 세계가 현상학적으로 고찰될 만한 가치가 없었다. 그러니 그 길에서는 세계에 대한 철저한 고찰이 결여될 수밖에 없었다. 그래서 거기서 환원은 세계를 단번에 뛰어넘어 즉각 초월론적 주관성에 이른다. 따라서 그 길에서는 세계가 주관에로 환원되는 구체적인 절차(과정)들이 제시될 수가 없었다. 그 결과 그 길에서의 환원은 한갓된 사념의 성격을 면할 수 없으며, 따라서 실증성을 지닐 수 없다. 만약 실증성이 결여된 환원에 의해서 초월론적 주관에 도달한다면, 그 주관은 왜곡, 곡해되지 않은 것이라고 단정할 수 없고, 그렇게 되면 그것이 진정한 초월론적 주관인지도 심히 의심스럽다. 따라서 그 길은 후설이 그렇게도 바라던 진정한 초월론적 철학, 즉 초월론적 현상학에로 도달한다고 단정하기 어렵다. 그래서 그는 비데카르트적 길, 즉 심리학자의 길로 이행한 것이다.

데카르트적 길에서 세계는 처음부터 배제되었지만, 심리학자의 길에서 세계는 처음부터 배제되지 않고 현상학적 환원이 완료되었을 때, 즉 형상적 환원을 거쳐서 초월론적 환원이 행해졌을 때 배제된다. 말하자면 그 길에서 세계는 처음부터 배제되지 않고 환원이 진행됨에 따라 점차적으로 배제되다가 초월론적 환원에서 완전히 배제된다. 물론 그것이 완전히 배제되는 순간 그것은 완전히 소멸한 것이 아니라 지향적 대상으로서 되살아난다. 심리학자의 길에서 철저한 세계경험이란 바로 이러한 과정을 거침을 의미한다. 즉 그것은 세계가 배제되는 과정들을, 바꾸어 말하면 비지향적 세계, 즉 자연적 태도의 세계가 지향적 세계로 환원되는 과정들을 철저하게 실증적으로 보여주는 과정들을 의미한다. 그러한 과정들을 거치는 사이에 심리학적 주관과 초월론적 주관의 차이점이 분명히 드러난다. 그러므로 심리학자의 길은 그 길에서 획득된 주관이 어떤 의미에서 심리학적 주관이 아니고 초월론적 주관인지를 잘 보여준다. 따라서 심리학자의 길은 데카르트적 길에 비하면 분명 진전된 것이다.

철저한 세계경험에서 출발한 심리학자의 길은 세계가 초월론적 주관에로 환원되는 절차들을 상세히 보여주었는데, 그 절차들은 우선 심리학자가 객관과학들에 대한 판단중지(순수화환원)를 통해서 객관주의적(자연주의적) 세계에서 그 근원인 풍부한 체험내용들을 지닌 흐르는 현재의 세계, 즉 주관상대적인 음영 연속적 생활세계에로 되돌아가서 그것을 생활세계에로 환원하고, 그 다음 생활세계적 지각, 즉 외적 지각에 대한 지각, 즉 현상학-심리학적 환원을 수행하여 외적 지각의 대상, 즉 생활세계의 객관적 지각 사물을 그것이 현출하는 주관적 소여성에로 환원함으로써 물체적인 것이 완전히 배제된 현재로만 흐르는 시간성으로 구성된 순수 심리학적 주관에로 나아간 다음, 계속해서 초월론적 환원을 수행하여 순수 심리학적 주관성을 둘러싸고 있는 생활세계의 외면성을 철저히 배제하는 것으로 구성되었다. 순수 심리학적 주관성은 초월론적 환원에 의해 그 외면성이 배제됨에 따라 초월론적 주관성으로 상승하였다. 그렇게 상승한 그것은 그 외면성이 상실됨에 따라 그 내부성도 없다. 그래서 그것에는 안과 밖이 없다. 그러므로 그것에서 이분법적 대립이 해소될 수 있다. 심리학자의 길이 최종적으로 도달한 이 주관성은 수동적으로 선소여된 세계, 즉 생활세계가 구성되어 내재하는 곳이다. 우리는 그곳이 순수 수동적인 음영연속적 시간 흐름, 즉 생동적으로 흐르는 현재로 구성됨을 보였다. 데카르트적 길의 형질 이분법적 주관성은 실은 심리학적 길의 주관성의 표층이며, 후자는 전자의 심층이다. 이는 심리학적 길의 주관성이 데카르트적 길의 그것보다 깊이에서 더 깊음을 의미한다. 그래서 우리는 심리학자의 길이 데카르트적 길에 비해 심화되었다고 말한 것이다.

후설은 심리학자의 길을 걷는 중에 우선 초월론적 현상학의 기초학을 확보하였다. 여러 차례 언급한 바와 같이, 그것은 선험 심리학이다. 그 길에서 그것이 확보될 수 있었던 것은, 그 길에서 발견된 생활세계, 즉 주관 상대적 현상들의 세계가 물체성이 배제된 주관(심리)의 본질, 즉 순수 심리학적 주관성을 확보하는 데 적합한 출발점이기 때문이다. 물론 후설에서 그 선험 심리학은 전통 철학적 · 자연과학적 방법과 구별되는 현상학적 방법에 의해서 정초되기에 현상학적 심리학이다. 선험 실증학인 현상학적 심리학은 심리학자가 그의 길의 종극에 도달했을 때, 즉 초월론적 환원을 완료했을 때 완성되며, 그 완성된 현상학적 심리학을 그는 초월론적 심리학, 현상학적 제일철학, 초월론적 현상학으로 명명한다.

우리는 현상학적 심리학을 정초하기 위해 생활세계에로 되돌아가는 후설의 심리학자의 길에서 서양의 전통적 합리주의, 특히 근대 자연과학적 합리주의의 여러 문제점을 볼 수 있었다. 우선 그것은 그 근원 지반인 생활세계를 망각하고 있었으며, 또한 일면적 상대적 진리에 불과함에도 불구하고 전면적 · 궁극적 · 보편적 진리인양 하여 모든 학문의 기초가 되고자 하였다. 그 결과 그것은 주관(정신)의 본질을 해명함에 있어 불합리성을 범하게 되었다. 그 불합리성으로 해서 근대 철학은 외형적으로는 주관주의 철학, 초월론적 철학이나 실은 객관주의 철학, 초월론적 심리학주의일 수밖에 없었다.

그 불합리성을 범한 정신(주관)이 실증주의적 또는 객관주의적 이성인데, 이 이성은 신뢰성을 완전히 상실하였으며, 그 결과 그것은 인간의 삶과 철학과 실증학의 분열을 야기하여 마침내 현대 인간성의 위기를 몰고 왔다. 그것은 인간다운 인간성의 상실로 특징지어지는 사실 인간만을 양성함으로써 철학의 학적 의미를 망각하여 마침내 철학을 참수하게 되었다.

그 근원 지반을 망각한 객관주의적 세계와 그것을 정초한 객관주의적 이성은 근대적 세계와 근대 정신을 대표한다. 따라서 객관과학에 대한 판단중지를 통해 객관주의적 세계와 객관주의적 이성에서 생활세계에로 되돌아가서 그곳에서 현상학적 심리학(현상학적 이성)을 정초하여 그것을 통해서 초월론적 현상학을 완성하려는 후설의 심리학자의 길은 근대적 세계와 근대정신을 비판, 극복하려는 탈근대적 사유의 길이다. 그는 이 길에서 데카르트적 길에서 주제화하지 못한, 서양의 객관적 합리주의에 의해 상실된 인간의 인간다운 인간성의 회복을 현상학적 합리주의, 즉 초월론적 현상학의 완성을 통해 주제화하고자 하였다. 그래서 그는 심리학적 길에서 그의 현상학의 이념 실현이 지니는 그 학적 의미를 비로소 깨달을 수 있었다. 그래서 우리는 그의 심리학적 길을 데카르트적 길에 비해 더욱 원숙해졌다고 말한 것이다.

이제 심리학자의 길은 데카르트적 길에 비해 환원의 방법적 의미가 어느 정도 실현되어서 데카르트적 길의 허점을 다소 메운 것으로 밝혀졌다. 이는 심리학자의 길에서 환원의 방법적 의미가 어느 정도 실현되었음을 의미한다. 그 실현에 결정적인 역할을 한 것이 생활세계이다. 즉 주관과 무관한 것 같은 객관(객관주의적 세계)도 심리학자의 길에서는 주관에로 환원될 수 있음을 보여주는데, 이 환원을 가능하게 한 것이 생활세계이다. 다시 말하면, 심리학자의 길은 객관도 주관 상대적인 생활세계에 그 근원이 있음을 보임으로써 그것이 생활세계의 주관 상대성을 낳은 순수 주관에로 환원될 수 있음을 보여준다. 현상학적 환원의 방법적 의미 실현에 결정적 역할을 한 것이 생활세계인 이상, 후설 현상학에서 지향성의 인식의 완성과 그에 따른 철학의 이념과 그 학적 의미 실현에 결정적인 역할을 하는 것도 생활세계이다. 이 점은 생활세계가 확보됨으로써 지향성의 인식이 완성되는 초월론적 현상학의 기초학, 즉 현상학적 심리학이 정초될 수 있는 데서도 확인된다.

2) 환원과 구성의 관계 및 그 관계에서 본 플라톤 변증법의 현상학적 불철저성

지금까지의 논의로 보건대, 후설 현상학은 정신의 무전제적 자기 인식, 즉 지향성의 인식을 완성하여 철학의 이념과 그 학적 의미를 실현하기 위해 현상학적 환원(판단중지)의 길을 시행착오를 거치면서 진지하게 일관되게 걸어가는 것으로 특징지어진다. 우리가 후설과 함께 걸은 그 길은 처음에는 객관주의적 세계를 떠나 생활세계에 도착하고, 그 다음에는 생활세계를 떠나 순수 심리학적 주관성에 다다르고, 그 다음에는 순수 심리학적 주관성을 떠나 그 종국에는 초월론적 주관성에 도달하였다. 이러는 동안 인간인 나는, 즉 자연적·세속적인 나는 순수 심리학적 주관성으로, 이것은 다시 초월론적 주관성으로 의미 변화를 겪었다. 내가 이렇게 초월론적으로 환원됨에 따라 자연적 삶의 상관자이며 동시에 환원에서 배제된 자연적 세계 전체도 이제 초월론적 현상으로 환원된다. 그것이 초월론적 현상으로 환원된다는 것은, 그것이 초월론적 주관에서 그 존재 의미를 얻음을 의미한다. 그 의미를 얻는 과정을 밝히는 것이 구성이다. 초월론적 주관과 그것의 세계구성은 자연적 세계에서는 은폐되어 있다. 이 은폐를 탈은폐하는 것이 우리가 밟은 현상학적 환원이다. 이렇게 보건대, 환원이 없이는 구성을 논할 수 없고, 구성이 없으면 환원은 무의미하다. 따라서 현상학에서 환원과 구성은 불가분적이다. 이 불가분성은 환원이 인간적(자연적) 자아 → 순수 심리학적 자아 → 초월론적 자아에로 상승하는 과정을 밝히는 것이고, 구성은 그 역, 초월론적 자아가 자연적 자아로 하강하는 과정을 밝히는 것인 데서 단적으로 나타난다. 우리는 바로 앞장에서 현상학적 환원과 구성의 모델인 지각의 시간구조를 밝힌 후 세계가 구성되는 과정들을 상론하였다. 거기서 보았듯이, 초월론적 자아는 세계구성을 끝마쳤을 때 다시 일상적 인간자아로 되돌아온다. 그래서 후설은 "자연적·객관적 삶은 부단히 세계를 구성하는 삶, 즉 초월론적 삶의 특별한 방식에 불과하다"고 말할 수 있었다. 여기서 우리는 세 자아가 각기 다른 자아가 아니라 하나의 동일한 자아임을, 그리고 동일한 자아는 우리가 어떠한 태도를 취하느냐에 따라 달라짐을 알 수 있다.

이제 우리가 환원과 구성을 통해서 알 수 있는 것은, 자연적 세계와 그 속에 존재하는 모든 것은 결단코 세계로부터 존재 의미를 가질 수 없고 세계를 초월하고 넘어서 있어서 결코 세계 속에, 즉 사물들 사이에 존재할 수 없는 세계 외적인 것, 즉 후설이 현상학적 잔재라고 한 초월론적 주관에서 구성됨으로써만 그 존재 의미를 지닐 수 있다는 점이다. 따라서 환원과 구성으로 보건대, "철학하는 자는 그의 자연적 존재와 자연적 세계를 넘어서 있으면서도 그의 세상 삶과 역사적 공동체 삶 전체에서 이루어진 정신적 획득물 중 어떤 것도 상실하지 않는 것과 마찬가지로, 자연적 세계의 존재와 그것의 객관적 진리 중 어떤 것도 상실하지 않는다."[1) "오히려 우리가 (환원과 구성을) 제대로 이해한다면 모든 세계적인 초월자들을 자신 속에 간직하고 그것들을 자신 속에서 구성하는 절대적 존재 전체를 얻었다."[2) 물론 이것은 지금까지의 우리의 논의로 보건대, 형이상학적으로 전제된 것도 논리적으로 추리된 것도 아니다. 철저히 무편견적인 세계경험의 결과이다. 이 무편견적 세계경험이 다름 아닌 현상학적 환원이다. 초월론적 주관은 여러 차례의 환원을 거친 무편견적 세계경험의 결과이다. 그러므로 후설은 "그로써 우리는 심리학자나 자연과학자보다 경험에 더 충실하게 된다"[3)고 하였다.

환원과 구성이 불가분적이라는 것에는 진정한 세계구성은 세계의 주관에로의 철저한 환원을 전제로 한다는 것이 함축되어 있다. 철저한 환원 없는 세계의 구성은 독단과 공상에 빠지기 쉬우며, 구성 없는 환원은 유아론과 회의론에 빠지기 쉽다. 물 자체를 상정하는 칸트와 대륙 합리론은 전자의 대표적인 예이며, 세계의 존재를 감각자료로 환원하는 영국 경험론은 후자의 대표적 예이다. 근대 주관주의 철학이 진정한 주관주의의 건립에 실패했음은 여기서도 나타난다. 우리는 실패의 가장 큰 요인으로 근대 철학들은 저마다 객관적 합리주의에 대한 편견에 사로잡혀 객관주의적 세계 고찰에 머물러서 주관주의 철학 정초에 결정적인 주관적 현상들의 세계, 즉 객관주의적 세계의 근원인 생활세계를 망각한 데 있음을 지적하였다. 근대 철학이

---

1) *Krisis*, S.155.

2) *Ideen I*, S.107. ( )와 그 속의 내용은 필자의 삽입임.

3) *Krisis*, S.232.

그것을 망각함에 따라, 근대 철학의 주관에는 그것이 망각한 생활세계가 전제되어 있으며, 이런 이상 그 주관은 망각된 세계의 근원을 해명할 수 없을 뿐만 아니라 주관이 오히려 생활세계에 의존하며, 이 주관은 기껏해야 세계의 표면인 자연과학적 세계의 근원만을 해명할 수 있을 뿐이다. 이것은 칸트의 초월론적 철학에서도 명확히 나타난다. 따라서 그의 철학도 초월론적 심리학주의를 면할 수 없었던 것이다.

흔히들 현상학적 인식 방법하면 현상학적 환원을 꼽고 구성은 거기에 포함시키지 않은 경향이 있다. 그러나 그것은 잘못이다. 환원과 구성이 불가분적인 이상, 구성 역시 현상학적 인식 방법이다. 물론 현상학적 환원의 방법적 의미는 구성에서 드러나고 현상학적 구성의 인식 방법은 환원을 전제로 한다. 우리는 이 점을 Ⅲ장에서 플라톤의 변증법이 현상학적임을 보이는 데서 볼 수 있었는데, 이제 우리는 논의를 다시 Ⅲ장으로 돌려 환원과 구성이 공히 현상학적 방법임을 제시하고자 한다. 그것을 제시하는 중에 어떤 의미에서 플라톤의 변증법에 현상학적 철저성이 결여되어 있는지도 밝혀질 것이다.

우리는 Ⅲ장에서 플라톤과 후설에서 철학의 이념은 자명성의 근원을 인식하는 것이며, 그 인식은 형상 인식의 완성을 통해서 가능함을 밝혔다. 그런데 형상은 정신적인 것이기에 그것의 인식은 그것만의 인식으로는 완성되지 않고 그것과 그것을 인식하는 정신의 관계의 인식, 즉 정신의 본질이라 지칭되는 지향성의 인식을 통해서 완성된다. 그래서 우리는 그들에서 철학의 이념은 결국 지향성에 대한 인식의 완성, 즉 정신의 순수한 자기 인식의 완성으로 실현된다고 하였던 것이다. 그리고 그것의 인식을 완성하는 방법이 플라톤에서 변증법이고 후설에서 현상학임을 지적하였다.

우리는 플라톤의 변증법이 현상학적임을 입증하기 위해 먼저 현상학의 방법적 의미를 밝혔다. 우리의 논의에 의하면 현상학의 방법적 의미는 기술(記述)과 해석이다. 우리는 현상학적 기술의 절차를 현상학적 환원(판단중지)으로 제시하고, 이 환원의 구체적 절차들을 Ⅴ, Ⅵ, Ⅶ장에 걸쳐서 다루었다. 또한 우리는 현상학적 인식 방법의 해석학적 특성, 즉 선이해적 특성을 Ⅶ장의 세계구성(본질직관 또는 본질 구성)에서 볼 수 있었다. 우리는 Ⅲ장에서 플라톤의 변증법도 방금 말한 현상학적 환원과 선이해적 특성을 지니고 있음을 그의 선분의 비유와 그것을 시각화한 동굴의 비유에서 볼 수 있었다.

우리는 그의 변증법이 해석학적 성격, 즉 해석학적 순환구조를 지니고 있는 단적인 예를 변증법적 이데아 인식이 상기의 형식을 취하는 데서 볼 수 있었다. 상기의 가능 근거는 망각이다. 망각이 없으면 상기는 존재할 수 없다. 우리의 정신이 무엇을 망각했다고 함은 정신이 텅 비어 있지 않고 이미 대상과 관계하여 그것을 인식하되, 불명확하게 인식하고 있음, 해석학적 용어로 말하면 선이해하고 있음을 의미한다. 그 선이해하고 있는 이데아를 상기라는 현상학적 직관을 통해 충족시켜서 명증적으로 인식하는 데서 변증법적 방법의 해석학적 특성이 명료히 드러난다. 우리는 여기서 그의 변증법에 현상학적 의식의 본질, 즉 지향성이 싹트고 있음을 여실히 볼 수 있다.

그러나 후설이 현상학의 종두로 존경해 마지않은 데카르트[4]의 방법적 회의에서는 해석학적 순환 구조가 눈에 띄지 않으며, 그로 해서 그의 철학에는 현상학의 주제인 지향성의 싹도 나타나지 않는다. 바로 이런 이유로 우리는 플라톤 이후 후설 직전까지의 철학자들 중에서 가장 현상학적 철학자로 플라톤을 꼽고, 고전적 현상학의 전형을 데카르트가 아닌 플라톤에게로 돌린 것이다. 혹자는 데카르트에게도 의식의 본유관념들이 있어서 지향성의 싹이 있다고 할지 모르지만, 그것들은 의식의 대상이 아니라 의식의 대상들을 연역하기 위한 몇몇 선험적 조건들에 불과하다.

현상학적 인식 방법이 해석학적인 이상, 현상학적 인식의 완성은 선이해의 완성에 다름 아니며, 그것을 완성하는 양식이 현상학적 직관이다. 이 직관은 Ⅶ장의 세계구성에서 본 바와 같이 해석학적(선이해적)이다. 따라서 현상학적 직관은 현상학적 해석을 그 특징으로 한다. 그것의 특징은 선이해된 것을 해석자(현상학자) 자의에 따라서가 아니라 자의와 자의에서 싹트는 선입견, 편견을 일체 배제하고 선이해된 것을 선이해된 그대로 객관화하는 데 있다. 이것이 바로 사물을 주어져 있는 그대로 보는, 즉 사물을 그 소여성에서 보는, 또는 사물의 소여성에서 유래하지 않거나 그것을 초월한 것을 일체 배제하는 해석의 방법적 의미, 즉 기술적 절차인 현상학적 환원이다.

---

4) *CM*, S.3.

따라서 현상학적 환원은 또한 대상(본질)을 직관하는 과정, 즉 대상을 구성하는 과정이기도 하다. 우리는 여기서도 환원과 구성이 불가분적임을 여실히 볼 수 있다. 정확히 말하면 환원과 구성은 현상학적 해석의 양면이다. 이 양면을 갖는 현상학적 해석은 해석자의 자의가 개재될 수 있는 해석학적 해석과 구별된다. 물론 플라톤의 변증법도 해석학적 해석이 아니라 현상학적 해석이다. 우리는 이 점을 Ⅲ장에서 보인 바 있다. 여러 번 지적되었듯이, 형상의 직관으로 표현되기도 하는 현상학적 구성은 두 단계의 환원, 즉 형상적 환원과 초월론적 환원을 거쳐서 완성된다. 앞서 언급하였듯이, 현상학적 인식은 형상만의 인식으로 완성되지 않고 정신과 그 대상의 관계, 즉 지향성의 인식으로 완성된다. 그러므로 현상학적 인식은 형상만을 인식하는 형상적 환원에서는 완성될 수 없고 정신과 그 대상의 관계를 인식하는 초월론적 환원에서 완성된다. 형상적 환원은 현상학적 인식을 완성하기 위한 단초에 불과하다. 그리고 후설에서 초월론적 환원에 의한 의식과 그 대상의 관계에 대한 인식, 즉 지향성에 대한 인식은 또한 대상 구성이기도 하다.

플라톤의 변증법도 자연적 태도를 초월한 지평, 즉 선의 이데아에 도달한 점에서 분명 초월론적 환원의 경지에까지 미친다. 그러나 그에게서는 초월론적 환원이 그것에 잠재해 있을 뿐 철저하게 수행되지 않고 있다. 그 결과 그에게서 정신과 대상(이데아)이 불가분적이라는 것만 알려져 있을 뿐 그 관계, 즉 대상이 바로 정신의 지향대상, 즉 자기 대상이라는 점은 명료하게 밝혀지지 않고 있다. 그런 까닭에 그에게서 정신적 대상인 이데아는 생동하는 우리의 정신(주관)에 내재하는 것으로 보이지 않고 그것을 초월한 것으로 보인다. 바로 이 때문에 그의 이데아론 철학은 객관주의 철학으로 알려지고 있기도 하다.

플라톤 철학이 객관주의 철학으로 이해되고 있다는 것은, 그의 철학이 주관주의에 대립되는 객관주의, 따라서 이원론 철학으로 이해되고 있음을 의미한다. 오늘날 많은 사람들은 사실 플라톤을 이원론 철학자로 생각하고 있다. 그러나 우리가 고찰했듯이 그의 철학 개념, 즉 그의 현상학적 철학개념에 따르면 그의 철학은 이원론이 아니다. 그 까닭은 그의 철학은 이데아의 인식을 통한 정신의 무편견적 인식을 시도하며, 정신의 무편견적 인식은 지향성에 대한 인식에 다름 아니며, 지향성 개념은 어떤 대상도 정신을 초월할 수 없고 정신에 내재함을 보여주기 때문이다. 따라서 지향성이 제대로 인식되면 V장에서 본 바와 같이 주관과 객관 사이의 그 어떠한 틈도, 즉 어떤 종류의 이원론도 성립되지 않는다. 따라서 그의 철학이 이원론으로 해석된다고 함은 그의 철학에서 지향성이 제대로 인식되지 않고 있음을 의미한다. 지향성의 인식을 완성하는 방법이 현상학적 환원인 바, 그 중에서도 초월론적 환원이다. 결국 그의 철학이 이원론 철학으로 해석되고 있다고 함은, 그의 철학에서 형상적 환원은 철저히 수행되었지만 초월론적 환원은 잠재해 있을 뿐 철저히 수행되지 않고 있음을 의미한다. 우리가 플라톤의 변증법도 현상학적이되, 그것에 현상학적 철저성이 결여되어 있어서 전적으로 현상학적이지는 않다고 말한 것은 바로 이것을 두고 한 말이다.

사실 플라톤의 철학은 그 개념상 이원론적 객관주의 철학일 수 없음에도 그렇게 해석될 소지가 분명히 있다. 그 소지는 그의 이데아 인식론, 즉 상기설이 영혼불멸, 영혼윤회와 밀접한 데 있다. 이것이 그의 변증법에 초월론적 환원이 잠재해 있을 뿐 철저하게 행해지지 않고 있음을 입증하는 단적인 예이다. 영혼불멸이라든지 영혼윤회는 분명 생동적인 우리 정신에 대한 현상학적 기술을 초월한 비현상학적 기술, 즉 형이상학적 전제이다. 이 점은 영혼이 지은 죄로 그것이 육체라는 감옥에 갇히고, 그 안에 갇힌 영혼은 죽음을 통해서 육체와 분리될 때 영혼과 이데아 사이의 틈이 없어지며 그때에서야 이데아에 대한 정확한 인식이 가능하다고 하는 데서 잘 나타난다. 이러한 비현상학적 기술로 해서 플라톤은 날개 달린 영혼을 가정하지 않으면 안 되었다. 이러한 가정들은 그의 변증법에 초월론적 환원이 잠재해 있을 뿐 철저하게 수행되지 않은 데서, 그에 따라 "의식 자체에서, 즉 순수 내재성에서 본질적으로 통찰될 수 있는 것 이외에는 아무 것도 요구하지 말라"[5]는 현상학의 원리가 철저하게 지켜지지 않은 데서 기인한다.

정신과 대상의 관계를 철저히 밝히는 초월론적 환원이 철저히 수행되면 플라톤과 같은 형이상학적 가정, 즉 비현상학적 기술을 가정하지 않고도, 따라서 죽음을 통해 영혼이 육체에서 분리되지 않아도 정신과 대상(이데아) 사이에 틈이 해소되며, 그 틈이 해소됨으로써 정신은 대상을 정확히(충전적

---

5) *Ideen I*, S.127.

으로) 인식할 수 있다. 그러나 우리가 Ⅵ장에서 보았듯이 후설의 경우도 그의 데카르트적 길에서는 사실 현상학적 환원, 특히 초월론적 환원이 철저히 수행되지 못하여 정신과 그 대상 사이에 틈이 개재된 인상을 많이 주었다. 심리학자의 길에서 그것이 철저히 수행되어서 그 틈이 메워진 성과를 올릴 수 있었는데, 그 증거를 우리는 환원의 과정에서 생활세계가 도입된 데서 볼 수 있었다. 앞서 말한 바와 같이, 후설에서 생활세계야말로 정신과 본질 사이의 틈을 메우는 개념이며, 그래서 그것은 현상학적 환원의 방법적 의미 실현에 결정적이다. 그러나 플라톤의 경우 적어도 『국가』에서 생활세계가 학적 사유의 대상으로 전혀 고려되지 않고 있으며, 이 점이 그의 변증법에 초월론적 환원이 잠재해 있을 뿐 철저히 수행되지 않고 있는 단적인 증거이다. 이로써 우리가 Ⅲ장에서 제시한 후설 현상학과 플라톤 변증법의 친근성이, 즉 그의 변증법은 현상학적이되, 현상학적 철저성이 결여된 까닭에 전적으로는 현상학적이지 않은 특성이 입증된 셈이다.

초월론적 환원이 철저하게 수행되지 않음으로써 그의 변증법은 형식 논리학적 직관이나 추론의 성격을 다소 지니게 되었다. 이 점은 그에게서 형식 논리학적 학문인 수학이나 기하학이 변증법의 기초학인 데서도 잘 나타난다. 우리는 Ⅳ장에서 서양에서 선험 심리학은 외견상 철학의 기초학으로 되어 있으나 그 실질적 기초학은 형식 논리학이나 수학임을 밝혔다. 우리가 보기에, 그런 결과는 플라톤의 변증법에 초월론적 환원이 잠재해 있을 뿐 그것이 철저히 수행되지 않은 데서 유래한다. 우리는 그것이 플라톤에서 철저하게 수행되지 않은 까닭은, 그가 그 순수 철학적 의미를 자각하지 못한 데 있을 것으로 추측한다. 그가 그것을 자각하지 못함으로 해서 그에게서 환원의 복잡한 과정들이 다뤄지지 않고 있으며, 그에 따라 의식과 세계의 철저한 고찰도 결여돼 있고, 그것의 결여로 해서 생활세계의 학적 의의도 망각되고 있다.

불행히도 플라톤 이후의 서양 철학자들은 그의 변증법에 잠재한 초월론적 환원의 순수 철학적 의미를 망각하였다. 그 결과 그의 변증법은 형식 논리학적 직관 또는 형식 논리학적 추론의 성격을 갖게 되어, 그후 서양 철학은 점차 실증주의적 방향으로 전개되어 마침내 오늘에 이르러 철학의 이념과 학적 의미를 실현할 수 없는 지경에 이르게 되었다. 서양 철학의 그 같은 방향에로의 전개에 결정적인 사상사적 사건이 근대의 태동과 함께 시작된 플라톤 사유의 방향전환이다.

필자는 다른 곳에서[6] 플라톤 사유의 방향전환과 그에 따른 서양 사유의 실증주의적 전개와 그것에서 야기되는 인간성 상실 현상을 플라톤 사유의 발전과정으로 해석한 바 있는데, 그때의 플라톤 사유는 그의 변증법에 잠재된 초월론적 환원의 의미가 망각된 사유이다.

3) 과학자의 길을 초월하는 현상학자의 길

우리는 V장에서 현상학자(철학자)와 과학자는 서로 맞은편에 선다고, 즉 철학자는 세계 초월적 지평에 서고, 과학자는 세계 내적 지평에 선다고 말한 바 있다. 우리는 그 까닭을 VI장에서 그들이 가는 학적 길의 방향이 다른 데서 찾았다. 철학자와 과학자는 공히 생활세계에서 출발하되, 철학자의 길은 객관적인 것을 주관(정신)적인 것에로 환원하는 길인 데 비해, 과학자의 길은 그 반대 방향, 즉 주관적인 것들을 배제하는 객관화, 이념화하는 길이다. 현상학은 그들의 길이 이렇게 다름을 보여준다. 이 점은 우리가 후설의 현상학적 철학의 고전적 전형으로 간주한 플라톤의 철학에서도 볼 수 있다. 플라톤에서도 철학자의 길은 환원의 길이다. 물론 그의 환원은 후설에 비하면 다소 조잡한데, 조잡한 그 환원의 길이 그의 변증법이다. 우리는 그의 변증법이 후설의 현상학적 환원의 특성을 지니고 있을 뿐만 아니라, 또한 그런 특성을 지니기에 그것은 과학자의 길인 추론적 사유와 구별됨도 밝혔다.

플라톤과 후설에서 환원으로 특징지어지는 철학자의 길, 즉 변증법적 길과 현상학적 길은 공히 세계 초월적 길이다. 철학자가 이 길의 종극에 다다른 곳은 초월론적 지평인 바, 그 지평은 플라톤의 경우 동굴 밖의 곳, 즉 선의 이데아이며, 후설의 경우는 시간성으로 구성된 초월론적 주관, 즉 생동적으로 흐르는 현재이다. 세계와 그 속의 모든 것이 그곳에 지향적으로 내

---

6) 여종현, 「제일철학과 역사의 향방 : 역사철학의 현상학적 정립을 위한 서론적 논의」(『역사와 현상학』, 한국현상학회, 1999. 2).

재한다. 이에 그곳은 지향적, 즉 현상학적 내재이다. 그곳에 다다르는 길이 과학자의 길과는 반대방향이기 때문에 그곳은 과학자에게 전혀 생소할 뿐만 아니라, 그의 길로써는 비록 "모든 실증과학이 아무리 대성공을 거두었다고 해도 원리적으로 그곳에 도달할 수 없는 세계의 참된 존재 의미가 포함되어 있는" 곳(Da)이다. 물론 세계를 지향적(초월적)으로 포함하는 그곳은 세계보다 훨씬 크다.

앞서 밝혀진 바와 같이, 플라톤 이후 서양 철학자들은 그의 변증법에 잠재한 초월론적 환원의 순수 철학적 의미를 망각한 고로, 그의 변증법을 형식 논리학적 직관 또는 형식 논리학적 추론의 성격으로 이해, 계승하여 그 후 서양 철학은 점차 실증주의적 방향으로 전개되었다. 그의 변증법적 사유의 그러한 전개는 근대를 기점으로 심화되었다. 원래는 과학자의 길과 완전히 구별되는, 그래서 과학과 완전히 구별되는 철학의 이념과 그 학적 의미를 실현하는 철학자의 길인 변증법이 그것에 잠재된 순수 철학의 방법적 의미, 즉 초월론적 환원의 의미가 근대를 기점으로 완전히 망각됨에 따라(물론 앞서 본 바와 같이 그 이전에도 또 플라톤에서도 그 의미가 완전히 실현되지는 않고 있었지만), 이제 철학은 과학과 같은 방향의 길을 걷게 되었다. 우리는 이 점을 Ⅳ장에서, 특히 칸트를 다루는 부분에서 볼 수 있었다.

그러나 근대에 철학은 사실만을 탐구하는 과학과 같은 방향의 길을 감에도 여전히 과학과는 다른 문제, 즉 사실 이상의 문제, 말하자면 철학 본연의 문제라 불리는 초월론적 문제를 풀려고 하였다. 철학이 그 문제를 풀자면 응당 과학과 다른 길을 가야 한다. 그러나 근대 철학은 과학과 같은 방향을 가면서도 그 본연의 문제를 풀려고 했으니, 그것은 온전한 철학의 형태를 지닐 수 없었고, 철학이라고 불리기에는 어정쩡한 형태, 즉 초월론적 심리학주의를 면할 수 없었다.

근대 철학이 나아간 과학의 길은 객관적 합리주의이다. 우리는 흔히 근대를 이성의 시대라 부른다. 근대 이성은 중세를 붕괴시킨 위대한 이성으로 불리며, 그것을 위대하게 해준 길이 바로 객관적 합리주의의 길이다. 물론 그 위대한 이성도 역시 중세적 이성에 의해서 상실된 철학의 학적 의미 실현, 즉 휴머니즘의 본래적 의미 회복이라는 부푼 꿈을 안고 출발하였다. 그러나 그것은 객관적 합리주의에로 발걸음을 내딛는 순간 그 근원적 의미가 탈은폐되는 그 출발점, 즉 그 근원 지반인 생활세계를 망각하였다. 이것을 망각하는 순간 그것은 그 길을 잘못 들기 시작했고, 그에 따라 신뢰성을 상실하기 시작하였다.

따라서 중세를 붕괴시킨 근대의 위대한 이성은 중세적 이성에 의해 상실된 휴머니즘의 본래적 의미를 회복하려는 순간 불행히도 객관적 합리주의라는 오도된 길을 감으로써, 그리고 그 길로 점점 멀리 나아가 마침내 그 길의 극단에 이른 오늘의 경제 합리주의 시대 인간을 경제동물로 타락시켜 단순한 기술인, 기능인 양성을 사실상 인간성 교육의 이념으로 삼음으로써 인간의 인간성, 인간의 존엄성을 형성하고 있는 정신 자체를 완전히 탈가치화하는 점증하는 인간성의 위기, 특히 그 위기 자체를 망각하는 그야말로 극단의 인간성 위기를 야기하였다. 이에 그것은 철학의 본연의 학적 의미를 완전히 상실하였다. 인간 삶의 핵을 구성하는 이성이 길을 잘못 가서 원래의 자기의 길을 망각한 데서 유래하는 그 위기가 얼마나 심각한지는 자기 출생(근원)을 모르는 방황하는 사생아의 모습을 떠올리면 가히 짐작이 간다.

현대의 위기를 극복하자면 철학 본연의 학적 의미를 회복하여야 하거니와, 이성이 그것을 회복하자면 길을 잘못간 그것이 원래 길로 돌아가야 한다. 이성이 그것에로 되돌아가는 것은 생활세계에로 나아가서 거기서 순수주관성의 본질에 관한 학인 현상학적 심리학을 정초하고, 이 학을 초월론적 현상학으로 순화시킴으로써 완성된다. 그 이성이 초월론적 현상학 안에서 초월론적으로 순화될 때 철학의 학적 의미 실현의 이론적 토대가 마련된다는 것이 이 책의 요지이다. 그 토대를 마련하는 방법이 현상학적 환원이다.

따라서 현상학적 환원은 근대의 객관주의적 세계에 대한 철저한 경험을 통해 근대적 세계의 모순과 그 모순을 인도한 근대 이성의 불합리성을 드러내어 해소하는 것으로 특징지어진다. 환원에 의해 모순이 해소된 이성은 세계에 속하는 것, 즉 심리학적 주관이 아니라 철학적 주관, 즉 세계 외적이면서도 세계를 지향적으로 그 품에 안는 초월론적 주관성이다. 우리는 이 이성이 항상 현재의 형식으로만 생동적으로 흐르는 지평을, 즉 현재의 형식으로만 흐른다는 점에서 흐르면서도 흐르지 않는, 그 안에 무수한 체험들과 시간들이 선(先) 구성되어 내재하는 경이로운 현재의 지평을 가짐을 보았다. 이러한 현상학적 이성을 후설은 객관적 이성이 지니고 있는 부분적 · 일면적·상대적 합리성에 대비되는 보편적·절대적·전체적·궁극적 합리성으로 파악한 것이다. 이러한 현상학적 이성은 객관적 이성에 의해 왜곡, 곡해된 인간의, 인간 삶의, 세계의, 객관과학의, 객관적 진리의 참된 존재 의미가 밝혀지는 곳이다. 따라서 그곳은 진리 자체가 현출하는 곳이다. 그곳에서 인간의 본질이 규정된다. 인간은 그곳에로 돌아갈 때 진리 자체와 방금 언급된 것들의 참된 존재 의미를 깨달을 수 있으며, 그때에 철학의 학적 의미 회복이 가능하다. 즉 그곳에로 돌아갈 때 정신의 본질을 왜곡하여 휴머니즘을 난파한 근대의 객관주의를 극복하는 진정한 주관주의가 가능하다. 물론 객관주의의 극복은 그것 자체를 부정하고 타파하는 것이 아니라 그것을 그 나름대로 인정하면서 인간의 삶에 대한 그것의 참된 존재 의미를 밝히는 것이다. 여러 차례 언급되었듯이, 그 극복 역시 현상학적 판단중지를 통해서 가능하다. 그 까닭은 "판단중지를 통해 주관의 상관자(객관)가 제시되고 이를 통해 객관적 존재의, 따라서 모든 객관적 진리의 완전하고도 참된 존재 의미가 밝혀지기"[7] 때문이다.

그러나 그 안에서 비로소 객관주의가 극복되고 휴머니즘의 본래적 의미 회복이 가능한 현상학적 이성에로 돌아가는 것은 결코 쉬운 일이 아니다. 내가 가진 모든 것, 내가 사는 세상을 떠나야, 다시 말하면 세상과 연을 끊는 종교적 결단에 상응하는 현상학적 환원의 결단이 필요하다. 환원은 존재(진리) 자체와 그것이 현출하는 곳에로 나아가는 고난과 고독의 길이다. 그러나 그 고난과 "고독은 현실적으로 철저한 철학을 위한 방법론적 기초요구이다."[8] 따라서 보다 더 철저한 철학을 위해서는 더 철저한 고독이 요구된다. 우리는 그런 고난과 고독을 플라톤의 『국가』에서 현상학자에 비유되는 소크라테스가 암흑의 동굴에서 그 밖의 태양(선의 이데아)과 그 빛의 세계로 가는 데서 볼 수 있다. 그러나 그 길을 무사히 통과하는 순간 그는 강렬한 밝음(진리 자체)의 빛을 받거니와, 그것을 받자마자 그는 오랫동안 어두운(비진리) 세상 삶에 익숙한 관계로 시력을 상실하여 얼마 후 다시 시력을 회복하듯이 현상학자도 "처음에는 수술로 내장 눈을 뜨게 되어서 이제 보는

---

7) *Krisis*, S.179. ( )와 그 안의 내용은 필자의 삽입임.
8) *Ibid.*, S.189.

것을 배우기를 본격적으로 시작해야만 하는 맹인과 유사한 처지"[9]에 있다.

플라톤의 『국가』의 소크라테스가 그후에 태양과 그 빛의 세계에서 철학의 학적 의미를 실현하기 위해 다시 동굴 안의 세계로 되돌아오듯이 현상학자 역시 세계가 그 속에 초월론적 현상으로 담겨 있는 초월론적 자아의 지평을 이해하고 다시 자연적 세계로 되돌아온다. 이렇게 하여 세상과의 모든 연을 끊은 현상학자는 다시 세상으로 "전과 같이 — 그러나 전과 전적으로 같지는 않게"[10] 되돌아온다. 현상학자로서의 나가 세상으로 되돌아오되 전과 전적으로 같지는 않게 되돌아온 까닭은, "모든 새로운 초월론적 발견은 자연적 태도에로 귀환함으로써 나의 영혼의 삶과 다른 모든 사람의 영혼의 삶을 풍요롭게 하기 때문이다."[11] 이렇게 볼 때, 현상학자가 환원을 통하여 "모든 것을 포기하는 것은 곧바로 모든 것을 획득하는 것이며, 철저한 세계단념은 궁극적으로 참된 현실성을 바라다보고 또한 궁극적으로 참된 삶을 사는 필연적인 길"[12]이며, 그 참된 "나의 삶을 조망하는 것은 … 세계를 조망하는 것이다."[13] 따라서 후설의 현상학적 환원은 인간다운 삶을 조망하는 인간의 겸허한 자기 반성(인식), 즉 "진정한 너 자신을 알라"[14]는 현대판 소크라테스적 외침이기도 하다.

현상학적 환원이라는 철학 본연의 방법을 통해 인간을 그 본질이 규정되는 현상학적 이성 안에 되돌려 놓으려 함으로써, 근대라는 기나긴 역사적 시대의 철학적 모순으로 야기된 위기의 인간성을 새롭게 건립하려는 후설의 철학적 태도는 진부한 것이 아니라 인간의 물상화 현상이 심화되는 오늘날 절실히 요구된다. 바로 여기에 철학의 학적 의미가 있고 그 존재 의미가 있다.

---

9) *EPh II*, S.122.
10) *Krisis*, S.214.
11) *Ibid.*
12) *EPh II*, S.166.
13) *Ibid.*, S.157.
14) *Ibid.*, S.121.

3. 심물(心物)의 인식론적 차이에서 그 존재론적 차이에로의 이행에서 실현되는 현상학적 환원의 방법적 의미

1) 후설 초월론적 현상학의 이념 : 심물의 존재론적 차이의 완성

결론의 서두에서 본 바와 같이, 철학의 학적 의미 실현의 문제는 철학 본연의 방법적 의미 실현의 문제로 귀결되며, 현상학에서의 철학 본연의 방법적 의미 실현의 문제는 현상학적 환원의 방법적 의미 실현의 문제로 귀결된다. 현상학적 환원의 방법적 의미가 실현되지 않을 때, 철학의 실증학화가 야기된다. 철학이 실증학화될 때, 철학은 정신의 본질을 왜곡, 곡해하게 되고, 그때 철학은 그 학적 의미를 상실하며, 그것의 상실은 곧 인간 삶의 위기로 이어진다. 우리는 이러한 일련의 현상들을 이 책에서 분명히 보았다. 사실 이 책은 철학 본연의 방법적 의미가 실현되지 않을 때 그러한 현상들이 발생할 수 있음을 입증한 것이기도 하다.

우리는 철학 본연의 방법적 의미가 실현되지 않음으로 해서 철학이 그 학적 의미를 상실한 단적인 예를 근대 철학적 사유 양식, 즉 실증주의적 사유 양식에서 보았다. 철학 본연의 방법적 의미를 실현하자면 철학은 실증학적 길과 반대 방향으로 나아가야 한다. 그럼에도 근대 철학은 실증학과 같은 방향으로 나아감으로써 철학 본연의 방법적 의미를 실현하지 못하였다.

철학 본연의 방법적 의미가 실현될 때 주관(정신)과 주관외적 사물들은 구별된다. 주관과 주관 외적 사물들이 구별될 때 정신의 본질이 왜곡, 곡해되지 않은 채 인식되며, 그 경우에 철학의 학적 의미가 실현된다. 그렇다면 혹자는 근대 철학도 주관과 주관외적 사물들을 구별하고 있으며, 따라서 근대 철학에서도 철학 본연의 방법적 의미가 실현되었다고 하면서 근대 철학에서 철학 본연의 방법적 의미가 실현되지 않고 있다고 한 우리를 논박할 것이다.

물론 근대 철학, 특히 데카르트와 칸트의 철학은 주관을 초월자로 보고 주관 외적인 사물들은 초월자로 보지 않는다. 그렇게 함으로써 그것은 주관과 주관 외적 사물들을 구별한다. 사실 근대 철학에서 주관과 주관 외적 사물들은 구별된다. 그러나 근대 철학에서의 그 구별은 철저하지 못하다. 그 까닭은 근대 철학에서의 그 구별은 순전한 철학적 구별, 즉 존재론적 구별이 아니고 인식론적 구별이기 때문이다. 인식론적 초월자와 존재론적 초월자는 구별되어야 한다. 근대 철학에서 문제는 주관이 존재론적 초월자가 아니라 인식론적 초월자라는 데 있다.

근대 철학에서의 주관이 인식론적 초월자라는 것은, 그것이 주관을 인식론적 관점에서 탐구했음을 의미한다. 주지하듯이, 실증학은 주관 상대성이 배제된 사물의 객관적 인식을 추구한다. 이러한 실증학적 인식의 가능성의 조건을 밝히는 것이 인식론의 주요 과제이다. 근대 철학이 인식론의 관점에서 주관을 탐구하게 된 것도, 그것이 실증학과 같은 방향을 간 데서 유래하는 당연한 귀결이다. 하여튼 근대 철학은 주관을 인식론적으로 탐구함에 따라 주관을 사물의 객관적 인식의 가능성의 관점에서 탐구하지 않을 수 없었다. 그 결과 근대 철학에서 주관은 사물의 객관적 인식을 가능하게 하는 조건들의 담지자로 규정되었다. 주관이 그렇게 규정됨에 따라 그것은 사물적으로 객관화되었다. 주관이 사물적으로 객관화됨에 따라 그것은 사물적인 존재 양식을 취하게 되었으며, 그런 양식을 취하는 데서 그것은 사물화, 자연화되었다. 그것이 사물화, 자연화됨에 따라 그것은 사물과 완전히, 철저히 구별되지 않았다.

위의 논의는 정신이 사물과 철저히 구별되자면 정신이 사물적 존재 양식을 완전히 벗어나야 함을 함축하고 있다. 정신이 사물적 존재 양식을 완전히 벗어나자면 사물들과 존재론적으로 구별되어야 한다. 그럴 때 양자는 철저하게 구별된다. 그리고 정신이 사물과 철저히 구별될 때, 철학의 이념, 즉 사물성이 철저히 배제된 정신 자체의 인식 혹은 정신의 순수한 자기 인식이 실현될 수 있다. 또한 그것이 실현됨으로 해서 인간다운 인간성의 회복이라는 철학의 학적 의미도 실현될 수 있다. 근대 철학에서는 그 양자가 철저히 구별되지 않기 때문에, 즉 존재론적으로 구별되지 않기 때문에 철학의 학적 의미가 실현될 수 없었다.

그러나 앞서 말한 바와 같이 근대 철학에서 정신과 사물은 존재론적으로는 구별되지 않지만 인식론적으로는 구별된다. 그러면 우리는 근대 철학이 정신과 정신 외적 사물들을 인식론적으로 구별하고 있는 증후를 어디서 볼 수 있는가? 우리는 그것을 근대 철학이 정신은 인식하는 자(자기를 인식하는 자), 즉 인식의 주체이고 정신외적 사물은 인식할 수 없는 자(자기를 인식할 수 없는 자), 즉 인식의 객체라고 하는 데서 볼 수 있다. 정신이 사물을 인식하자면 우선 그것은 사물을 객관화해야 하며, 사물의 객관화는 정신이 사물을 초월할 때 가능하다. 이에 근대 철학에서 정신은 초월자이다. 그러나 근대 철학에서 정신은 사물을 초월하되, 인식론적으로만 초월할 뿐 존재론적으로 초월하지 못하고 있다. 근대 철학에서 정신이 인식론적 초월자이고 존재론적 초월자가 아닌 까닭이 여기에 있다. 결국 근대 철학은 정신을 인식론적 초월의 지평에서 탐구할 뿐 존재론적 초월의 지평에로까지 나아가서 탐구하지 못하고 있다. 이것이 근대 철학에서 주관이 철학적 주관, 즉 초월론적 주관에로 상승하지 못하고 심리학적 주관에 그치는 결정적 이유이다. 우리는 근대 철학을 초월론적 심리학주의라고 했는데, 이제 우리는 초월론적 심리학주의를 정신과 사물을 인식론적으로만 구별할 뿐 존재론적으로 구별하지 못하는 철학, 따라서 존재론적 초월자에 미치지 못하고 겨우 인식론적 초월자에 머물러 있는 철학으로 규정할 수 있겠다. 인식론적 초월자에 머무는 철학에서 자연적 태도 위에선 초월론적 철학이라는 모순이 일어난다.

우리는 방금 근대 철학에서 정신과 정신 외적 사물은 인식론적으로만 구별될 뿐 존재론적으로 구별되지 않는다고 하였는데, 우리는 그 점을 근대 철학에서 주관이 자연과 대등하게 병존하면서도 서로 구별되는 것으로 규정된 데서 볼 수 있었다. 우리는 VI장에서 근대 철학에서 정신과 자연의 관계가 그러함을 상론하였다. 주관이 자연과 대등하게 병존한다고 함은, 주관과 자연이 존재론적으로 구별되지 않음을 의미하고, 그렇게 병존함에도 양자가 서로 구별된다고 함은, 양자가 구별은 되지만 철저하게 구별되지 않음, 즉 인식론적으로 구별될 뿐 존재론적으로 구별되지 않음을 의미한다. 양자가 존재론적으로 구별되지 않음으로 해서 근대 철학에서 주관은 사물적 의미를 지니게 되었고, 그로 해서 근대 철학은 주관의 본질, 즉 지향성을 망각한 것이다.

후설은 데카르트가 방법적 회의를 통해 초월론적 자아를 매우 어렵게 이끌어냈지만 그 의미를 제대로 몰랐다고 말하거니와, 우리가 볼 때 그가 그 의미를 제대로 알 수 없었던 요인은, 그가 사물과 주관의 인식론적 차이만 알았을 뿐 그 존재론적 차이를 알지 못한데 있다. 물론 그가 그 존재론적 차이를 제대로 알지 못한 요인은 후설이 말한 대로 그가 "근대 객관주의에 지나친 관심"을 가진 데 있다.

여러 차례 언급되었듯이, 철학의 이념과 그 학적 의미는 정신 자체에로 돌아가서 정신의 순수한 본질, 즉 지향성을 완전히 인식할 때 실현된다. 후설 현상학에서 지향성의 인식을 완성하는 방법이 현상학적 환원이다. 또한 우리는 지향성의 완전한 인식은 정신과 정신외적인 사물이 철저히 구별될 때, 즉 존재론적으로 구별될 때 가능하다고 말하였다. 따라서 우리의 이 말에 의하면 후설이 현상학적 환원을 통하여 초월론적 현상학을 확립하려는 작업은 정신과 사물의 존재론적 차이를 완성하려는 작업에 다름 아니다. 그렇다면 그의 현상학적 환원의 방법적 의미도 정신과 사물의 존재론적 차이가 완성될 때 실현되는 셈이다. 결국 그의 초월론적 현상학은 정신과 사물의 존재론적 차이를 완성하는 것을 그 이념으로 한 셈이다. 따라서 그의 초월론적 현상학에서 철학 본연의 학적 의미는 그 구별이 완성될 때 실현되는 셈이다.

물론 후설에서 초월론적 현상학의 이념 실현, 즉 정신과 사물의 존재론적 차이의 완성은 자연적 자아가 초월론적 자아로 환원될 때, 다시 말하면 자연적 세계가 초월론적 자아의 지향적 대상으로 환원될 때 가능하다. 따라서 후설에서 정신과 사물이 존재론적으로 완전히 구별되는 경우, 그래서 철학의 학적 의미가 실현되는 경우는 정신이 세계를 완전히 초월할 때이다. 우리는 이를 그의 현상학적 환원이 완료된 Ⅶ장에서 분명히 볼 수 있었다. 즉 Ⅶ장에서 우리는 초월론적 환원이 완료된 연후에 세계를 완전히 초월한 자아에 도달하였거니와, 그것은 잠시도 쉬지 않고 부단히 세계를 공허하게(수동적으로, 선) 구성하고 있다.

항상 세계를 그렇게 구성하고 있는 그것은 과거와 장래의 방식으로 존재할 수 없고 과거와 장래를 자신 속에 지니면서 항상 현재의 형식으로만 존재하며, 그래서 그것은 흐르지 않지만 그러나 항상 새로운 현재를 형식으로 한다는 점에서 부단히 생동적으로 흐르는 현재로 존재한다. 이런 현재가 초월론적 자아의 영역이거니와, 이 영역이 세계 외적이면서도 그 안에 세계를 지향적(초월론적)으로 포함하는 현상학적 이성의 영역이다. 우리는 이 영역이 순수 수동적인 파지 예지의 공허한 음영적 위상들로 구성되어 있음을 보았다. 그 영역이 그렇게 구성되어 있기 때문에 그것은 완결적·폐쇄적이지 않고 항상 개방적·생동적이다.

생동하는 현상학적 이성의 영역, 즉 생동적으로 흐르는 현재의 지평에 세계 내 대상들의 주관적인 소여성 방식들이 순수 수동적으로, 즉 선구성되어 있다. 선구성된 그 소여성 방식들의 공허성은 자아의 지향(초월, 구성, 충족) 작용에 의해 지향대상으로 구성됨(충족)으로써 그 존재 의미를 지닌다. 그러나 지향작용과 지향대상들은 생멸부침하는 데 반해 그것들을 선구성하는 초월론적 자아는 그것들처럼 생성소멸하지 않는다. 또한 생동하는(초월적) 자아의 흐름과 그 내용은 능동적 작용에 의해 변화되거나 중지되지도 않으며, 오히려 그 흐름과 흐름의 내용에 의해 능동적인 의식작용이 선구성된다. 따라서 구성하는 자아, 즉 정신과 그것에 의해서 구성된 것들, 즉 사물들은 존재 방식이 다르다. 여기서 우리는 후설이 지향성의 인식의 완성으로 표현한 그의 초월론적 현상학의 이념이 정신과 사물의 존재론적 차이를 완성하는 것으로 귀결됨을 다시 볼 수 있다.

후설의 초월론적 현상학이 심과 물의 존재론적 차이의 완성을 그 이념으로 한다면, 현상학적 심리학은 심을 물과의 존재론적 차이에서 인식하는 학으로 규정될 수 있다. 심의 그러한 인식이 완성되었을 때 현상학적 심리학은 초월론적 심리학, 즉 초월론적 현상학으로 승화됨은 물론이다. 그렇다면 우리가 초월론적 진리와의 상관관계에서 심의 인식을 시도하는 학으로 규정한 철학, 즉 초월론적 심리학은 이제 심과 물의 존재론적 차이를 완성하는 학으로 규정될 수 있겠다.

우리는 현상학적 환원의 방법적 의미의 실현에서, 즉 자연적 정신이 초월론적 정신으로 환원됨에 있어서, 다시 말하면 자연적 세계가 초월론적 정신의 지향대상으로 환원됨에 있어서 생활세계가 결정적 의미를 지님을 보았다. 그런데 앞서 본 바와 같이, 현상학적 환원의 방법적 의미는 심과 물의 존재론적 차이를 완성하는 데서 실현되는 이상, 결국 생활세계가 심과 물의 존재론적 차이를 완성하는 데 결정적 의미를 지니는 셈이다. 이에 우리는 생활세계를 존재론적 세계로 본다. 따라서 생활세계가 확보되지 않고서는 심과 물의 존재론적 차이가 인식될 수도, 그 인식이 완성될 수 없다. 우리는 이를 근대 철학에서 여실히 볼 수 있었다. VI장에서 본 바와 같이, 근대 철학은 한결같이 생활세계를 망각하고 인식론적(실증학적) 세계, 즉 객관주의적(원자론적 · 기계론적) 세계에서 출발한다. 그런 까닭에, 근대 철학은 심과 물의 인식론적 차이에 머물러 있을 뿐, 그 존재론적 차이로 나가지 못하였다. 또한 우리는 근대 철학은 초월론적 철학이 아니고 초월론적 심리학주의, 주관주의의 철학이 아니고 객관주의 철학이라고 말하였거니와, 그것이 그렇게 불리는 까닭도 심과 물의 존재론적 차이로까지 나아가지 못하였기 때문이다. 여기서 우리는 초월론적 철학, 주관주의 철학은 심과 물의 존재론적 차이로 철저하게 나아갈 때 가능함을 다시 볼 수 있다.

이제 우리는 현상학과 근대 철학의 가장 큰 차이점은 전자가 심과 물의 인식론적 차이를 넘어 그 존재론적 차이로까지 나아갔다면 후자는 여전히 그 인식론적 차이에 머물러 있는 데 있으며, 또한 전자가 존재론적 세계, 즉 생활세계에서 철학적 사유를 시작한 반면 후자는 인식론적 세계, 즉 객관주의적 세계에서 철학적 사유를 시작한 데 있다고 할 수 있겠다. 그러나 우리가 보았듯이, 후설도 실은 전기, 즉 데카르트적 길에서는 아직 심과 물의 존재론적 차이로 나아가지 못했으며, 그에 따라 아직 생활세계에서 철학적 사유를 시작하지 못했다. 그 결과 그 길에서의 그의 초월론적 현상학은 근대 철학과 같은 초월론적 심리학주의, 즉 자연적 태도 위의 초월론적 철학이라는 오해를 받기 쉬웠다. 그 오해를 불식하기 위해 그는 현상학적 환원의 형태를 변경하여 심화시켰으니, 변경된 그 환원의 길이 심리학자의 길이다. 우리가 보건대, 이 길은 심과 물의 존재론적 차이를 완성하는 길이다. 그 차이를 완성하기 위한 예비단계에서 그가 발견한 것이 존재론적 세계개념, 즉 생활세계와 그 내면성에 관한 학, 즉 현상학적 심리학인 것이다.

우리가 볼 때, 심리학적 길 이전에, 즉 그의 현상학이 창시되는 그 순간에 이미 그의 현상학적 환원은 심과 물의 존재론적 차이를 완성하는 방법적 의미를 지니고 있었다. 그러나 그는 그 점을 알지 못했다. 그래서 그의 현상학적 사유는 시행착오를 겪지 않으면 안 되었다. 그는 시행착오를 거치는 중에 심리학자의 길을 갔으며, 그 길을 가는 중에 심과 물의 존재론적 차이를 드러내고 있었다. 그러나 그는 그것을 드러내고 있으면서도 그것을 드러내고 있다는 그 점을 자각하지 못하였다. 그 결과 그는 심과 물의 존재론적 차이를 그의 현상학적 사유의 주제로 다루지 못하였다. 그로 해서 그는 그가 말하는 현상학의 이념은 심과 물의 존재론적 차이가 철저히(완전히) 인식될 때 실현된다는 점을 자각하지 못하였다. 그의 초월론적 현상학의 진정한 이념이 심과 물의 존재론적 차이의 완성이라는 것은 그의 현상학에 대한 우리의 해석이다.

후설이 주제적으로 다루지 못했던 점, 즉 현상학적 환원이 심과 물의 존재론적 차이를 완성하는 방법임을 자각하여 현상학적 사유의 주제를 존재사유, 즉 심과 물의 존재론적 차이의 완성으로 본 이는 하이데거이다. 그래서 그는 후설이 나중에서야 그의 현상학적 사유의 출발점으로 발견한 생활세계, 즉 주변세계를 처음부터 그의 철학적 사유의 출발점으로 삼을 수 있었다. 하이데거도 심과 물의 존재론적 차이의 완성을 그의 철학적 사유의 주제로 함으로써 그의 철학은 초월론적 심리학주의로 전락되지 않음은 물론 전통 철학의 한계, 즉 초월론적 심리학주의를 극복할 수 있었다.

현상학적 철학이 심과 물의 존재론적 차이를 완성하여 철학의 학적 의미를 회복하려는 학이라면, 우리가 현상학적 철학으로 규정한 플라톤의 변증법적 철학도 역시 심과 물의 존재론적 구별을 시도한 철학이라고 할 수 있다. 그러나 그의 변증법에 현상학적 철저성이 결여되어 있는 데서 볼 수 있듯이, 그의 철학에는 그 구별이 잠재되어 있을 뿐 확연히 드러나지 않고 있다. 그 대신 그의 철학에는 심과 물의 인식론적 차이가 드러나기 시작한다. 앞서 지적되었듯이, 그 후대 서양 철학자들은 그의 변증법에 함축된 현상학(철학 본연)의 방법적 의미를 몰랐기 때문에 그의 철학에 잠재된 심과 물의 존재론적 구별을 드러내지 못하고 그 인식론적 구별을 계승하여 그것을 점차 명료하게 드러내어 왔다. 실로 서양 철학사는 플라톤을 기점으로 보면, 그의 철학에 잠재된 심과 물의 존재론적 구별이 점점 은폐되고 그 인식론적 구별이 점점 명료하게 드러나는 역사라고 할 수 있다. 그러다가 후설의 현상학이 창시됨으로써 그 존재론적 구별이 드러나기 시작하고, 그렇게 드러난 그것을 하이데거가 비로소 주제적으로 다루게 되었다. 따라서 서양 철학에서 진정한 의미의 철학적 전환은 데카르트적 사유에서가 아니라 심과 물의 인식론적 구별에서 그 존재론적 구별에로의 이행이 시작되는 현상학적 철학에서 비로소 일어난 것이다.

2) 초월의 길과 실존의 길

하이데거가 심과 물의 존재론적 차이를 학적으로 완성하려는 야심에서 저술한 그의 최초의 책이 그 유명한 『존재와 시간』이다. 그 차이를 완성하는 그의 방식은 후설과 다소 다르다. 그 결정적인 차이점은 자아(심)와 세계의 관계에서 나타난다. 즉 그것은 후설에서 세계는 자아에로 환원되어야 할 대상이지만, 하이데거에서 세계는 자아에로 환원되어야 할 대상이 아니라는 데 있다. 이 차이는 후설에서 세계는 자아의 구성틀이 아니고 하이데거에서는 세계가 자아의 구성틀인 데서 유래한다. 이런 차이로 해서 후설에서 자아와 물의 존재론적 차이는 자아가 세계를 초월하는 데서, 즉 세계를 그 지향대상으로 환원하는 데서 나타난다. 따라서 후설에서 자아의 존재론적 초월은 자아의 세계 초월로 가능하다.

이제 후설에서 존재론적 초월자는 자아이며, 자아의 이 초월은 자아의 세계 초월로 가능한 것으로 밝혀졌다. 물론 하이데거에서도 존재론적 초월자는 자아이다. 그러나 그에게서 자아의 존재론적 초월은 자아의 세계 초월로 가능하지 않다. 그 까닭은 그에게서 세계는 자아를 구성하는 틀이므로 자아는 본질적으로 세계-내 존재이며, 그렇기 때문에 자아는 그 본성상 세계를 초월할 수 없기 때문이다. 이렇게 하이데거에서 자아가 세계를 초월하지 않음에도 불구하고 그것이 사물들과 존재론적 차이를 가지는 것은, 그에게서 세계는 존재론적으로 사물들을 초월해 있으며, 바로 그러한 세계에로 자아가 이미 초월해 있기 때문이다. 결국 하이데거에서 심과 물의 존재론적 차이는 세계-내-존재와 사물들의 존재론적 차이로 나타난다.

따라서 후설과 하이데거의 심과 물의 존재론적 차이를 완성하는 방법의 결정적인 차이점은 세계를 자아와 같은 초월자로 보느냐 보지 않느냐에 있다. 후설은 세계를 그것과 같은 초월자로 보지 않기 때문에 세계는 그것에로 환원되어야 할 대상이다. 그것이 자아에로 완전히 환원될 때 심과 물의 존재론적 차이가 완성된다. 그리고 세계가 그것에로 완전히 환원될 때는 자연적 심이 세계를 완전히 초월할 때, 즉 자연적 심이 초월론적 심에로 환원될 때이다. 이 점에 주목하여 우리는 후설에서 심과 물의 존재론적 차이를 완성하는 길을 초월의 길로 지칭한다. 반면 하이데거에서 세계는 자아와 같은 초월자이기 때문에 세계는 자아에로 환원될 필요가 없다. 물론 하이데거에서 세계는 존재론적으로 그 내부의 사물들을 초월해 있으며, 이 때문에 세계는 사물들과 존재론적으로 구별된다. 자아는 바로 이러한 세계를 그 구성틀로 하기 때문에 세계-내-존재이다. 따라서 하이데거에서 심과 물의 존재론적 차이의 완성은 우선 자아를 세계-내-존재로 보는 데서 가능하고, 그 다음 그 세계-내-존재를 해석함으로써 가능하다. 하이데거는 세계-내-존재를 그 본질로 하는 자아의 양식을 실존으로 표현한다. 따라서 하이데거에서 심과 물의 존재론적 차이를 완성하는 길은 실존(탈존)의 길로 불린다. 하이데거는 세계를 그 구성틀로 하는 자아는 서양의 전통적 사유 개념으로써는 표현될 수 없으며, 그럼에도 그것으로 표현되면 그것은 왜곡, 곡해된다고 본다. 그래서 그는 그것을 심(의식, 주관, 이성)이라는 전통적 사유 개념 대신에 현존재로 표현한다. 그러나 후설은 여전히 전통적 개념을 그대로 사용한다. 이 점이 또한 후설과 하이데거의 차이점이라고 하겠다.

이상의 논의로 보건대, 실증주의에 의해 상실되는 철학의 학적 의미 회복은 심과 물의 인식론적 차이에서 존재론적 차이에로 이행하여 그 차이를 완성함으로써 가능하다. 그 차이를 완성하는 방법이 현상학이다. 그러기에 우리는 현상학적 철학에서 비로소 실증주의에 의해 상실된 철학의 학적 의미가 회복될 수 있다고 본 것이다. 물론 우리가 방금 후설과 하이데거에서 본 바와 같이, 현상학에서도 그것을 완성하는 길은 여러 가지가 있을 수 있다.[15]

3) 후설의 초월론적 현상학을 승화시킬 새 길 찾기

우리는 앞서 후설의 초월론적 현상학에는 노에마들의 노에마, 즉 초월론적 진리가 제시되지 않고 있다고 하였다. 그것은 초월론적 자아와 지향적으로 상호 공속한다. 그러므로 초월론적 자아는 그 상관자인 초월론적 진리를 통해서, 초월론적 진리 역시 그 상관자인 초월론적 자아에 의해서 탈은폐된

---

15) 필자는 후설의 초월의 길과 하이데거의 실존의 길의 차이점을 상세하게 밝힌 바가 있는데, 이 점에 대해서는 앞의 필자의 박사학위 논문, E장 I 절을 참조하라.

다. 사정이 이러하므로, 그의 초월론적 현상학에서 초월론적 진리가 제시되지 않는다고 함은, 초월론적 자아(의식)가 완전히 밝혀지지 않았음을 의미한다. 이에 초월론적 자아에 관한 그의 초월론적 현상학은 미완이다. 그것은 또한 그의 초월론적 현상학이 탐구 주제로 한 지향성의 초월론적 탐구, 즉 초월론적 자아와 그 대상인 초월론적 진리의 관계에 대한 탐구가 완성되지 않았음을 의미한다. 이런 의미에서도 그의 초월론적 현상학은 미완이다.

그의 초월론적 현상학이 미완이라는 것은, 사물성이 철저하게 배제된 정신 자체에로, 즉 존재론적으로 사물들과 완전히 구별되는 순수 내면성에로 완전히 파고 들어가지 못했음을 의미한다. 실로 그의 사유의 길은 외적 사유에서 내적 사유에로 들어가는 길의 시행착오적 모색으로 점철되었다고 해도 과언이 아니다. 우리는 이 점을 "목표는 멀고 그 길은 힘들지만 이제 비로소 놓여져야 한다. … 하지만 길들은, 길들을 준비하는 이론들은 단계적으로 이루어져야"[16] 한다는 그의 고백에서 여실히 볼 수 있다.

우리가 보건대, 그의 초월론적 현상학이 미완으로 남은 주된 요인은, 그가 현상학적 환원을 통해 심과 물의 존재론적 차이를 드러내고 있음에도 그 점을 주제적으로 다루지 못한 데 있는 것으로 추측된다. 각 사물들의 소여성인 초월론적 자아와 지향적으로 공속하는 초월론적 진리는 인간을 비롯한 각 사물들을 바로 그것들로서 존재하게 한다. 우리는 이런 진리를 선험 실증학적 노에마와 구별되는 철학적 노에마로 지칭한다. 그것은 존재자적인 것 또는 실증적인 것이 아니기 때문에 존재자적인 진리의 인식을 해명하는 심과 물의 인식론적 차이의 탐구에서는 탈은폐되지 않는다. 그것은 심과 사물의 존재론적 차이가 현상학으로 밝혀질 때 탈은폐된다. 그러니 그 차이를 주제적으로 다루지 못한 그의 초월론적 현상학은 아직 미완일 수밖에 없다.

우리가 후설의 초월론적 현상학이 미완이라고 한 것은, 후설에서 철학적 노에마가 제시되고 있지 않다는 의미에서 한 말이다. 그가 그것을 제시하였을 경우 그는 그가 의도한 과제를 완성했을 것이다. 여기서 우리는 하나의 차이점을 알아야 하겠다. 그 차이점은 한 철학자가 그가 제시한 과제의 완성과 철학 자체의 완성은 구별된다는 점이다. 자기가 설정한 과제를 완성한

---

16) *EPh II*, S.169.

철학자(예를 들면, 칸트, 헤겔)는 많다. 물론 후설은 그렇지 않지만. 그러나 철학 자체를 완성한 철학자는 없다. 그 까닭은 인간 자체가 결코 완성될 수 없기 때문이다. 사정이 이러므로, 인간의 인간다운 인간성의 실현을 그 학적 의미로 하는 철학 자체도 완성될 수 없다. 그렇다면 철학 본연의 방법학을 확보한 현상학적 철학도 결코 완성될 수 없다. 이 점은 우리의 논의에서도 나타났다. 즉 현상학적 철학이 탐구하고자 하는 정신(인간)은 Ⅵ, Ⅶ장에서 본 바와 같이 부단히 생동적으로 흐르면서 늘 새로워지기 때문에, 또 서론에서 본 바와 같이 사유 자체가 지향적 가능성을 본질로 하는 역사성을 지니기 때문에 그것은 완성될 수 있는 철학이 아니라 항상 생성 중에 있는 철학이다. 물론 이 생성 중에 있는 철학의 이념은 정신, 즉 이성의 순수한 자기 인식의 완성이고, 그 이념의 학적 의미는 인간다운 인간성의 회복이기에 언제나 생성 중에 있는 현상학적 "철학은 … 인간성 자체에 고유한 보편적 (현상학적) 이성이 드러나는 역사적 운동이며",[17] 철학자는 이 운동에 참여하도록 소명받은 자이다. 그 소명은 철학자에게 사랑받는 진리가 철학자에게 보낸 운명이다. 서론에서 본 바와 같이, 진리가 그 안에서 자기를 드러내는 사랑이 지향적 가능성을 실현하려는 역사성을 지니기 때문에 철학자는 그의 역사 안에서 그 운명으로부터 자유로울 수 없다.

현상학적 철학은 결코 완성될 수 없지만, 현상학적으로 사유하는 자는 언제나 그것의 완성을 그 과제로 한다. 그는 그것을 과제로 사유하는 중에 심과 물의 존재론적 차이의 완성으로 향하는 새로운 길을 찾을 수 있을 것이다. 우리가 볼 때, 현상학적 사유는 그러한 새 길 찾기에 다름 아니다. 그러나 그 새로운 길 찾기는 길을 다시 놓은 것이 아니라 이미 주어져 있지만 아직 알려지지 않은, 즉 미처 알지 못했던 길을 단지 발견하는 것이다.

그 길을 발견하자면 그 길을 비추는 빛이 있어야 하거니와, 그 빛이 다름 아닌 서론의 사랑의 존재론적 분석에서 밝힌 진리 자체이다. 따라서 길 찾기와 진리 자체는 떨어질 수 없다. 진리 자체는 바로 그 길 위에 있기 때문이다. 이 길과 이 길을 비추는 진리 자체는 우리에게 망각되어 있다. 그것은 망각되어 있되, 우리 인간으로부터 멀리 떨어져 있지 않고 바로 우리 안에

17) *Krisis*, S.23～24. (　)와 그 안의 내용은 필자의 삽입임.

망각되어 있다. 실증주의 시대 그런 식으로 망각된 그것을 드러내는 방법론적 탐구가 후설에서 시작되었다. 그러나 앞서 본 바와 같이 그 탐구가 완성된 것은 아니다. 그러기에 그의 현상학적 철학은 아직 미완의 상태에 있다. 이제 우리에게 남은 과제는 아직 명료하게 드러나지 않은 그 길을 보다 더 명료하게 드러냄으로써 미완의 그의 철학을 승화시키는 것이다. 물론 승화된 그것은 그의 초월론적 현상학과 구별된다. 우리의 사유가 뚫려서 새로운 길이 보일 때 우리는 그의 초월론적 현상학이 승화된 새로운 형태의 현상학을 제시할 것이다. 그때 그의 초월론적 현상학의 한계도 함께 제시할 것이다.

지은이 약력

여 종 현
경북대학교 철학과 졸업. 서울대학교 대학원 철학박사.
인하대, 단국대 등 여러 대학의 강사 역임.
현재 서울대 철학사상연구소 특별 연구원.
주요 논문 : 「시간 지평에서의 '세계'의 이해 — 후설과 하이데거의 현상학을 중심으로」(박사학위논문), 「실존, 공간 그리고 시간 — 공간 개념의 실존론적 해명」, 「道의 현상학(Ⅰ) — 老子의 道의 현상학적 해석」, 「제일철학과 역사의 향방」, 「휴머니즘의 탈-형이상학적 정초(Ⅱ) — 老子의 道사유와 하이데거의 존재사유를 중심으로」, 「하이데거의 '전회'에서의 언어의 의의 — 그의 형이상학 극복에서의 언어의 의의」 등

현상학과 휴머니즘

2001년 10월 5일 1판 1쇄 인쇄
2001년 10월 10일 1판 1쇄 발행

지은이 / 여 종 현
발행인 / 전 춘 호
발행처 / 철학과 현실사
서울시 서초구 양재동 338-10
TEL 579-5908 · 5909
등록 / 1987.12.15.제1-583호

ISBN 89-7775-355-4 03160
값 15,000원